Wiley's
English-Spanish
Spanish-English
Business Dictionary

Wiley's English-Spanish Spanish-English Business Dictionary

Steven M. Kaplan

John Wiley & Sons, Inc.

New York • Chichester • Brisbane • Toronto • Singapore

Copyright © 1996 by Steven M. Kaplan

Published by John Wiley & Sons, Inc.

Library of Congress Cataloging-in-Publication Data
Kaplan, Steven M.
    Wiley's English-Spanish, Spanish-English business dictionary =
  Diccionario de negocios inglés-español, español-inglés Wiley /
  Steven M. Kaplan.
      p. cm.
    ISBN 0-471-12664-0 (cloth : alk. paper). — ISBN 0-471-12665-9
  (pbk. : alk. paper)
    1. Economics—Dictionaries. 2. English language—Dictionaries—
  Spanish. 3. Economics—Dictionaries—Spanish. 4. Spanish
  language—Dictionaries—English. 5. Business—Dictionaries.
  6. Business—Dictionaries—Spanish. I. Title
  HB61.K323 1996
  330´.03—dc20   96-3493

Printed in the United States of America
10 9 8 7 6 5 4

Contents

Preface

Throughout the world, over 350 million persons speak Spanish and over 450 million speak English. Most of them live in the Americas, where the ties between Canada, Mexico, and the United States have been strengthened by the enactment of the North American Free Trade Agreement (NAFTA). Most Hispanic nations trade extensively with North America, and in December 1994 the leaders of the Western Hemisphere nations agreed in principle to create another free trade zone encompassing the Americas. These recent developments point to the growing need for precise communication between users of the two languages. Such communication is especially important where business is concerned.

The primary objective of *Wiley's English-Spanish, Spanish-English Business Dictionary* is to provide accurate equivalents for terms found in business and related disciplines. About 40,000 entries are listed herein. There are no special rules for the use of this dictionary. The user simply locates the desired entry and reads the equivalent. No entries cross-refer the reader to another entry in order to obtain the translation. Abbreviations and acronyms are not included in this dictionary, since sequences of letters may have various meanings in different languages, and their equivalents would serve mostly to confuse; the user will always find the unabbreviated entry.

Many terms appear in groups of phrasal entries, all of which share the same first word. For such families of phrases, each term is provided as a separate entry, simplifying the search for the desired phrase and its equivalent.

Author's Note

This dictionary is designed for the specific needs of businesspeople. Therefore, a quality general bilingual dictionary should be consulted for words and phrases that are not specifically within business and related fields.

Some words, such as *accord*, have more than one grammatical function. In the interest of clarity, each usage is shown as a separate entry, with the part of speech identified by one of the following boldface abbreviations: **adj** (adjective), **n** (noun), or **v** (verb).

In the Spanish section, nouns are labeled as follows: *m* (masculine gender), *f* (feminine gender), and *m/f* (common gender).

Nota del autor

Este diccionario está diseñado para las necesidades específicas de las personas de negocios. Por lo tanto, un diccionario general bilingüe de calidad se debe consultar para palabras y frases que no estén específicamente dentro de los negocios y campos relacionados.

Algunas palabras, como *accord,* tienen más de una función gramatical. Con la claridad en mente, cada forma de uso se ofrece como una voz de entrada separada, con la función gramatical identificada por una de las siguientes abreviaturas en letras más obscuras: **adj** (adjetivo), **n** (nombre), o **v** (verbo).

En la sección del español, los nombres se rotulan como sigue: *m* (género masculino), *f* (género femenino), y *m/f* (género común).

English-Spanish Section

abandon abandonar, evacuar.

abandon a claim abandonar una reclamación.

abandoned abandonado, evacuado.

abandoned assets activo abandonado.

abandoned property propiedad abandonada.

abandonee beneficiario del abandono.

abandonment abandono, desistimiento.

abandonment clause cláusula de abandono.

abandonment loss pérdida por abandono.

abandonment of a contract abandono de un contrato.

abandonment of cargo abandono de cargamento, abandono de carga.

abandonment of freight abandono de flete, abandono de carga.

abandonment of goods abandono de bienes, abandono de mercancías.

abandonment of insured property abandono de propiedad asegurada.

abandonment of ship abandono de buque, abandono de nave.

abandonment stage etapa de abandono.

abandon to the insurer abandonar al asegurador.

abate abatir, disminuir, anular.

abatement disminución, cancelación.

abatement of debts rebaja de deudas, disminución de deudas.

abatement of taxes rebaja de impuestos, disminución de impuestos.

abeyance suspensión, espera.

abeyant en suspenso, en espera.

abide aceptar, atenerse, cumplir.

abide by respetar, cumplir con, atenerse a.

ability to earn capacidad para ganar.

ability to pay capacidad para pagar.

ability to pay debts capacidad para pagar deudas.

ability to pay taxes capacidad para pagar impuestos.

abjure abjurar, renunciar.

abjurer quien abjura, quien renuncia.

abnormal anormal, irregular.

abnormal profit ganancia extraordinaria.

abnormal risk riesgo irregular.

abnormal spoilage deterioro anormal.

above-normal loss pérdida sobre lo normal, pérdida extraordinaria.

above par sobre la par.

above quota sobre la cuota.

above the line sobre la línea.

abrogation abrogación, anulación.

abrogation of agreement abrogación de contrato.

absence ausencia.

absence of demand ausencia de demanda.

absence rate tasa de ausencias.

absent creditor acreedor ausente.

absent debtor deudor ausente.

absentee ausente, quien se ausenta.

absenteeism absentismo.

absenteeism rate tasa de absentismo.

absentee landlord propietario ausente, arrendador ausente.

absentee lessor arrendador ausente.

absentee owner dueño ausente.

absolute absoluto, incondicional, definitivo.

absolute acceptance aceptación absoluta.

absolute advantage ventaja absoluta.

absolute assignment cesión absoluta, traspaso absoluto, asignación absoluta.

absolute auction subasta absoluta.

absolute beneficiary beneficiario absoluto.

absolute conveyance traspaso incondicional.

absolute cost barriers barreras de costo absolutas.

absolute covenant estipulación incondicional.

absolute deed título incondicional.

absolute delivery entrega incondicional.

absolute endorsement endoso absoluto.

absolute exemption exención absoluta.

absolute fee simple título incondicional.

absolute gift donación irrevocable.

absolute guaranty garantía absoluta.

absolute indorsement endoso absoluto.

absolute interest interés absoluto.

absolute liability responsabilidad absoluta.

absolutely absolutamente, completamente, incondicionalmente.

absolutely and unconditionally absoluta e incondicionalmente.

absolutely void totalmente nulo.

absolute monopoly monopolio absoluto.

absolute nullity nulidad absoluta.

absolute obligation obligación absoluta.

absolute owner dueño absoluto.

absolute ownership propiedad absoluta.

absolute priority rule regla de prioridad absoluta.

absolute property propiedad absoluta.

absolute sale venta absoluta.

absolute title título absoluto.

absolute total loss pérdida total absoluta.

absolute warranty garantía incondicional.

absorb absorber.

absorb costs absorber costos.

absorbed absorbido.

absorbed cost costo absorbido.

absorb the loss absorber la pérdida.

absorption absorción.

absorption costing costeo por absorción.

absorption of costs absorción de costos.

absorption of liquidity absorción de liquidez.

absorption point punto de absorción.

absorption rate tasa de absorción, índice de absorción.

abstention abstención.

abstract of title resumen de título.

abstract update actualización de resumen de título.

abundance abundancia.

abusive tax shelter abrigo contributivo abusivo.

abut lindar.

abutment linde, lindero.

abuttals colindancias, lindes, linderos.

abutter colindante, dueño de propiedad colindante.

abutting colindante, limítrofe.

abutting property propiedad colindante.

accelerate acelerar.

accelerated acelerado.

accelerated amortization amortización acelerada.

accelerated cost recovery system sistema acelerado de recuperación de costos.

accelerated depreciation depreciación acelerada.

accelerated tariff elimination eliminación de aranceles acelerada.

acceleration aceleración.

acceleration clause cláusula de aceleración.

acceleration life seguro de vida con aceleración.

acceleration life insurance seguro de vida con aceleración.

acceleration note nota con opción de aceleración.

acceleration premium prima por aceleración.

acceleration principle principio de aceleración.

accelerator acelerador.

accelerator principle principio del acelerador.

accept aceptar, recibir.

accept a bill aceptar una letra.

acceptable aceptable.

acceptable price precio aceptable.

acceptable quality level nivel de calidad aceptable.

acceptance aceptación, aprobación.

acceptance credit crédito de aceptación.

acceptance date fecha de aceptación.

acceptance house casa de aceptaciones.

acceptance liability responsabilidad de aceptación.

acceptance line línea de aceptación.

acceptance of a bill of exchange aceptación de una letra de cambio.

acceptance of deposits aceptación de depósitos.

acceptance of goods aceptación de bienes, aceptación de mercancias.

acceptance of offer aceptación de oferta, aceptación de pedido.

acceptance of risk aceptación del riesgo.

acceptance procedure procedimiento de aceptación.

acceptance register registro de aceptaciones.

acceptance sampling muestreo por aceptación.

accept an offer aceptar una oferta.

accept conditionally aceptar condicionalmente.

accept deposits aceptar depósitos.

accepted aceptado, aprobado.

accepted bill efecto aceptado.

accepted bill of exchange letra de cambio aceptada.

accepted claim reclamación aceptada.

accepted credit card tarjeta de crédito aceptada.

accepted debit card tarjeta de débito aceptada.

accepted draft giro aceptado, letra aceptada.

accepted standards normas aceptadas.

accepter aceptante, aceptador.

accept for the account of recibir por la cuenta de.

accept goods aceptar mercancías.

accepting aceptante.

accepting bank banco aceptante.

acceptor of a bill aceptante de un efecto.

access acceso, entrada, paso.

access code código de acceso, código de entrada.

access device dispositivo de acceso.

accessibility accesibilidad.

accessible accesible.

accession accesión, incremento.

accession rate razón de aumento de empleados en nómina.

accessions incorporación de un bien a otro.

accessory accesorio.

accessory apartment apartamento accesorio.

accessory building edificación auxiliar, edificio auxiliar.

accessory charge cargo accesorio.

accessory contract contrato accesorio.

accessory equipment equipo accesorio.

accessory expenditures gastos accesorios.

accessory expenses gastos accesorios.

accessory fee cargo accesorio.

accessory obligation obligación accesoria.

access right derecho de acceso.

access to a market acceso a un mercado.

accident accidente.

accidental accidental.

accidental cause causa accidental.

accidental damage daño accidental.

accidental death muerte accidental.

accidental death benefit beneficio por muerte accidental.

accidental death clause cláusula de muerte accidental.

accidental death insurance seguro de muerte accidental.

accidental loss pérdida accidental.

accidentally accidentalmente.

accident and health insurance seguro contra accidentes o enfermedades.

accident benefits beneficios por accidente.

accident frequency frecuencia de accidentes.

accident insurance seguro contra accidentes.

accident policy póliza contra accidentes.

accident prevention prevención de accidentes.

accident rate frecuencia de accidentes.

accident-year statistics estadísticas de año de accidentes.

accommodate acomodar, proveer, facilitar.

accommodated party beneficiario de una firma de favor, beneficiario de una firma por acomodación.

accommodating servicial, flexible.

accommodation favor, acomodamiento, garantía.

accommodation acceptance aceptación de favor.

accommodation bill documento de favor, letra de favor.

accommodation draft giro de favor, letra de favor.

accommodation endorsement endoso de favor.

accommodation endorser endosante de favor.

accommodation indorsement endoso de favor.

accommodation indorser endosante de favor.

accommodation lands tierras compradas para edificar y arrendar.

accommodation line pólizas de seguros aceptadas con deferencia al agente.

accommodation maker quien firma de favor.

accommodation note pagaré de favor.

accommodation paper documento de favor, documento para facilitar.

accommodation party quien firma de favor, parte por acomodación.

accord n convenio, acuerdo.

accord v convenir, acordar.

accordance acuerdo, conformidad.

accord and satisfaction arreglo de una disputa, aceptación como finiquito.

accordant en conformidad, de conformidad.

according conforme.

accordingly en conformidad.

account cuenta, informe.

accountability responsabilidad.

accountable responsable.

accountable official oficial responsable.

accountable person persona responsable.

accountable receipt recibo de dinero o propiedad acompañado de una obligación.

account activity actividad de cuenta.

account analysis análisis de cuenta.

accountancy contabilidad.

accountant contador, contable.

accountant in charge contador responsable.

accountant's certificate certificado del contador.

accountant's liability responsabilidad del contador.

accountant's opinion opinión del contador.

accountant's report informe del contador.

accountant's responsibility responsabilidad del contador.

account balance saldo de cuenta.

account book libro de cuentas.

account card tarjeta de cuenta.

account classification clasificación de cuenta.

account closed cuenta cerrada.

account current cuenta corriente.

account day día de liquidación.

account debtor deudor en la cuenta.

account entry anotación en cuenta.

account executive ejecutivo de cuentas.

account for dar razón de, responder por.

account form balance de cuenta.

account history historial de cuenta.

account hold retención en cuenta.

accounting contabilidad.

accounting books and records libros y registros de contabilidad.

accounting change cambio de contabilidad.

accounting control control de contabilidad.

accounting convention prácticas contables.

accounting cycle ciclo de contabilidad.

accounting data datos de contabilidad.

accounting department departamento de contabilidad.

accounting division división de contabilidad.

accounting documents documentos de contabilidad.

accounting entity entidad de contabilidad.

accounting entry asiento contable.

accounting equation ecuación de contabilidad.

accounting error error de contabilidad.

accounting event evento de contabilidad.

accounting evidence prueba de contabilidad.

accounting method método de contabilidad.

accounting office oficina de contabilidad.

accounting period período de contabilidad.

accounting policies normas de contabilidad.

accounting postulate postulado de contabilidad.

accounting practice práctica contable.

accounting principles principios de contabilidad.

accounting procedure procedimiento de contabilidad.

accounting process proceso de contabilidad.

accounting purposes fines de contabilidad.

accounting rate tasa contable.

accounting rate of return tasa de rendimiento contable.

accounting records registros de contabilidad.

accounting records and books libros y registros de contabilidad.

accounting standards normas de contabilidad.

accounting system sistema de contabilidad.

accounting valuation valuación contable.

account inquiry petición de cuenta.

account in trust cuenta en fideicomiso.

account number número de cuenta.

account past due cuenta vencida, cuenta en mora.

account payable cuenta por pagar.

account receivable cuenta por cobrar.

account reconcilement reconciliación de cuenta.

account reconciliation reconciliación de cuenta.

account rendered cuenta presentada al deudor.

account settled cuenta saldada.

accounts payable cuentas por pagar.

accounts payable cycle ciclo de cuentas por pagar.

accounts receivable cuentas por cobrar.

accounts receivable cycle ciclo de cuentas por cobrar.

accounts receivable financing financiamiento basado en cuentas por cobrar.

accounts receivable insurance seguro de cuentas por cobrar.

accounts receivable turnover razón de ventas a crédito al promedio de cuentas por cobrar.

account stated acuerdo de balance para cancelación.

account statement estado de cuenta.

account status estado de cuenta.

accounts uncollectible cuentas incobrables.

accredited investor inversionista acreditado.

accrete aumentar.

accretion acreción, acrecentamiento, aumento.

accretive acrecentador.

accrual acrecimiento, acumulación, aumento.

accrual accounting contabilidad en valores devengables.

accrual basis base de acumulación.

accrual bond bono de acumulación.

accrual date fecha de acumulación.

accrual method método de acumulación.

accrual system sistema de acumulación.

accrue acumular.

accrued acumulado.

accrued assets activo acumulado.

accrued charges cargos acumulados.

accrued compensation compensación acumulada.

accrued depreciation depreciación acumulada.

accrued dividend dividendo acumulado.

accrued expenditures gastos acumulados.

accrued expenses gastos acumulados.

accrued income ingreso acumulado.

accrued interest interés acumulado.

accrued liability pasivo acumulado.

accrued payroll nómina acumulada.

accrued revenue ingresos acumulados.

accrued salary salario acumulado.

accrued taxes contribuciones acumuladas, impuestos acumulados.

accrued wages salario acumulado.

accruer acrecimiento.

accumulate acumular.

accumulated acumulado.

accumulated amount cantidad acumulada.

accumulated annuity anualidad acumulada.

accumulated depletion agotamiento acumulada.

accumulated depreciation depreciación acumulada.

accumulated dividend dividendo acumulado.

accumulated earnings ingresos acumulados.

accumulated earnings tax impuesto sobre ingresos acumulados.

accumulated expenditures gastos acumulados.

accumulated expenses gastos acumulados.

accumulated income ingresos acumulados.

accumulated interest intereses acumulados.

accumulated profits ganancias acumuladas.

accumulated profits tax impuesto sobre ganancias acumuladas.

accumulated remuneration remuneración acumulada.

accumulated surplus superávit acumulado.

accumulated taxable income ingreso imponible acumulado.

accumulate reserves acumular reservas.

accumulation acumulación.

accumulation area área de acumulación.

accumulation benefits beneficios de acumulación.

accumulation factor factor de acumulación.

accumulation period período de acumulación.

accumulation plan plan de acumulación.

accumulation trust fideicomiso de acumulación.

accumulation unit unidad de acumulación.

accumulative acumulativo.

accumulative dividend dividendo acumulativo.

accumulator acumulador.

accuracy precisión, exactitud.

accurate preciso, exacto.

accurately con precisión, con exactitud.

accustomed acostumbrado.

acid test prueba de fuego, prueba decisiva.

acid-test ratio razón de activo disponible y pasivo corriente.

acknowledge reconocer, certificar, acusar recibo.

acknowledge an order reconocer una orden.

acknowledged reconocido.

acknowledgement reconocimiento, certificación, acuse de recibo.

acknowledgement of an order acuse de recibo de un pedido.

acknowledgement of order reconocimiento de orden.

acknowledgement of payment acuse de recibo de pago, reconocimiento de pago.

acknowledgement of receipt acuse de recibo.

acknowledge receipt acusar recibo.

acknowledge receipt of an order acusar recibo de un pedido.

acknowledge receipt of payment acusar recibo de un pago.

acquest propiedad adquirida.

acquiesce consentir sin palabras, consentir tácitamente.

acquiescence aquiescencia, consentimiento sin palabras.

acquiescent aquiescente, consentidor.

acquirable adquirible.

acquire adquirir.

acquired adquirido.

acquired by adquirido por.

acquired surplus superávit adquirido.

acquirement adquisición.

acquirer adquiridor.

acquisition adquisición.

acquisition cost costo de adquisición.

acquisition date fecha de adquisición.

acquisition discount descuento de adquisición.

acquisition loan préstamo para adquisición.

acquisition premium prima de adquisición.

acquisitive adquisitivo.

acquitment pago, recibo, descargo.

acquittance recibo, carta de pago.

acre acre.

acreage área en acres.

acronym sigla.

across the board incluyendo todo, incluyendo a todos.

across-the-board increase aumento incluyendo todo, aumento incluyendo a todos.

across-the-board reduction reducción incluyendo todo, reducción incluyendo a todos.

acting officer funcionario interino.

acting trustee fiduciario interino.

actionable fraud fraude procesable.

actionable misrepresentation declaración falsa enjuiciable.

actionable negligence negligencia procesable.

action of assumpsit acción por incumplimiento de contrato.

action of contract acción contractual.

action of covenant acción por incumplimiento de contrato.

action of debt acción por cobro de deuda, acción de apremio.

action of ejectment acción de desahucio.

action on contract acción contractual.

action to quiet title acción para resolver reclamaciones opuestas en propiedad in mueble ,acción para eliminar defectos en un título de propiedad.

activate activar.

active activo.

active account cuenta activa.

active administration administración activa.

active administrator administrador activo.

active capital capital activo.

active corporation corporación activa.

active debt deuda activa.

active employee empleado activo.

active file archivo activo.

active income ingreso activo.

active investor inversionista activo.

active management administración activa, gerencia activa.

active manager administrador activo, gerente activo.

active market mercado activo.

active money dinero activo.

active participation participación activa.

active partner socio activo.

active securities valores activos, títulos activos.

active trust fideicomiso activo.

activity actividad.

activity account cuenta de actividad.

activity accounting contabilidad por actividades.

activity analysis análisis de actividad.

activity bonus bono por actividad.

activity charge cargo por actividad.

activity factor factor de actividad.

activity fee cargo por actividad.

activity rate tasa de actividad.

activity ratio razón de actividad.

activity report informe sobre actividad.

act of bankruptcy acto de quiebra.

act of insolvency acto de insolvencia.

act of nature acto de la naturaleza.

act of sale escritura de compraventa.

actual actual, real, efectivo.

actual age edad real.

actual agency agencia real.

actual assets activo real.

actual authority autorización real.

actual bailment depósito efectivo.

actual cash value valor realizable en efectivo, precio justo de venta, precio reald eventa.

actual change of possession cambio de posesión efectivo, traspaso verdadero.

actual cost costo real, costo de adquisición.

actual damages daños efectivos.

actual delivery entrega efectiva.

actual depreciation depreciación real.

actual eviction evicción efectiva, desahucio efectivo.

actual fraud fraude efectivo.

actual liabilities pasivo real.

actual loss pérdida real.

actual market value valor en el mercado actual, valor real en el mercado.

actual occupancy ocupación efectiva.

actual overdraft sobregiro real.

actual owner dueño real.

actual possession posesión efectiva.

actual price precio real.

actuals mercancías a entregar físicamente.

actual stock existencias reales.

actual total loss pérdida total efectiva.

actual value valor actual, valor real.

actuarial actuarial.

actuarial adjustment ajuste actuarial.

actuarial basis base actuarial.

actuarial equivalent equivalente actuarial.

actuarial evaluation evaluación actuarial.

actuarial gains ganancias actuariales.

actuarial losses pérdidas actuariales.

actuarial rate tasa actuarial.

actuarial reserve reserva actuarial.

actuarial statistics estadística actuarial.

actuarial table tabla actuarial.

actuary actuario.

adaptive administration administración adaptiva.

adaptive administrator administrador adaptivo.

adaptive management administración adaptiva, gerencia adaptiva.

adaptive manager administrador adaptivo.

added value valor agregado.

added-value tax impuesto al valor agregado, impuesto de plusvalía.

addendum suplemento.

additional adicional.

additional collateral colateral adicional.

additional cost costo adicional.

additional coverage cobertura adicional.

additional death benefit beneficio por muerte adicional.

additional deposit privilege privilegio de hacer depósitos adicionales.

additional expenditure gasto adicional.

additional expense gasto adicional.

additional extended coverage cobertura extendida adicional.

additional first-year depreciation depreciación del primer año adicional.

additional freight carga adicional, flete adicional.

additional insured asegurado adicional.

additionally adicionalmente.

additional markon cantidad adicional a la cantidad que se le suma al costo para llegar al p recio de lista.

additional security garantía adicional.

add-on interest intereses basados en la suma de los intereses por pagar y el principal.

add-on minimum tax impuesto mínimo adicional.

address dirección, discurso.

addressee destinatario.

addresser remitente.

adequacy suficiencia.

adequacy of coverage suficiencia de cobertura.

adequacy of financing suficiencia de financiamiento.

adequacy of reserves suficiencia de reservas.

adequate adecuado.

adequate compensation compensación adecuada.

adequate consideration contraprestación razonable.

adequate disclosure divulgación adecuada.

adequately adecuadamente.

adequate notice notificación adecuada.

adherence adherencia.

adherent adherente.

adhesion adhesión.

adhesion contract contrato de adhesión.

adhesion insurance contract contrato de seguros de adhesión.

adjacent adyacente.

adjacent property propiedad adyacente.

adjoining adyacente.

adjoining landowners dueños de propiedades colindantes.

adjoining properties propiedades colindantes.

adjudication adjudicación.

adjudication of bankruptcy adjudicación de quiebra.

adjunct adjunto, auxiliar.

adjunct account   cuenta adjunta.

adjust   ajustar.

adjustable   ajustable.

adjustable bond   bono ajustable.

adjustable currency   moneda ajustable.

adjustable insurance   seguro ajustable.

adjustable life   seguro de vida ajustable.

adjustable life insurance   seguro de vida ajustable.

adjustable loan   préstamo ajustable.

adjustable mortgage   hipoteca ajustable.

adjustable mortgage loan   préstamo hipotecario ajustable.

adjustable mortgage rate   tasa hipotecaria ajustable.

adjustable premium   prima ajustable.

adjustable rate   tasa ajustable.

adjustable rate loan   préstamo de tasa ajustable.

adjustable rate mortgage   hipoteca de tasa ajustable.

adjustable rate preferred shares   acciones preferidas de tasa ajustable.

adjustable rate preferred stock   acciones preferidas de tasa ajustable.

adjusted   ajustado.

adjusted basis   base ajustada.

adjusted certificate of deposit rate   tasa de certificado de depósito ajustada.

adjusted debit balance   saldo deudor ajustado.

adjusted gross income   ingreso bruto ajustado.

adjusted net income   ingreso neto ajustado.

adjusted rate   tasa ajustada.

adjusted sales price   precio de venta ajustado.

adjusted tax basis   base impositiva ajustada.

adjuster   ajustador, liquidador.

adjusting entry   asiento de ajuste.

adjusting journal entry   asiento del diario de ajuste.

adjustment   ajuste, liquidación.

adjustment bond   bono de reorganización.

adjustment credit   crédito de ajuste.

adjustment entry   asiento de ajuste.

adjustment equation   ecuación de ajuste.

adjustment for inflation   ajuste para inflación.

adjustment income   ingreso de ajuste.

adjustment mortgage   hipoteca de ajuste.

adjustment of a claim   liquidación de una reclamación.

adjustment preferred shares   acciones preferidas de ajuste.

adjustment preferred stock   acciones preferidas de ajuste.

adjustment process   proceso de ajuste.

adjust prices   ajustar precios.

administer   administrar.

administered   administrado.

administered account   cuenta administrada.

administered cost   costo administrado.

administered currency   moneda controlada.

administered economy   economía planificada, economía dirigida.

administered exchange rate   tipo de cambio administrado.

administered funds   fondos administrados.

administered liabilities   pasivo administrado.

administered money   moneda administrada, fondos administrados.

administered price   precio administrado.

administered trade   comercio controlado.

administration   administración.

administration by crisis   administración de crisis en crisis.

administration by exception   administración por excepciones.

administration by objectives   administración por obetivos.

administration deviation   irregularidad administrativa.

administration expenditures   gastos de administración.

administration expenses   gastos de administración.

administrative   administrativo.

administrative accounting   contabilidad administrativa.

administrative agency   agencia administrativa.

administrative agreement acuerdo administrativo.

administrative audit auditoría administrativa.

administrative board junta administrativa, junta directiva.

administrative budget presupuesto administrativo.

administrative budgeting presupuestación administrativa.

administrative charge cargo administrativo.

administrative commission comisión administrativa.

administrative company compañía administrativa.

administrative consultant consultor administrativo, consejero administrativo.

administrative contract contrato administrativo.

administrative control control administrativo.

administrative control system sistema de control administrativo.

administrative council consejo administrativo.

administrative cycle ciclo administrativo.

administrative expenditures gastos administrativos.

administrative expenses gastos administrativos.

administrative fee cargo administrativo.

administrative guide guía administrativa.

administrative methods métodos administrativos.

administrative planning planificación administrativa.

administrative prerogatives prerrogativas administrativas.

administrative procedures procedimientos administrativos.

administrative reorganization reorganización administrativa.

administrative revenues ingresos administrativos.

administrative review revisión administrativa.

administrative rights derechos administrativos.

administrative skills destrezas administrativas.

administrative system sistema administrativo.

administrator administrador.

admissible admisible.

admissible assets activo admisible.

admit a claim admitir una reclamación.

admit a debt admitir una deuda.

admitted admitido.

admitted assets activo admitido.

admitted claim reclamación admitida.

admitted company compañía autorizada.

adoption adopción.

adoption by reference incorporación por referencia.

ad valorem según el valor, ad valórem.

ad valorem customs duties derechos aduaneros según el valor, derechos aduaneros ad valórem.

ad valorem duties derechos según el valor, derechos ad valórem.

ad valorem tariff tarifa según el valor, tarifa ad valórem.

ad valorem tax impuesto según el valor, impuesto ad valórem.

advance adj anticipado.

advance n adelanto, anticipo, préstamo.

advance v adelantar.

advance bill factura anticipada.

advance cash pago anticipado.

advance commitment compromiso anticipado.

advance deposit depósito anticipado.

advance deposit requirement requisito de depósito anticipado.

advanced payment pago anticipado, anticipo.

advance freight flete anticipado.

advancement anticipo.

advance money adelantar dinero.

advance of money anticipo de dinero, adelanto.

advance on policy anticipo sobre póliza.

advance option opción de anticipo.

advance payment pago anticipado.

advance premium prima anticipada.

advance redemption reembolso anticipado.

advance refunding refinanciación anticipada.

advance rent renta anticipada.

advance repayment reembolso anticipado.

advance repo recompra anticipada.

advance repurchase recompra anticipada.

advance tax impuesto anticipado.

advance tax payment pago de impuestos anticipado.

advantage ventaja.

advantageous ventajoso.

adventure empresa conjunta, empresa, especulación, riesgo.

adverse balance saldo negativo, balanza con déficit.

adverse opinion opinión adversa.

adverse possession posesión adversa.

adverse selection selección adversa.

adverse title título adquirido mediante prescripción adquisitiva.

advertise anunciar.

advertised anunciado.

advertisement anuncio.

advertising publicidad.

advertising agency agencia publicitaria.

advertising budget presupuesto publicitario.

advertising budgeting presupuestación publicitaria.

advertising campaign campaña publicitaria.

advertising department departamento de publicidad.

advertising division división de publicidad.

advertising expenditures gastos publicitarios.

advertising expenses gastos publicitarios.

advertising media medios publicitarios.

advertising office oficina de publicidad, oficina publicitaria.

advertising policy política publicitaria.

advice book libro de envíos.

advice note aviso de envío.

advisory committee comité asesor.

advisory council consejo asesor.

advocacy advertising publicidad apoyando una causa.

affairs negocios, trámites.

affecting commerce concerniente a los negocios.

affection hipotecar para asegurar el pago de dinero o la prestación de ser vicios ,pignorar para asegurar el pago de dinero o la prestación de ser vicios.

affiant quien ha hecho una declaración jurada, deponente, declarante.

affidavit afidávit, declaración jurada.

affiliate afiliado, filial.

affiliated afiliado.

affiliated chain cadena afiliada.

affiliated company compañía afiliada.

affiliated corporation corporación afiliada.

affiliated enterprise empresa afiliada.

affiliated group grupo afiliado.

affiliated person persona afiliada.

affiliated retailer detallista afiliado, vendedor afiliado.

affiliated wholesaler mayorista afiliado.

affirm afirmar.

affirmative action programs programas diseñados para remediar práticas discriminatorias, programas antidiscriminatorios.

affirmative easement servidumbre afirmativa.

affix adherir.

affixed to the freehold fijado al terreno.

affreightment fletamiento.

after-acquired adquirido luego de.

after-acquired clause cláusula de propiedad adquirida luego de la transacción.

after-acquired property propiedad adquirida luego de la transacción, propiedad adquirida lu ego de la declaración de quiebra.

after-acquired property clause cláusula de propiedad adquirida luego de la transacción.

aftercost costo adicional.

after market mercado secundario.

after-tax tras impuestos.

after-tax basis base tras impuestos.

after-tax cash flow flujo de fondos tras impuestos.

after-tax equity yield rendimiento de inversión neta en bienes raíces tras impuestos.

after-taxes tras impuestos.

after-tax income ingresos tras impuestos.

after-tax rate of return tasa de rendimiento tras impuestos.

after-tax real rate of return tasa de rendimiento efectiva tras impuestos.

against the box venta al descubierto de valores en cartera.

age change cambio de edad.

aged account cuenta vencida.

age discrimination discriminación por edad.

age group grupo de edades.

age limit límite de edad.

agency agencia, mandato, representación.

agency agreement convenio de agencia.

agency bank banco de agencia.

agency by necessity agencia establecida por circunstancias de necesidad, mandato es tablecido por circunstancias de necesidad.

agency charge cargo por agencia.

agency contract contrato de agencia.

agency fee honorario de agencia.

agency fund fondo de agencia.

agency relationship relación de agencia, relación de mandato.

agency securities valores de agencia.

agency shop organización donde los no agremiados pagan cuotas sindicales.

agency to sell autorización para vender, mandato para vender.

agenda agenda, programa.

agent agente, representante.

agent bank banco agente.

agent license licencia de agente.

agent's actual authority autoridad para la cual se encargó al agente, facultades del agente.

agent's fee honorario del agente.

agent's implied authority facultades implícitas del agente.

agent's lien gravamen del agente.

age of majority mayoría de edad, edad en la que se puede contratar.

age reduction reducción por edad.

agglomeration aglomeración.

aggregate total, global.

aggregate amount monto total.

aggregate annual deductible deducible anual total.

aggregate balance saldo total.

aggregate concentration concentración total.

aggregated agregado.

aggregated demand demanda agregada.

aggregate demand demanda total.

aggregate exercise price precio de ejecución total.

aggregate exports exportaciones totales.

aggregate imports importaciones totales.

aggregate income ingresos totales.

aggregate indemnity insurance límite total de seguros contra pérdidas.

aggregate insurance limit límite de seguros total.

aggregate investment inversión total.

aggregate liability responsabilidad total.

aggregate limit límite total.

aggregate limit of liability límite de responsabilidad total.

aggregate risk riesgo total.

aggregate supply oferta total.

aggregate value valor total.

aggregation agregación.

aggregative agregativo.

aggressive growth crecimiento agresivo.

aggressive-growth fund fondo de crecimiento agresivo.

aggressive portfolio cartera de valores agresiva.

aging of accounts clasificación por antigüedad.

aging schedule clasificación por antigüedad.

agio agio.

agreed amount clause cláusula de cantidad convenida.

agreed higher limit límite superior convenido.

agreed limit límite convenido.
agreed price precio convenido.
agreed rate tasa convenida.
agreed valuation valuación convenida.
agreed value valor convenido.
agreed weight peso convenido.
agreement convenio, acuerdo, contrato.
agreement among underwriters contrato entre colocadores de emisión.
agreement for insurance convenio para cobertura antes de la entrega de la póliza.
agreement in writing acuerdo por escrito.
agreement of sale contrato de compraventa.
agreement to fix prices acuerdo para fijar precios.
agreement to sell contrato de compraventa.
agribusiness agroindustrias.
agricultural agrícola.
agricultural activity actividad agrícola.
agricultural commodities productos agrícolas.
agricultural commodities market mercado de productos agrícolas.
agricultural cooperative cooperativa agrícola.
agricultural credit crédito agrícola.
agricultural loan préstamo agrícola.
agricultural products productos agrícolas.
agricultural resources recursos agrícolas.
agricultural tariff arancel agrícola.
airbill carta de porte aéreo, guía aérea.
air cargo flete aéreo, carga aérea.
aircraft insurance seguro de aeronave.
air express expreso aéreo.
air freight flete aéreo, carga aérea.
air insurance seguro aéreo.
airport of delivery aeropuerto de entrega.
air rights derechos aéreos.
air transport transporte aéreo.
air waybill carta de porte aéreo, guía aérea.
aleatory contract contrato aleatorio.
aleatory transaction transacción aleatoria.

alias alias.
alien extranjero.
alienable alienable, transferible.
alienate transferir título de propiedad.
alienation alienación, transferencia de título y posesión de propiedad.
alienation clause cláusula concerniente a la transferencia de propiedad.
alien company compañía extranjera.
alien corporation corporación extranjera.
alienee beneficiario de la transferencia de propiedad.
alien insurer asegurador extranjero.
alienor quien cede, enajenador.
alimony pensión tras divorcio, pensión alimenticia.
alleviate the burden aliviar la carga.
all fours situaciones similares en todos los aspectos relevantes.
allied aliado.
allied company compañía aliada.
allied member miembro aliado.
allied products productos aliados.
all-inclusive con todo incluido.
all-inclusive insurance seguro con todo incluido.
all-in cost costo total.
allocable asignable.
allocate asignar.
allocated benefits beneficios asignados.
allocation asignación, cuota, distribución.
allocation and distribution asignación y distribución.
allocation cartel cartel de asignación.
allocation models modelos de asignación.
allocation of costs asignación de costos.
allocation of loss asignación de pérdidas.
allocation of profits asignación de ganancias.
allocation of resources asignación de recursos.
allodial alodial.
allonge anexo para endosos.
all or any part todo o parte.
all or none todo o nada.

all-or-none order   orden de todo o nada.

allot   distribuir, asignar.

allotment   cuota, distribución, asignación.

allotment letter   carta de asignación.

allowable   permisible, admisible.

allowable deduction   deducción permisible.

allowable depreciation   depreciación permisible.

allow a discount   permitir un descuento.

allowance   descuento, deducción, concesión.

allowance for bad debts   reserva para deudas incobrables.

allowance for depreciation   deducción por depreciación.

allowance for doubtful accounts   reserva para cuentas dudosas.

allowed   permitido.

allowed assets   activo permitido.

allowed deduction   deducción permitida.

allowed discount   descuento permitido.

allowed time   tiempo permitido.

all rights reserved   reservados todos los derechos, derechos reservados.

all-risk insurance   seguro contra todo riesgo, seguro a todo riesgo.

all risks   todo riesgo, a todo riesgo.

alluvion   aluvión.

alpha   alfa.

alpha coefficient   coeficiente alfa.

alpha risk   riesgo alfa.

alteration   alteración.

alteration of a check   alteración de un cheque.

alteration of contract   alteración de contrato.

alteration of instrument   alteración de instrumento.

alteration of the books   alteración de los libros.

alteration of trust   alteración de fideicomiso.

altered   alterado.

altered check   cheque alterado.

alter ego doctrine   doctrina del álter ego.

alternate valuation   valuación alterna.

alternate valuation date   fecha de valuación alterna.

alternative   alternativa.

alternative contract   contrato con alternativas, contrato alternativo.

alternative cost   costo alternativo.

alternative depreciation system   sistema de depreciación alternativo.

alternative drawee   librado alternativo.

alternative minimum tax   contribución mínima alternativa.

alternative minimum taxable income   ingreso tributable mínimo alternativo.

alternative minimum tax credit   crédito de contribución mínima alternativa.

alternative mortgage   hipoteca alternativa.

alternative mortgage instrument   instrumento hipotecario alternativo.

alternative order   orden con alternativas.

alternative payee   beneficiario alternativo.

alternative rate   tasa alternativa.

alternative tariff   tarifa alternativa.

alter the books   alterar los libros.

amalgamate   amalgamar.

amalgamation   amalgamación, fusión.

amass   acumular.

ambiguity   ambigüedad.

ambiguous   ambiguo.

ambiguously   ambiguamente.

ambulant   ambulante.

amend   enmendar.

amendable   enmendable.

amended   enmendado.

amended return   planilla enmendada.

amendment   enmienda.

amenities   amenidades.

American depositary receipt   recibo de depósito estadounidense.

American plan   plan americano.

amnesty   amnistía.

amortizable   amortizable.

amortizable assets   activo amortizable.

amortizable debt   deuda amortizable.

amortizable investment   inversión amortizable.

amortizable loan préstamo amortizable.

amortization amortización.

amortization fund fondo de amortización.

amortization of debt amortización de deuda.

amortization of discount amortización de descuento.

amortization of loan amortización de préstamo.

amortization of obligation amortización de obligación.

amortization of premium amortización de prima.

amortization of principal amortización de principal.

amortization schedule tabla de amortización.

amortization term término de amortización.

amortize amortizar.

amortize an debt amortizar una deuda.

amortize an obligation amortizar una obligación.

amortized amortizado.

amortized bond discount descuento de bono amortizado.

amortized bond premium prima de bono amortizada.

amortized cost costo amortizado.

amortized loan préstamo amortizado.

amortized mortgage hipoteca amortizada.

amortized mortgage loan préstamo hipotecario amortizado.

amortized premium prima amortizada.

amortized value valor amortizado.

amount suma, monto, cantidad.

amount at risk monto a riesgo, cantidad en riesgo, cantidad a riesgo.

amount covered monto asegurado, cantidad asegurada.

amount due monto debido, cantidad debida.

amount financed monto financiado, cantidad financiada.

amount of loss monto de la pérdida, cantidad de la pérdida.

amount outstanding saldo, monto pendiente, cantidad pendiente.

amount payable monto a pagar, cantidad a pagar.

amount realized monto realizado, cantidad realizada.

amount withheld monto retenido, cantidad retenida.

analysis análisis.

analysis of the market análisis del mercado.

analysis of the trend análisis de la tendencia.

analysis of variance análisis de la varianza.

analyst analista.

analytical review revisión analítica.

analytical test prueba analítica.

analyze analizar.

analyze accounts analizar cuentas.

analyze an account analizar una cuenta.

anatocism anatocismo, usura, interés compuesto.

ancestral debt deuda ancestral.

ancestral estate bienes inmuebles adquiridos por sucesión.

anchorage tarifa de anclaje.

anchor tenant arrendatario principal.

ancillary auxiliar, accesorio.

ancillary benefits beneficios auxiliares.

ancillary letter of credit carta de crédito auxiliar.

and interest con intereses.

annexation anexión, incorporación.

annexation by reference incorporación por referencia.

annotation anotación.

annotation in the account anotación en la cuenta.

announcement date fecha de anuncio.

announcement effect efecto de anuncio.

annual anual.

annual accounts cuentas anuales, estados financieros.

annual aggregate limit límite total anual.

annual amortization amortización anual.

annual audit auditoría anual.

annual average earnings promedio de ingresos anuales.

annual basis base anual.

annual bonus bono anual.
annual budget presupuesto anual.
annual budgeting presupuestación anual.
annual cap límite anual.
annual debt service servicio de la deuda anual.
annual depreciation depreciación anual.
annual earnings ingresos anuales.
annual exclusion exclusión anual.
annual financial statement estado financiero anual.
annual income ingreso anual.
annual interest interés anual.
annualize anualizar.
annualized anualizado.
annualized income installment method método de pagos contributivos por ingresos anualizado.
annualized rate tasa anualizada.
annualized return rendimiento anualizado.
annually anualmente.
annual meeting reunión anual.
annual mortgage constant razón de servicio de la deuda anual al principal hipotecario.
annual percentage rate tasa porcentual anual, tasa de porcentaje anual.
annual percentage yield rendimiento porcentual anual.
annual policy póliza anual.
annual premium prima anual.
annual production producción anual.
annual rate tasa anual.
annual rate increase incremento de tasa anual.
annual remuneration remuneración anual.
annual renewable term insurance seguro de término renovable anualmente.
annual rent renta anual.
annual report informe anual.
annual report to shareholders informe anual a los accionistas.
annual report to stockholders informe anual a los accionistas.
annual return rendimiento anual.
annual salary salario anual, sueldo anual.

annual shareholders' meeting asamblea de accionistas anual.
annual statement estado anual, balance anual.
annual stockholders' meeting asamblea de accionistas anual.
annual wage salario anual.
annual yield rendimiento anual.
annuitant rentista, pensionado.
annuitize comenzar los pagos de una anualidad.
annuity anualidad, pensión.
annuity accumulation period período de acumulación de anualidad.
annuity accumulation unit unidad de acumulación de anualidad.
annuity accumulation value valor de acumulación de anualidad.
annuity analysis análisis de anualidad.
annuity bond bono perpetuo.
annuity certain anualidad cierta.
annuity commencement date fecha de comienzo de pagos de anualidad.
annuity contract contrato de anualidad.
annuity due anualidad pagada antes del período.
annuity factor factor de anualidad.
annuity fund fondo de anualidad.
annuity in advance anualidad pagada antes del período.
annuity in arrears anualidad pagada tras el período.
annuity income ingreso de anualidad.
annuity method método de anualidad.
annuity period período de anualidad.
annuity policy póliza de anualidad.
annul anular, cancelar.
annullability anulabilidad.
annullable anulable.
annulment anulación.
anomalous anómalo, irregular.
anomalous endorsement endoso irregular.
anomalous indorsement endoso irregular.
anomaly anomalía.
antecedent debt deuda contraída anteriormente.
antedate antedatar.
antedated antedatado.
antedated check cheque antedatado.

antenuptial prenupcial.
antenuptial contract capitulaciones matrimoniales.
anticipated anticipado.
anticipated acceptance aceptación anticipada.
anticipated balance saldo anticipado.
anticipated cost costo anticipado.
anticipated growth crecimiento anticipado.
anticipated growth rate tasa de crecimiento anticipada.
anticipated holding period período de tenencia anticipada.
anticipated interest intereses anticipados.
anticipated payments pagos anticipados.
anticipated price precio anticipado.
anticipated profit ganancia anticipada.
anticipated return rendimiento anticipado.
anticipated yield rendimiento anticipado.
anticipation anticipación.
anticipatory breach incumplimiento con anticipación.
anticipatory breach of contract incumplimiento de contrato con anticipación.
anticyclical anticíclico.
antidilutive antidiluente.
antidumping law ley contra la venta de mercancía importada a precios por debajo de su va lor de mercado.
antidumping measure medida para impedir la venta de mercancía importada a precios por debajo de su valor de mercado.
antidumping tariff tarifa para impedir la venta de mercancía importada a precios pordebajo de su valor de mercado.
antiinflationary antiinflacionario.
antirebate law ley contra reembolso.
antitrust antimonopolio.
antitrust acts leyes antimonopolio.
antitrust laws leyes antimonopolio.
antitrust legislation legislación antimonopolio.
apartment apartamento, departamento.

apartment building edificio de apartamentos, edificio de departamentos, edificio de pi sos.
apartment house casa de apartamentos.
apparent aparente.
apparent agent representante aparente, agente aparente.
apparent authority autoridad aparente.
apparent danger peligro aparente.
apparent defects defectos aparentes.
apparent easement servidumbre aparente.
apparent error error aparente.
apparent possession posesión aparente.
apparent servitude servidumbre aparente.
apparent title título aparente.
appeal apelación, recurso.
appeals officer oficial de apelaciones.
applicant solicitante.
application aplicación, solicitud.
application fee cargo por solicitud.
application for a loan solicitud de un préstamo.
application for credit solicitud de crédito.
application form formulario de solicitud.
application for registration solicitud de registro.
application for withdrawal solicitud de retiro.
application of funds uso de fondos.
applied aplicado.
applied cost costo aplicado.
applied economics economía aplicada.
apply aplicar, solicitar.
apply for a job solicitar un trabajo.
apply for a loan solicitar un préstamo.
apply for a patent solicitar una patente.
appoint nombrar.
appoint an agent nombrar un agente.
appointee beneficiario, designado.
appointer persona quien designa.
appointing power poder de nombramiento.
appointment designación, cita.

appointment of trustee designación de fiduciario.

apportion prorratear, distribuir.

apportioned prorrateado, distribuido.

apportioned costs costos prorrateados.

apportioned taxes impuestos prorrateados.

apportionment distribución, prorrateo.

apportionment clause cláusula de distribución.

appraisable tasable, evaluable.

appraisal tasación, evaluación, valoración.

appraisal clause cláusula de tasación.

appraisal date fecha de tasación.

appraisal fee cargo de tasación.

appraisal method método de tasación.

appraisal report informe de tasación.

appraisal value valor de tasación.

appraise tasar, evaluar, valorar.

appraised tasado, evaluado, valorado.

appraised value valor tasado.

appraisement tasación, valuación.

appraiser tasador, evaluador.

appreciable apreciable.

appreciate apreciar, avaluar.

appreciated property propiedad apreciada.

appreciation apreciación, avaluación.

appreciation potential potencial de apreciación.

appreciation rate tasa de apreciación.

approach acercamiento.

approbation aprobación.

appropriate apropiar, asignar.

appropriated retained earnings ingresos retenidos apropiados.

appropriation apropiación, asignación.

appropriation account cuenta de apropiación.

appropriation of land expropiación.

approval aprobación.

approval level nivel de aprobación.

approval of credit aprobación de crédito.

approval ratio razón de aprobaciones.

approved aprobado.

approved budget presupuesto aprobado.

approved individual individuo aprobado.

approved list lista aprobada.

approve the budget aprobar el presupuesto.

approximate aproximado.

approximate value valor aproximado.

approximation aproximación.

appurtenances anexidades, accesorios.

appurtenant anexo, accesorio.

appurtenant easement servidumbre anexa.

appurtenant structure estructura anexa.

arbiter árbitro, arbitrador.

arbitrable arbitrable.

arbitrage arbitraje.

arbitrage bond bono de arbitraje.

arbitrage house casa de arbitraje.

arbitrageur arbitrajista.

arbitragist arbitrajista.

arbitral agreement acuerdo arbitral.

arbitrate arbitrar.

arbitration arbitraje.

arbitration clause cláusula arbitral.

arbitration proceeding procedimiento arbitral.

arbitrative arbitrativo.

arbitrator árbitro, arbitrador.

arbitrager arbitrajista.

area área, zona.

arithmetic mean media aritmética.

arm's length transacciones en buena fe entre partes independientes actuan do co nintereses propios.

arm's length bargaining negociaciones en buena fe entre partes independientes con intereses propios.

arm's length transactions transacciones en buena fe entre partes independientes con interesespropios.

arrangement arreglo, concordato.

arrangement with creditors concordato, convenio con acreedores.

arrearage atraso, demora.

arrears atrasos.

arrears, in en mora, vencido.

arson incendio intencional.

arson clause cláusula de incendio intencional.

articles artículos, cláusulas.

articles of agreement cláusulas de un contrato.

articles of amendment modificaciones a la acta constitutiva, modificaciones a los es tatutos sociales.

articles of association artículos de asociación, acta de fundación.

articles of dissolution acta de disolución.

articles of incorporation acta constitutiva, documento de incorporación.

articles of partnership contrato para formar una sociedad.

artificial currency moneda artificial.

ascending tops topes ascendentes.

as is en la condición que está.

asked price precio mínimo, precio inicial.

asking price precio inicial.

ask price precio de oferta de venta.

as per agreement de acuerdo a lo convenido.

as per contract de acuerdo al contrato.

assay ensayo.

assecuration seguro marítimo.

assecurator asegurador marítimo.

assemblage combinación, asamblea.

assembly line línea de montaje.

assembly plant planta de montaje.

assess valorar, tasar, amillarar.

assessable capital shares acciones de capital gravables.

assessable capital stock acciones de capital gravables.

assessable insurance seguro con primas adicionales posibles.

assessable policy póliza con primas adicionales posibles.

assessable shares acciones gravables.

assessable stock acciones gravables.

assessed valorado, tasado, amillarado.

assessed valuation valuación fiscal.

assessed value valuación fiscal.

assessment contribución, amillaramiento, tasación.

assessment base valor de la propiedad en un distrito fiscal.

assessment bond bono a pagarse por contribuciones.

assessment district distrito fiscal.

assessment insurance seguro de cuota-parte.

assessment list lista de contribuyentes.

assessment of deficiency determinación de deficiencia.

assessment plan contrato de seguro en el cual los pagos dependen de las contribucionesde otros con contratos similares.

assessment ratio razón de valuación.

assessment roll registro de contribuyentes.

assessor asesor, tasador.

asset activo, elemento del activo.

asset administration administración del activo.

asset administrator administrador del activo.

asset allocation asignación de inversiones.

asset-allocation decision decisión sobre asignación de inversiones.

asset and liability sheet balance.

asset and liability statement balance.

asset-backed securities valores respaldados por activo.

asset-based lending préstamos respaldados por activo.

asset coverage cobertura del activo.

asset depreciation range intervalo de depreciación de bienes.

asset depreciation range system sistema de intervalos de depreciación de bienes.

asset financing financiamiento respaldado por activo.

asset freeze congelación del activo.

asset insufficiency insuficiencia del activo.

asset-liability administration administración de activo y pasivo.

asset-liability management administración de activo y pasivo.

asset management administración del activo.

asset management account cuenta de administración del activo.

asset manager administrador del activo.

asset quality calidad del activo.

assets bienes, activos.

asset sales ventas de elementos del activo.

assets and liabilities activo y pasivo.

assets per descent bienes hereditarios.

asset sufficiency suficiencia del activo.

asset swap intercambio de elemento del activo.

asset turnover movimiento del activo.

assign asignar, transferir.

assignability transferibilidad.

assignable asignable, transferible.

assignable lease arrendamiento transferible.

assignation asignación, transferencia.

assigned asignado.

assigned account cuenta asignada.

assigned risk riesgo asignado.

assignee beneficiario, cesionario.

assigner cedente, transferidor.

assignment asignación, transferencia, cesión, traspaso.

assignment for benefit of creditors cesión de bienes para el beneficio de acreedores.

assignment of account transferencia de cuenta.

assignment of accounts receivable transferencia de cuentas por cobrar.

assignment of contract transferencia de contrato.

assignment of debts transferencia de deudas.

assignment of income transferencia de ingresos.

assignment of lease transferencia de arrendamiento.

assignment of mortgage transferencia de hipoteca.

assignment of rents transferencia de rentas.

assignment of wages transferencia de salario.

assignment with preferences cesión preferencial.

assigns cesionarios, sucesores.

assimilation asimilación.

associate bank banco asociado.

associate broker corredor asociado.

associated asociado.

associated company compañía asociada.

associated corporation corporación asociada.

associated person persona asociada.

associate member miembro asociado.

association asociación.

association group grupo de asociación.

association group insurance seguro de grupo de asociación.

association number número de asociación.

as soon as possible tan pronto como sea posible.

as soon as practicable tan pronto como sea razonablemente posible.

assumable asumible.

assumable loan préstamo asumible.

assumable mortgage hipoteca asumible.

assume asumir, adoptar.

assume a debt asumir una deuda.

assume a loan asumir un préstamo.

assume a mortgage asumir una hipoteca.

assume an obligation asumir una obligación.

assumed asumido, adoptado.

assumed bond bono asumido.

assumed liability responsabilidad asumida.

assumed name alias.

assumed risk riesgo asumido.

assumpsit promesa de pago a otro, acción por incumplimiento de contrato.

assumption asunción, suposición.

assumption clause cláusula de asunción.

assumption fee cargo de asunción.

assumption of debt asunción de deuda.

assumption of indebtedness asunción de deuda.

assumption of loan asunción de préstamo.

assumption of mortgage asunción de hipoteca.

assumption of obligation asunción de obligación.

assumption of risk asunción de riesgo.

assurable asegurable.

assurance promesa, garantía, certidumbre, seguro.

assure asegurar, garantizar, prometer.

assured asegurado.

assurer asegurador.

at a discount a descuento.

at a premium con prima.

at arm's length transacciones en buena fe entre partes independientes actuan do co nintereses propios.

at cost al costo.

at market al precio del mercado.

at par a la par.

at risk a riesgo.

at-risk rules riesgo concerniente al monto a riesgo.

at sight a la vista.

attached anexo, embargado.

attached account cuenta embargada.

attaching creditor acreedor embargante.

attachment embargo, fijación, anejo.

attachment bond fianza para liberar un embargo.

attachment of assets embargo de bienes.

attachment of earnings embargo de ingresos.

attachment of property embargo de propiedad.

attachment of risk transferencia de riesgo.

attained age edad alcanzada.

attempt to monopolize intento de monopolizar.

attest atestiguar, certificar.

attested atestiguado, certificado.

attested copy copia certificada.

attested signature firma certificada.

attester quien certifica, quien atestigua.

attesting witness testigo certificador.

at the close al cierre.

at the market al precio del mercado.

at the money al mismo precio equivalente.

at the opening a la apertura.

attorn transferir, ceder, reconocer un nuevo dueño.

attorney-in-fact apoderado.

attornment reconocimiento de un nuevo dueño por el arrendatario.

attractive nuisance estorbo atractivo.

attribute sampling muestreo por atributos.

attribution atribución.

attrition agotamiento, desgaste.

auction subasta.

auctioneer subastador.

auction market mercado de subasta.

audience audiencia.

audience flow flujo de la audiencia.

audience study estudio de la audiencia.

audit auditoría, intervención.

audit adjustment ajuste de auditoría.

audit an account auditar una cuenta.

audit certificate certificado de auditoría.

audit comment comentario de auditoría.

audit committee comité de auditoría.

audit cycle ciclo de auditoría.

audit department departamento de auditoría.

audit division división de auditoría.

audit examination examinación de auditoría.

audit function función de auditoría.

auditing auditoría, intervención.

auditing evidence evidencia de auditoría.

auditing of accounts auditoría de cuentas.

auditing procedures procedimientos de auditoría.

auditing process proceso de auditoría.

auditing standards normas de auditoría.

auditing system sistema de auditoría.

auditing year año de auditoría.

audit office oficina de auditoría.

audit opinion informe del contador público autorizado, opinión relativa a una audi toría.

auditor auditor.

auditor's certificate dictamen del auditor.

auditor's opinion opinión del auditor.

auditor's report informe del auditor.

audit period período de auditoría.

audit procedures procedimientos de auditoría.

audit program programa de auditoría.

audit report informe de auditoría.

audit risk riesgo de auditoría.

audit scope alcance de auditoría.

audit standards normas de auditoría.

audit techniques técnicas de auditoría.

audit trail rastro de auditoría.

augment aumentar, acrecentar.

augmentation aumento, acrecentamiento.

authentication autenticación.
authentication of signature
autenticación de firma.
authority autoridad.
authority to contract autorización
para contratar.
authority to negotiate autorización
para negociar.
authority to operate autorización
para operar, autorización para funcionar.
authority to pay autorización para
pagar.
authority to purchase autorización
de compra.
authorization autorización.
authorization center centro de
autorizaciones.
authorization code código de
autorización.
authorization department
departamento de autorizaciones.
authorization division división de
autorizaciones.
authorization number número de
autorización.
authorization office oficina de
autorizaciones.
authorization request petición de
autorización.
authorize autorizar.
authorized autorizado.
authorized agent agente autorizado.
authorized auditor auditor autorizado.
authorized bank banco autorizado.
authorized capital capital autorizado.
authorized capital shares acciones
autorizadas, emisión autorizada.
authorized capital stock acciones
autorizadas, emisión autorizada.
authorized dealer comerciante
autorizado, intermediario autorizado.
authorized insurer asegurador
autorizado.
authorized investment inversión
autorizada.
authorized issue emisión autorizada.
authorized representative
representante autorizado.
authorized shares acciones
autorizadas, emisión autorizada.
authorized signature firma
autorizada.

authorized stock acciones autorizadas,
emisión autorizada.
authorized transfer transferencia
autorizada.
authorized use uso autorizado.
autocorrelation autocorrelación.
automated automatizado.
automated clearinghouse casa de
liquidación automatizada.
automated data processing
procesamiento de datos automatizado.
automated teller cajero automático.
automated teller machine cajero
automático.
automatic automático.
automatic bill payment pago de
facturas automático.
automatic coverage cobertura
automática.
automatic deposit depósito
automático.
automatic deposit plan plan de
depósitos automático.
automatic dividend reinvestment
reinversión de dividendos automática.
automatic fund transfer
transferencia de fondos automática.
automatic guaranty garantía
automática.
automatic payment pago automático.
automatic progression progresión
automática.
automatic proportional reinsurance
reaseguro proporcional automático.
automatic reinstallation
reinstalación automática.
automatic reinstallation clause
cláusula de reinstalación automática.
automatic reinsurance reaseguro
automático.
automatic reinvestment reinversión
automática.
automatic renewal renovación
automática.
automatic stabilizer estabilizador
automático.
automatic stay aplazamiento
automático.
automatic teller machine cajero
automático.
automatic transfer transferencia
automática.

automatic transfer of funds transferencia automática de fondos.

automatic withdrawal retiro automático.

automation automatización.

automobile assigned risk insurance seguro de riesgo asignado de automóvil.

automobile insurance seguro de automóvil.

automobile liability insurance seguro de responsabilidad pública de automóvil.

autonomous autónomo.

autonomous investment inversión autónoma.

autonomous tariff tarifa autónoma.

autonomous transaction transacción autónoma.

auxiliary auxiliar.

auxiliary covenant cláusula auxiliar.

availability disponibilidad.

availability clause cláusula de disponibilidad.

availability date fecha de disponibilidad.

availability schedule tabla de disponibilidad.

available disponible, válido.

available assets activo disponible.

available balance saldo disponible.

available capital capital disponible.

available cash efectivo disponible.

available credit crédito disponible.

available for work disponible para trabajo.

available funds fondos disponibles.

available reserve reserva disponible.

available resources recursos disponibles.

available surplus superávit disponible.

average promedio, media, avería.

average adjuster liquidador de averías.

average age of inventory edad media de inventario.

average annual yield rendimiento anual medio.

average balance saldo medio.

average benefit test prueba de beneficio medio.

average collection period período de cobro medio.

average cost costo medio.

average daily balance saldo diario medio.

average down compra de acciones addicionales de una compañía para reducir el precio promedio en cartera.

average due date fecha de vencimiento media.

average equity equidad media.

average fixed costs costos fijos medios.

average gross sales ventas brutas medias.

average income ingreso medio.

average inventory inventario medio.

average life vida media.

average net cost costo neto medio.

average price precio medio.

average productivity productividad media.

average quality calidad media.

average rate tasa media.

average rate of return tasa de rendimiento media.

average remuneration remuneración media.

average return rendimiento medio.

average revenue ingresos medios.

average tax rate tasa impositiva media.

average unit cost costo unitario medio.

average up compras sucesivas de acciones de una compañía que sube de precio.

average variable cost costo variable medio.

average wage salario medio.

average weekly wage salario semanal medio.

average yield rendimiento medio.

aviation insurance seguro de aviación.

avoidable evitable.

avoidable cost costo evitable.

avoidable delay demora evitable.

avoidance evitación, anulación.

avoidance of taxes evitación de impuestos.

avulsion avulsión.

award a contract adjudicar un contrato, otorgar un contrato.

award of contract adjudicación de contrato.

award to the best bidder adjudicar al mejor postor.

away-going crop cosecha del arrendatario, cultivo que antecede la expiración de un ar rendamiento.

baby bond bono de valor nominal de menos de mil dólares.

back respaldar, financiar, endosar.

back charges cargos atrasados.

back contracts contratos de futuros con expiraciones lejanas.

backdate antedatar.

backdating antedatar.

back-end load fondo mutuo que cobra comisión al vender acciones.

back-end load mutual fund fondo mutuo que cobra comisión al vender acciones.

backer financiador, garante, patrocinador.

background trasfondo.

background check comprobación de trasfondo.

background investigation investigación de trasfondo.

background processing procesamiento de trasfondo.

backing respaldo, garantía.

backlands tierras no contiguas.

backlog acumulación.

backlog of orders acumulación de pedidos.

backorder orden a cumplirse cuando haya inventario.

backpay sueldos atrasados, sueldos devengados.

backrent rentas atrasadas.

back spread differencia de precios más allá de lo usual para el mismo artículo endo smercados.

back taxes impuestos atrasados.

backtracking antigüedad, desplazamiento de un empleado por otro con más tiem po en e ltrabajo.

backup respaldo, apoyo.

backup contract contrato de reserva.

backup line línea de crédito de apoyo.

backup withholding retención de reserva.

backwardation descuento por aplazamiento.

backward vertical integration integración vertical hacia atrás.

bad character mal carácter.

bad check cheque sin fondos, cheque devuelto.

bad debt deuda incobrable.

bad-debt collection cobro de deuda incobrable.

bad-debt expenditures gastos por deudas incobrables.

bad-debt expense gasto por deuda incobrable.

bad debtor persona que no acostumbra pagar sus deudas.

bad-debt recovery cobro de parte de deuda incobrable, cobro de deuda incobrable.

bad-debt reserve reserva para deudas incobrables.

bad-debt write-off cancelación de deuda incobrable.

bad delivery entrega sin todo en ordern.

bad faith mala fe.

badges of fraud señales de fraude.

bad risk mal riesgo.

bad title título imperfecto.

baggage insurance seguro de equipaje.

bailee depositario.

bailment depósito, entrega.

bailment for hire depósito a título oneroso.

bailment lease arrendamiento con opción de compra.

bailor depositante.

bailout rescate.

bailout provision cláusula de retiro de fondos.

bait and switch atraer clientela con una mercancía y ofrecer otra.

bait and switch advertising publicidad para atraer clientela con una mercancía y ofrecer otra.

baker's dozen trece.

balance balance, saldo, equilibrio.

balance a budget equilibrar un presupuesto.

balance an account saldar una cuenta.

balance certificate certificado de balance.

balanced equilibrado.

balanced budget presupuesto equilibrado.

balanced economic growth crecimiento económico equilibrado.

balanced economy economía equilibrada.

balanced fund fondo equilibrado.

balanced group grupo equilibrado.

balanced growth crecimiento equilibrado.

balanced mutual fund fondo mutuo equilibrado.

balance due saldo deudor, balance adeudado.

balance of account balance de cuenta.

balance of foreign exchange balanza de divisas.

balance of indebtedness balanza de endeudamiento.

balance of international payments balanza de pagos internacionales.

balance of payments balanza de pagos.

balance of payments deficit déficit en la balanza de pagos.

balance of payments equilibrium equilibrio en la balanza de pagos.

balance of payments surplus superávit en la balanza de pagos.

balance of retained earnings equilibrio de ingresos retenidos.

balance of trade balanza comercial.

balance on hand saldo disponible.

balance outstanding saldo pendiente.

balance sheet balance, hoja de balance, estado de situación.

balance sheet account cuenta del balance.

balance sheet audit auditoría del balance.

balance sheet equation ecuación del balance.

balance sheet item partida del balance.

balance sheet ratios razones del balance.

balance sheet reserves reservas del balance.

balance the budget equilibrar el presupuesto.

balancing entry contrapartida.

balancing item contrapartida.

balloon pago final mayor.

balloon maturity préstamo con pago final mayor.

balloon mortgage hipoteca con pago final mayor.

balloon payment pago final mayor.

bank banco.

bankable negociable, comerciable conforme a la práctica bancaria.

bank acceptance aceptación bancaria.

bank account cuenta bancaria.

bank accounting contabilidad bancaria.

bank administration administración de banco, administración bancaria.

bank advance adelanto bancario.

bank auditor auditor de banco, auditor bancario.

bank balance balance bancario.

bank bill billete de banco, nota bancaria.

bank board junta del banco.

bankbook libreta de banco, libreta de ahorros.

bank bookkeeping contabilidad bancaria.

bank branch sucursal bancaria.

bank by mail banca por correo.

bank by phone banca por teléfono.

bank call inspección gubernamental bancaria.

bankcard tarjeta bancaria.

bank cashier cajero de banco.

bank cash ratio razón de encaje.

bank certificate of deposit certificado de depósito bancario.

bank charge cargo bancario.

bank charter autorización para operar un banco.

bank check cheque, cheque de caja.

bank clearing compensación bancaria.

bank commission comisión bancaria.

bank commissioner comisionado de la banca, comisionado bancario.

bank confirmation confirmación bancaria.

bank connection conexión bancaria.

bank credit crédito bancario.

bank credit card tarjeta de crédito bancaria.

bank currency billete de banco.

bank debit débito bancario.

bank deposit depósito bancario.

bank deregulation desreglamentación bancaria.

bank director miembro de la junta directiva de un banco, director de banco, director bancario.

bank discount descuento bancario.

bank discount rate tasa de descuento bancaria.

bank draft letra bancaria.

bank employee empleado de banco, empleado bancario.

bank endorsement endoso bancario.

banker banquero.

banker's acceptance aceptación bancaria.

bankers' bank banco de banqueros.

banker's note nota bancaria.

banker's payment pago de banquero.

banker's shares acciones de banquero.

bank examination examinación de banco.

bank examiner examinador de bancos.

bank failure quiebra bancaria.

bank fee cargo bancario.

bank-guaranteed garantizado por banco.

bank-guaranteed fund fondo garantizado por banco.

bank guaranty garantía bancaria.

bank holding company compañía tenedora de banco.

bank holiday día festivo bancario.

bank house casa de banca.

bank identification identificación bancaria.

bank identification number número de identificación bancaria.

bank income ingresos bancarios.

bank indorsement endoso bancario.

banking banca.

banking business negocio bancario.

banking chain cadena bancaria.

banking charges cargos bancarios.

banking commission comisión bancaria.

banking company compañía bancaria.

banking corporation corporación bancaria.

banking department departamento bancario.

banking group grupo bancario.

banking hours horas bancarias.

banking house casa bancaria.

banking institution institución bancaria.

banking laws leyes bancarias.

banking network red bancaria.

banking office oficina bancaria.

banking operations operaciones bancarias.

banking power poder bancario.

banking services servicios bancarios.

banking syndicate sindicato bancario.

banking system sistema bancario.

banking transfer transferencia bancaria.

bank insolvency insolvencia bancaria.

bank investment contract contrato de inversión bancario.

bank ledger libro mayor.

bank lending préstamos bancarios.

bank lien gravamen bancario.

bank line línea de crédito bancaria.

bank liquidity liquidez bancaria.

bank liquidity ratio razón de liquidez bancaria.

bank loan préstamo bancario.

bank management administración de banco.

bank manager gerente de banco.

bank merger fusión bancaria.

bank money depósitos bancarios, dinero bancario.

bank money order giro bancario.

banknote billete de banco, nota bancaria.

banknote issue emisión de billetes de banco.

bank of circulation banco de emisión.

bank of deposit banco de ahorro.

bank official oficial de banco, oficial bancario.

bank of first deposit banco de depósito inicial.

bank of issue banco emisor.

bank overdraft sobregiro bancario.

bank paper papel bancario.

bank passbook libreta de banco, libreta de ahorros.

bank quality calidad de banco.

bank rate tasa bancaria.

bank rate cut reducción de la tasa bancaria.

bank rate increase aumento de la tasa bancaria.

bank rate reduction reducción de la tasa bancaria.

bank reconciliation reconciliación de estado bancario.

bank reference referencia bancaria.

bank regulation reglamentación bancaria.

bank reserves reservas bancarias.

bankroll fondo, caudal.

bank run retiro masivo y general de fondos de un banco.

bankrupt quebrado, insolvente, fallido.

bankrupt company compañía quebrada.

bankrupt corporation corporación quebrada.

bankruptcy quiebra, insolvencia, bancarrota.

bankruptcy costs costos de quiebra.

bankruptcy court tribunal de quiebra.

bankruptcy creditor acreedor de quiebra.

bankruptcy discharge rehabilitación del quebrado.

bankruptcy distribution distribución de bienes del quebrado a los acreedores.

bankruptcy laws leyes de quiebra.

bankruptcy notice aviso de quiebra.

bankruptcy petition petición de quiebra.

bankruptcy prediction predicción de quiebra.

bankruptcy proceedings juicio de quiebra.

bankruptcy trustee fideicomisario de la quiebra, síndico de la quiebra.

bankrupt firm empresa quebrada.

bankrupt partner socio quebrado.

bankrupt person quebrado.

bank securities valores bancarios.

bank service charge cargo por servicios bancarios.

bank service fee cargo por servicios bancarios.

bank shares acciones bancarias.

bank stamp sello bancario.

bank statement estado financiero bancario, estado de cuenta, extracto de cuenta ban caria.

bank stock acciones bancarias.

bank supervision supervisión bancaria.

bank syndicate sindicato bancario.

bank transfer transferencia bancaria.

bank trust department departamento fiduciario de banco.

bank trust division división fiduciaria de banco.

bank trust office oficina fiduciaria de banco.

bar code reader lectora de código de barras.

bareboat charter contrato donde quien arrienda una nave es dueño para todos efectos durante el período de arrendamiento.

bare patent license permiso para vender un producto patentado sin derecho de exclusivid ad.

bare trustee fiduciario de un fideicomiso pasivo.

bargain n negocio, convenio, contrato, ganga.

bargain v negociar, convenir, regatear.

bargain and sale compraventa, contrato de compraventa.

bargain and sale deed escritura de compraventa.

bargain collectively negociar colectivamente.

bargainee comprador.

bargainer negociador, vendedor.

bargaining negociación, regateo.

bargaining agent agente de negociaciones.

bargaining position posición de negociación.

bargaining power poder de negociación.

bargaining rights derechos a negociaciones.

bargaining strength fuerza de negociación.

bargaining unit unidad de negociaciones.

bargain money caparra, depósito, anticipo.

bargainor negociador, vendedor.

barometer barómetro.

barometer securities valores barométricos.

barometer stocks acciones barométricas.

barren money deuda que no devenga intereses.

barrier barrera.

barriers to entry barreras a la entrada.

barriers to trade barreras al comercio.

barter permutar.

barter agreement tratado de permuta.

barter economy economía de permutas.

barter taxation imposición de permuta.

barter transaction transacción de permuta.

base cost costo base.

base freight flete base, carga base.

base interest rate tasa de interés base.

base inventory level nivel de inventario base.

baseline línea base.

base market value valor de mercado base.

base pay sueldo básico, sueldo base.

base pay rate tasa de sueldo base.

base period período base.

base premium prima base.

base price precio base.

base rate tasa base.

base rate of pay tasa base de sueldo.

base remuneration remuneración básica.

base rent alquiler base.

base salary salario básico.

base stock existencias base.

base time tiempo base.

base value valor base.

base year año base.

base-year analysis análisis de año base.

basic básico.

basic account cuenta básica.

basic accounting equation ecuación de contabilidad básica.

basic agreement convenio básico.

basic balance balanza básica.

basic cost costo básico.

basic expenditure gasto básico.

basic expense gasto básico.

basic insurance premium prima de seguro básica.

basic limit límite básico.

basic limit of liability límite básico de responsabilidad.

basic pay paga básica.

basic premium prima básica.

basic price precio básico.

basic rate tasa básica.

basic rating clasificación básica.

basic salary salario básico.

basic wages salario básico.

basic yield rendimiento básico.

basis base.

basis of accounting base de contabilidad.

basis of assessment base de imposición.

basis of bargain garantía explícita.

basis point una centésima de un porciento.

basis price precio cotizado a base de la tasa porcentual anual, precio base.

basket of currencies canasta de monedas.

batch system sistema de paquetes.

battle of the forms las distintas formas para aceptar y confirmar los términos de contrat os.

Bayesian probability probabilidad bayesiana.

Bayesian statistics estadística bayesiana.

bear bajista.

bearer portador.

bearer bond bono al portador.

bearer certificate certificado al portador.

bearer check cheque al portador.

bearer debenture obligación al portador.

bearer depository receipt recibo de depósito al portador.

bearer form valor al portador sin registro.

bearer instrument instrumento al portador.

bearer note pagaré al portador.

bearer paper obligación al portador.

bearer scrip vale al portador.

bearer securities valores pagaderos al portador.

bearer shares acciones al portador.

bearer stock acciones al portador.

bear interest devengar intereses.

bear market mercado bajista.

bear spread combinación bajista de opciones de compra y venta.

become obsolete quedar obsoleto.

before-and-after rule regla de antes y después.

before-and-after test prueba de antes y después.

before closing antes del cierre.

before opening antes de la apertura.

before-tax preimpuestos, antes de impuestos.

before-tax cash flow flujo de fondos antes de impuestos.

before-tax earnings ingresos antes de impuestos.

before taxes antes de contribuciones, antes de pagar impuestos.

before-tax income ingresos antes de impuestos.

before-tax profits ganancias antes de impuestos.

before-tax rate of return tasa de rendimiento antes de impuestos.

before-tax return rendimiento antes de impuestos.

before-tax yield rendimiento antes de impuestos.

beginning balance balance inicial.

beginning interest rate tasa de interés inicial.

beginning inventory inventario inicial.

beginning of the month comienzo del mes.

beginning of the period comienzo del período.

beginning price precio inicial.

beginning rate tasa inicial.

belated interest intereses atrasados.

bellwether indicador de tendencias.

bellwether securities valores indicativos de tendencias.

bellwether stocks acciones indicativas de tendencias.

belongings pertenencias, bienes.

below-market interest rate tasa de interés bajo la del mercado, tasa de interés por debajo de la me dia del mercado.

below-market rate tasa bajo la del mercado.

below par bajo la par.

below the line bajo la línea.

below-the-line deduction deducción bajo la línea.

benchmark price precio de referencia.

benefactor benefactor.

beneficial beneficioso, útil.

beneficial association sociedad de beneficencia.

beneficial enjoyment disfrute de un derecho para beneficio propio.

beneficial estate derecho real de propiedad para beneficio propio.

beneficial interest derecho de usufructo.

beneficial owner usufructuario.

beneficial use uso provechoso.

beneficiary beneficiario.

beneficiary clause cláusula de beneficiario.

beneficiary identifier identificador de beneficiario.

beneficiary of an insurance policy beneficiario de una póliza de seguros.

beneficiary of a policy beneficiario de una póliza.

beneficiary of trust beneficiario del fideicomiso, fideicomisario.

beneficiary's bank banco del beneficiario.

beneficiary's bank identifier identificador del banco del beneficiario.

benefit beneficio, ganancia.

benefit-based pension plan plan de pensión basado en beneficios.

benefit-cost analysis análisis beneficio-costo.

benefit-cost ratio razón beneficio-costo.

benefit formula fórmula de beneficios.

benefit period período de beneficios.

benefit principle principio de beneficios.

benefit society sociedad de beneficencia.

benefit tax theory teoría contributiva de beneficios.

benefit theory teoría de beneficios.

benefit year año de beneficios.

benevolent association sociedad de beneficencia.

benevolent corporation corporación sin fines de lucro.

bequeath legar.

bequeathment legado.

bequest legado.

best bid mejor oferta.

best effort mejor esfuerzo.
best efforts offering ofrecimiento a base del mejor esfuerzo.
best estimate mejor estimado.
best offer mejor oferta.
bestow conferir, donar a.
bestowal donación, otorgamiento.
best use el uso óptimo.
beta beta.
beta coefficient coeficiente beta.
beta risk riesgo beta.
betterment mejoramiento, mejora.
betterment tax impuesto para mejoras.
beyond control más allá del control.
beyond seas ultramar.
biannual semestral, semianual.
biannual adjustment ajuste semianual.
biannual audit auditoría semianual.
biannual basis base semianual.
biannual bonus bono semianual.
biannual budget presupuesto semianual.
biannual charge cargo semianual.
biannual earnings ingresos semianuales.
biannual income ingreso semianual.
biannual interest intereses semianuales.
biannual premium prima semianual.
biannual production producción semianual.
biannual rate tasa semianual.
biannual return rendimiento semianual.
biannual yield rendimiento semianual.
bid oferta, propuesta.
bid and asked precio máximo de compra y precio mínimo de venta de un valor en un momen t odado.
bid bond fianza de oferta.
bidder postor, licitador.
bidding licitación, remate.
bidding conditions condiciones de licitación.
bid price precio de oferta de compra.
biennial bienal.
bilateral bilateral.
bilateral agreement convenio bilateral, tratado bilateral.
bilateral aid ayuda bilateral.

bilateral arrangement arreglo bilateral.
bilateral assistance asistencia bilateral.
bilateral clearing compensación bilateral.
bilateral contract contrato bilateral.
bilateral credit limit límite de crédito bilateral.
bilateral flow flujo bilateral.
bilateralism bilateralismo.
bilaterally bilateralmente.
bilateral mistake equivocación bilateral.
bilateral monopoly monopolio bilateral.
bilateral payments agreement tratado de pagos bilateral.
bilateral risk riesgo bilateral.
bilateral trade comercio bilateral.
bi-level de dos niveles.
bill factura, efecto, letra, documento, billete de banco, valor.
bill book libro de letras.
bill broker corredor de letras.
bill diary libro de letras.
billed facturado.
billed principal principal facturado.
biller facturador.
bill for collection letra al cobro, letra a cobrar.
bill holder tenedor de letra.
billing facturación.
billing cycle ciclo de facturación.
billing date fecha de facturación.
billing department departamento de facturación.
billing division división de facturación.
billing error error de facturación.
billing office oficina de facturación.
billing period período de facturación.
bill obligatory pagaré sellado.
bill of adventure documento de aventura.
bill of credit carta de crédito.
bill of debt pagaré.
bill of exchange letra de cambio, cédula de cambio.
bill of gross adventure contrato a la gruesa.
bill of health certificado de sanidad.
bill of lading conocimiento de embarque.

bill of lading clause cláusula del conocimiento de embarque.

bill of materials lista de materiales.

bill of parcels factura.

bill of sale contrato de venta, contrato de compraventa.

bill of sight declaración provisional, declaración aproximada de importador.

bill of trading conocimiento de embarque.

bill payable cuenta a pagar, letra a pagar.

bill payment pago de facturas.

bill receivable cuenta a cobrar, letra a cobrar.

bill register registro de letras.

bill single pagaré.

bimester bimestre.

bimestrial bimestral.

bimetallism bimetalismo.

bimonthly bimestral.

bind comprometer, obligar.

binder documento provisional de seguro.

binding obligatorio.

binding agreement convenio obligatorio.

binding arbitration arbitración obligante.

binding receipt recibo obligante.

binding signature firma obligante.

bissextile bisiesto.

biweekly quincenal, bisemanal.

biweekly loan préstamo bisemanal.

biweekly mortgage hipoteca bisemanal.

biweekly mortgage rate tasa de hipoteca bisemanal.

biweekly payment pago bisemanal.

biweekly rate tasa bisemanal.

biyearly semestral.

black list lista negra.

blacklisting discriminación contra miembros de una lista negra.

black market mercado negro, estraperlo.

black market price precio en el mercado negro.

blank en blanco.

blank acceptance aceptación en blanco.

blank bill letra en blanco, letra al portador.

blank check cheque en blanco.

blank endorsement endoso en blanco, endoso al portador.

blanket bond caución de fidelidad colectiva.

blanket contract contrato de seguro múltiple.

blanket coverage cobertura múltiple.

blanket fidelity bond caución de fidelidad colectiva.

blanket insurance seguro múltiple.

blanket insurance contract contrato de seguro múltiple.

blanket insurance coverage cobertura de seguro múltiple.

blanket insurance policy póliza de seguro múltiple.

blanket limit límite de cobertura total por area.

blanket loan préstamo colectivo.

blanket mortgage hipoteca colectiva.

blanket order órden por adelantado para suplir la demanda anticipada.

blanket policy póliza de cobertura múltiple.

blanket rate prima de cobertura múltiple.

blanket recommendation recomendación colectiva.

blanket waybill carta de porte múltiple.

blank form formulario en blanco.

blank indorsement endoso en blanco, endoso al portador.

blended credit crédito combinado.

blended rate tasa promedia.

blended value valor promedio.

blind entry asiento ciego.

blind pool fondo común ciego.

blind trust fideicomiso ciego.

block n bloque, lote, cuadra, manzana.

block v bloquear, obstruir.

blockade bloqueo, obstrucción.

block automation system sistema de automatización de bloques.

blockbusting inducir a vender propiedad usando como la razón la presencia de grupo é tnico, inducir a vender propiedad usando el miedo a la llegada de un grupo ét nico.

blocked account cuenta congelada, cuenta bloqueada.

blocked balances saldos bloqueados.
blocked currency moneda bloqueada.
blocked deposit depósito bloqueado.
blocked funds fondos bloqueados.
block of shares bloque de acciones.
block positioner colocador de bloques.
block sale venta de bloque.
block trade transacción de bloque.
block transaction transacción de bloque.
blue chips acciones de primera calidad.
blue chip securities valores de primera calidad.
blue chip stocks acciones de primera calidad.
blue laws leyes de cierre los domingos.
blue sky laws leyes estatales reguladoras del comercio bursátil.
board junta, consejo.
board of arbitration junta de arbitraje.
board of directors junta directiva, consejo de dirección.
board of equalization junta de uniformidad de impuestos sobre la propiedad.
board of governors junta de gobernadores.
board of trade junta de comercio.
board of trustees junta de fiduciarios.
board of underwriters junta de aseguradores.
boardroom sala de juntas.
bodily injury lesión corporal.
body corporate corporación, persona jurídica.
body of an instrument lo clave de un documento.
bogus check cheque falso.
boilerplate lenguaje estandarizado en documentos legales.
boiler room transactions venta de inversiones dudosas con presión excesiva.
boiler shop transactions venta de inversiones dudosas con presión excesiva.
bona fide de buena fe, bona fide.
bona fide error error en buena fe.
bona fide holder for value tenedor de buena fe, poseedor de buena fe.
bona fide operation negocio legítimo.
bona fide purchaser comprador de buena fe.
bona fide sale venta de buena fe.

bond bono, caución, fianza, vínculo, título.
bond amortization amortización de bono.
bond anticipation note nota en anticipación a una emisión de bonos.
bond average promedio de bonos.
bond broker corredor de bonos.
bond buy-back recompra de bonos.
bond circular circular de bono.
bond conversion conversión de bono.
bond coupon cupón de bono.
bond creditor acreedor con caución.
bond discount descuento de bono.
bonded debt deuda garantizada por bonos.
bonded goods mercancías puestas en almacén afianzado.
bonded warehouse almacén afianzado.
bond equivalent yield rendimiento equivalente de bono.
bond fund fondo de bonos.
bondholder bonista.
bond holder tenedor de bonos.
bond income ingresos de bono.
bond indenture escritura de emisión de bonos.
bond interest interés de bono.
bond interest coverage cobertura de intereses de bonos.
bond investment inversión en bonos.
bond issuance emisión de bonos.
bond issue emisión de bonos.
bond issue cost costo de emisión de bonos.
bond market mecado de bonos.
bond mutual fund fondo mutuo de bonos.
bond portfolio cartera de bonos.
bond premium prima de bono.
bond price precio de bono.
bond quotation cotización de bono.
bond quote cotización de bono.
bond rating clasificación de bono.
bond ratio razón de bonos.
bond register registro de bonos.
bond retirement retiro de bonos.
bond sinking fund fondo de amortización de bonos.
bonds issued bonos emitidos.
bond swap intercambio de bonos.

bond table tabla de bonos.
bond trustee fiduciario de emisión de bonos.
bond yield rendimiento de bono.
bond yield to maturity rendimiento al vencimiento de bono.
bonification bonificación.
bonification of taxes bonificación de contribuciones.
bonus bonificación, prima.
bonus incentives incentivos por bonificaciones.
bonus method método de bonificación.
bonus plan plan de bonificaciones.
bonus system sistema de bonificaciones.
book libro, registro, tomo.
book account estado detallado de cuenta, registro contable.
book debt deuda en libros.
book depreciation depreciación en libros.
book entry asiento contable, anotaciones en libros de contabilidad, registro d einversiones en computadora.
book entry securities valores sin certificados.
book inventory inventario en libros.
bookkeeper contable, tenedor de libros.
bookkeeping contabilidad, teneduría de libros.
bookkeeping cycle ciclo de contabilidad.
bookkeeping department departamento de contabilidad.
bookkeeping method método de contabilidad.
book loss pérdida en libros.
book of account libro de contabilidad.
book of original entries registro de transacciones.
book profit ganancias en libros, beneficio contable.
book value valor contable, valor en libros.
book value per common share valor contable por acción común.
book value per share valor contable por acción.
borderline risk riesgo cuestionable.
border price precio en la frontera.
border tax impuesto en la frontera, impuesto fronterizo.

borrow pedir prestado.
borrowed prestado.
borrowed capital capital prestado.
borrowed funds fondos prestados.
borrowed reserve reserva prestada.
borrowed shares acciones prestadas.
borrowed stock acciones prestadas.
borrower prestatario.
borrowing agreement convenio de tomar prestado.
borrowing capacity capacidad de tomar prestado.
borrowing power poder de tomar prestado, capacidad de tomar prestado.
borrowing power of securities capacidad de tomar prestado de valores.
borrowing power of shares capacidad de tomar prestado de acciones.
borrowing power of stocks poder de tomar prestado de acciones.
borrowings préstamos recibidos.
bottom mínimo, precio de soporte, precio mínimo.
bottom-line ingreso neto, pérdida neta.
bottom price precio mínimo.
bottomry contrato a la gruesa.
bottomry bond contrato a la gruesa.
bought comprado.
bounced check cheque rehusado.
boundary lindero.
bounds límites, confines.
boycott boicot.
bracket clasificación contributiva, categoría.
bracket creep entrada en clasificación contributiva más alta por la inflación.
bracket system sistema de clasificación contributiva.
branch rama, sucursal.
branch accounting contabilidad por ramas.
branch bank sucursal bancaria.
branch banking banca con sucursales.
branch manager gerente de sucursal.
branch net loss pérdida neta de sucursal.
branch office sucursal.
branch office administrator administrador de sucursal.
branch office manager gerente de sucursal.
brand marca, marca de fábrica.

brand association asociación de marca.

brand awareness conciencia de marca.

brand development desarrollo de marca.

brand extension extensión de marca.

brand image imagen de marca.

brand leader marca líder.

brand loyalty lealtad de marca.

brand management administración de marca.

brand manager gerente de marca.

brand name marca de fábrica.

brand recognition reconocimiento de marca.

brand share porcentaje del mercado de una marca.

brand strategy estrategia de marca.

brass alta gerencia.

breach incumplimiento, violación.

breach of condition incumplimiento de condición.

breach of contract incumplimiento de contrato.

breach of covenant incumplimiento de cláusula contractual.

breach of promise incumplimiento de promesa.

breach of representation incumplimiento de representación.

breach of warranty incumplimiento de garantía.

breadth of market anchura del mercado.

breakage garantía del manufacturero al comprador de mercancía en transporte,indemnización por cosas quebradas en el transporte.

breakdown avería, malogro, desglose.

breakeven analysis análisis del punto crítico.

breakeven equation ecuación del punto crítico.

breakeven point punto crítico.

breakeven sales ventas al punto crítico.

breakeven yield rendimiento al punto crítico.

breaking bulk división de cargamento grande por intermediario, hurto de bienes pordepositario.

breaking the syndicate terminación del sindicato.

break in service interrupción en servicio.

breakpoint punto de cambio de tasa.

breakpoint sale venta al punto de cambio de tasa.

breakup disolución, rotura.

breakup value valor de disolución.

bribe soborno.

briber sobornador.

bribery soborno.

bridge bank banco puente.

bridge bond bono puente.

bridge financing financiamiento puente.

bridge insurance seguro puente.

bridge loan préstamo puente.

bridge loan rate tasa de préstamo puente.

bridge rate tasa puente.

brief of title resumen de título.

brisk commerce comercio activo.

brisk market mercado activo.

broad-base tax impuesto de base amplia.

broad market mercado amplio.

brochure folleto informativo.

broken lot lote incompleto.

broker corredor, agente.

brokerage corretaje.

brokerage account cuenta de corretaje.

brokerage business negocio de corretaje.

brokerage charge cargo de corretaje.

brokerage commission comisión de corretaje.

brokerage contract contrato de corretaje.

brokerage department departamento de corretaje.

brokerage division división de corretaje.

brokerage fee comisión de corretaje.

brokerage firm firma de corretaje.

brokerage house casa de corretaje.

broker-agent licenciado como corredor y agente.

broker-dealer corredor que además mantiene cuenta propia.

broker loan préstamo de corredor.

broker loan rate tasa de interés ofrecida a casas de corretaje.

brokers' market   mercado de corredores.

brother-sister corporations corporaciones con los mismos dueños.

bucketing   recibo de órdenes de corretaje sin intención de realizar dichas tran sacciones.

bucket shop   lugar para compraventas ficticias de valores.

budget   presupuesto.

budget account   cuenta presupuestaria.

budget administration adminsitración presupuestaria.

budget agency   agencia presupuestaria.

budget allocation   asignación presupuestaria.

budgetary   presupuestario.

budgetary account   cuenta presupuestaria.

budgetary agency   agencia presupuestaria.

budgetary allocation   asignación presupuestaria.

budgetary assignment   asignación presupuestaria.

budgetary balance   equilibrio presupuestario.

budgetary constraint   limitación presupuestaria.

budgetary control   control presupuestario.

budgetary cut   recorte presupuestario.

budgetary deficit   déficit presupuestario.

budgetary estimate   estimado presupuestario.

budgetary expenditure   gasto presupuestario.

budgetary period   período presupuestario.

budgetary policy   política presupuestaria.

budgetary proposal   propuesta presupuestaria.

budgetary surplus   superávit presupuestario.

budgetary year   año presupuestario.

budget assignment   asignación presupuestaria.

budget balance   equilibrio presupuestario.

budget constraint   limitación presupuestaria.

budget control   control presupuestario.

budget cut   recorte presupuestario.

budget deficit   déficit presupuestario.

budgeted   presupuestado.

budgeted expenditures   gastos presupuestados.

budgeted expenses   gastos presupuestados.

budgeted funds   fondos presupuestados.

budget estimate   estimado presupuestario.

budget expenditure   gasto presupuestario.

budgeting   presupuestación.

budgeting administration adminsitración presupuestaria.

budgeting constraint   limitación presupuestaria.

budgeting control   control presupuestario.

budgeting cut   recorte presupuestario.

budgeting management adminsitración presupuestaria.

budgeting manager   adminsitrador presupuestario.

budgeting period   período presupuestario.

budgeting policy   política presupuestaria.

budget line   línea presupuestaria.

budget management   adminsitración presupuestaria.

budget manager   adminsitrador presupuestario.

budget mortgage   pago hipotecario incluyendo seguro e impuestos.

budget period   período presupuestario.

budget policy   política presupuestaria.

budget proposal   propuesta presupuestaria.

budget surplus   superávit presupuestario.

budget year   año presupuestario.

buffer inventory   inventario de seguridad.

buffer zone   área separando dos tipos de zonificación.

builder   constructor.

builder's risk insurance   seguro de riesgos de constructor.

builder's warranty   garantía del constructor.

building edificio, construcción.

building activity actividad de construcción.

building and loan association sociedad de ahorro y préstamo para la construcción.

building business negocio de construcción.

building code código de edificación, ordenanzas de construcción, ley de edificación.

building contract contrato de construcción.

building contractor contratista de construcción.

building costs costos de construcción.

building firm empresa de construcción.

building funds fondos de construcción.

building industry industria de construcción.

building is covered el edificio está asegurado.

building lease arrendamiento para edificación.

building line línea de edificación.

building loan préstamo para edificación.

building loan agreement convenio de préstamo para edificación.

building lot solar.

building materials materiales de construcción.

building permit permiso de construcción, licencia para edificar.

building project projecto de construcción.

building restrictions restricciones de edificación.

built-in incorporado a.

built-in stabilizer estabilizador incorporado.

bulk agregado, bulto, cargamento.

bulk goods mercancía a granel.

bulk mortgage hipoteca de propiedades agregadas.

bulk sale venta a granel.

bulk sales laws leyes de ventas a granel.

bulk transfer transferencia a granel.

bull alcista.

bullet loan préstamo con pago único al final.

bullet mortgage hipoteca con pago único al final.

bull market mercado alcista.

bull spread combinación alcista de opciones de compra y venta.

bumping antigüedad, desplazamiento de un empleado por otro con más tiempo en el trabajo.

bunching agrupamiento.

bundle empaquetar.

bundled empaquetado.

bundling empaquetamiento.

burden with taxes gravar con impuestos.

bureau negociado, agencia, departamento.

bureaucracy burocracia.

bureaucrat burócrata.

bureaucratic burocrático.

burglary insurance seguro contra robos.

burial expenditures gastos funerarios.

burial expenses gastos funerarios.

bursar tesorero.

bursary tesorería.

business negocio, ocupación, asunto.

business account cuenta comercial.

business accounting contabilidad de negocios.

business activities actividades de negocio.

business activity actividad de negocio.

business activity code código de actividad de negocio.

business address domicilio comercial, dirección del negocio.

business administration administración de empresas.

business administrator administrador de empresa.

business agent agente comercial.

business automobile policy póliza de automóvil comercial.

business bad debts deudas incobrables de negocio.

business broker corredor de empresas.

business combination combinación de negocios.

business conditions condiciones de negocios.

business contract contrato de negocios, contrato mercantil.

business corporation corporación de negocios.

business correspondence correspondencia de negocios.

business credit crédito de negocios.

business crime insurance seguro contra crímenes comercial.

business cycle ciclo económico.

business day día laborable, día hábil.

business deal transacción de negocios.

business deposit depósito comercial.

business district distrito comercial.

business done in state negocio comenzado y completado en un estado.

business enterprise empresa de negocios.

business equipment equipo de negocios.

business ethics ética en los negocios.

business etiquette etiqueta en los negocios.

business expenditures gastos de negocios.

business expenses gastos de negocios.

business expenses deductions deducciones por gastos de negocios.

business failure quiebra de negocio.

business firm empresa de negocios.

business gains ganancias de negocios.

business health insurance seguro de salud comercial.

business hours horas de oficina, horas de trabajo.

business income ingresos de negocios.

business insurance seguro de vida para empleados claves para la protección de una empresa, seguro comercial.

business insurance policy póliza de seguro comercial.

business interruption interrupción de negocios.

business interruption insurance seguro contra pérdidas por interrupción de negocios.

business law derecho mercantil.

business league asociación de negocios.

business liability responsabilidad comercial.

business liability insurance seguro de responsabilidad comercial.

business life insurance seguro de vida comercial.

business loans préstamos de negocios.

business loss pérdida de negocios.

business losses pérdidas de negocios.

business management administración de empresas.

business manager gerente de empresa.

business month mes de 30 días.

business name nombre de la empresa, nombre comercial.

business of banking negocio bancario.

business office oficina de negocios.

business of insurance negocio de seguros.

business opportunity oportunidad comercial.

business or commercial corporation corporación de negocios.

business organization organización del negocio, organización comercial.

business or occupation negocio u ocupación.

business owner dueño de negocio.

business owner's policy póliza de dueño de negocio.

businessowner's policy póliza de dueño de negocio.

business paper papel comercial.

businessperson persona de negocios, comerciante.

business plan plan del negocio.

business policy póliza comercial.

business practices prácticas comerciales.

business profit margin margen de ganancia de negocio.

business property propiedad de negocio.

business purpose propósito comercial.

business records expedientes de negocio.

business reply card tarjeta de respuesta comercial.

business reply mail correo de respuesta comercial.

business report informe comercial.

business risk riesgo comercial.

business taxation imposición comercial.

business taxes impuestos comerciales.

business transaction transacción comercial.

business trust fideicomiso comercial.

business usage uso comercial.

buy comprar.

buy and hold strategy estrategia de comprar y retener.

buyback recompra.

buyback agreement convenio de recompra.

buy down tasa de interés reducida mediante el pago de puntos de descuento adicionales.

buydown tasa de interés reducida mediante el pago de puntos de descuento adicionales.

buyer comprador, agente comprador.

buyer's behavior conducta del comprador.

buyer's boycott boicot del comprador.

buyer's broker corredor del comprador.

buyer's credit crédito del comprador.

buyer's market mercado del comprador.

buyer's monopoly monopolio del comprador.

buyer's option opción del comprador.

buyer's strike huelga del comprador.

buy for resale comprar para revender.

buying climax clímax de compras.

buying committee comité de compras.

buying in compra en subasta por el mismo dueño, compra en subasta por parte interesada.

buying office oficina de compras.

buying on margin compra de valores usando crédito en una firma bursátil.

buying order orden de compra.

buying policy política de compras.

buying power poder para comprar, capacidad para comprar.

buy on credit comprar a crédito.

buy on margin comprar valores usando crédito en una firma bursátil.

buy order orden de compra.

buyout adquisición de un porcentaje de acciones que permita controlar una corporación.

buy outright comprar enteramente, comprar al contado.

buy retail comprar al por menor.

buy wholesale comprar al por mayor.

by-bidder postor contratado por el dueño, postor contratado por el agente del dueño.

by-bidding ofertas hechas por un postor contratado por el dueño, ofertas hechas por un postor contratado por el agente del dueño.

by contract por contrato.

bylaws reglamentos internos, estatutos.

bypass trust fideicomiso para evitación de impuestos sucesorios.

by-product producto secundario.

by proxy por poder.

by the book por el libro.

cable transfer transferencia cablegráfica.

cabotage cabotaje.

cache reserva secreta.

cachet sello distintivo, prestigio.

cadastral catastral.

cadastral value valor catastral.

cadastre catastro.

caducity caducidad.

caducous caduco.

cafeteria benefit plan plan de beneficios estilo cafetería.

cafeteria benefit program programa de beneficios estilo cafetería.

cafeteria plan plan de beneficios estilo cafetería.

cajole engatusar, persuadir.

cajolery engatusamiento.

calculated risk riesgo calculado.

calculation cálculo.

calculation of costs cálculo de costos.

calculation of expenditures cálculo de gastos.

calculation of expenses cálculo de gastos.

calculation of interest cálculo de intereses.

calculation of payments cálculo de pagos.

calculation of prices cálculo de precios.

calendar bear spread combinación bajista de opciones con vencimientos diferentes.

calendar bull spread combinación alcista de opciones con vencimientos diferentes.

calendar day día calendario, día natural.

calendar month mes calendario.

calendar spread combinación de opciones con vencimientos diferentes.

calendar week semana calendario.

calendar year año calendario.

calendar-year experience experiencia del año calendario.

calendar-year statistics estadísticas del año calendario.

call n opción de compra, demanda de pago, redención, citación, llamada, convocatoria.

call v redimir, citar, llamar, convocar.

callable pagadero a la demanda, retirable, redimible.

callable bond bono retirable.

callable loan préstamo pagadero a la demanda.

callable preferred shares acciones preferidas redimibles.

callable preferred stock acciones preferidas redimibles.

callable securities valores rescatables.

callable shares acciones rescatables.

callable stock acciones rescatables.

call a loan demandar el pago de un préstamo.

call a meeting convocar una reunión.

call a meeting of shareholders convocar una reunión de accionistas.

call a meeting of stockholders convocar una reunión de accionistas.

call a strike declarar una huelga.

call compensation compensación por comparecencia.

call date fecha de redención.

called bond bono redimido.

called meeting reunión extraordinaria, reunión convocada.

called preferred shares acciones preferidas redimidas.

called preferred stock acciones preferidas redimidas.

called upon to pay obligado a pagar.

call feature estipulación de redención.

call loan préstamo pagadero a la demanda.

call loan rate tasa de préstamo pagadero a la demanda.

call money dinero pagadero a la demanda, dinero exigible.

call option opción de compra, opción de redención.

call pay pago por comparecencia.

call premium prima por redención, prima de opción de compra.

call price precio al cual el emisor puede redimir un bono.

call protection protección contra redención.

call provision estipulación de redención.

call spread combinación de opciones de compra.

call to order llamar a la orden.

cambist cambista.

cameralistics la ciencia de las finanzas.

camerarius tesorero.

cancel cancelar, anular.

cancelable cancelable.

cancel a credit cancelar un crédito.

cancel an order cancelar una orden.

cancelation cancelación, anulación.

cancelation clause cláusula de cancelación, cláusula resolutiva.

cancelation evidence evidencia de cancelación.

cancelation of insurance policy cancelación de póliza de seguro.

cancelation of mortgage cancelación de hipoteca.

cancelation of order cancelación de orden.

cancelation of policy cancelación de póliza.

canceled cancelado.

canceled account cuenta cancelada.

canceled check cheque cancelado.

canceled debt deuda cancelada.

canceler anulador.

canceling entry apunte de cancelación.

canceling machine máquina de cancelación.

canon of professional responsibility normas de ética profesional, cánones de ética profesional.

canons of taxation normas para establecer contribuciones.

canvass buscar clientes en perspectiva.

cap límite.
capability capacidad.
capable capaz.
capacitate capacitar.
capacity capacidad, aptitud legal.
capacity costs costos de capacidad.
capacity factor factor de capacidad.
capacity of parties capacidad de las partes.
capacity to compete capacidad de competir.
capacity to contract capacidad para contratar.
capacity to mortgage capacidad para hipotecar.
capital capital.
capital account cuenta de capital.
capital accumulation acumulación de capital.
capital addition adición de capital.
capital adequacy suficiencia de capital.
capital adequacy rules reglas de suficiencia de capital.
capital and interest capital e intereses.
capital and reserves capital y reservas.
capital asset pricing model modelo que describe la relación entre el riesgo anticipado y el rendimiento anticipado.
capital assets activo de capital, bienes de capital.
capital authorized capital autorizado.
capital budget presupuesto de capital.
capital budgeting presupuestación de capital.
capital charges cargos de capital.
capital circulating capital circulante.
capital coefficient coeficiente de capital.
capital consumption consumo de capital.
capital consumption allowance descuento de consumo de capital.
capital contribution contribución de capital.
capital cost costo de capital.
capital deepening aumento de capital.
capital distribution distribución de capital.
capital efficiency eficiencia de capital.
capital employed capital utilizado.
capital expenditure gasto de capital.

capital expenditure budget presupuesto de gastos de capital.
capital expenditure budgeting presupuestación de gastos de capital.
capital expense gasto de capital.
capital exports exportaciones de capital.
capital flight fuga de capital.
capital flow flujo de capital.
capital formation formación de capital.
capital gain ganancia de capital.
capital gains distribution distribución de ganancias de capital.
capital gains dividend dividendo de ganancias de capital.
capital gains tax contribución sobre ganancias de capital.
capital goods bienes de capital.
capital growth crecimiento de capital.
capital imports importaciones de capital.
capital improvement mejora de capital.
capital improvement program programa de mejoras de capital.
capital increase aumento de capital.
capital inflow entrada de capital.
capital-intensive intensivo en capital.
capital-intensive industry industria intensiva en capital.
capital investment inversión de capital.
capitalism capitalismo.
capitalization capitalización.
capitalization of earnings capitalización de ingresos.
capitalization of income capitalización de ingresos.
capitalization of interest capitalización de intereses.
capitalization of profits capitalización de ganancias.
capitalization of taxes capitalización de impuestos.
capitalization rate tasa de capitalización.
capitalization ratio razón de capitalización.
capitalization rules reglas de capitalización.
capitalize capitalizar.
capitalized capitalizado.

capitalized cost costo capitalizado.

capitalized expenditure gasto capitalizado.

capitalized expense gasto capitalizado.

capitalized surplus superávit capitalizado.

capitalized value valor capitalizado.

capital lease arrendamiento de capital.

capital liability pasivo fijo.

capital loss pérdida de capital.

capital market mercado de capitales.

capital movement movimiento de capital.

capital net worth capital neto.

capital note nota de capital.

capital outflow salida de capital.

capital outlay desembolso de capital.

capital output ratio razón de salida de capital.

capital productivity productividad de capital.

capital ratio razón de capital.

capital rationing racionamiento de capital.

capital readjustment reajuste de capital.

capital rent renta de capital.

capital requirements requisitos de capital.

capital reserves reservas de capital.

capital resources recursos de capital.

capital risk riesgo de capital.

capital shares acciones de capital.

capital stock acciones de capital.

capital structure estructura de capital.

capital sum suma de capital.

capital surplus superávit de capital.

capital transaction transacción de capital.

capital transactions tax impuesto sobre transacciones de capital.

capital transfer transferencia de capital.

capital turnover giro de capital.

capital value valor del capital.

capital yield rendimiento del capital.

capitation capitación.

capitation tax impuesto de capitación.

captive agent agente cautivo.

captive audience público cautivo, audiencia cautiva, personas que presencian algo en contra de su voluntad.

captive finance company compañía de finanzas cautiva.

captive insurance company compañía de seguros cautiva.

captive item artículo cautivo.

captive market mercado cautivo.

card base base de tarjetas.

cardholder tenedor de tarjeta, dueño de tarjeta.

cardholder account cuenta de tenedor de tarjeta.

cardholder accounting contabilidad de tenedores de tarjeta.

cardholder agreement convenio de tenedor de tarjeta.

cardholder bank banco de tenedor de tarjeta.

cardholder base base de tenedores de tarjeta.

cardholder history historial de tenedor de tarjeta.

cardholder master file archivo maestro de tenedores de tarjeta.

cardholder profile perfil de tenedor de tarjeta.

cardholder statement estado de tenedor de tarjeta.

card issue emisión de tarjeta.

card issuer emisor de tarjetas.

card network red de tarjetas.

card reissue reemisión de tarjeta.

card security seguridad de tarjeta.

card security number número de seguridad de tarjeta.

career carrera.

career path ruta de carrera.

career planning planificación de carrera.

career stage etapa de carrera.

cargo carga, cargamento.

cargo capacity capacidad de carga.

cargo insurance seguro de carga.

carriage charges cargos de transporte.

carrier transportista, portador, cargador, aseguradora.

carrier's liability responsabilidad del transportista.

carrier's lien gravamen del transportista.

carry cargar, llevar, portar.

carryback pérdidas netas que se incluyen al volver a computar los impuestos de años anteriores.

carryback pérdidas netas que se incluyen al volver a computar los impuestos de años anteriores.

carryforward pérdidas que se pueden incluir en la planilla tributaria para años subsiguientes.

carryforward pérdidas que se pueden incluir en la planilla tributaria para años subsiguientes.

carrying charge cargo por ventas a plazo en adición a intereses, gastos de posesión, gastos de transporte, recargo.

carrying cost costo de posesión.

carrying value valor de posesión.

carry insurance estar asegurado.

carry on a business mantener un negocio.

carry on a trade or business mantener un negocio.

carryover pérdidas que se pueden incluir en la planilla tributaria para años subsiguientes.

carryover pérdidas que se pueden incluir en la planilla tributaria para años subsiguientes.

carryover basis base de pérdidas que se pueden incluir en la planilla tributaria para años subsiguientes.

carryover basis base de pérdidas que se pueden incluir en la planilla tributaria para años subsiguientes.

cartage transporte, costo del transporte.

carte blanche carta blanca.

cartel cartel, asociación, monopolio.

cartel agreement convenio de cartel.

case study estudio de caso.

cash n efectivo, dinero.

cash v cambiar, cobrar, convertir en efectivo.

cash account cuenta de caja.

cash accounting contabilidad de caja.

cash a check cobrar un cheque.

cash acknowledgement reconocimiento de pago en efectivo.

cash administration administración de efectivo, administración de fondos.

cash administrator administrador de fondos.

cash advance adelanto de efectivo.

cash advance balance saldo de adelanto de efectivo.

cash advance charge cargo por adelanto de efectivo.

cash advance fee cargo por adelanto de efectivo.

cash advance interest rate tasa de interés de adelanto de efectivo.

cash advance rate tasa de adelanto de efectivo.

cash against documents pago contra documentos.

cash assets activo disponible.

cash audit auditoría de caja.

cash balance saldo en efectivo, saldo de caja.

cash-based accounting contabilidad de valores de caja.

cash basis base de efectivo.

cash-basis accounting contabilidad de caja.

cash before delivery pago antes de la entrega.

cash bonus bono en efectivo.

cashbook libro de caja.

cashbook libro de caja.

cash budget presupuesto de caja.

cash buyer comprador al contado.

cash buying compras de entrega inmediata, compras al contado.

cash card tarjeta de efectivo.

cash collateral colateral en efectivo.

cash commodity mercancía de efectivo.

cash conversion cycle ciclo de conversión de efectivo.

cash cow negocio que genera efectivo continuamente.

cash deficit déficit de caja.

cash disbursed efectivo desembolsado.

cash disbursement desembolso de efectivo.

cash disbursement journal libro de desembolsos de efectivo.

cash discount descuento por pago en efectivo.

cash dispenser dispensador de efectivo.

cash dividend dividendo en efectivo.

cash earnings ingresos en efectivo.

cashed check cheque cobrado.

cash equivalence equivalencia en efectivo.

cash equivalent equivalente en efectivo.

cash equivalent value valor equivalente en efectivo.

cash flow flujo de efectivo, flujo de fondos.

cash flow loan préstamo basado en flujo de efectivo.

cash flow plan plan basado en flujo de fondos.

cash flow statement estado basado en flujo de fondos.

cash flow yield rendimiento basado en flujo de fondos.

cash guaranty garantía en efectivo.

cash holdings efectivo en caja.

cashier n cajero.

cashier v despedir.

cashier's account cuenta de cheques de caja.

cashier's book libro del cajero.

cashier's check cheque de caja.

cash in advance pago por adelantado.

cash income ingresos en efectivo.

cash inflow entrada en efectivo.

cash in vault efectivo en la bóveda.

cash items efectos de caja, artículos de efectivo.

cash journal libro de caja.

cash letter carta de tránsito.

cash loan préstamo en efectivo.

cash management administración de efectivo, administración de fondos.

cash manager administrador de fondos.

cash margin margen de caja.

cash market mercado al contado.

cash market value valor en el mercado, valor en el mercado al contado.

cash method método de efectivo.

cash on delivery pago contra entrega, pago en efectivo a la entrega.

cash on hand efectivo en caja, existencia en caja.

cash operation operación al contado.

cash order orden al contado.

cash outflow salida en efectivo.

cash overage sobrante de efectivo.

cash payment pago al contado.

cash-payment journal libro de pagos al contado.

cash position posición de liquidez.

cash price precio al contado.

cash purchase compra al contado.

cash ratio razón de efectivo.

cash receipts entradas en caja, recibos de efectivo.

cash receipts journal libro de entradas en caja.

cash refund reembolso en efectivo, reintegro en efectivo.

cash refund annuity anualidad de reembolso en efectivo.

cash register caja registradora.

cash report informe de caja.

cash reserve reserva de efectivo.

cash sale venta al contado.

cash settlement liquidación en efectivo, entrega inmediata.

cash shares acciones al contado.

cash shortage faltante de efectivo.

cash statement estado de caja.

cash stock acciones al contado.

cash surrender value valor de rescate en efectivo.

cash trade transacción en efectivo, transacción con entrega inmediata.

cash transaction transacción en efectivo.

cash value valor en efectivo.

cash-value insurance seguro de vida con valor en efectivo.

cash-value life seguro de vida con valor en efectivo.

cash-value life insurance seguro de vida con valor en efectivo.

cash withdrawal retiro de efectivo.

cash with order pago con la orden.

casting vote voto decisivo.

casual condition condición aleatoria.

casual deficit déficit casual.

casual employee empleado temporero.

casual employment empleo temporero.

casual sale venta ocasional.

casualty accidente, contingencia.

casualty insurance seguro de responsabilidad pública, seguro de contingencia, seguro de responsabilidad por accidentes.

casualty loss pérdida por accidente.

catastrophe hazard peligro de catástrofe.

catastrophe insurance seguro de catástrofe.

catastrophe loss pérdida por catástrofe.

catastrophe re-insurance reaseguro de catástrofe.

catastrophic hazard peligro catastrófico.

catastrophic insurance seguro catastrófico.

catching bargain contrato leonino.

cause-related marketing mercadeo ligado a una causa.

caveat aviso formal indicando precaución, advertencia, caveat.

caveat emptor que tenga cuidado el comprador, a riesgo del comprador, caveat emptor.

caveator quien advierte.

caveat venditor que tenga cuidado el vendedor, caveat venditor.

cease and desist order orden para cesar alguna actividad.

cease work cesar de trabajar.

cede ceder, transferir.

cedent cedente, transferidor.

ceding company compañía transferidora.

ceiling tope, techo.

ceiling interest rate tasa de interés tope.

ceiling price precio tope.

ceiling rate tasa tope.

cellular phone teléfono celular.

census censo.

census data datos del censo.

census of business censo de negocios.

cent centavo.

central bank banco central.

central banking banca central.

central bank intervention intervención del banco central.

central bank money dinero del banco central.

central beta risk riesgo beta central.

central business district distrito comercial central.

central buying compras centrales.

central fund fondo central.

central information file archivo de información central.

centralization centralización.

centralization of control centralización del control.

centralized centralizado.

centralized administration administración centralizada.

centralized control control centralizado.

centralized economic planning planificación económica centralizada.

centralized management administración centralizada.

centralized purchasing compras centralizadas.

central liability responsabilidad central.

central limit theorem teorema del límite central.

central loss fund fondo de pérdidas central.

central market mercado central.

central monetary institution institución monetaria central.

central planning planificación centralizada.

central rate tasa central.

central reserve reserva central.

certain annuity anualidad cierta.

certain contract contrato cierto.

certainty equivalent equivalente de certidumbre.

certificate certificado, testimonio.

certificate account cuenta de certificado.

certificateless sin certificado.

certificateless bonds bonos sin certificado.

certificateless investments inversiones sin certificado.

certificateless municipal bonds bonos municipales sin certificado.

certificateless municipals bonos municipales sin certificado.

certificateless securities valores sin certificado.

certificateless transactions transacciones sin certificados.

certificate of accrual on treasury securities certificado de acumulación en valores del tesoro.

certificate of acknowledgement certificado de reconocimiento.

certificate of amendment certificado de enmienda.

certificate of analysis certificado de análisis.

certificate of authority certificado de autoridad.

certificate of balance certificado de saldo.

certificate of claim certificado de reclamación.

certificate of damage certificado de daños.

certificate of deposit certificado de depósito.

certificate of deposit rollover transferencia de certificado de depósito.

certificate of eligibility certificado de elegibilidad.

certificate of employment certificado de empleo.

certificate of eviction orden de desahucio.

certificate of health certificado de salud.

certificate of identity certificado de identidad.

certificate of incorporation certificado de incorporación, acta constitutiva.

certificate of indebtedness certificado de deuda.

certificate of insurance certificado de seguro.

certificate of manufacture certificado de manufactura.

certificate of manufacturer certificado de manufacturero.

certificate of marriage certificado de matrimonio.

certificate of occupancy documento certificando que un local cumple con las leyes de edificación.

certificate of origin certificado de origen.

certificate of ownership certificado de propiedad.

certificate of participation certificado de participación.

certificate of product origin certificado de origen de producto.

certificate of purchase certificado de compra.

certificate of quality certificado de calidad.

certificate of reasonable value certificado de valor razonable.

certificate of registry certificado de registro.

certificate of sale certificado de venta.

certificate of title certificado de título.

certificate of use certificado de uso.

certificate of value certificado de valor.

certificate of weight certificado de peso.

certification certificación.

certification department departamento de certificación.

certification division división de certificación.

certification of check certificación de cheque.

certification office oficina de certificación.

certification teller cajero de certificación.

certified certificado.

certified accountant contador público autorizado.

certified appraisal tasación certificada.

certified appraiser tasador certificado.

certified balance sheet balance certificado.

certified bill of lading conocimiento de embarque certificado.

certified check cheque certificado.

certified copy copia certificada.

certified financial statement estado financiero certificado.

certified mail correo certificado.

certified public accountant contador público autorizado.

certified statement estado certificado.

certify certificar.

cession cesión.

cessionary cesionario.

cessionary bankrupt insolvente que cede sus bienes a sus acreedores.

cession number número de cesión.

cession of goods cesión de bienes.

cessment contribución, impuesto.

chain banking banca encadenada.

chain of command cadena de mando.

chain of possession cadena de posesión.

chain of stores cadena de tiendas.

chain of title cadena de título.

chain store tienda de una cadena.

chair presidente.

chairman presidente.

chairman of the board presidente de la junta directiva.

chairmanship presidencia.

chair of the board presidente de la junta directiva.

chairperson presidente.

chairperson of the board presidente de la junta directiva.

chairwoman presidenta.

chairwoman of the board presidenta de la junta directiva.

chamber of commerce cámara de comercio.

chance bargain contrato a riesgo propio.

chance of loss posibilidad de pérdida.

chance variances variaciones aletorias.

change n cambio.

change v cambiar.

change agent agente que asiste en cambios.

change in accounting estimate cambio en el estimado de contabilidad.

change in accounting method cambio en el método de contabilidad.

change in accounting principle cambio en un principio de contabilidad.

change in conditions cambio en condiciones.

change in demand cambio en demanda.

change in holdings cambio en inversiones poseidas.

change in supply cambio en oferta.

change in tendency cambio en la tendencia.

change in the risk cambio en el riesgo.

change of base cambio de base.

change of beneficiary cambio de beneficiario.

change of beneficiary provision cláusula de cambio de beneficiario.

change of circumstances cambio de circunstancias.

change of domicile cambio de domicilio.

change of heart cambio de parecer.

change of interest rate cambio de tasa de interés.

change of ownership cambio de propiedad.

change of rate cambio de tasa.

change order orden de cambio.

change process proceso de cambio.

channel of distribution canal de distribución.

channel of sales canal de ventas.

chapter 7 bankruptcy bancarrota directa, quiebra.

chapter 11 bankruptcy reorganización del negocio bajo la ley de quiebras.

chapter 12 bankruptcy convenio especial para el pago de deudas del granjero familiar bajo la ley de quiebras.

chapter 13 bankruptcy convenio para el pago de deudas por un deudor asalariado bajo la ley de quiebras.

character carácter.

charge n carga, cargo, comisión.

charge v imponer una carga, cobrar.

charge account cuenta a crédito.

charge account banking banca de cuentas a crédito.

chargeback transacción devuelta.

chargeback rules reglas sobre transacciones devueltas.

charge buyer comprador a crédito.

charge customer cliente de crédito.

charge off cancelación.

charge sales ventas a crédito.

charges forward pago tras recibo.

charges receivable cargos por recibir.

charitable association asociación caritativa.

charitable contributions contribuciones caritativas.

charitable contributions deduction deducción por contribuciones caritativas.

charitable corporation corporación caritativa.

charitable deduction deducción por contribuciones caritativas.

charitable foundation fundación caritativa.

charitable gift donación caritativa.

charitable institution institución caritativa.

charitable organization organización caritativa.

charitable purpose fines caritativos.

charitable trust fideicomiso caritativo.

charter n carta, escritura de constitución, autorización para operar un banco, contrato de fletamento.

charter v fletar, alquilar.

charter agreement contrato de fletamento.

chartered accountant contador público autorizado.

chartered life underwriter suscriptor de seguros de vida autorizado.

chartered ship embarcación fletada.

charterer fletador.

charter of affreightment fletamento.

charter party contrato de fletamento.

charting estudio de diagramas.

chartist quien estudia diagramas.

chart of accounts lista de cuentas.

chattel bien mueble.

chattel interest interés parcial en un bien mueble.

chattel lien gravamen en bien inmueble.

chattel mortgage hipoteca sobre bienes muebles, hipoteca mobiliaria.

cheat n tramposo, trampa, engaño.

cheat v engañar, hacer trampa.

check n cheque, comprobación.

check v controlar, comprobar.

check authorization autorización de cheque.

checkbook libreta de cheques, chequera.

check credit crédito de cheques.

check credit plan plan de crédito de cheques.

check desk departamento de comprobación.

check digit dígito de comprobación.

check files archivos de cheques.

check guaranty garantía de cheque.

check hold retención de cheque.

checking account cuenta de cheques.

checking the market revisión del mercado.

check kiting girar un cheque sin fondos en anticipación de depósitos futuros.

check kiting scheme treta para girar cheques sin fondos en anticipación de depósitos futuros.

checkless sin cheques.

checkless banking banca sin cheques.

checkless society sociedad sin cheques.

checklist lista de cotejo.

check number número de cheque.

checkpoint punto de inspección.

check processing procesamiento de cheques.

check processing center centro de procesamiento de cheques.

check protector protector de cheques.

check register registro de cheques.

check retention retención de cheques.

check routing symbol símbolo de encaminamiento de cheques.

check serial number número de serie de cheque.

check signer firmador de cheques.

check stub talón de cheque.

check to bearer cheque al portador.

check verification verificación de cheque.

check verification guaranty garantía de verificación de cheque.

chief executive officer funcionario ejecutivo principal.

chief financial officer funcionario financiero principal.

chief operating officer funcionario de operaciones principal.

child labor empleo de menores.

child labor laws leyes para proteger a menores en el empleo.

chilling a sale conspiración para obtener bienes bajo el valor justo de mercado.

chilling bids actos o palabras para impedir la libre competencia entre postores en subastas.

Christmas club club navideño.

Christmas club account cuenta de club navideño.

chronic unemployment desempleo crónico.

chronological stabilization plan plan de estabilización cronológica.

churning transacciones excesivas de parte de un corredor de valores para generar comisiones.

circular letter of credit carta de crédito circular.

circulated circulado.

circulating capital capital circulante.

circulation circulación.

circulation of goods circulación de bienes.

circulation of money circulación de dinero.

civil liability responsabilidad civil.

claim n reclamo, reclamación, título.

claim v reclamar.

claimant reclamador.
claim paid reclamación pagada.
claim provision cláusula de reclamaciones.
claim report informe de reclamación.
claims adjuster ajustador de reclamaciones.
claims department departamento de reclamaciones.
claims division división de reclamaciones.
claims made reclamaciones sometidas.
claims office oficina de reclamaciones.
claims representative ajustador de reclamaciones.
claims reserve reserva para reclamaciones.
clandestine clandestino.
clandestinely clandestinamente.
class clase.
class action acción de clase.
class A shares acciones de clase A.
class A stock acciones de clase A.
class B shares acciones de clase B.
class B stock acciones de clase B.
classical economics economía clásica.
classical management administración clásica.
classical monetary policy política monetaria clásica.
classical probability probabilidad clásica.
classification clasificación.
classification method método de clasificación.
classification of accounts clasificación de cuentas.
classification of assets clasificación del activo.
classification of expenditures clasificación de gastos.
classification of expenses clasificación de gastos.
classification of liabilities clasificación del pasivo.
classification of stockholders' equity clasificación del activo neto.
classified clasificado.
classified advertisement anuncio clasificado.
classified balance sheet balance clasificado.

classified bond bono clasificado.
classified insurance seguro clasificado.
classified loan préstamo clasificado.
classified property tax impuesto sobre la propiedad clasificado.
classified shares acciones clasificadas.
classified stock acciones clasificadas.
classified taxation imposición clasificada.
class of insurance clase de seguro.
class of options clase de opciones.
class of shares clase de seguro.
class of stock clase de acciones.
class premium rate tasa de prima de clase.
class price precio de clase.
class rate tasa de clase.
class suit acción de clase.
clause cláusula, artículo, estipulación.
clean limpio, libre.
clean acceptance aceptación general, aceptación libre.
clean bill letra de cambio libre de otros documentos.
clean bill of exchange letra de cambio libre de otros documentos.
clean bill of lading conocimiento de embarque sin restricciones.
clean opinion opinión sin reserva.
clean-up fund fondo de gastos finales adicionales.
clear adj claro, libre.
clear v librar, compensar, liquidar, pasar debidamente por aduana.
clearance autorización, franquicia, despacho.
clearance card carta describiendo el trabajo de una persona al finalizar su servicio.
clearance certificate certificado de cumplimiento de los requisitos de aduana.
clearance papers certificación de cumplimiento de los requisitos de aduana.
clearance sale venta de liquidación.
clear annuity anualidad exenta.
clear customs pasar debidamente por aduana.
cleared check cheque compensado.

clearing aclaración, compensación, partida de una travesía tras cumplir los requisitos establecidos.

clearing account cuenta de compensación.

clearing agreement convenio de compensación.

clearing bank banco de compensación.

clearing checks compensación de cheques.

clearinghouse casa de liquidación, cámara de compensación.

clearinghouse agent agente de casa de liquidación, agente de cámara de compensación.

clearinghouse funds fondos de casa de liquidación, fondos de cámara de compensación.

clearinghouse member miembro de casa de liquidación, miembro de cámara de compensación.

clearinghouse statement estado de casa de liquidación, estado de cámara de compensación.

clearings compensaciones.

clearing title saneamiento de título, limpieza de título.

clearly evidentemente.

clear market price valor evidente en el mercado, valor justo en el mercado.

clear out acatarse a las normas de aduana para exportar.

clear profit ganancia neta.

clear title título limpio.

clear value valor neto.

clerical clerical.

clerical error error de pluma, error de copia.

clerical work trabajo de oficina.

client cliente.

client activated terminal terminal activada por el cliente.

clientele clientela.

client information información del cliente.

client information file archivo de información del cliente.

client profile perfil del cliente.

client representative representante de clientes.

client's agreement convenio del cliente.

client service servicio al cliente.

client service representative representante de servicio al cliente.

client's loan consent consentimiento de préstamo de valores del cliente.

close cerrar.

close an account cerrar una cuenta.

close corporation corporación cerrada.

close corporation plan plan de corporación cerrada.

closed cerrado.

closed account cuenta cerrada.

closed contract contrato cerrado.

closed corporation corporación cerrada.

closed economy economía cerrada.

closed-end credit crédito con términos fijos.

closed-end fund fondo mutuo de acciones limitadas.

closed-end investment company compañía de inversiones de acciones limitadas.

closed-end lease arrendamiento cerrado.

closed-end management company compañía administradora de fondo mutuo de acciones limitadas.

closed-end mortgage hipoteca cerrada.

closed-end mutual fund fondo mutuo de acciones limitadas.

closed mortgage hipoteca cerrada.

closed period período sin redención de bonos permitida.

closed shop empresa en que todo solicitante tiene que ser miembro de un gremio.

closed stock mercancías vendidas en conjunto indivisible.

closed structure estructura cerrada.

closed trade transacción cerrada.

closed transaction transacción cerrada.

closed union unión cerrada.

closely held corporation corporación cerrada.

closing cierre.

closing account cuenta del cierre.

closing a contract finalización de la negociación de un contrato.

closing agreement convenio de cierre de año.

closing a loan cierre de un préstamo.

closing a mortgage loan cierre de un préstamo hipotecario.

closing charges gastos de cierre.

closing costs gastos de cierre.

closing daily price precio diario de cierre.

closing date fecha de cierre.

closing entry asiento de cierre.

closing inventory inventario de cierre.

closing of the books cierre de los libros.

closing price precio de cierre.

closing purchase compra de cierre.

closing quote cotización de cierre.

closing range margen de cierre.

closing sale venta de cierre.

closing statement declaración del cierre, estado del cierre.

closing time hora de cierre.

closing title transferencia de título.

closure clausura, cierre.

cloudily obscuramente, nebulosamente.

cloud on title nube sobre título.

club account cuenta de club.

cluster housing vivienda en grupos de estructuras.

cluster sampling muestreo por grupos.

coaction coacción.

coactive coactivo.

co-administrator coadministrador.

co-adventurer coempresario.

co-agent coagente.

coalition coalición.

co-assignee cocesionario.

coast costa, litoral.

coastal costero.

coastal trading cabotaje.

coaster embarcación de cabotaje.

coax persuadir, engatusar.

coaxing persuasión, engatusamiento.

code código.

code of arbitration código de arbitración.

code of ethics código de ética.

code of procedure código de procedimientos.

code of professional ethics código de ética profesional.

coding of accounts codificación de cuentas.

coefficient of determination coeficiente de determinación.

coefficient of variation coeficiente de variación.

coemption acaparamiento de mercancía, acaparamiento de toda la oferta.

coerce coercer.

coercible coercible.

coercion coerción.

co-executor coalbacea.

coffee break descanso breve durante el trabajo.

cofinancing cofinanciamiento.

co-heir coheredero.

coin moneda, dinero.

coinstantaneous simultáneo.

coinsurance coaseguro.

coinsurance clause cláusula de coaseguro.

coinsurance formula fórmula de coaseguro.

coinsurance limit límite de coaseguro.

coinsurance penalty penalidad de coaseguro.

coinsurance percentage porcentaje de coaseguro.

coinsurance provision cláusula de coaseguro.

coinsurance requirement requisito de coaseguro.

coinsurer coasegurador.

cold call llamada a cliente en perspectiva desconocido.

colessee coarrendatario.

colessor coarrendador.

collapse colapso.

collateral colateral.

collateral assignment asignación de colateral.

collateral assurance garantía adicional.

collateral bond bono con garantía prendaria.

collateral borrower prestatario contra colateral.

collateral contract contrato colateral.

collateral covenant cláusula colateral.

collateralize colateralizar.

collateralized colateralizado.

collateralized bond obligation obligación de bonos colateralizados.

collateralized loan préstamo colateralizado.

collateralized mortgage obligation obligación hipotecaria colateralizada.

collateralized obligation obligación colateralizada.

collateral loan préstamo con garantía prendaria, pignoración.

collaterally colateralmente.

collateral note pagaré con garantía prendaria.

collateral promise promesa colateral.

collateral security garantía prendaria.

collateral trust note pagaré con garantía prendaria.

collateral value valor del colateral.

collateral-value insurance seguro sobre el valor del colateral.

collateral warranty garantía colateral.

collect cobrar.

collectable cobrable.

collect a check cobrar un cheque.

collect a debt cobrar una deuda.

collect a dividend cobrar un dividendo.

collected cobrado.

collected balance balance cobrado.

collected funds fondos cobrados.

collectible cobrable.

collectibles artículos coleccionables.

collecting agency agencia de cobros.

collecting bank banco de cobro.

collection cobro, colección.

collection activity actividad de cobros.

collection administrator administrador de cobros.

collection agency agencia de cobros.

collection agent agente de cobros.

collection analysis análisis de cobros.

collection analyst analista de cobros.

collection book libro de cobros.

collection charge cargo por cobros.

collection commission comisión por cobros.

collection cost costo de cobros.

collection cycle ciclo de cobros.

collection department departamento de cobros.

collection division división de cobros.

collection documents documentos de cobros.

collection expenditures gastos de cobros.

collection expense gastos de cobros.

collection expense insurance seguro de gastos de cobros.

collection fee cargo por cobros.

collection items artículos de cobro.

collection letter carta de cobro.

collection manager administrador de cobros.

collection of checks cobro de cheques.

collection office oficina de cobros.

collection of taxes recaudación de impuestos.

collection on delivery cobro al entregar.

collection papers papeles de cobros.

collection percentage porcentaje de cobros.

collection period período de cobro.

collection rate tasa de cobros.

collection ratio razón de cobros.

collection service servicio de cobros.

collection teller cajero de cobros.

collective colectivo.

collective agreement convenio colectivo.

collective bargaining negociación colectiva.

collective economy economía colectiva.

collective investment fund fondo de inversiones colectivo.

collective labor agreement convenio colectivo de trabajo.

collective negotiation negociación colectiva.

collective ownership propiedad colectiva.

collect on delivery cobrar al entregar.

collector cobrador, recaudador.

collectorate colecturía.

collector of internal revenue recaudador de rentas internas.

collector of taxes recaudador de impuestos.

collector of the customs recaudador de derechos aduaneros, administrador de aduanas.

collect taxes cobrar impuestos.

collision colisión, choque.

collision damage waiver renuncia a la recuperación de daños por accidente automovilístico.

collision insurance seguro contra accidentes automovilísticos.

collocation ordenamiento de acreedores, colocación.

collude coludir.

collusion colusión.

collusive colusorio.

collusive practices prácticas colusorias.

color of title apariencia de título, título aparente.

co-maker codeudor, cosuscriptor.

combination combinación.

combination agent agente de combinaciones.

combination bond bono con combinación.

combination order orden con combinaciones.

combination policy póliza con combinación.

combination rate tasa de combinación.

combined combinado.

combined depreciation depreciación combinada.

combined financial statement estado financiero combinado.

combined limit límite combinado.

combined rate tasa combinada.

combined ratio razón combinada.

combined statement estado combinado.

command economy economía dirigida.

commanditaires socios comanditarios.

commandite sociedad en comandita.

commencement comienzo.

commencement of coverage comienzo de la cobertura.

commencement of insurance comienzo del seguro.

commencement of insurance coverage comienzo de la cobertura del seguro.

commerce comercio, tráfico.

commercial comercial, mercantil.

commercial account cuenta comercial.

commercial accounting contabilidad comercial.

commercial activity actividad comercial.

commercial agency agencia de cobros, agencia de información comercial.

commercial agent agente comercial, corredor.

commercial and industrial loan préstamo comercial e industrial.

commercial arbitration arbitraje comercial.

commercial area área de comercio.

commercial bank banco comercial.

commercial banker banquero comercial.

commercial banking banca comercial.

commercial bill letra de cambio comercial.

commercial blanket bond caución de fidelidad colectiva.

commercial bookkeeping contabilidad comercial.

commercial broker corredor.

commercial code código mercantil.

commercial contract contrato mercantil.

commercial counterfeiting falsificación comercial.

commercial credit crédito comercial.

commercial credit company compañía de crédito comercial.

commercial credit insurance seguro de crédito comercial.

commercial discount descuento comercial.

commercial documents documentos comerciales.

commercial domicile domicilio comercial.

commercial establishment establecimiento comercial.

commercial forgery policy póliza contra falsificación comercial.

commercial forms formularios comerciales.

commercial health insurance seguro de salud comercial.

commercial insolvency insolvencia comercial.

commercial insurance seguro comercial.

commercial insurance company compañía de seguros comercial.

commercial insurance forms formularios de seguro comerciales.

commercial insurance lines líneas de seguro comerciales.

commercial insurance package paquete de seguro comercial.

commercial invoice factura comercial.

commercialism comercialismo.

commercialization comercialización.

commercialize comercializar.

commercial law derecho mercantil.

commercial letter of credit carta de crédito comercial.

commercial lines líneas comerciales.

commercial loan préstamo comercial.

commercial loan rate tasa de préstamo comercial.

commercially comercialmente.

commercial mortgage hipoteca comercial.

commercial mortgage rate tasa de hipoteca comercial.

commercial name nombre comercial.

commercial overhead gastos generales comerciales.

commercial package paquete comercial.

commercial package policy póliza de paquete comercial.

commercial paper instrumentos negociables, papel comercial.

commercial policy póliza comercial.

commercial property propiedad comercial.

commercial property policy póliza de propiedad comercial.

commercial rate tasa comercial.

commercial report informe comercial.

commercial teller cajero comercial.

commercial traveller viajante de negocios.

commercial year año comercial.

commingle mezclar.

commingled mezclado.

commingled accounts cuentas mezcladas.

commingled funds fondos mezclados.

commingled investment fund fondo de inversión mezclado.

commingled trust fund fondos en fideicomiso mezclados.

commingling mezcla.

commingling of funds mezclar fondos.

commissaire quien recibe una autoridad especial de los accionistas.

commissary delegado, comisionista.

commission n comisión, encargo.

commission v encargar, capacitar.

commission account cuenta a comisión.

commission broker corredor de bolsa.

commissioner of banking comisionado de banca.

commissioner of insurance comisionado de seguros.

commission house corredor de bolsa sin cuenta propia.

commission split división de comisión.

commission system sistema de comisiones.

commissive waste desperdicio activo.

commitment compromiso, obligación.

commitment charge cargo de compromiso.

commitment cost costo de compromiso.

commitment fee cargo por compromiso.

commitment letter carta de compromiso.

committed fixed costs costos fijos comprometidos.

committed funds fondos comprometidos.

committed principal principal comprometido.

committee comité.

commixtion mezcla, confusión.

commodities mercancías, productos.

commodities exchange mercado de mercancías, lonja de mercancías, bolsa de comercio.

commodities futures contrato para mercancías a término, contrato de futuros.

commodities futures contract contrato para mercancías a término, contrato de futuros.

commodities market bolsa de productos, mercado de productos.

commodity mercancía, producto.

commodity agreement convenio sobre mercancía.

commodity cartel cartel de mercancía.

commodity price precio de mercancía.

commodity rate tasa especial para un tipo de mercancía.

commodity tax impuesto de mercancía.

commodity trading transacciones de mercancía.

commodity transaction transacción de mercancía.

common común.

common area área común.

common average avería simple.

common carrier transportador público, portador público.

common cost costo común.

common disaster clause cláusula de desastre común.

common elements elementos comunes.

common enterprise empresa colectiva.

common market mercado común.

common peril peligro común.

common point punto común.

common property propiedad comunal.

common seal sello corporativo.

common seller vendedor habitual.

common shares acciones ordinarias, acciones comunes.

common shares dividends dividendos de acciones comunes.

common shares fund fondo de acciones comunes.

common shares mutual fund equivalente de acciones comunes.

common shares ratio razón de acciones comunes.

common stock acciones ordinarias, acciones comunes.

common stock dividends dividendos de acciones comunes.

common stock equivalent equivalente de acciones comunes.

common stock fund fondo de acciones comunes.

common stock index índice de acciones comunes.

common stock mutual fund equivalente de acciones comunes.

common stock ratio razón de acciones comunes.

common tariff tarifa común.

common tenancy tenencia sin derecho de supervivencia.

common trust fund fondos en fideicomiso comunes.

common year año común.

communications network red de comunicaciones.

communications system sistema de comunicaciones.

community comunidad.

community antenna television televión de antena comunitaria.

community association asociación comunitaria.

community bank banco comunitario.

community debt deuda conjunta, deuda comunitaria.

community of interest interés común, interés comunitario.

community of profits comunidad de ganancias.

community property bienes gananciales, bienes comunales, propiedad ganancial.

community reinvestment reinversión comunitaria.

community tax impuesto comunitario.

commutation of taxes conmutación impositiva.

commutation right derecho de seleccionar pago único.

co-mortgagor codeudor hipotecario, cohipotecante.

comortgagor codeudor hipotecario, cohipotecante.

compact convenio, contrato.

company compañía, sociedad.

company accounting contabilidad de compañía.

company administration administración de compañía.

company bookkeeping contabilidad de compañía.

company capital capital de compañía.

company car carro de compañía, automóvil de compañía.

company check cheque de compañía.

company income ingresos de compañía.

company organization organización de compañía.

company planning planificación de compañía.

company reserves reservas de compañía.

company store tienda de compañía.

company structure estructura de compañía.

company taxes impuestos de compañía.

company town comunidad establecida por una compañía.

company union unión que favorece la compañía.

comparable comparable.

comparable properties propiedades comparables.

comparable sales ventas comparables.

comparable worth valor comparable.

comparably comparablemente.

comparative comparativo.

comparative advantage ventaja comparativa.

comparative advertising anuncios comparativos.

comparative balance sheet balance comparativo.

comparative cost costo comparativo.

comparative financial statement estado financiero comparativo.

comparative negligence negligencia comparativa.

comparative reports informes comparativos.

comparative sales ventas comparativas.

comparative sales approach acercamiento de ventas comparativas.

comparative sales method método de ventas comparativas.

comparative statement estado comparativo.

comparative statement approach acercamiento de estado comparativo.

comparative unit method método de unidades comparativas.

comparative value valor comparativo.

comparison comparación.

comparison approach acercamiento de comparación.

comparison method método de comparación.

compensable compensable.

compensate compensar.

compensated compensado.

compensated absence ausencia compensada.

compensating compensatorio.

compensating balance balance compensatorio.

compensating depreciation depreciación compensatoria.

compensating error error compensatorio.

compensating expenditures gastos compensatorios.

compensating payment pago compensatorio.

compensating product producto compensatorio.

compensating tariff arancel compensatorio.

compensation compensación.

compensation agreement acuerdo de compensación.

compensation period período de compensación.

compensative compensativo.

compensatory compensatorio.

compensatory balance balance compensatorio.

compensatory damages indemnización compensatoria.

compensatory financing financiamiento compensatorio.

compensatory stock option opción de compra de acciones compensatoria.

compensatory suspension suspensión compensatoria.

compensatory tariff tarifa compensatoria.

compensatory tax impuesto compensatorio.

compensatory time tiempo compensatorio.

compensatory trade transacción compensatoria.

compensatory transaction transacción compensatoria.

compensatory withdrawal retiro compensatorio.

compete competir.

competence competencia.

competency competencia.

competent competente.

competent parties partes competentes.

competition competencia.

competitive competitivo, competido.

competitive advantage ventaja competitiva.

competitive alliance alianza competitiva.

competitive analysis análisis competitivo.

competitive bid oferta competitiva.

competitive bidding   licitación pública, condiciones justas para ofertas.

competitive devaluation desvaluación competitiva.

competitive economy   economía competitiva.

competitive market   mercado competitivo.

competitive price   precio competitivo.

competitive rate   tasa competitiva.

competitive strategy   estrategia competitiva.

competitor   competidor.

compilation   compilación, recopilación.

complementary   complementario.

complementary demand   demanda complementaria.

complementary goods   mercancías complementarias.

complementary products   productos complementarios.

complementary supply   oferta complementaria.

complementary tax   impuesto complementario.

complementing entry   asiento complementario.

complete   adj completo.

complete   v completar.

complete audit   auditoría completa.

completed-contract method   método de contrato completo.

completed-operations insurance seguro de terminación de operaciones.

completed transaction   transacción completada, transacción consumada.

complete liquidation   liquidación completa, liquidación total.

completely   completamente.

completeness   entereza, integridad.

complete payment   pago completo, pago final.

complete special audit   auditoría especial completa.

complete voluntary trust fideicomiso enteramente voluntario.

completion   terminación, cumplimiento.

completion bond   caución de terminación.

complex capital structure   estructura de capital compleja.

complex trust   fideicomiso complejo.

compliance   acatamiento, cumplimiento.

compliance audit   auditoría de acatamiento.

compliance department departamento de acatamiento.

compliance director   director del departamento de acatamiento.

compliance division   división de acatamiento.

compliance examination examinación de acatamiento.

compliance inspection   inspección de acatamiento.

compliance inspection report informe de inspección de acatamiento.

compliance manager   gerente del departamento de acatamiento.

compliance office   oficina de acatamiento.

compliance test   prueba de acatamiento.

compliance unit   unidad de acatamiento.

complimentary   gratuito, de cortesía.

comply   cumplir.

component   componente.

component depreciation depreciación de componentes.

component of cost   componente de costo.

component of index   componente de índice.

composite breakeven point   punto crítico combinado.

composite demand   demanda combinada.

composite depreciation   depreciación combinada.

composite inventory   inventario combinado.

composite rate   tasa combinada.

composite supply   oferta combinada.

composite tax rate   tasa contributiva combinada.

composition   arreglo, concordato, composición.

composition deed   convenio entre deudor y acreedores.

composition of creditors concordato, convenio con acreedores.

composition with creditors concordato, convenio con acreedores.

compound   componer, arreglar.

compound account   cuenta compuesta.

compound amount cantidad compuesta.

compound arbitrage arbitraje compuesto.

compound discount descuento compuesto.

compound duty tarifa compuesta, impuesto compuesto.

compounded compuestado.

compound entry asiento compuesto.

compound growth crecimiento compuesto.

compound growth rate tasa de crecimiento compuesto.

compounding period período de cómputo de interés compuesto.

compound interest interés compuesto.

compound interest method of depreciation método de depreciación de interés compuesto.

compound interest period período de interés compuesto.

compound interest rate tasa de interés compuesto.

compound journal entry asiento del diario compuesto.

compound tariff arancel compuesto.

comprehensibility comprensibilidad.

comprehensible comprensible.

comprehension comprensión.

comprehensive comprensivo.

comprehensive annual financial report informe financiero anual global.

comprehensive automobile liability insurance seguro de responsabilidad pública de automóvil global.

comprehensive budget presupuesto global.

comprehensive budgeting presupuestacíon global.

comprehensive coverage cobertura global.

comprehensive crime endorsement endoso de crimen global.

comprehensive general liability insurance seguro de responsabilidad general global.

comprehensive health insurance seguro de salud global.

comprehensive income ingreso global.

comprehensive insurance seguro global.

comprehensive insurance coverage cobertura de seguro global.

comprehensive liability insurance seguro de responsabilidad global.

comprehensively comprensivamente.

comprehensive major medical insurance seguro para gastos médicos mayores global.

comprehensiveness comprensión.

comprehensive personal liability insurance seguro de responsabilidad personal global.

comprehensive planning planificación global.

comprehensive policy póliza global.

compressed work week semana de trabajo comprimida.

compromise n concesión, arreglo.

compromise v conceder, arreglar.

comptroller contralor, contador principal.

comptrollership contraloría.

compulsory compulsorio, obligatorio.

compulsory arbitration arbitraje compulsorio.

compulsory automobile liability insurance seguro de responsabilidad pública de automóvil compulsorio.

compulsory insurance seguro compulsorio.

compulsory payment pago involuntario.

compulsory purchase compra forzada.

compulsory reserve reserva obligatoria.

compulsory retirement retiro forzado.

compulsory retirement age edad de retiro forzado.

compulsory sale venta forzada.

computation cómputo.

computation of interest cómputo de intereses.

computation of taxes cómputo de contribuciones.

computer conference conferencia por computadora.

computerized loan origination originación de préstamos computarizada.

computer network red de computadoras.

computer security seguridad de computadoras.

conceal ocultar, esconder.

concealed assets activo oculto.

concealed damage daño oculto.

concealed discount descuento oculto.

concealed inflation inflación oculta.

concealed subsidy subsidio oculto.

concealment ocultación, escondimiento.

concentrated marketing mercadeo concentrado.

concentration concentración.

concentration account cuenta de concentración.

concentration bank banco de concentración.

concentration banking banca de concentración.

concentration of capital concentración de capitales.

concentration point punto de concentración.

concentration ratio razón de concentración.

concentric diversification diversificación concéntrica.

concern n asunto, negocio, interés.

concern v concernir, importar.

concerned interesado.

concert concertar.

concerted concertado.

concession concesión.

concessionaire concesionario.

concessionary del concesionario.

conciliation conciliación.

conciliator conciliador.

concord concordia, arreglo.

concurrence concurrencia.

concurrency concurrencia.

concurrent concurrente.

concurrent consideration contraprestación concurrente.

concurrent covenant convenio recíproco, garantías concurrentes.

concurrent estates condominio.

concurrent insurance cobertura concurrente, seguro conjunto.

concurrent interests intereses concurrentes.

concurrent lease arrendamiento concurrente, arrendamiento que comienza antes de terminar un arrendamiento previo.

concurrent liens gravámenes concurrentes.

concurrently concurrentemente.

condemnation condenación, expropiación.

condensed balance sheet balance condensado.

condensed financial statement estado financiero condensado.

condensed statement estado condensado.

condition condición.

conditional condicional.

conditional acceptance aceptación condicional.

conditional agreement convenio condicional.

conditional annuity anualidad condicional.

conditional binding receipt recibo obligante condicional.

conditional commitment compromiso condicional.

conditional contract contrato condicional.

conditional conveyance traspaso condicional.

conditional creditor acreedor condicional.

conditional delivery entrega condicional.

conditional endorsement endoso condicional.

conditional guaranty garantía condicional.

conditional health insurance seguro de salud condicional.

conditional indorsement endoso condicional.

conditional insurance seguro condicional.

conditionality limitación.

conditionally condicionalmente.

conditional obligation obligación condicional.

conditional offer oferta condicional.

conditional offer to purchase oferta de compra condicional.

conditional order orden condicional.

conditional payment pago condicional.

conditional permit permiso condicional.

conditional promise promesa condicional.

conditional purchase compra condicional.

conditional receipt recibo condicional.

conditional renewable health insurance seguro de salud renovable condicional.

conditional sale venta condicional.

conditional sales contract contrato de venta condicional.

conditional transfer transferencia condicional.

conditional-use permit permiso de uso condicional.

conditional value valor condicional.

condition collateral condición colateral.

condition concurrent condición concurrente.

condition of employment condición de trabajo.

condition precedent condición previa.

conditions concurrent condiciones simultáneas.

conditions of sale normas para subastas, condiciones de venta.

condition subsequent condición subsiguiente.

condominium condominio.

condominium association asociación de condominio.

condominium conversion conversión de condominio.

condominium declaration declaración de condominio.

condominium insurance seguro de condominio.

condominium owners' association asociación de dueños de condominio.

conductor conductor, arrendador.

conduit conducto.

confer conferir.

conferee conferido.

conference conferencia, conferimiento.

conference call llamada en conferencia.

confidence game embaucamiento.

confidence interval intervalo de confianza.

confidence level nivel de confianza.

confidence limits límites de confianza.

confidential confidencial.

confidential file archivo confidencial.

confidential information información confidencial.

confidentially confidencialmente.

confidential relation relación de confianza, relación fiduciaria.

confining condition condición confinante.

confining medical condition condición médica confinante.

confirm confirmar.

confirm an order confirmar una orden.

confirmation confirmación.

confirmation letter carta de confirmación.

confirmation of order confirmación de orden.

confirmation slip hoja de confirmación.

confirmative confirmativo.

confirmatively confirmativamente.

confirmatory confirmatorio.

confirmed confirmado.

confirmed credit crédito confirmado.

confirmed letter of credit carta de crédito confirmada.

confirmee beneficiario de una confirmación.

confirmer quien confirma.

confirming confirmante.

confirming bank banco confirmante.

confiscable confiscable.

confiscate confiscar.

confiscation confiscación.

confiscator confiscador.

confiscatory confiscatorio.

conflict of interest conflicto de intereses.

conformance conformidad.

conforming loan préstamo conforme.

conforming mortgage hipoteca conforme.

conforming mortgage loan préstamo hipotecario conforme.

conformity conformidad.

conformity principle principio de la conformidad.

confusion confusión.

confusion of boundaries confusión de lindes.

confusion of debts confusión de deudas.

confusion of goods confusión de bienes.

confusion of rights confusión de derechos, unión de las capacidades de acreedor y deudor.

confusion of titles confusión de títulos.

conglomerate conglomerado.

conglomerate financial statement estado financiero de conglomerado.

conglomerate merger consolidación de empresas operando en mercados distintos.

conglomeration conglomeración.

conjoint conjunto.

conjointly conjuntamente.

conjunctive obligation obligación conjunta.

connotation connotación.

conscious parallel action acción paralela consciente.

consensual consensual.

consensual contract contrato consensual.

consent consentimiento.

consequential loss pérdida consecuente.

consequently por consiguiente.

conservation conservación.

conservative portfolio cartera de valores conservadora.

consideration consideración, contraprestación, causa.

consign consignar.

consignatary consignatario, depositario.

consignation consignación.

consignee consignatario, destinatario.

consignment consignación.

consignment account cuenta de consignación.

consignment contract contrato de consignación.

consignment insurance seguro para artículos en consignación.

consignment invoice factura de consignación.

consignment terms términos de consignación.

consignor consignador, remitente.

consistency consistencia.

consolidate consolidar.

consolidated consolidado.

consolidated accounts cuentas consolidadas.

consolidated balance sheet balance consolidado.

consolidated bonds bonos consolidados.

consolidated debt deuda consolidada.

consolidated financial statement estado financiero consolidado.

consolidated fund fondo consolidado.

consolidated items artículos consolidados.

consolidated loans préstamos consolidados.

consolidated mortgage bond bono de hipotecas consolidadas.

consolidated mortgages hipotecas consolidadas.

consolidated statement estado consolidado.

consolidated tape cinta consolidada.

consolidated taxable items artículos imponibles consolidados.

consolidated tax return planilla consolidada.

consolidation consolidación.

consolidation loan préstamo de consolidación.

consolidation of balances consolidación de balances.

consolidation of corporations consolidación de corporaciones.

consolidation of debts consolidación de deudas.

consolidation process proceso de consolidación.

consolidator consolidador.

consortium consorcio.

conspicuous conspicuo.

conspicuous clause cláusula conspicua.

constant constante.

constant amortization amortización constante.

constant amount cantidad constante.

constant annual interest intereses anuales constantes.

constant annual interest rate tasa de interés anual constante.

constant annual percent porcentaje anual constante.

constant annual percent rate tasa de porcentaje anual constante.

constant annual rate tasa anual constante.

constant-cost industry industria de costos constantes.

constant costs costos constantes.

constant-dollar plan plan de dólares constantes.

constant dollars dólares constantes.

constant expenditures gastos constantes.

constant expenses gastos constantes.

constant interest rate tasa de interés constante.

constant payment pago constante.

constant-payment loan préstamo de pagos constantes.

constant-payment mortgage hipoteca de pagos constantes.

constant price precio constante.

constant rate tasa constante.

constant rate loan préstamo de tasa constante.

constant rate mortgage hipoteca de tasa constante.

constant-ratio plan plan de razón constante.

constituent company compañía componente.

constrain constreñir.

constraining factor factor limitante.

constraint constreñimiento.

construct construir, edificar.

constructed price precio construido.

construction construcción, edificación.

construction bond caución de construcción.

construction contract contrato de construcción.

construction insurance seguro de construcción.

construction loan préstamo de construcción.

construction mortgage hipoteca de construcción.

constructive constructivo, implícito.

constructive breach of contract incumplimiento implícito de contrato.

constructive contract contrato implícito.

constructive delivery entrega simbólica.

constructive dividend dividendo implícito.

constructive eviction desahucio implícito.

constructive fraud fraude implícito.

constructive loss pérdida implícita.

constructive mileage millaje implícito.

constructive notice notificación implícita.

constructive possession posesión implícita.

constructive receipt percepción de ingresos para efectos contributivos.

constructive receipt of income percepción de ingresos para efectos contributivos.

constructive receipt rule regla sobre la percepción de ingresos para efectos contributivos.

constructive total loss pérdida total implícita.

constructive trust fideicomiso constructivo.

consult consultar.

consultant consultor.

consumer consumidor.

consumer acceptance aceptación por consumidores.

consumer analysis análisis de consumidores.

consumer association asociación de consumidores.

consumer behavior conducta de consumidores.

consumer behavior research investigación sobre la conducta de consumidores.

consumer cooperative cooperativa de consumidores.

consumer credit crédito del consumidor.

consumer credit code código para proteger el crédito del consumidor.

consumer credit protection protección del crédito del consumidor.

consumer credit protection laws leyes sobre la protección del crédito del consumidor.

consumer debt deuda del consumidor.

consumer demand demanda de consumidores.

consumer finance company
compañía financiera para consumidores.

consumer goods   bienes de consumo.

consumer information   información para consumidores, información para el consumidor.

consumer interest   intereses de consumo.

consumerism   consumismo.

consumer lease   arrendamiento de consumo.

consumer loan   préstamo de consumo.

consumer market   mercado de consumidores.

consumer package   envase del consumidor.

consumer price   precio al consumidor.

consumer price index   índice de precios al consumidor.

consumer product   producto de consumo.

consumer protection   protección del consumidor.

consumer protection laws   leyes para la protección del consumidor.

consumer research   investigación del consumidor.

consummate   consumado, completo.

consummation   consumación.

consumption   consumo.

consumption account   cuenta de consumo.

consumption control   control del consumo.

consumption economy   economía de consumo.

consumption flow   flujo de consumo.

consumption function   función del consumo.

consumption goods   bienes de consumo.

consumption loan   préstamo de consumo.

consumption product   producto de consumo.

consumption tax   impuesto al consumo.

contact   contacto.

contango   contango, prima por aplazamiento.

contemplation   contemplación.

contemplation of bankruptcy
contemplación de quiebra.

contemplation of insolvency
contemplación de insolvencia.

contemplative   contemplativo.

contemporaneous reserves   reservas contemporáneas.

contemporaneous reserves accounting   contabilidad de reservas contemporáneas.

contents   contenido, capacidad.

contents unknown   contenido desconocido.

contest   impugnar, disputar.

contestable clause   cláusula disputable.

contiguity   contigüidad.

contiguous   contiguo.

contiguousness   contigüidad.

contingency   contingencia.

contingency clause   cláusula de contingencias.

contingency fund   fondo de contingencia.

contingency planning   planificación para contingencias.

contingency reserve   reserva de contingencia.

contingency surplus   superávit de contingencia.

contingent   contingente.

contingent annuitant   rentista contingente, pensionado contingente.

contingent annuity   anualidad contingente.

contingent assets   activo contingente.

contingent beneficiary   beneficiario contingente.

contingent business interruption
interrupción de negocios contingente.

contingent business interruption insurance   seguro contra interrupción de negocios contingente.

contingent commitment
compromiso contingente.

contingent debt   deuda contingente.

contingent fees   honorarios contingentes.

contingent fund   fondo de contingencia.

contingent interest   interés condicional.

contingent liability   pasivo contingente, responsabilidad contingente.

contingent liability insurance
seguro de responsabilidad contingente.

contingent limitation limitación contingente.

contingent obligation obligación contingente.

contingent order orden condicional.

contingent rental alquiler contingente.

contingent reserve reserva contingente.

contingent trust fideicomiso condicional.

contingent trustee fiduciario condicional.

continuance aplazamiento, continuación.

continuation continuación.

continuation of benefits continuación de beneficios.

continuation statement estado de continuación.

continue continuar.

continuing continuo.

continuing account cuenta continua.

continuing breach of contract incumplimiento reiterado de contrato.

continuing consideration contraprestación continua.

continuing covenant contrato continuo.

continuing guaranty garantía continua.

continuing investment inversión continua.

continuing warranty garantía continua.

continuity continuidad.

continuity in advertising continuidad en el mercadeo.

continuity of life continuidad de la existencia corporativa.

continuous continuo.

continuous audit auditoría continua.

continuous budget presupuesto continuo.

continuous budgeting presupuestación continua.

continuous easement servidumbre continua.

continuous inflation inflación continua.

continuous market mercado continuo.

continuous process proceso continuo.

continuous production producción continua.

contraband contrabando.

contra broker corredor de la otra parte.

contract n contrato, convenio.

contract v contratar, convenir.

contract account cuenta por contrato.

contract a debt contraer una deuda.

contract a loan contraer un préstamo.

contract authorization autorización de contrato.

contract awarding otorgamiento de contrato.

contract bond garantía para el cumplimiento de contrato, fianza de contratista.

contract broker agente de contratación.

contract carrier portador por contrato.

contract expiration expiración de contrato.

contract expiration date fecha de expiración de contrato.

contract for sale contrato de venta.

contract for sale of goods contrato para la venta de mercancía.

contract for sale of land contrato para la compraventa de tierras.

contract holder tenedor de contrato.

contract interest rate tasa de interés de contrato.

contraction contracción.

contract month mes del contrato.

contract of adhesion contrato de adhesión.

contract of affreightment contrato de fletamiento, póliza de fletamiento.

contract of carriage contrato de transporte.

contract of employment contrato de empleo.

contract of guaranty contrato de garantía.

contract of indemnity contrato de indemnidad.

contract of insurance contrato de seguro.

contract of record contrato de registro público.

contract of sale contrato de venta.

contractor contratista.

contractor's liability insurance seguro de responsabilidad del contratista.

contract out subcontratar, contratar.

contract price precio de contrato.

contract purchasing compras por contrato.

contract rate tasa de contrato.

contract rent renta de contrato.

contract rights derechos de contrato.

contractual contractual.

contractual liability responsabilidad contractual.

contractual obligation obligación contractual.

contractual pay paga contractual.

contractual plan plan contractual.

contractual remuneration remuneración contractual.

contractual salary salario contractual.

contractual wages salarios contractuales.

contract under seal contrato sellado.

contributed contribuido.

contributed capital capital contribuido.

contributed surplus superávit contribuido.

contribution contribución.

contribution clause cláusula de contribución.

contribution for improvements contribución para mejoras.

contribution margin márgen de contribución.

contribution margin method método de márgen de contribución.

contribution margin ratio razón de márgen de contribución.

contribution plan plan de contribuciones.

contribution to capital contribución al capital.

contributory contribuyente.

contributory infringement invasión a patente por actos contribuyentes.

contributory negligence negligencia contribuyente.

contributory pension plan plan de pensión contribuyente.

contributory retirement system sistema de retiro contribuyente.

control n control.

control v controlar.

control account cuenta de control.

control card tarjeta de control.

control group grupo de control.

controllable controlable.

controllable costs costos controlables.

controllable expenditures gastos controlables.

controllable expenses gastos controlables.

controllable marketing activities actividades de mercadeo controlables.

controlled controlado, dominado.

controlled account cuenta controlada.

controlled amortization bond bono de amortización controlada.

controlled commodities mercancías controladas, productos controlados.

controlled company compañía controlada.

controlled corporation corporación controlada.

controlled disbursement desembolso controlado.

controlled economy economía controlada.

controlled foreign corporation corporación extranjera controlada.

controlled group grupo controlado.

controlled inflation inflación controlada.

controller contralor, contador principal.

controllership contraloría.

control limits límites de control.

controlling gobernante, controlador.

controlling account cuenta controladora.

controlling company compañía controladora.

controlling interest interés mayoritario.

control person persona de control.

control shares acciones de control.

control stock acciones de control.

convenience conveniencia.

convenience goods artículos de conveniencia.

convenience store tienda de conveniencia.

convention convención.

conventional convencional, contractual.

conventional duty tarifa convencional.

conventional fixed rate mortgage hipoteca de tasa fija convencional.

conventional interest interés convencional.

conventional lien gravamen convenido, gravamen convencional.

conventional loan préstamo convencional.

conventional mortgage hipoteca convencional.

conventional option opción convencional.

conventional tariff tarifa convencional.

conventional terms términos convencionales.

convergence convergencia.

convergent marketing mercadeo convergente.

conversion conversión, apropiación ilícita.

conversion at par conversión a la par.

conversion charge cargo de conversión.

conversion cost costo de conversión.

conversion factor factor de conversión.

conversion fee cargo de conversión.

conversion of policy conversión de póliza.

conversion option opción de conversión.

conversion parity paridad de conversión.

conversion point punto de conversión.

conversion premium prima de conversión.

conversion price precio de conversión.

conversion privilege privilegio de conversión.

conversion rate tasa de conversión.

conversion ratio razón de conversión.

conversion value valor de conversión.

convert convertir.

convertibility convertibilidad.

convertible convertible.

convertible adjustable rate mortgage hipoteca de tasa ajustable convertible.

convertible bond bono convertible.

convertible currency moneda convertible.

convertible debenture obligación convertible.

convertible debt deuda convertible.

convertible insurance seguro convertible.

convertible life seguro de vida convertible.

convertible life insurance seguro de vida convertible.

convertible loan préstamo convertible.

convertible mortgage hipoteca convertible.

convertible preferred shares acciones preferidas convertibles.

convertible preferred stock acciones preferidas convertibles.

convertibles valores convertibles.

convertible securities valores convertibles.

convertible shares acciones convertibles.

convertible stock acciones convertibles.

convertible term insurance seguro de término convertible.

convertible term life seguro de término convertible.

convertible term life insurance seguro de término convertible.

convexity convexidad.

convey traspasar, transferir, ceder.

conveyable traspasable, transferible, cedible.

conveyance cesión, traspaso, escritura de traspaso.

conveyance of ownership traspaso de propiedad.

conveyance of title traspaso de título.

conveyancing traspasar propiedad, hacer las varias funciones de traspasar propiedad.

co-obligor codeudor.

cooling-off period intervalo entre registrar el folleto informativo de una emisión de acciones y ofrecer dichas acciones al público, período de enfriamiento.

cooperating broker corredor cooperador.

cooperative cooperativa.

cooperative advertising publicidad cooperativa.

cooperative apartment apartamento cooperativo.

cooperative arrangement arreglo cooperativo.

cooperative association asociación cooperativa.

cooperative bank banco cooperativo.
cooperative building edificio cooperativo.
cooperative equilibrium equilibrio cooperativo.
cooperative exporters exportadores cooperativos.
cooperative importers importadores cooperativos.
cooperative insurance seguro cooperativo.
cooperative insurer asegurador cooperativo.
cooperative marketing mercadeo cooperativo.
coordination coordinación.
coordination of benefits coordinación de beneficios.
co-owner copropietario.
copartner consocio.
copartnership sociedad.
copayment pago conjunto.
copy copia, ejemplar.
copyright derecho de autor, propiedad literaria.
copyright notice aviso de derecho de autor.
core administration administración nuclear.
core deposits depósitos nucleares.
core management administración nuclear.
cornered market mercado acaparado.
corner the market acaparar el mercado.
corpnership ocurre cuando una corporación es la única socia solidaria.
corporate corporativo, social.
corporate account cuenta corporativa.
corporate acquisition adquisición corporativa.
corporate agent agente corporativo.
corporate alternative minimum tax contribución mínima alternativa corporativa.
corporate association asociación corporativa.
corporate body ente corporativo, persona jurídica, corporación.
corporate bond bono corporativo.
corporate bond equivalent yield rendimiento equivalente de bono corporativo.

corporate bond interest intereses de bono corporativo.
corporate bond interest rate tasa de interés de bono corporativo.
corporate bond rate tasa de bono corporativo.
corporate bond yield rendimiento de bono corporativo.
corporate campaign campaña corporativa.
corporate capital capital corporativo.
corporate characteristics características corporativas.
corporate charter carta constitutiva.
corporate crime crimen corporativo.
corporate culture cultura corporativa.
corporate domicile domicilio corporativo.
corporate enterprise empresa corporativa.
corporate equivalent yield rendimiento equivalente de bono corporativo.
corporate franchise carta orgánica.
corporate income ingreso corporativo.
corporate income fund fondo de ingresos corporativos.
corporate income tax impuestos sobre ingresos corporativos.
corporate insider persona informada corporativa.
corporate issue emisión corporativa.
corporate joint venture empresa conjunta corporativa.
corporate law derecho corporativo.
corporate merger fusión corporativa.
corporate name nombre corporativo.
corporate officers funcionarios corporativos.
corporate planning planificación corporativa.
corporate planning model modelo de planificación corporativa.
corporate powers capacidades corporativas.
corporate purpose propósito corporativo.
corporate reacquisition readquisición corporativa.
corporate records registros corporativos.
corporate reorganization reorganización corporativa.

corporate resolution   resolución corporativa.

corporate seal   sello corporativo.

corporate shares   acciones corporativas.

corporate stock   acciones corporativas.

corporate stock purchase plan   plan de compra de acciones corporativas.

corporate strategic planning   planificación estratégica corporativa.

corporate structure   estructura corporativa.

corporate surplus   superávit corporativo.

corporate takeover   toma del control corporativo, absorción de empresa.

corporate taxes   impuestos corporativos.

corporate trustee   fiduciario corporativo.

corporate veil   velo corporativo.

corporation   corporación, persona jurídica, sociedad anónima.

corporation account   cuenta de corporación.

corporation charter   autorización de corporación.

corporation de facto   corporación de hecho, corporación de facto.

corporation de jure   corporación autorizada, corporación de jure.

corporation sole   corporación constituida por una sola persona, persona jurídica constituida por una sola persona.

corporation stock purchase plan   plan de compra de acciones de corporación.

corporator   miembro de una corporación.

corporeal   corpóreo.

corporeal property   propiedad material.

corrected   corregido.

corrected earnings   ingresos corregidos.

corrected invoice   factura corregida.

corrected policy   póliza de seguros que corrige una anterior con errores.

correction   corrección.

correction entry   asiento de corrección.

correlation   correlación.

correlation analysis   análisis de correlación.

correlation coefficient   coeficiente de correlación.

correlation ratio   razón de correlación.

correspondence   correspondencia.

correspondence audit   auditoría por correspondencia.

correspondent   corresponsal.

correspondent bank   banco corresponsal.

correspondent firm   firma corresponsal.

corresponding   correspondiente.

corridor deductible   deducible entre beneficios.

cosign   cofirmar.

cosignatory   cosignatario, cofirmante, codeudor.

cosigner   cosignatario, cofirmante, codeudor.

cost   costo, precio.

cost absorption   absorción de costos.

cost accountant   contador de costos.

cost accounting   contabilidad de costos.

cost accumulation   acumulación de costos.

cost allocation   asignación de costos.

cost analysis   análisis de costos.

cost analyst   analista de costos.

cost and freight   costo y flete.

cost application   aplicación de costos.

cost apportionment   distribución de costos.

cost approach   acercamiento de costos.

cost assignment   asignación de costos.

cost basis   base de costo.

cost behavior   conducta de costo.

cost-behavior analysis   análisis de conducta de costo.

cost-behavior pattern   patrón de conducta de costo.

cost-benefit analysis   análisis costo-beneficio.

cost-benefit ratio   razón costo-beneficio.

cost center   centro de costos.

cost containment   control de costos.

cost-containment provision   estipulación de control de costos.

cost contract   contrato a costo.

cost control   control de costos.

cost curve curva de costos.
cost depletion agotamiento de costos.
cost distribution distribución de costos.
cost-effectiveness eficacia de costos.
cost estimate estimado de costo.
cost estimating estimado de costos.
cost estimation estimado de costos.
cost factors factores de costos.
cost flow flujo de costos.
cost function función de costos.
cost inflation inflación de costos.
cost level nivel de costos.
cost method método de costos.
cost objective objetivo de costo.
cost of capital costo de capital.
cost of carry costo de posesión.
cost of delivery costo de entrega.
cost of distribution costo de distribución.
cost of funds costo de fondos.
cost-of-funds index índice de costo de fondos.
cost of goods costo de mercancías.
cost of goods manufactured costo de mercancías manufacturadas.
cost of goods sold costo de mercancías vendidas.
cost of insurance costo del seguro.
cost-of-living costo de vida.
cost of living adjustment ajuste por costo de vida.
cost-of-living clause cláusula para ajuste por costo de vida.
cost-of-living index índice del costo de vida.
cost-of-living plan plan con ajuste por costo de vida.
cost of loss costo de la pérdida.
cost of merchandise costo de mercancía.
cost of merchandise sold costo de mercancía vendida.
cost of money costo del dinero.
cost of occupancy costo de ocupación.
cost of possession costo de posesión.
cost of production costo de producción.
cost of replacement costo de reemplazo.
cost of reproduction costo de reproducción.

cost of risk costo del riesgo.
cost of sales costo de ventas.
cost-plus contract contrato a costo más ganancias.
cost-plus pricing establecimiento de precios de costo más ganancia.
cost pool agrupamiento de costos.
cost prediction predicción de costos.
cost-push inflation inflación impulsada por costos.
cost records registros de costos.
cost recovery recuperación de costos.
cost-recovery method método de recuperación de costos.
cost reduction reducción de costos.
cost-reduction measures medidas de reducción de costos.
cost-reduction program programa de reducción de costos.
cost reference referencia de costo.
cost savings ahorros de costos, ahorro en el costo.
cost sheet hoja de costos.
costs of collection gastos de cobranza.
cost-volume formula fórmula de costo-volumen.
co-surety cofiador.
cotenancy tenencia conjunta.
cotenant copropietario, coposesor, coarrendatario, coinquilino, coocupante.
coterminous colindante.
counter check cheque de ventanilla.
counter clerk empleado de mostrador.
counter deposit depósito de ventanilla.
counter employee empleado de mostrador.
counterfeit adj falsificado.
counterfeit n falsificación.
counterfeit v falsificar.
counterfeit card tarjeta falsificada, tarjeta alterada.
counterfeiter falsificador.
countermand n contraorden.
countermand v revocar.
counteroffer contraoferta.
countersign refrendar.
countersignature refrendación.
countersignature law ley de refrendación.
country-club billing facturación acompañada de copias de recibos.
country code código del país.

country limit límite del país.

country risk riesgo del país.

country risk assessment evaluación del riesgo del país.

coupon cupón.

coupon bond bono con cupones.

coupon book libro de cupones.

coupon collection colección de cupones.

coupon collection teller cajero de colección de cupones.

coupon equivalent rate tasa equivalente de bono.

coupon policy póliza con cupones.

coupon rate tasa del cupón, tasa de interés.

coupon stripping separación de cupones.

coupon swap intercambio de tasas de interés.

coupon teller cajero de cupones.

course curso.

course of business curso de los negocios.

course of employment curso del empleo.

course of the voyage ruta acostumbrada.

course of trade curso de los negocios.

court of bankruptcy tribunal de quiebras.

court order orden judicial, apremio.

covenant contrato, convenio, estipulación.

covenant against encumbrances garantía de que un inmueble está libre de gravámenes.

covenantee garantizado, contratante.

covenant for further assurance cláusula por la cual el que vende un inmueble se compromete a hacer lo necesario para perfeccionar el título.

covenant for quiet enjoyment garantía contra desahucio, garantía de posesión sin trastornos legales.

covenant in gross obligación no relacionada con el inmueble.

covenant not to compete acuerdo de no competir.

covenant of warranty cláusula de garantía.

covenantor garantizador, obligado.

covenants for title el conjunto de garantías que da el vendedor de un inmueble.

covenant to renew acuerdo de renovar.

cover n cobertura.

cover v cubrir, asegurar, recomprar.

coverage cobertura.

coverage level nivel de cobertura.

coverage map mapa de cobertura.

coverage of hazard cobertura del peligro.

coverage of risk cobertura del riesgo.

coverage part parte de las coberturas.

coverage ratio razón de cobertura.

covered cubierto.

covered arbitrage arbitraje cubierto.

covered call venta de opción de compra cubierta.

covered call writer vendedor de opción de compra cubierta.

covered expenses gastos cubiertos.

covered investment inversión cubierta.

covered location localización cubierta.

covered losses pérdidas cubiertas.

covered margin margen cubierto.

covered option opción cubierta.

covered option writer vendedor de opción cubierta.

covered option writing venta de opción cubierta.

covered person persona cubierta.

covered property propiedad cubierta.

covered put venta de opción de venta cubierta.

covered put writer vendedor de opción de venta cubierta.

covered risk riesgo cubierto.

covered writer vendedor de opción cubierta.

covered writing venta de opción cubierta.

cover letter carta acompañante, carta de transmisión, carta de cobertura.

cover note declaración escrita de cobertura de parte del agente de seguros.

covert secreto.

covertly secretamente.

creative financing financiamiento creativo.

creative selling ventas creativas.

credential credencial.
credibility credibilidad.
credible creíble.
credit crédito, reconocimiento.
credit acceptance aceptación de crédito.
credit account cuenta de crédito.
credit adjustment ajuste de crédito.
credit administration administración de crédito.
credit administrator administrador de crédito.
credit against tax crédito contra impuesto.
credit agency agencia de crédito.
credit an account acreditar a una cuenta, abonar a una cuenta.
credit analysis análisis de crédito.
credit analyst analista de crédito.
credit application solicitud de crédito.
credit approval aprobación de crédito.
credit-approval department departamento de aprobación de crédito.
credit arrangement arreglo de crédito.
credit association asociación de crédito.
credit authorization autorización de crédito.
credit available crédito disponible.
credit balance saldo acreedor.
credit bank banco de crédito.
credit basis base de crédito.
credit bill letra de crédito.
credit bureau negociado de crédito, agencia de reporte y clasificación de crédito.
credit capacity capacidad de crédito.
credit card tarjeta de crédito.
credit card center centro de tarjetas de crédito.
credit card crime crimen cometido con tarjeta de crédito.
credit card insurance seguro de tarjeta de crédito.
credit card interest rate tasa de interés de tarjeta de crédito.
credit card rate tasa de tarjeta de crédito.
credit card variable rate tasa variable de tarjeta de crédito.
credit column columna del haber.
credit company compañía de crédito.

credit contract contrato de crédito.
credit control control de crédito.
credit corporation corporación de crédito.
credit counseling asesoramiento de crédito.
credit criteria criterios de crédito.
credit decline denegación de crédito.
credit denial denegación de crédito.
credit department departamento de crédito.
credit division división de crédito.
credit enhancement realzado de crédito.
credit entity entidad de crédito.
credit entry asiento de crédito.
credit expansion expansión de crédito.
credit exposure exposición a riesgo de crédito.
credit facilities facilidades de crédito.
credit file archivo de crédito.
credit folder archivo de crédito.
credit form formulario de crédito.
credit health insurance seguro de salud de deudor.
credit history historial de crédito.
credit information información de crédito.
credit inquiry indagación de crédito.
credit institution institución de crédito.
credit instrument instrumento de crédito.
credit insurance seguro sobre el crédito.
credit interchange intercambio de crédito.
credit investigation investigación de crédito.
credit life insurance seguro de vida de deudor.
credit limit límite de crédito.
credit line línea de crédito.
credit losses pérdidas de crédito.
credit management administración de crédito.
credit manager administrador de crédito.
credit market mercado de crédito.
credit mechanism mecanismo de crédito.
credit memo memorando de crédito.

credit memorandum   memorando de crédito.

credit note   nota de crédito.

credit office   oficina de crédito.

creditor   acreedor.

creditor at large   acreedor quirografario, acreedor común.

creditor beneficiary   un tercero que se beneficia de un contrato.

credit order   orden a crédito.

creditor life insurance   seguro de vida de acreedor.

creditor nation   nación acreedora.

creditor's claim   reclamación del acreedor, derecho del acreedor.

creditors' committee   comité de acreedores.

creditors' meeting   asamblea de acreedores.

credit party   parte del crédito.

credit period   período de crédito.

credit policy   política de crédito.

credit quality   calidad de crédito.

credit rating   calificación crediticia.

credit rating agency   agencia de calificación crediticia.

credit rating book   libro de calificaciones crediticias.

credit rationing   racionamiento de crédito.

credit record   registro de crédito.

credit reference   referencia de crédito.

credit report   informe de crédito.

credit reporting agency   agencia de informes de crédito.

credit requirements   requisitos de crédito.

credit reserves   reservas de crédito.

credit restrictions   restricciones de crédito.

credit review   revisión de crédito.

credit risk   riesgo de crédito.

credit risk insurance   seguro de riesgo de crédito.

credit sale   venta a crédito.

credit sales department   departamento de ventas a crédito.

credit sales division   división de ventas a crédito.

credit sales office   oficina de ventas a crédito.

credit scoring   puntuación de crédito.

credit service charge   cargo por servicio de crédito.

credit service fee   cargo por servicio de crédito.

credit side   haber.

credit slip   hoja de crédito.

credit society   sociedad de crédito.

credit spread   combinación de opciones con saldo acreedor.

credit standing   reputación de crédito.

credit system   sistema de crédito.

credit terms   términos de crédito.

credit transaction   transacción de crédito.

credit transfer   transferencia de crédito.

credit transfer system   sistema de transferencias de crédito.

credit union   cooperativa de crédito.

credit verification   verificación de crédito.

creditworthiness   solvencia.

creditworthy   solvente, de crédito aceptable.

creeping inflation   inflación lentamente progresiva.

crime insurance   seguro contra crímenes.

crisis management   administración de crisis.

critical path   vía crítica.

critical path accounting   contabilidad de vía crítica.

critical path method   método de vía crítica.

critical size   tamaño crítico.

crop insurance   seguro de cosecha.

cross-collateral   colateral cruzado.

cross-currency swap   intercambio de monedas.

crossed sale   venta cruzada.

crossed trade   transacción cruzada.

crossed transaction   transacción cruzada.

cross-foot   sumar horizontalmente.

crossfoot   sumar horizontalmente.

cross-footing   sumas horizontales.

crossfooting   sumas horizontales.

crossing   transacción cruzada.

cross-investment   inversión cruzada.

cross-liability   responsabilidad cruzada.

cross-merchandising   venta cruzada de mercancías.

cross-rate tasa cruzada.
cross-sale venta cruzada.
cul-de-sac calle sin salida.
cum dividend con dividendo.
cum rights con derechos de suscripción.
cumulative acumulativo.
cumulative deficit déficit acumulativo.
cumulative dividend dividendo acumulativo.
cumulative effect efecto acumulativo.
cumulative liability responsabilidad acumulativa.
cumulative preferred acciones preferidas acumulativas.
cumulative preferred shares acciones preferidas acumulativas.
cumulative preferred stock acciones preferidas acumulativas.
cumulative shares acciones acumulativas.
cumulative stock acciones acumulativas.
cumulative taxes impuestos acumulativos.
cumulative trend method método de tendencias acumulativas.
cumulative voting votación acumulativa.
cum warrant con certificado de derechos de compra.
curable depreciation depreciación curable.
currency dinero en circulación, moneda.
currency adjustment factor factor de ajuste de divisa.
currency appreciation apreciación de la moneda.
currency arbitrage arbitraje de divisas.
currency area área de monedas.
currency band intervalo de moneda.
currency basket cesta de monedas.
currency clause cláusula de monedas.
currency code código de moneda.
currency convertibility convertibilidad de moneda.
currency depreciation depreciación de la moneda.
currency devaluation desvaluación de moneda.
currency exchange intercambio de divisas.
currency exchange controls controles de intercambio de divisas.

currency futures futuros de monedas.
currency in circulation moneda en circulación.
currency inflation inflación de moneda.
currency options opciones de monedas.
currency swap intercambio de monedas.
currency transaction report informe de transacción de moneda.
current corriente, al día.
current account cuenta corriente.
current account balance saldo en cuenta corriente.
current assets activo corriente, activo realizable.
current assumption asunción corriente.
current balance of payments balanza de pagos corriente.
current budget presupuesto corriente.
current budgeting presupuestación corriente.
current capital capital corriente, capital circulante.
current cost costo corriente.
current cost accounting contabilidad de costo corriente.
current coupon tasa de interés corriente.
current coupon bond bono con tasa de interés corriente.
current debt deuda corriente.
current delivery entrega corriente.
current disbursement desembolso corriente.
current dollars dólares corrientes.
current earnings ingresos corrientes.
current expenditure gasto corriente.
current expenses gastos ordinarios.
current interest interés corriente.
current interest rate tasa de interés corriente.
current international payments pagos internacionales corrientes.
current investments inversiones corrientes.
current liabilities pasivo corriente.
currently corrientemente, actualmente.
currently covered corrientemente cubierto.
currently insured corrientemente asegurado.

current market value valor corriente de mercado, valor actual de mercado.

current maturity vencimiento corriente.

current money moneda en circulación.

current payments pagos corrientes.

current pool factor razón de principal corriente a principal inicial.

current pool ratio razón de principal corriente a principal inicial.

current portfolio cartera de valores corriente.

current price precio corriente.

current production producción corriente.

current production rate tasa de producción corriente.

current profits ganancias corrientes.

current rate tasa corriente.

current ratio razón corriente, razón de liquidez.

current return rendimiento corriente.

current revenues ingresos corrientes.

current terms términos corrientes.

current value valor corriente.

current value accounting contabilidad de valor corriente.

current wages salarios del presente período, salarios actuales.

current year año en curso.

current yield rendimiento corriente, rendimiento actual.

cushion reserva, intervalo de protección.

custodial custodial.

custodial account cuenta custodial.

custodian custodio.

custodian bank banco depositario.

custom costumbre.

customary and reasonable charge cargo acostumbrado y razonable.

customary and reasonable fee cargo acostumbrado y razonable.

customary charge cargo acostumbrado.

customary fee cargo acostumbrado.

custom builder constructor a la orden.

customer cliente.

customer activated terminal terminal activada por el cliente.

customer information información del cliente.

customer information file archivo de información del cliente.

customer profile perfil de cliente.

customer representative representante de clientes.

customer's agreement convenio del cliente.

customer service servicio al cliente.

customer service representative representante de servicio al cliente.

customer's loan consent consentimiento de préstamo de valores del cliente.

custom-free exento de contribuciones aduaneras.

customhouse aduana.

customhouse broker agente de aduana.

customhouse officer inspector de aduana.

customs aduana, impuestos aduaneros, costumbres.

customs administration administración de aduanas.

customs agency agencia de aduana.

customs agent agente de aduana.

customs area área aduanera.

customs broker agente de aduana.

customs charges cargos de aduana.

customs classification clasificación aduanera.

customs clearance despacho aduanero.

customs code código aduanero.

customs collector administrador de aduanas.

customs declaration declaración aduanera.

customs documents documentos aduaneros.

customs duties impuestos de aduanas.

customs fine multa aduanera.

customs-free area zona franca.

customshouse aduana.

customs inspection inspección aduanera.

customs inspector inspector de aduana.

customs invoice factura de aduana.

customs officer oficial de aduana.

customs procedures procedimientos de aduana.

customs rate tasa aduanera.

customs regulations reglamentos de aduana.

customs rules reglas de aduana.

customs service servicio de aduana.

customs station estación aduanera.

customs tariff tarifa aduanera.

customs valuation valuación aduanera.

customs warehouse almacén aduanero.

cutback recorte, despido de empleados para economizar.

cut costs cortar costos.

cutoff date fecha de corte.

cutoff point punto de corte.

cutoff rate tasa de corte.

cutoff time tiempo de corte.

cycle ciclo.

cycle billing facturación por ciclos.

cycle period período del ciclo.

cyclical cíclico.

cyclical demand demanda cíclica.

cyclical factors factores cíclicos.

cyclical fluctuations fluctuaciones cíclicas.

cyclical forecast pronóstico cíclico.

cyclical industry industria cíclica.

cyclical inflation inflación cíclica.

cyclically cíclicamente.

cyclically adjusted ajustado cíclicamente.

cyclical stocks acciones cíclicas.

cyclical unemployment desempleo cíclico.

cyclical variation variación cíclica.

daily diario, diurno.

daily high precio máximo alcanzado un día, precio máximo del día.

daily interest intereses diarios.

daily interest account cuenta de intereses diarios.

daily limit límite diario.

daily low precio mínimo alcanzado un día, precio mínimo del día.

daily occupation ocupación regular.

daily pay jornal.

daily rate of pay salario diario.

daily report informe diario.

daily reserve reserva diaria.

daily statement estado diario.

daily trading limit límite de variación diaria.

daisy chain transacciones que manipulan el mercado de modo que un valor aparente tener mucha actividad.

damaged dañado.

damages daños.

damage to property daños a la propiedad.

dangerous goods mercancías peligrosas.

dangerous work trabajo peligroso.

dangers of the sea peligros del mar.

danism préstamo usurario.

data datos.

data bank banco de datos.

database base de datos.

data privacy privacidad de datos.

data processing insurance seguro de procesamiento de datos.

data protection protección de datos.

data security seguridad de datos.

date fecha.

date back antedatar.

date certain fecha cierta.

dated fechado.

dated date fecha de comienzo de acumulación de intereses.

date due fecha de vencimiento.

date of acceptance fecha de aceptación.

date of bankruptcy fecha de la declaración de quiebra.

date of cleavage fecha de la petición voluntaria de quiebra.

date of delivery fecha de entrega.

date of draft fecha de letra.

date of filing fecha de radicación.

date of invoice fecha de factura.

date of issue fecha de emisión.

date of maturity fecha de vencimiento.

date of payment fecha de pago.

date of payment of dividend fecha de pago de dividendo.

date of plan termination fecha de terminación de plan.

date of publication fecha de publicación.

date of record fecha de registro.
date of termination fecha de terminación.
dating extensión de plazo de pago.
daybook libro diario, registro diario de entradas y salidas.
day certain día cierto.
day cycle ciclo diurno.
day laborer jornalero.
daylight overdraft sobregiro diurno.
daylight trading compra y venta de la misma cantidad de un valor el mismo día.
day loan préstamo diario.
day order orden de un día.
days of coverage días de cobertura.
days of demurrage demora en la duración de un viaje.
days of grace días de gracia.
day's pay jornal.
days to sell inventory días para vender inventario.
day-to-day loan préstamo de día a día.
day trade compra y venta de la misma cantidad de un valor el mismo día.
dead asset activo sin valor.
dead assets activo improductivo.
deadbeat deudor moroso.
dead freight pago por flete contratado pero sin utilizar, falso flete.
dead letter carta muerta.
deadline fecha límite, fecha de vencimiento.
dead pledge hipoteca.
dead stock inventario no vendible, capital improductivo.
dead storage almacenamiento de bienes, mercancías inmovilizadas.
dead time tiempo muerto.
deal n negocio, contrato, acuerdo.
deal v negociar, repartir.
dealer comerciante, intermediario, corredor de bolsa.
dealer bank banco que tambien hace transacciones con valores.
dealer exchange bolsa de corredores con cuenta propia.
dealer's insurance seguro de comerciante.
dealer's talk exageraciones usadas para vender algo.
dealing comerciar, negociar.

dealings negociaciones, transacciones.
death benefits beneficios por muerte.
death duty contribuciones sucesorias.
death rate tasa de mortalidad.
death taxes contribuciones sucesorias.
debenture debenture, obligación sin hipoteca o prenda.
debenture bonds bonos sin hipoteca o prenda.
debenture capital capital obtenido mediante debentures.
debenture certificate certificado correspondiente a un debenture, certificado correspondiente a una obligación sin hipoteca o prenda.
debit n débito, saldo deudor, cargo.
debit v debitar.
debit account cuenta deudora.
debit adjustment ajuste de débito.
debit an account adeudar una cuenta.
debit and credit debe y haber, débito y credito.
debit and credit conventions reglas del debe y haber.
debit balance saldo deudor.
debit card tarjeta de débito.
debit column columna del debe.
debit entry asiento de cargo.
debit insurance seguro industrial.
debit interest interés deudor.
debit life insurance seguro de vida industrial.
debit memo memorando de débito.
debit memorandum memorando de débito.
debit note nota de débito.
debitor deudor.
debit side debe.
debit spread combinación de opciones con saldo deudor.
debit ticket nota de débito.
debit transfer transferencia de débito.
debt deuda.
debt adjusting atender las deudas de otro por compensación.
debt adjustment convenio para pagar deudas que se disputan.
debt administration administración de la deuda.
debt barred by limitation deuda prescrita.
debt burden carga de deuda.

debt by simple contract deuda a través de contrato simple.

debt by special contract deuda a través de contrato especial.

debt cancelation cancelación de deuda.

debt consolidation consolidación de deudas.

debt coverage ratio razón de cobertura de deudas.

debt due deuda exigible.

debtee acreedor.

debt-equity ratio razón de endeudamiento, razón de deuda a capital.

debt financing financiamiento mediante deuda.

debt-for-debt swap intercambio de deudas.

debt instrument instrumento de deuda.

debt limit límite de deuda.

debt limitations limitaciones de deuda.

debt loading acumulación de deudas en anticipación a declarar quiebra.

debt management administración de deudas.

debt obligations obligaciones de deudas.

debt of record deuda declarada en un juicio.

debtor deudor.

debtor account cuenta deudora.

debtor bank banco deudor.

debtor country país deudor.

debtor nation nación deudora.

debt payment pago de deuda.

debt pooling arreglo mediante el cual un deudor reparte sus activos entre acreedores.

debt redemption redención de deuda.

debt reduction reducción de deuda.

debt repayment pago de deuda.

debt repayment schedule tabla de pago de deuda.

debt restructuring reestructuración de deuda.

debt retirement retiro de deuda.

debt security garantía de una deuda, obligación de deuda.

debt service servicio de la deuda, pago de deudas.

debt service fund fondo de servicio de la deuda.

debt service fund requirements requisitos del fondo de servicio de la deuda.

debt service ratio razón de servicio de la deuda.

debt service requirement requisito de servicio de la deuda.

debt-to-equity ratio razón de endeudamiento, razón de deuda a capital.

debt-to-net worth ratio razón de pasivo y activo neto.

deceased difunto.

deceased account cuenta de difunto.

decedent difunto.

decedent's account cuenta de difunto.

deceit engaño, dolo, fraude.

deceitful engañoso, falso.

deceitfully engañosamente, fraudulentamente.

deceitfulness falsedad, engaño.

decentralization descentralización.

decentralize descentralizar.

decentralized descentralizado.

deception engaño, fraude.

deceptive engañoso.

deceptive advertising publicidad engañosa.

deceptiveness apariencia engañosa.

deceptive packaging empaque engañoso.

deceptive practice práctica engañosa.

deceptive sales practices prácticas comerciales engañosas.

deceptive statement declaración engañosa.

decision maker quien toma decisiones.

decision making toma de decisiones.

decision matrix matriz de decisión.

decision model modelo de decisiones.

decision theory teoría de decisiones.

decision tree árbol de decisión.

declaration declaración, exposición, declaración aduanera.

declaration date fecha de declaración.

declaration of bankruptcy declaración de quiebra.

declaration of estimated taxes declaración de contribuciones estimadas.

declaration of inability to pay debts declaración de insolvencia.

declaration of origin declaración de origen.

declaration of solvency declaración de solvencia.

declaration of trust declaración de fideicomiso.

declarations section sección de declaraciones.

declare declarar.

declare a strike declarar una huelga.

declared declarado.

declared dividend dividendo declarado.

declared value valor declarado.

declination rechazo.

declining-balance depreciation depreciación de saldos decrecientes.

declining-balance method método de saldos decrecientes.

declining-yield curve curva de rendimientos decrecientes.

deconglomeration desconglomeración.

deconsolidate desconsolidar.

decrease disminución.

decrease tariffs disminuir tarifas.

decreasing decreciente.

decreasing amortization amortización decreciente.

decreasing costs costos decrecientes.

decreasing insurance seguro decreciente.

decreasing returns utilidades decrecientes.

decreasing term insurance seguro de término decreciente.

decreasing term life insurance seguro de término decreciente.

decreasing value valor decreciente.

decree of insolvency declaración judicial de que los activos no alcanzan a cubrir las deudas.

decrement decremento.

dedicate dedicar, dedicar un inmueble al uso público.

dedication dedicación, dedicación de un inmueble al uso público.

deduct deducir.

deduct from wages deducir del salario.

deductible deducible, franquicia.

deductible clause cláusula de franquicia en un contrato de seguro, cláusula de deducible en un contrato de seguro.

deductible insurance seguro con deducibles.

deductible losses pérdidas deducibles.

deduction deducción.

deduction for new parte del costo de reparación de una nave que reembolsa el asegurado al asegurador.

deduction from gross income deducción de ingresos brutos.

deduction from income deducción de ingresos.

deduction from net income deducción de ingresos netos.

deductive deductivo.

deductively deductivamente.

deduct taxes deducir impuestos.

deed escritura, título, instrumento formal para transferir derechos sobre un inmueble.

deed indenture escritura de traspaso.

deed in fee escritura mediante la cual se transfiere dominio absoluto sobre un inmueble.

deed in lieu of foreclosure entrega de escritura en vez de juicio hipotecario.

deed intended escritura mediante la cual se transfieren los derechos sobre un inmueble.

deed of agency fideicomiso con el propósito de pagar deudas.

deed of assignment escritura de traspaso.

deed of conveyance escritura de traspaso.

deed of covenant escritura de garantía, instrumento accesorio a un contrato de un inmueble.

deed of gift escritura de donación.

deed of incorporation escritura de constitución.

deed of partition escritura de partición.

deed of release acta de cesión de derechos, escritura de cancelación.

deed of trust escritura de fideicomiso.

deed poll escritura unilateral.

deed restriction restricción de escritura.

deep discount descuento sustancial.

deep discount bond bono con descuento sustancial.
de facto corporation corporación de hecho, corporación de facto.
defalcate desfalcar, malversar.
defalcation desfalco, malversación.
defamatory advertising publicidad difamatoria.
default incumplimiento, omisión, mora.
defaulted interest intereses en mora.
defaulter incumplidor, moroso.
default of payment incumplimiento de pago.
default point punto crítico.
default risk riesgo de incumplimiento.
defeasance contradocumento, anulación, revocación, derecho de redención tras incumplimiento de pago.
defeasance clause cláusula que permite la extinción de una hipoteca.
defeasibility revocabilidad.
defeasible anulable, condicional.
defeasible fee derecho de dominio revocable.
defeasible title título revocable.
defect defecto, vicio.
defect in title defecto de título.
defective defectuoso, viciado.
defective title título defectuoso.
defensive industry industria relativamente inmune a factores tales como un deterioro en la economía.
defensive investment inversión segura.
defensive portfolio cartera de acciones seguras.
defensive securities valores seguros.
defensive stocks acciones seguras.
defer diferir, ceder.
defer a payment aplazar un pago.
deferment aplazamiento.
deferment charge cargo por aplazamiento.
deferment fee cargo por aplazamiento.
deferment of payment aplazamiento de pago.
deferment of payment of taxes aplazamiento de pago de contribuciones.
deferrable aplazable.
deferral aplazamiento.
deferral of taxes aplazamiento de impuestos.

deferred aplazado, diferido.
deferred account cuenta diferida.
deferred annuity anualidad diferida.
deferred annuity contract contrato de anualidad diferida.
deferred availability disponibilidad diferida.
deferred benefits beneficios diferidos.
deferred billing facturación diferida.
deferred bonds bonos diferidos.
deferred charge cargo diferido.
deferred compensation compensación diferida.
deferred compensation plan plan de compensación diferida.
deferred contribution plan plan de contribuciones diferidas.
deferred cost costo diferido.
deferred credit crédito diferido.
deferred debit débito diferido.
deferred delivery entrega diferida.
deferred dividend dividendo diferido.
deferred expenditure gasto diferido.
deferred expense gasto diferido.
deferred fee cargo diferido.
deferred gain ganancia diferida.
deferred gross profit ganancias brutas diferidas.
deferred group annuity anualidad grupal diferida.
deferred group annuity contract contrato de anualidad grupal diferida.
deferred income ingreso diferido.
deferred income tax contribución sobre ingresos diferida.
deferred interest intereses diferidos.
deferred interest bond bono de intereses diferidos.
deferred liability responsabilidad diferida.
deferred maintenance mantenimiento diferido.
deferred-payment annuity anualidad de pagos diferidos.
deferred payments pagos diferidos.
deferred-payment sale venta de pagos diferidos.
deferred premium prima diferida.
deferred profits ganancias diferidas.
deferred profit sharing participación en las ganancias diferida.

deferred remuneration
remuneración diferida.

deferred retirement retiro diferido.

deferred salary increase aumento de
salario diferido.

deferred sales charge cargo de venta
diferido.

deferred sales fee cargo de venta
diferido.

deferred shares acciones diferidas.

deferred stock acciones diferidas.

deferred taxes impuestos diferidos.

deferred wage increase aumento de
salario diferido.

deficiency deficiencia.

deficiency assessment la diferencia
entre lo que calcula el contribuyente y lo
que reclaman las autoridades.

deficiency decree sentencia obligando
al deudor en una ejecución de hipoteca a
pagar la diferencia entre lo que se debe y
lo que se devengó.

deficiency judgment sentencia
obligando al deudor en una ejecución de
hipoteca a pagar la diferencia entre lo
que se debe y lo que se devengó.

deficiency letter carta de aviso por
parte de las autoridades informando al
contribuyente de una deficiencia en la
declaración de las contribuciones, carta
de deficiencia.

deficiency notice aviso por parte de
las autoridades informando al
contribuyente de una deficiencia en la
declaración de las contribuciones, aviso
de deficiencia.

deficiency reserve reserva para
deficiencias.

deficiency suit acción para obligar al
deudor en una ejecución de hipoteca a
pagar la diferencia entre lo que se debe y
lo que se devengó, acción de deficiencia.

deficient deficiente.

deficit déficit.

deficit financing financiamiento
mediante déficit.

deficit net worth valor neto negativo.

deficit spending gastos en exceso de
los ingresos, financiamiento mediante
déficit.

defined-benefit pension plan plan
de pensión de beneficios definidos.

defined-benefit plan plan de pensión
de beneficios definidos.

defined-contribution pension plan
plan de pensión de contribuciones
definidas.

defined-contribution plan plan de
contribuciones definidas.

definite loss pérdida definitiva.

definitive definitivo.

definitive certificate certificado
definitivo.

deflation deflación.

deflationary deflacionario.

deflationary gap vacío deflacionario.

deflator deflacionador.

defraud defraudar.

defraudation defraudación.

defrauder defraudador.

defray costear, pagar.

defunct company compañía difunta.

degree of monopoly grado de
monopolio.

degree of risk grado de riesgo.

degression degresión.

degressive tax impuesto degresivo.

degressive taxation imposición
degresiva.

deindustrialization
desindustrialización.

de jure corporation corporación
autorizada, corporación de jure.

delay n demora, aplazamiento.

delay v demorar, aplazar.

delay clause cláusula de demora.

delayed demorado, aplazado.

delayed delivery entrega demorada.

delayed disbursement desembolso
demorado.

delayed opening apertura demorada.

delayed payment pago demorado.

delayed payment clause cláusula de
pago demorado.

delay in delivery demora en la entrega.

delay in payment demora en el pago.

delay rent renta pagada para usar un
terreno más tiempo.

delegate delegar.

delegation delegación.

delegation of authority delegación
de autoridad.

deliberately deliberadamente,
intencionalmente.

delimit delimitar, demarcar.
delimitate delimitar.
delimitation delimitación, demarcación.
delineate delinear.
delinquency delincuencia, morosidad.
delinquency percentage porcentaje de morosidad.
delinquency rate tasa de morosidad.
delinquency ratio razón de morosidad.
delinquent delincuente, moroso.
delinquent account cuenta en mora.
delinquent debt deuda en mora.
delinquent list lista de morosos.
delinquent party parte incumplidora.
delinquent return planilla morosa.
delinquent taxes impuestos morosos.
delist remover de cotización en una bolsa de valores.
delisting remoción de cotización en una bolsa de valores.
deliver entregar, librar, depositar.
delivered entregado.
delivered at frontier entregado en la frontera.
delivered cost costo entregado.
deliver goods entregar mercancías.
delivery entrega, transmisión de posesión.
delivery bond fianza para reintegración de bienes embargados.
delivery date fecha de entrega.
delivery month mes de entrega.
delivery note nota de entrega.
delivery notice aviso de entrega.
delivery of cargo entrega de cargamento.
delivery of deed entrega de escritura.
delivery of possession transmisión de posesión.
delivery order orden de entrega.
delivery price precio de entrega.
delivery receipt recibo de entrega.
delivery risk riesgo de entrega.
delivery versus payment entrega contra pago.
delta delta.
demand n demanda, exigencia, reclamación.
demand v demandar, exigir, reclamar.
demandable demandable, exigible.
demand and supply curves curvas de demanda y oferta.

demandant demandante.
demand bill letra a la vista.
demand curve curva de demanda.
demand deposit depósito a la vista.
demand draft letra a la vista, giro a la vista.
demanded liability obligación a la vista.
demander demandador, demandante.
demand for payment requerimiento de pago.
demand loan préstamo a la vista.
demand management administración de la demanda.
demand money dinero a la vista.
demand mortgage hipoteca a la vista.
demand note pagaré a la vista.
demand price precio de demanda.
demand-pull inflation inflación impulsada por demanda.
demand rate tasa de demanda.
demand schedule tabla de demanda.
demarketing esfuerzos para reducir la demanda.
demise n transferencia de dominio, arrendamiento, cesión.
demise v transferir temporalmente, arrendar.
demise and redemise derechos recíprocos de arrendamiento sobre un inmueble.
demise charter fletamiento temporal.
demised premises propiedad arrendada.
demographic demográfico.
demolition demolición.
demolition clause cláusula contra demolición.
demolition insurance seguro contra demolición.
demonetization desmonetización.
demonstration demostración.
demurrage sobreestadía.
denial denegación, rechazo.
denial letter carta de rechazo.
denomination denominación.
denomination value valor de denominación.
denounce denunciar, delatar.
denouncement denuncia minera, solicitud para la concesión de una explotación minera, denuncia.

denouncer denunciante.

density densidad.

density zoning normas para el uso de la tierra en un área a través de la planificación urbana.

dental insurance seguro dental.

denumeration acto de pago.

deny negar, denegar.

department departamento, territorio.

department administration administración de departamento.

department administrator administrador de departamento.

departmental departamental.

departmentalization departamentalización.

departmental rate tasa departamental.

department head jefe de departamento.

department management administración de departamento.

department manager gerente de departamento.

department store tienda por departamentos.

departure customs aduana de salida.

departure permit permiso de salida.

dependency exemption exención por dependencia.

dependent dependiente.

dependent care credit crédito por cuidado de dependiente.

dependent conditions condiciones dependientes.

dependent contract contrato dependiente.

dependent covenant convenio dependiente.

dependent coverage cobertura de dependiente.

dependent deduction deducción por dependiente.

dependent insurance coverage cobertura de seguro de dependiente.

dependent nation nación dependiente.

dependent promise promesa dependiente.

dependent variable variable dependiente.

depict describir, representar.

depiction descripción.

deplete agotar.

depletion agotamiento, desvalorización de un bien depreciable.

depletion allowance deducción por agotamiento.

depletion deduction deducción por agotamiento.

depletion reserve reserva por agotamiento, apunte contable que refleja la desvalorización de un bien depreciable.

deposit n depósito.

deposit v depositar.

deposit account cuenta de depósito.

deposit analysis análisis de depósitos.

depositary depositario, depósito, depositaría.

depositary receipt recibo de depósito.

deposit bank banco de depósito.

deposit banking banca de depósitos.

deposit book libreta de depósitos.

deposit box caja de seguridad.

deposit company compañía que alquila cajas de seguridad.

deposit contraction contracción de depósitos.

deposit correction slip hoja de corrección de depósito.

deposit currency depósito bancario.

deposit date fecha de depósito.

deposit expansion expansión de depósitos.

deposit function función de depósitos.

deposit funds fondos de depósitos.

deposit in escrow depositar en cuenta en plica, depositar en manos de un tercero.

deposit insurance seguro sobre depósitos bancarios.

deposit interest rate tasa de interés de depósitos.

deposit liability responsabilidad de depósitos.

deposit loan préstamo de depósito.

deposit note nota respaldada por depósitos.

deposit of title deeds depósito de títulos de propiedad.

depositor depositante.

depositor's forgery insurance seguro contra falsificaciones de depositantes.

depository depósito, depositaría, depositario, lugar donde se mantienen los depósitos.

deposit premium prima de depósito.

deposit receipt recibo de depósito.

deposits in transit depósitos en tránsito.

deposit slip hoja de depósito.

deposit-taking company compañía que acepta depósitos.

depot depósito.

depreciable depreciable, amortizable.

depreciable assets activo depreciable.

depreciable basis base depreciable.

depreciable cost costo depreciable.

depreciable life vida depreciable.

depreciable property propiedad depreciable.

depreciable real estate bienes inmuebles depreciables.

depreciate depreciar, amortizar.

depreciated depreciado, amortizado.

depreciated cost costo depreciado.

depreciated currency moneda depreciada.

depreciated value valor depreciado.

depreciation depreciación, amortización, desvalorización.

depreciation accounting contabilidad de depreciación.

depreciation allowance reserva de depreciación.

depreciation base base de depreciación.

depreciation basis base de depreciación.

depreciation charge cargo por depreciación.

depreciation fund fondo de depreciación.

depreciation insurance seguro de depreciación.

depreciation method método de depreciación.

depreciation of money depreciación de moneda.

depreciation recapture recaptura de depreciación.

depreciation reserve reserva de depreciación.

depreciation system sistema de depreciación.

depressed deprimido.

depressed area área deprimida.

depressed market mercado deprimido.

depressed price precio deprimido.

depressed volume volumen deprimido.

depression depresión.

depth interview entrevista a profundidad.

depth of the market profundidad del mercado.

deregulation desregulación.

derelict abandonado.

derivative department departamento derivado.

derivative deposit depósito derivado.

derivative instrument instrumento derivado.

derivative investment inversión derivada.

derivative market mercado derivado.

derivative mortgage-backed securities valores respaldados por hipotecas derivados de otros.

derivatives valores derivados de otros.

derivative securities valores derivados de otros.

derived derivado.

derived demand demanda derivada.

derogatory clause cláusula de exclusión.

derogatory information información despectiva.

description descripción.

description of the goods descripción de la mercancía.

descriptive descriptivo.

descriptive billing facturación descriptiva.

descriptive mark marca descriptiva.

descriptive memorandum memorando descriptivo.

descriptive statement estado descriptivo.

descriptive statistics estadística descriptiva.

design n diseño, intención.

design v diseñar, concebir.

designate designar.

designated designado.

designated order orden designada.

designation designación.

design patent patente de diseño.

desired investment inversión deseada.
destination destinación, destino.
destination carrier portador de destino.
destination clause cláusula de destino.
destination customs aduana de destino.
destitution indigencia, miseria.
destructible trust fideicomiso susceptible a terminación.
destructive competition competencia destructiva.
detachable stock warrant certificado de derechos de compra de acciones desprendible.
detached desprendido, independiente.
detached housing viviendas desprendidas.
detail n detalle, pormenor.
detail v detallar, pormenorizar.
detailed detallado.
detailed audit auditoría detallada.
detail person quien promueve ventas visitando clientes corrientes.
details of payment detalles de pago.
deteriorate deteriorarse.
deterioration deterioro.
determinable determinable.
determinate determinado.
determinate obligation obligación determinada.
determination determinación, resolución.
determination date fecha de determinación.
determination of boundaries delimitación de confines.
determine determinar, resolver, decidir, terminar.
determining factor factor determinante.
devaluated devaluado.
devaluated currency moneda devaluada.
devaluation devaluación.
devalue devaluar.
develop desarrollar.
developed desarrollado.
developer desarrollador.
development desarrollo, suceso.
development aid ayuda al desarrollo.
development area área de desarrollo.

development bank banco del desarrollo.
development costs costos del desarrollo.
development expenditures gastos del desarrollo.
development expense gasto del desarrollo.
development loan préstamo de desarrollo.
development period período de desarrollo.
development plan plan de desarrollo.
development planning planificación del desarrollo.
deviation desviación.
deviation policy política sobre desviaciones.
devise legado.
devisee legatario.
devoid of risk libre de riesgo.
devolution devolución, traspaso.
diagonal communication comunicación diagonal.
diagonal expansion expansión diagonal.
diagonal spread combinación de opciones diagonal.
differential diferencial.
differential advantage ventaja diferencial.
differential analysis análisis diferencial.
differential cost costo diferencial.
differential duty tarifa diferencial.
differential rate tasa diferencial.
differentiated marketing mercadeo diferenciado.
differentiation diferenciación.
differentiation strategy estrategia de diferenciación.
digits deleted dígitos borrados.
diligence diligencia.
diligent diligente.
diligently diligentemente.
dilution dilución.
dilutive diluente.
diminishing-balance method método de saldos decrecientes.
diminishing productivity productividad decreciente.

diminishing returns utilidad decreciente.

diminishing utility utilidad decreciente.

diminution disminución.

diminution in value disminución en el valor.

direct-action advertising publicidad de acción directa.

direct advertising publicidad directa.

direct allocation asignación directa.

direct allocation method método de asignación directa.

direct business cost costo de negocios directo.

direct buy compra directa.

direct capitalization capitalización directa.

direct control control directo.

direct correlation correlación directa.

direct cost costo directo.

direct costing costeo directo.

direct debit débito directo.

direct debt deuda directa.

direct deposit depósito directo.

direct deposit of payroll depósito directo de nómina.

directed economy economía dirigida.

direct expenditure desembolso directo.

direct expense gasto directo.

direct exporting exportación directa.

direct financial compensation compensación financiera directa.

direct financing financiamiento directo.

direct financing lease arrendamiento de financiamiento directo.

direct importing importación directa.

direct insurer asegurador directo.

direct investment inversión directa.

directional growth crecimiento direccional.

direct labor costo de personal directo.

direct labor budget presupuesto de costo de personal directo.

direct liability responsabilidad directa.

direct loan préstamo directo.

direct loss pérdida directa.

direct mail publicidad directa.

direct marketing mercadeo directo.

direct materials materiales directos.

direct materials budget presupuesto de materiales directos.

direct method método directo.

direct obligation obligación directa.

director director, administrador.

directorate directiva.

directors-and officers-liability insurance seguro de responsabilidad de directores y funcionarios.

director's liability insurance seguro de responsabilidad de director.

directors' meeting reunión de la directiva.

directors' report informe de la directiva.

directory trust fideicomiso en que el fideicomisario tiene que cumplir con instrucciones específicas.

direct overhead gastos generales directos.

direct participation participación directa.

direct participation program programa de participación directa.

direct payment pago directo.

direct payroll deposit depósito de nómina directo.

direct placement colocación directa.

direct production producción directa.

direct recognition reconocimiento directo.

direct-reduction loan préstamo de reducción directa.

direct-reduction mortgage hipoteca de reducción directa.

direct-response advertising publicidad de respuesta directa.

direct-response marketing mercadeo de respuesta directa.

direct sales ventas directas.

direct seller vendedor directo.

direct selling ventas directas.

direct selling system sistema de ventas directas.

direct send envío directo.

direct strike huelga directa.

direct tax impuesto directo.

direct taxation imposición directa.

direct trust fideicomiso directo.

direct verification verificación directa.

direct writer vendedor de seguros directo, reasegurador directo.

dirty bill of lading carta de porte especificando defectos.

disability discapacidad, incapacidad.

disability benefit beneficio por discapacidad.

disability compensation compensación por discapacidad.

disability income ingresos tras discapacidad.

disability income insurance seguro de ingresos tras discapacidad.

disability income rider cláusula adicional de seguro de ingresos tras discapacidad.

disability insurance seguro de discapacidad.

disability pension pensión por discapacidad.

disability retirement jubilación por discapacidad.

disability work incentive incentivo de trabajar tras discapacidad.

disablement discapacidad.

disablement benefit beneficios por discapacidad.

disablement insurance seguro por discapacidad.

disaffirm negar, revocar.

disagio disagio.

disappearing deductible deducible desvaneciente.

disaster clause cláusula de desastre.

disaster loss pérdida por desastre.

disburse desembolsar.

disbursement desembolso.

disbursement schedule tabla de desembolsos.

discharge liberar, cancelar, eximir, despedir.

discharge by agreement extinción de contrato por acuerdo.

discharge by breach extinción de contrato por incumplimiento.

discharge by performance extinción de contrato al cumplirse con lo acordado.

discharge of a bankrupt rehabilitación del quebrado.

discharge of an obligation extinción de una obligación, cumplimiento con una obligación.

discharge of bankruptcy terminación de juicio hipotecario.

discharge of contract cancelación de contrato, cumplimiento de contrato.

discharge of employee despido de empleado.

discharge of lien cancelación de gravamen.

disclaim renunciar, negar una responsabilidad.

disclaimer renuncia, denegación de una responsabilidad.

disclaimer clause cláusula negando responsabilidad.

disclaimer of liability denegación de responsabilidad.

disclose divulgar.

disclosure divulgación.

disclosure of interest divulgación de interés.

disclosure requirements requisitos de divulgación.

disclosure statement divulgación de datos específicos pertinentes.

discontinuance descontinuación.

discontinuance of contributions descontinuación de contribuciones.

discontinuance of payments descontinuación de pagos.

discontinuance of plan descontinuación de plan.

discontinuance of premium payments descontinuación de pagos de primas.

discontinue descontinuar.

discontinued descontinuado.

discontinued availability disponibilidad descontinuada.

discontinued item artículo descontinuado.

discontinued operation operación descontinuada.

discontinued product producto descontinuado.

discontinued service servicio descontinuado.

discontinuing easement servidumbre descontinua.

discontinuous descontinuo.

discontinuously interrumpidamente.

discontinuous market mercado descontinuo.

discontinuous servitude servidumbre descontinua.

discount n descuento.

discount v descontar.

discount a bill descontar una letra.

discountable descontable.
discountable bill letra descontable.
discount bond bono descontado.
discount broker corredor de descuento, casa de corretaje de descuento.
discount brokerage corretaje de descuento.
discount brokerage house casa de corretaje de descuento.
discount credit crédito de descuento.
discount department departamento de descuento.
discounted descontado.
discounted cash flow flujo de efectivo descontado.
discounted cash flow method método de flujo de efectivo descontado.
discounted cash flow techniques técnicas de flujo de efectivo descontado.
discounted loan préstamo descontado.
discounted present value valor presente descontado.
discounted rate of return tasa de rendimiento descontada.
discounted value valor descontado.
discount factor factor de descuento.
discount house casa de corretaje de descuento, casa de descuento.
discounting descuento.
discounting the news variación del precio de un valor en expectativa de noticias importantes.
discount market mercado de descuento.
discount period período de descuento.
discount points puntos de descuento.
discount policy política de descuentos.
discount pool fondo a descuento.
discount rate tasa de descuento.
discount shares acciones emitidas bajo la par.
discount store tienda de descuentos.
discount window ventana de descuento.
discount yield rendimiento de valor vendido a descuento.
discovery sampling muestreo por descubrimiento.
discrepancy discrepancia.
discretion discreción.
discretionary discrecional.

discretionary account cuenta discrecional.
discretionary authority autoridad discrecional.
discretionary budget presupuesto discrecional.
discretionary buying power poder para compras discrecional.
discretionary cost costo discrecional.
discretionary expenditure gasto discrecional.
discretionary expense gasto discrecional.
discretionary fund fondo discrecional.
discretionary income ingresos discrecionales.
discretionary order orden discrecional.
discretionary policy política discrecional.
discretionary power poder discrecional.
discretionary spending gastos discrecionales.
discretionary trust fideicomiso discrecional.
discriminate discriminar, diferenciar.
discriminating discriminador.
discriminating tariff tarifa discriminadora.
discrimination discriminación.
discriminative discriminador, parcial.
discriminator discriminador.
discriminatory discriminatorio.
discriminatory taxation imposición discriminatoria.
discuss discutir, ventilar.
discussion discusión.
diseconomies deseconomías.
disfranchise privar de derechos de franquicia.
disfranchisement privación de derechos de franquicia.
dishonest deshonesto, fraudulento.
dishonestly deshonestamente, fraudulentamente.
dishonesty deshonestidad.
dishonor deshonrar, rehusar pago.
dishonor a check rehusar pago de un cheque.
disinflation desinflación.
disinflationary desinflacionario.
disintermediation desintermediación.

disinvestment desinversión.

disjoin separar, desunir.

disjunctive condition condición disyuntiva.

disjunctive covenants estipulaciones en disyuntiva.

dismiss despedir.

dismissal despido, rechazo.

dismissal compensation compensación por despido.

dismissal pay pago adicional por despido.

dismortgage redención de una hipoteca.

disorderly picketing demostraciones o piquetes que alteran el orden público.

disorganization desorganización.

disorganized desorganizado.

disparagement menosprecio, descrédito.

disparagement of goods menosprecio de mercancías, desacreditar los bienes de un competidor.

disparagement of title intento enjuiciable de crear dudas sobre la validez de un título.

disparaging menospreciativo, despectivo.

disparity disparidad.

dispatch n prontitud, mensaje, envío.

dispatch v despachar, enviar.

dispatch money pago adicional por cargar o descargar más pronto de lo estipulado.

dispatch note nota de envío.

dispatch notice aviso de envío.

dispensation dispensa, exención.

dispense dispensar, eximir.

dispenser dispensador, administrador.

displace desplazar.

display n exhibición, demostración.

display v exhibir, revelar.

disposable disponible, desechable.

disposable income ingresos disponibles.

disposable personal income ingresos personales disponibles.

disposal eliminación, distribución, transferencia.

disposal date fecha de eliminación, fecha de venta.

dispose disponer, ordenar, colocar.

dispossess desposeer, desalojar, desahuciar.

dispossession desahucio, desalojo, usurpación de bienes raíces.

dispossessor desposeedor, desahuciador.

disproportionate desproporcionado.

disproportionate distribution distribución desproporcionada.

dispute n disputa, litigio, controversia.

dispute v disputar, litigar, controvertir.

disrepair mal estado.

disreputable de mala fama.

disrepute mala fama, desprestigio.

dissemination diseminación.

dissolution disolución, liquidación.

dissolution of corporation liquidación de corporación.

dissolution of partnership disolución de sociedad.

dissolve disolver, cancelar.

dissolve a company disolver una compañía.

dissolve a partnership disolver una sociedad.

distinctive name nombre distintivo.

distraint secuestro de bienes.

distress secuestro de bienes de parte del arrendador para forzar al arrendatario a cumplir con el pago de alquiler.

distressed property propiedad en peligro de juicio hipotecario, propiedad en juicio hipotecario.

distressed sale venta de liquidación, venta bajo circunstancias desventajosas.

distress merchandise mercancías a precios de apuro.

distress price precio de apuro.

distress selling ventas en apuro, remate.

distribute distribuir, clasificar.

distributed distribuído.

distributing syndicate sindicato de distribución.

distribution distribución.

distribution agent agente de distribución.

distribution allowance descuento de distribución.

distribution area área de distribución.

distribution center centro de distribución.

distribution channel canal de distribución.

distribution clause cláusula de distribución.

distribution cost analysis análisis de costos de distribución.

distribution costs costos de distribución.

distribution date fecha de distribución.

distribution discount descuento de distribución.

distribution expenditures gastos de distribución.

distribution expenses gastos de distribución.

distribution in kind distribución no monetaria.

distribution of expenditures distribución de gastos.

distribution of expenses distribución de gastos.

distribution of income distribución de ingresos.

distribution of risk distribución del riesgo.

distribution procedure procedimiento de distribución.

distribution stock acciones de distribución de bloque.

distribution to owners distribución a dueños.

distributor distribuidor.

district distrito.

disturbance perturbación.

disutility desutilidad.

diversifiable diversificable.

diversifiable risk riesgo diversificable.

diversification diversificación.

diversified diversificado.

diversified company compañía diversificada.

diversified corporation corporación diversificada.

diversified holding company compañía tenedora diversificada.

diversified investment company compañía de inversiones diversificada.

divestiture venta de subsidiaria, escisión, venta de valor.

divided dividido.

divided account cuenta dividida.

dividend dividendo.

dividend accumulation acumulación de dividendos.

dividend addition adición por dividendos.

dividend announcement anuncio de dividendo.

dividend audit auditoría de dividendos.

dividend capture captura de dividendo.

dividend check cheque de dividendo.

dividend claim reclamación de dividendo.

dividend control control de dividendos.

dividend coupon cupón de dividendo.

dividend declaration declaración de dividendo.

dividend discount model modelo de descuento de dividendos.

dividend exclusion exclusión por dividendos.

dividend in arrears dividendo acumulado.

dividend income ingreso por dividendos.

dividend option opción de dividendos.

dividend payer pagador de dividendos.

dividend paying agent agente de pagos de dividendos.

dividend payment pago de dividendo.

dividend payout pago de dividendos, razón de pagos de dividendos.

dividend payout ratio razón de pagos de dividendos.

dividend policy política de dividendos.

dividend-price ratio razón dividendo-precio.

dividend rate tasa de dividendos.

dividend reinvestment reinversión de dividendos.

dividend reinvestment plan plan de reinversión de dividendos.

dividend requirement requisito para dividendos.

dividend shares acciones con dividendos.

dividends payable dividendos a pagar.

dividends per share dividendos por acción.

dividend stock acciones con dividendos.

dividend tax impuesto sobre dividendos.

dividend yield rendimiento de dividendos.

divisible divisible.
divisible contract contrato divisible.
divisible credit crédito divisible.
divisible surplus superávit divisible.
division división.
dockage derechos por atracar.
dock receipt recibo de muelle.
document n documento, instrumento.
document v documentar.
documentary documental.
documentary bill letra documentaria.
documentary credit crédito documentario.
documentary draft letra de cambio documentaria.
documentation documentación.
document of title instrumento de título, documento de propiedad.
documents against acceptance documentos contra aceptación.
documents against payment documentos contra pago.
doing business en negocios, ejercicio de la actividad comercial.
doing business as en negocios bajo el nombre de.
dollar bond bono en dólares.
dollar cost averaging compra de acciones en intervalos fijos y con desembolsos de cantidad constante.
dollar-weighted return rendimiento con dólares ponderados.
domain dominio, propiedad absoluta de un inmueble, propiedad inmueble.
domestic doméstico, nacional, interno.
domestic bill letra doméstica.
domestic commerce comercio interno.
domestic corporation corporación local, corporación doméstica.
domestic currency moneda nacional.
domestic debt deuda doméstica.
domestic economy economía doméstica.
domestic exchange intercambio doméstico.
domestic insurer asegurador local.
domestic market mercado doméstico.
domestic partnership sociedad local.
domestic product producto nacional.
domestic trade comercio nacional.
domicile domicilio.
domiciled domiciliado.

domiciled bill letra de cambio domiciliado.
domiciled draft letra domiciliada.
domiciliation domiciliación.
dominant dominante.
dominant estate predio dominante.
dominant firm empresa dominante.
dominant tenement propiedad dominante.
dominate dominar.
dominate a market dominar un mercado.
donate donar.
donated shares acciones donadas.
donated stock acciones donadas.
donated surplus superávit donado.
donation donación.
donator donante.
donee donatario.
donor donador, donante.
do not reduce instrucción de no reducir.
door-to-door delivery transporte de puerta a puerta, transporte a domicilio.
door-to-door selling ventas de puerta en puerta, ventas a domicilio.
dormant inactivo, en suspenso.
dormant account cuenta inactiva.
dormant corporation corporación inactiva.
dormant partner socio inactivo, socio oculto.
dotted line línea de puntos donde se firma.
double assessment doble imposición.
double auction market mercado de doble subasta.
double auction system sistema de doble subasta.
double-barreled bond bono con doble garantía.
double charge doble cargo.
double compensation doble indemnización.
double creditor acreedor doble, acreedor con garantía sobre dos fondos.
double declining balance doble disminución de saldo.
double declining balance method of depreciation método de depreciación por doble disminución de saldo.

double employment doble empleo.

double endorsement doble endoso.

double entry partida doble, doble entrada.

double entry accounting contabilidad con doble registro, contabilidad por partida doble.

double entry bookkeeping contabilidad con doble registro, contabilidad por partida doble.

double exemption doble exención.

double financing doble financiamiento.

double indemnity doble indemnización.

double indorsement doble endoso.

double insurance doble seguro.

double leverage doble apalancamiento.

double liability doble responsabilidad.

double option doble opción.

double patenting obtención de una segunda patente para la misma invención por el mismo solicitante.

double pay doble paga.

double posting doble asiento.

double-protection policy póliza de doble protección.

double recovery doble recuperación.

double taxation doble imposición.

double time tiempo doble.

double use solicitud de patente para el uso nuevo de un proceso conocido.

doubtful dudoso, ambiguo.

doubtful account cuenta dudosa.

doubtful debt deuda dudosa.

doubtful loan préstamo dudoso.

doubtful title título dudoso.

down payment pronto pago, pago inicial, entrada.

downside risk riesgo de disminución de valor.

downside trend tendencia de disminución de valor.

downsizing reducción en busca de mayor eficiencia, reducción de personal.

downstream actividad corporativa de matriz a subsidiaria.

down tick venta a precio menor que la anterior.

downtick venta a precio menor que la anterior.

downturn cambio bajista en un ciclo.

downzoning rezonificación para reducir la intensidad de uso.

draft letra de cambio, cheque, borrador.

dragnet clause cláusula hipotecaria en la que el deudor garantiza deudas pasadas y futuras además de las presentes.

dram shop liability insurance seguro de responsabilidad de establecimientos que venden bebidas alcohólicas.

draw retirar, devengar, girar, librar.

draw a check girar un cheque.

drawee girado, librado.

drawer girador.

drawing account cuenta corriente.

dread disease insurance seguro contra enfermedad catastrófica específica.

drive-in servicarro.

drive-in banking banca por servicarro, banca con servicio para automovilistas.

drive other car insurance seguro que cubre al manejar otro carro.

driving while intoxicated manejar bajo estado de embriaguez.

drop letter carta local.

drop shipment delivery embarque directo a terceros, entrega sin pasar por mayorista.

druggist liability insurance seguro de responsabilidad de farmacéutico.

dry nominal, infructífero, seco.

dry goods artículos de confección.

dry mortgage hipoteca donde el deudor se responsabiliza sólo por el valor del bien hipotecado.

dry trust fideicomiso pasivo.

dual doble, dual.

dual agency doble agencia, mandato solapante.

dual banking banca con dos conjuntos de normas.

dual contract doble contrato.

dual control doble control.

dual distribution doble distribución.

dual economy doble economía.

dual listing cotización de un valor en más de una bolsa.

dual mutual fund fondo mutuo de doble propósito.

dual option doble opción.

dual purpose fund fondo de doble propósito.

dual purpose mutual fund fondo mutuo de doble propósito.

dual savings plan plan doble de ahorros.

dual supervision doble supervisión.

dual trading transacciones simultáneas para cuentas ajenas y propias.

dubious dudoso.

dubiously dudosamente.

due razonable, pagadero, vencido, propio.

due and payable vencido y pagadero.

due bill reconocimiento de una deuda por escrito.

due compensation compensación debida.

due consideration contraprestación debida.

due date fecha de vencimiento.

due diligence diligencia debida.

due diligence meeting reunión de diligencia debida.

due diligence session sesión de diligencia debida.

due in advance pagadero por adelantado.

due on demand pagadero a la vista.

due-on-sale clause cláusula de préstamo pagadero a la venta.

dues cargos, tasas, impuestos.

duly debidamente, puntualmente.

duly authorized agent agente debidamente autorizado.

duly qualified debidamente cualificado.

duly registered debidamente registrado.

dumb-bidding establecimiento del precio mínimo requerido en una subasta.

dummy adj ficticio.

dummy n prestanombre, persona de paja.

dummy corporation corporación formada para propósitos ilícitos, corporación de paja.

dummy director director sin funciones reales, director ficticio.

dummy employee empleado ficticio.

dummy transaction transacción ficticia.

dump vender mercancía importada bajo costo, vender un bloque de acciones sin importar el efecto en el mercado.

dumping venta de mercancía importada bajo costo, saturación ilegal.

dun exigencia de pago, apremio.

duopoly duopolio.

duplex dúplex.

duplicate duplicado.

duplication duplicación.

duplication of benefits duplicación de beneficios.

durable duradero.

durable goods bienes duraderos.

durable merchandise mercancías duraderas.

duration duración, término.

duration of benefits duración de beneficios.

duress coacción.

dutch auction subasta en la que se empieza con un precio alto y se va bajando hasta vender el artículo, subasta a la baja.

dutiable sujeto al pago de impuestos.

duties derechos de importación, obligaciones.

duties on imports derechos sobre importaciones.

duty deber, obligación, impuesto, tarifa, derechos de aduana.

duty-free libre de impuestos.

duty-free sale venta libre de impuestos.

duty-free shop tienda libre de impuestos.

duty-free zone zona libre de impuestos.

dwelling vivienda, residencia.

dwelling coverage cobertura de vivienda.

dwelling insurance seguro de vivienda.

dwelling insurance coverage cobertura de seguro de vivienda.

dwelling insurance policy póliza de seguro de vivienda.

dynamic economy economía dinámica.

dynamic programming programación dinámica.

dynamic risk riesgo dinámico.

E

each way   en cada dirección de la transacción.

early extinguishment of debt extinción temprana de deuda.

early repurchase   recompra temprana.

early retirement   retiro temprano.

early-retirement benefits   beneficios de retiro temprano.

early withdrawal   retiro temprano.

early-withdrawal penalty   penalidad por retiro temprano.

earmark   n marca, marca distintiva, señal.

earmark   v señalar, asignar.

earmarked account   cuenta asignada.

earmarked funds   fondos asignados.

earmarked reserves   reservas asignadas.

earmark rule   regla indicando que al confundir fondos en un banco éstos pierden su identidad.

earn   devengar, ganar.

earned   ganado, devengado.

earned income   ingresos devengados a cambio de trabajo, rentas de trabajo.

earned income credit   crédito contributivo sobre ingresos devengados a cambio de trabajo.

earned premium   prima devengada.

earned surplus   beneficios acumulados, superávit ganado.

earner   quien devenga ingresos.

earnest money   arras, señal, caparra, anticipo.

earning assets   activo rentable.

earning capacity   capacidad para devengar ingresos.

earning power   capacidad para devengar ingresos.

earnings   ingresos, réditos, entradas, beneficios.

earnings before taxes   ingresos antes de contribuciones.

earnings form   formulario de ingresos.

earnings momentum   tendencia alcista de ingresos.

earnings per share   ingresos por acción.

earnings potential   potencial de ingresos.

earnings-price ratio   razón de ingresos a precio.

earnings report   informe de ingresos.

earnings statement   estado de ingresos.

earnings yield   rendimiento de ingresos.

earn interest   devengar intereses.

earthquake insurance   seguro contra terremotos.

easement   servidumbre.

easement by prescription servidumbre por prescripción.

easement in gross   servidumbre personal.

easement of access   servidumbre de acceso, servidumbre de paso.

easement of convenience servidumbre de conveniencia.

easement of natural support servidumbre de apoyo lateral de propiedad.

easement of necessity   servidumbre por necesidad.

easement right   derecho de acceso.

easy money   ambiente económico de intereses decrecientes que promueve préstamos.

easy terms   estipulaciones convenientes, facilidades de pago.

eaves-drip   gotereo de canalón, servidumbre del gotereo de canalón.

eavesdrop   escuchar furtivamente, escuchar ilegalmente, interceptar una comunicación telefónica.

eavesdropper   quien escucha furtivamente, quien escucha ilegalmente, quien intercepta una comunicación telefónica.

eavesdropping   acción de escuchar furtivamente, acción de escuchar ilegalmente, acción de interceptar una comunicación telefónica.

econometric model   modelo econométrico.

econometrics   econometría.

economic   económico.

economic activity   actividad económica.

economic affairs   asuntos económicos.

economic agent   agente económico.

economic agreement acuerdo económico.

economic aid ayuda económica.

economical económico.

economic analysis análisis económico.

economic analyst analista económico.

economic approach acercamiento económico.

economic assistance asistencia económica.

economic balance equilibrio económico.

economic base base económica.

economic benefit beneficio económico.

economic blockade bloqueo económico.

economic boom auge económico.

economic budget presupuesto económico.

economic burden carga económica.

economic capacity capacidad económica.

economic climate clima económico.

economic cost costo económico.

economic crisis crisis económica.

economic cycle ciclo económico.

economic depreciation depreciación económica.

economic development desarrollo económico.

economic discrimination discriminación económica.

economic dynamics dinámica económica.

economic efficiency eficiencia económica.

economic entity entidad económica.

economic equilibrium equilibrio económico.

economic expansion expansión económica.

economic exposure exposición económica.

economic fluctuation fluctuación económica.

economic freedom libertad económica.

economic growth crecimiento económico.

economic growth rate tasa de crecimiento económico.

economic indicators indicadores económicos.

economic inefficiency ineficiencia económica.

economic integration integración económica.

economic intervention intervención económica.

economic law derecho económico.

economic life vida económica.

economic loss pérdida económica.

economic model modelo económico.

economic obsolescence obsolescencia económica.

economic order quantity cantidad de orden económica.

economic order quantity model modelo de cantidad de orden económica.

economic organization organización económica.

economic pattern patrón económico.

economic planning planificación económica.

economic planning board junta de planificación económica.

economic policy política económica.

economic power potencia económica.

economic recovery recuperación económica.

economic rent renta económica.

economic reorganization reorganización económica.

economic research investigación económica.

economic resources recursos económicos.

economics economía.

economic sanctions sanciones económicas.

economic situation situación económica.

economic stability estabilidad económica.

economic stabilization estabilización económica.

economic strike huelga laboral.

economic structure estructura económica.

economic system sistema económico.

economic trend tendencia económica.

economic unity unidad económica.

economic value valor económico.

economic waste explotación excesiva de un recurso natural.

economies of scale   economías de escala.

economist   economista.

economize   economizar.

economy   economía.

economy of scale   economía de escala.

edict   edicto.

edification   edificación.

educational fund   fondo para la educación.

educational trust   fideicomiso para la educación.

education expense deduction   deducción por gastos educativos.

education loan   préstamo para gastos educativos.

education savings bond   bono de ahorro para gastos educativos.

effect   efecto, vigencia.

effect a payment   efectuar un pago.

effective   efectivo, real.

effective access   acceso efectivo.

effective age   edad efectiva.

effective annual yield   rendimiento anual efectivo.

effective date   fecha de efectividad, fecha de vigencia.

effective debt   deuda efectiva.

effective demand   demanda efectiva.

effective exchange rate   tipo de cambio efectivo.

effective gross income   ingreso bruto efectivo.

effective income   ingresos efectivos.

effective interest rate   tasa de interés efectiva.

effectively   efectivamente.

effective market access   acceso efectivo al mercado.

effectiveness   eficacia, vigencia.

effective net worth   valor neto efectivo.

effective possession   posesión efectiva.

effective price   precio efectivo.

effective rate   tasa efectiva.

effective sale   venta efectiva.

effective supply   oferta efectiva.

effective tax rate   tasa contributiva efectiva.

effective time   fecha de efectividad, fecha de vigencia.

effective yield   rendimiento efectivo.

effects   bienes personales, bienes.

effects test   prueba de efectos.

effectual   eficaz, obligatorio, válido.

effectuate   efectuar.

efficacy   eficacia.

efficiency   eficiencia, rendimiento.

efficiency bonus   bono por eficiencia.

efficiency ratio   razón de eficiencia.

efficiency variance   varianza de eficiencia.

efficient   eficiente.

efficiently   eficientemente.

efficient market   mercado eficiente.

efficient market hypothesis   hipótesis de mercado eficiente.

efficient portfolio   cartera de valores eficiente.

efflux   expiración, vencimiento.

effluxion of time   expiración del plazo convenido.

eight hour laws   leyes estableciendo un día de trabajo de ocho horas.

eject   expulsar, desalojar.

ejection   expulsión, desalojo, desahucio, evicción.

ejectment   desahucio, expulsión.

elastic   elástico.

elastic currency   moneda elástica.

elastic demand   demanda elástica.

elasticity   elasticidad.

elasticity coefficient   coeficiente de elasticidad.

elasticity of demand   elasticidad de demanda.

elasticity of production   elasticidad de producción.

elasticity of supply   elasticidad de oferta.

elasticity of supply and demand   elasticidad de oferta y demanda.

elastic money   moneda elástica.

elastic supply   oferta elástica.

elderly tax credit   crédito impositivo por persona de edad avanzada.

elect   elegir.

elected   elegido, electo.

elected domicile   domicilio para efectos del contrato.

electronic accounting   contabilidad electrónica.

electronic banking   banca electrónica.

electronic benefits transfer transferencia de beneficios electrónica.

electronic bookkeeping contabilidad electrónica.

electronic cash register caja registradora electrónica.

electronic data processing procesamiento de datos electrónico.

electronic eavesdropping acción de escuchar furtivamente por medios electrónicos, acción de interceptar una comunicación telefónica.

electronic filing radicación electrónica.

electronic funds transfer transferencia de fondos electrónica.

electronic funds transfer system sistema de transferencia de fondos electrónico.

electronic mail correo electrónico.

electronic surveillance vigilancia por medios electrónicos.

electronic transfer transferencia electrónica.

eleemosynary caritativo.

elevator liability insurance seguro de responsabilidad de ascensor.

eligibility elegibilidad.

eligibility date fecha de elegibilidad.

eligibility parameters parámetros de elegibilidad.

eligibility period período de elegibilidad.

eligibility requirements requisitos de elegibilidad.

eligible elegible.

eligible borrower prestatario elegible.

eligible expenses gastos elegibles.

eligible investment inversión elegible.

eligible lender prestador elegible.

eligible paper papel redescontable.

eligible securities valores elegibles.

eligible shares acciones elegibles.

eligible stocks acciones elegibles.

elimination period período de eliminación.

emancipate emancipar.

emancipation emancipación.

embargo n embargo.

embargo v embargar.

embezzle desfalcar, malversar.

embezzlement desfalco, malversación.

embezzler desfalcador, malversador.

emblements productos anuales de la labor agrícola.

embody incorporar.

embossed character reader lectora de caracteres en relieve.

embrace abarcar, incluir.

emergency fund fondo para emergencias.

emergency tax impuesto de emergencia.

eminent domain dominio eminente.

emission emisión.

emitted shares acciones emitidas.

emitted stock acciones emitidas.

emolument emolumento.

emphyteusis enfiteusis.

empirical probability probabilidad empírica.

employ emplear, usar.

employable empleable, utilizable.

employed empleado.

employee empleado.

employee association asociación de empleados.

employee benefit insurance plan plan de seguro de beneficios de empleados.

employee benefits beneficios de empleados.

employee contributions contribuciones de empleados.

employee death benefits beneficios por muerte de empleados.

employee health benefits beneficios de salud de empleados.

employee profit sharing participación en las ganancias de empleados.

employee promotion promoción de empleado.

employee savings plan plan de ahorros de empleados.

employee stock option opción de compra de acciones de empleados.

employee stock ownership plan plan de compra de acciones de empleados.

employer patrono, empleador.

employer identification number número de identificación patronal.

employer interference interferencia patronal.

employer retirement plan plan de retiro patronal, plan de jubilación patronal.

employer rights derechos patronales.

employers' association asociación patronal.

employers' contingent liability responsabilidad contingente patronal.

employers' insurance seguro patronal.

employers' liability acts leyes concernientes a las responsabilidades de los patronos.

employers' liability coverage cobertura de responsabilidad patronal.

employers' liability insurance seguro de responsabilidad patronal.

employers' organization organización patronal.

employment empleo, ocupación, uso.

employment agency agencia de empleos.

employment at will empleo de plazo indeterminado.

employment contract contrato de empleo.

employment service servicio de empleos.

employment tax impuesto sobre empleo.

employment test prueba de empleo.

emporium emporio, almacén.

empower facultar, autorizar.

emulative product producto emulador.

enable capacitar, autorizar.

enclose incluir, encerrar.

enclosure anexo, encerramiento.

encode codificar.

encoded codificado.

encoder codificador.

encoding codificación.

encompass abarcar, incluir.

encroach traspasar los límites, invadir.

encroachment traspaso de límites, invasión.

encrypt codificar.

encrypted codificado.

encrypter codificador.

encryption codificación.

encumber gravar, recargar.

encumbered gravado.

encumbrance gravamen, carga, hipoteca.

encumbrancer acreedor hipotecario.

endeavor esfuerzo, actividad.

ending inventory inventario de final de período.

end of month fin de mes.

end of quarter fin de trimestre.

end of year fin de año.

endorsable endosable.

endorse endosar, apoyar.

endorsee endosatario.

endorsement endoso, respaldo.

endorsement date fecha de endoso.

endorser endosante.

endorsing endoso.

endowment dotación, fundación.

endowment insurance seguro dotal.

endowment policy póliza dotal.

end product producto final.

end to end de fin de mes a fin de mes.

energy tax impuesto sobre el consumo de energía.

enforce hacer cumplir, ejecutar.

enforcement acción de hacer cumplir, ejecución.

enforcement of a contract acción de hacer cumplir un contrato.

engage comprometer, emplear, ocupar.

engaged comprometido, contratado, ocupado.

engaged in business dedicado a los negocios.

engaged in commerce dedicado al comercio.

engaged in employment estar empleado, empleado.

engagement compromiso, obligación.

engross acaparar, absorber.

enjoin imponer, requerir.

enjoy disfrutar de, gozar de, poseer.

enjoyment disfrute, goce, uso.

enlarge agrandar.

enlargement extensión, aumento.

enrolled agent agente matriculado.

ensure asegurar, dar seguridad.

enter entrar, tomar posesión, registrar, anotar.

enter an agreement llegar a un acuerdo, contratar.

enter goods declarar mercancías.

enter in the books anotar en los libros.

enter into a contract contratar, comprometerse por contrato.

enterprise empresa, proyecto.

enterprise accounting contabilildad de empresa.

enterprise zone zona de incentivos para establecer negocios.

entertain entretener.

entertainment entretenimiento.

entertainment expense deduction deducción por gastos de representación.

entertainment expenses gastos de representación.

entire entero, íntegro.

entire contract contrato indivisible, contrato total.

entire contract clause cláusula de contrato total.

entire day un día continuo.

entirely enteramente, completamente.

entirely without understanding sin entendimiento.

entireness totalidad.

entire tenancy posesión individual.

entirety totalidad.

entirety of contract totalidad del contrato.

entitle dar derecho a, autorizar.

entitled con derecho a, autorizado.

entitled to a dividend con derecho a un dividendo.

entitled to possession con derecho a la posesión.

entitlement derecho, dar un derecho.

entity entidad, ente.

entity accounting contabilidad de entidad.

entity theory teoría de entidad.

entrance charge cargo por admisión, costo de entrada.

entrance fee cargo por admisión, costo de entrada.

entrepreneur empresario, emprendedor.

entrust encomendar, confiar.

entry asiento, registro, anotación, ingreso, presentación.

entry at customhouse declaración aduanera.

entry book libro de registro.

entry customs aduana de entrada.

entry in regular course of business registro de una transacción de negocios.

entry-level job trabajo que requiere poca o ninguna experiencia, trabajo de incio de carrera.

enumerate enumerar.

enumerated enumerado.

environmental ambiental.

environmental impact statement declaración del impacto ambiental.

envoy enviado.

equal igual.

equal and uniform taxation uniformidad e igualdad contributiva.

equal benefit beneficio igual.

equal employment opportunity oportunidad de empleo sin discrimen.

equality igualdad.

equalization igualación.

equalization account cuenta de igualación.

equalization board junta para la igualdad tributaria.

equalization fund fondo de igualación.

equalization of taxes igualamiento de los impuestos.

equalization reserve reserva de igualación.

equalization tax impuesto de igualación.

equalize igualar.

equalizing dividend dividendo igualador.

equally igualmente.

equally divided dividido igualmente.

equal opportunity employer patrono que no discrimina.

equal pay for equal work igual salario por igual trabajo.

equal rights igualdad de derechos.

equilibrium equilibrio.

equilibrium interest rate tasa de interés de equilibrio.

equilibrium price precio de equilibrio.

equilibrium quantity cantidad de equilibrio.

equipment equipo.

equipment leasing arrendamiento de equipo.

equipment leasing partnership sociedad de arrendamiento de equipo.

equipment trust certificate
certificado de fideicomiso de equipo.

equitable equitativo.

equitable charge cargo equitativo.

equitable conversion conversión equitativa.

equitable distribution distribución equitativa.

equitable title título equitativo.

equity equidad, activo neto, capital social, valor líquido, inversión neta.

equity buildup acumulación de amortización hipotecaria.

equity capital capital corporativo, capital propio, acciones.

equity financing financiamiento por la venta de acciones.

equity of partners derecho de los socios a designar bienes de la sociedad para cubrir las deudas de la sociedad, capital de los socios.

equity of redemption derecho de rescate de una propiedad hipotecada.

equity participation participación en las ganancias.

equity security acciones de una corporación, participación en una sociedad, valores convertibles en acciones de una corporación.

equity transaction transacción que envuelve el valor neto.

equivalence equivalencia.

equivalent equivalente.

equivalent access acceso equivalente.

equivalent bond yield rendimiento de bono equivalente.

equivalent market access acceso equivalente al mercado.

equivalent taxable yield rendimiento imponible equivalente.

equivalent units unidades equivalentes.

equivalent yield rendimiento equivalente.

equivocal equívoco.

erect erigir, construir.

erection erección, construcción.

erosion erosión.

erroneous erróneo.

error and omissions insurance seguro de responsabilidad por errores y omisiones.

error and omissions liability insurance seguro de responsabilidad por errores y omisiones.

error resolution resolución de error.

errors excepted salvo errores u omisiones.

escalator clause cláusula de escalamiento.

escapable cost costo evitable.

escape clause cláusula de escape.

escape period período de baja sindical.

escheat reversión al estado.

escrow plica, depósito que retiene un tercero hasta que se cumplan ciertas condiciones.

escrow account cuenta de plica, cuenta de garantía bloqueada.

escrow agent agente de plica.

escrow agreement contrato estipulando las condiciones de una cuenta en plica.

escrow analysis análisis de cuenta de plica.

escrow closing cierre.

escrow contract contrato estipulando las condiciones de una cuenta en plica.

escrow deposit depósito de plica.

escrow funds fondos en plica.

escrow officer funcionario de plica.

espionage espionaje.

essence of the contract condiciones esenciales de un contrato.

essential esencial.

essential industry industria esencial.

essentially esencialmente.

established establecido, fijo

established benefits beneficios establecidos.

established budget presupuesto establecido.

established budgeting presupuestación establecida.

established charges cargos establecidos.

established cost contract contrato de costo establecido.

established costs costos establecidos.

established credit line línea de crédito establecida.

established debt deuda establecida.

established exchange rate tipo de cambio establecido.

established expenditures gastos establecidos.

established expenses gastos establecidos.

established factors factores establecidos.

established fee cargo establecido.

established income ingreso establecido.

established interest interés establecido.

established interest rate tasa de interés establecida.

established obligation obligación establecida.

established parity paridad establecida.

established payments pagos establecidos.

established period período establecido.

established premium prima establecida.

established price precio establecido.

established rate tasa establecida.

established-rate financing financiamiento a tasa de interés establecida.

established-rate loan préstamo de tasa de interés establecida.

established-rate mortgage hipoteca de tasa de interés establecida.

established rent renta establecida.

established salary salario establecido.

established sampling muestreo establecido.

established selling price precio de venta establecido.

established tax impuesto establecido.

established term plazo establecido.

established trust fideicomiso establecido.

establishment establecimiento.

estate propiedad, bienes, patrimonio.

estate accounting contabilidad del patrimonio.

estate at sufferance posesión en virtud de la tolerancia del dueño.

estate at will derecho de uso de propiedad que el propietario puede revocar en cualquier momento.

estate by purchase derecho sobre un inmueble obtenido por cualquier medio excepto la sucesión.

estate by the entirety copropiedad de los cónyuges.

estate for life derecho sobre un inmueble de por vida.

estate for years derecho de posesión por años determinados.

estate from year to year derecho de posesión que se renueva de año en año.

estate in common copropiedad sobre un inmueble, propiedad mancomunada.

estate in expectancy propiedad en expectativa.

estate in fee simple propiedad sobre un inmueble en pleno dominio.

estate in lands propiedad de inmuebles.

estate in possession propiedad en la que el dueño tiene derecho de posesión.

estate in remainder derechos de propiedad que entran en vigor al terminar derechos de otros.

estate in severalty propiedad de dominio de una sola persona.

estate of freehold propiedad de dominio absoluto.

estate of inheritance patrimonio heredable.

estate planning planificación del patrimonio.

estate tax impuesto sucesorio, contribución de herencia.

estate upon condition propiedad condicional.

estimate estimado, evaluación, tasación.

estimated estimado.

estimated balance sheet balance estimado.

estimated cost costo estimado.

estimated efficiency eficiencia estimada.

estimated expenditures gastos estimados.

estimated expense gasto estimado.

estimated liability responsabilidad estimada.

estimated life vida estimada.

estimated premium prima estimada.

estimated revenue ingresos estimados.

estimated tax impuesto estimado.

estimated useful life vida útil estimada.

estimated weight peso estimado.

estimate of costs estimado de costos.

estoppel impedimento, impedimento por actos propios.

estoppel certificate documento declarando el estado de ciertos hechos al momento de firmarse.

estover derecho del arrendatario de cortar árboles para su uso personal.

ethical ético.

ethically éticamente.

ethics ética.

etiquette of the profession ética profesional.

Euclidean Zoning zonificación que limita algunas áreas para usos específicos.

Eurobanking eurobanca.

Eurobond eurobono.

Eurocheck eurocheque.

Eurocommercial paper instrumentos negociables en eurodivisas.

Eurocredit eurocrédito.

Eurocurrency eurodivisa.

Eurodollar bond bono en eurodólares.

Eurodollar certificate of deposit certificado de depósito en eurodólares.

Eurodollars eurodólares.

Euromarket euromercado.

Euromoney eurodivisa.

evade evadir.

evader evasor.

evade taxes evadir impuestos.

evaluate evaluar, tasar.

evaluation evaluación, tasación.

evaluation of internal control evaluación del control interno.

evaluator evaluador, tasador.

evasion evasión.

evasion of liability evasión de responsabilidad.

even spread combinación de opciones de compra y venta sin prima neta.

event evento.

event risk riesgo de que occurra un evento.

eviction desalojo, desahucio, evicción.

eviction proceedings juicio de desahucio.

evidence of debt prueba de deuda.

evidence of insurability prueba de asegurabilidad.

evidence of title título de propiedad.

evident evidente.

exact interest intereses exactos.

exaction exacción.

exactor exactor, recaudador de impuestos.

examination examinación, investigación.

examination of bankruptcy interrogatorio a la parte que inicia acción de quiebra.

examination of invention investigación de la invención.

examination of title revisión de título.

examining board junta examinadora.

exceed exceder.

except excluir, exceptuar.

exception excepción.

exceptionable impugnable, recusable.

exceptionable title título impugnable.

exceptional excepcional.

exceptional circumstances circunstancias excepcionales.

exception clause cláusula exonerativa.

exception item artículo de excepción.

exception report informe de excepción.

excess exceso.

excess accelerated depreciation depreciación acelerada en exceso.

excess capacity capacidad en exceso.

excess cash flow flujo de fondos en exceso.

excess contributions contribuciones en exceso.

excess coverage cobertura en exceso.

excess coverage clause cláusula de cobertura en exceso.

excess deductions deducciones en exceso.

excess demand demanda en exceso, demanda excesiva.

excess freight flete en exceso.

excess insurance seguro en exceso.

excess interest intereses en exceso.

excessive excesivo.

excessive interest usura.

excessively excesivamente.

excessive purchases compras excesivas.

excessive tax impuesto excesivo.

excess limit límite en exceso.

excess liquidity liquidez en exceso.

excess loans préstamos en exceso.

excess margin margen en exceso.

excess policy póliza que paga beneficios tras agotamiento de otras pólizas aplicables.

excess profits tax impuesto adicional sobre ganancias.

excess reinsurance reaseguro en exceso.

excess rent renta en exceso.

excess reserves reserva en exceso.

excess supply oferta en exceso.

exchange n cambio, intercambio, permuta, mercado de valores, bolsa.

exchange v cambiar, intercambiar, permutar.

exchange adjustment ajuste cambiario, ajuste de cambio.

exchange arbitrage arbitraje de cambio.

exchange broker corredor de cambio.

exchange contract contrato de cambio.

exchange control control de cambio.

exchange depreciation depreciación de divisa.

exchange market mercado de cambios.

exchange of land permuta de inmuebles.

exchange privilege privilegio de cambio.

exchange process proceso de cambio.

exchange rate tipo de cambio.

exchange rate risk riesgo de tipo de cambio.

exchange risk riesgo de cambio.

exchange stabilization estabilización de cambio.

exchange value valor de cambio.

excisable sujeto a impuesto de consumo.

excise tax impuesto sobre el consumo, impuesto indirecto.

exclude excluir.

excluded excluido.

excluded peril peligro excluido.

excluded period período excluido.

exclusion exclusión.

exclusion clause cláusula exonerativa.

exclusions of policy exclusiones de la póliza.

exclusive exclusivo.

exclusive agency agencia exclusiva.

exclusive agency listing contrato exclusivo para vender un inmueble que permite venta sin comisión por el dueño.

exclusive agent agente exclusivo.

exclusive contract contrato exclusivo, contrato en exclusiva.

exclusive control control exclusivo.

exclusive dealing arrangement acuerdo de comercio en exclusiva.

exclusive dealing contract contrato de comercio en exclusiva.

exclusive distribution distribución exclusiva, distribución en exclusiva.

exclusive distributor distribuidor exclusivo, distribuidor en exclusiva.

exclusive liability responsabilidad exclusiva.

exclusive license licencia exclusiva, licencia en exclusiva.

exclusive licensee licenciatario exclusivo, licenciatario en exclusiva, concesionario exclusivo, concesionario en exclusiva.

exclusive listing contrato exclusivo para vender un inmueble.

exclusive ownership propiedad exclusiva.

exclusive possession posesión exclusiva, posesión en exclusiva.

exclusive representative representante exclusivo, representante en exclusiva.

exclusive right derecho exclusivo, derecho de exclusividad.

exclusive right to sell derecho exclusivo para vender, derecho en exclusiva para vender.

exclusive right to sell listing contrato de derecho exclusivo para vender, contrato de derecho en exclusiva para vender.

exclusive sale venta exclusiva, venta en exclusiva.

exclusivity exclusividad.

ex dividend sin dividendo.

ex-dividend date fecha a partir del cual no hay dividendo.

execute ejecutar, cumplir, completar.

execute an order ejecutar una orden.

executed ejecutado, cumplido, realizado.

executed agreements acuerdos cumplidos.

executed consideration contraprestación cumplida.

executed contract contrato cumplido, contrato ejecutado.

executed estate propiedad en la cual el dueño tiene derecho de posesión, propiedad y posesión actual.

executed sale venta consumada.

executed trust fideicomiso completamente determinado, fideicomiso formalizado.

execution ejecución, cumplimiento.

execution creditor acreedor ejecutante.

execution of instrument finalización de un documento.

execution sale venta judicial.

executive ejecutivo.

executive board junta ejecutiva, consejo ejecutivo.

executive capacity capacidad administrativa.

executive committee comité ejecutivo.

executive compensation compensación ejecutiva.

executive director director ejecutivo.

executive employee empleado con capacidades administrativas, empleado con capacidades ejecutivas.

executive officer funcionario administrativo, ejecutivo administrativo.

executive perquisites beneficios adicionales ejecutivos, gratificaciones ejecutivas.

executor albacea.

executory por cumplirse, por efectuarse, incompleto.

executory agreement convenio por cumplirse, acuerdo por cumplirse.

executory consideration contraprestación futura.

executory contract contrato por cumplirse, contrato con cláusulas pendientes de ejecución.

executory estate derecho sobre inmuebles condicional.

executory instrument instrumento por cumplirse.

executory sale venta concertada pero no realizada.

executory trust fideicomiso por formalizar.

exemplified copy copia autenticada.

exempt adj exento.

exempt v eximir.

exempt commodity mercancía exenta.

exempt company compañía exenta.

exempt corporation corporación exenta.

exempt employee empleado exento.

exempt income ingresos exentos.

exemption exención.

exemption clause cláusula exonerativa.

exemption from liability exención de responsabilidad.

exemption phase-out eliminación progresiva de exención.

exempt organization organización exenta.

exempt securities valores exentos.

exempt status estado exento.

exercise ejercer, ejercitar, usar.

exercise limit límite de ejecuciones de opciones.

exercise notice aviso de ejecución.

exercise price precio de ejecución.

exercise ratio razón de ejecución.

exigible exigible.

exigible debt deuda exigible.

existing debt deuda existente.

exit fee cargo de salida.

exit interview entrevista de salida.

exit value valor de salida.

exorbitant exorbitante.

expansion expansión.

expectancy expectativa, contingencia.

expectancy of life expectativa de vida.

expectant en expectativa, condicional.

expectant estate derecho futuro sobre inmuebles, propiedad en expectativa.

expectation expectativa.

expectation of life expectativa de vida.

expectation of loss expectativa de pérdida.

expectations theory teoría de expectativas.

expected esperado.

expected annual capacity capacidad anual esperada.

expected costs costos esperados.

expected economic life vida económica esperada.

expected exit value valor de salida esperado.

expected expenditures gastos esperados.

expected expenses gastos esperados.

expected life vida esperada.

expected loss pérdida esperada.

expected loss ratio razón de pérdidas esperadas.

expected monetary value valor monetario esperado.

expected mortality mortalidad esperada.

expected return rendimiento esperado.

expected value valor esperado.

expected volume volumen esperado.

expediency conveniencia, utilidad, rapidez.

expedient conveniente, útil, rápido.

expediment bienes muebles.

expedite apresurar, despachar, facilitar.

expedition expedición, despacho, prontitud.

expeditious expeditivo, pronto.

expel expulsar.

expend consumir, gastar.

expendable prescindible, gastable.

expenditure desembolso, gasto.

expenditure account cuenta para gastos, cuenta de gastos.

expenditure budget presupuesto para gastos.

expenditure budgeting presupuestación para gastos.

expenditure fund fondo para gastos.

expenditure in carrying on business gastos ordinarios y necesarios de operar un negocio.

expenditure incurred gasto incurrido.

expenditure item partida de gastos.

expenditure limitation limitación de gastos.

expenditure ratio razón de gastos.

expenditure reimbursement reembolso de gastos.

expenditure report informe de gastos.

expenditure reserve reserva para gastos.

expenditures analysis análisis de gastos.

expense gasto, desembolso, costo, coste.

expense account cuenta para gastos.

expense approach acercamiento de gastos.

expense budget presupuesto para gastos.

expense budgeting presupuestación para gastos.

expense constant constante de gastos.

expense fund fondo para gastos.

expense in carrying on business gastos ordinarios y necesarios de operar un negocio.

expense incurred gasto incurrido.

expense item partida de gastos.

expense limitation limitación de gastos.

expense ratio razón de gastos.

expense reimbursement reembolso de gastos.

expense report informe de gastos.

expense reserve reserva para gastos.

expensive caro.

experience experiencia.

experience curve curva de experiencia.

experienced mortality mortalidad experimentada.

experience rating determinación de primas de seguro a base de la experiencia previa del asegurado con la compañía aseguradora, nivel de experiencia.

experience refund reembolso por experiencia.

expertise pericia, experiencia.

expiration expiración, vencimiento, caducidad.

expiration cycle ciclo de expiraciones.

expiration date fecha de expiración, fecha de vencimiento, fecha de caducidad.

expiration notice aviso de expiración, aviso de vencimiento.

expiration time hora de expiración.

expire expirar, vencer, caducar.

expired expirado, vencido, caducado.

expired account cuenta expirada, cuenta vencida, cuenta caducada.

expired card tarjeta expirada, tarjeta vencida, tarjeta caducada.

expired credit card tarjeta de crédito expirada.

expired insurance seguro expirado.

expired insurance policy póliza de seguro expirada.

expired policy póliza expirada.

explanation explicación.
explanatory explicativo.
explicit explícito.
explicit costs costos explícitos.
explicit interest intereses explícitos.
explicitly explícitamente.
explicit pricing sistema de cargos explícitos.
exploit explotar.
exploitation explotación.
explosion insurance seguro contra explosiones.
export n artículos de exportación.
export v exportar.
exportation exportación.
export broker corredor de exportación.
export capacity capacidad de exportación.
export cartel cartel de exportación.
export certificate certificado de exportación.
export controls controles de exportación.
export declaration declaración de exportación.
export department departamento de exportación.
export division división de exportación.
export documents documentos de exportación.
export duties derechos de exportación.
export earnings ingresos de exportación.
exporter exportador.
export incentives incentivos para la exportación.
exporting country país exportador.
exporting nation nación exportadora.
export insurance seguro de exportación.
export letter of credit carta de crédito de exportación.
export license autorización de exportación.
export office oficina de exportación.
export permit permiso de exportación.
export quotas cuotas de exportación.
export rate tasa de exportación.
export restrictions restricciones de exportación.

export subsidies subsidios de exportación.
export surplus superávit de exportación.
export tariff tarifa de exportación.
export tax impuesto de exportación.
export value valor de exportación.
export volume volumen de exportación.
exposure exposición.
express adj expreso, exacto.
express n transporte rápido.
express acceptance aceptación expresa.
express agreement convenio expreso, acuerdo expreso.
express authority autorización expresa.
express company compañía que hace entregas rápidas de paquetes.
express condition condición expresa.
express consent consentimiento expreso.
express consideration contraprestación expresa.
express contract contrato expreso.
express covenant estipulación expresa, convenio expreso.
express license licencia expresa, patente directa.
express obligation obligación expresa.
express permission permiso expreso.
express terms términos expresos.
express trust fideicomiso expreso.
express waiver renuncia de derecho voluntaria.
express warranty garantía expresa.
expropriation expropiación.
ex rights sin derechos de suscripción.
extend extender, conceder, aplazar.
extended extendido, prolongado.
extended coverage cobertura extendida.
extended coverage endorsement endoso de cobertura extendida.
extended credit crédito extendido.
extended insurance cobertura de seguro extendido.
extended insurance coverage cobertura de seguro extendido.
extended term insurance seguro de término extendido.

extended terms términos extendidos.
extend the risk ampliar el riesgo.
extend the term ampliar el plazo.
extension extensión, prórroga.
extension agreement acuerdo de extensión.
extension charge cargo por extensión.
extension clause cláusula de extensión.
extension fee cargo por extensión.
extension of coverage ampliación de cobertura.
extension of credit otorgamiento de crédito, prórroga del plazo de pago.
extension of mortgage extensión de hipoteca.
extension of patent prórroga de patente.
extension of the term ampliación del plazo.
extension of time prórroga.
extent alcance, extensión.
external account cuenta externa.
external audit auditoría externa.
external auditor auditor externo.
external balance saldo externo.
external debt deuda externa.
external deficit déficit exterior.
external documents documentos externos.
external funds fondos externos.
external report informe externo.
external surplus superávit exterior.
external trade comercio exterior.
extinguish extinguir, cancelar.
extinguishment of debts extinción de deudas.
extortion extorsión.
extortionate de precio excesivo, exorbitante.
extortionate credit usura.
extra charges cargos adicionales.
extra costs costos adicionales.
extra dividend dividendo adicional.
extra expenditures gastos adicionales.
extra expense insurance seguro para gastos adicionales.
extra expenses gastos adicionales.
extra fees cargos adicionales.
extrahazardous condiciones de gran peligro.
extraordinary extraordinario.

extraordinary average avería extraordinaria.
extraordinary budget presupuesto extraordinario.
extraordinary budgeting presupuestación extraordinaria.
extraordinary dividend dividendo extraordinario.
extraordinary gain ganancia extraordinaria.
extraordinary loss pérdida extraordinaria.
extraordinary repairs reparaciones extraordinarias.
extraordinary risk riesgo extraordinario.
extrapolation extrapolación.
extra premium prima adicional.
extra work trabajo adicional.
ex warrant sin certificado de derechos de compra.

fabrication fabricación.
face amount valor nominal.
face-amount certificate certificado de valor nominal.
face amount of bond valor nominal de un bono.
face amount of policy valor nominal de una póliza.
face capital capital nominal.
face interest rate tasa de interés nominal.
face of policy texto de una póliza, valor nominal de una póliza.
face rate tasa de interés nominal.
face value valor nominal.
facilitating agency agencia de facilitación.
facilities facilidades, instalaciones.
facility of payment clause cláusula permitiendo que el asegurado y beneficiario asignen una persona a quien se harán los pagos.
facsimile facsímil, telefacsímil.
facsimile signature firma facsimilar, firma enviada por telefacsímil.

facsimile transmission transmisión por telefacsímil.

factor factor, agente comercial.

factorage comisión, remuneración al agente comercial, labor del agente comercial.

factor analysis análisis de factores.

factor comparison method método de comparación de factores.

factor cost costo de factores.

factor-cost line línea de costo-factor.

factorial analysis análisis factorial.

factoring venta a descuento de las cuentas a pagar.

factor of production factor de producción.

factor's lien gravamen del agente comercial.

factory fábrica, taller.

factory acts leyes que regulan las condiciones de trabajo.

factory costs costos de fábrica.

factory expenditures gastos de fábrica.

factory expenses gastos de fábrica.

factory overhead gastos fijos de fábrica.

factory overhead budget presupuesto de gastos fijos de fábrica.

factory overhead budgeting presupuestación de gastos fijos de fábrica.

factory price precio de fábrica.

factual basado en hechos, cierto.

facultative facultativo.

facultative compensation compensación facultativa.

facultative reinsurance reaseguro facultativo.

fail fallar, quebrar, fracasar.

failed quebrado, insolvente, fracasado.

failed bank banco quebrado.

failing circumstances estado de insolvencia.

fail to deliver situación de no entregar.

fail to fulfill dejar de cumplir.

fail to receive situación de no recibir.

failure fracaso, quiebra, incumplimiento.

failure of condition incumplimiento de condición.

failure of consideration disminución en el valor de la contraprestación, falta de contraprestación.

failure of title falta de título válido.

failure of trust ineficacia de un fideicomiso.

failure to act omisión de un acto.

failure to bargain collectively negativa a negociar colectivamente.

failure to comply incumplimiento.

failure-to-file penalty penalidad por no rendir planilla.

failure to make delivery falta de entrega.

failure to meet obligations incumplimiento de las obligaciones.

failure to pay taxes incumplimiento en el pago de contribuciones.

failure to perform incumplimiento.

fair and reasonable consideration contraprestación justa y razonable.

fair and reasonable value valor justo y razonable.

fair and valuable consideration contraprestación justa y adecuada.

fair cash value valor justo de mercado.

fair competition competencia leal, competencia justa y equitativa.

fair consideration contraprestación justa.

fair credit acts leyes de crédito justo.

fair dealing negociación justa, trato justo.

fair market price precio justo en el mercado.

fair market rent renta justa en el mercado.

fair market value valor justo en el mercado.

fair offer oferta razonable.

fair price precio justo.

fair rate of return tasa de rendimiento justa.

fair rent renta razonable.

fair return rendimiento razonable.

fair return on investment rendimiento razonable de una inversión.

fair sale venta judicial justa e imparcial, venta justa e imparcial.

fair trade competencia justa y razonable.

fair trade acts leyes sobre competencia justa y razonable.

fair trade policy política sobre competencia justa y razonable.

fair value valor justo, valor justo en el mercado.

fair yield rendimiento razonable.

fake adj falso, falsificado, fraudulento.

fake n imitación, falsificación.

fake v falsificar.

fallback reserva, recurso de emergencia.

fall due ser pagadero, caducar.

fallen building clause cláusula de edificio caído.

falling decreciente.

falling rate tasa decreciente.

fall in prices baja de precios.

false advertising publicidad engañosa.

false and fraudulent falso y fraudulento.

false check cheque sin fondos, cheque falso.

false claim declaración fraudulenta, reclamación fraudulenta.

false document documento falso, documento falsificado.

false entry asiento falsificado.

false fact hecho falso.

falsehood falsedad.

false instrument instrumento falsificado.

falsely falsamente.

false representation representación falsa, declaración falsa.

false return planilla contributiva falsa.

false statement declaración falsa, estado falsificado.

false token documento falso, indicación de la existencia de algo con motivos fraudulentos.

false weights balanzas erróneas.

falsification falsificación.

falsification of books falsificación de libros.

falsified falsificado.

falsified signature firma falsificada.

falsified statement estado falsificado.

falsify falsificar.

family allowance deducción familiar.

family company compañía familiar.

family corporation corporación familiar.

family coverage cobertura familiar.

family enterprise empresa familiar.

family expense insurance seguro de gastos familiares.

family income policy póliza de ingresos familiares.

family of brands familia de marcas.

family of funds familia de fondos mutuos.

family policy póliza familiar.

fare tarifa, pasajero.

farm credit crédito agrícola.

farm enterprise empresa agrícola.

farmers' association asociación agrícola.

farmers' cooperative cooperativa agrícola.

farm income ingresos agrícolas.

farm labor trabajo agrícola.

farm laborer trabajador agrícola.

farm loan préstamo agrícola.

farm out dar por contrato, arrendar, subcontratar.

farm products productos agrícolas.

farm subsidy subsidio agrícola.

farm worker trabajador agrícola.

faulty defectuoso, incompleto.

favor n favor, privilegio.

favor v favorecer, apoyar.

favorable favorable.

favorable balance of payments balanza de pagos favorable.

favorable price precio favorable.

favorable trade balance balanza comercial favorable.

favorable variance varianza favorable.

favoritism favoritismo.

feasance cumplimiento.

feasibility viabilidad, factibilidad.

feasibility study estudio de viabilidad, estudio de factibilidad.

feasible factible, viable, razonable.

feasibleness viabilidad, posibilidad.

featherbedding tácticas laborales para aumentar innecesariamente la cantidad de empleados o el tiempo necesario para hacer un trabajo, exceso de personal.

feature característica, aspecto.

federal federal.

federal agency agencia federal.

federal agency securities valores de agencias federales.

federal aid ayuda federal.

federal assistance asistencia federal.

federal budget presupuesto federal.
federal budgeting presupuestación federal.
federal debt deuda federal.
federal debt limit límite de deuda federal.
federal deficit déficit federal.
federal expenditure gasto federal.
federal funds fondos federales.
federal funds market mercado de fondos federales.
federal funds rate tasa de fondos federales.
federal government securities valores de gobierno federal.
federal income taxes impuestos sobre ingresos federales.
federal reserve reserva federal.
federal revenue ingresos federales.
federal taxation imposición federal.
federal taxes impuestos federales.
fee honorario, compensación, cargo, impuesto, dominio.
fee absolute dominio absoluto, pleno dominio.
fee checking account cuenta de cheques a base de cargos.
feedback retroalimentación.
fee expectant transmisión de propiedad a un matrimonio y sus descendientes directos, dominio expectante.
fee simple dominio simple, pleno dominio.
fee simple absolute dominio absoluto, pleno dominio.
fee simple conditional dominio condicional.
fee simple defeasible dominio sobre un inmueble sujeto a condición resolutoria.
fellow laborer colaborador.
felonious criminal, con intención criminal, malicioso.
feloniously criminalmente, malvadamente.
felony crimen, delito grave.
fence n cerca, quien recibe objetos robados, traficante de objetos robados.
fence v cercar, traficar objetos robados.
fencing patents patentes para ampliar lo que se protege como parte de la invención.

feneration usura, devengar intereses, intereses devengados.
ferial days días feriados.
ferry n transbordador, barco de transporte, barco de pasaje.
ferry v barquear, transportar en barco.
ferry franchise concesión otorgada a un servicio de transbordador.
fiat money dinero fiduciario, moneda de curso legal por decreto gubernamental.
fictitious assets activo ficticio.
fictitious bidding ofertas ficticias en una subasta para elevar las demás ofertas.
fictitious credit crédito ficticio.
fictitious debt deuda ficticia.
fictitious group grupo ficticio.
fictitious name nombre ficticio.
fictitious payee beneficiario ficticio.
fictitious payment pago ficticio.
fictitious person persona ficticia.
fictitious promise promesa ficticia.
fictitious receipt recibo ficticio.
fictitious registration registro ficticio.
fidelity fidelidad, exactitud.
fidelity and guaranty insurance seguro contra ciertas conductas de parte de ciertas personas, seguro contra estafas de empleados.
fidelity bond caución de fidelidad, fianza de fidelidad.
fidelity insurance seguro contra ciertas conductas de parte de ciertas personas, seguro contra estafas de empleados.
fiducial fiduciario, de confianza.
fiduciary adj fiduciario.
fiduciary n fiduciario, persona de confianza.
fiduciary accounting contabilidad fiduciaria.
fiduciary capacity capacidad fiduciaria.
fiduciary contract contrato fiduciario.
fiduciary debt deuda fiduciaria.
fiduciary loan préstamo fiduciario.
fiduciary money dinero fiduciario.
fiduciary relation relación fiduciaria, relación de confianza.
fiduciary service servicio fiduciario.
field campo.
field agent agente de campo.

field audit auditoría de campo.
field auditor auditor de campo.
field employee empleado de campo.
field representative representante de campo.
field research investigación de campo.
field services servicios de campo.
field staff personal de campo.
field warehouse receipt recibo de bienes en almacenaje, recibo de bienes en depósito.
fifteen-year mortgage hipoteca de quince años.
figure cifra.
filch ratear, robar cantidades pequeñas de dinero.
filcher ratero, quien hurta cantidades pequeñas de dinero.
filching ratería, robo de cantidades pequeñas de dinero.
file n archivo, expediente, registro, fichero.
file v archivar, registrar, radicar.
file a return radicar una planilla.
file a tax return radicar una planilla contributiva.
file clerk archivero.
file jointly radicar conjuntamente.
file separately radicar separadamente.
filing colocar en archivo, acto de registrar, radicación.
filing of articles of incorporation registro del acta constitutiva de una corporación.
filing status estado civil para efectos contributivos.
fill a vacancy llenar una vacante.
fill or kill orden que se cancela si no se ejecuta inmediatamente.
final final, decisivo.
final acceptance aceptación final.
final assembly ensamblaje final.
final assessment tasación final.
final buyer comprador final.
final consumer consumidor final.
final date fecha límite, fecha de vencimiento.
final dividend dividendo final.
final expense fund fondo de gastos finales.
final invoice factura final.
finality of payment finalidad de pago.

final list lista final.
final product producto final.
final report informe final.
final sales ventas finales.
final user usuario final.
final value estimate estimado de valor final.
finance n finanzas.
finance v financiar.
finance bill letra financiera.
finance charge cargo por financiamiento.
finance company compañía financiera.
finance corporation corporación financiera.
finance cost costo por financiamiento.
financed financiado.
finance department departamento financiero.
financed premium prima financiada.
finance expenditure gasto por financiamiento.
finance expense gasto por financiamiento.
finance fees cargos por financiamiento.
finance lease arrendamiento financiero.
finance market mercado financiero.
finance office oficina financiera.
financial financiero.
financial accounting contabilidad financiera.
financial adjustment ajuste financiero.
financial administration administración financiera.
financial administrator administrador financiero.
financial adviser asesor financiero.
financial agent agente financiero.
financial aid ayuda financiera.
financial analysis análisis financiero.
financial analyst analista financiero.
financial arrangement arreglo financiero.
financial assets activo financiero.
financial assistance asistencia financiera.
financial authorities autoridades financieras.
financial bookkeeping contabilidad financiera.
financial break-even point punto crítico financiero.

financial budget presupuesto
financiero.
financial budgeting presupuestación
financiera.
financial capital capital financiero.
financial center centro financiero.
financial compensation
compensación financiera.
financial condition condición
financiera.
financial contingency contingencia
financiera.
financial controls controles
financieros.
financial costs costos financieros.
financial counseling asesoramiento
financiero.
financial decision decisión financiera.
financial development desarrollo
financiero.
financial feasibility viabilidad
financiera.
financial flow flujo financiero.
financial forecast pronóstico
financiero.
financial futures futuros financieros,
instrumentos financieros a plazo.
financial guaranty garantía financiera.
financial guaranty garantía financiera.
financial information información
financiera.
financial innovation innovación
financiera.
financial institution institución
financiera.
financial instrument instrumento
financiero.
financial interest interés financiero.
financial intermediary intermediario
financiero.
financial investment inversión
financiera.
financial lease arrendamiento
financiero.
financial leasing arrendamiento
financiero.
financial leverage apalancamiento
financiero.
financial liabilities pasivo financiero.
financial loss pérdidas financieras.
financially able solvente.
financial management
administración financiera.

financial manager administrador
financiero.
financial market mercado financiero.
financial model modelo financiero.
financial obligation obligación
financiera.
financial operation operación
financiera.
financial paper papel financiero.
financial participation participación
financiera.
financial plan plan financiero.
financial planner planificador
financiero.
financial planning planificación
financiera.
financial policy política financiera.
financial position posición financiera.
financial privacy privacidad financiera.
financial projection proyección
financiera.
financial pyramid pirámide financiera.
financial ratio razón financiera.
financial ratio analysis análisis de
razones financieras.
financial records registros financieros.
financial report informe financiero.
financial resources recursos
financieros.
financial responsibility
responsabilidad financiera.
financial responsibility clause
cláusula de responsabilidad financiera.
financial results resultados financieros.
financial risk riesgo financiero.
financial services servicios financieros.
financial solvency solvencia financiera.
financial statement estado financiero.
financial statement analysis análisis
de estados financieros.
financial statement audit auditoría
de estados financieros.
financial structure estructura
financiera.
financial support apoyo financiero.
financial system sistema financiero.
financial uncertainty incertidumbre
financiera.
financial year año financiero.
financier financiero.
financing financiamiento.

financing assistance asistencia en financiamiento.

financing business negocio de financiamiento.

financing cost costo de financiamiento.

financing expenditures gastos de financiamiento.

financing expenses gastos de financiamiento.

financing method método de financiamiento.

financing plan plan de financiamiento.

financing statement declaración de colateral para financiamiento.

finder intermediario que pone en contacto a dos partes para una oportunidad comercial, intermediario.

finder's fee comisión por poner en contacto a dos partes, comisión de intermediario.

fine adj muy bueno, selecto, fino.

fine n multa.

fine v multar.

fine print cláusulas de un contrato escritas con letras pequeñas y ubicadas de modo que no se noten fácilmente.

finished goods productos terminados.

finished goods inventory inventario de productos terminados.

finished products productos terminados.

finished products inventory inventario de productos terminados.

fire alarm alarma de incendios, alarma contra incendios.

fire insurance seguro contra incendios.

fire loss pérdida por causa de fuego.

firm adj firme, final.

firm n empresa, firma.

firm bid oferta firme, oferta en firme.

firm buyer comprador firme, comprador en firme.

firm commitment compromiso firme, ofrecimiento en que los suscriptores compran los valores que se ofrecerán al público.

firm name nombre de empresa.

firm offer oferta firme, oferta en firme.

firm order orden firme, orden en firme.

firm price precio firme, precio en firme.

firm quote cotización firme, cotización en firme.

firm seller vendedor firme, vendedor en firme.

first call primera fecha de redención.

first call date primera fecha de redención.

first day notice aviso del primer día.

first-dollar coverage cobertura desde el primer dólar.

first-in-first-out salida en orden de entrada.

first-in-last-out salida en orden inversa de entrada.

first lien privilegio de primer grado, gravamen de primer rango, primer gravamen, primera hipoteca.

first mortgage primera hipoteca, hipoteca en primer grado.

first option primera opción, derecho de preferencia.

first order primera orden.

first policy year primer año de vigencia de una póliza.

first premium primera prima.

first refusal right derecho de tener la primera oportunidad de comprar un inmueble al estar disponible.

fiscal fiscal.

fiscal administration administración fiscal.

fiscal affairs asuntos fiscales.

fiscal agency agencia fiscal.

fiscal agent agente fiscal.

fiscal authorities autoridades fiscales.

fiscal dividend dividendo fiscal.

fiscal management administración fiscal.

fiscal monopoly monopolio fiscal.

fiscal period período fiscal.

fiscal policy política fiscal.

fiscal revenues ingresos fiscales.

fiscal system sistema fiscal.

fiscal tax year año contributivo fiscal.

fiscal year año fiscal.

fix fijar, determinar.

fix a price fijar un precio.

fixation fijación.

fixed fijo, establecido.

fixed-amount annuity anualidad de cantidad fija.

fixed annuity anualidad fija.

fixed assets activo fijo.

fixed asset turnover razón de ventas a activo fijo.

fixed benefits beneficios fijos.

fixed budget presupuesto fijo.

fixed budgeting presupuestación fija.

fixed capital capital fijo.

fixed-charge coverage cobertura de costos fijos.

fixed-charge coverage ratio razón de cobertura de costos fijos.

fixed charges cargos fijos.

fixed cost contract contrato de costo fijo.

fixed costs costos fijos.

fixed credit line línea de crédito fija.

fixed debt deuda fija.

fixed deposit depósito a plazo fijo.

fixed depreciation amortización fija.

fixed-dollar annuity anualidad de cantidad fija.

fixed exchange rate tipo de cambio fijo.

fixed expenditures gastos fijos.

fixed expenses gastos fijos.

fixed factors factores fijos.

fixed fee cargo fijo.

fixed income ingreso fijo.

fixed-income investment inversión de ingreso fijo.

fixed-income market mercado de inversiones de ingreso fijo.

fixed-income securities valores de ingreso fijo.

fixed interest interés fijo.

fixed interest rate tasa de interés fija.

fixed liabilities pasivo fijo.

fixed obligation obligación fija.

fixed parity paridad fija.

fixed-payment mortgage hipoteca de pagos fijos.

fixed payments pagos fijos.

fixed period período fijo.

fixed premium prima fija.

fixed price precio fijo.

fixed-price contract contrato a precio fijo.

fixed rate tasa fija.

fixed-rate financing financiamiento a tasa de interés fija.

fixed-rate loan préstamo de tasa de interés fija.

fixed-rate mortgage hipoteca de tasa de interés fija.

fixed rent renta fija.

fixed salary salario fijo.

fixed sampling muestreo fijo.

fixed selling price precio de venta fijo.

fixed tax impuesto fijo.

fixed term plazo fijo.

fixed trust fideicomiso fijo.

fixture instalación.

flash check cheque conscientemente girado sin fondos, cheque falso.

flat fijo, uniforme, sin intereses acumulados, neto.

flat cancelation cancelación de la póliza el día de vigencia.

flat charge cargo fijo.

flat commission comisión fija.

flat deductible deducible fijo.

flat fee cargo fijo.

flat-fee broker corredor de cargo fijo.

flat lease arrendamiento de pagos fijos.

flatly categóricamente, totalmente.

flat rate tasa fija, tarifa fija.

flat scale escala fija.

flat tax impuesto fijo.

flaw imperfección, falta, defecto.

flawless impecable.

fleet flota.

fleet policy póliza sobre una flota de vehículos.

flexible flexible.

flexible account cuenta flexible.

flexible benefit plan plan de beneficios flexible.

flexible budget presupuesto flexible.

flexible budget formula fórmula de presupuesto flexible.

flexible budgeting presupuestación flexible.

flexible budget variance varianza de presupuesto flexible.

flexible exchange rate tipo de cambio flexible.

flexible hours horario flexible.

flexible interest rate tasa de interés flexible.

flexible manufacturing manufactura flexible.

flexible mortgage hipoteca flexible.

flexible-payment mortgage hipoteca de pagos flexibles.

flexible premium prima flexible.

flexible-premium annuity anualidad de primas flexibles.

flexible-premium insurance seguro de primas flexibles.

flexible-premium life seguro de vida de primas flexibles.

flexible-premium life insurance seguro de vida de primas flexibles.

flexible prices precios flexibles.

flexible rate tasa flexible.

flexible-rate loan préstamo de tasa flexible.

flexible-rate mortgage hipoteca de tasa flexible.

flexible schedule horario flexible.

flexible spending account cuenta de gastos flexibles.

flexible tariff tarifa flexible.

flexitime horario flexible.

flextime horario flexible.

flight of capital fuga de capital.

flight to quality tendecia hacia la compra de inversiones seguras para contrarrestar factores adversos del mercado.

float n tiempo entre la emisión de un cheque y el registro del débito, tiempo entre la fecha de un pago esperado y el pago efectivo, bienes en el curso de su elaboración, emisión de una inversión, flotación.

float v emitir, poner, negociar, flotar.

floater póliza de artículos sin un lugar fijo, instrumento de deuda de tasa variable.

floater policy póliza de artículos sin un lugar fijo.

floating flotante, circulante.

floating assets activo circulante.

floating capital capital circulante.

floating charge gasto flotante.

floating currency moneda flotante.

floating currency exchange rate tipo de cambio de moneda flotante.

floating debt deuda flotante.

floating exchange cambio flotante.

floating exchange rate tipo de cambio flotante.

floating interest rate tasa de interés flotante.

floating policy póliza flotante.

floating rate tasa flotante.

floating-rate certificate of deposit certificado de depósito de tasa flotante.

floating-rate loan préstamo de tasa flotante.

floating-rate mortgage hipoteca de tasa flotante.

floating-rate note instrumento de deuda de tasa flotante.

floating-rate preferred securities valores preferidos de tasa flotante.

floating-rate preferred shares acciones preferidas de tasa flotante.

floating-rate preferred stock acciones preferidas de tasa flotante.

floating stock emitir acciones.

floating zone zonificación en la que se asigna cierta proporción del área total a usos determinados pero no lugares específicos para estos usos.

flood insurance seguro contra inundaciones.

floor amount cantidad mínima.

floor loan préstamo mínimo.

floor price precio mínimo.

flotation cost costo de emitir acciones, costo de emitir bonos.

flowchart organigrama.

flow of costs flujo de costos.

flow of funds flujo de fondos.

flow-of-funds analysis análisis de flujo de fondos.

flow of work flujo del trabajo.

fluctuating fluctuante.

fluctuating interest rate tasa de interés fluctuante.

fluctuating rate tasa fluctuante.

fluctuating rate loan préstamo de tasa fluctuante.

fluctuating rate mortgage hipoteca de tasa fluctuante.

fluctuating unemployment desempleo fluctuante.

fluctuation fluctuación.

fluctuation interval intervalo de fluctuación.

fluctuation limit límite de fluctuación.

fluctuation range intervalo de fluctuación.

fly-by-night cuestionable, sospechoso.

folio folio, hoja, numeración de hojas, página.

follow-up seguimiento.

follow-up letter carta de seguimiento.
for account of para la cuenta de.
forbear desistir de, tolerar.
forbearance tolerancia, tolerancia por incumplimiento de pago.
forced conversion conversión forzada.
forced loan préstamo forzado.
forced sale venta forzada.
forced savings ahorros forzosos.
forces of the market fuerzas del mercado.
for collection al cobro.
for deposit only sólo para depósito.
forecast pronóstico.
forecasting pronosticación.
foreclose impedir, concluir, privar del derecho de redención a un deudor hipotecario, ejecutar una hipoteca.
foreclosure juicio hipotecario, ejecución hipotecaria, ejecución, extinción del derecho de redimir una hipoteca.
foreclosure decree decreto judicial para la ejecución hipotecaria.
foreclosure sale venta de un inmueble hipotecado para pagar la deuda, venta judicial.
foregift pago de prima por encima del alquiler de parte de un arrendatario, prima de arriendo.
foreign exterior, extranjero.
foreign account cuenta exterior.
foreign agent agente extranjero.
foreign aid ayuda exterior.
foreign assets activo exterior.
foreign assistance asistencia exterior.
foreign bill of exchange letra de cambio extranjera.
foreign bond bono extranjero.
foreign branch sucursal extranjera.
foreign capital capital externo.
foreign commerce comercio exterior.
foreign content contenido extranjero.
foreign corporation corporación extranjera, corporación establecida en otro estado.
foreign currency divisa, moneda extranjera.
foreign currency account cuenta en moneda extranjera.
foreign currency debt deuda en moneda extranjera.

foreign currency futures futuros de divisas.
foreign currency loan préstamo en moneda extranjera.
foreign currency transaction transacción en divisa.
foreign currency translation traducción de divisas.
foreign debt deuda exterior.
foreign demand demanda extranjera.
foreign department departamento extranjero.
foreign deposit depósito extranjero.
foreign direct investment inversión directa extranjera.
foreign division división extranjera.
foreign document documento extranjero.
foreign domicile domicilio extranjero.
foreign enterprise empresa extranjera.
foreign exchange divisas, intercambio de divisas, moneda extranjera, intercambio de moneda extranjera.
foreign exchange assets activo en divisas.
foreign exchange control control de divisas.
foreign exchange futures divisas a término.
foreign exchange market mercado de divisas.
foreign exchange permit permiso de divisas.
foreign exchange rate tipo de cambio de divisas.
foreign exchange reserves reserva de divisas.
foreign exchange restrictions restricciones de divisas.
foreign exchange risk riesgo de divisas.
foreign exchange transaction transacción de divisas.
foreign firm empresa extranjera.
foreign goods productos extranjeros.
foreign income ingresos extranjeros.
foreign investment inversión extranjera.
foreign liabilities pasivo exterior.
foreign loan préstamo extranjero.
foreign money dinero extranjero.
foreign port puerto extranjero.
foreign securities valores extranjeros.

foreign tax impuesto extranjero.
foreign tax credit crédito impositivo extranjero.
foreign tax deduction deducción impositiva extranjera.
foreign trade comercio exterior.
foreign trade agency agencia de comercio exterior.
foreign trade balance balanza de comercio exterior.
foreign trade bank banco de comercio exterior.
foreign trade policy política de comercio exterior.
foreign trade zone zona de comercio exterior.
forensic accountant contador forense.
foreseeable previsible.
forestall impedir, acaparar.
forestalling the market acaparamiento del mercado.
forestallment prevención, anticipación.
forever eternamente.
forfeit perder, confiscar.
forfeitable sujeto a pérdida, confiscable.
forfeiture pérdida, confiscación.
forge falsificar, fabricar.
forged falsificado.
forged check cheque falsificado.
forged document documento falsificado.
forger falsificador.
forgery falsificación.
forgery insurance seguro contra falsificación.
forgive perdonar, eximir.
forgo renunciar a, perder.
for hire para alquiler.
for life vitalicio.
form formulario, forma.
formal formal, expreso.
formal communication comunicación formal.
formal contract contrato formal.
formality formalidad, norma.
formalize formalizar, celebrar.
formal organization organización formal.
format formato, forma.
formation formación.
formation of trust formación de fideicomiso.

former buyer comprador anterior.
formula investing inversión mediante fórmula.
for purpose of para el propósito de, con la intención de.
fortaxed sujeto a impuestos injustos.
fortuitous fortuito.
fortuitous event evento fortuito.
fortuitous loss pérdida fortuita.
forty cuarenta acres en forma cuadrada.
for value received por contraprestación recibida.
forward enviar, reenviar, remitir.
forward buying compras más allá de las corrientemente necesarias.
forward contract contrato a término.
forward cover cobertura a término.
forward delivery entrega futura.
forward discount descuento a término.
forwarder agente expedidor, embarcador.
forward exchange rate tipo de cambio a término.
forwarding agent agente de expedición.
forwarding instructions instrucciones de envío.
forward interest rate tasa de interés a término.
forward market mercado a término.
forward premium prima a término.
forward price precio a término.
forward rate tasa a término.
forward rate agreement acuerdo de tasa de interés a término.
forward stock inventario protegido.
forward transaction transacción a término.
for whom it may concern a quien pueda interesar, a quien pueda corresponder.
foul bill of lading conocimiento de embarque señalando faltas, conocimiento tachado.
found fundar.
foundation fundación.
founded fundado.
founder's shares acciones del fundador.
fourth market cuarto mercado.
fraction fracción, porción.
fractional fraccionado.

fractional currency moneda fraccionada.

fractional reserves reserva fraccionaria.

fractional share acción fraccionada.

fraction of a day porción de un día.

franchise franquicia, privilegio.

franchise clause cláusula de franquicia.

franchised dealer concesionario, agente autorizado.

franchise tax impuesto sobre franquicias, impuesto corporativo, derechos de licencia.

franking privilege franquicia postal.

fraud fraude, dolo, abuso de confianza, engaño.

fraud in the inducement uso de fraude para inducir a firmar un documento, dolo principal.

fraudulence fraudulencia.

fraudulent fraudulento, doloso, engañoso.

fraudulent act acto fraudulento.

fraudulent alienation transferencia fraudulenta.

fraudulent bankruptcy quiebra fraudulenta.

fraudulent claim reclamación fraudulenta.

fraudulent concealment ocultación fraudulenta.

fraudulent conversion apropiación fraudulenta.

fraudulent conveyance transferencia fraudulenta.

fraudulent debt deuda fraudulenta.

fraudulent intent intención fraudulenta.

fraudulently fraudulentamente, engañosamente.

fraudulent misrepresentation declaración fraudulenta.

fraudulent representation declaración fraudulenta.

fraudulent sale venta fraudulenta.

free libre, exento, gratis.

free alongside franco al costado, libre al costado.

free alongside ship franco al costado de buque, libre al costado.

free and clear libre de gravámenes.

free area zona franca.

free balance balance mínimo sin cargos por servicios.

free checking account cuenta de cheques sin cargos.

free competition libre competencia.

free depreciation libre depreciación.

freedom of contract libertad de contratación.

free enterprise libre empresa.

freehold derecho de dominio absoluto.

freeholder dueño de propiedad inmueble, titular.

freehold in law derecho de dominio absoluto sin haber tomado posesión.

freely libremente.

free market mercado libre.

free of charge gratis.

free of customs libre de impuestos aduaneros.

free of tax libre de impuestos.

free on board franco a bordo, libre a bordo.

free period días de gracia, período de gracia.

free port puerto franco.

free reserves reserva disponible.

free trade libre comercio.

free-trade area zona franca, área de libre comercio.

free-trade zone zona franca, zona de libre comercio.

freeze congelar, congelar una cuenta, bloquear.

freeze-out el uso del poder corporativo para excluir a los accionistas minoritarios, excluir.

free zone zona franca.

freight n flete, cargamento, gasto de transporte.

freight v fletar, cargar.

freight booking reserva de cargamento.

freighter fletador, buque de carga.

freight forwarder despachador de cargas.

freight insurance seguro de cargamento.

freight mile una tonelada de cargamento transportado una milla.

freight rate flete, tarifa de transporte.

frequency frecuencia.

frequency distribution distribución de frecuencias.

frictional unemployment desempleo friccional.

friendly fire fuego intencionado y útil, fuego en su lugar debido.

fringe benefits beneficios extrasalariales, beneficios marginales.

frivolous tax return planilla frívola.

frontage la parte del frente de una propiedad, fachada.

front-end load fondo mutuo que cobra comisión al comprar acciones, comisión al comprar acciones de fondo mutuo.

front-end load mutual fund fondo mutuo que cobra comisión al comprar acciones.

front office oficinas de ejecutivos principales.

frozen congelado, fijo.

frozen account cuenta congelada.

frozen assets activo congelado.

frozen capital capital congelado.

frozen credit crédito congelado.

frustration of contract frustración de contrato.

fulfill cumplir, satisfacer.

fulfillment cumplimiento, realización.

full actual loss pérdida total real.

full amount cantidad completa, monto total.

full authority autoridad plena.

full budgeting presupuestación completa.

full capacity plena capacidad.

full cash value valor justo en el mercado.

full convertibility convertibilidad completa.

full cost costo total.

full costing costeo total.

full cost method método de costo total.

full coverage cobertura total.

full disclosure divulgación completa.

full employment pleno empleo.

full employment level nivel de pleno empleo.

full endorsement endoso completo.

full faith and credit respaldo de deuda de entidad gubernamental con todos sus recursos disponibles.

full indorsement endoso completo.

full payment pago total.

full price precio completo, precio total.

full retirement age edad de retiro para recibir todos los beneficios.

full satisfaction pago total de una deuda.

full-service agency agencia de servicios completos.

full-service bank banco de servicios completos.

full-service banking banca con servicios completos.

full-service broker casa de corretaje de servicios completos, corredor de servicios completos.

full stock acciones con valor a la par de cien dólares.

full time a tiempo completo.

full-time employee empleado a tiempo completo.

full-time employment empleo a tiempo completo.

full-time work trabajo a tiempo completo.

full-time worker trabajador a tiempo completo.

full value valor total.

full warranty garantía completa.

fully complétamente, totalmente.

fully amortized complétamente amortizado.

fully amortized loan préstamo complétamente amortizado.

fully diluted complétamente diluido.

fully distributed complétamente distribuido.

fully paid complétamente pagado.

fully paid policy póliza complétamente pagada.

fully registered complétamente registrado.

fully vested con derecho completo de pensión de retiro.

functional funcional.

functional accounting contabilidad funcional.

functional cost analysis análisis de costos funcional.

functional discount descuento funcional.

functional distribution distribución funcional.

functional obsolescence
obsolescencia por virtud de productos
similares más recientes de utilidad
superior.

functional organization organización
funcional.

functional reporting of expenses
informe de gastos funcional.

functional trade agreement acuerdo
comercial funcional.

fund n fondo, reserva, capital.

fund v financiar, consolidar.

fundamental fundamental.

fundamental analysis análisis de lo
fundamental, análisis fundamental.

fundamental term of contract
cláusula esencial de un contrato.

funded financiado, consolidado.

funded debt deuda consolidada.

funded pension plan plan de pensión
con fondos asignados.

funded retirement plan plan de
retiro con fondos asignados.

fund group grupo de fondos.

funding financiamiento.

funds fondos.

funds administration administración
de fondos.

funds administrator administrador de
fondos.

funds application aplicación de
fondos.

funds availability disponibilidad de
fondos.

funds-flow analysis análisis de flujo
de fondos.

funds management administración de
fondos.

funds manager administrador de
fondos.

funds transfer transferencia de fondos.

fungible fungible.

fungible goods bienes fungibles.

furnish proveer, suministrar.

furthest month mes más lejano.

fuse fundir, juntar.

fusion fusión.

future futuro.

future-acquired property bienes
adquiridos después de un determinado
hecho.

future depreciation depreciación
futura.

future earnings ingresos futuros.

future estate derecho a bienes
inmuebles en el futuro.

future interest interés futuro.

future price precio futuro.

futures convenios para adquirir
mercancías en el futuro, futuros.

futures contract contrato para
adquirir mercancías a término, contrato
de futuros.

futures exchange bolsa de futuros,
mercado de mercancías, lonja de
mercancías.

futures market mercado a término,
mercado de futuros.

future value valor futuro.

future value of an annuity valor
futuro de una anualidad.

future worth valor futuro.

gain ganancia, beneficio, adquisición,
ventaja.

gain contingency contingencia de
ganancia.

gainful lucrativo, ventajoso, provechoso.

gainful activity actividad lucrativa.

gainful employment empleo
provechoso.

gainful occupation empleo
provechoso.

gainless infructuoso, desventajoso.

gambling juego.

gambling house casa de juego.

gambling place lugar de juego.

gambling tax impuesto sobre el juego.

gap loan préstamo de diferencia.

garble confundir maliciosamente,
distorsionar hechos.

garner advertir, recopilar, acumular.

garnish embargar.

garnishee embargado.

garnisher embargante.

garnishment embargo, embargo de
bienes en posesión de terceros.

general acceptance aceptación general.

general account cuenta general.

general accounting executive ejecutivo de contabilidad general.

general administration administración general.

general administrator administrador general.

general agency agencia general.

general agency system sistema de agencia general.

general agent agente general.

general agreement acuerdo general.

general assembly reunión general.

general assignment cesión general.

general audit auditoría general.

general authority autorización general.

general average avería gruesa, promedio general.

general average bond fianza de avería gruesa.

general average contribution contribución de avería gruesa.

general balance sheet balance general.

general cargo carga general.

general characteristics características generales.

general circulation circulación general.

general contingency reserve reserva de contingencia general.

general contractor contratista general.

general controller contralor general.

general covenant acuerdo general.

general credit credibilidad general.

general creditor acreedor ordinario.

general custom costumbre general.

general debt deuda general.

general decrease disminución general.

general department departamento general.

general deposit depósito general.

general depository depositario general.

general depreciation system sistema de depreciación general.

general endorsement endoso en blanco.

general equilibrium equilibrio general.

general equilibrium analysis análisis de equilibrio general.

general examination examinación general.

general expenditure gasto general.

general expense gasto general.

general export license autorización de exportación general.

general franchise autorización general.

general fund fondo general.

general guaranty garantía general.

general increase aumento general.

general indorsement endoso en blanco.

general insurance seguro general.

general journal libro general, libro diario.

general ledger libro mayor general.

general liability insurance seguro de responsabilidad general.

general lien gravamen general.

general long-term debt deuda a largo plazo general.

generally accepted accoutning principles normas contables generalmente aceptadas.

generally accepted auditing standards normas de auditoría generalmente aceptadas.

general management administración general.

general manager gerente general.

general meeting reunión general, asamblea general.

general meeting of shareholders asamblea general de accionistas.

general mortgage hipoteca general.

general mortgage bond bono de hipoteca general.

general obligation bond bono de obligación general.

general obligations obligaciones generales, responsabilidades generales, bonos de obligación general.

general operating expenditures gastos operativos generales.

general operating expenses gastos operativos generales.

general owner dueño.

general partner quien tiene responsabilidad personal y se encarga del manejo de una sociedad en comandita, socio general.

general partnership sociedad colectiva, sociedad regular colectiva.

general power of attorney poder general.

general price index índice de precios general.

general price level nivel de precios general.

general property propiedad, derecho de dominio absoluto.

general property form formulario de propiedad general.

general property tax impuesto sobre la propiedad general.

general provisions estipulaciones generales.

general proxy apoderado general, mandatario general, poder general.

general reserves reservas generales.

general retirement system sistema de retiro general.

general revenue ingresos generales.

general sales tax impuesto sobre ventas general.

general shareholders' meeting asamblea de accionistas general.

general strike huelga general, paro general.

general tariff tarifa general.

general tax impuesto general.

general tax lien gravamen fiscal general.

general tenancy arrendamiento sin duración fija.

general warranty garantía general.

general warranty deed escritura con garantía general.

generic genérico.

generic brand marca genérica.

generic identification identificación genérica.

generic market mercado genérico.

generic name nombre genérico.

generic product producto genérico.

generic trademark marca genérica.

genuine and valid genuino y válido.

geodemographic geodemográfico.

geodemographic marketing mercadeo geodemográfico.

germane pertinente, apropiado.

gift donación, regalo.

gift causa mortis donación por causa de muerte.

gift enterprise treta promocional mediante la que se dan participaciones en un sorteo a cambio de la compra de ciertos bienes.

gift in contemplation of death donación en anticipación de muerte.

gift in contemplation of marriage donación en anticipación de matrimonio.

gift inter vivos donación entre vivos.

gift tax impuesto sobre donaciones.

gift tax exclusion exclusión de impuesto sobre donaciones.

gilt edge de primera clase, de máxima garantía.

gilt-edge securities valores de primera clase.

give notice notificar.

give time extender un plazo.

global economy economía global.

global firm empresa global.

globalization globalización.

global marketing mercadeo global.

global quota cuota global.

go-between intermediario.

going concern empresa en marcha.

going-concern value valor de una empresa en marcha.

going price precio vigente, valor prevaleciente en el mercado.

going private proceso mediante el que una compañía se hace privada.

going public proceso mediante el que una compañía emite sus primeras acciones.

going rate tasa corriente.

gold certificate certificado oro.

gold cover reserva de oro.

golden parachute convenio que protege a los altos ejecutivos cuando una corporación cambia de control.

gold exchange standard patrón de cambio del oro.

gold fixing fijación del precio del oro.

gold market mercado del oro.

gold mutual fund fondo mutuo que invierte en acciones relacionadas al oro.

gold-pegged currency moneda vinculada al oro.

gold production producción del oro.

gold standard patrón oro.

gold transaction transacción en oro.

good and clear record title   título de propiedad libre de defectos y gravámenes.

good and valid   bueno y válido, adecuado.

good consideration   contraprestación suficiente, contraprestación valiosa.

good delivery   entrega con todo en ordern.

good faith   buena fe.

good-faith bargaining   negociaciones en buena fe.

good-faith deposit   depósito en buena fe.

good-faith purchaser   comprador de buena fe.

goodness of fit   precisión del ajuste.

good record title   título libre de gravámenes.

good repute   buena reputación.

goods   bienes, mercaderías.

goods and chattels   bienes muebles.

goods and services   bienes y servicios.

goods in transit   bienes en tránsito.

goods on approval   mercancías a prueba.

goods on consignment   mercancías consignadas.

goods sold and delivered   bienes vendidos y entregados.

good-this-month order   orden en vigor este mes.

good-this-week order   orden en vigor esta semana.

good title   título libre de defectos.

good-until-cancelled order   orden en vigor hasta ejecutarse o cancelarse.

goodwill   buen nombre de una empresa, plusvalía.

government accounting   contabilidad gubernamental.

governmental   gubernamental.

government bill   obligación gubernamental a corto plazo.

government bond   bono gubernamental.

government debt   deuda gubernamental.

government deposit   depósito gubernamental.

government depository   depositaría gubernamental.

government enterprise   empresa gubernamental.

government expenditures   gastos gubernamentales.

government fund   fondo gubernamental.

government insurance   seguro gubernamental.

government intervention   intervención gubernamental.

government market   mercado gubernamental.

government monopoly   monopolio gubernamental.

government note   obligación gubernamental a medio plazo.

government obligation   obligación gubernamental.

government paper   papel gubernamental.

government receipts   ingresos gubernamentales.

government revenues   ingresos gubernamentales.

government securities   valores garantizados por el gobierno, valores gubernamentales.

government securities dealers   comerciantes de valores garantizados por el gobierno.

government spending   gastos gubernamentales.

grace period   período de gracia.

grade   n grado, declive, categoría.

grade   v clasificar, nivelar, mejorar.

graded   graduado.

graded death benefit   beneficio por muerte graduado.

graded policy   póliza graduada.

graded premium   prima graduada.

graded premium insurance   seguro de primas graduadas.

graded premium life   seguro de vida de primas graduadas.

graded premium life insurance   seguro de vida de primas graduadas.

gradual   gradual.

graduated lease   arrendamiento escalonado.

graduated-payment adjustable mortgage   hipoteca ajustable de pagos progresivos.

graduated-payment adjustable mortgage loan préstamo hipotecario ajustable de pagos progresivos.

graduated-payment mortgage hipoteca de pagos progresivos.

graduated payments pagos progresivos.

graduated tax impuesto progresivo.

graduated wages salarios escalonados.

grandfather clause cláusula de ley que excluye a quienes ya participan en una actividad regulada de tener que adoptar ciertas normas nuevas.

grant n cesión, transferencia, autorización.

grant v otorgar, conceder, transferir, autorizar.

grant, bargain, and sell transferir y vender.

grant and to freight let fletamiento donde se transfiere la posesión.

grant a patent conceder una patente.

grant credit otorgar crédito.

grantee cesionario.

granter otorgante, cedente, donante.

granter trusts fideicomisos en los que el otorgante retiene control sobre los ingresos para efectos contributivos.

grant-in-aid subsidio gubernamental.

graphical method método gráfico.

gratuitous bailee depositario a título gratuito.

gratuitous bailment depósito a título gratuito.

gratuitous consideration contraprestación a título gratuito.

gratuitous contract contrato a título gratuito.

gratuitous deed escritura a título gratuito.

gratuitous deposit depósito a título gratuito.

gratuitous services servicios gratuitos.

gratuity algo a título gratuito, propina.

graveyard insurance seguro de vida obtenido fraudulentamente sobre las vidas de infantes o personas ancianas o enfermos de muerte, compañía aseguradora con prácticas poco prudentes.

graveyard shift turno de media noche.

gray market mercado gris.

gray market goods mercancías del mercado gris, mercancías de origen extranjero que se venden en los Estados Unidos usando una marca existente sin autorización.

greenmail pago sobre el valor del mercado que hace una compañía para recuperar acciones en manos de otra compañía e impedir una adquisición hostil.

gross accumulation acumulación bruta.

gross added value valor agregado bruto.

gross adventure préstamo a la gruesa.

gross average avería gruesa.

gross book value valor contable bruto.

gross cash flow flujo de fondos bruto.

gross debt deuda bruta.

gross deposits depósitos brutos.

gross dividend dividendo bruto.

gross domestic expenditure gasto doméstico bruto.

gross domestic income ingreso doméstico bruto.

gross domestic product producto doméstico bruto.

gross earnings ingresos brutos.

gross earnings form formulario de ingresos brutos.

gross estate patrimonio bruto.

gross federal debt deuda federal bruta.

gross income ingreso bruto, renta bruta.

gross income multiplier multiplicador de ingreso bruto.

gross interest interés bruto.

gross investment inversión bruta.

gross lease arrendamiento en que el arrendador paga todos los gastos.

gross line máximo bruto.

gross margin margen bruto, beneficio bruto.

gross margin ratio razón de margen bruto, razón de beneficio bruto.

gross national debt deuda nacional bruta.

gross national expenditure gasto nacional bruto.

gross national income ingreso nacional bruto.

gross national investment inversión nacional bruta.

gross national product producto nacional bruto.

gross output producción bruta.

gross premium prima bruta.

gross price method método de precio bruto.

gross proceeds réditos brutos, productos brutos.

gross profit ganancia bruta, beneficio bruto.

gross profit margin margen de ganancia bruta, margen de beneficio bruto.

gross profit method método de ganancia bruta, método de beneficio bruto.

gross profit on sales ganancia bruta de ventas, beneficio bruto de ventas.

gross profit ratio razón de ganancia bruta, razón de beneficio bruto.

gross profit test prueba de ganancia bruta, prueba de beneficio bruto.

gross rate tasa bruta.

gross receipts ingresos brutos.

gross rent renta bruta.

gross rent multiplier multiplicador de renta bruto.

gross return rendimiento bruto.

gross revenue ingresos brutos.

gross sales ventas brutas.

gross savings ahorros brutos.

gross spread margen bruto.

gross tonnage tonelaje bruto.

gross value valor bruto.

gross volume volumen bruto.

gross weight peso bruto.

gross yield rendimiento bruto.

ground lease arrendamiento de terreno vacante.

ground rent renta por el arrendamiento de un terreno vacante.

group annuity anualidad de grupo, anualidad colectiva.

group banking banca grupal.

group bonus bono grupal.

group certificate certificado grupal.

group contract contrato grupal.

group credit insurance seguro de crédito grupal.

group deferred annuity anualidad diferida grupal.

group depreciation depreciación grupal.

group disability insurance seguro de discapacidad grupal.

group discount descuento grupal.

group financial statement estado financiero grupal.

group health insurance seguro de salud grupal.

group incentive plan plan de incentivos grupal.

grouping agrupamiento.

group insurance seguro grupal, seguro colectivo.

group life insurance seguro de vida grupal.

group of companies grupo de compañías.

group permanent life insurance seguro de vida permanente grupal.

group term life seguro de vida de término grupal.

group term life insurance seguro de vida de término grupal.

growing equity mortgage hipoteca con pagos progresivos para amortizar más rápido el principal.

growth crecimiento, apreciación.

growth curve curva de crecimiento.

growth fund fondo mutuo con metas de apreciación.

growth mutual fund fondo mutuo con metas de apreciación.

growth portfolio cartera de valores de apreciación.

growth rate tasa de crecimiento.

growth stage etapa de crecimiento.

growth stocks acciones de apreciación.

grub stake contrato mediante el cual una parte provee el equipo necesario para minar mientras que la otra parte busca la tierra explotable.

guarantee n garantía, beneficiario de una garantía, fianza.

guarantee v garantizar.

guaranteed garantizado.

guaranteed additional payment pago adicional garantizado.

guaranteed amount cantidad garantizada.

guaranteed annual wage salario anual garantizado.

guaranteed bond bono garantizado.

guaranteed certificate of deposit certificado de depósito garantizado.

guaranteed contract contrato garantizado.

guaranteed credit crédito garantizado.

guaranteed debt deuda garantizada.

guaranteed deposit depósito garantizado.

guaranteed income ingreso garantizado.

guaranteed income contract contrato de ingreso garantizado.

guaranteed insurability asegurabilidad garantizada.

guaranteed interest interés garantizado.

guaranteed investment contract contrato de inversión garantizada.

guaranteed letter of credit carta de crédito garantizado.

guaranteed loan préstamo garantizado.

guaranteed mortgage hipoteca garantizada.

guaranteed mortgage certificate certificado de hipotecas garantizadas.

guaranteed mortgage loan préstamo hipotecario garantizado.

guaranteed payments pagos garantizados.

guaranteed price precio garantizado.

guaranteed purchase option opción de compra garantizada.

guaranteed rate tasa garantizada.

guaranteed renewable contract contrato renovable garantizado.

guaranteed renewable health insurance seguro de salud renovable garantizado.

guaranteed renewable insurance seguro renovable garantizado.

guaranteed renewable life insurance seguro de vida renovable garantizado.

guaranteed securities valores garantizados.

guaranteed shares acciones con garantía externa de dividendos.

guaranteed stock acciones con garantía externa de dividendos.

guaranteed wage salario garantizado.

guarantor garante, avalista.

guaranty n garantía, beneficiario de una garantía, fianza.

guaranty v garantizar.

guaranty garantía, fianza.

guaranty agreement convenio de garantía.

guaranty bond fianza, fianza de garantía.

guaranty clause cláusula de garantía.

guaranty company compañía que otorga fianzas.

guaranty deposit depósito de garantía.

guaranty fund fondo de garantía.

guaranty letter carta de garantía.

guaranty of signature garantía de firma.

guaranty period período de garantía.

guaranty reserve reserva de garantía.

guaranty shares acciones de garantía.

guaranty stock acciones de garantía.

guardian guardián.

guild gremio.

H

habendum cláusula de una escritura que define la extensión de los derechos transferidos.

habendum clause cláusula de una escritura que define la extensión de los derechos transferidos.

habitable repair estado de habitabilidad.

habitually habitualmente.

habitual residence residencia habitual.

haggle regatear.

hail insurance seguro contra granizo.

half-life media vida.

half section área de tierra conteniendo 320 acres.

half-stock acciones con valor a la par de cincuenta dólares.

half-truth verdad a medias.

hallmark marca de legitimidad, marca de pureza, distintivo.

halt parada, interrupción.

hammer venta forzada, subasta.
hand and seal firma y sello.
handle manejar, tratar, dirigir.
handling manejo, manipulación.
handling allowance descuento por manejo.
handling charges gastos de tramitación.
hand money señal, anticipo, depósito.
harass acosar, hostigar.
harassment acosamiento, hostigamiento.
hard currency moneda en metálico.
hard goods bienes de consumo duraderos.
hard money moneda en metálico.
hard sell técnicas de ventas a base de la insistencia.
hardship dificultad, apuro, penuria.
harmonization armonización.
harvest n cosecha, fruto.
harvest v recolectar, cosechar.
hash total total de control.
haste prisa, precipitación.
hasten apresurar, precipitar.
hastily apresuradamente, precipitadamente.
hastiness prisa, precipitación.
hasty apresurado, pronto.
haul arrastrar, transportar.
hauler transportador.
have and hold tener y poseer, tener y retener.
hawker vendedor ambulante.
hawking venta ambulante.
hazard riesgo, peligro.
hazard bonus bono por riesgo.
hazard insurance seguro contra riesgos.
hazardous peligroso, aventurado.
hazardous contract contrato aleatorio, contrato contingente.
hazardous employment empleo peligroso.
hazardous insurance seguro sobre personas en peligro especial, seguro sobre bienes en peligro especial.
hazard pay remuneración por trabajos peligrosos.
head of department jefe de departamento.
head office oficina central.

head of household cabeza de familia, jefe de familia.
head of sales jefe de ventas.
headquarters sede, oficina central.
head teller cajero principal.
health insurance seguro médico, seguro de salud.
health insurance contract contrato de seguro médico.
health insurance credit crédito por seguro médico.
health laws leyes de salud pública.
health maintenance organization organización de mantenimiento de salud.
health regulations reglamentaciones de salud pública, reglamentaciones de sanidad.
heavy industry industria pesada.
hectare hectárea.
hedge cobertura.
hedge fund fondo de protección.
hedging cobertura.
heir heredero.
heirs and assigns herederos y cesionarios.
held in trust tenido en fideicomiso.
heterogeneous heterogéneo.
heuristic heurístico.
hidden agenda agenda oculta.
hidden asset activo inscrito con un valor sustancialmente por debajo del valor del mercado.
hidden clause cláusula oculta.
hidden defect defecto oculto, vicio oculto.
hidden inflation inflación oculta.
hidden offer oferta oculta.
hidden reserve reserva oculta.
hidden tax impuesto oculto.
hidden unemployment desempleo oculto.
hierarchical jerárquico.
hierarchy jerarquía.
highest and best use uso que produzca el mayor provecho de un inmueble.
highest bidder postor más alto.
high finance altas finanzas.
high-grade de primera calidad.
high-grade bond bono de primera calidad.

high-growth venture empresa de alto crecimiento.

high-ratio loan préstamo de razón alta.

high-risk stocks acciones de alto riesgo.

high-technology stocks acciones de alta tecnología.

high-volume account cuenta de alto volumen.

highway tax impuesto de autopistas.

high-yield bond bono de alto rendimiento.

hinder estorbar, impedir.

hindrance estorbo, impedimento.

hire n arrendamiento, alquiler, remuneración.

hire v contratar, arrendar, alquilar.

hire out arrendarse, alquilarse, contratarse.

hirer arrendador, alquilador.

hiring at will locación por un plazo indeterminado.

hiring hall oficina de empleos.

histogram histograma.

historical cost costo histórico.

historical rate tasa histórica.

historical return rendimiento histórico.

historical structure estructura histórica.

historical summary resumen histórico.

historical yield rendimiento histórico.

hit-and-run accident accidente en el que el conductor se da a la fuga.

hoarding acaparamiento, cerca rodeando una construcción.

hoarding of commodities acaparamiento de mercancías.

hoarding of goods acaparamiento de mercancías, acaparamiento de bienes.

hobby loss pérdida contributiva por pasatiempo.

holdback pay paga retenida condicionalmente.

holder tenedor, portador, titular.

holder for value tenedor por valor.

holder in due course tenedor legítimo, tenedor de buena fe.

holder in good faith tenedor en buena fe.

holder of an account titular de una cuenta.

holder of a trust beneficiario de un fideicomiso.

holder of record tenedor registrado.

hold harmless agreement convenio para eximir de responsabilidad.

hold harmless clause cláusula para eximir de responsabilidad.

holding propiedad, posesión.

holding company compañía tenedora.

holding cost costo de posesión.

holding period período de tenencia.

holdings conjunto de inversiones de una persona, propiedades, posesiones.

hold out no ceder, persistir.

hold over retener la posesión de un inmueble tras haberse expirado el término acordado, aplazar.

holdover tenant arrendatario quien retiene la posesión de un inmueble tras haberse expirado el término acordado.

holiday día festivo.

holiday pay paga por días festivos.

home banking banca desde el hogar.

home equity inversión neta en el hogar tras restar la hipoteca del valor total.

home equity credit crédito garantizado por la inversión neta en el hogar tras restar la hipoteca del valor total.

home equity loan préstamo garantizado por la inversión neta en el hogar tras restar la hipoteca del valor total.

home improvement loan préstamo para mejoras al hogar.

home inspector inspector de hogares.

home mortgage hipoteca de hogar.

home mortgage interest intereses hipotecarios de hogar.

home office oficina central, oficina en el hogar.

home office deduction deducción por oficina en el hogar.

home owner dueño de hogar.

homeowner insurance seguro sobre riesgos del hogar.

homeowner's association asociación de dueños de hogar.

homeownership condición de ser dueño de hogar propio.

homeownership rate proporción de dueños de hogar propio.

homeowner's insurance policy póliza de seguro sobre riesgos del hogar.

homeowner's policy póliza de seguro sobre riesgos del hogar.

home port puerto de origen, puerto de matrícula.

home sale tax deferral aplazamiento del impuesto por venta del hogar.

homestead residencia familiar con su terreno circundante, hogar seguro.

homestead corporation compañía organizada para comprar y subdividir terrenos para residencias de los accionistas.

homestead exemption exención de las residencias familiares de ejecución por deudas no relacionadas al hogar, rebaja de la valuación fiscal de la residencia principal.

homestead exemption laws leyes para excluir las residencias familiares de ejecución por deudas no relacionadas al hogar.

homestead right el derecho al uso pacífico de la residencia familiar sin reclamaciones de los acreedores, derecho de hogar seguro.

homeward bound de regreso a casa.

homeward freight flete de regreso.

homogeneous homogéneo.

homogeneous exposure exposición a riesgo homogénea.

homogeneous oligopoly oligopolio homogéneo.

homoscedasticity homoscedasticidad.

honest honrado, legítimo.

honestly honradamente.

honesty honradez.

honor n honor, buen nombre.

honor v honrar, aceptar, pagar, cancelar.

honorarium honorarios.

horizontal agreement convenio horizontal.

horizontal analysis análisis horizontal.

horizontal audit auditoría horizontal.

horizontal bear spread combinación horizontal de opciones bajista.

horizontal bull spread combinación horizontal de opciones alcista.

horizontal combination combinación horizontal.

horizontal conflict conflicto horizontal.

horizontal expansion expansión horizontal.

horizontal integration integración horizontal.

horizontal merger fusión horizontal.

horizontal mobility movilidad horizontal.

horizontal price movement movimiento de precios horizontal.

horizontal promotion promoción horizontal.

horizontal property propiedad horizontal.

horizontal property laws leyes sobre la propiedad horizontal.

horizontal specialization especialización horizontal.

horizontal spread combinación horizontal de opciones.

horizontal union unión horizontal.

hospital expense insurance seguro de gastos hospitalarios.

hospitalization insurance seguro de hospitalización.

hospital liability insurance seguro de responsabilidad de hospital.

hospital medical insurance seguro médico de hospital.

hostile fire fuego fuera de control, fuego más allá del área deseada.

hostile takeover toma hostil del control corporativo.

hours of labor horas de trabajo.

house account cuenta de la casa.

houseage cargo por almacenaje.

house brand marca de la casa.

house call aviso de la casa de corretaje de que una cuenta está debajo del mínimo de mantenimiento.

household familia.

household budget presupuesto doméstico.

householder dueño de casa, jefe de familia.

household goods bienes muebles de un hogar.

household worker empleado doméstico.

house maintenance call aviso de la casa de corretaje de que una cuenta está debajo del mínimo de mantenimiento.

house maintenance requirements requisitos de mínimos de mantenimiento en cuentas de margen.

house-to-house sampling muestreo de hogar en hogar.

house-to-house selling ventas de hogar en hogar.

housing vivienda, alojamiento.

housing code código de edificación, código de la vivienda.

housing development proyecto de viviendas, urbanización.

housing loan préstamo para viviendas.

housing starts comienzos de construcción de viviendas.

hull insurance seguro de casco.

human capital capital humano.

human factors factores humanos.

human relations relaciones humanas.

human resources recursos humanos.

human resources management administración de recursos humanos.

human resources manager gerente de recursos humanos.

hurdle rate rendimiento al punto crítico, tasa la cual hay que sobrepasar.

hurricane insurance seguro contra huracanes.

hurried apresurado.

hurriedly apresuradamente.

hybrid accounting method método de contabilidad híbrido.

hybrid annuity anualidad híbrida.

hyperinflation hiperinflación.

hypothecary action acción hipotecaria.

hypothecary debt deuda hipotecaria.

hypothecate hipotecar, pignorar.

hypothecation hipoteca, pignoración.

hypothecation bond garantía de un préstamo a la gruesa.

hypothesis testing prueba de hipótesis.

ideal capacity capacidad ideal.

ideal market mercado ideal.

identification identificación.

identification card tarjeta de identificación.

identification of goods identificación de bienes.

idle inactivo, improductivo, no utilizado, desocupado.

idle balance saldo inactivo.

idle capacity capacidad no utilizada.

idle capacity variance varianza de capacidad no utilizada.

idle capital capital inactivo.

idle cash efectivo inactivo.

idle funds fondos inactivos, fondos que no devengan provecho, fondos que no devengan intereses.

idle money dinero inactivo, dinero que no devenga provecho, dinero que no devenga intereses.

idle resources recursos no utilizados.

idle time tiempo en que no se puede trabajar aun queriendo, tiempo muerto.

illegal ilegal, ilícito.

illegal consideration contraprestación ilegal.

illegal contract contrato ilegal.

illegal dividend dividendo ilegal.

illegal exaction exacción ilegal.

illegal income ingreso ilegal.

illegal interest usura, interés ilegal.

illegal strike huelga ilegal.

illegal tax impuesto ilegal.

illegal trade comercio ilegal.

illegal transaction negocio ilegal.

illicit ilícito, prohibido.

illicit trade comercio ilícito.

illiquid ilíquido.

illiquid assets activo ilíquido.

illiquid funds fondos ilíquidos.

illusory contract contrato ficticio.

illusory promise promesa ficticia.

image advertising publicidad de imagen.

imbalance desequilibrio.

imbalance of orders desequilibrio de ordenes.

immediate inmediato.

immediate annuity anualidad inmediata.

immediate beneficiary beneficiario inmediato.

immediate credit crédito inmediato.

immediate delivery entrega inmediata.

immediate family familia inmediata.

immediate or cancel order orden de ejecución inmediata o cancelación.

immediate order orden inmediata.

immediate payment   pago inmediato.

immediate payment annuity anualidad de pago inmediato.

immediate vesting   adquisición inmediata de derechos de pensión.

immemorial   inmemorial.

immemorial custom   costumbre inmemorial.

immemorial possession   posesión inmemorial.

immemorial usage   costumbre inmemorial.

immoral   inmoral.

immoral consideration contraprestación inmoral.

immoral contract   contrato inmoral.

immorality   inmoralidad.

immovable property   propiedad inmueble.

immovables   inmuebles.

immunity   inmunidad, exención.

immunity clause   cláusula de inmunidad.

immunity from taxation   exención contributiva, inmunidad fiscal.

immunization   inmunización.

impacted area   área impactada.

impacted industry   industria impactada.

impacted market   mercado impactado.

impact statement   declaración de impacto.

impair   deteriorar, impedir.

impaired capital   capital deteriorado.

impaired credit   crédito deteriorado.

impaired risk   riesgo deteriorado.

impairing the obligation of contracts   que disminuye el valor de los contratos.

impairment   deterioro.

impairment of capital   deterioro de capital.

impairment of value   deterioro del valor.

impasse   dificultad insuperable, atolladero.

impeachment of a contract impugnación de contrato.

impeachment of waste   acción por el deterioro de un inmueble causado por un tenedor.

impede   impedir.

imperfect   imperfecto, incompleto.

imperfect competition   competencia imperfecta.

imperfect delegation   novación imperfecta.

imperfect market   mercado imperfecto.

imperfect obligation   obligación moral, deber moral.

imperfect oligopoly   oligopolio imperfecto.

imperfect ownership   propiedad imperfecta.

imperfect right   derecho imperfecto.

imperfect title   título imperfecto.

imperfect trust   fideicomiso imperfecto.

imperfect usufruct   usufructo imperfecto.

implementation   implementación, puesta en práctica, cumplimiento, ejecución.

implements of trade   instrumentos del oficio.

implication   implicación.

implicit   implícito.

implicit cost   costo implícito.

implicit price   precio implícito.

implicit rent   alquiler implícito.

implied   implícito, tácito.

implied abandonment   abandono implícito.

implied acceptance   aceptación implícita.

implied acknowledgment reconocimiento implícito.

implied agency   agencia implícita.

implied agreement   convenio implícito, contrato implícito.

implied authority   autorización implícita.

implied condition   condición implícita.

implied consent   consentimiento implícito.

implied consideration contraprestación implícita.

implied contract   contrato implícito.

implied cost   costo implícito.

implied covenant   cláusula implícita.

implied easement   servidumbre implícita.

implied guaranty   garantía implícita.

implied license   autorización implícita.

implied obligation obligación implícita.

implied partnership sociedad implícita.

implied promise promesa implícita.

implied trust fideicomiso implícito.

implied volatility volatilidad implícita.

implied warranty garantía implícita.

imply implicar, significar.

import n importación, importancia.

import v importar, significar.

import agent agente de importación.

import article artículo de importación.

importation importación.

importation agent agente de importación.

importation article artículo de importación.

importation certificate certificado de importación.

importation controls controles a la importación.

importation credit crédito de importación.

importation duties derechos de importación.

importation goods bienes de importación.

importation letter of credit carta de crédito para la importación.

importation license licencia de importación.

importation permit permiso de importación.

importation quota cuota de importación.

importation surcharge recargo a la importación.

importation tariffs tarifas de importación.

importation tax impuesto de importación.

import certificate certificado de importación.

import controls controles a la importación.

import credit crédito de importación.

import demand demanda de importaciones.

import duties derechos de importación.

imported importado.

importer importador.

import goods bienes de importación.

importing nation país importador.

import letter of credit carta de crédito para la importación.

import license licencia de importación.

import permit permiso de importación.

import quota cuota de importación.

import surcharge recargo a la importación.

import tariffs tarifas de importación.

import tax impuesto de importación.

impose imponer, gravar.

imposition imposición, impuesto.

impossibility of performance of contract imposibilidad de cumplimiento de contrato.

impossible condition condición imposible.

imposts impuestos.

impound confiscar, embargar.

impound account cuenta mantenida por un prestador para encargarse de ciertos pagos del prestatario.

impounded property propiedad confiscada, propiedad embargada.

impracticability impracticabilidad.

impracticable impracticable.

imprest fund caja chica fija.

improve mejorar.

improved mejorado.

improved land tierras mejoradas.

improvement mejora.

improvement project proyecto de mejoras.

improvement ratio tasa de mejoras.

improvidence incompetencia al administrar bienes.

improvident impróvido, desprevenido, descuidado.

improvidently impróvidamente, desprevenidamente, descuidadamente.

impulse impulso.

impulse buying compras impulsivas.

imputation imputación.

imputation of payment imputación de pago.

impute imputar.

imputed imputado.

imputed cost costo imputado.

imputed income ingreso imputado.

imputed interest interés imputado.

imputed value valor imputado.

inactive inactiva.

inactive account cuenta inactiva.

inactive asset activo inactivo.

inactive bond bono inactivo.

inactive funds fondos inactivos.

inactive investments inversiones inactivas.

inactive money dinero inactivo.

inactive securities valores inactivos.

inactive stocks acciones inactivas.

inadequate inadecuado.

inadequate consideration contraprestación inadecuada.

inadequate price precio inadecuado.

inadvertent error error inadvertido.

inalienable inalienable.

inalienable interest interés inalienable.

in arrears en mora, vencido.

in blank en blanco.

in bulk a granel.

in cahoots confabulado con.

incapacitated person persona incapacitada.

incapacity incapacidad.

incapacity for work incapacidad para trabajar.

in cash en efectivo.

incentive incentivo.

incentive bonus bono de incentivo.

incentive contract contrato con incentivos.

incentive fee pago de incentivo.

incentive pay salario adicional que recompensa los incrementos en productividad.

incentive pay plans programas de salario que recompensan los incrementos en productividad con incrementos en paga.

incentive stock option opción de compra de acciones de incentivo.

incentive wage plans programas de salario que recompensan los incrementos en productividad con incrementos en paga.

inception principio.

inception date fecha de efectividad.

in-charge accountant contador responsable.

inchoate incoado, incompleto, imperfecto, incipiente.

inchoate agreement convenio incompleto.

inchoate instrument instrumento incompleto.

inchoate interest interés real revocable.

inchoate lien privilegio revocable, gravamen revocable.

incidence of taxes incidencia de impuestos.

incidental incidental, concomitante.

incidental beneficiary beneficiario incidental.

incidental cost costo incidental.

incidental expenditure gasto incidental.

incidental expense gasto incidental.

inclosed lands tierras cercadas.

include incluir, abarcar.

included incluido, incluso.

income ingreso, renta, rédito.

income account cuenta de ingresos.

income after taxes ingreso tras contribuciones.

income analysis análisis de ingresos.

income approach acercamiento de ingresos.

income available ingreso disponible.

income averaging promediación de ingresos.

income basis base de ingresos.

income before taxes ingreso antes de contribuciones.

income beneficiary beneficiario de ingresos.

income bond bono cuyos pagos dependen de ingresos.

income bracket clasificación contributiva de ingreso.

income continuation continuación de ingresos.

income continuation insurance seguro de continuación de ingresos.

income distribution distribución de ingresos.

income effect efecto de ingreso.

income elasticity elasticidad de ingresos.

income exclusion exclusión de ingresos.

income-expense ratio razón ingresos-gastos.

income from investments ingresos por inversiones.

income from sales ingresos por ventas.

income group grupo de ingresos similares.

income insurance seguro de ingresos.

income insurance policy póliza de seguro de ingresos.

income limit límite de ingresos.

income limited partnership sociedad en comandita de ingresos.

income policy póliza de ingresos.

income property propiedad que produce ingresos.

income property mortgage hipoteca de propiedad que produce ingresos.

income redistribution redistribución de ingresos.

income reimbursement reembolso de ingresos.

income reimbursement insurance seguro de reembolso de ingresos.

income replacement reemplazo de ingresos.

income replacement insurance seguro de reemplazo de ingresos.

income return planilla sobre ingresos.

income shares acciones de ingresos.

income sharing cartel cartel en el que se comparten las ganancias.

income shifting transferencia de ingresos.

income-shifting strategies estrategias de transferencias de ingresos.

income splitting división de ingresos.

income statement resumen de ganancias y pérdidas, estado de ganancias y pérdidas.

income stream corriente de ingresos.

income summary resumen de ingresos.

income tax impuesto sobre ingresos, contribución sobre ingresos, impuesto sobre la renta.

income tax allocation distribución de contribuciones sobre ingresos.

income tax deficiency deficiencia en el pago de contribuciones.

income tax laws leyes sobre contribuciones sobre ingresos.

income tax preparer preparador de planillas de contribuciones sobre ingresos.

income tax reserve reserva de contribuciones sobre ingresos.

income tax return planilla de contribuciones sobre ingresos, declaración de contribución sobre ingresos.

in common en común.

incomplete incompleto.

incomplete possession posesión incompleta.

incomplete transfer transferencia incompleta.

in consideration of como contraprestación de, en consideración de.

inconsistent inconsistente.

in contemplation of death en contemplación de la muerte.

incontestability incontestabilidad.

incontestability clause cláusula de incontestabilidad.

incontestability provision cláusula de incontestabilidad.

incontestable incontestable, incuestionable.

incontestable clause cláusula de incontestabilidad.

incontestable policy póliza incontestable.

inconvertible inconvertible.

inconvertible currency moneda inconvertible.

inconvertible money dinero inconvertible.

incorporate incorporar, constituir una corporación, constituir una sociedad, constituir una persona jurídica.

incorporated incorporado, constituido legalmente.

incorporated corporation corporación constituida legalmente.

incorporating state estado en el que se constituye una corporación.

incorporation incorporación, constitución de una corporación, constitución de una sociedad, constitución de una persona jurídica, asociación.

incorporation by reference inclusión por referencia, incorporación por referencia.

incorporation fees cargos de incorporación, cargos por constituir una corporación, cargos por constituir una sociedad, cargos por constituir una persona jurídica.

incorporation papers documentos de incorporación, acto constitutivo, contrato de sociedad, escritura de constitución.

incorporator quien incorpora, quien constituye una corporación, quien constituye una sociedad, quien constituye una persona jurídica.

incorporeal incorpóreo.

incorporeal property propiedad incorpórea.

increase n aumento.

increase v aumentar, extender.

increased aumentado.

increased cost endorsement endoso de costos aumentados.

increased costs costos aumentados.

increased hazard riesgo aumentado.

increased risk riesgo aumentado.

increase in costs aumento en costos.

increase in earnings aumento en ingresos.

increase in productivity aumento en productividad.

increase in value aumento en valor.

increase of capital aumento de capital.

increase of dividend aumento de dividendo.

increase of rate aumento de tasa.

increase of risk aumento del riesgo.

increase prices aumentar precios.

increase tariffs aumentar tarifas.

increase the interest rate aumentar la tasa de interés.

increase the rate aumentar la tasa.

increasing creciente.

increasing amortization amortización creciente.

increasing costs costos crecientes.

increasing costs industry industria de costos crecientes.

increasing expenditures gastos crecientes.

increasing expenses gastos crecientes.

increasing insurance seguro creciente.

increasing life insurance seguro de vida creciente.

increasing productivity productividad creciente.

increasing return rendimiento creciente.

increment incremento, acrecentamiento.

incremental incremental.

incremental analysis análisis incremental.

incremental approach acercamiento incremental.

incremental cash flow flujo de fondos incremental.

incremental cost costo incremental, costo adicional.

incremental cost of capital costo de capital incremental.

incremental cost of funds costo de fondos incremental.

incremental rate tasa incremental.

incremental rate of return tasa de rendimiento incremental.

incroachment intrusión, invasión.

incur incurrir.

incurable depreciation depreciación incurable.

incur a debt contraer una deuda.

incur a loss incurrir una pérdida.

incurred incurrido.

incurred expenditures gastos incurridos.

incurred expenses gastos incurridos.

incurred losses pérdidas incurridas.

incurred-loss ratio razón de pérdidas incurridas.

in currency en efectivo.

indebted endeudado, obligado.

indebtedness endeudamiento.

indefinite indefinido, impreciso.

indefinite contract contrato por tiempo indefinido.

indefinite reversal inversión indefinida.

indemnification indemnización, compensación, reparación.

indemnify indemnizar, compensar, satisfacer.

indemnitee indemnizado, beneficiario de una indemnización.

indemnitor indemnizador, quien paga una indemnización.

indemnity indemnidad, indemnización, reparación.

indemnity agreement convenio de indemnización.

indemnity benefits beneficios de indemnización.

indemnity bond contrafianza.

indemnity contract contrato de indemnización.

indemnity insurance seguro de indemnización, seguro contra pérdidas.

indenture instrumento formal, convenio escrito que estipula ciertas condiciones para una emisión de bonos, hipoteca.

indenture trustee fideicomisario de un convenio escrito que estipula ciertas condiciones para una emisión de bonos.

independence independencia.

independent independiente.

independent accountant contable independiente.

independent adjuster ajustador independiente.

independent advice asesoramiento confidencial e independiente.

independent agency agencia independiente.

independent agency system sistema de agencias independientes.

independent agent agente independiente.

independent appraisal tasación independiente.

independent audit auditoría independiente.

independent auditor auditor independiente.

independent bank banco independiente.

independent broker corredor independiente.

independent condition condición independiente.

independent contractor contratista independiente.

independent contractors insurance seguro de contratistas independientes.

independent contracts contratos independientes.

independent covenant estipulación independiente.

independent director director independiente.

independent events eventos independientes.

independent insurance agent agente de seguros independiente.

independent insurer asegurador independiente.

independent store tienda independiente.

independent union unión independiente.

independent variable variable independiente.

indestructible trust fideicomiso indestructible.

indeterminate indeterminado.

indeterminate obligation obligación indeterminada.

indeterminate premiums primas indeterminadas.

indeterminate premiums insurance seguro de primas indeterminadas.

index índice.

indexation indexación.

index basis base del índice.

indexed indizado.

indexed bond bono indizado.

indexed investment inversión indizada.

indexed life insurance seguro de vida indizado.

indexed loan préstamo indizado.

indexed policy póliza indizada.

indexed rate tasa indizada.

index fund fondo mutuo a base de índice.

indexing indización.

index mutual fund fondo mutuo a base de índice.

index of correlation índice de correlación.

index of leading indicators índice de indicadores anticipados.

index of stocks índice de acciones.

index option opción a base de índice.

index-tied vinculado a un índice.

index-tied interest rate tasa de interés vinculada a un índice.

index-tied loan préstamo vinculado a un índice.

index-tied rate tasa vinculada a un índice.

indicated indicado.

indicated yield rendimiento indicado.

indication indicación.

indication of interest indicación de interés.

indicator indicador.

indirect indirecto.

indirect cost costo indirecto.

indirect expenditure gasto indirecto.

indirect expense gasto indirecto.

indirect export exportación indirecta.

indirect exportation exportación indirecta.

indirect labor costo de personal indirecto.

indirect labor costs costo de personal indirecto.

indirect liability responsabilidad indirecta.

indirect loan préstamo indirecto.

indirect loss pérdida indirecta.

indirect manufacturing expenses gastos de manufactura indirectos.

indirect overhead gastos generales indirectos.

indirect production producción indirecta.

indirect tax impuesto indirecto.

indirect taxation imposición indirecta.

individual adj individual.

individual n individuo.

individual assets bienes individuales.

individual bargaining negociación individual.

individual capital capital individual.

individual debts deudas individuales.

individual enterprise empresa individual.

individual income ingreso individual.

individual income tax contribución sobre ingresos individual.

individual income tax return planilla de contribución sobre ingresos individual.

individual insurance seguro individual.

individual life insurance seguro de vida individual.

individual ownership propiedad individual.

individual policy póliza individual.

individual proprietorship negocio propio.

individual retirement account cuenta de retiro individual.

individual retirement account rollover transferencia de cuenta de retiro individual.

individual stock purchase plan plan de compra de acciones individual.

individual taxpayer contribuyente individual.

indivisible indivisible.

indivisible contract contrato indivisible.

indivisible obligation obligación indivisible.

indorsable endosable.

indorse endosar.

indorsee endosatario.

indorsee for collection endosatario para cobro.

indorsee in due course endosatario de buena fe, endosatario regular.

indorsement endoso.

indorsement for collection endoso para cobro.

indorser endosante.

induce inducir, efectuar.

induced inducido.

induced variable variable inducida.

inducement motivación, instigación.

inducing breach of contract inducir al incumplimiento de contrato.

industrial industrial.

industrial accident accidente industrial, accidente de trabajo.

industrial accident insurance seguro contra accidentes de trabajo.

industrial accounting contabilidad industrial.

industrial advertising publicidad industrial.

industrial arbitration arbitraje laboral.

industrial area área industrial.

industrial bank banco industrial.

industrial bond bono industrial.

industrial bookkeeping contabilidad industrial.

industrial classification clasificación industrial.

industrial consumer consumidor industrial.

industrial design diseño industrial.

industrial development desarrollo industrial.

industrial development bond bono de desarrollo industrial.

industrial disease enfermedad industrial, enfermedad ocupacional.

industrial dispute disputa laboral.

industrial district distrito industrial.

industrial enterprise empresa industrial.

industrial espionage espionaje industrial.

industrial expansion expansión industrial.

industrial fatigue fatiga laboral.

industrial goods mercancías industriales.

industrial insurance seguro industrial.

industrial law derecho laboral.

industrial life insurance seguro de vida industrial.

industrial output producción industrial.

industrial park parque industrial.

industrial production producción industrial.

industrial production index índice de producción industrial.

industrial property propiedad industrial.

industrial psychology psicología industrial.

industrial relations relaciones laborales.

industrial revenue bond bono de ingresos industriales.

industrial union unión industrial.

industrial worker trabajador industrial.

industrious concealment ocultación activa de un vicio.

industry industria.

industry ratios razones de industria.

industry standards normas de industria.

in effect en vigor, en vigencia.

inefficiencies in the market ineficiencias en el mercado.

inefficiency ineficiencia.

inelastic inelástico.

inelastic currency moneda inelástica.

inelastic demand demanda inelástica.

inelasticity inelasticidad.

inelasticity of demand inelasticidad de demanda.

inelasticity of production inelasticidad de producción.

inelasticity of supply inelasticidad de oferta.

inelasticity of supply and demand inelasticidad de oferta y demanda.

inelastic money moneda inelástica.

inelastic supply oferta inelástica.

ineligible inelegible.

in excess en exceso.

inexpensive barato.

in favor of a favor de.

infer inferir.

inference inferencia.

inferential statistics estadística inferencial.

inferior inferior, subordinado.

inferred authority autoridad inferida.

inflation inflación.

inflation accounting contabilidad tomando en cuenta la inflación.

inflationary inflacionario.

inflationary boom auge inflacionario.

inflationary environment ambiente inflacionario.

inflationary gap vacío inflacionario.

inflationary period período inflacionario.

inflationary spiral espiral inflacionario.

inflation endorsement anejo para ajustar por inflación.

inflation factor factor de inflación.

inflation premium prima por inflación.

inflation rate tasa de inflación.

in force en vigor, en vigencia.

informal contract contrato verbal, contrato informal.

information información.

information highway vías de transferencia eléctrica de información.

information processing procesamiento de información.

information return formulario de información.

information system sistema de información.

informative informativo.

informative advertising publicidad informativa.

infrastructure infraestructura.

infringement ·infracción, violación.

infringement of copyright violación de los derechos de autor.

infringement of patent violación de patente.

infringement of trademark violación de marca comercial, violación de marca de comercio, violación de marca industrial.

infringer infractor, violador.

in good faith de buena fe.

ingot lingote.

in gross al por mayor.

inherent inherente.

inherent condition condición inherente.

inherent covenant estipulación inherente.

inherent defect defecto inherente.

inherent vice vicio inherente.

inherent vice exclusion exclusión por vicios inherentes.

inheritance tax impuesto a la herencia.

in-house dentro de la misma organizacíon, de la misma organización.

initial adj inicial.

initial v poner las iniciales.

initial capital capital inicial.

initial carrier transportador inicial.

initial claim relcamación inicial.

initial cost costo inicial.

initial expenditures gastos iniciales.

initial expenses gastos iniciales.

initial interest rate tasa de interés inicial.

initial investment inversión inicial.

initial margin margen inicial.

initial pay paga inicial.

initial premium prima inicial.

initial public offering oferta pública inicial.

initial rate tasa inicial.

initial reserve reserva inicial.

initials iniciales.

initial salary salario inicial.

initial wage salario inicial.

initiation fee cuota de ingreso.

injunction mandamiento judicial prohibiendo algo, interdicto.

in kind en especie.

in-kind distribution distribución en especie.

inland bill of exchange letra de cambio local.

inland marine insurance seguro de transportes.

inland navigation navegación de cabotaje, navegación fluvial.

inland trade comercio interior.

inland transport transporte interior.

inland waters aguas interiores.

inland waterways vías de navegación fluviales.

inner city parte central de una ciudad grande, casco de la ciudad, centro de la ciudad.

innocent agent agente inocente.

innocent purchaser comprador de buena fe.

innominate contracts contratos innominados.

innovation innovación.

in perpetuity en perpetuidad.

in possession en posesión.

input-output analysis análisis de entradas y salidas.

inquiry indagación, investigación, encuesta.

inside director director que además tiene puesto de administración en la compañía.

inside information información sobre una corporación que no es de conocimiento público, información de allegados.

inside lot solar con otros a los costados.

insider persona clave de una corporación con acceso a información que no es de conocimiento público, persona informada, allegado.

insider information información sobre una corporación que no es de conocimiento público, información de allegados.

insider trading transacciones con las acciones de una corporación basadas en información que no es de conocimiento público, transacciones de allegados.

insignia insignia, distintivo.

insolvency insolvencia.

insolvency clause cláusula de insolvencia.

insolvency fund fondo de insolvencia.
insolvent insolvente.
insolvent company compañía insolvente.
insolvent debtor deudor insolvente.
inspection inspección, reconocimiento.
inspection by customs inspección por aduana.
inspection charges cargos por inspección.
inspection laws leyes que autorizan la inspección de diferentes tipos de mercancías a la venta.
inspection receipt recibo de inspección.
inspection report informe de inspección.
inspector inspector.
instability inestabilidad.
installation instalación.
installment plazo, pago parcial, pago periódico, instalación.
installment buying compras a plazos.
installment contract contrato a plazos, contrato de venta a plazos.
installment credit crédito a pagarse a plazos, crédito para compras a plazo.
installment land contract contrato para la compra de un terreno cuya escritura se entrega tras el último pago.
installment payment pago parcial.
installment refund annuity anualida de reembolso a plazos.
installment sale venta a plazos.
institutional institucional.
institutional advertising publicidad institucional.
institutional broker corredor institucional.
institutional brokerage corretaje institucional.
institutional brokerage house casa de corretaje institucional.
institutional investors inversionistas institucionales.
institutional lender institución de crédito.
instrument instrumento, documento.
instrument for the payment of money pagaré.
instrument in writing instrumento por escrito.

instrument under seal instrumento sellado.
insufficiency insuficiencia.
insufficient insuficiente.
insufficient funds fondos insuficientes.
insurability asegurabilidad.
insurable asegurable.
insurable interest interés asegurable.
insurable risk riesgo asegurable.
insurable title título asegurable.
insurable value valor asegurable.
insurance seguro, garantía.
insurance activity actividad aseguradora.
insurance adjuster ajustador de seguros.
insurance agent agente de seguros.
insurance agreement convenio de seguros.
insurance broker corredor de seguros.
insurance business negocio de seguros.
insurance carrier compañía de seguros.
insurance certificate certificado de seguros.
insurance commissioner comisionado de seguros.
insurance company compañía de seguros.
insurance consultant consultor de seguros.
insurance contract contrato de seguros.
insurance coverage cobertura de seguros.
insurance department departamento de seguros.
insurance division división de seguros.
insurance examiner examinador de seguros.
insurance firm empresa aseguradora.
insurance form formulario de seguros.
insurance limit límite de seguros.
insurance office oficina de seguros.
insurance plan plan de seguros.
insurance policy póliza de seguros.
insurance policy anniversary aniversario de póliza de seguros.
insurance policy cancelation cancelación de póliza de seguros.
insurance policy clauses cláusulas de póliza de seguros.

insurance policy condition
condición de póliza de seguros.

insurance policy date   fecha de póliza de seguros.

insurance policy declaration
declaración de póliza de seguros.

insurance policy dividend   dividendo de póliza de seguros.

insurance policy expiration
expiración de póliza de seguros, caducidad de póliza de seguros.

insurance policy expiration date
fecha de expiración de póliza de seguros, fecha de canucidad de póliza de seguros.

insurance policy face   valor nominal de póliza de seguros.

insurance policy fee   cargo por procesar una póliza de seguros, cargo adicional de póliza de seguros.

insurance policy holder   tenedor de póliza de seguros, asegurado.

insurance policy limit   límite de póliza de seguros.

insurance policy loan   préstamo garantizado con una póliza de seguros.

insurance policy number   número de póliza de seguros.

insurance policy of insurance   póliza de seguros de seguros.

insurance policy owner   tenedor de póliza de seguros, asegurado.

insurance policy period   período de póliza de seguros.

insurance policy processing fee
cargo por procesar una póliza de seguros.

insurance policy provisions
cláusulas de póliza de seguros.

insurance policy purchase option
opción de compra de póliza de seguros.

insurance policy requirement
requisito de póliza de seguros.

insurance policy reserve   reserva de póliza de seguros.

insurance policy stipulation
estipulación de póliza de seguros.

insurance policy terms   término de póliza de seguros.

insurance policy year   período anual de una póliza de seguros, aniversario de la emisión de una póliza de seguros.

insurance premium   prima de seguros.

insurance premium adjustment
ajuste de prima de seguros.

insurance premium adjustment endorsement   provisión de ajuste de prima de seguros.

insurance premium adjustment form   formulario de ajuste de prima de seguros.

insurance premium advance
adelanto de prima de seguros.

insurance premium base   base de prima de seguros.

insurance premium basis   base de prima de seguros.

insurance premium bond   bono con prima de seguros.

insurance premium computation
cómputo de prima de seguros.

insurance premium default
incumplimiento de pago de prima de seguros.

insurance premium deposit
depósito de prima de seguros.

insurance premium discount
descuento de prima de seguros.

insurance premium discount plan
plan de descuentos de prima de seguros.

insurance premium loan   préstamo sobre primas de póliza de seguros.

insurance premium mode   frecuencia de pago de primas de seguros.

insurance premium notice   aviso de fecha de pago de prima de seguros.

insurance premium rate   tasa de prima de seguros.

insurance premium recapture
recaptura de prima de seguros.

insurance premium receipt   recibo de pago de prima de seguros.

insurance premium refund
reembolso de prima de seguros.

insurance premium return
devolución de prima de seguros.

insurance premium tax   impuesto sobre las primas de seguros obtenidas por un asegurador.

insurance rate   tasa de seguros.

insurance regulation   regulación de la industria de seguros.

insurance risk   riesgo de seguros.

insurance services   servicios de seguros.

insurance trust   fideicomiso que usa los beneficios de una póliza de seguros.

insure   asegurar, garantizar.

insured   asegurado.

insured account cuenta asegurada.
insured bank banco asegurado.
insured deposit depósito asegurado.
insured depositor depositante asegurado.
insured financial institution institución financiera asegurada.
insured loan préstamo asegurado.
insured mail correo asegurado.
insured mortgage hipoteca asegurada.
insured mortgage loan préstamo hipotecario asegurado.
insured municipal bond bono municipal asegurado.
insured peril peligro asegurado.
insured premises propiedad asegurada.
insured property propiedad asegurada.
insured risk riesgo asegurado.
insured title título garantizado.
insuree asegurado.
insurer asegurador.
insuring agreement convenio de cobertura de seguros.
insuring clause cláusula de cobertura de seguros.
intangible intangible.
intangible assets activo intangible.
intangible cost costo intangible.
intangible property propiedad intangible.
intangibles intangibles, activo intangible, bienes intangibles.
intangible value valor intangible.
integrate integrar.
integrated integrado.
integrated approach acercamiento integrado.
integrated deductible deducible integrado.
integration integración.
integrity integridad.
intellectual property propiedad intelectual.
intent intento, intención.
intention intención.
intentional intencional.
intent to defraud intención de defraudar.
interbank interbancario.
interbank deposit depósito interbancario.

interbank market mercado interbancario.
interbank rate tasa interbancaria.
interception of communications intercepción de comunicaciones.
interchange intercambio.
interchangeable intercambiable.
interchangeable bond bono intercambiable.
interchange rate tasa de intercambio.
intercompany entre compañías.
intercompany account cuenta entre compañías.
intercompany arbitration arbitraje entre compañías.
intercompany data datos entre compañías.
intercompany elimination eliminación entre compañías.
intercompany profit ganancia entre compañías.
intercompany transactions transacciones entre compañías.
interest interés, intereses, título, rédito.
interest accrued intereses acumulados.
interest-adjusted cost costo ajustando por intereses.
interest assumption asunción de interés.
interest bearing que devenga intereses.
interest calculation cálculo de intereses.
interest coupon cupón de intereses.
interest coverage cobertura de intereses.
interest coverage ratio razón de cobertura de intereses.
interest deduction deducción de intereses.
interested interesado.
interest equalization tax impuesto por la adquisición de valores extranjeros con vencimiento de un año o más.
interest expenditure gasto de intereses.
interest expense gasto de intereses.
interest for years derecho sobre un inmueble por un plazo determinado.
interest-free libre de intereses, sin intereses.
interest-free loan préstamo libre de intereses.
interest income ingreso por intereses.

interest method   método de intereses.
interest on interest   interés compuesto.
interest on investment   intereses de la inversión.
interest-only loan   préstamo en que sólo se pagan intereses.
interest paid   intereses pagados.
interest policy   póliza de seguros en que el asegurado tiene un interés real y asignable.
interest rate   tasa de interés.
interest rate cap   límite tasa de interés.
interest rate futures   futuros de tasas de intereses.
interest rate limit   límite de tasa de interés.
interest rate options   opciones de tasas de intereses.
interest rate risk   riesgo de tasa de interés.
interest rate sensitivity   sensibilidad a la tasa de interés.
interest rate swap   intercambio de tasas de interés.
interest-sensitive assets   activo sensible a la tasa de interés.
interest-sensitive liabilities   pasivo sensible a la tasa de interés.
interest-sensitive stocks   acciones sensibles a las tasas de intereses.
interest upon interest   interés compuesto.
interference   conflicto de patentes, interferencia.
interim   interino, provisional.
interim audit   auditoría interina.
interim budget   presupuesto interino.
interim budgeting   presupuestación interina.
interim credit   crédito interino.
interim dividend   dividendo interino.
interim financing   financiamiento provisional, financiamiento interino.
interim loan   préstamo interino.
interim payment   pago interino.
interim receipt   recibo provisional.
interim report   informe interino.
interim statement   estado interino.
interindustry   entre industrias.
interindustry analysis   análisis entre industrias.

interindustry competition   competencia entre industrias.
interlining   transferencia de un cargamento a otro transportador para entrega.
interlocking directorate   junta directiva vinculada.
interloper   comerciante sin licencia, intruso.
intermediary   intermediario, mediador, intermedio.
intermediary bank   banco intermediario.
intermediate   adj intermedio, medianero.
intermediate   n intermediario, mediador.
intermediate account   rendición de cuentas intermedia.
intermediate carrier   transportador intermedio.
intermediate goods   bienes intermedios.
intermediate term   a plazo intermedio.
intermediation   intermediación.
intermittent   intermitente.
intermittent easement   servidumbre intermitente.
intermittent production   producción intermitente.
intermixture of goods   confusión de bienes, mezcla de bienes.
internal   interno, doméstico.
internal audit   auditoría interna.
internal auditor   auditor interno.
internal check   comprobación interna.
internal commerce   comercio interno.
internal control   control interno.
internal data   datos internos.
internal document   documento interno.
internal expansion   expansión interna.
internal financing   financiamiento interno.
internal improvements   mejoras internas.
internal rate of return   tasa de rendimiento interno.
internal report   informe interno.
internal revenue   rentas internas, impuestos, ingresos interiores, ingresos gubernamentales por contribuciones.
internal revenue laws   leyes de rentas internas, leyes de impuestos.

international internacional.
international agency agencia internacional.
international agreement convenio internacional.
international aid ayuda internacional.
international assistance asistencia internacional.
international bank banco internacional.
international banking banca internacional.
international cartel cartel internacional.
international commerce comercio internacional.
international company compañía internacional.
international competition competencia internacional.
international conference conferencia internacional.
international contract contrato internacional.
international cooperation cooperación internacional.
international corporation corporación internacional.
international custom costumbre internacional.
international date line línea de cambio de fecha internacional.
international debt deuda internacional.
international investment inversión internacional.
international liability responsabilidad internacional.
international liquidity liquidez internacional.
international loan préstamo internacional.
internationally internacionalmente.
international market mercado internacional.
international organization organización internacional.
international payment pago internacional.
international reserves reservas internacionales.
international tax agreement convenio internacional sobre impuestos.

international trade comercio internacional.
international union unión internacional.
international waters aguas internacionales.
interperiod interperíodo.
interperiod tax allocation distribución de contribuciones interperíodo.
interplea moción para obligar a reclamantes adversos a litigar entre sí.
interpleader parte que pide al tribunal que obligue a reclamantes adversos a litigar entre sí.
interpolation interpolación.
interstate interestatal.
interstate banking banca interestatal.
interstate commerce comercio interestatal.
interstate trade comercio interestatal.
interval ownership propiedad por tiempo compartido.
intervention intervención.
interview entrevista.
intestate intestado.
in the course of employment en el curso del empleo.
in the ordinary course of business en el curso ordinario de los negocios.
intraday dentro del mismo día.
in trade en el comercio.
in transit en tránsito.
intransitive covenant obligación intransferible.
intraperiod intraperíodo.
intraperiod tax allocation distribución de contribuciones intraperíodo.
intrastate intraestatal.
intrastate banking banca intraestatal.
intrastate commerce comercio intraestatal.
intrastate trade comercio intraestatal.
intrinsic intrínseco.
intrinsic fraud fraude intrínseco.
intrinsic value valor intrínseco.
introductory introductorio.
introductory price precio introductorio.
introductory rate tasa introductoria.
intrust encomendar, confiar.

in trust en fideicomiso.

inure tomar efecto.

invalid inválido, nulo.

invalidate invalidar, anular.

invalidated invalidado, anulado.

invalidation invalidación, anulación.

invalidity invalidez, nulidad.

inventory inventario.

inventory account cuenta de inventario.

inventory accumulation acumulación de inventario.

inventory adjustment ajuste de inventario.

inventory analysis análisis de inventario.

inventory certificate certificado de inventario.

inventory change cambio en inventario.

inventory control control de inventario.

inventory cycle ciclo de inventario.

inventory financing financiamiento basado en inventario.

inventory loan préstamo basado en inventario.

inventory observation observación de inventario.

inventory planning planificación de inventario.

inventory profit ganancia por mantener inventario.

inventory reserve reserva de inventario.

inventory shortage escasez de inventario.

inventory turnover giro de inventario, rotación de inventario.

inventory valuation valuación de inventario.

inverted invertido.

inverted market mercado invertido.

inverted scale escala invertida.

inverted yield curve curva de rendimiento invertida.

invest invertir, investir.

invested invertido.

invested capital capital invertido.

invested funds fondos invertidos.

investigation investigación, análisis.

investigation of title estudio de título.

investment inversión.

investment account cuenta de inversiones.

investment adviser asesor de inversiones.

investment advisor asesor de inversiones.

investment agreement acuerdo de inversiones.

investment aid ayuda a la inversión.

investment analysis análisis de inversiones.

investment bank banco de inversión.

investment banker intermediario de inversiones.

investment banking banca de inversión.

investment bill letra de cambio comprada como inversión.

investment broker corredor de inversiones, corredor de bolsa, agente de inversiones.

investment budget presupuesto de inversiones.

investment budgeting presupuestación de inversiones.

investment capital capital de inversión.

investment center centro de inversiones.

investment club club de inversiones.

investment company compañía de inversiones.

investment company laws leyes de compañías de inversiones.

investment contract contrato de inversiones.

investment counselor asesor de inversiones.

investment credit crédito por inversión.

investment earnings ingresos por inversiones.

investment financing financiamiento de inversiones.

investment fund fondo de inversiones.

investment-grade bonos de calidad apropiada para inversiones prudentes.

investment guaranty garantía de inversión.

investment guaranty garantía de inversión.

investment history historial de inversiones.

investment income ingresos por inversiones.

investment interest expenditure gasto de intereses de inversiones.

investment interest expense gasto de intereses de inversiones.

investment letter carta de inversión.

investment life cycle ciclo de vida de inversión.

investment plan plan de inversiones.

investment portfolio cartera de valores.

investment premium prima de inversión.

investment property propiedad en la que se invierte.

investment rate tasa de inversión.

investment return rendimiento de inversión.

investment revenue ingresos de inversiones.

investment security título de inversión.

investment strategy estrategia de inversiones.

investment tax credit crédito contributivo por inversión.

investment trust compañía de inversiones.

investment turnover giro de inversiones, movimiento de inversiones.

investment value valor de inversión.

investment yield rendimiento de inversión.

investor inversionista.

investor relations department departamento de relaciones con inversionistas.

invitation to bid invitación a someter ofertas, anuncio de oferta.

invitee invitado.

invoice n factura.

invoice v facturar.

invoice amount importe de factura.

invoice book libro de facturas.

invoice date fecha de factura.

invoice number número de factura.

invoice price precio de factura.

involuntary involuntario.

involuntary alienation pérdida de propiedad involuntaria.

involuntary bailment depósito involuntario.

involuntary bankruptcy quiebra involuntaria.

involuntary conversion conversión involuntaria.

involuntary conveyance transferencia involuntaria.

involuntary deposit depósito involuntario.

involuntary exchange intercambio involuntario.

involuntary lien gravamen involuntario.

involuntary payment pago involuntario.

involuntary trust fideicomiso involuntario.

involuntary unemployment desempleo involuntario.

IOU pagaré.

iron-safe clause cláusula en algunas pólizas de seguros que requieren que se guarden ciertas cosas en un sitio a prueba de incendios.

irrecoverable irrecuperable, incobrable.

irrecoverable debt deuda incobrable.

irredeemable irredimible.

irredeemable bond bono irredimible.

irregular irregular.

irregular deposit depósito irregular.

irregular endorsement endoso irregular.

irregular endorser endosante irregular.

irregular indorsement endoso irregular.

irregular indorser endosante irregular.

irrevocable irrevocable, inalterable.

irrevocable beneficiary beneficiario irrevocable.

irrevocable credit crédito irrevocable.

irrevocable letter of credit carta de crédito irrevocable.

irrevocable offer oferta irrevocable.

irrevocable trust fideicomiso irrevocable.

isolated sale venta aislada.

issue n emisión, cuestión.

issue v emitir, entregar.

issue a check emitir un cheque.

issue a policy emitir una póliza.

issued and outstanding emitido y en circulación.

issued capital capital emitido.

issued shares acciones emitidas.

issued stock acciones emitidas.

issuer emisor, otorgante.

issues and profits todo tipo de rédito devengado de un inmueble.

issue shares emitir acciones.

issuing bank banco emisor.

itemize detallar, especificar.

itemized deduction limitation limitación de deducciones detalladas.

itemized deductions deducciones detalladas.

itemized invoice factura detallada.

iteration iteración.

itinerant itinerante, ambulante.

itinerant peddling venta ambulante.

itinerant vendor vendedor ambulante.

itinerant worker trabajador itinerante, trabajador ambulante.

J

jeopardy assessment colección de impuestos de forma inmediata si se sospecha que no será posible cobrarlos después.

jerry de calidad inferior.

jerry-build fabricar mal, fabricar a la carrera.

jerry-built mal fabricado.

job trabajo, empleo, ocupación.

job analysis análisis de trabajo.

job bank banco de trabajos.

jobber corredor, corredor de bolsa, intermediario.

job classification clasificación de trabajo.

job cluster grupo de trabajos similares.

job cycle ciclo de trabajo.

job definition definición de trabajo.

job description descripción de trabajo.

job enrichment enriquecimiento de trabajo.

job environment ambiente de trabajo.

job evaluation evaluación de trabajo.

jobholder empleado.

jobless desempleado.

job order orden de trabajo.

job-order costing costeo por orden de trabajo.

job placement colocación de trabajo.

job rate tasa por trabajo.

job related relacionado al trabajo.

job-related accident accidente relacionado al trabajo.

job-related death muerte relacionada al trabajo.

job-related injury lesión relacionada al trabajo.

job rotation rotación de trabajo.

job satisfaction satisfacción en el trabajo.

job security seguridad de trabajo.

job specification especificación de trabajo.

job stabilization estabilización de trabajos.

job stress estrés de trabajo.

job training entrenamiento de trabajo.

join juntar, unir, asociarse a.

joint unido, conjunto, en común, mancomunado.

joint account cuenta conjunta, cuenta mancomunada.

joint account agreement convenio de cuenta conjunta.

joint acquisition coadquisición.

joint adventure empresa colectiva, empresa conjunta, riesgo conjunto.

joint agreement convenio conjunto.

joint and several contract contrato solidario.

joint and several creditor acreedor solidario.

joint and several debt deuda solidaria.

joint and several debtor deudor solidario.

joint and several guaranty garantía solidaria.

joint and several liability responsabilidad solidaria.

joint and several note pagaré solidario.

joint and several obligation obligación solidaria.

joint and survivorship annuity anualidad que sigue pagando a los beneficiarios tras la muerte del rentista original, anualidad mancomunada y de supervivencia.

joint annuity anualidad conjunta.

joint assignee cocesionario.

joint bank account cuenta de banco conjunta.

joint beneficiaries beneficiarios conjuntos.

joint borrower prestatario conjunto.

joint contract contrato conjunto.

joint control control conjunto.

joint correlation correlación conjunta.

joint cost costo conjunto.

joint creditor coacreedor.

joint debtor codeudor.

joint debts deudas conjuntas, deudas mancomunadas.

joint demand demanda conjunta.

joint deposit depósito conjunto, depósito mancomunado.

joint employer compatrono.

joint endorsement endoso conjunto.

joint enterprise empresa conjunta.

joint estate copropiedad.

joint fare tarifa conjunta.

joint financing financiamiento conjunto.

joint guarantor cogarante.

joint indorsement endoso conjunto.

joint insurance seguro conjunto.

joint insurance policy póliza de seguros conjunta.

joint interest interés común.

joint inventions invenciones conjuntas.

jointist comerciante establecido en un local cuyo negocio es el vender sustancias ilícitas.

joint lessee coarrendatario.

joint lessor coarrendador.

joint liability responsabilidad mancomunada.

joint life insurance seguro de vida en conjunto.

jointly conjuntamente, mancomunadamente.

jointly acquired property propiedad adquirida en común por esposos.

jointly and severally solidariamente.

joint obligation obligación conjunta.

joint owners copropietarios, condueños.

joint ownership copropiedad, posesión conjunta.

joint patent patente conjunta.

joint policy póliza conjunta, póliza de seguro común.

joint possession coposesión, posesión conjunta.

joint promissory note pagaré conjunto.

joint proprietor copropietario.

joint rate tarifa conjunta, tasa conjunta.

joint return planilla conjunta, declaración sobre impuestos conjunta, declaración conjunta sobre la renta.

joint-stock association empresa sin incorporar pero con acciones.

joint-stock company empresa sin incorporar pero con acciones.

joint surety cogarante.

joint tax return planilla conjunta, declaración de impuestos conjunta, declaración conjunta sobre la renta.

joint tenancy tenencia conjunta, tenencia mancomunada, posesión conjunta, condominio, copropiedad sobre un inmueble.

joint tenancy with right of survivorship tenencia conjunta con derecho de supervivencia.

joint tenant copropietario, coinquilino, coarrendatario.

joint trustees cofiduciarios.

joint undertaking empresa conjunta.

joint venture empresa conjunta.

joint venture account cuenta de una empresa conjunta.

joker cláusula deliberadamente ambigua, disposición engañosa.

journal diario, libro diario.

journal entry asiento de diario.

journalize sentar en el diario.

journal voucher comprobante de diario.

journeywork trabajo rutinario.

judgment sentencia, fallo, decisión, juicio, opinión.

judgment creditor acreedor que ha obtenido un fallo contra el deudor.

judgment debt deuda corroborada por fallo judicial.

judicial lien gravamen judicial, gravamen por fallo judicial.

judicial order orden judicial.

judicial sale venta judicial.

judicial trustee fiduciario judicial.

jumbo certificate of deposit certificado de depósito de no menos de cien mil dólares.

junior bond bono subordinado.

junior creditor acreedor subordinado, acreedor secundario.

junior encumbrance gravamen subordinado, gravamen secundario.

junior lien privilegio subordinado.

junior mortgage hipoteca subordinada, hipoteca secundaria, hipoteca posterior.

junior partner socio menor.

junior securities valores subordinados.

junk bond bono de calidad inferior.

junket arreglo mediante el cual un casino paga ciertos gastos de un apostador para que apueste en dicho casino.

junk faxes facsímiles de propaganda de ventas no solicitados.

junk mail correo de propaganda de ventas no solicitado.

just compensation indemnización justa por expropiación, remuneración razonable.

just consideration contraprestación adecuada.

just debts deudas legalmente exigibles.

justified price precio justificado.

just title justo título.

just value justo valor, valor justo en el mercado.

keelage derecho de quilla.

keeping books mantener libros contables.

keep in repair mantener en buen estado de funcionamiento.

Keogh Plan plan de retiro para personas con negocio propio.

key account cuenta clave.

keyage derecho de muelle.

key currency moneda clave.

key employee empleado clave.

key employee insurance seguro contra muerte o incapacidad de empleado clave.

key industry industria clave.

key job trabajo clave.

key person persona clave, empleado clave.

key person insurance seguro contra muerte o incapacidad de empleado clave.

key rate tasa clave.

key ratio razón clave.

kickback actividad deshonesta de devolver una porción del precio de venta de mercancías para promover compras futuras.

kicker característica adicional de valores para realzar su comerciabilidad.

kiddie tax impuesto usando la tasa del padre sobre los ingresos de sus hijos no devengados del trabajo personal.

kiosk quiosco.

kite cheque sin fondos, letra de favor.

kiting girar un cheque sin fondos con la expectativa de que se depositarán los fondos necesarios antes de cobrarse dicho cheque.

knock down asignar al mejor postor mediante un martillazo.

know-your-customer rules reglas de conocer ciertos datos de clientes.

label n etiqueta.

label v rotular, etiquetar.

labeling laws leyes de etiquetado.

labor adj laboral.

labor n trabajo.

labor v trabajar.

labor action acción laboral.

labor administration administración laboral.

labor agreement acuerdo laboral, convenio colectivo laboral.

labor arbitration arbitraje laboral.

labor code código laboral.

labor contract contrato colectivo de trabajo.

labor costs costos de personal.

labor dispute conflicto laboral, conflicto colectivo.

labor efficiency eficiencia laboral.

labor efficiency variance varianza de la eficiencia laboral.

laborer obrero, persona que labora.

labor force fuerza laboral.

labor-intensive de mucha mano de obra.

labor-intensive industry industria de mucha mano de obra.

labor law derecho laboral, ley laboral.

labor legislation legislación laboral.

labor mobility movilidad laboral.

labor monopoly monopolio laboral.

labor movement movimiento laboral.

labor organization sindicato laboral.

labor piracy piratería laboral.

labor practices prácticas laborales.

labor productivity productividad laboral.

labor regulations reglamentos laborales.

labor relations relaciones laborales.

labor shortage escasez laboral.

labor standard patrón laboral.

labor statistics estadísticas laborales.

labor turnover rotación laboral, giro laboral.

labor union gremio laboral, sindicato obrero.

labor variance varianza laboral.

laches inactividad en ejercer ciertos derechos que produce la pérdida de dichos derechos.

lack falta, deficiencia.

lack of competition falta de competencia.

lack of consideration falta de contraprestación.

laddered portfolio cartera de valores escalonada.

lading carga, cargamento.

lagan mercancías arrojadas al mar e identificadas con una boya para ser rescatadas.

lagging indicators indicadores atrasados.

laissez-faire política de interferir al mínimo, laissez faire.

land administration administración de tierras.

land administrator administrador de tierras.

land bank banco federal para préstamos agrícolas con términos favorables, banco de préstamos hipotecarios.

land boundaries lindes de un terreno.

land certificate certificado de tierras.

land contract contrato concerniente a un inmueble, contrato de compraventa de un inmueble.

land damages compensación por expropiación.

land description lindes de un terreno.

land development urbanización, edificación de terrenos.

land district distrito federal creado para la administración de tierras.

landed estate propiedad inmueble.

landed interest interés relativo a un inmueble.

landed property propiedad inmueble, bienes raíces.

landed securities garantías inmobiliarias.

land gabel impuestos sobre tierras.

land grant concesión de tierras, concesión de tierras públicas.

land holder terrateniente.

land improvement aprovechamiento de tierras.

land in abeyance tierras sin titular.

land lease arrendamiento de terreno vacante.

landlocked terreno completamente rodeado de terrenos de otras personas.

landlord arrendador, locador, terrateniente.

landlord and tenant relationship relación arrendador-arrendatario.

land management administración de tierras.

land manager administrador de tierras.

landmark mojón, hito.

land measures medidas de terreno.

land owner propietario de terrenos.

landowner propietario de tierras.

landownership posesión de tierras.

land patent concesión de tierras públicas, documento que certifica una concesión de tierras públicas.

land revenues rentas inmobiliarias.

lands, tenements, and hereditaments bienes inmuebles.

land sale contract contrato de compraventa de tierras.

land survey agrimensura.

land tax impuesto inmobiliario, impuesto territorial.

land tenant dueño de tierras.

land trust fideicomiso de tierras.

land use utilización de tierras.

land-use intensity intensidad de utilización de tierras.

land-use planning normas para planificar la utilización de tierras.

land-use regulations reglamentos sobre la utilización de tierras.

land warrant documento que certifica una concesión de tierras públicas.

lapping ocultación de escasez mediante la manipulación de cuentas.

lapsable caducable, prescriptible.

lapse n lapso, caducidad, prescripción.

lapse v caducar, prescribir.

lapsed caducado, prescrito, cumplido.

lapsed option opción expirada.

lapsed policy póliza caducada.

lapse of offer caducidad de la oferta.

lapse of policy caducidad de la póliza.

lapse patent nueva concesión de tierras al caducar la anterior.

lapse ratio razón de caducidad.

larceny latrocinio, hurto.

larceny by bailee hurto de parte del depositario.

large loss principle principio de pérdidas grandes.

large-scale production producción en gran escala.

last-in-first-out salida en orden inverso al de entrada.

last known address último domicilio conocido.

last sale venta más reciente.

last trading day último día para liquidar.

late charge cargo adicional por pago atrasado.

late fee cargo adicional por pago atrasado.

late filing radicación tardía.

late filing penalty penalidad por radicación tardía.

latent deed escritura ocultada por más de 20 años.

latent defect defecto oculto, vicio oculto.

latent fault defecto oculto, vicio oculto.

latent reserves reservas ocultas.

late payment pago tardío.

late payment penalty penalidad por pago tardío.

lateral communication comunicación lateral.

lateral integration integración lateral.

lateral support apoyo lateral.

laundered money dinero lavado.

laundering lavado de dinero.

lawful legal, lícito, permitido.

lawful business negocios lícitos.

lawful condition condición lícita.

lawful discharge liberación de acuerdo al derecho de quiebra.

lawful goods bienes lícitos.

lawfully legalmente, lícitamente.

lawful money moneda de curso legal.

lawful possession posesión legítima.

lawful trade comercio lícito.

law of demand ley de la demanda.

law of diminishing returns ley de los rendimientos decrecientes.

law of increasing costs ley de los costos crecientes.

law of increasing returns ley de los rendimientos crecientes.

law of large numbers ley de los números grandes.

law of proportionality ley de la proporcionalidad.

law of small numbers ley de los números pequeños.

law of supply and demand ley de oferta y demanda.

layaway reservar una compra con un anticipo, reservar una compra con un anticipo y luego recibir la mercancía al pagar totalmente.

lay off suspender a un empleado, despedir a un empleado.

layoff suspensión de un empleado, despido.

layoff pay paga por despido.

lead bank banco líder.

leader pricing líder en pérdida, artículo vendido bajo costo para atraer clientela en espera que se hagan otras compras lucrativas para el negocio.

lead indicators indicadores anticipados.

leading indicators indicadores anticipados.

lead insurer asegurador líder.

lead time tiempo de espera de entrega tras la orden.

leaflet volante, folleto.

leakage filtración, escape, descuento en los derechos aduaneros por la pérdida de líquidos de importadores.

leasable arrendable.

lease n arrendamiento, contrato de arrendamiento, locación.

lease v arrendar.

leaseback venta de una propiedad que entonces se arrienda a quien lo vendió.

lease broker corredor de arrendamientos.

lease commitment compromiso de arrendamiento.

leased arrendado, alquilado.

lease department departamento de arrendamientos.

leased goods bienes arrendados.

lease financing financiamiento de arrendamientos.

lease for lives arrendamiento de por vida, arrendamiento vitalicio.

lease for years arrendamiento por un número determinado de años.

leasehold derechos sobre la propiedad que tiene el arrendatario, arrendamiento.

leaseholder arrendatario, locatario.

leasehold improvements mejoras hechas por el arrendatario.

leasehold interest interés que tiene el arrendatario en la propiedad.

leasehold mortgage hipoteca garantizada con el interés del arrendatario en la propiedad, hipoteca de inquilinato.

leasehold value valor del interés que tiene el arrendatario en la propiedad.

lease in reversion arrendamiento efectivo al terminarse uno existente.

lease with option to purchase arrendamiento con opción de compra.

leasing arrendamiento, locación, alquiler.

least-cost analysis análisis de costo mínimo.

least-effort principle principio del esfuerzo mínimo.

least-squares method método de cuadrados mínimos.

leave of absence permiso para ausentarse.

ledger libro mayor, mayor.

ledger account cuenta del mayor.

ledger balance saldo del mayor.

ledger entry asiento del mayor.

ledger paper papel de cuentas.

legacy tax impuesto sucesorio, impuesto sobre herencias.

legal legal, lícito, legítimo.

legal address domicilio legal.

legal age mayoría de edad.

legal auction subasta legal.

legal capacity capacidad legal.

legal capital capital legal.

legal consideration contraprestación legal.

legal debts deudas exigibles mediante tribunal.

legal description descripción legal.

legal entity entidad legal.

legal expense insurance seguro de gastos legales.

legal fraud fraude implícito.

legal holiday día feriado oficial.

legal interest interés legal.

legal investments inversiones permitidas para ciertas instituciones financieras.

legal lending limit límite de préstamos legal.

legal liability responsabilidad legal.

legal limit límite legal.

legal list lista legal, lista de inversiones permitidas para ciertas instituciones financieras.

legally legalmente.

legal monopoly monopolio legal.

legal mortgage hipoteca legal.

legal name nombre legal.

legal obligation obligación legal.

legal opinion opinión legal.

legal owner propietario legal.

legal possession posesión legal.

legal possessor poseedor legítimo.

legal purpose propósito legal.

legal rate tasa legal.

legal rate of interest tasa de interés legal.

legal representative representante legal.

legal reserve reserva legal.

legal residence domicilio legal.

legal tender moneda de curso legal.

legal title título perfecto de propiedad.

legal transfer transferencia legal.

legatee legatario.

legibility legibilidad.

lend prestar, proveer.

lender prestador, prestamista.

lender liability responsabilidad del prestador.

lender of last resort prestador de último recurso.

lender participation participación del prestador.

lending at a premium prestar con prima.

lending institution institución de préstamos.

lending margin margen de préstamos.

lending rate tasa de préstamos.

lending securities prestar valores.

length largo, duración.

lessee arrendatario, locatario.

lessee's interest interés que tiene el arrendatario en la propiedad.

lessen disminuir, decrecer.

lesser menor, inferior.

lessor arrendador, locador.

lessor's interest el valor presente del contrato de arrendamiento más el valor de la propiedad al expirar dicho contrato.

less than carload menos de vagón.

let alquilar, arrendar, permitir, adjudicar un contrato a un postor.

letter drop buzón.

letterhead membrete.

letter of acceptance carta de aceptación.

letter of advice carta de aviso, carta con instrucciones.

letter of attorney poder, carta de poder.

letter of authorization carta de autorización.

letter of commitment carta de compromiso.

letter of credit carta de crédito.

letter of deposit carta de depósito.

letter of exchange letra de cambio.

letter of guaranty carta de garantía.

letter of indication carta de indicación.

letter of intent carta de intención.

letter of license carta para extender el plazo de pago de un deudor.

letter of recall carta enviada por un fabricante para informar sobre defectos en sus productos y sobre el procedimiento para corregirlos.

letter of recommendation carta de recomendación.

letter of representation carta de representación.

letter patent documento mediante el cual un gobierno concede una patente, patente de invención.

letter stock acciones que no se pueden vender al público.

letting out arrendamiento, adjudicación de un contrato.

level annuity anualidad de pagos parejos.

level-by-level planning planificación de nivel por nivel.

level commissions comisiones parejas.

level debt service servicio de deuda parejo.

level of centralization nivel de centralización.

level of employment nivel de empleo.

level-payment amortization amortización de pagos parejos.

level-payment annuity anualidad de pagos parejos.

level-payment loan préstamo de pagos parejos.

level-payment mortgage hipoteca de pagos parejos.

level-payment plan plan de pagos parejos.

level payments pagos parejos.

level premium insurance seguro con primas parejas.

level premiums primas parejas.

leverage apalancamiento, poder de adquirir algo por un pago inicial pequeño comparado con el valor total, nivel de endeudamiento relativo al capital, peso.

leveraged buyout compra apalancada, compra de la mayoría de las acciones de una compañía usando principalmente fondos prestados.

leveraged company compañía apalancada.

leveraged investment company compañía de inversiones apalancada.

leveraged lease arrendamiento apalancado.

leveraged takeover toma del control apalancada.

leviable gravable, imponible, tributable, exigible.

levier imponedor.

levy n embargo, impuesto, gravamen, tasación.

levy v embargar, imponer, gravar, tasar.

liability responsabilidad, obligación, deuda, pasivo.

liability administration administración del pasivo.

liability bond fianza de responsabilidad civil.

liability dividend dividendo para el cual se entrega un vale.

liability in contract responsabilidad contractual.

liability insurance seguro de responsabilidad civil, seguro de responsabilidad.

liability limits límites de cobertura de póliza de responsabilidad civil.

liability management administración del pasivo.

liable responsable, obligado.

liable for tax sujeto a impuestos.

liberal return policy política de devoluciones liberal.

liberty of a port un permiso dentro de una póliza de seguro marítimo para atracar y comerciar en un puerto designado que no es el del destino final.

liberty of contract libertad contractual.

liberty of the globe un permiso dentro de una póliza de seguro marítimo para ir a cualquier parte del mundo.

license n licencia, permiso, concesión, autorización.

license v licenciar, permitir, autorizar.

license bond fianza de licencia.

license contract contrato de licencia.

licensed licenciado, autorizado.

licensed lender prestador autorizado.

licensee licenciatario, concesionario.

license fee impuesto pagadero para una licencia.

license laws leyes sobre actividades que requieren licencias.

license plate placa de automóvil, tablilla, permiso de circulación de vehículos.

licenser licenciante.

license tax impuesto pagadero para una licencia.

license to operate licencia para operar.

licensing otorgamiento de licencias, venta de licencias.

licensing agreement convenio de licencia.

licensing authority autoridad para otorgar licencias.

licensing power autoridad para otorgar licencias.

licitation licitación.

lien gravamen, carga, derecho de retención.

lien account declaración de los gravámenes con respecto a ciertos bienes.

lien by operation of the law gravamen que resulta de una disposición legal.

lien creditor acreedor con derecho de retención.

lienee deudor cuyos bienes están sujetos a un gravamen.

lienholder quien se beneficia de un gravamen.

lien of a covenant parte introductoria de un contrato.

lienor acreedor con derecho de retención.

lie to colindar.

lieu tax impuesto sustitutivo.

life vida, vigencia, carrera.

life and health insurance seguro de vida y salud.

life annuitant pensionado vitalicio.

life annuity anualidad vitalicia.
life annuity certain anualidad vitalicia con garantía de número mínimo de pagos.
life assurance seguro de vida.
life beneficiary beneficiario vitalicio.
life cycle ciclo de vida.
life estate propiedad vitalicia.
life expectancy expectativa de vida.
life-hold arrendamiento vitalicio.
life insurance seguro de vida.
life insurance benefits beneficios de seguro de vida.
life insurance company compañía de seguros de vida.
life insurance cost costo de seguro de vida.
life insurance in force seguro de vida en vigor.
life insurance limits límites de seguro de vida.
life insurance policy póliza de seguro de vida.
life insurance proceeds pagos al beneficiario de un seguro de vida.
life insurance provider proveedor de seguro de vida.
life insurance renewability renovabilidad de seguro de vida.
life insurance reserves reserva de seguro de vida.
life insurance trust fideicomiso consistente de pólizas de seguros de vidas.
life interest usufructo vitalicio.
life-land arrendamiento vitalicio.
life member miembro vitalicio.
life of a patent duración de una patente, vigencia de una patente.
life of loan cap tasa de interés máxima durante la vida de un préstamo.
life policy póliza de seguro de vida.
life span duración de la vida.
life tenancy posesión vitalicia, arrendamiento vitalicio, usufructo vitalicio.
life tenant usufructuario vitalicio.
lifetime adj vitalicio.
lifetime n vida, curso de vida.
lifetime gift regalo en vida.
lifetime security seguridad de por vida.

ligan mercancías arrojadas al mar e identificadas con una boya para ser rescatadas.
lighterage transporte por medio de barcazas.
like benefits beneficios similares.
like-kind exchange intercambio de bienes similares.
like-kind property propiedad similar.
limit n límite, linde, término, restricción.
limit v limitar, deslindar, restringir.
limitable limitable.
limitation limitación, restricción, prescripción.
limitation of liability limitación de responsabilidad.
limitation over un derecho que será efectivo al expirar otro sobre los mismos bienes, dominio subsecuente.
limitation title título pleno de un inmueble.
limitative limitativo.
limit control control de límites.
limit down máximo permitido de baja en el precio de un contrato de futuros en un día.
limited limitado, circunscrito, restringido.
limited acceptance aceptación limitada.
limited audit auditoría limitada.
limited authority autorización limitada.
limited check cheque limitado.
limited company compañía de responsabilidad limitada.
limited discretion discreción limitada.
limited distribution distribución limitada.
limited-dividend corporation corporación de dividendos limitados.
limited fee propiedad de dominio limitado, derecho limitado sobre un inmueble.
limited guaranty garantía limitada.
limited insurance seguro limitado.
limited liability responsabilidad limitada.
limited liability company compañía de responsabilidad limitada.
limited life vida limitada.
limited occupancy agreement acuerdo de ocupación limitada.

limited order   orden limitada.

limited owner   usufructuario.

limited partner   socio comanditario.

limited partnership   sociedad en comandita.

limited payment life   seguro de vida de pagos limitados.

limited payment life insurance   seguro de vida de pagos limitados.

limited policy   póliza limitada.

limited price order   orden de precio limitado.

limited-purpose trust company   compañía fiduciaria con propósitos limitados.

limited-reduction plan   plan de reduccíon limitada.

limited review   revisión limitada.

limited risk   riesgo limitado.

limited-service bank   banco de servicios limitados.

limited tax bond   bono respaldado por poder de imposición limitado.

limited trading authorization   autorización para transacciones limitada.

limited trust   fideicomiso limitado.

limited warranty   garantía limitada.

limiting factor   factor limitante.

limit of liability   límite de responsabilidad.

limit order   orden con precio límite, orden para transacción a un precio específico o uno más favorable.

limit price   precio límite.

limit up   máximo permitido de alza en el precio de un contrato de futuros en un día.

line administration   administración de línea.

line administrator   administrador de línea.

linear   lineal.

linear correlation   correlación lineal.

linear increase   aumento lineal.

linearity   linealidad.

linear programming   programación lineal.

linear regression   regresión lineal.

line extension   extensión de línea.

line management   administración de línea.

line manager   administrador de línea, gerente de línea.

line of business   línea de negocios.

line of credit   línea de crédito.

line of discount   línea de descuento.

line organization   organización lineal.

lines   lindes, límites, líneas.

lines and corners   las líneas demarcadoras y los ángulos entre sí de una propiedad.

linked savings account   cuenta de ahorros vinculada.

link financing   financiamiento vinculado.

liquid   líquido, corriente.

liquid assets   activo líquido, activo corriente.

liquidate   liquidar.

liquidated   liquidado, cancelado.

liquidated account   cuenta saldada, cuenta liquidada.

liquidated claim   reclamación saldada.

liquidated damages   daños fijados por contrato.

liquidated debt   deuda saldada.

liquidating partner   socio liquidador.

liquidating trust   fideicomiso para una liquidación.

liquidating value   valor de liquidación.

liquidation   liquidación.

liquidation charge   cargo por liquidación.

liquidation dividend   dividendo de liquidación.

liquidation fee   cargo por liquidación.

liquidation period   período de liquidación.

liquidation price   precio de liquidación.

liquidation statement   estado de liquidación.

liquidation value   valor de liquidación.

liquidator   liquidador.

liquid debt   deuda vencida y exigible.

liquidity   liquidez.

liquidity diversification   diversificación de liquidez.

liquidity function   función de liquidez.

liquidity index   índice de liquidez.

liquidity position   posición de liquidez.

liquidity preference   preferencia de liquidez.

liquidity ratio   razón de liquidez.

liquidity risk riesgo de liquidez.
liquidity shortage escasez de liquidez.
liquid savings ahorros líquidos.
liquid securities valores líquidos.
list n lista, nómina, registro.
list v alistar, inscribir.
listed option opción cotizada.
listed securities valores cotizados.
listed shares acciones cotizadas.
listed stock acciones cotizadas.
listing alistamiento, ítem, cotización en una bolsa de valores, contrato para una transacción de un inmueble con un corredor de bienes raíces.
listing agent agente quien obtiene un contrato para una transacción de un inmueble.
listing broker corredor quien obtiene un contrato para una transacción de un inmueble.
listing of securities admisión de valores en bolsa.
listing requirements requisitos para admisión de valores en bolsa.
list of creditors lista de acreedores.
list of property lista de bienes.
list price precio de lista.
literal literal.
literal contract contrato escrito.
livelihood subsistencia, medios de vida, ocupación.
livery entrega, traspaso, alquiler de vehículos.
livery conveyance vehículo para la transportación pública.
livestock insurance seguro de ganado.
live storage estacionamiento, almacenamiento.
living cost costo de vida.
living trust fideicomiso durante la vida de quien lo estableció.
load n carga, deberes, comisión, peso.
load v cargar, adulterar.
load fund fondo mutuo con comisión.
loading cargamento, prima adicional.
load line línea de carga.
load mutual fund fondo mutuo con comisión.
loan n préstamo.
loan v prestar.
loan account cuenta de préstamos.
loan application solicitud de préstamo.

loan application charge cargo por solicitud de préstamo.
loan application fee cargo por solicitud de préstamo.
loan association asociación de préstamos.
loan bank banco de préstamos.
loan broker corredor de préstamos.
loan capital capital en préstamos.
loan certificate certificado de préstamo.
loan closing cierre.
loan commitment compromiso de préstamo.
loan committee comité de préstamos.
loan consent agreement convenio de consentimiento de préstamo de valores.
loan contract contrato de préstamo.
loan coverage ratio razón de cobertura de préstamos.
loan department departamento de préstamos.
loan documentation documentación de préstamo.
loaned employee empleado cuyos servicios se prestan temporalmente a otro patrono.
loaned flat prestado sin intereses.
loaned securities valores prestados.
loaned shares acciones prestadas.
loaned stock acciones prestadas.
loan fee cargo por préstamo.
loan for consumption préstamo para consumo.
loan for exchange préstamo en el que una parte entrega bienes personales y la otra devuelve bienes similares en una fecha futura.
loan for use préstamo de uso.
loan fund fondo para préstamos.
loan guaranty garantía de préstamo.
loan guaranty garantía de préstamo.
loan guaranty certificate certificado de garantía de préstamo.
loan guaranty fee cargo por garantía de préstamo.
loan information sheet hoja de información de préstamos.
loan interest intereses de préstamo.
loan interest rate tasa de interés de préstamo.
loan limit límite de préstamos.

loan loss reserve reserva para pérdidas de préstamos.

loan market mercado de préstamos.

loan maturity vencimiento de préstamo.

loan officer funcionario de préstamos.

loan of money préstamo de dinero.

loan origination originación de préstamo.

loan origination charge cargo por originación de préstamo.

loan origination fee cargo por originación de préstamo.

loan participation participación en préstamo.

loan policy política de préstamos.

loan portfolio catera de préstamos.

loan processing procesamiento de préstamos.

loan production office oficina de producción de préstamos.

loan rate tasa de préstamo.

loan rate of interest tasa de interés de préstamo.

loan receipt recibo de préstamo.

loan register registro de préstamos.

loan review revisión de préstamo.

loan sales ventas de préstamos.

loan schedule tabla de pagos de préstamo.

loan service servicio del préstamo.

loan shares prestar valores.

loan shark usurero.

loan sharking usura.

loan stock prestar valores.

loan term término del préstamo.

loan-to-value ratio razón del préstamo al valor total.

loan value valor del préstamo.

local agent agente local.

local assessment impuesto local, tasación para mejoras.

local chattel mueble adherido a un inmueble.

local check cheque local.

local clearinghouse casa de liquidación local.

local economy economía local.

local industry industria local.

local loan préstamo local.

local taxes impuestos locales.

local time hora local.

local union unión local.

local waybill carta de porte local.

locked-in interest rate tasa de interés que se compromete a ofrecer un prestador.

locked market mercado en que el precio de oferta de compra es igual al de venta.

lockout huelga patronal.

lodging house casa de huéspedes.

log n diario, cuaderno de bitácora, registro.

log v registrar, anotar, recorrer.

logbook diario, cuaderno de bitácora, registro.

log in registrar, contabilizar.

logo marca figurativa, logotipo.

long bond bono a largo plazo.

long coupon primer pago de intereses de un bono cuando abarca un período mayor que los demás.

long-distance larga distancia.

longevity pay compensación por longevidad.

long-lived assets activo a largo plazo.

long market value valor en el mercado de valores poseídos.

long position posesión.

long-range planning planificación a largo plazo.

long term a largo plazo.

long-term assets activo a largo plazo.

long-term bond bono a largo plazo.

long-term capital capital a largo plazo.

long-term capital gain ganancia de capital a largo plazo.

long-term capital loss pérdida de capital a largo plazo.

long-term care cuidado a largo plazo.

long-term contract contrato a largo plazo.

long-term corporate bond bono corporativo a largo plazo.

long-term credit crédito a largo plazo.

long-term creditor acreedor a largo plazo.

long-term debt deuda a largo plazo.

long-term deposit depósito a largo plazo.

long-term disability discapacidad a largo plazo.

long-term disability insurance seguro de discapacidad a largo plazo.

long-term draft letra a largo plazo.
long-term employee empleado a largo plazo.
long-term employment empleo a largo plazo.
long-term financing financiamiento a largo plazo.
long-term forecast pronóstico a largo plazo.
long-term gain ganancia a largo plazo.
long-term gains tax impuesto sobre ganancias a largo plazo.
long-term interest rate tasa de interés a largo plazo.
long-term investment inversión a largo plazo.
long-term investment fund fondo de inversión a largo plazo.
long-term lease arrendamiento a largo plazo.
long-term liability responsabilidad a largo plazo, obligación a largo plazo.
long-term loan préstamo a largo plazo.
long-term loss pérdida a largo plazo.
long-term mortgage hipoteca a largo plazo.
long-term municipal bond bono municipal a largo plazo.
long-term policy póliza a largo plazo, política a largo plazo.
long-term rate tasa a largo plazo.
long-term trend tendencia a largo plazo.
long ton tonelada gruesa.
loophole laguna legal.
loss pérdida, daño.
loss adjustment ajuste de pérdidas.
loss adjustment expense gasto de ajuste de pérdidas.
loss assessment evaluación de los daños.
loss avoidance evitación de pérdidas.
loss carryback pérdidas netas que se incluyen al volver a computar los impuestos de años anteriores.
loss carryforward pérdidas que se pueden incluir en la planilla tributaria para años subsiguientes.
loss carryover pérdidas que se pueden incluir en la planilla tributaria para años subsiguientes.
loss compensation compensación de pérdidas.

loss constant constante de pérdidas.
loss contingency contingencia de pérdidas.
loss control control de pérdidas.
loss conversion factor factor de conversión de pérdidas.
losses incurred pérdidas incurridas.
losses outstanding pérdidas pendientes de pagar.
losses paid pérdidas pagadas.
loss exposure exposición a pérdida.
loss frequency frecuencia de pérdidas.
loss leader líder en pérdida, artículo vendido bajo costo para atraer clientela en espera que se hagan otras compras lucrativas para el negocio.
loss of anticipated profits pérdida de ganancias anticipadas.
loss of income pérdida de ingresos.
loss of income insurance seguro contra pérdida de ingresos.
loss of use insurance seguro contra pérdida de uso.
loss of utility pérdida de utilidad.
loss prevention prevención de pérdidas.
loss rate tasa de pérdidas.
loss ratio razón de pérdidas.
loss ratio method método de razón de pérdidas.
loss reduction reducción de pérdidas.
loss report informe de pérdidas.
loss reserve reserva para pérdidas, reserva para siniestros.
lost card tarjeta perdida.
lost in transit perdido durante el tránsito.
lost or not lost estipulación en una póliza de seguro marítimo indicando que si las partes envueltas no están enteradas de un siniestro existente que dicho siniestro estará cubierto.
lost policy póliza perdida.
lost policy receipt formulario de póliza perdida.
lost property bienes perdidos.
lot lote, solar, parcela, grupo.
lowest offer oferta más baja, oferta más baja aceptable.
low-grade de baja calidad.
low-load fund fondo mutuo con comisión baja.

low-load mutual fund fondo mutuo con comisión baja.

lucrative lucrativo.

lucrative activity actividad lucrativa.

lucrative bailment depósito a título oneroso, depósito lucrativo.

lucrative title título gratuito.

lump sum suma global.

lump-sum distribution distribución global.

lump-sum payment pago global.

lump-sum purchase compra global.

lump-sum settlement indemnización global.

luxury goods artículos de lujo.

luxury tax impuesto suntuario, impuesto de lujo.

machine readable legible por máquina.

machine scanning exploración por máquina.

macroeconomics macroeconomía.

macroenvironment macroambiente.

magnetic stripe franja magnética.

mail n correo, correspondencia.

mail v enviar por correo.

mailbox rule regla según la cual una aceptación de oferta es efectiva al echarse en el buzón.

mail contract contrato por correo.

mail deposit depósito por correo.

mailed enviado por correo.

mail fraud fraude cometido usando el servicio postal.

mailing list lista de direcciones a donde enviar material comercial.

mail order business negocio de ventas por correo.

mail order company compañía de ventas por correo.

mail order firm empresa de ventas por correo.

mail order house casa de ventas por correo.

mail order insurance seguros vendidos por correo.

mail order selling ventas por correo.

mail teller cajero de transacciones solicitadas por correo.

maintenance mantenimiento.

maintenance bond caución de mantenimiento.

maintenance call aviso de la casa de corretaje de que una cuenta de margen está debajo del mínimo de mantenimiento.

maintenance charge cargo de mantenimiento.

maintenance cost costo de mantenimiento.

maintenance expenditure gasto de mantenimiento.

maintenance expense gasto de mantenimiento.

maintenance fee cargo de mantenimiento.

maintenance margin margen de mantenimiento.

maintenance method método de mantenimiento.

maintenance minimum mínimo de mantenimiento.

maintenance of value mantenimiento del valor.

maintenance requirements requisitos de mantenimiento.

maintenance reserve reserva de mantenimiento.

major mayor, mayor de edad.

majority mayoría, mayoría de edad, pluralidad.

majority shareholder accionista mayoritario.

majority stockholder accionista mayoritario.

major medical expense insurance seguro para gastos médicos mayores.

major medical insurance seguro para gastos médicos mayores.

make a bid hacer una oferta.

make a contract celebrar un contrato.

make a deal hacer un trato.

make a deposit hacer un depósito.

make a market cuando un corredor mantiene cuenta propia para facilitar la liquidez de ciertos valores.

make an entry efectuar un asiento.

make an offer hacer una oferta.

make a transfer hacer una transferencia.

make-or-buy decision decisión de fabricar o comprar.

maker fabricante, librador, firmante.

maladministration administración inepta, administración fraudulenta.

mala fide holder tenedor de mala fe.

mala fide purchaser comprador de mala fe.

malinger fingir un impedimento o enfermedad.

malingerer quien finge un impedimento o enfermedad.

mall centro comercial.

malpractice negligencia profesional.

malpractice insurance seguro contra negligencia profesional.

malpractice liability insurance seguro contra negligencia profesional.

manage administrar, manejar.

managed administrado, dirigido, controlado.

managed account cuenta administrada.

managed cost costo administrado.

managed currency moneda controlada.

managed economy economía planificada, economía dirigida.

managed exchange rate tipo de cambio administrado.

managed funds fondos administrados.

managed liabilities pasivo administrado.

managed money moneda administrada, fondos administrados.

managed price precio administrado.

managed trade comercio controlado.

management manejo, administración, cuerpo directivo.

management accounting contabilidad administrativa.

management agreement acuerdo administrativo.

management audit auditoría administrativa.

management board junta administrativa, junta directiva.

management by crisis administración de crisis en crisis.

management by exception administración por excepciones.

management by objectives administración por objetivos.

management charge cargo administrativo, cargo por administración.

management company compañía administrativa, compañía administradora.

management consultant consultor administrativo.

management contract contrato administrativo.

management control system sistema de control administrativo.

management cycle ciclo administrativo.

management fee cargo administrativo, cargo por administración.

management guide guía administrativa.

management of the ship administración de la nave.

management prerogatives prerrogativas administrativas.

management ratio razón de administradores.

management review revisión administrativa.

management rights derechos administrativos.

management system sistema administrativo.

manager administrador, gerente.

managerial ejecutivo, directivo.

managerial accounting contabilidad ejecutiva.

managerial control control ejecutivo.

managing agent gerente.

managing board junta directiva.

managing committee comité directivo.

managing partner socio administrador.

managing underwriter colocador de emisión administrador.

mandatory obligatorio, imperativo.

mandatory clause cláusula obligatoria.

mandatory copy texto obligatorio.

mandatory payment pago obligatorio.

mandatory reserve reserva obligatoria.

mandatory retirement retiro obligatorio.

mandatory sharing compartimiento obligatorio.

manifest adj manifiesto, evidente.

manifest n manifiesto de carga, lista de pasajeros.

manifest v manifestar, registrar en un manifiesto de carga.

manipulate manipular.

manipulation manipulación.

manipulator manipulador.

manner manera, modo, costumbre.

manner and form modo y forma.

manual manual.

manual delivery entrega a mano.

manual labor trabajo manual.

manufacture n manufactura, elaboración, fabricación.

manufacture v manufacturar, elaborar, fabricar.

manufactured article artículo manufacturado.

manufactured housing vivienda manufacturada.

manufacturer fabricante, industrial.

manufacturer's agent agente del fabricante.

manufacturers' association asociación de fabricantes.

manufacturer's liability doctrine doctrina sobre la responsabilidad del fabricante.

manufacturer's liability insurance seguro de responsabilidad del fabricante.

manufacturer's representative representante del fabricante.

manufacturing corporation corporación manufacturera, corporación industrial.

manufacturing cost costo de manufactura, costo de fabricación.

manufacturing establishment establecimiento industrial.

manufacturing expenditure gasto de manufactura.

manufacturing expense gasto de manufactura.

manufacturing insurance seguro de manufactura.

manufacturing inventory inventario de manufactura.

manufacturing license licencia de manufactura.

manufacturing order orden de manufactura.

manufacturing overhead gastos generales de manufactura.

manufacturing tax impuesto de manufactura.

margin margen, ganancia, reserva.

marginable stocks acciones elegibles para cuentas de margen.

margin account cuenta de margen, cuenta con una firma bursátil para la compra de valores a crédito.

margin account agreement convenio de cuenta de margen.

margin agreement convenio de cuenta de margen.

marginal marginal.

marginal activity actividad marginal.

marginal analysis análisis marginal.

marginal benefit beneficio marginal.

marginal borrower prestatario marginal.

marginal buyer comprador marginal.

marginal cash reserve reserva en efectivo marginal.

marginal cost costo marginal.

marginal cost curve curva de costo marginal.

marginal costing costeo marginal.

marginal cost of acquisition costo marginal de adquisición.

marginal cost of capital costo marginal de capital.

marginal cost of funds costo marginal de fondos.

marginal customer cliente marginal.

marginal efficiency of capital eficiencia marginal de capital.

marginal efficiency of investment eficiencia marginal de inversión.

marginal enterprise empresa marginal.

marginal land tierra marginal.

marginal lender prestador marginal.

marginal producer productor marginal.

marginal product producto marginal.

marginal productivity productividad marginal.

marginal productivity of capital productividad marginal de capital.

marginal profits ganancias marginales.

marginal propensity to consume
propensión marginal a consumir.

marginal propensity to invest
propensión marginal a invertir.

marginal propensity to save
propensión marginal a ahorrar.

marginal property propiedad
marginal.

marginal return rendimiento marginal.

marginal revenue ingreso marginal.

marginal risk riesgo marginal.

marginal seller vendedor marginal.

marginal tax bracket clasificación
impositiva marginal.

marginal tax rate tasa impositiva
marginal.

marginal utility utilidad marginal.

marginal value valor marginal.

marginal yield rendimiento marginal.

margin call aviso de la casa de corretaje
de que hay que depositar dinero o
valores en una cuenta de margen por
ésta estar debajo del mínimo de
mantenimiento.

margin department departamento de
cuentas de margen.

margin notice aviso de la casa de
corretaje de que hay que depositar
dinero o valores en una cuenta de
margen por ésta estar debajo del mínimo
de mantenimiento.

margin of error margen de error.

margin of profit margen de ganancia,
margen de beneficio.

margin of safety margen de seguridad.

margin requirement cantidad mínima
a depositar en una cuenta de margen.

margin securities valores elegibles
para cuentas de margen.

margin trading transacciones de
valores usando una cuenta de margen.

marine carrier porteador marítimo,
transportador marítimo.

marine contract contrato marítimo.

marine insurance seguro marítimo.

marine insurance policy póliza de
seguro marítimo.

marine interest interés sobre
préstamos a la gruesa.

marine risk riesgo marítimo.

marine underwriter asegurador
marítimo.

marital deduction deducción
impositiva matrimonial.

marital property bienes adquiridos
por los cónyuges durante el matrimonio.

marital trust fideicomiso matrimonial.

maritime attachment embargo
marítimo.

maritime coastline trade comercio
de cabotaje.

maritime contract contrato naval.

maritime interest interés sobre
préstamos a la gruesa.

maritime lien privilegio marítimo,
gravamen marítimo, embargo marítimo.

maritime loan préstamo marítimo.

maritime mortgage hipoteca
marítima.

maritime perils peligros del mar.

maritime trade comercio marítimo.

maritime waters aguas territoriales.

mark n marca, señal, signo.

mark v marcar, señalar, registrar.

markdown reducción, descuento,
reducción de precio.

market n mercado, bolsa.

market v mercadear, comerciar, vender.

marketability comercialidad.

marketability study estudio de
comercialidad.

marketable vendible, comerciable,
negociable.

marketable bond bono comerciable.

marketable securities valores
negociables.

marketable title título de propiedad
transferible sin gravámenes u otras
restricciones.

market aggregation agregación de
mercado.

market aggregation canasta de
mercado.

market analysis análisis de mercado.

market area área de mercado.

market audit auditoría de mercado.

market capitalization capitalización
de mercado.

market channel canal de mercado.

market comparison comparación de
mercado.

market comparison approach
acercamiento de comparación de
mercado.

market coverage cobertura de mercado.

market cycle ciclo de mercado.

market demand demanda de mercado.

market development desarrollo de mercado.

market development index índice del desarrollo de mercado.

market discipline disciplina de mercado.

market disruption perturbación de mercado.

market economy economía de mercado.

market equilibrium equilibrio de mercado.

market failure falla de mercado.

market fit ajuste al mercado.

market fluctuations fluctuaciones de mercado.

market forces fuerzas de mercado.

market functions funciones de mercado.

market if touched order orden al precio de mercado tras alcanzar un precio fijado.

market index índice de mercado.

market index deposit depósito con tasa basada en un índice de mercado.

market index of stock prices índice de mercado de precios de acciones.

market index rate tasa basada en un índice de mercado.

market indicator indicador de mercado.

marketing mercadeo.

marketing administration administración de mercadeo.

marketing administrator administrador de mercadeo.

marketing agreement acuerdo de mercadeo.

marketing concept concepto de mercadeo.

marketing cost analysis análisis de costos de mercadeo.

marketing costs costos de mercadeo.

marketing expenditures gastos de mercadeo.

marketing expense gastos de mercadeo.

marketing information system sistema de información de mercadeo.

marketing intermediaries intermediarios de mercadeo.

marketing management administración de mercadeo.

marketing manager administrador de mercadeo.

marketing plan plan de mercadeo.

marketing policy política de mercadeo.

marketing research investigación de mercadeo.

market interest rate tasa de interés de mercado.

market leader líder de mercado.

market liquidity liquidez de mercado.

market maker corredor de bolsa que mantiene cuenta propia para facilitar la liquidez de ciertos valores.

market niche nicho de mercado.

market order orden al precio de mercado.

market-out clause cláusula que le permite a los suscriptores cancelar sus compromisos de compra de valores a ofrecerse al público bajo ciertas circunstancias.

market penetration penetración de mercado.

market presence presencia en un mercado.

market price precio de mercado, valor justo en el mercado.

market price equivalent equivalente de precio de mercado.

market profile perfil de mercado.

market rate tasa de mercado.

market ratio razón de mercado.

market rent renta justa de mercado.

market report informe de mercado.

market representative representante de mercado.

market research investigación de mercado.

market risk riesgo de mercado.

market segment segmento de mercado.

market segmentation segmentación de mercado.

market segmentation theory teoría de segmentación de mercado.

market share porcentaje de mercado.

market stabilization estabilización de mercado.

market strategy estrategia de mercado.

market structure estructura de mercado.

market study estudio de mercado.

market supply oferta de mercado.

market test prueba de mercado.

market to book value razón del valor de mercado al de valor contable.

market tone tono de mercado.

market trend tendencia de mercado.

market value valor de mercado, valor en el mercado, valor justo en el mercado.

market value clause cláusula de valor en el mercado.

market value method método de valor en el mercado.

markon cantidad que se le suma al costo para llegar al precio de lista.

mark to the market evaluar el valor de valores para asegurarse de que la cuenta cumple con los mínimos de mantenimiento, añadir fondos para que la cuenta cumpla con los mínimos de mantenimiento, ajustar el valor de valores para reflejar el valor corrie nte de mercado.

markup margen de ganancia, alza de un precio.

married filing jointly casados radicando conjuntamente.

married filing separately casados radicando separadamente.

marshaling assets clasificación de acreedores.

marshaling liens clasificación de gravámenes.

Massachusetts rule regla según la cual todo banco que recibe un cheque para pago sirve como agente del depositante, regla de Massachusetts.

Massachusetts trust ente de negocios donde los socios transfieren bienes a un fideicomiso del cual son los beneficiarios.

mass appraising tasación en masa.

mass marketing mercadeo en masa.

mass media medios de comunicación.

mass production producción en masa.

master agreement contrato colectivo de trabajo.

master budget presupuesto maestro.

master contract contrato maestro.

master deed escritura maestra.

master lease arrendamiento principal.

master limited partnership inversión en que se combinan sociedades en comandita para formar unidades de mayor liquidez.

master mortgage hipoteca principal.

master plan plan maestro, plan principal para el desarrollo urbano de una localidad.

master policy póliza principal.

master trust fideicomiso principal.

matched apareado.

matched maturities vencimientos apareados.

matched orders ordenes apareadas.

matched purchase compra apareada.

matched sale venta apareada.

matched transaction transacción apareada.

matching apareamiento.

material material, pertinente, esencial.

material alteration alteración sustancial.

material breach incumplimiento sustancial.

material change alteración sustancial.

materiality materialidad.

material misrepresentation declaración falsa material.

material mistake error sustancial.

material participation participación material.

material representation declaración material, representación material.

materials administration administración de materiales.

materials administrator administrador de materiales.

materials control control de materiales.

materials cost costo de materiales.

materials handling manejo de materiales.

materials management administración de materiales.

materials manager administrador de materiales.

materials price variance varianza de precios de materiales.

materials variance varianza de materiales.

maternity benefits beneficios por maternidad.

mathematical model modelo matemático.

matrix matriz.

mature adj maduro, vencido, exigible.

mature v madurar, vencer.

matured vencido, exigible.

mature economy economía madura.

maturity vencimiento, madurez.

maturity date fecha de vencimiento.

maturity stage etapa de madurez.

maturity value valor al vencimiento.

maximization maximización.

maximize maximizar.

maximum máximo.

maximum benefit beneficio máximo.

maximum capacity capacidad máxima.

maximum charge cargo máximo.

maximum contribution contribución máxima.

maximum cost costo máximo.

maximum deductible contribution contribución máxima deducible.

maximum family benefit beneficio de familia máximo.

maximum fee cargo máximo.

maximum foreseeable loss pérdida máxima previsible.

maximum interest rate tasa de interés máxima.

maximum loan-to-value ratio razón máxima del préstamo al valor total.

maximum loss pérdida máxima.

maximum output producción máxima.

maximum payment pago máximo.

maximum possible loss pérdida máxima posible.

maximum practical capacity capacidad máxima práctica.

maximum price precio máximo.

maximum probable loss pérdida máxima probable.

maximum rate tasa máxima.

maximum rate increase amuento de tasa máximo.

maximum salary salario máximo.

maximum tax impuesto máximo.

maximum tax rate tasa impositiva máxima.

meal expense deduction deducción por gastos de comidas.

mean media, medio.

mean deviation desviación media.

mean reserve reserva media.

mean return rendimiento medio.

mean value valor medio.

mean yield rendimiento medio.

measurement medida.

measure of value medida del valor, norma de valor.

mechanic's lien gravamen del constructor, gravamen de aquellos envueltos en la construcción o reparación de estructuras.

mechanization mecanización.

media medios publicitarios, medios de comunicación.

median mediana.

media plan plan para medios publicitarios.

mediate reconciliar, arbitrar, comunicar.

mediation mediación, arbitraje, intervención.

medical benefits beneficios médicos.

medical care cuidado médico.

medical deduction deducción médica.

medical expenditures gastos médicos.

medical expense deduction deducción por gastos médicos.

medical expense insurance seguro de gastos médicos.

medical expenses gastos médicos.

medical insurance seguro médico.

medical payments insurance seguro de pagos médicos.

medium medio.

medium of change medio de intercambio.

medium term a medio plazo.

medium-term bond bono a medio plazo.

medium-term credit crédito a medio plazo.

medium-term deposits depósitos a medio plazo.

medium-term financing financiamiento a medio plazo.

medium-term forecast pronóstico a medio plazo.

medium-term investment inversión a medio plazo.

medium-term loan préstamo a medio plazo.

medium-term municipal bond bono municipal a medio plazo.

meet encontrarse con, satisfacer.

meet an obligation cumplir una obligación, atender la obligación.

meeting reunión, conferencia, junta.

meeting of creditors junta de acreedores.

meeting of minds acuerdo de voluntades.

meeting of shareholders reunión de accionistas.

meet specifications cumplir con las especificaciones.

member miembro, socio, afiliado.

member bank banco miembro.

member bank reserves reservas de banco miembro.

member company compañía miembro.

member corporation corporación miembro.

member country país miembro.

member firm firma miembro, miembro de una bolsa.

member nation nación miembro.

membership calidad de miembro, calidad de socio, número de miembros, número de socios.

member's rate tasa de miembro.

memorandum memorándum, informe.

memorandum articles artículos por los cuales el asegurador tiene responsabilidad limitada.

memorandum check cheque en garantía.

memorandum clause cláusula que limita la responsabilidad del asegurador sobre ciertas mercancías perecederas.

memorandum sale venta sujeta a la aprobación.

mental health insurance seguro de salud mental.

mercable vendible, comerciable, negociable.

mercantile mercantil, comercial.

mercantile account cuenta mercantil.

mercantile accounting contabilidad mercantil.

mercantile activity actividad mercantil.

mercantile agent agente mercantil.

mercantile arbitration arbitraje mercantil.

mercantile area área mercantil.

mercantile bank banco mercantil.

mercantile banker banquero mercantil.

mercantile banking banca mercantil.

mercantile bill letra de cambio mercantil.

mercantile bookkeeping contabilidad mercantil.

mercantile broker corredor.

mercantile code código mercantil.

mercantile contract contrato mercantil.

mercantile counterfeiting falsificación mercantil.

mercantile credit crédito mercantil.

mercantile credit company compañía de crédito mercantil.

mercantile credit insurance seguro de crédito mercantil.

mercantile discount descuento mercantil.

mercantile documents documentos mercantiles.

mercantile domicile domicilio mercantil.

mercantile establishment establecimiento mercantil.

mercantile forgery policy póliza contra falsificación mercantil.

mercantile forms formularios mercantiles.

mercantile insolvency insolvencia mercantil.

mercantile insurance seguro mercantil.

mercantile insurance company compañía de seguros mercantil.

mercantile insurance forms formularios de seguro mercantiles.

mercantile insurance lines líneas de seguro mercantiles.

mercantile insurance package paquete de seguro mercantil.

mercantile invoice factura mercantil.

mercantile law derecho mercantil.

mercantile letter of credit carta de crédito mercantil.

mercantile lines líneas mercantiles.

mercantile loan préstamo mercantil.

mercantile mortgage hipoteca mercantil.

mercantile name nombre mercantil.

mercantile overhead gastos generales mercantiles.

mercantile package paquete mercantil.

mercantile package policy póliza de paquete mercantil.

mercantile paper instrumentos negociables, papel mercantil.

mercantile policy póliza mercantil.

mercantile property propiedad mercantil.

mercantile property policy póliza de propiedad mercantil.

mercantile rate tasa mercantil.

mercantile report informe mercantil.

mercantile year año mercantil.

mercative mercantil, comercial.

merchandise n mercancía, mercadería.

merchandise v comercializar, comerciar, vender.

merchandise administration administración de mercancías.

merchandise administrator administrador de mercancías.

merchandise allowance concesión por mercancías.

merchandise balance balance de mercancías.

merchandise broker corredor de mercancías.

merchandise control control de mercancías.

merchandise inventory inventario de mercancías.

merchandise management administración de mercancías.

merchandise manager administrador de mercancías.

merchandise transfer transferencia de mercancías.

merchandise turnover giro de mercancías, rotación de mercancías.

merchandising comercialización, técnicas mercantiles.

merchant adj mercantil, comercial.

merchant n mercader, comerciante.

merchantability comerciabilidad.

merchantable vendible, comerciable.

merchantable title título de propiedad negociable sin gravámenes u otras restricciones, título válido.

merchant agreement acuerdo de comerciante, acuerdo entre el comerciante y el banco que procesa transacciones de tarjeta.

merchant application solicitud de comerciante.

merchant bank banco mercantil.

merchant banking banca mercantil.

merchant base base de comerciantes.

merchant discount descuento de comerciante, tasa que le cobra al comerciante el banco que procesa transacciones de tarjeta.

merchant discount rate tasa que le cobra al comerciante el banco que procesa transacciones de tarjeta.

merchant fraud fraude de comerciante.

merchant identification card tarjeta de identificación de comerciante.

merchant number número de comerciante.

merchants' accounts cuentas comerciales.

merchant shipping navegación comercial.

merchant volume volumen de comerciante.

merge unir, fusionar.

merged company compañía fusionada.

merger fusión, consolidación, confusión.

merger expenses gastos de fusión.

mergers and acquisitions fusiones y adquisiciones.

merit increase aumento salarial por mérito.

meritorious consideration contraprestación basada en una obligación moral, contraprestación valiosa.

merit raise aumento salarial por mérito.

merit rating calificación por mérito.

message authentication code código de autenticación de mensaje.

messenger mensajero.

mete límite, mojón.

meter n medidor, contador, metro.

meter v medir, franquear con máquina.

meter rate tasa por unidad de consumo, tasa según contador.

metes and bounds límites de un inmueble, linderos de un inmueble, rumbos y distancias.

method método.

metropolitan area área metropolitana.

metropolitan statistical area área estadística metropolitana.

microeconomics microeconomía.

microfilm micropelícula.

middle management administración intermedia.

middle manager administrador intermedio.

middle rate tipo intermedio.

midnight deadline vencimiento a medianoche.

migrant worker trabajador migratorio.

mil milésima del valor.

mill milésima del valor.

millage rate tasa impositiva expresada en milésimas.

mineral lands tierras mineras.

mineral lease arrendamiento de minas.

mineral right derecho de explotar minas.

mineral royalty regalía minera.

mineral servitude servidumbre minera.

mini-branch minisucursal.

minimization minimización.

minimum mínimo.

minimum amount cantidad mínima.

minimum amount policy póliza de cantidad mínima.

minimum balance balance mínimo.

minimum benefit beneficio mínimo.

minimum cash balance saldo en efectivo mínimo.

minimum cash ratio razón de efectivo mínimo.

minimum charge cargo mínimo.

minimum contribution contribución mínima.

minimum cost costo mínimo.

minimum deposit depósito mínimo.

minimum down payment pronto pago mínimo, entrada mínima.

minimum employment age edad mínima de empleo.

minimum fee honorario mínimo, cargo mínimo.

minimum group grupo mínimo.

minimum interest rate tasa de interés mínima.

minimum inventory inventario mínimo.

minimum lease payment pago de arrendamiento mínimo.

minimum lending rate tasa de préstamo mínima.

minimum lot area área de solar mínima.

minimum maintenance mantenimiento mínimo.

minimum payment pago mínimo.

minimum pension liability responsabilidad de pensión mínima.

minimum premium prima mínima.

minimum price precio mínimo.

minimum rate tasa mínima.

minimum rate increase aumento de tasa mínimo.

minimum reserve ratio razón mínima de encaje.

minimum return rendimiento mínimo.

minimum service charge cargo por servicios mínimo.

minimum service fee cargo por servicios mínimo.

minimum tax impuesto mínimo.

minimum tax rate tasa impositiva mínima.

minimum variation variación mínima.

minimum wage salario mínimo, paga mínima.

minimum yield rendimiento mínimo.

mining claim concesión minera, pertenencia minera.

mining lease arrendamiento de minas.

mining license licencia minera.

mining location pertenencia minera.

mining partnership sociedad minera.

mining rent renta por explotar minas.

mining royalty regalía minera.

minor adj secundario, inferior.

minor n menor, menor de edad.

minority shareholders accionistas minoritarios.

minority stockholders accionistas minoritarios.

mint casa de moneda, casa de amonedación.

mintage acuñación.

minus tick venta a precio menor que la anterior.

minute-book libro de minutas, minutario.

minutes minutas, actas.

misbranding rotular productos con indicaciones falsas.

miscalculation error de cálculo.

miscellaneous misceláneo.

miscellaneous charge cargo misceláneo.

miscellaneous cost costo misceláneo.

miscellaneous expenditure gasto misceláneo.

miscellaneous expense gasto misceláneo.

miscellaneous fee cargo misceláneo.

miscellaneous itemized deductions deducciones detalladas misceláneas.

miscellaneous outlay desembolso misceláneo.

miscellaneous vehicles vehículos misceláneos.

miscellaneous vehicles coverage cobertura de vehículos misceláneos.

misdate fecha falsa, fecha errónea.

misdeclaration declaración falsa, declaración errónea.

misdelivery entrega errónea.

misdescription descripción errónea.

misemploy emplear mal.

misencode codificar mal.

misencoded mal codificado.

misencoded card tarjeta mal codificada.

misguide aconsejar mal.

mishandle maltratar, manejar mal.

misinform informar mal.

misinformation información errónea.

misinterpret malinterpretar.

misinterpretation mala interpretación.

mislabeling rotular productos con indicaciones falsas.

mislaid property bienes extraviados, bienes perdidos.

misleading engañoso.

misleadingly engañosamente.

mismanage administrar mal.

mismanagement mala administracíon.

misrecital descripción errónea.

misrepresentation declaración falsa, declaración errónea.

missing payment pago perdido, pago extraviado.

missing ship nave perdida.

missing the market falta de ejecución de una orden por negligencia del corredor.

misstatement declaración falsa, declaración errónea.

mistake n equivocación, error.

mistake v confundir, malinterpretar, errar.

misunderstand entender mal.

mixed mixto.

mixed account cuenta mixta.

mixed collateral colateral mixto.

mixed contract contrato mixto.

mixed cost costo mixto.

mixed credit crédito mixto.

mixed currency moneda mixta.

mixed economic system sistema económico mixto.

mixed economy economía mixta.

mixed enterprise empresa mixta.

mixed financing financiamiento mixto.

mixed insurance company compañía de seguros mixta.

mixed perils peligros mixtos.

mixed policy póliza mixta, póliza combinada.

mixed property propiedad mixta.

mixed subjects of property bienes mixtos.

mixed tariff arancel mixto.

mixtion confusión de bienes, mezcla de bienes.

mobile home caravana.

mode modo, moda.

model modelo.

model apartment apartamento modelo.

model house casa modelo.

modeling modelado.

model unit unidad modelo.

mode of transport modo de transporte.

moderate moderado.

moderate deflation deflación moderada.

moderate inflation inflación moderada.

modernization modernización.

modernize modernizar.

modern portfolio theory teoría de cartera de valores moderna.

modification modificación, enmienda.

modification agreement convenio de modificación.

modification of contract modificación de contrato.

modified modificado.

modified accelerated cost recovery system sistema acelerado de recuperación de costos modificado.

modified accrual basis base de acumulación modificada.

modified adjusted gross income ingreso bruto ajustado modificado.

modified cash refund annuity anualidad de reembolso en efectivo modificada.

modified insurance seguro modificado.

modified legal list lista legal modificada.

modified life insurance seguro de vida modificado.

modified reserve reserva modificada.

modify modificar, enmendar.

modular housing vivienda modular.

monetary monetario.

monetary accord acuerdo monetario.

monetary adjustment ajuste monetario.

monetary administration administración monetaria.

monetary administrator administrador monetario.

monetary agreement acuerdo monetario.

monetary analysis análisis monetario.

monetary assets activo monetario.

monetary authorities autoridades monetarias.

monetary base base monetaria.

monetary commission comisión monetaria.

monetary control control monetario.

monetary flow flujo monetario.

monetary indemnity indemnización monetaria.

monetary indicator indicador monetario.

monetary intervention intervención monetaria.

monetary liability responsabilidad monetaria.

monetary management administración monetaria.

monetary manager administrador monetario.

monetary multiplier multiplicador monetario.

monetary policy política monetaria.

monetary reform reforma monetaria.

monetary regulation regulación monetaria.

monetary reserve reserva monetaria.

monetary standard patrón monetario.

monetary system sistema monetario.

monetary transaction transacción monetaria.

monetary unit unidad monetaria.

monetary value valor monetario.

monetization monetización.

money dinero, moneda.

money administration administración de fondos.

money administrator administrador de fondos.

money-bill proyecto de ley fiscal.

money broker corredor financiero, corredor de cambios.

money center bank banco de centro financiero.

money demand demanda monetaria.

money deposit depósito de una suma de dinero.

moneyed corporation corporación financiera.

money flow flujo monetario.

money functions funciones del dinero.

money in circulation dinero en circulación.

money income ingreso monetario.

money land dinero en fideicomiso señalado para la compra de inmuebles.

money laundering lavado de dinero.

moneylender prestador, prestamista.

money lender prestador.

money lent dinero prestado.

money management administración de fondos, administración de cartera de valores.

money manager administrador de fondos, administrador de cartera de valores.

money market mercado monetario.

money market account cuenta del mercado monetario.

money market certificate certificado del mercado monetario.

money market deposit account cuenta de depósito del mercado monetario.

money market fund fondo de inversión del mercado monetario.

money market instrument instrumento del mercado monetario.

money market interest rate tasa de interés del mercado monetario.

money market investment inversión del mercado monetario.

money market rate tasa del mercado monetario.

money market securities valores del mercado monetario.

money multiplier multiplicador del dinero.

money order giro postal, orden de pago.

money paid dinero pagado.

money rates tasas de préstamos.

money supply masa monetaria, oferta monetaria.

money transaction transacción monetaria.

money transfer transferencia monetaria.

money wage salario monetario.

monger vendedor, negociante.

monometallism monometalismo.

monopolist monopolista.

monopolistic monopolístico.

monopolistic competition competencia monopolística.

monopolization monopolización.

monopolize monopolizar.

monopoly monopolio.

monopoly price precio de monopolio.

monopsony monopsonio.

Monte Carlo method método de Monte Carlo.

Monte Carlo technique técnica de Monte Carlo.

monthly mensual.

monthly charges cargos mensuales.

monthly costs costos mensuales.

monthly expenditures gastos mensuales.

monthly expenses gastos mensuales.

monthly fee cargo mensual.

monthly installment pago mensual.

monthly interest intereses mensuales.

monthly investment plan plan de inversiones mensual, plan de inversiones con depósitos fijos mensuales.

monthly payment pago mensual.

monthly report informe mensual.

monthly salary salario mensual.

monthly statement estado mensual.

moonlighting desempeño de otro trabajo en horas que no son las que se dedican al trabajo regular, pluriempleo.

moorage amarraje, amarradero.

moral consideration contraprestación moral.

moral hazard riesgo moral.

moral obligation obligación moral.

moral obligation bond bono de obligación moral respaldado por un estado.

moral risk riesgo moral.

moral suasion persuasión moral.

moratorium moratoria.

morbidity rate tasa de morbilidad.

morbidity table tabla de morbilidad.

more favorable terms términos más favorables.

more or less más o menos, aproximadamente.

mortality adjustment ajuste por mortalidad.

mortality rate tasa de mortalidad.

mortality ratio razón de mortalidad.

mortality tables tablas de mortalidad.

mortgage n hipoteca.

mortgage v hipotecar.

mortgageable hipotecable.

mortgage administration administración hipotecaria.

mortgage assumption asunción hipotecaria.

mortgage-backed respaldado por hipotecas.

mortgage-backed bond bono respaldado por hipotecas.

mortgage-backed certificate certificado respaldado por hipotecas.

mortgage-backed investment inversión respaldada por hipotecas.

mortgage-backed securities valores respaldados por hipotecas.

mortgage bank banco hipotecario.

mortgage banker banquero hipotecario.

mortgage banking banca hipotecaria.

mortgage banking company compañía de banca hipotecaria.

mortgage bond bono hipotecario.

mortgage broker corredor hipotecario.

mortgage certificate certificado hipotecario, cédula hipotecaria.

mortgage clause cláusula hipotecaria.

mortgage commitment compromiso hipotecario, compromiso de otorgar una hipoteca.

mortgage company compañía hipotecaria.

mortgage conduit conducto de hipotecas.

mortgage constant constante hipotecaria.

mortgage corporation corporación hipotecaria.

mortgage credit crédito hipotecario.

mortgage creditor acreedor hipotecario.

mortgaged hipotecado.

mortgage debt deuda hipotecaria.

mortgage debtor deudor hipotecario.

mortgage deed escritura hipotecaria.

mortgage department departamento hipotecario.

mortgage discount descuento hipotecario.

mortgagee acreedor hipotecario.

mortgagee clause cláusula del acreedor hipotecario.

mortgagee in possession acreedor hipotecario en posesión del inmueble.

mortgage financing financiamiento hipotecario.

mortgage foreclosure ejecución hipotecaria.

mortgage insurance seguro hipotecario.

mortgage insurance policy póliza de seguro hipotecario.

mortgage insurance premium prima de seguro hipotecario.

mortgage interest intereses hipotecarios.

mortgage interest deduction deducción de intereses hipotecarios.

mortgage lien gravamen hipotecario.

mortgage life insurance seguro de vida hipotecario.

mortgage loan préstamo hipotecario.

mortgage loan commitment compromiso de préstamo hipotecario.

mortgage loan interest rate tasa de interés de préstamo hipotecario.

mortgage loan rate tasa de préstamo hipotecario.

mortgage loan rate of interest tasa de interés de préstamo hipotecario.

mortgage loan report informe de préstamos hipotecarios.

mortgage market mercado hipotecario.

mortgage note pagaré hipotecario.

mortgage of goods gravamen contra bienes muebles.

mortgage of ship hipoteca naval.

mortgage origination originación hipotecaria.

mortgage participation participación hipotecaria.

mortgage payment pago hipotecario.

mortgage pool agrupación de hipotecas.

mortgage portfolio cartera de hipotecas.

mortgage premium prima hipotecaria.

mortgager deudor hipotecario, hipotecante.

mortgage registry registro de hipotecas.

mortgage revenue bond bono de ingresos de hipotecas.

mortgage risk riesgo hipotecario.

mortgage securities valores hipotecarios.

mortgage service servicio hipotecario.

mortgage servicing servicio hipotecario.

mortgage swap intercambio hipotecario.

mortgagor deudor hipotecario, hipotecante.

mortuary tables tablas de mortalidad.

most active list lista de acciones más activas.

most favored nation nación más favorecida.

most favored nation clause cláusula de nación más favorecida.

most favored nation rate tasa de nación más favorecida.

motivation motivación.

motivational research investigación motivacional.

movable estate propiedad mueble, bienes muebles.

movable property bienes muebles.

movables muebles, bienes muebles.

movement movimiento.

moving average media móvil.

moving expense deduction deducción por gastos de mudanza.

multicollinearity multicolinealidad.

multicurrency loan préstamo en monedas múltiples.

multiemployer bargaining negociaciones de patronos múltiples.

multifamily housing edificación de viviendas múltiples, vivienda multifamiliar.

multilateral multilateral.

multilateral agreement convenio multilateral, tratado multilateral.

multilateral compensation compensación multilateral.

multilateral contract contrato multilateral.

multilateral development bank banco del desarrollo multilateral.

multilateralism multilateralismo.

multilateral trade comercio multilateral.

multinational multinacional.

multinational company compañía multinacional.

multinational corporation corporación multinacional.

multinational enterprise empresa multinacional.

multiple múltiple.

multiple banking banca múltiple.

multiple budget presupuesto múltiple.

multiple budgeting presupuestación múltiple.

multiple correlation correlación múltiple.

multiple currency practice práctica de tipos de cambio múltiples.

multiple currency system sistema de tipos de cambio múltiples.

multiple exchange rate tipo de cambio múltiple.

multiple indemnity indemnización múltiple.

multiple listing acuerdo entre corredores para compartir información sobre propiedades bajo contrato.

multiple location policy póliza de locales múltiples.

multiple peril insurance seguro contra peligros múltiples.

multiple prices precios múltiples.

multiple pricing descuento por compra de más de una unidad.

multiple recording registro múltiple.

multiple recording of transactions registro múltiple de transacciones.

multiple regression regresión múltiple.

multiple retirement ages edades de retiro múltiples.

multiple sales ventas múltiples.

multiple tariff tarifa múltiple.

multiple taxation imposición múltiple.

multiplier multiplicador.

multiplier effect efecto multiplicador.

municipal bond bono municipal.

municipal bond fund fondo de bonos municipales.

municipal bond insurance seguro garantizando pago de bono municipal.

municipal insurance seguro municipal.

municipal revenue bond bono de ingresos municipal.

municipal securities inversiones emitidas por municipalidades.

municipal taxation imposición municipal.

muniment of title prueba documental de título de propiedad, documento de título, título de propiedad.

mutilated mutilado.

mutilated check cheque mutilado.

mutilated instrument documento mutilado.

mutilated securities valores mutilados.

mutual mutuo, mutual.

mutual accounts cuentas recíprocas.

mutual agreement acuerdo mutuo.

mutual assent consentimiento mutuo.

mutual association asociación mutua.

mutual company compañía mutual.

mutual conditions condiciones recíprocas.

mutual consent consentimiento mutuo.

mutual consideration contraprestación recíproca.

mutual contract contrato recíproco.

mutual covenants cláusulas recíprocas.

mutual credits créditos recíprocos.

mutual debts deudas recíprocas.

mutual easements servidumbres recíprocas.

mutual fund fondo mutuo.

mutual fund insurance seguro de fondo mutuo.

mutual insurance seguro mutual.

mutual insurance company compañía mutual de seguros.

mutuality mutualidad, reciprocidad.

mutuality doctrine doctrina que indica que las obligaciones contractuales tienen que ser recíprocas para que el contrato sea válido.

mutuality of contract requisito de que las obligaciones contractuales tienen que ser recíprocas para que el contrato sea válido.

mutuality of obligation requisito de que las obligaciones contractuales tienen que ser recíprocas para que el contrato sea válido.

mutual promises promesas recíprocas.

mutual savings bank banco mutual de ahorros, banco mutuo de ahorros.

naked contract contrato sin contraprestación, contrato sin contraprestación suficiente.

naked deposit depósito gratuito.

naked option opción no cubierta.

naked position posición no cubierta.

naked possession posesión sin título.

naked power poder sin interés en el apoderado.

naked promise promesa unilateral.

naked trust fideicomiso pasivo.

named nombrado.

named insured la persona asegurada.

named peril policy póliza de peligros enumerados.

nameless anónimo, desconocido.

name of corporation nombre de la corporación.

name of partnership nombre de la sociedad.

narrow market mercado angosto.

national nacional.

national accounting contabilidad nacional.

national advertising publicidad nacional.

national association asociación nacional.

national bank banco nacional.

national bank examination examinación de bancos nacionales.

national bank examiner examinador de bancos nacionales.

national brand marca nacional.

national budget presupuesto nacional.

national budgeting presupuestación nacional.

national currency moneda nacional.

national debt deuda nacional.

national economic plan plan económico nacional.

national economy economía nacional.

national expenditure gasto nacional.

national exports exportaciones nacionales.

national holiday feriado nacional.

national importations importaciones nacionales.

national imports importaciones nacionales.

national income ingreso nacional.

national industry industria nacional.

national insurance seguro nacional.

nationalization nacionalización.

national liquidity liquidez nacional.

national market mercado nacional.

national product producto nacional.

national revenue ingreso nacional.

national treasury tesorería nacional.

national union unión nacional.

nationwide por toda la nación.

natural business year año comercial natural, año fiscal.

natural day día natural.

natural interest rate tasa de interés natural.

natural losses pérdidas naturales.

natural monopoly monopolio natural.
natural possession posesión física.
natural premium prima natural.
natural rate tasa natural.
natural resources recursos naturales.
natural vacancy rate tasa de vacantes natural.
natural year año natural.
nearest month mes más cercano.
near money activo fácilmente convertible en efectivo, casi dinero.
near-term a cercano plazo.
necessary necesario.
necessary deposit depósito necesario.
necessary diligence diligencia necesaria.
necessary easement servidumbre necesaria.
necessary expenditure gasto necesario.
necessary expense gasto necesario.
necessary repairs reparaciones necesarias.
negative amortization amortización negativa.
negative authorization autorización negativa.
negative authorization list lista de autorización negativa.
negative carry rendimiento menor que el costo de posesión.
negative cash flow flujo de fondos negativo.
negative condition condición negativa.
negative confirmation confirmación negativa.
negative correlation correlación negativa.
negative covenant estipulación de no realizar un acto.
negative coverage cobertura negativa.
negative easement servidumbre negativa.
negative elasticity elasticidad negativa.
negative factor factor negativo.
negative file archivo negativo.
negative goodwill plusvalía negativa.
negative income tax impuesto sobre ingresos negativo.
negative interest intereses negativos.

negative investment inversión negativa.
negative leverage apalancamiento negativo.
negative net worth valor neto negativo.
negative pledge clause cláusula de pignoración negativa.
negative premium prima negativa.
negative servitude servidumbre negativa.
negative tax impuesto negativo.
negative value valor negativo.
negative verification verificación negativa.
negative working capital capital circulante negativa.
negative yield curve curva de rendimientos negativa.
negligence negligencia.
negligence liability insurance seguro contra responsabilidad por negligencia.
negligent negligente.
negligently negligentemente.
negligently done hecho negligentemente.
negotiability negociabilidad.
negotiable negociable.
negotiable bill letra de cambio negociable.
negotiable bill of exchange letra de cambio negociable.
negotiable bill of lading conocimiento de embarque negociable.
negotiable bond bono negociable.
negotiable certificate of deposit certificado de depósito negociable.
negotiable check cheque negociable.
negotiable document of title título negociable.
negotiable instruments instrumentos negociables.
negotiable investments inversiones negociables.
negotiable note pagaré negociable.
negotiable order of withdrawal cuenta de cheques con intereses.
negotiable order of withdrawal account cuenta de cheques con intereses.
negotiable paper títulos negociables.

negotiable securities valores negociables.

negotiable words palabras y frases de negociabilidad.

negotiate negociar.

negotiated negociado.

negotiated contribution plan plan de contribuciones negociado.

negotiated market price precio de mercado negociado.

negotiated price precio negociado.

negotiated purchase compra negociada.

negotiated rate tasa negociada.

negotiated sale venta negociada.

negotiated terms términos negociados.

negotiated underwriting suscripción negociada.

negotiating negociador.

negotiation negociación.

negotiator negociador.

neighborhood life cycle ciclo de vida de vecindad.

nepotism nepotismo.

net neto.

net amount cantidad neta.

net amount at risk cantidad en riesgo neta.

net assets activo neto.

net asset value valor de activo neto.

net balance saldo neto.

net borrowed reserves reservas prestadas netas.

net capital ratio razón de capital neto.

net capital requirement requisito de capital neto.

net cash flow flujo de fondos neto.

net change cambio neto.

net charge-off cancelaciones netas.

net contribution contribución neta.

net cost costo neto.

net cost method método de costo neto.

net credit period período de crédito neto.

net current assets activo corriente neto.

net debt deuda neta.

net decrease disminución neta.

net demand deposits depósitos a la vista netos.

net dividend dividendo neto.

net domestic product producto nacional neto.

net earnings ingresos netos.

net estate patrimonio neto.

net expenditures gastos netos.

net expenses gastos netos.

net exports exportaciones netas.

net foreign investment inversión extranjera neta.

net free reserves reserva disponible neta.

net ground lease arrendamiento de terreno vacante neto.

net importations importaciones netas.

net imports importaciones netas.

net income ingreso neto, beneficio neto, renta neta.

net income multiplier multiplicador de ingreso neto.

net income per share ingreso neto por acción.

net income to net worth ratio razón de ingreso neto a valor neto.

net increase aumento neto.

net interest interés neto.

net interest cost costo de intereses neto.

net interest earned intereses devengados netos.

net interest margin margen de intereses neto.

net interest yield rendimiento de intereses neto.

net investment inversión neta.

net investment income ingresos por inversiones neto.

net leasable area área arrendable neta.

net lease arrendamiento neto, arrendamiento en que el arrendatario tiene que pagar ciertos otros gastos en adición al pago del alquiler.

net level premium prima nivelada neta.

net liquid assets activo líquido neto.

net listing contrato para la venta de un inmueble en que la comisión es lo que exceda de una cantidad fija que le corresponde al vendedor.

net long-term debt deuda a largo plazo neta.

net loss pérdida neta.

net national debt deuda nacional neta.

net national income ingreso nacional neto.

net national product producto nacional neto.

net of tax neto tras factorizar impuestos.

net operating income ingreso operativo neto.

net operating loss pérdida operativa neta.

net operating loss deduction deducción por pérdida operativa neta.

net pay paga neta.

net payments pagos netos.

net position posición neta.

net premium prima neta.

net present value valor presente neto.

net present value method método de valor presente neto.

net price precio neto.

net price method método de precio neto.

net proceeds producto neto.

net profit margin margen de ganancias netas.

net profits ganancias netas.

net public debt deuda pública neta.

net purchases compras netas.

net rate tasa neta.

net realizable value valor realizable neto.

net rent alquiler neto.

net retention retención neta.

net revenue ingreso neto.

net salary salario neto.

net sales ventas netas.

net sales contract contrato de venta neto.

net savings ahorros netos.

net settlement liquidación neta.

net short-term debt deuda a corto plazo neta.

net single premium prima única neta.

net surplus superávit neto.

net tangible assets ratio razón de activo tangible neto.

net tax base base contributiva neta.

net tax liability responsabilidad contributiva neta.

net tonnage tonelaje neto.

net transaction transacción neta.

net value valor neto.

net value added valor añadido neto.

net volume volumen neto.

net wages salario neto.

net weight peso neto.

network red.

net working capital capital circulante neto.

net worth valor neto, activo neto.

net worth ratio razón de valor neto.

net yield rendimiento neto.

neutrality neutralidad.

never used nunca usado.

new account cuenta nueva.

new account report informe de cuenta nueva.

new acquisition nueva adquisición.

new balance nuevo saldo.

new consideration contraprestación adicional.

new contract nuevo contrato.

new enterprise nueva empresa.

new issue nueva emisión.

new issue market mercado de nuevas emisiones.

new order nueva orden.

new town pueblo nuevo.

next day funds fondos disponibles el próximo día laborable.

nexus nexo.

niche nicho.

night cycle ciclo nocturno.

night deposit depósito nocturno.

night depository depositaría nocturna.

night differential diferencial nocturno.

no account sin cuenta.

no arrival, no sale si no llegan los bienes no hay que pagar por ellos.

no collateral sin colateral.

no-fault sin culpa.

no-fault auto insurance seguro automovilístico sin culpa, seguro automovilístico donde la compañía aseguradora paga los daños independientemente de quien tuvo la culpa.

no funds sin fondos.

no-limit order orden sin limitación de precio.

no-load fund fondo mutuo sin comisión.

nominal nominal.

nominal account cuenta nominal.

nominal assets activo nominal.

nominal capital capital nominal.

nominal consideration contraprestación nominal.

nominal cost costo nominal.

nominal damages daños nominales.

nominal exchange rate tipo de cambio nominal.

nominal income ingreso nominal.

nominal interest rate tasa de interés nominal.

nominal loan rate tasa de préstamo nominal.

nominal partner socio nominal.

nominal price precio nominal.

nominal quotation cotización nominal.

nominal rate tasa nominal.

nominal rate of exchange tipo de cambio nominal.

nominal return rendimiento nominal.

nominal scale escala nominal.

nominal trust fideicomiso nominal.

nominal value valor nominal.

nominal wage salario nominal.

nominal yield rendimiento nominal.

nominate contracts contratos con nombre o forma propia.

nominee persona nombrada, nómino, representante, fideicomisario.

no money down sin pronto pago, sin entrada.

nonacceptance no aceptación, rechazo.

nonaccrual loan préstamo sin acumulación.

nonadmitted no admitido.

nonage minoría de edad, minoridad.

nonamortizing loan préstamo sin amortización.

nonancestral estate bienes inmuebles no adquiridos por sucesión.

nonapparent easement servidumbre discontinua.

nonassessable no susceptible a gravámenes o impuestos.

nonassessable shares acciones no gravables, acciones no susceptibles a gravámenes o impuestos.

nonassessable stock acciones no gravables, acciones no susceptibles a gravámenes o impuestos.

nonassignable no transferible.

nonassignable policy póliza no transferible.

nonassumable no asumible.

nonborrowed no prestado.

nonborrowed reserves reservas no prestadas.

nonbusiness bad debts deudas incobrables no de negocios.

nonbusiness day día no laborable.

nonbusiness expense deduction deducción por gastos no de negocios.

nonbusiness expenses gastos no de negocios.

nonbusiness income ingreso no de negocios.

noncallable no retirable.

noncallable bond bono no retirable.

noncancelable no cancelable.

noncancelable health insurance seguro de salud no cancelable.

noncancelable insurance seguro no cancelable.

noncancelable life insurance seguro de vida no cancelable.

noncollectible incobrable.

noncollectible credit crédito incobrable.

noncollectible debt deuda incobrable.

noncommercial no comercial.

noncommercial transaction transacción no comercial.

noncompetitive bid oferta no competitiva.

noncompetitive tender oferta no competitiva.

nonconforming loan préstamo no conforme a ciertas especificaciones.

nonconforming lot solar no conforme a la zonificación.

nonconforming mortgage hipoteca no conforme a ciertas especificaciones.

nonconforming use uso no conforme a la zonificación.

noncontestability clause cláusula de incontestabilidad.

noncontinuous easement servidumbre discontinua.

noncontributory sin contribuciones.

noncontributory qualified pension plan plan de pensión calificado sin contribuciones por empleados.

noncontributory retirement plan plan de retiro sin contribuciones por empleados.

noncontrollable cost costo no controlable.

noncontrollable expenditure gasto no controlable.

noncontrollable expense gasto no controlable.

noncontrollable risk riesgo no controlable.

noncorporate no corporativo.

noncredit services servicios no relacionados al crédito.

noncumulative no acumulativo.

noncumulative dividends dividendos no acumulativos.

noncumulative preferred shares acciones preferidas no acumulativas.

noncumulative preferred stock acciones preferidas no acumulativas.

noncumulative quantity discount descuento por cantidad no acumulativo.

noncumulative voting votación no acumulativa.

noncurrent assets activo no circulante.

noncurrent liability pasivo no circulante.

nondeductible no deducible.

nondeductable expense gasto no deducible.

nondeductable tax impuesto no deducible.

nondelivery falta de entrega.

nondisclosure no divulgación.

nondiscretionary trust fideicomiso no discrecional.

nondiversifiable risk riesgo no diversificable.

nondivisible no divisible.

nondivisible reorganization reorganiaión no divisible.

nondurable no duradero.

nondurable goods mercancías no duraderas, mercancías perecederas.

nondutiable no imponible.

nonessential goods bienes no esenciales.

nonexclusive listing contrato no exclusivo para vender un inmueble.

nonexpandable fund fondo no expandible.

nonfeasance incumplimiento, omisión.

nonfiler quien no rinde planilla.

nonfinancial no financiero.

nonfinancial compensation compensación no financiera.

nonfinancial incentive incentivo no financiero.

nonflexible price precio no flexible.

nonforfeitable no sujeto a confiscación.

nonincome property propiedad que no produce ingresos.

noninflationary no inflacionario.

noninstallment credit crédito a pagarse en un pago.

noninsurable no asegurable.

noninsurable risk riesgo no asegurable.

noninsured no asegurado.

noninsured driver conductor no asegurado.

noninsured fund fondo no asegurado.

noninterest-bearing que no devenga intereses.

noninterest expense gastos no de intereses.

noninterest income ingreso no de intereses.

nonlegal investments inversiones no permitidas para ciertas instituciones financieras

nonleviable inembargable.

nonlinearity no linealidad.

nonmailable no apto para enviarse por correo.

nonmanufacturing costs costos no de manufactura.

nonmanufacturing expenses gastos no de manufactura.

nonmarketable no vendible, no negociable.

nonmarketable bond bono no negociable.

nonmarketable investment inversión no negociable.

nonmarketable security valor no negociable.

nonmedical policy póliza de seguro emitida sin examen médico.

nonmember bank banco no miembro.

nonmember firm empresa no miembro.

nonmerchantable title título de propiedad no comerciable.

nonmonetary no monetario.

nonmonetary exchange intercambio no monetario.

nonmonetary transaction transacción no monetaria.

nonmortgage loan préstamo no hipotecario.

nonnegotiable no negociable.

nonnegotiable certificate of deposit certificado de depósito no negociable.

nonnegotiable check cheque no negociable.

nonnegotiable instrument instrumento no negociable.

nonnegotiable note pagaré no negociable.

nonoccupational no ocupacional.

nonoccupational disability discapacidad no ocupacional.

nonoperating income ingresos que no provienen de las operaciones.

nonparametric statistics estadística no paramétrica.

nonparticipant no participante.

nonparticipating no participante, sin participación.

nonparticipating policy póliza sin participación.

nonparticipating preferred shares acciones preferidas sin participación.

nonparticipating preferred stock acciones preferidas sin participación.

nonpayment falta de pago.

nonperformance incumplimiento.

nonperforming loans préstamos en mora o de otro modo en incumplimiento.

nonprice competition competencia no de precios.

nonproduction no de producción.

nonproductive improductivo.

nonproductive loan préstamo improductivo.

nonprofit sin fines de lucro.

nonprofit accounting contabilidad de organización sin fines de lucro.

nonprofit association asociación sin fines de lucro.

nonprofit corporation corporación sin fines de lucro.

nonprofit institution institución sin fines de lucro.

nonprofit marketing mercadeo de organización sin fines de lucro.

nonprofit organization organización sin fines de lucro.

nonproportional no proporcional.

nonproportional reinsurance reaseguro no proporcional.

nonpublic no público.

nonpublic company compañía no pública.

nonpublic information información no pública.

nonqualified pension plan plan de pensión no calificado.

nonreciprocal no recíproco.

nonreciprocal transfer transferencia no recíproca.

nonrecourse sin recursos.

nonrecurring no recurrente, no repetitivo.

nonrecurring charge cargo no recurrente.

nonrecurring expense gasto no recurrente.

nonrecurring gain ganancia no recurrente.

nonrecurring loss pérdida no recurrente.

nonrefundable no reembolsable.

nonrefundable charge cargo no reembolsable.

nonrefundable deposit depósito no reembolsable.

nonrefundable expense gasto no reembolsable.

nonrefundable fee cargo no reembolsable.

nonrenewable no renovable.

nonrenewable natural resources recursos naturales no renovables.

nonrenewal clause cláusula que permite no renovar.

nonreserve no de reserva.

nonresident no residente.

nonresident account cuenta de no residente.

nonresidential no residencial.

nonresidential mortgage loan préstamo hipotecario no residencial.

nonresident tax impuesto de no residentes.

nonresident tax rate tasa impositiva de no residentes.

nonroutine decision decisión no de rutina.

nonstochastic no estocástico.
nonstock corporation corporación sin acciones.
nonsufficient funds fondos insuficientes.
nontaxable no tributable.
nontaxable dividend dividendo no tributable.
nontaxable gross income ingreso bruto no tributable.
nontaxable income ingreso no tributable.
nontaxable interest intereses no tributables.
nontaxable investment inversión no tributable.
nontaxable investment income ingreso por inversiones no tributable.
nontaxable securities valores no tributables.
nontaxable transaction transacción no tributable.
nontraditional reinsurance reaseguro no tradicional.
nontransferable no transferible.
nontransferable card tarjeta no transferible.
nonvalued no valorado.
nonvoting shares acciones sin derecho a voto.
nonvoting stock acciones sin derecho a voto.
no par sin valor nominal.
no-par shares acciones sin valor nominal, acciones sin valor a la par.
no-par stock acciones sin valor nominal, acciones sin valor a la par.
normal activity actividad normal.
normal capacity capacidad normal.
normal charges gastos normales.
normal costs costos normales.
normal distribution distribución normal.
normal expenditures gastos normales.
normal expenses gastos normales.
normal foreseeable loss pérdida previsible normal.
normal investment practice práctica de inversión normal.
normalize normalizar.
normal loss pérdida normal.
normal operating cycle ciclo operativo normal.

normal price precio normal.
normal profit ganancia normal.
normal sale venta normal.
normal spoilage deterioro normal.
normal tax impuesto normal.
normal time tiempo normal.
normal trading unit unidad de transacción normal.
normal value valor normal.
normal wear and tear deterioro normal.
normative economics economía normativa.
no-strike clause cláusula de no declarar huelga.
notarization notarización, atestación notarial.
notarize notarizar.
note pagaré, nota, billete.
noteholder tenedor de un pagaré.
note of hand pagaré.
note of protest nota de protesto.
note payable documento por pagar.
note receivable documento por cobrar.
notes payable pagarés a pagar.
notes receivable pagarés a cobrar.
notice aviso, notificación, aviso de despido.
notice of acceptance aviso de aceptación.
notice of arrears aviso de mora.
notice of arrival aviso de llegada.
notice of bankruptcy aviso de quiebra.
notice of cancelation aviso de cancelación.
notice of cancelation clause cláusula de aviso de cancelación.
notice of change aviso de cambio.
notice of copyright aviso de derechos de autor.
notice of date of maturity aviso de vencimiento.
notice of default aviso de incumplimiento.
notice of deficiency aviso de deficiencia.
notice of dishonor aviso de rechazo, aviso de rechazo de un pagaré.
notice of due date aviso de vencimiento.
notice of meeting convocatoria.

notice of nonacceptance aviso de no aceptación.

notice of protest aviso de protesto.

notice of renewal aviso de renovación.

notice of shipment aviso de embarque.

notice of strike aviso de huelga.

notice of withdrawal aviso de retiro.

notice to creditors aviso a acreedores.

notice to quit aviso de dejar vacante.

notification notificación.

notify notificar, comunicar.

not negotiable no negociable.

notorious insolvency insolvencia notoria.

notorious possession posesión notoria.

not rated no calificado.

not satisfied impago.

not transferable no transferible.

novation novación.

nude contract contrato sin contraprestación.

nude pact contrato sin contraprestación, promesa unilateral.

nuisance estorbo.

null and void nulo, sin efecto ni valor.

null hypothesis hipótesis nula.

nullification anulación.

nullification of agreement anulación de convenio, anulación de contrato.

nullification of contract anulación de contrato.

nullify anular.

numerical rating system sistema de clasificación numérico.

numerical transit system sistema de tránsito numérico.

objectionable objetable, impugnable.

objection to title objeción a título.

objective indicators indicadores objetivos.

objective probability probabilidad objetiva.

objective value valor establecido por el mercado, valor objetivo.

objectivity objetividad.

obligate obligar.

obligated obligado.

obligation obligación, pagaré, bono.

obligation of a contract obligación contractual.

obligator obligado, deudor.

obligatorily obligatoriamente.

obligatory obligatorio.

obligatory covenant estipulación obligatoria.

obligatory insurance seguro obligatorio.

obligatory maturity vencimiento obligatorio.

obligatory pact convenio obligatorio.

obligatory reinsurance reaseguro obligatorio.

obligatory reserves reserva obligatoria.

obligee obligante, acreedor.

obligor obligado, deudor.

observation test prueba mediante observación.

obsolescence obsolescencia.

obsolescent obsolescente.

obsolete obsoleto.

obsolete securities valores obsoletos.

obtain obtener.

obtain credit obtener crédito.

obverse anverso.

obvious defect defecto evidente.

obvious risk riesgo evidente.

occasional ocasional.

occasional sale venta ocasional.

occasional transaction transacción ocasional.

occupancy ocupación, tenencia.

occupancy level nivel de ocupación.

occupant ocupante, tenedor.

occupation ocupación, tenencia.

occupational ocupacional.

occupational accident accidente ocupacional, accidente laboral.

occupational analysis análisis ocupacional.

occupational disease enfermedad de trabajo, enfermedad ocupacional.

occupational earnings ingresos ocupacionales, ingresos laborales.

occupational hazard riesgo de trabajo, riesgo ocupacional.

occupational health salud de trabajo, salud ocupacional.

occupational information información de trabajo, información ocupacional.

occupational injury lesión de trabajo, lesión ocupacional.

occupational risk riesgo de trabajo, riesgo ocupacional.

occupational safety seguridad ocupacional.

occupational tax impuesto a ocupaciones, licencia fiscal.

occupation analysis análisis de ocupación.

occupier ocupante.

occupy ocupar.

occupying claimant quien intenta recobrar el costo de las mejoras que ha hecho a un bien inmueble tras enterarse que la tierra no es de él.

occurrence limit límite de occurencia.

ocean bill of lading conocimiento de embarque marítimo.

ocean marine insurance seguro marítimo.

odd date fecha de vencimiento irregular.

odd-days interest intereses durante un intervalo irregular.

odd lot unidad incompleta de transacción, transacción bursátil de menos de cien acciones.

odd-lot dealer corredor que se especializa en órdenes de unidades incompletas de transacción.

odd-lot differential cargo adicional por orden de unidad incompleta de transacción.

odd lot doctrine doctrina que indica que se considerará que una persona está completamente incapacitada para trabajar si sus limitaciones le ponen en una desventaja competitiva muy significativa.

odd-lot order orden de unidad incompleta de transacción, orden para transacción bursátil de menos de cien acciones.

odds probabilidades.

off-balance sheet assets activo que no aparece en el balance.

off-balance sheet financing financiamiento que no aparece en el balance.

off-balance sheet items obligaciones que no aparecen en el balance.

off-balance sheet liability pasivo que no aparece en el balance.

off-brand marca considerada inadecuada por un consumidor.

offer n oferta, propuesta.

offer v ofrecer, proponer.

offer and acceptance oferta y aceptación.

offer curve curva de oferta.

offeree quien recibe una oferta.

offerer oferente.

offer for sale ofrecer para la venta.

offering ofrecimiento, oferta, propuesta.

offering circular circular de ofrecimiento.

offering date fecha de ofrecimiento.

offering price precio de oferta, precio de ofrecimiento.

offer in writing oferta por escrito.

offer of compromise oferta de transacción.

offeror oferente.

offer to purchase oferta de compra.

offer wanted aviso de que se solicitan ofertas.

office oficina, cargo, oficio.

office administration administración de oficina.

office administrator administrador de oficina.

office building edificio de oficinas.

office copy copia certificada.

office equipment equipo de oficina.

office expenditures gastos de oficina.

office expenses gastos de oficina.

office hours horas de oficina.

office management administración de oficina.

office manager gerente de oficina.

office park parque de oficinas.

officer oficial, funcionario.

officers' and directors' liability insurance seguro de responsabilidad de funcionarios y directores.

officer's check cheque de caja.

official adj oficial, de oficio.

official n funcionario.

official capital capital oficial.

official check cheque de caja.

official classification clasificación oficial.

official exchange rate tipo de cambio oficial.

officially oficialmente.

official market mercado oficial.

official rate tipo oficial.

official reserves reserva oficial.

official statement declaración oficial.

official value valor oficial.

off-line fuera de línea.

off-load descargar.

off-peak no en las horas de máximo consumo, no en las horas de máximo precio.

off-premises no en el local, no en el local asegurado.

off-premises clause cláusula para cobertura de propiedad mientras no esté en el local asegurado.

offset n compensación.

offset v compensar.

offset account cuenta de compensación.

offsetting entry asiento compensatorio.

offsetting error error compensatorio.

off-shift differential paga adicional por jornada irregular.

offshore en el exterior, de mar adentro.

offshore banking banca más allá de un territorio con el fin de aprovechar diferencias en regulaciones.

off-the-books no en los libros.

off-the-job training entrenamiento no en el lugar de trabajo.

off-the-premise banking banca que no se lleva acabo en una oficina de banco.

off-the-record extraoficial, confidencial.

of record registrado, inscrito.

oil and gas limited partnership sociedad en comandita de petróleo y gas.

old age and survivors' insurance seguro de edad avanzada y supervivientes.

old line life seguro de vida con pagos y beneficios fijos.

old line life insurance seguro de vida con pagos y beneficios fijos.

oligopolistic oligopolístico.

oligopoly oligopolio.

oligopoly price precio de oligopolio.

oligopsony oligopsonio.

oligopsony price precio de oligopsonio.

ombudsman procurador de individuos, ombudsman.

omission omisión.

omission clause cláusula de omisiones.

omit omitir.

omittance omisión.

omitted omitido.

omitted dividend dividendo omitido.

omitted transaction transacción omitida.

omnibus clause cláusula de cobertura para personas que usan un vehículo con la autorización de la persona asegurada.

on account a cuenta, pago a cuenta.

on approval previa aceptación, a prueba.

on behalf of de parte de, a favor de.

on call a la vista, a petición.

on consignment en consignación.

on default en caso de incumplimiento.

on delivery a la entrega.

on demand a la vista, a solicitud.

on duty en servicio.

one-day certificate certificado de un día.

one-hundred-percent location localización del cien por ciento.

one-hundred-percent reserve reserva del cien por ciento.

one-person company compañía de un solo integrante.

one-person corporation corporación de un solo integrante, persona jurídica de un solo integrante.

one-price policy política de precio único.

onerous oneroso.

onerous contract contrato oneroso.

onerous gift donación con cargos.

onerous title título oneroso.

one-sided contract contrato abusivo, contrato leonino.

one-stop banking banca con servicios completos.

one-time buyer comprador de una sola vez.

one-time rate tasa de una sola vez.

on file registrado.

ongoing buyer comprador continuo.

ongoing seller vendedor continuo.

on-line en línea.

on-line database base de datos en línea.

on margin comprado en cuenta de margen.

on opening en la apertura.

on order pedido pero no recibido.

on record registrado, que consta.

onset date fecha de inicio.

on sight a la vista.

on-the-job accident accidente en el trabajo.

on-the-job training entrenamiento en el trabajo.

on time a tiempo.

open account cuenta corriente, cuenta abierta.

open a line of credit iniciar una línea de crédito.

open a loan conceder un préstamo.

open a market abrir un mercado.

open an account abrir una cuenta.

open bid propuesta con derecho de reducción, oferta abierta.

open bids abrir propuestas.

open career carrera abierta.

open certificate certificado abierto.

open competition competencia abierta.

open competition laws leyes de competencia abierta.

open contract contrato abierto.

open credit crédito abierto.

open dating colocación de fecha de expiración en un lugar fácil de ver.

open debit débito abierto.

open distribution distribución abierta.

open door policy política de puerta abierta, política de puertas abiertas.

open economy economía abierta.

open-end contract contrato en el cual ciertos términos no se han establecido.

open-end credit crédito renovable.

open-end fund fondo mutuo de acciones ilimitadas.

open-end investment company compañía de inversiones de acciones ilimitadas.

open-end lease arrendamiento abierto.

open-end management company compañía administradora de fondo mutuo de acciones ilimitadas.

open-end mortgage hipoteca renovable, hipoteca ampliable.

open-end mutual fund fondo mutuo de acciones ilimitadas.

open form formulario abierto.

open fund fondo abierto.

open house casa abierta.

open inflation inflación abierta.

opening apertura.

opening assets activo de apertura.

opening balance balance de apertura, saldo de apertura.

opening block bloque de apertura.

opening capital capital de apertura.

opening date fecha de apertura.

opening entry asiento de apertura.

opening liabilities pasivo de apertura.

opening of account apertura de cuenta.

opening of negotiations apertura de negociaciones.

opening of the exchange apertura de la bolsa.

opening price precio de apertura.

opening purchase compra de apertura.

opening sale venta de apertura.

opening time hora de apertura.

opening transaction transacción de apertura.

open insurance seguro abierto.

open insurance policy póliza de seguros abierta.

open interest opciones en circulación.

open inventory inventario abierto.

open listing contrato no exclusivo para vender un inmueble.

open market mercado abierto.

open market account cuenta de mercado abierto.

open market credit crédito de mercado abierto.

open market intervention intervención de mercado abierto.

open market operations operaciones de mercado abierto.

open market policy   política de mercado abierto.

open market rate   tasa de mercado abierto.

open mortgage   hipoteca abierta.

open option   opción abierta.

open order   orden abierta.

open policy   póliza abierta.

open port   puerto libre, puerto franco.

open position   posición abierta.

open possession   posesión manifiesta.

open price   precio abierto.

open rate   tasa abierta.

open repo   contrato de retroventa abierto.

open repo agreement   contrato de retroventa abierto.

open repurchase   contrato de retroventa abierto.

open repurchase agreement contrato de retroventa abierto.

open shop   empresa la cual emplea sin considerar si el solicitante es miembro de un gremio.

open stock   inventario abierto.

open system   sistema abierto.

open trade   transacción abierta.

open transaction   transacción abierta.

open union   unión abierta.

operating   en funcionamiento, activo.

operating account   cuenta operativa, cuenta de explotación.

operating administration administración operativa.

operating assets   activo operativo, activo de explotación.

operating budget   presupuesto operativo.

operating capacity   capacidad operativa.

operating capital   capital operativo, capital de explotación.

operating costs   costos operativos, costos de explotación.

operating cycle   ciclo operativo.

operating decisions   decisiones operativas.

operating expenses   gastos operativos, gastos de explotación.

operating income   ingreso operativo, ingresos de explotación.

operating lease   arrendamiento de explotación.

operating leverage   apalancamiento operativo.

operating losses   pérdidas operativas, pérdidas de explotación.

operating management administración operativa.

operating officer   funcionario operativo.

operating profit   ganancias operativas, utilidad de explotación.

operating ratio   razón operativa, razón de explotación.

operating reserve   reserva operativa.

operating revenue   ingresos operativos, entradas de operación.

operating risk   riesgo operativo.

operating statement   estado operativo.

operating surplus   superávit de operación.

operational   operacional.

operational analysis   análisis operacional.

operational assistance   asistencia operacional.

operational audit   auditoría operacional.

operational budget   presupuesto operacional.

operational charges   cargos operacionales.

operational control   control operacional.

operational costs   costos operacionales.

operational expenditures   gastos operacionales.

operational expenses   gastos operacionales.

operational income   ingresos operacionales.

operational loan   préstamo operacional.

operational objectives   objetivos operacionales.

operational plan   plan operacional.

operational planning   planificación operacional.

operational research   investigación operacional.

operational targets   objetivos operacionales.

operations administration
administración de operaciones.

operations administrator
administrador de operaciones.

operations analysis análisis de
operaciones.

operations budgeting
presupuestación de operaciones.

operations department
departamento de operaciones.

operations liability responsabilidad
de operaciones.

operations management
administración de operaciones.

operations manager administrador
de operaciones.

operations research investigación de
operaciones.

operations unit unidad de operaciones.

operative clause cláusula operativa.

operative words palabras claves de un
contrato.

operator operador, agente.

opinion opinión.

opinion leader líder en opiniones.

opinion of title opinión de título.

opportunity cost costo de
oportunidad.

opportunity cost approach
acercamiento de costo de oportunidad.

opportunity cost of capital costo de
oportunidad de capital.

opportunity curve curva de
oportunidad.

oppressive opresivo.

oppressive agreement convenio
abusivo.

oppressive clause cláusula abusiva.

optimal óptimo.

optimal allocation asignación óptima.

optimal allocation of resources
asignación óptima de recursos.

optimal solution solución óptima.

optimization optimización.

optimum óptimo.

optimum capacity capacidad óptima.

optimum output salida óptima.

optimum production producción
óptima.

optimum solution solución óptima.

option opción, opción de compra,
opción de venta.

option account cuenta de opciones,
cuenta con opciones.

option account agreement convenio
de cuenta de opciones.

option account agreement form
formulario de convenio de cuenta de
opciones.

option agreement convenio de cuenta
de opciones.

optional opcional.

optional annuity form forma de
anualidad opcional.

optional benefits beneficios
opcionales.

optional bond bono retirable.

optional clause cláusula opcional.

optional consumption consumo
opcional.

optional credit crédito opcional.

optional date fecha opcional.

optional dividend dividendo opcional.

optional payment pago opcional.

optional payment bond bono de
pago con opción de moneda.

optional tax impuesto opcional.

optional valuation date fecha de
valuación opcional.

option buyer comprador de opciones.

option contract contrato de opciones.

option day fecha de vencimiento de
opciones.

optionee quien recibe una opción,
titular de una opción.

option fund fondo mutuo que utiliza
opciones.

option holder tenedor de opciones.

option mutual fund fondo mutuo que
utiliza opciones.

option period período de opciones.

option premium prima de opción.

option price precio de opción.

option seller vendedor de opciones.

option series serie de opciones.

options market mercado de opciones.

option spread combinación de
opciones.

option to purchase opción de compra.

option writer quien vende una opción.

oral agreement acuerdo oral, contrato
oral, acuerdo verbal, contrato verbal.

oral contract contrato oral, contrato
verbal.

oral offer oferta oral, oferta verbal.

oral order orden oral, orden verbal.

oral trust fideicomiso constituido oralmente, fideicomiso constituido verbalmente.

or better o a mejor precio.

order n orden, clase.

order v ordenar, dirigir.

order bill of lading conocimiento de embarque a la orden.

order book libro de órdenes.

order book official oficial de libro de órdenes.

order by mail ordenar por correo.

order check cheque a la orden.

order department departamento de órdenes.

order discount descuento por cantidad de orden.

order form formulario de orden.

ordering costs costos de orden.

order in writing orden por escrito.

order letter carta de orden.

order number número de orden.

order paper instrumento negociable pagadero a persona específica.

order-point system sistema de inventario en el cual al llegar a un punto dado se genera otro pedido.

order shares acciones a la orden.

order sheet hoja de orden.

order stock acciones a la orden.

order ticket formulario de orden.

ordinary ordinario.

ordinary agency agencia ordinaria.

ordinary and necessary business expenses gastos de negocios ordinarios y necesarios.

ordinary annuity anualidad ordinaria.

ordinary asset activo ordinario.

ordinary budget presupuesto ordinario.

ordinary budgeting presupuestación ordinaria.

ordinary business expenses gastos de negocios ordinarios.

ordinary course of business curso ordinario de los negocios.

ordinary creditor acreedor ordinario.

ordinary depreciation depreciación ordinaria.

ordinary discount descuento ordinario.

ordinary dividend dividendo ordinario.

ordinary expenditures gastos ordinarios.

ordinary expenses gastos ordinarios.

ordinary gain ganancia ordinaria.

ordinary income ingreso ordinario.

ordinary insurance seguro ordinario.

ordinary interest intereses ordinarios.

ordinary life seguro de vida ordinario.

ordinary life insurance seguro de vida ordinario.

ordinary loss pérdida ordinaria.

ordinary partnership sociedad ordinaria.

ordinary payment pago ordinario.

ordinary payroll nómina ordinaria.

ordinary payroll insurance seguro de nómina ordinaria.

ordinary rent renta ordinaria.

ordinary risks riesgos ordinarios.

ordinary services servicios ordinarios.

ordinary shares acciones ordinarias.

ordinary stock acciones ordinarias.

ordinary voting votación ordinaria.

organization organización, persona jurídica.

organizational organizativo.

organizational analysis análisis organizativo.

organizational change cambio organizativo.

organizational chart organigrama.

organizational climate clima organizativo.

organizational development desarrollo organizativo.

organizational effectiveness efectividad organizativa.

organizational efficiency eficiencia organizativa.

organizational goal meta organizativa.

organizational level nivel organizativo.

organizational meeting reunión constitutiva.

organizational norm norma organizativa.

organizational planning planificación organizativa.

organizational psychology
psicología organizativa.

organizational structure estructura
organizativa.

organizational system sistema
organizativo.

organization chart organigrama.

organization cost costo de
organización, costo de constitución.

organization development
desarrollo de organización.

organization expense gasto de
organización, gasto de constitución.

organization structure estructura de
organización.

organize organizar, establecer.

organized organizado.

organized exchange mercado
organizado, lonja.

organized labor trabajadores
agremiados, trabajadores sindicados.

organized market mercado
organizado.

organized strike huelga organizada.

organizer organizador.

orientation orientación.

orientation program programa de
orientación.

original acquisition adquisición
original.

original age edad original.

original assets activo original.

original balance saldo inicial.

original capital capital inicial.

original conveyances cesiones
originales.

original cost costo original.

original entry asiento original.

original equipment equipo original.

original estate propiedad original.

original insurance seguro original.

original inventor inventor original.

original investment inversión original.

original invoice factura original.

original issue discount descuento de
emisión original.

original margin margen original.

original maturity vencimiento original.

original order orden original.

original packing empaquetamiento
original.

originating bank banco de origen.

origination originación.

origination charge cargo por
originación.

origination fee cargo por originación.

originator originador.

originator identifier identificador de
originador.

originator's bank banco del
originador.

ostensible ostensible, aparente.

ostensible agency agencia aparente.

ostensible authority autoridad
aparente.

ostensible ownership propiedad
aparente.

ostensible partner socio aparente.

ostensibly ostensiblemente,
aparentemente.

other assets otros activos.

other charges otros cargos.

other costs otros costos.

other expenditures otros gastos.

other expenses otros gastos.

other fees otros cargos.

other income otros ingresos.

other insurance clause cláusula de
seguro solapante.

other insured otros asegurados.

other investments otras inversiones.

other loans otros préstamos.

other long-term debt otras deudas a
largo plazo.

other securities otros valores.

ouster desalojamiento, expulsión.

ouster judgment sentencia de desalojo.

outbid presentar una mejor oferta.

outbuilding estructura anexa, edificio
anexo.

outdoor advertising publicidad
exterior.

outlay desembolso, gasto.

outlet store tienda de ventas a
descuento de mercancía.

out-of-area card tarjeta fuera del área.

out of benefit asegurado a quien se le
ha suspendido la cobertura por falta de
pago de las primas.

out of commission fuera de servicio.

out-of-pocket costs costos pagados en
efectivo.

out-of-pocket expenditures gastos
pagados en efectivo.

out-of-pocket expenses gastos pagados en efectivo.

out-of-pocket rule regla que indica que quien compra tras representaciones fraudulentas tiene el derecho de recobrar la diferencia entre la cantidad pagada y el valor de lo comprado.

out of stock fuera de inventario.

out of time fuera de tiempo, fuera de plazo, nave perdida.

outplacement servicios que ofrece un patrono para ayudar a un empleado despedido a obtener otro trabajo.

output producción, salida.

output costs costos de producción.

output curve curva de producción.

output rate tasa de producción, tasa de productividad.

outright entero, directo.

outset comienzo.

outside director miembro de una junta directiva cuyo vínculo único es ese cargo, consejero externo.

outsourcing contratación de terceros para servicios o manufactura.

outstanding pendiente de pago, pendiente, en circulación.

outstanding account cuenta pendiente.

outstanding and open account cuenta pendiente.

outstanding balance saldo pendiente.

outstanding bonds bonos en circulación.

outstanding capital shares acciones en circulación.

outstanding capital stock acciones en circulación.

outstanding check cheque sin cobrar, cheque pendiente de pago.

outstanding coupon cupón pendiente de pago.

outstanding credit crédito pendiente.

outstanding debt deuda pendiente de pago.

outstanding expenses gastos pendientes de pago.

outstanding loan préstamo pendiente.

outstanding obligation obligación pendiente.

outstanding options opciones en circulación.

outstanding premium prima pendiente de pago.

outstanding securities valores en circulación.

outstanding shares acciones en circulación.

outstanding stock acciones en circulación.

overabsorption sobreabsorción.

overage exceso, cantidad adicional al alquiler a pagar basado en ventas brutas.

overall balance balance global.

overall budget presupuesto global.

overall budgeting presupuestación global.

overall coverage cobertura global.

overall deficit déficit global.

overall demand demanda global.

overall economy economía global.

overall expenditures gastos globales.

overall expenses gastos globales.

overall expenses method método de gastos globales.

overall growth crecimiento global.

overall market mercado global.

overall market capability capacidad de mercado global.

overall rate of return tasa de rendimiento global.

overall supply oferta global.

over and short sobrantes y faltantes.

overbid ofrecer más que.

overbook reservar más allá de lo que se puede acomodar.

overbooked con reservaciones más allá de lo que se puede acomodar.

overbooking aceptación de reservaciones más allá de lo que se puede acomodar.

overbought sobrevalorado, sobrecomprado.

overbought market mercado sobrevalorado.

overbuilding sobreconstrucción.

overbuy comprar de más, comprar pagando de más.

overcapacity sobrecapacidad.

overcapitalization sobrecapitalización.

overcapitalize sobrecapitalizar.

overcapitalized sobrecapitalizado.

overcertification sobrecertificación, certificación de un cheque sin fondos, confirmación bancaria por exceso.

overcertify certificar un cheque sin fondos.

overcharge n cargo excesivo, recargo.

overcharge v sobrecargar.

overcollaterization sobrecolateralización.

overconsumption sobreconsumo.

overcredit acreditar en exceso.

overdepreciation sobredepreciación.

overdraft sobregiro, descubierto.

overdraft protection protección contra sobregiros.

overdraw sobregirar, girar en descubierto.

overdrawn sobregirado.

overdue vencido, en mora.

overdue payment pago vencido, pago en mora.

overemployment sobreempleo.

overestimate sobreestimar.

overextension sobreextensión.

overfinancing sobrefinanciamiento.

overflow desbordamiento.

overhang bloque grande que de venderse crearía presión bajista.

overhead gastos generales, gastos fijos.

overhead costs costos generales fijos, costos fijos.

overhead expenses gastos generales fijos, gastos fijos.

overhead insurance seguro de gastos generales.

overimprovement sobremejoramiento.

overinsurance sobreseguro.

overinvestment sobreinversión.

overissue emisión mas allá de lo permitido, sobreemisión.

overlapping debt deuda solapante.

overlapping insurance seguros solapantes.

over line cobertura más allá de la capacidad normal.

overload sobrecargar.

overnight money préstamo a un día.

overnight repo contrato de retroventa a un día.

overnight repurchase agreement contrato de retroventa a un día.

overpay pagar en exceso.

overpayment pago en exceso.

overplus excedente.

overproduction sobreproducción.

overrate sobrestimar.

overreaching clause cláusula de extensión.

override compensación adicional a uno de puesto superior, compensación más allá de cierta cantidad.

overrun sobreproducción, sobrecostos.

oversaturation sobresaturación.

oversaving sobreahorro.

overseas investments inversiones extranjeras.

overseas trade comercio exterior.

oversell sobrevender.

oversold infravalorado, sobrevendido.

oversold market mercado infravalorado.

overspeculation sobreespeculación.

overspend gastar de más.

overstate declarar de más, exagerar.

oversubscribe sobresuscribir.

oversubscribed sobresuscrito.

oversubscription sobresuscripción.

oversupply sobreoferta.

over-the-counter valor no cotizado en una bolsa, mercado de valores en que las transacciones se llevan acabo mediante una red electrónica.

over-the-counter market mercado de valores en que las transacciones se llevan acabo mediante una red electrónica.

over-the-counter securities valores en que las transacciones se llevan acabo mediante una red electrónica.

overtime horas extras, sobretiempo, tiempo suplementario.

overtime wage salario por horas extras.

overtrading transacciones excesivas, expansión de ventas más allá de lo financiable por el capital circulante.

overvaluation sobrevaluación.

overvalue sobrevalorar.

overvalued sobrevalorado.

owe deber, adeudar.

owing pendiente de pago.

own adj propio.

own v tener, poseer.

owner dueño, propietario.

owner financing financiamiento por el dueño.
owner of record titular registrado.
owner-operator dueño-operador.
ownership propiedad, titularidad.
ownership certificate certificado de propiedad.
ownership form forma de propiedad.
ownership in common copropiedad.

package paquete.
package code código de paquete.
packaged empaquetado.
package deal acuerdo global.
package design diseño de paquete.
packaged goods mercancías empaquetadas.
package insurance seguro global.
package insurance policy póliza de seguro global.
package mortgage hipoteca que incluye mobiliario.
package policy póliza global.
packaging empaque, embalaje.
packaging laws leyes sobre empaque.
packing empaquetamiento, embalaje.
packing instructions instrucciones de empaque.
packing list lista de empaque.
pact pacto, convenio, compromiso.
pactional concerniente a un pacto.
paid pagado, pago, remunerado.
paid check cheque pagado.
paid for pagado.
paid holiday día festivo pagado.
paid-in capital capital pagado, capital desembolsado.
paid in full pagado totalmente.
paid-in surplus superávit pagado.
paid losses pérdidas pagadas.
paid status estado de pagado.
paid to date pagado hasta la fecha.
paid up pagado totalmente.
paid-up benefits beneficios pagados.
paid-up capital capital pagado.
paid-up insurance seguro pago.

paid-up shares acciones pagadas, acciones liberadas.
paid-up stock acciones pagadas, acciones liberadas.
paired plans planes apareados.
paired shares acciones apareadas.
paired stock acciones apareadas.
pair-off aparear.
panel of arbitrators panel arbitral, comisión de árbitros.
panic selling ventas con pánico.
paper papel, documento negociable, documento, periódico.
paper gain ganancia sin realizar, ganancia sobre el papel.
paper gold oro papel.
paperless entry transferencia de fondos electrónica.
paperless processing procesamiento sin papeles, procesamiento electrónico.
paper loss pérdida sin realizar, pérdida sobre el papel.
paper money papel moneda.
paper patent invención la cual no ha sido explotada comercialmente.
paper profits ganancias sin realizar, ganancias sobre el papel.
paper standard patrón papel.
paper title título dudoso.
par paridad, valor nominal, igualdad.
parallel exporting exportación paralela.
parallel exports exportaciones paralelas.
parallel importing importación paralela.
parallel imports importaciones paralelas.
parallel loan préstamo paralelo.
parallel standard patrón paralelo.
parameter parámetro.
paramount clause cláusula superior.
paramount title título superior.
par bond bono a la par.
parcel n parcela, lote, paquete.
parcel v dividir.
parent company compañía controladora.
parent corporation corporación controladora.
parity paridad.
parity clause cláusula de paridad.

parity price   precio de paridad.
parity principle   principio de paridad.
par of exchange   paridad de cambio.
parol   verbal.
parol agreement   contrato verbal.
parol contract   contrato verbal.
parol lease   arrendamiento oral.
partial   parcial.
partial acceptance   aceptación parcial.
partial account   rendición de cuentas parcial.
partial assignment   cesión parcial.
partial audit   auditoría parcial.
partial average   avería parcial.
partial breach   incumplimiento parcial.
partial correlation   correlación parcial.
partial delivery   entrega parcial.
partial disability   discapacidad parcial.
partial distribution   distribución parcial.
partial-equilibrium analysis   análisis de equilibrio parcial.
partial-equilibrium theory   teoría de equilibrio parcial.
partial eviction   desalojo parcial.
partial incapacity   incapacidad parcial.
partial insurance   seguro parcial.
partial interest   interés parcial.
partial invalidity   invalidez parcial.
partial limitation   limitación parcial.
partial liquidation   liquidación parcial.
partial loss   pérdida parcial.
partially amortized loan   préstamo parcialmente amortizado.
partial merger   fusión parcial.
partial monopoly   monopolio parcial.
partial oligopoly   oligopolio parcial.
partial payment   pago parcial.
partial performance   cumplimiento parcial.
partial plan termination   terminación de plan parcial.
partial release   liberación parcial.
partial reversal   revocación parcial.
partial taking   expropiación parcial.
partible   divisible.
partible lands   tierras divisibles.
participant   participante.
participating   participante.
participating annuity   anualidad con participación.

participating bond   bono con participación.
participating country   país participante.
participating insurance   seguro con participación, póliza de seguros con participación.
participating insurance policy   póliza de seguros con participación.
participating policy   póliza con participación.
participating policy dividend   dividendo de póliza con participación.
participating preferred   acciones preferidas con participación.
participating preferred shares   acciones preferidas con participación.
participating preferred stock   acciones preferidas con participación.
participating reinsurance   reaseguro con participación.
participating shares   acciones con participación.
participating stock   acciones con participación.
participation   participación.
participation account   cuenta de participación.
participation agreement   convenio de participación.
participation certificate   certificado de participación.
participation charges   cargos de participación.
participation fee   cargo de participación.
participation loan   préstamo con participación.
participation mortgage   hipoteca con participación, hipoteca conjunta.
participation rate   tasa de participación.
participative budgeting   presupuestación con participación.
participative leadership   liderazgo con participación.
particular average   avería particular.
particular lien   gravamen específico.
particular partnership   sociedad para un negocio predeterminado.
particulars of a document   detalles de un documento.

particulars of sale descripción detallada de propiedades a subastarse.

particular tenant quien tiene derecho relativo a un inmueble limitado.

parties and privies las partes de un contrato.

partition partición, repartición, separación.

partner socio, asociado, compañero.

partnership sociedad, asociación, consorcio.

partnership agreement contrato de sociedad.

partnership articles contrato para formar una sociedad.

partnership assets activo social.

partnership association sociedad con responsabilidad limitada.

partnership at will sociedad sin un período fijo de tiempo.

partnership capital capital social.

partnership certificate certificado de sociedad.

partnership contract contrato de sociedad.

partnership debt deuda de la sociedad.

partnership deed escritura de sociedad.

partnership funds fondos sociales.

partnership in commendam sociedad en comandita.

partnership insurance seguro de vida sobre socios, seguros obtenidos con la intención de mantener la sociedad.

partnership liabilities pasivo social.

partnership life insurance seguro de vida sobre socios.

part owners copropietarios.

part ownership copropiedad.

part payment pago parcial.

part performance cumplimiento parcial.

part time a tiempo parcial, de media jornada.

part-time employee empleado a tiempo parcial, empleado de media jornada.

part-time employment empleo a tiempo parcial, empleo de media jornada.

part-time work trabajo a tiempo parcial, trabajo de media jornada.

part-time worker trabajador a tiempo parcial, trabajador de media jornada.

party parte, grupo.

party wall pared medianera.

par value valor nominal, valor a la par.

par-value shares acciones a la par, acciones con valor nominal.

par-value stock acciones a la par, acciones con valor nominal.

passage pasaje, paso, aprobación, transcurso.

passbook libreta de banco, libreta de ahorros.

passbook loan préstamo sobre ahorros.

passed dividend dividendo omitido, dividendo no pagado.

passenger miles millas de pasajero.

passing of property transferencia de propiedad.

passing of title transferencia de título.

passing title transferencia de título.

passive pasivo, inactivo.

passive activity actividad pasiva.

passive activity income ingresos por actividad pasiva.

passive activity loss pérdida por actividad pasiva.

passive bond bono pasivo.

passive debt deuda pasiva, deuda que no devenga intereses.

passive income ingreso pasivo.

passive income generator generador de ingreso pasivo.

passive investing inversión pasiva.

passive investment inversión pasiva.

passive investment income ingreso de inversiones pasivo.

passive investor inversionista pasivo.

passive loss pérdida pasiva.

passive loss rules reglas para abrigos tributarios por pérdidas pasivas.

passive retention retención pasiva.

passive trust fideicomiso pasivo.

pass-through entity entidad cuyas contribuciones pasan sin cobrar hasta llegar a los dueños.

pass-through securities valores cuyas contribuciones pasan sin cobrar hasta llegar a los inversionistas.

pass title transferir título.

password contraseña.

past consideration contraprestación anterior.

past debt deuda preexistente.

past due vencido, en mora.

past due account cuenta vencida, cuenta en mora.

past service benefit beneficio por servicio previo.

past service credit crédito por servicio previo.

past service liability responsabilidad por servicio previo.

patent adj patente, patentado.

patent n patente, privilegio, documento de concesión.

patent v patentar.

patentable patentable.

patent and copyright clause cláusula de patentes y derechos de autor.

patent application solicitud de patente.

patent attorney abogado de patentes.

patent defect vicio evidente.

patented patentado.

patented article artículo patentado.

patented process proceso patentado.

patentee patentado, poseedor de patente.

patent holder tenedor de patente.

patent infringement infracción de patente.

patent license licencia de patente.

patent office oficina de patentes.

patent pending patente pendiente.

patent pooling combinación de derechos de patentes.

patent-right derecho de patente.

patent-right dealer comerciante de derechos de patentes.

patron patrocinador.

patronage patrocinio, clientela.

patronage discount descuento por patrocinio.

patronize patrocinar, frecuentar.

pawn n empeño, pignoración, prenda.

pawn v empeñar, pignorar, prendar.

pawnbroker prestamista sobre prendas.

pawnee acreedor prendario.

pawner deudor prendario.

pawnshop casa de empeños.

pay n paga, sueldo, honorarios.

pay v pagar, remunerar, saldar.

payable pagadero, vencido.

payable at sight pagadero a la vista.

payable in installments pagadero a plazos.

payable on delivery pagadero a la entrega.

payable on demand pagadero a la vista.

payable to bearer pagadero al portador.

payable to holder pagadero al portador.

payable to order pagadero a la orden.

pay administration administración de salario.

pay as you go pague al utilizar.

pay at sight pagar a la vista.

pay back reembolsar, devolver.

payback period período de recuperación de inversión, período de amortización.

payback reciprocal recíproco del período de recuperación de inversión.

pay by installments pagar a plazos.

pay by phone sistema de pagos por teléfono.

pay-by-phone system sistema de pagos mediante teléfono.

paycheck cheque de salario, cheque de paga, salario.

pay compression compresión de salario.

pay continuation plan plan de continuación de salario.

pay day día de pago.

payday día de pago.

pay decrease disminución de salario.

paydown pago parcial de deuda.

payee beneficiario de pago, tenedor, portador.

payer pagador.

payer bank banco pagador.

pay increase aumento de salario.

pay in full pagar totalmente.

paying agency agencia pagadora.

paying agent agente pagador.

paying bank banco pagador.

pay in installments pagar a plazos.

pay level nivel de salario.

payload carga útil.

payment pago, sueldo, remuneración.

payment against documents pago contra documentos.

payment before maturity pago antes del vencimiento.

payment bond fianza de pago.

payment by check pago por cheque, pago con cheque.

payment cap máximo de ajuste de pago.

payment certain anualidad de pagos seguros.

payment coupon cupón de pago.

payment date fecha de pago.

payment delay demora de pago.

payment guaranteed pago garantizado.

payment guaranty garantía de pago.

payment in advance pago por adelantado.

payment in arrears pago atrasado.

payment in full pago total.

payment in installments pago a plazos.

payment in kind pago en especie.

payment is due el pago se ha vencido.

payment method método de pago.

payment on account pago a cuenta.

payment order orden de pago.

payment plan plan de pagos.

payment received pago recibido.

payment record registro de pago.

payment refused pago rechazado.

payments deficit déficit de pagos.

payments surplus superávit de pagos.

payment supra protest pago tras protesto.

payment system sistema de pagos.

payment terms términos de pago.

payment type método de pago.

payment under protest pago bajo protesta.

payoff pago, recompensa, resultado.

pay off saldar, pagar, sobornar, dar resultado.

payoff statement declaración del prestador en cuanto a los términos del préstamo y lo que falta por cancelarlo.

pay on account pagar a cuenta.

payor pagador.

payout pago, rendimiento, rendimiento necesario para recuperación de inversión.

payout ratio razón de dividendos a ganancias.

pay period período de pago.

pay reduction reducción de salario.

pay reduction plan plan de reducción de salario.

pay review revisión de salario.

payroll nómina, planilla de sueldos.

payroll account cuenta de nómina.

payroll audit auditoría de nómina.

payroll deductions deducciones de nómina, deducciones del cheque de salario.

payroll department departamento de nómina.

payroll division división de nómina.

payroll office oficina de nómina.

payroll period período de nómina.

payroll records registros de nómina.

payroll register registro de nómina.

payroll tax impuesto sobre la nómina.

pay scale escala de salarios.

pay tax impuesto sobre salarios.

pay to bearer pagar al portador.

pay to the order of pagar a la orden de.

pay under protest pagar bajo protesta.

peaceable picketing piquete pacífico.

peaceable possession posesión pacífica.

peak pico, punta, máximo.

peak capacity capacidad pico, capacidad máxima.

peak hours horas demanda máxima, horas de utilización máxima.

peak period período de utililzación máxima.

peak season temporada de demanda máxima, temporada de utilización máxima, temporada alta.

peculation peculado, desfalco.

pecuniary pecuniario.

pecuniary benefits beneficios pecuniarios.

pecuniary consideration contraprestación pecuniaria.

pecuniary exchange intercambio pecuniario.

pecuniary loss pérdida pecuniaria.

pecuniary transaction transacción pecuniaria.

peddle practicar el oficio de buhonero.

peddler buhonero.

peer group grupo paritario.

peer review revisión por grupo paritario.

peg estabilización de precios mediante intervención, apoyo de precios mediante estabilización, ajuste del tipo de cambio de una moneda basada en otra.

pegging estabilización de precios mediante intervención, apoyo de precios mediante estabilización, ajuste del tipo de cambio de una moneda basada en otra.

penal clause cláusula penal.

penalizable penalizable.

penalize penalizar, multar.

penalty penalidad, multa.

penalty clause cláusula penal.

penalty for early withdrawal penalidad por retiro temprano.

pendency suspensión.

penetration pricing establecimiento de precio bajo para accelerar la entrada de un producto al mercado.

penny stocks acciones que se venden típicamente por menos de un dólar.

pension pensión, retiro.

pensioner pensionado, pensionista.

pension fund fondo jubilatorio, fondo de pensiones.

pension maximization maximización de pensión.

pension plan plan de pensiones.

pension plan funding financiamiento de plan de pensiones.

pension plan funding method método de financiamiento de plan de pensiones.

pension plan liability reserve reserva de responsabilidad de plan de pensiones.

pension plan termination terminación de plan de pensión.

pension trust fideicomiso de pensiones.

people intensive que requiere muchas personas.

per accident limit límite por accidente.

per annum por año.

per capita por cabeza, per cápita.

per capita consumption consumo per cápita.

per capita debt deuda per cápita.

per capita income ingreso per cápita.

per capita output producción per cápita.

per capita tax impuesto per cápita.

perceived risk riesgo percibido.

percent por ciento.

percentage porcentaje.

percentage change cambio porcentual, cambio de porcentaje.

percentage depletion porcentaje de agotamiento.

percentage depletion method método de porcentaje de agotamiento.

percentage lease arrendamiento porcentual sobre las ventas, arrendamiento con participación.

percentage-of-completion method método de porcentaje de terminación.

percentage-of-loss deductible deducible de porcentaje de pérdidas.

percentage of sales porcentaje de ventas.

percentage-of-sales method método de porcentaje de ventas.

percentage order orden de porcentaje.

percentage participation porcentaje de participación.

percentage point punto porcentual.

percentage rent renta a pagar en un arrendamiento porcentual sobre las ventas.

percentage statement estado en porcentajes.

percentile percentil.

per diem por día.

perfect perfecto, completo, cumplido, ejecutado.

perfect competition competencia perfecta.

perfected perfeccionado.

perfected lien gravamen perfeccionado.

perfect instrument instrumento registrado.

perfect market mercado perfecto.

perfect monopoly monopolio perfecto.

perfect ownership dominio perfecto, propiedad perfecta.

perfect title título perfecto.

perfect trust fideicomiso perfecto.

perfect usufruct usufructo perfecto.

perform cumplir, ejecutar, ejercer.

performance cumplimiento, ejecución, rendimiento.

performance analysis análisis de rendimiento.

performance appraisal evaluación de rendimiento.

performance audit auditoría de rendimiento.

performance bond fianza de cumplimiento, garantía de cumplimiento.

performance evaluation evaluación de rendimiento.

performance fund fondo mutuo con metas de apreciación.

performance mutual fund fondo mutuo con metas de apreciación.

performance report informe de rendimiento.

performance securities valores que se compran con expectativas de apreciación.

performance shares acciones que se compran con expectativas de apreciación.

performance stocks acciones que se compran con expectativas de apreciación.

peril peligro, riesgo.

perils of the lakes peligros de los grandes lagos.

perils of the sea peligros del mar.

period período.

period analysis análisis periódico.

period certain período cierto.

period cost costo periódico.

period expense gasto periódico.

periodic periódico.

periodic audit auditoría periódica.

periodic change cambio periódico.

periodic charge cargo periódico.

periodic cost costo periódico.

periodic expenditure gasto periódico.

periodic expense gasto periódico.

periodic fee cargo periódico.

periodic finance charge cargo por financiamiento periódico.

periodic income ingreso periódico.

periodic interest rate tasa de interés periódica.

periodic interest rate adjustment ajuste de tasa de interés periódico.

periodic inventory inventario periódico.

periodic inventory method método de inventario periódico.

periodic inventory system sistema de inventario periódico.

periodic level nivel periódico.

periodic outlay desembolso periódico.

periodic payment pago periódico.

periodic payment plan plan de pagos periódicos.

periodic procedure procedimiento periódico.

periodic purchase compra periódica.

periodic rate tasa periódica.

periodic statement estado periódico.

periodic transaction transacción periódica.

period of credit período de crédito.

period of delivery período de entrega.

period of grace período de gracia.

period of production período de producción.

period of redemption período de rescate de una propiedad hipotecada.

perishable perecedero.

perishable commodity producto perecedero.

perishable goods bienes perecederos.

perks beneficios adicionales, pequeños beneficios.

permanent permanente, fijo.

permanent account cuenta permanente.

permanent capital capital permanente.

permanent consumption consumo permanente.

permanent difference diferencia permanente.

permanent disability discapacidad permanente.

permanent disability benefits beneficios por discapacidad permanente.

permanent employee empleado permanente.

permanent employment empleo permanente.

permanent file archivo permanente.

permanent financing financiamiento permanente.

permanent fixtures instalaciones permanentes.

permanent home residencia permanente.

permanent income ingresos permanentes.

permanent insurance seguro permanente.

permanent life seguro de vida permanente.

permanent life insurance seguro de vida permanente.

permanent location ubicación permanente.

permanently restricted assets activo restringido permanentemente.

permanent mortgage hipoteca permanente.

permanent partial disability discapacidad parcial permanente.

permanent residence residencia permanente.

permanent total disability discapacidad total permanente.

permissible permisible.

permissible losses pérdidas permisibles.

permissible loss ratio razón de pérdidas permisible.

permissible nonbank activities actividades no bancarias permisibles.

permission permiso, licencia.

permission granted clause cláusula de permiso otorgado.

permissive user usuario con permiso.

permissive waste deterioro de inmuebles por omisión.

permit n permiso, licencia.

permit v permitir, autorizar.

permit bond fianza de licencia.

permutation permutación.

perpendicular spread combinación de opciones perpendicular.

per person limit límite por persona.

perpetual perpetuo, vitalicio.

perpetual annuity anualidad perpetua, anualidad vitalicia.

perpetual bond bono sin vencimiento, bono a perpetuidad.

perpetual contract contrato perpetuo, contrato vitalicio.

perpetual insurance seguro perpetuo.

perpetual inventory inventario perpetuo.

perpetual inventory control control de inventario perpetuo.

perpetual inventory method método de inventario perpetuo.

perpetual inventory system sistema de inventario perpetuo.

perpetual lease arrendamiento perpetuo, arrendamiento vitalicio.

perpetual trust fideicomiso perpetuo, fideicomiso vitalicio.

perpetuity perpetuidad.

perquisites beneficios adicionales, pequeños beneficios, gratificaciones.

persistency persistencia.

personal allowances exenciones personales.

personal articles insurance seguro sobre artículos personales.

personal assets bienes muebles, bienes muebles e intangibles.

personal automobile policy póliza de automóvil personal.

personal banker banquero personal.

personal belongings propiedad personal.

personal benefit beneficio personal.

personal catastrophe insurance seguro de catástrofe médico personal.

personal chattel bienes muebles.

personal check cheque personal.

personal consumption consumo personal.

personal contract contrato personal.

personal disability discapacidad personal.

personal disposable income ingreso disponible personal.

personal distribution of income distribución personal de ingresos.

personal earnings ingresos personales.

personal effects efectos personales.

personal effects floater cobertura de efectos personales sin importar la ubicación.

personal effects insurance cobertura de efectos personales sin importar la ubicación.

personal estate bienes muebles de una persona.

personal exemption exención personal.

personal expenditures gastos personales.

personal expenses gastos personales.

personal financial planning planificación financiera personal.

personal financial statement estado financiero personal.

personal floater policy póliza sobre efectos personales.

personal history historial personal.

personal holding company compañía tenedora controlada por pocas personas.

personal identification number número de identificación personal.

personal income ingreso personal.

personal injury lesión personal.

personal injury protection cobertura para lesiones personales.

personal insurance seguro personal.

personal interest expense gasto de intereses personales.

personal liability responsabilidad personal.

personal liability insurance seguro de responsabilidad personal.

personal line of credit línea de crédito personal.

personal loan préstamo personal.

personal loss pérdida personal.

personal obligation obligación personal.

personal property propiedad personal, bienes muebles, bienes muebles e intangibles.

personal property floater cobertura de propiedad personal sin importar la ubicación.

personal property tax impuesto sobre bienes muebles.

personal residence residencia personal.

personal savings ahorros personales.

personal service contract contrato de servicios personales.

personal service corporation corporación de servicios personales.

personal services servicios personales.

personal tax impuesto personal, impuesto sobre bienes muebles.

personal things efectos personales.

personal trust fideicomiso personal.

personalty bienes muebles, bienes muebles e intangibles.

personation representación engañosa.

personnel personal.

personnel administration administración de personal.

personnel administrator administrador de personal.

personnel audit auditoría de personal.

personnel costs costos de personal.

personnel cuts recortes de personal.

personnel department departamento de personal.

personnel division división de personal.

personnel management administración de personal.

personnel manager administrador de personal.

personnel office oficina de personal.

personnel planning planificación de personal.

personnel psychology psicología del personal.

personnel reductions reducciones de personal.

personnel representative representante de personal.

perspective perspectiva.

persuasion persuasión.

per year por año.

petition petición, pedido.

petition in bankruptcy petición de quiebra.

petitioning creditor acreedor solicitante.

petition in insolvency petición de quiebra.

petrodollars petrodólares.

petty average avería menor.

petty cash caja chica, caja para gastos menores.

petty-cash fund caja chica.

phantom income ingreso fantasma.

phaseout reducción progresiva.

phaseout of personal exemptions reducción progresiva de exenciones personales.

phony dividend dividendo falso.

physical assets activo físico.

physical commodity mercancía entregada físicamente.

physical condition condición física.

physical damage insurance seguro de daños físicos.

physical depreciation depreciación física.

physical deterioration deterioro físico.

physical distribution distribución física.

physical hazard riesgo físico.

physical inspection inspección física.

physical inventory inventario físico.

physical possession posesión efectiva.

physical product producto físico.

physical verification verificación física.

picket piquete.

picketer miembro de un piquete de huelga.

picketing hacer piquete de huelga.

piece rate tarifa a destajo, salario por parte.

piecework trabajo a destajo, destajo.

pier muelle.

pierage derecho de amarre.

piercing the corporate veil descorrer el velo corporativo, desestimación de la personalidad jurídica.

pignorative pignoraticio.

pignorative contract contrato pignoraticio.

pilferage ratería, hurto.

pilot plant planta piloto.

pink sheets hojas rosas.

pioneer patent patente pionera.

piracy piratería.

place n lugar, local, puesto.

place v poner, dar empleo, colocar.

place an order poner una orden, ordenar.

placement colocación.

placement ratio razón de colocación.

placement test prueba para colocación.

place of abode residencia, domicilio.

place of business domicilio comercial.

place of contract lugar donde se celebra un contrato.

place of delivery lugar de entrega.

place of departure lugar de salida.

place of employment lugar de empleo.

place of incorporation lugar de incorporación.

place of payment lugar de pago.

place of performance lugar de ejecución, lugar de cumplimiento.

place of registration lugar de registro.

place of residence lugar de residencia.

plan plan.

plan administration administración de plan.

plan administrator administrador de plan.

plan document documento de plan.

plan management administración de plan.

plan manager administrador de plan.

planned planificado.

planned amortization class clase de amotización planificada.

planned community comunidad planificada.

planned development desarrollo planificado.

planned economy economía planificada.

planned investment inversión planificada.

planned obsolescence obsolescencia planificada.

planned unit development desarrollo de unidades planificado.

planning planificación.

planning board junta de planificación.

planning commission comisión de planificación.

plan participants participantes de plan.

plan sponsor patrocinador de plan.

plant planta, fábrica.

plant and equipment planta y equipo.

plan termination terminación de plan.

plat plano, diseño, parcela.

platform automation automatización de plataforma.

pledge prenda, pignoración, garantía, empeño.

pledged account cuenta pignorada.

pledged account mortgage hipoteca de cuenta pignorada.

pledged asset activo pignorado.

pledged securities valores pignorados.

pledged shares acciones pignoradas.

pledged stock acciones pignoradas.

pledgee acreedor prendario.

pledger deudor prendario.

plenary plenario, pleno, completo.

plot lote, plano.

plottage valor adicional que tienen los lotes urbanos al ser parte de una serie contigua.

plottage value valor adicional que tienen los lotes urbanos al ser parte de una serie contigua.

plurilateral plurilateral.

plus tick venta a precio mayor que la anterior.

point punto, un porciento, un dólar en el valor de acciones.

point of equilibrium punto de equilibrio.

point of origin punto de origen.

point of purchase punto de compra.

point-of-purchase advertising publicidad en punto de compra.

point of sale punto de venta.

point-of-sale terminal terminal de punto de venta.

point system sistema de puntos.

poison pill tácticas para que una compañía sea menos atractiva a un adquiridor.

policy póliza, política.

policy anniversary aniversario de póliza.

policy cancelation cancelación de póliza.

policy clauses cláusulas de póliza.

policy condition condición de póliza.

policy date fecha de póliza.

policy declaration declaración de póliza.

policy dividend dividendo de póliza.

policy expiration expiración de póliza.

policy expiration date fecha de expiración de póliza.

policy face valor nominal de póliza.

policy fee cargo por procesar una póliza, cargo adicional de póliza.

policyholder tenedor de póliza, asegurado.

policy limit límite de póliza.

policy loan préstamo garantizado con una póliza de seguros.

policy number número de póliza.

policy of insurance póliza de seguros.

policyowner tenedor de póliza, asegurado.

policy period período de póliza.

policy processing fee cargo por procesar una póliza.

policy provisions cláusulas de póliza.

policy purchase option opción de compra de póliza.

policy requirement requisito de póliza.

policy reserve reserva de póliza.

policy stipulation estipulación de póliza.

policy terms término de póliza.

policy year período anual de una póliza, aniversario de la emisión de una póliza.

political risk riesgo político.

poll tax impuesto de capitación.

pollute contaminar.

pollution contaminación.

pollution exclusion exclusión por contaminación.

polypoly polipolio.

pool fondo común, fondo, agrupación.

pooling combinar fondos, agrupar.

pooling charge cargo por combinar fondos, cargo por agrupar.

pooling of interests agrupamiento de intereses.

population población.

port puerto.

portable mortgage hipoteca transferible a otra propiedad.

portable pension pensión transferible a otro patrono.

portal-to-portal pay pago de todos los gastos de viaje.

port authority autoridad portuaria.

port charges derechos portuarios.

port dues derechos portuarios.

port duties derechos portuarios.

portfolio cartera de valores, valores en cartera, cartera.

portfolio administration administración de cartera de valores.

portfolio administrator administrador de cartera de valores.

portfolio beta score puntuación beta de cartera de valores.

portfolio composition composición de la cartera de valores.

portfolio income ingresos de la cartera de valores.

portfolio insurance seguro de cartera de valores.

portfolio management
administración de cartera de valores.

portfolio manager   administrador de
cartera de valores.

portfolio optimization   optimización
de cartera de valores.

portfolio reinsurance   reaseguro de
cartera de pólizas.

portfolio theory   teoría de cartera de
valores.

port of call   puerto de escala.

port of delivery   puerto de entrega,
puerto final.

port of departure   puerto de partida.

port of destination   puerto de destino.

port of discharge   puerto de descarga.

port of entry   puerto de entrada.

port of exit   puerto de salida.

port of registry   puerto de
matriculación.

port of transit   puerto de tránsito.

port-reeve   funcionario portuario.

port-risk   riesgo portuario.

port toll   derecho portuario.

port-to-port   puerto a puerto.

port-warden   funcionario portuario.

position   posición, posición en el
mercado.

position limit   límite de posición.

positive authorization   autorización
positiva.

positive carry   rendimiento mayor que
el costo de posesión.

positive cash flow   flujo de fondos
positivo.

positive confirmation   confirmación
positiva.

positive correlation   correlación
positiva.

positive leverage   apalancamiento
positivo.

positive yield curve   curva de
rendimiento positiva.

possession   posesión.

possessor   poseedor.

possessory   posesorio.

possessory lien   privilegio de retención.

possible condition   condición posible.

post   n puesto, cargo.

post   v asentar, anunciar, situar.

post-act   acto posterior.

postage   franqueo.

postage meter   medidor de franqueo.

postage rate   tasa de franqueo.

postal   postal.

postal order   giro postal.

postal service   servicio postal.

postaudit   posauditoría.

post-closing   tras el cierre.

post-closing balance   saldo tras el
cierre.

post-date   posfechar.

post-dated   posfechado.

post-dated check   cheque posfechado.

posting   asiento, entrada, anuncio.

posting date   fecha de asiento, fecha de
entrada.

postmark   matasellos.

post office   oficina postal.

postpone   aplazar, diferir.

postponed   aplazado, diferido.

postponed account   cuenta aplazada.

postponed annuity   anualidad
aplazada.

postponed annuity contract
contrato de anualidad aplazada.

postponed availability   disponibilidad
aplazada.

postponed benefits   beneficios
aplazados.

postponed billing   facturación
aplazada.

postponed bonds   bonos aplazados.

postponed charge   cargo aplazado.

postponed compensation
compensación aplazada.

postponed compensation plan   plan
de compensación aplazada.

postponed contribution plan   plan
de contribuciones aplazadas.

postponed cost   costo aplazado.

postponed credit   crédito aplazado.

postponed debit   débito aplazado.

postponed delivery   entrega aplazada.

postponed dividend   dividendo
aplazado.

postponed expenditure   gasto
aplazado.

postponed expense   gasto aplazado.

postponed fee   cargo aplazado.

postponed gain   ganancia aplazada.

postponed group annuity   anualidad
grupal aplazada.

postponed income   ingreso aplazado.

postponed income tax contribución sobre ingresos aplazada.

postponed interest intereses aplazados.

postponed interest bond bono de intereses aplazados.

postponed liability responsabilidad aplazada.

postponed maintenance mantenimiento aplazado.

postponed-payment annuity anualidad de pagos aplazados.

postponed payments pagos aplazados.

postponed-payment sale venta de pagos aplazados.

postponed premium prima aplazada.

postponed profits ganancias aplazadas.

postponed profit sharing participación en las ganancias aplazada.

postponed remuneration remuneración aplazada.

postponed retirement retiro aplazado.

postponed salary increase aumento de salario aplazado.

postponed sales charge cargo de venta aplazado.

postponed sales fee cargo de venta aplazado.

postponed taxes impuestos aplazados.

postponed wage increase aumento de salario aplazado.

postponement aplazamiento, diferimiento.

postpone payment aplazar un pago.

potential potencial.

potential demand demanda potencial.

potential gross income ingreso bruto potencial.

potential output producción potencial.

power poder, capacidad, facultad.

power coupled with an interest poder combinado con un interés de parte del apoderado.

power of appointment facultad de nombramiento.

power of attorney poder.

power of revocation facultad de revocación.

power of sale poder de venta.

practical capacity capacidad práctica.

practical impossibility imposibilidad práctica.

preapproved preaprobado.

preapproved card tarjeta preaprobada.

preapproved interest rate tasa de interés preaprobada.

preapproved loan préstamo preaprobado.

preapproved mortgage hipoteca preaprobada.

preapproved mortgage loan préstamo hipotecario preaprobado.

preapproved mortgage rate tasa hipotecaria preaprobada.

preapproved rate tasa preaprobada.

preaudit preauditoría.

preauthorized preautorizado.

preauthorized charge cargo preautorizado.

preauthorized check cheque preautorizado.

preauthorized-check payments pagos con cheques preautorizados.

preauthorized-check plan plan de cheques preautorizados.

preauthorized-check system sistema de cheques preautorizados.

preauthorized debit débito preautorizado.

preauthorized electronic transfer transferencia electrónica preautorizada.

preauthorized payment pago preautorizado.

preauthorized trade transacción preautorizada.

preauthorized transaction transacción preautorizada.

preauthorized transfer transferencia preautorizada.

precarious precario.

precarious loan préstamo precario, préstamo de pago dudoso, préstamo sin vencimiento fijo.

precarious possession posesión precaria.

precarious trade comercio precario.

precatory trust fideicomiso implícito.

precautionary measures medidas preventivas.

precedence precedencia, prioridad, antelación.

precious metal metal precioso.

preclosing precierre.

precompute precomputar.
precomputed precomputado.
precomputed interest intereses precomputados.
precondition precondición.
precontract precontrato.
precontractual precontractual.
predatory pricing precios bajo el costo para eliminar competidores.
predatory rate tasa bajo la del mercado para eliminar competidores.
predetermined predeterminado.
predetermined budget presupuesto predeterminado.
predetermined charge cargo predeterminado.
predetermined cost costo predeterminado.
predetermined fee cargo predeterminado.
predetermined inventory inventario predeterminado.
predetermined price precio predeterminado.
predetermined production producción predeterminada.
predetermined rate tasa predeterminada.
predetermined yield rendimiento predeterminado.
prediction error error de predicción.
preemption prioridad.
preemptive rights derechos de prioridad de compra de nueva emisión de acciones.
preexisting preexistente.
preexisting condition condición preexistente.
preexisting use uso preexistente.
prefabricate prefabricar.
prefabricated prefabricado.
prefabricated component componente prefabricado.
prefabricated housing vivienda prefabricada.
preference preferencia.
preference item artículo de preferencia.
preference shares acciones de preferencia.
preference stock acciones de preferencia.

preference tax item artículo de preferencia impositiva.
preferential preferencial.
preferential assignment cesión preferencial, cesión con prioridades.
preferential creditor acreedor preferencial, acreedor privilegiado.
preferential debts deudas preferenciales, deudas privilegiadas.
preferential payment pago preferencial.
preferential tariff tarifa preferencial.
preferential trade comercio preferencial.
preferential treatment trato preferencial.
preferred preferido, privilegiado.
preferred beneficiary beneficiario preferido.
preferred creditor acreedor privilegiado, acreedor preferente.
preferred debt deuda preferida.
preferred dividend dividendo preferido.
preferred dividend coverage cobertura de dividendos preferidos.
preferred provider organization organización de proveedores preferidos.
preferred risk riesgo preferido.
preferred shareholder accionista preferido.
preferred shares acciones preferidas, acciones preferenciales.
preferred stock acciones preferidas, acciones preferenciales.
preferred stock fund fondo mutuo de acciones preferidas.
preferred stockholder accionista preferido.
preferred stock mutual fund fondo mutuo de acciones preferidas.
preferred stock ratio razón de acciones preferidas, razón de acciones preferenciales.
prefinancing prefinanciamiento.
prelease prearrendamiento, arrendamiento antes de la construcción.
preliminary preliminar.
preliminary audit auditoría preliminar.
preliminary charges cargos preliminares.
preliminary commitment compromiso preliminar.

preliminary costs costos preliminares.

preliminary expenditures gastos preliminares.

preliminary expenses gastos preliminares.

preliminary fees cargos preliminares.

preliminary official statement declaración oficial preliminar.

preliminary period período preliminar.

preliminary prospectus prospecto preliminar.

preliminary term término preliminar.

preliminary title report informe de título preliminar.

premises premisas, instalaciones, establecimiento.

premises liability responsabilidad de local.

premium prima, premio.

premium adjustment ajuste de prima.

premium adjustment endorsement provisión de ajuste de prima.

premium adjustment form formulario de ajuste de prima.

premium advance adelanto de prima.

premium base base de prima.

premium basis base de prima.

premium bond bono con prima.

premium computation cómputo de prima.

premium default incumplimiento de pago de prima.

premium deposit depósito de prima.

premium discount descuento de prima.

premium discount plan plan de descuentos de prima.

premium income ingresos por primas de opciones vendidas.

premium loan préstamo sobre póliza.

premium mode frecuencia de pagos de primas.

premium notice aviso de fecha de pago de prima.

premium pay paga adicional por horas o condiciones desfavorables.

premium rate tasa de prima.

premium recapture recaptura de prima.

premium receipt recibo de pago de prima.

premium refund reembolso de prima.

premium return devolución de prima.

premium tax impuesto sobre las primas obtenidas por un asegurador.

prenotification prenotificación.

prepaid prepagado, pagado por adelantado.

prepaid charges cargos prepagados.

prepaid costs costos prepagados.

prepaid expenses gastos prepagados.

prepaid fees cargos prepagados.

prepaid group insurance seguro grupal prepagado.

prepaid income ingresos prepagados.

prepaid insurance seguro prepagado.

prepaid interest intereses prepagados.

prepaid rent renta prepagada.

prepaid taxes impuestos prepagados.

prepay prepagar, pagar por adelantado.

prepayment prepago, pago adelantado.

prepayment clause cláusula de prepago.

prepayment model modelo de prepago.

prepayment of charges prepago de cargos.

prepayment of fees prepago de cargos.

prepayment of insurance prepago de seguro.

prepayment of interest prepago de intereses.

prepayment of premiums prepago de primas.

prepayment of principal prepago de principal.

prepayment of taxes prepago de impuestos.

prepayment penalty penalidad por prepago.

prepayment privilege privilegio de prepago.

prerefunding prerrefinanciación.

prerequisite prerrequisito.

presale preventa, venta de inmuebles antes de construirse las edificaciones.

prescreening precribado.

prescription prescripción.

prescription period período de prescripción.

prescriptive easement servidumbre adquirida mediante la prescripción.

preselection of insured preselección de asegurados.

presell prevender.
present presente, actual, corriente.
present amount monto corriente.
present an offer presentar una oferta.
presentation presentación.
present cost costo corriente.
present enjoyment posesión y uso presente.
present fairly presentar justamente.
present for collection presentar al cobro.
presentment presentación.
present price precio corriente.
present value valor actual.
present value factor factor de valor actual.
present value of annuity valor actual de anualidad.
preset preestablecido.
preset charges cargos preestablecidos.
preset conditions condiciones preestablecidas.
preset fees cargos preestablecidos.
preset price precio preestablecido.
preset production producción preestablecida.
preset terms términos preestablecidos.
presold issue emisión prevendida.
press conference conferencia de prensa, rueda de prensa.
prestige advertising publicidad de prestigio.
presumed agency agencia presunta.
presumption of payment presunción de pago.
presumptive disability discapacidad presunta.
presumptive title título presunto.
presumptive trust fideicomiso presunto.
pretax preimpuestos, antes de impuestos.
pretax earnings ingresos antes de impuestos.
pretax income ingresos antes de impuestos.
pretax profits ganancias antes de impuestos.
pretax rate of return tasa de rendimiento antes de impuestos.
pretax return rendimiento antes de impuestos.

pretax yield rendimiento antes de impuestos.
prevailing prevaleciente, corriente, vigente.
prevailing conditions condiciones prevalecientes.
prevailing cost costo prevaleciente.
prevailing interest rate tasa de interés prevaleciente.
prevailing market conditions condiciones del mercado prevalecientes.
prevailing market rate tasa del mercado prevalecientes.
prevailing price precio prevaleciente.
prevailing rate tasa prevaleciente.
prevailing return rendimiento prevaleciente.
prevailing salary salario prevaleciente.
prevailing terms términos prevalecientes.
prevailing wages salarios prevalecientes.
prevailing yield rendimiento prevaleciente.
preventive maintenance mantenimiento preventivo.
preventive measures medidas preventivas.
previous balance saldo previo, balance anterior.
previous balance method método de saldo previo.
previous closing cierre previo.
price precio, valor.
price adjustment ajuste de precio.
price agreement acuerdo sobre precios.
price analysis análisis de precio.
price appreciation alza de precios.
price averaging promediación de precios.
price cartel cartel de precios.
price ceiling tope de precios.
price change cambio de precio.
price component componente de precio.
price control control de precios.
price cutting recorte de precios.
price determination determinación de precio.
price difference diferencia de precios.
price differential diferencial de precios.
price discount descuento de precio.

price discrimination discriminación de precios.

price-dividend ratio razón precio-dividendo.

price-earnings ratio razón precio-ganancias, razón precio-ingresos.

price elasticity elasticidad de precios.

price expectations expectativas de precios.

price fixing fijación de precios.

price fixing agreement acuerdo de fijación de precios.

price flexibility flexibilidad de precios.

price fluctuations fluctuaciones de precios.

price forecasting pronóstico de precios.

price freeze congelación de precios.

price guaranty garantía de precio.

price increase aumento de precio.

price index índice de precios.

price inelasticity inelasticidad de precios.

price inflation inflación de precios.

price leader líder de precios.

price leadership liderazgo de precios.

price level nivel de precios.

price level accounting contabilidad de nivel de precios.

price limit límite de precio.

price lining líneas de mercancías a precios específicos.

price maintenance mantenimiento de precios.

price mechanism mecanismo de precios.

price movement movimiento de precios.

price policy política de precios.

price range intervalo de precios.

price reduction reducción de precio.

price regulation regulación de precios.

price review revisión de precios.

price rigidity rigidez de precios.

price rise aumento de precios.

price scale escala de precios.

price spread combinación de opciones con precios de ejecución diferentes.

price stability estabilidad de precios.

price stabilization estabilización de precios.

price structure estructura de precios.

price support program programa de apoyo de precios.

price supports apoyo de precios, mantenimiento de precios mínimos.

price system sistema de precios.

price variance varianza de precio.

price variation variación de precios.

price war guerra de precios.

pricing above the market fijación de precios sobre las del mercado.

pricing below the market fijación de precios bajo las del mercado.

primacy primacía.

primary primario, fundamental, principal.

primary account cuenta principal.

primary account balance balance de cuenta principal.

primary account number número de cuenta principal.

primary beneficiary beneficiario principal.

primary boycott boicot principal.

primary capital capital principal.

primary contract contrato original.

primary conveyances cesiones originarias.

primary dealer corredor primario.

primary demand demanda primaria.

primary deposits depósitos primarios.

primary distribution distribución primaria.

primary earnings per share ingresos por acción primarios.

primary insurance seguro primario.

primary insurance amount cantidad de seguro primario.

primary insurer asegurador primario.

primary lease arrendamiento primario.

primary liability responsabilidad directa.

primary market mercado primario.

primary market area área de mercado primario.

primary mortgage market mercado de hipotecas primario.

primary obligation obligación principal.

primary offering ofrecimiento primario.

primary organization organización primaria.

primary package envase primario.
primary plan plan primario.
primary producer productor primario.
primary product producto primario.
primary reserves reservas primarias.
prime primario, de primera calidad, principal.
prime contractor contratista principal.
prime cost precio real en una compra de buena fe, costo directo.
prime interest rate tasa de interés preferencial.
prime paper paper comercial de primera calidad.
prime rate tasa de interés preferencial.
prime tenant arredatario principal.
principal adj principal.
principal n principal, capital, mandante, poderdante, director.
principal amount cantidad de principal.
principal and interest principal e intereses.
principal and interest payment pago de principal e intereses.
principal balance balance de principal.
principal broker corredor principal.
principal contract contrato principal.
principal covenant estipulación principal.
principal creditor acreedor principal.
principal debtor deudor principal.
principal market mercado principal.
principal office sede.
principal officer representante principal.
principal only sólo principal.
principal place of business sede.
principal residence residencia principal.
principal shareholder accionista principal.
principal stockholder accionista principal.
principal sum monto de principal.
principal supplier proveedor principal.
principal underwriter colocador de emisión principal.
prior acts coverage cobertura por actos previos.
prior approval aprobación previa.

prior art conocimientos y patentes previos concernientes al invento en cuestión, arte anterior.
prior creditor acreedor privilegiado.
prior deposit depósito previo.
prior endorser endosante previo.
priority prioridad.
priority of liens prioridad de privilegios, prioridad de gravámenes.
prior lien gravamen previo, gravamen superior.
prior-lien bond bono de gravamen superior.
prior mortgage hipoteca superior, hipoteca precedente.
prior period período previo.
prior period adjustment ajuste de período previo.
prior-preferred shares acciones preferenciales con prioridad sobre otras acciones preferidas.
prior-preferred stock acciones preferenciales con prioridad sobre otras acciones preferidas.
prior redemption reembolso previo.
prior redemption privilege privilegio de reembolso previo.
privacy privacidad.
privacy laws leyes sobre la privacidad.
private privado, personal, secreto.
private account cuenta privada.
private accountant contable privado.
private agent agente privado.
private auction subasta privada.
private bank banco privado.
private banking banca privada.
private brand marca privada.
private business empresa privada.
private capital capital privado.
private carrier transportador privado.
private company compañía privada.
private conduit conducto privado.
private contract contrato privado.
private corporation corporación privada, persona jurídica privada.
private cost costo privado.
private credit crédito privado.
private debt deuda privada.
private deposit depósito privado.
private dwelling vivienda privada.
private easement servidumbre privada, servidumbre particular.

private enterprise empresa privada.
private ferry transbordador privado.
private foundation fundación privada.
private gain ganancia privada.
private insurance seguro privado.
private investment inversión privada.
private issue emisión privada.
private law derecho privado.
private lender prestador privado.
private limited partnership sociedad en comandita privada.
privately placed colocado privadamente.
private market value valor de mercado privado.
private mortgage insurance seguro hipotecario privado.
private offering ofrecimiento privado.
private pension plan plan de pensiones privado.
private placement colocación privada.
private property propiedad privada.
private purpose bond bono en que más de cierto porciento se usará para fines privados.
private sale venta privada.
private sector sector privado.
private sector adjustment factor factor de ajuste de sector privado.
private trust fideicomiso privado.
private warehouse almacén privado.
privatization privatización.
privies partes con interés común, partes del mismo contrato.
privilege privilegio.
privileged privilegiado.
privileged bond bono privilegiado.
privileged creditor acreedor privilegiado.
privileged debts deudas privilegiadas.
privilege tax impuesto sobre negocios requiriendo licencias o franquicias.
privity relación contractual, relación jurídica.
privity of contract relación contractual.
privity of estate relación jurídica concerniente a un inmueble.
privy persona con interés común, parte interesada, copartícipe.
proactive proactivo.
probabilistic probabilístico.

probability probabilidad.
probability curve curva de probabilidad.
probability density densidad de probabilidad.
probability density function función de densidad de probabilidad.
probability distribution distribución de probabilidad.
probability of loss probabilidad de pérdida.
probable maximum loss pérdida máxima probable.
probationary probatorio.
probationary employee empleado probatorio.
probationary period período probatorio.
problem bank banco con alta proporción de préstamos de algún modo en incumplimiento.
procedural audit auditoría de procedimientos.
proceeds productos, resultados, beneficios, ingresos.
process proceso.
process analysis análisis de proceso.
process control control de proceso.
process costing costeo de proceso.
process division división de procesos.
processing of a loan tramitación de un préstamo.
processing of an application tramitación de una solicitud.
process inspection inspección de proceso.
process patent patente de procedimiento.
procuration procuración, poder, apoderamiento.
procurement adquisición, instigación.
procurement contract contrato mediante el cual un gobierno obtiene bienes o servicios.
procuring breach of contract instigar al incumplimiento de un contrato.
procuring cause causa próxima.
producer productor.
producer cooperative cooperativa de productores.
producer price index índice de precios de productores.

product producto, resultado.
product administration administración de producto.
product administrator administrador de producto.
product advertising publicidad de producto.
product cost costo de producto.
product costing costeo de producto.
product development desarrollo de producto.
product development process proceso de desarrollo de producto.
product differentiation diferenciación de producto.
product divisions divisiones de productos.
product failure exclusion exclusión por falla de producto.
product image imagen de producto.
production producción.
production account cuenta de producción.
production administration administración de producción.
production administrator administrador de producción.
production allocation asignación de producción.
production and operations management administración de producción y operaciones.
production bonus bono por producción.
production budget presupuesto de producción.
production budgeting presupuestación de producción.
production capacity capacidad de producción.
production capital capital de producción.
production control control de producción.
production cost costo de producción.
production distribution distribución de producción.
production expenditure gasto de producción.
production expense gasto de producción.
production forecasting pronosticación de producción.

production incentives incentivos de producción.
production index índice de producción.
production limit límite de producción.
production management administración de producción.
production manager administrador de producción.
production-oriented organization organización orientada a la producción.
production planning planificación de producción.
production-possibility curve curva de posibilidad de producción.
production rate tasa de producción.
production worker trabajador de producción.
production yield variance varianza de rendimiento de producción.
productive productivo.
productive activity actividad productiva.
productive funds fondos productivos.
productive investment inversión productiva.
productiveness productividad.
productivity productividad.
productivity factor factor de productividad.
productivity increase aumento de productividad.
product liability responsabilidad por los productos vendidos en el mercado.
product liability insurance seguro de responsabilidad por los productos vendidos en el mercado.
product life cycle ciclo de vida de producto.
product line línea de productos.
product management administración de producto.
product manager gerente de producto.
product market mercado de un producto.
product mix surtido de productos.
product obsolescence obsolescencia de producto.
product planning planificación de producto.
product research and development investigación y desarrollo de productos.
product variability variabilidad de producto.

profession profesión.

professional profesional.

professional capacity capacidad profesional.

professional corporation corporación la cual consiste en personas licenciadas quienes ofrecen servicios profesionales, asociación de profesionales.

professional ethics ética profesional.

professional liability responsabilidad profesional.

professional liability insurance seguro de responsabilidad profesional.

professional negligence negligencia profesional.

professional practice práctica profesional.

professional responsibility responsabilidad profesional.

professional secret secreto profesional.

professional services servicios profesionales.

profit ganancia, beneficio, utilidad.

profitability rentabilidad.

profitability accounting contabilidad de rentabilidad.

profitability index índice de rentabilidad.

profitable provechoso, lucrativo.

profit and loss ganancias y pérdidas.

profit-and-loss account cuenta de ganancias y pérdidas.

profit-and-loss statement estado de ganancias y pérdidas.

profit center centro de ganancias.

profit corporation corporación con fines de lucro.

profiteer logrero.

profiteering logrería, estraperlo.

profit margin margen de ganancia, margen de beneficio.

profit maximization maximización de ganancias.

profit motive intención de ganancia.

profit objective objetivo de ganancia.

profit planning planificación de ganancias.

profit sharing participación en las ganancias.

profit-sharing plan plan de participación en las ganancias, plan mediante el cual los empleados participan en las ganancias.

profit squeeze reducción en ganancias por costos crecientes.

profit taking ventas tras alzas significativas a corto plazo de valores.

profit tax impuesto sobre ganancias.

profit variance varianza de ganancias.

profit-volume chart diagrama ganancias-volumen.

pro forma de mera formalidad, pro forma.

pro forma statement estado pro forma.

program administration administración de programa.

program administrator administrador de programa.

program budget presupuesto de programas.

program budgeting presupuestación de programas.

program buying compras programadas.

program development desarrollo de programada.

program evaluation evaluación de programas.

program management administración de programa.

program manager administrador de programa.

programmed programado.

programmed buying compras programadas.

programmed charges cargos programados.

programmed costs costos programados.

programmed decisions decisiones programadas.

programmed expenditures gastos programados.

programmed expenses gastos programados.

programmed fees costos programados.

programmed payments pagos programados.

programmed trade transacción programada.

program selling ventas programadas.

program trade transacción programada.

progressive progresivo.

progressive billing facturación progresiva.

progressive costs costos progresivos.

progressive expenses gastos progresivos.

progressive fees cargos progresivos.

progressive income tax impuesto sobre ingresos progresivo.

progressive rates tasas progresivas.

progressive scale escala progresiva.

progressive tax impuesto progresivo.

progressive taxation imposición progresiva.

progressive tax rates tasas impositivas progresivas.

progress payments pagos por progreso en un proyecto.

prohibit prohibir.

prohibited prohibido.

prohibited basis base prohibida.

prohibited risk riesgo prohibido.

prohibitive prohibitivo.

prohibitive cost costo prohibitivo.

prohibitive price precio prohibitivo.

prohibitive tariff tarifa prohibitiva.

project administration administración de proyecto.

project administrator administrador de proyecto.

project analysis análisis de proyecto.

project appraisal evaluación de proyecto.

project budget presupuesto de proyecto.

project budgeting presupuestación de proyecto.

project design diseño de proyecto.

projected proyectado.

projected benefit obligation obligación de beneficios proyectados.

projected benefits beneficios proyectados.

projected financial statement estado financiero proyectado.

project evaluation evaluación de proyecto.

projection proyección.

projection factors factores de proyección.

projection period período de proyección.

project loan préstamo para proyecto.

project management administración de proyecto.

project manager administrador de proyecto.

project planning planificación de proyecto.

project review revisión de proyecto.

project selection selección de proyecto.

project supervision supervisión de proyecto.

prolongation prolongación.

promisee a quien se promete, tenedor de una promesa.

promiser prometedor.

promise to pay promesa de pagar.

promise to pay the debt of another promesa de pagar la deuda de un tercero.

promisor prometedor.

promissory promisorio.

promissory note pagaré, nota promisoria, vale.

promissory warranty garantía promisoria.

promote promover.

promoter promotor.

promotion promoción.

promotional allowance descuento por promoción.

promotional costs costos de promoción.

promotional expenditures gastos de promoción.

promotional expense gastos de promoción.

promotion costs costos de promoción.

promotion expenditures gastos de promoción.

promotion expenses gastos de promoción.

promotion from within promoción dentro de la misma organización.

promotion mix mezcla de tipos de promoción.

prompt pronto, inmediato.

prompt delivery entrega inmediata.

promptly rápidamente, prontamente.

prompt payment pronto pago.

prompt payment discount descuento por pronto pago.

prompt shipment despacho rápido.

proof and transit prueba y tránsito.

proof of claim prueba de reclamación.

proof of debt prueba de deuda.

proof of deposit prueba de depósito.

proof of indebtedness prueba de deuda.

proof of interest prueba de interés asegurable.

proof of loss prueba de pérdida.

proper endorsement endoso regular.

proper indorsement endoso regular.

property propiedad, derecho de propiedad, dominio, posesión, bienes.

property administration adminsitración de propiedad.

property administrator adminsitrador de propiedad.

property and liability insurance seguro de propiedad y responsabilidad.

property appraisal tasación de propiedad.

property assessment valuación fiscal de propiedad.

property catastrophe catástrofe de propiedad.

property coverage cobertura de seguro de propiedad.

property damage daño de propiedad.

property damage insurance seguro de daño de propiedad.

property damage liability insurance seguro de responsabilidad por daño de propiedad.

property depreciation depreciación de propiedad.

property depreciation insurance seguro de depreciación de propiedad.

property dividend dividendo de propiedad.

property insurance seguro de propiedad.

property insurance coverage cobertura de seguro de propiedad.

property line lindero de propiedad.

property management adminsitración de propiedad.

property manager adminsitrador de propiedad.

property rights derechos de propiedad.

property tax impuesto sobre la propiedad.

proportion proporción.

proportional proporcional.

proportional allocation asignación proporcional.

proportional distribution distribución proporcional.

proportionality proporcionalidad.

proportional rate tasa proporcional.

proportional reinsurance reaseguro proporcional.

proportional representation representación proporcional.

proportional shareholder representation representación de accionistas proporcional.

proportional stockholder representation representación de accionistas proporcional.

proportional taxation imposición proporcional.

proportional taxes impuestos proporcionales.

proposal propuesta.

propose proponer.

proposed propuesto.

proposer proponente.

proposition proposición, propuesta.

proprietary de propiedad exclusiva, de propiedad.

proprietary information información de propiedad exclusiva.

proprietary interest derecho de propiedad.

proprietary lease arrendamiento en una cooperativa.

proprietary network red de propiedad exclusiva.

proprietary rights derechos de propiedad.

proprietor propietario.

proprietorship derecho de propiedad, negocio propio.

pro rata proporcionalmente, prorrata.

pro rata cancelation cancelación prorrateada.

pro rata distribution distribución prorrateada.

pro rata reinsurance reaseguro prorrateado.

pro rate prorratear.

prorate prorratear.

prospect prospecto, cliente en perspectiva.

prospective prospectivo.

prospective rating clasificación prospectiva.

prospective reserve reserva prospectiva.

prospective valuation valuación prospectiva.

prospectus prospecto, folleto informativo de una emisión.

protected check cheque protegido.

protected market mercado protegido.

protectionism proteccionismo.

protective tariffs tarifas proteccionistas.

protective trust fideicomiso con la intención de controlar los gastos de una persona que derrocha dinero.

protest protesta, protesto.

protestation protesta.

protested protestado.

protester quien protesta.

protocol protocolo, registro.

provision provisión, disposición.

provisional provisional.

provisional account cuenta provisional.

provisional agreement acuerdo provisional.

provisional coverage cobertura provisional.

provisional credit crédito provisional.

provisional insurance seguro provisional.

provisional insurance coverage cobertura de seguro provisional.

provisional invoice factura provisional.

provisional measure medida provisional.

provisional premium prima provisional.

provisional rate tasa provisional.

provisional report informe provisional.

proviso condición, restricción.

proxy poder, apoderado.

proxy fight lucha por control mediante mayoría de votos.

proxy statement declaración para accionistas antes de que voten mediante poder.

prudent investment inversión prudente.

prudent investment decision decisión para inversión prudente.

prudent investor inversionista prudente.

prudent-person rule regla de la persona prudente.

psychic income ingresos psíquicos.

public accountant contador público.

public accounting contabilidad pública.

public activity actividad pública.

public adjuster ajustador público.

public assistance asistencia pública.

public auction subasta pública.

public auditor auditor público.

public building edificio público.

public business empresa pública.

public capital capital público.

public carrier transportista público.

public company compañía pública.

public contract contrato público.

public corporation corporación pública, persona jurídica pública, ente municipal.

public credit crédito público.

public debt deuda pública.

public deposits depósitos públicos.

public domain dominio público.

public easement servidumbre pública.

public employee empleado público.

public enterprise empresa pública.

public expenditure gasto público.

public ferry transbordador público.

public finance finanzas públicas.

public financial institution institución financiera pública.

public funds fondos públicos.

public goods bienes públicos.

public health salud pública.

public holiday día feriado oficial.

public housing vivienda pública.

public housing authority bond bono de autoridad de vivienda pública.

public institution institución pública.

public interest interés público.

public interest accounting contabilida de interés público.

public investment inversión pública.

public lands tierras públicas.

public law derecho público.

public liability responsabilidad pública.

public liability insurance seguro de responsabilidad pública.

public limited partnership sociedad en comandita pública.

public loan préstamo público.

publicly held company compañía pública.

publicly held corporation corporación pública.

publicly traded partnership sociedad en comandita con unidades que se pueden transaccionar públicamente.

public market mercado público.

public money dinero público.

public monopoly monopolio público.

public offering ofrecimiento público.

public offering price precio de ofrecimiento público.

public ownership propiedad pública.

public property propiedad pública.

public purpose bond bono con fines públicos.

public record registro público.

public relations relaciones públicas.

public relations department departamento de relaciones públicas.

public relief asistencia pública.

public responsibility responsabilidad pública.

public revenue ingresos públicos.

public sale venta pública.

public sector sector público.

public sector accounting contabilidad de sector público.

public service servicio público.

public service advertising publicidad de servicio público.

public service corporation empresa de servicios públicos.

public spending gastos públicos.

public tax impuesto público.

public trust fideicomiso público.

public trustee fideicomisario público.

public use uso público.

public warehouse almacén público.

public works obras públicas.

puffer postor simulado en una subasta.

puffing exageración por parte de quien vende un producto de sus beneficios, hacer ofertas falsas en subastas con el propósito de elevar las demás ofertas.

punctuality puntualidad.

punitive damages daños punitivos.

purchase compra, adquisición.

purchase agreement contrato de compraventa.

purchase and assumption adquisición y asunción.

purchase capital capital de compra.

purchase commitment compromiso de compra.

purchase contract contrato de compraventa.

purchased funds fondos adquiridos.

purchase discount descuento de compra.

purchase group grupo de compra.

purchase group agreement convenio de grupo de compra.

purchase intention intención de compra.

purchase invoice factura de compra.

purchase method método de compra.

purchase money pago anticipado, precio de compra.

purchase-money mortgage hipoteca para hacer cumplir la obligación de la compra de la propiedad.

purchase of a business compra de una empresa.

purchase order orden de compra.

purchase outright comprar enteramente, comprar al contado.

purchase price precio de compra.

purchase price variance varianza de precio de compra.

purchaser comprador, adquiridor.

purchaser for value comprador con contraprestación.

purchaser in bad faith comprador de mala fe.

purchaser in good faith comprador de buena fe.

purchase tax impuesto sobre compras.

purchasing agency agencia de compras.

purchasing agent agente de compras.

purchasing agreement convenio de compras.

purchasing contract contrato de compras.

purchasing department departamento de compras.

purchasing group grupo de compras.

purchasing office oficina de compras.
purchasing power poder para compras.
purchasing power gain ganancia de poder para compras.
purchasing power loss pérdida de poder para compras.
purchasing power parity paridad de poder para compras.
purchasing power risk riesgo de poder para compras.
purchasing system sistema de compras.
pure annuity anualidad pura.
pure competition competencia pura.
pure interest intereses puros.
pure monopoly monopolio puro.
pure obligation obligación pura.
pure premium prima pura.
pure risk riesgo puro.
purport implicar, significar.
purpose propósito, objeto.
purpose statement declaración de propósito.
purser contador.
push money pagos a vendedores que efectua un fabricante para que impulsen sus productos.
put option opción de venta.
pyramiding método de comprar más acciones al usar como garantía las que ya están en cartera.
pyramid sales scheme sistema generalmente ilegal de ventas en que se le paga al comprador por cada comprador nuevo que atraiga, venta en pirámide.

Q

quadruple indemnity indemnidazación cuádruple.
quadruplicate cuadruplicado.
quadruplicate form formulario en cuadruplicado.
quadruplicate invoice factura en cuadruplicado.
qualification calificación, condición, limitación.

qualification check comprobación de calificaciones.
qualified calificado, competente, limitado.
qualified acceptance aceptación condicional.
qualified charity organización caritativa calificada.
qualified endorsement endoso condicional.
qualified guaranty garantía condicional.
qualified indorsement endoso condicional.
qualified opinion opinión condicional.
qualified organization organización calificada.
qualified owner dueño condicional.
qualified pension plan plan de pensiones calificado.
qualified plan plan calificado.
qualified property derecho condicional a propiedad.
qualified prospect cliente en perspectiva calificado.
qualified residence residencia calificada.
qualified residence interest intereses de residencia calificada.
qualified stock option plan de opción de compra de acciones calificado.
qualified stock option plan plan de opción de compra de acciones calificado.
qualified transfer transferencia calificada.
qualified trust fideicomiso calificado.
qualify calificar, limitar.
qualifying annuity anualidad calificada.
qualifying clauses cláusulas limitantes.
qualifying dividend dividendo calificado.
qualifying period período de calificación.
qualifying person persona calificada.
qualifying ratio razón de calificación.
qualifying shares acciones calificadas.
qualifying stock acciones calificadas.
qualifying stock option opción de compra de acciones calificada.
qualitative analysis análisis cualitativo.

qualitative factors factores cualitativos.

qualitative forecasting pronosticación cualitativa.

qualitative research investigación cualitativa.

quality calidad, cualidad.

quality assessment evaluación de calidad.

quality assurance comprobación de calidad.

quality audit auditoría de calidad.

quality circle círculo de calidad.

quality control control de calidad.

quality control chart gráfico de control de calidad.

quality goods bienes de calidad.

quality management administración de calidad.

quality market mercado de calidad.

quality of earnings calidad de ingresos.

quality of estate plazo y modo según los cuales se tiene derecho sobre un inmueble.

quality products productos de calidad.

quality rating clasificación de calidad.

quality review revisión de calidad.

quantification cuantificación.

quantitative analysis análisis cuantitativo.

quantitative factors factores cuantitativos.

quantitative method método cuantitativo.

quantitative research investigación cuantitativa.

quantitative restrictions restricciones cuantitativas.

quantity discount descuento sobre cantidad.

quantity discount model modelo de descuento sobre cantidad.

quantity restrictions restricciones de cantidad.

quantity variance varianza de cantidad.

quarter trimestre, cuarta parte.

quarterly trimestralmente.

quarterly activity actividad trimestral.

quarterly basis base trimestral.

quarterly charge cargo trimestral.

quarterly cost costo trimestral.

quarterly dividend dividendo trimestral.

quarterly expense gasto trimestral.

quarterly fee cargo trimestral.

quarterly payment pago trimestral.

quarterly premium prima trimestral.

quarterly rate tasa trimestral.

quarterly report informe trimestral.

quarterly returns planillas trimestrales.

quarterly review revisión trimestral.

quarterly statement estado trimestral.

quarter section una cuarta parte de una milla cuadrada.

quarter-stock acciones con valor a la par de veinticinco dólares.

quartile cuartila.

quasi-contract cuasicontrato.

quasi-contractual liability responsabilidad cuasicontractual.

quasi-corporation cuasicorporación.

quasi-deposit depósito implícito, depósito involuntario.

quasi-easement cuasiservidumbre.

quasi-monopoly cuasimonopolio.

quasi-partner socio aparente.

quasi-possession cuasiposesión.

quasi-public cuasipúblico.

quasi-public corporation corporación cuasipública.

quasi-purchase cuasicompra.

quasi-rent cuasirrenta.

quasi-reorganization cuasirreorganización.

questionable cuestionable.

questionable payment pago cuestionable.

questionable quality calidad cuestionable.

quick-asset ratio razón de activo disponible y pasivo corriente.

quick assets activo realizable.

quick ratio razón de activo disponible y pasivo corriente.

quid pro quo algo por algo, quid pro quo.

quiet enjoyment goce tranquilo, goce pacífico.

quiet market mercado inactivo.

quiet period período en que no se permite publicidad.

quiet title action acción para resolver reclamaciones opuestas en propiedad inmueble.

quiet title suit acción para resolver reclamaciones opuestas en propiedad inmueble.

quintuplicate quintuplicado.

quintuplicate form formulario en quintuplicado.

quintuplicate invoice factura en quintuplicado.

quit abandonar, renunciar.

quitclaim n renuncia a un título, renuncia a un derecho, renuncia, finiquito.

quitclaim v renunciar a un título, renunciar a un derecho, renunciar.

quitclaim deed transferencia de propiedad mediante la cual se renuncia a todo derecho sin ofrecer garantías.

quorum quórum.

quota cuota.

quota change cambio de cuota.

quota review revisión de cuota.

quotation cotización, cita.

quote cotización, cita.

quoted price precio cotizado.

R

racket actividad ilícita continua con el propósito de ganar dinero, extorsión.

racketeer quien se dedica a actividades ilícitas continuas con el propósito de ganar dinero, raquetero, extorsionista.

racketeering actividades ilícitas continuas con el propósito de ganar dinero, raqueterismo.

rack rent alquiler exorbitante.

raider persona o persona jurídica que intenta tomar control de una corporación mediante la adquisición de una mayoría de las acciones de esta última.

railway carrier transportador ferroviario.

rain insurance seguro contra contratiempos ocasionados por lluvia.

raise alzar, plantear, aumentar, reunir.

raise a check ampliar un cheque.

raise capital recaudar capital.

raised check cheque al cual se le ha aumentado el valor fraudulentamente.

raise funds recaudar fondos.

raise money recaudar dinero.

raise revenue recaudar contribuciones.

ramification ramificación.

random component componente aletorio.

random demand demanda aletoria.

random-number generator generador de números aleatorios.

random sample muestra aletoria.

random sampling muestreo aletorio.

random variable variable aletoria.

random variances variaciones aletorias.

range margen, intervalo, clase, rango.

rank and file miembros de unión.

ranking orden, posición, clasificación, categoría.

ranking of creditors orden de prioridad de los acreedores.

rapid amortization amortización rápida.

ratable proporcional, tasable, imponible.

ratable property propiedad imponible, propiedad tasable.

ratably proporcionalmente, a prorrata.

rate tipo, tasa, tarifa, valor.

rate base base de tasa.

rate basis base de tasa.

rate ceiling tope de tasa.

rate cut recorte de tasa.

rate cutting recorte de tasa.

rate decrease disminución de tasa.

rate discrimination discriminación de tasas.

rate earned tasa devengada.

rate increase incremento de tasa.

rate lock fijación de tasa.

rate making cómputo de primas.

rate manual manual de primas.

rate of change tasa de cambio.

rate of depreciation tasa de depreciación.

rate of exchange tipo de cambio.

rate of expansion tasa de expansión.

rate of growth tasa de crecimiento.

rate of increase tasa de aumento.

rate of inflation tasa de inflación.

rate of interest tasa de interés.

rate of return tasa de rendimiento.

rate of return on investment tasa de rendimiento de inversión.

rate of taxation tasa de imposición.

rate regulation regulación de tasas.

rate scale escala de tasas.

rate-sensitive sensible a tasas.

rate sensitivity sensibilidad a tasas.

rate setting fijación de tasas.

rate structure estructura de tasas.

rate tariff tarifa de transporte condicional.

rate war guerra de tasas.

ratification ratificación.

ratify ratificar.

rating clasificación.

rating bureau negociado de clasificación.

rating service servicio de clasificación.

ratio razón, relación, ratio.

ratio analysis análisis de razones.

rationing racionamiento.

rationing of goods racionamiento de productos.

rationing system sistema de racionamiento.

ratio scale escala de razón.

rattening práctica de efectuar actos contra la propiedad o materiales de trabajo de un obrero para obligarlo a unirse a un sindicato.

raw data datos sin procesar.

raw land terreno sin mejoras.

raw materials materias primas.

raw materials inventory inventario de materias primas.

raw materials used materias primas utilizadas.

reacquired readquirido.

reacquired shares acciones readquiridas.

reacquired stock acciones readquiridas.

readjust reajustar.

readjustment reajuste.

readjustment income ingresos de reajuste.

readjustment plan plan de reajuste.

ready money dinero en efectivo.

reaffirmation reafirmación.

real account cuenta del balance.

real assets bienes inmuebles, activo inmobiliario.

real capital capital real.

real cost costo real.

real depreciation depreciación real.

real earnings ingresos reales.

real estate bienes inmuebles, bienes raíces.

real estate agency agencia de bienes raíces.

real estate agent agente de bienes raíces.

real estate broker corredor de bienes raíces.

real estate closing cierre, cierre de transacción de bienes raíces.

real estate commission comisión de bienes raíces.

real estate financing financiamiento de bienes raíces.

real estate investment trust fideicomiso para la inversión en bienes inmuebles.

real estate listing contrato para una transacción de un inmueble con un corredor de bienes raíces.

real estate loan préstamo inmobiliario.

real estate management administración de bienes inmuebles.

real estate market mercado de bienes inmuebles.

real estate mortgage investment conduit conducto de inversión en valores de hipotecas.

real estate partnership sociedad para la compra y venta de bienes inmuebles.

real estate taxes impuestos sobre los bienes inmuebles.

real guaranty garantía real.

real income ingresos reales.

real interest rate tasa de interés real.

realistic realista.

realizable realizable.

realizable gain ganancia realizable.

realizable loss pérdida realizable.

realizable value valor realizable.

realization realización.

realized realizado.

realized gain ganancia realizada.

realized investment inversión realizada.

realized loss pérdida realizada.

realized profit ganancia realizada.

realized return rendimiento realizado.

realized yield rendimiento realizado.
reallocate reasignar.
reallocation reasignación.
real money moneda en metálico.
real national income ingreso nacional real.
real property bienes inmuebles.
real property taxes impuestos sobre los bienes inmuebles.
real property transaction transacción de bienes raíces.
real rate tasa real.
real rate of return tasa de rendimiento real.
real salary salario real.
real security garantía hipotecaria, garantía real.
real servitude servidumbre real.
real terms términos reales.
real value valor real.
real value of money valor real del dinero.
real wages salario real.
reappraisal revaluación.
reappraise volver a tasar.
reasonable razonable, justo.
reasonable and customary charge cargo razonable y acostumbrado.
reasonable and customary fee cargo razonable y acostumbrado.
reasonable charge cargo razonable.
reasonable cost costo razonable.
reasonable expenditure gasto razonable.
reasonable expense gasto razonable.
reasonable fee cargo razonable.
reasonable interest rate tasa de interés razonable.
reasonable investment inversión razonable.
reasonable investor inversionista razonable.
reasonable notice aviso razonable.
reasonable person persona razonable.
reasonable person test prueba de persona razonable.
reasonable premium prima razonable.
reasonable price precio razonable.
reasonable rate tasa razonable.
reasonable time plazo razonable.
reasonable value valor razonable.
reasonably razonablemente.

reassessment reestimación, retasación, reamillaramiento.
reassign volver a asignar.
reassignment cesión de parte de un cesionario, nueva repartición.
reassurance reaseguro, seguridad.
reassure reasegurar, tranquilizar.
rebate rebaja, reembolso, descuento.
rebuild reconstruir.
recall n revocación, retirada, procedimiento por un fabricante para informar sobre defectos en sus productos y para corregirlos.
recall v revocar, retirar, cuando un fabricante lleva a cabo el procedimiento de informar sobre defectos en sus productos y corregirlos.
recallable revocable.
recapitalization recapitalización.
recapitalization surplus superávit de recapitalización.
recapitalize recapitalizar.
recapture recapturar, recobrar, recuperar.
recapture of depreciation recaptura de depreciación.
receipt recibo, recepción.
receipt book libro de recibos.
receipt in full recibo por la cantidad total, recibo por saldo.
receipt of goods recibo de las mercancías.
receivable por cobrar.
receivable account cuenta por cobrar.
receivables cuentas por cobrar.
receivables turnover veces por año que se cobran las cuentas por cobrar.
receive recibir, aceptar.
receive against payment recibir contra pago.
received recibido.
receiver recibidor, administrador judicial, liquidador.
receiver's certificate certificado del administrador judicial, certificado del liquidador.
receivership liquidación judicial, nombramiento del administrador judicial.
receive versus payment recibir contra pago.
receiving bank banco que recibe.

receiving bank identifier   código de identificación de banco que recibe.

receiving bank name   nombre de banco que recibe.

receiving clerk   empleado que recibe.

receiving report   informe de lo recibido.

receiving teller   cajero que recibe.

recent   reciente.

recession   recesión.

recipient   recibidor, receptor.

reciprocal   recíproco.

reciprocal allocation method   método de asignación recíproca.

reciprocal arrangement   arreglo recíproco.

reciprocal buying   compras recíprocas.

reciprocal contract   contrato recíproco.

reciprocal covenants   estipulaciones recíprocas, garantías recíprocas.

reciprocal demand   demanda recíproca.

reciprocal easement   servidumbre recíproca.

reciprocal exchange   intercambio recíproco.

reciprocal insurance   seguro recíproco.

reciprocal insurer   asegurador recíproco.

reciprocality   reciprocidad.

reciprocal laws   leyes recíprocas.

reciprocal legislation   legislación recíproca.

reciprocally   recíprocamente.

reciprocal promises   promesas recíprocas.

reciprocal purchases   compras recíprocas.

reciprocal statutes   leyes recíprocas.

reciprocal trade agreement   acuerdo comercial recíproco.

reciprocal transaction   transacción recíproca.

reciprocal trusts   fideicomisos recíprocos.

reciprocity   reciprocidad.

reciprocity agreement   acuerdo de reciprocidad.

reckoning   cálculo, cómputo, cuenta.

reclamation   reclamación, proceso de aumentar el valor de terreno inservible al hacerle mejoras, recuperación.

reclassification   reclasificación.

reclassification of shares   reclasificación de acciones.

reclassification of stock   reclasificación de acciones.

recognition   reconocimiento, ratificación.

recognized gain   ganancia realizada.

recognized loss   pérdida realizada.

recommendation   recomendación.

recompense   recompensa.

recomputation   recómputo.

reconcile   reconciliar, conciliar.

reconciliation   reconciliación, conciliación.

reconditioning property   recondicionamiento de propiedad.

reconduction   reconducción, renovación de un arrendamiento anterior.

reconsider   reconsiderar.

reconsideration   reconsideración.

reconsign   reconsignar.

reconsignment   reconsignación.

reconstruct   reconstruir.

reconstruction   reconstrucción.

reconversion   reconversión.

reconveyance   retraspaso.

record   n récord, registro, inscripción, expediente, archivo.

record   v registrar, inscribir, anotar.

recordable   registrable, inscribible.

record a deed   registrar una escritura.

record a mortgage   registrar una hipoteca.

recordation   registro, inscripción.

record date   fecha de registro.

recorded   registrado, inscrito.

recorder   registrador.

recording   registro.

recording of lien   registro de gravamen.

recording of mortgage   registro de hipoteca.

record owner   titular registrado.

records administration   administración de registros.

records administrator   administrador de registros.

records management   administración de registros.

records manager   administrador de registros.

records of a corporation libros corporativos, libros de un ente jurídico.

record title título registrado.

recoup recuperar, reembolsar.

recoupment recuperación, reembolso, deducción.

recourse recurso.

recourse loan préstamo con recursos.

recover recuperar, recobrar.

recoverable recuperable.

recoverer quien ha obtenido una sentencia favorable para obtener un pago.

recovery recuperación, sentencia favorable para obtener un pago.

recovery of basis recuperación de la base.

recovery period período de recuperación.

recruitment bonus bono por reclutamiento.

rectifiable rectificable.

rectification rectificación.

rectification entry asiento de rectificación.

rectify rectificar.

recuperate recuperar.

recuperation recuperación.

recurrent recurrente.

recurrent disability discapacidad recurrente.

recurrent expenditures gastos recurrentes.

recurrent expenses gastos recurrentes.

recurring recurrente.

recurring charge cargo recurrente.

recurring cost costo recurrente.

recurring employment empleo repetido.

recurring expenditure gasto recurrente.

recurring expense gasto recurrente.

recurring fee cargo recurrente.

recurring payment pago recurrente.

recycle reciclar.

recycled reciclado.

recycling reciclaje.

redeem redimir, rescatar.

redeemable redimible, rescatable.

redeemable bond bono redimible.

redeemable preferred shares acciones preferenciales redimibles.

redeemable preferred stock acciones preferenciales redimibles.

redeemable rent renta redimible.

redeemable securities valores redimibles.

redeemable shares acciones redimibles.

redeemable stock acciones redimibles.

redemption redención, rescate, amortización.

redemption charge cargo por redención.

redemption date fecha de redención, fecha de rescate.

redemption fee cargo por redención.

redemption period período de rescate.

redemption premium prima de redención.

redemption price precio de redención.

redemption right derecho de rescate.

redemption value valor de redención.

redevelop redesarrollar.

redevelopment redesarrollo.

red herring folleto informativo preliminar de una emisión de valores.

rediscount redescuento.

rediscount rate tasa de redescuento.

redistribute redistribuir.

redistributed redistribuido.

redistributed cost costo redistribuido.

redistribution redistribución.

redlining práctica ilegal de negar crédito en ciertas áreas sin tener en cuenta el historial de crédito de los solicitantes de dicha área.

red tape trámites burocráticos excesivos, burocratismo, papeleo.

reduce reducir.

reduce costs reducir costos.

reduced reducido.

reduced budget presupuesto reducido.

reduced cost costo reducido.

reduced expenditures gastos reducidos.

reduced expenses gastos reducidos.

reduced overhead gastos generales reducidos.

reduced price precio reducido.

reduced rate tasa reducida.

reduce expenditures reducir gastos.

reduce expenses reducir gastos.

reduce overhead reducir gastos generales.

reduce prices reducir precios.

reduce rates reducir tasas.

reduce taxes reducir impuestos.

reduction reducción.

reduction certificate certificado de reducción de deuda.

reduction of capital reducción de capital.

reduction of dividend reducción de dividendo.

reduction of prices reducción de precios.

reduction of rates reducción de tasas.

reduction of taxes reducción de impuestos.

reemployment reempleo.

reexport reexportar.

reexportation reexportación.

refer referir.

reference referencia.

reference currency moneda de referencia.

reference interest rate tasa de interés de referencia.

reference number número de referencia.

reference rate tasa de referencia.

reference sample muestra de referencia.

reference year año de referencia.

referral referido, referencia.

referred referido.

refinance refinanciar.

refinanced refinanciado.

refinanced loan préstamo refinanciado.

refinance risk riesgo de refinanciación.

refinancing refinanciamiento.

refund n reembolso, reintegro.

refund v reembolsar, reintegrar.

refundable reembolsable.

refundable credit crédito reembolsable.

refundable deposit depósito reembolsable.

refundable fee cargo reembolsable.

refundable interest intereses reembolsables.

refundable payment pago reembolsable.

refund annuity anualidad en que se paga al pensionado lo que él anteriormente aportó.

refund annuity contract contrato de anualidad en que se paga al pensionado lo que él anteriormente aportó.

refund check cheque de reembolso.

refunding reintegro, reembolso, refinanciación.

refund of premium reembolso de prima.

refund of taxes reintegro contributivo.

refusal rechazo, denegación.

refusal of credit denegación de crédito.

refusal of goods rechazo de mercancías.

refusal of payment rechazo de pago.

refuse rechazar, denegar, rehusar.

refuse payment rehusar el pago.

region región.

regional regional.

regional account cuenta regional.

regional bank banco regional.

regional check processing center centro de procesamiento de cheques regional.

regional differential diferencial regional.

regional economy economía regional.

regional manager gerente regional.

regional office oficina regional.

regional operations operaciones regionales.

regional shopping center centro comercial regional.

regional stock exchange bolsa de valores regional.

register n registro, lista, archivo.

register v registrar.

registered registrado, inscrito.

registered as to principal registrado en cuanto a principal.

registered bond bono registrado.

registered check cheque certificado.

registered company compañía registrada.

registered investment company compañía de inversiones regsitrada.

registered mail correo certificado, correo registrado.

registered representative persona autorizada a venderle valores al público.

registered secondary offering
ofrecimiento secundario registrado.
registered securities valores
registrados.
registered tonnage tonelaje
registrado.
registered trademark marca
registrada.
register of deeds registrador de la
propiedad.
register of patents registro de
patentes.
register of ships registro de navíos.
registrable registrable.
registrant registrante.
registrar registrador.
registrar of deeds registrador de la
propiedad, registrador de títulos de
propiedad.
registration registro, inscripción.
registration fee cargo por registro.
registration statement declaración
del propósito de una emisión de valores.
registry registro, inscripción.
registry of deeds registro de
propiedad, registro de títulos de
propiedad.
registry of ships registro de navíos.
regression analysis análisis de
regresión.
regression coefficient coeficiente de
regresión.
regression line línea de regresión.
regressive supply oferta regresiva.
regressive tax impuesto regresivo.
regressive taxation imposición
regresiva.
**regular and established place of
business** lugar regular y establecido
de negocios.
regular dividend dividendo regular.
regular meeting asamblea ordinaria.
regular-way delivery entrega en el
tiempo acostumbrado.
regulated regulado.
regulated commodities mercancías
reguladas.
regulated futures contract contrato
de futuros regulado.
regulated industry industria regulada.
regulated investment inversión
regulada.

regulated investment company
compañía de inversiones regulada.
regulated securities valores regulados.
regulation regulación, reglamento,
regla.
regulatory regulador.
regulatory agency agencia reguladora.
rehabilitation rehabilitación.
rehabilitation clause cláusula de
rehabilitación.
rehabilitation expenditures gastos
de rehabilitación.
rehypothecation rehipotecación,
ofrecer como prenda un bien ya ofrecido
por otro.
reimbursable reembolsable,
indemnizable.
reimburse reembolsar, indemnizar.
reimbursement reembolso,
indemnización.
reimbursement arrangement
arreglo de reembolso.
reimbursement method método de
reembolso.
reimport reimportar.
reimportation reimportación.
reinstatement reinstalación.
reinstatement clause cláusula de
reinstalación.
reinstatement of policy reinstalación
de una póliza.
reinstatement premium prima por
reinstalación.
reinsurance reaseguro.
reinsurance association asociación
para reasegurar.
reinsurance broker corredor de
reaseguro.
reinsurance capacity capacidad para
reasegurar.
reinsurance clause cláusula de
reaseguro.
reinsurance credit crédito por
reaseguro.
reinsurance premium prima de
reaseguro.
reinsurance reserve reserva para
reaseguro.
reinsure reasegurar.
reinsured reasegurado.
reinsurer reasegurador.
reintermediation reintermediación.
reinvested reinvertido.

reinvestment reinversión.

reinvestment period período de reinversión.

reinvestment privilege privilegio de reinversión.

reinvestment rate tasa de reinversión.

reinvestment risk riesgo de reinversión.

reissuance reemisión, reimpresión.

reissued patent patente modificada.

reject rechazar.

reject a check rechazar un cheque.

reject a claim rechazar una reclamación.

rejected rechazado.

rejected goods bienes rechazados.

rejection rechazo.

rejection of offer rechazo de oferta.

reject items artículos cuyos pagos no se pueden procesar normalmente.

related company compañía relacionada.

related goods mercancías relacionadas.

related party transaction transacción entre partes relacionadas.

relationship banking banca en que se trata de ofrecer todos los servicios posibles a la vez.

relative frequency frecuencia relativa.

relative price precio relativo.

release n liberación, descargo, finiquito, quita.

release v liberar, descargar, volver a arrendar.

release clause cláusula de liberación.

release from liability relevo de responsabilidad.

release of lien liberación de gravamen.

release of mortgage liberación de hipoteca.

relet realquilar.

relevance relevancia, pertinencia.

relevant relevante, pertinente.

relevant costs costos relevantes.

relevant range intervalo relevante.

reliability confiabilidad.

reliable confiable, fidedigno.

reliance confianza, resguardo.

reliction terreno obtenido por el retroceso permanente de aguas.

relinquishment abandono, renuncia.

relocate reubicar.

relocation reubicación, cambio de los límites de una pertenencia minera.

remainder remanente, interés residual en una propiedad, derecho adquirido sobre un inmueble al extinguirse el derecho de otro sobre dicho inmueble.

remainder interest interés residual en una propiedad, derecho adquirido sobre un inmueble al extinguirse el derecho de otro sobre dicho inmueble.

remainderperson propietario de un interés residual en una propiedad, quien adquiere un derecho sobre un inmueble al extinguirse el derecho de otro sobre dicho inmueble.

remaining balance saldo remanente.

remand devolver, reenviar.

remedy remedio, recurso.

reminder letter carta de recordatorio.

remissness negligencia, morosidad.

remit remitir, perdonar, anular.

remittance remesa, envío.

remittance letter carta de remesa, carta de envío.

remitted remitido.

remittee beneficiario de una remesa.

remitter remitente, restitución.

remitter identifier identificador de remitente.

remitting bank banco remitente.

remnant remanente.

remodel remodelar.

remonetization remonetización.

remote electronic banking banca electrónica remota.

remote service unit unidad de servicio remota.

removal remoción, transferencia.

removal bond fianza para exportación de mercancías almacenadas.

remove restrictions remover restricciones.

remove tariffs remover tarifas.

removing cloud from title perfeccionamiento de título.

remunerate remunerar.

remunerated remunerado.

remuneration remuneración, recompensa.

remunerative remunerativo.

render rendir, ceder, pagar.

render an account rendir una cuenta.

render a service prestar un servicio.
rendering of services prestación de servicios.
renegotiable renegociable.
renegotiable interest rate tasa de interés renegociable.
renegotiable price precio renegociable.
renegotiable rate tasa renegociable.
renegotiable-rate loan préstamo de tasa renegociable.
renegotiable-rate mortgage hipoteca de tasa renegociable.
renegotiable terms términos renegociables.
renegotiate renegociar.
renegotiated renegociado.
renegotiated loan préstamo renegociado.
renegotiated terms términos renegociados.
renegotiation renegociación.
renew renovar, reanudar, extender.
renew a bill renovar una letra.
renewable renovable.
renewable contract contrato renovable.
renewable health insurance seguro de salud renovable.
renewable insurance seguro renovable.
renewable lease arrendamiento renovable.
renewable life insurance seguro de vida renovable.
renewable natural resource recurso natural renovable.
renewable policy póliza renovable.
renewable term término renovable.
renewable term insurance seguro de término renovable.
renewable term life insurance seguro de término renovable.
renew a contract renovar un contrato.
renewal renovación.
renewal certificate certificado de renovación.
renewal clause cláusula de renovación.
renew a lease renovar un arrendamiento.
renewal of contract renovación de contrato.
renewal of policy renovación de póliza.

renewal option opción de renovación.
renewal premium prima por renovación.
renewal provision cláusula de renovación.
renew a policy renovar una póliza.
renounce renunciar.
renovate renovar.
renovation renovación.
rent renta, alquiler.
rentable alquilable.
rentable area área alquilable.
rental alquiler.
rental income ingresos por alquiler.
rental rate tasa de alquiler.
rental value valor de alquiler.
rent control congelación de rentas, restricciones sobre lo que se puede cobrar de alquiler.
rent day día de pago de alquiler.
rented alquilado.
renter alquilante, arrendatario.
renter's insurance seguro de arrendatario.
rent expenditure gasto de alquiler.
rent expense gasto de alquiler.
rent-free period período libre de pagos de alquiler.
rent multiplier multiplicador de alquiler.
rents, issues and profits las ganancias provenientes de las propiedades.
rent strike instancia en la cual los arrendatarios se organizan y no pagan el alquiler hasta que el arrendador cumpla con sus exigencias.
renunciation renunciación, renuncia.
renunciation of property abandono de propiedad.
reorder reordenar, volver a pedir.
reorder point punto de reordenar, punto de hacer un nuevo pedido.
reorganization reorganización.
reorganization bond bono de reorganización.
reorganization committee comité de reorganización.
reorganize reorganizar.
repair reparar.
repairs reparaciones.
reparable reparable.

repatriation repatriación.

repay reembolsar, reciprocar.

repayable reembolsable.

repayment reembolso, pago.

repetitive manufacturing manufactura repetitiva.

replace reemplazar.

replaceable reemplazable.

replacement reemplazo.

replacement cost costo de reposición, costo de reemplazo.

replacement cost accounting contabilidad de costo de reposición.

replacement cost insurance seguro con costo de reemplazo.

replacement method of depreciation método de depreciación de reemplazo.

replacement period período de reposición.

replacement ratio razón de reemplazo.

replacement time tiempo de reposición.

replacement value valor de reemplazo.

replevin reivindicación.

repo recompra, readquisición, redención.

report n informe, relación, información.

report v informar, relatar, anunciar.

reportable event acontecimiento reportable.

report form formulario de informe.

reporting days días de informes.

report of condition informe de condición.

repossession reposesión, recuperación.

represent representar.

representation representación.

representation letter carta de representación.

representative representante.

representative rate tasa representativa.

representative sample muestra representativa.

repressive tax impuesto represivo.

repricing opportunities oportunidades para cambiar términos, oportunidades para cambiar tasas.

reprieve suspensión temporal.

reproduction cost costo de reproducción.

reproduction value valor de reproducción.

repudiate repudiar, rechazar.

repudiation repudio, rechazo, incumplimiento de una obligación contractual.

repugnant clause estipulación incompatible con otras dentro de un contrato.

repugnant condition condición incompatible con otras dentro de un contrato.

repurchase recompra, readquisición, redención.

repurchase agreement contrato de retroventa, pacto de recompra.

repurchasing agreement contrato de retroventa, pacto de recompra.

reputable respetable.

reputed owner dueño aparente.

request solicitud, petición.

required requerido.

required amount cantidad requerida.

required balance balance requerido.

required deposit depósito requerido.

required insurance seguro requerido.

required rate tasa requerida.

required rate of return tasa de rendimiento requerida.

required reserve reserva requerida.

required return rendimiento requerido.

required yield rendimiento requerido.

requirement contract contrato de suministro.

requisition pedido, solicitud.

reregistration reinscripción.

resale reventa.

resale price precio de reventa.

resale price maintenance control de los precios de reventa.

rescind rescindir.

rescission rescisión.

rescission of contract rescisión de contrato.

rescissory rescisorio.

research and development investigación y desarrollo.

research and development costs costos de investigación y desarrollo.

research-intensive de investigación intensiva, de mucha investigación.

reservable deposits depósitos reservables.

reservation reservación, reserva.

reservation of rights reserva de derechos.

reserve n reserva, restricción.

reserve v reservar, retener.

reserve account cuenta de reserva.

reserve account computation cómputo de cuenta de reserva.

reserve adjustment ajuste de reserva.

reserve adjustment magnitude magnitud de ajuste de reserva.

reserve assets activo de reserva.

reserve bank banco de reserva.

reserve center centro de reserva.

reserve clause cláusula de reserva.

reserve currency moneda de reserva.

reserved reservado.

reserve deficiency deficiencia de reserva.

reserve deposit depósito de reserva.

reserve for contingencies reserva para contingencias.

reserve for depreciation reserva para depreciación.

reserve fund fondo de reserva.

reserve increase aumento de reserva.

reserve method método de reserva.

reserve price precio mínimo.

reserve ratio razón de encaje, coeficiente de encaje.

reserve requirement requisito de reservas.

reserve rights reservar derechos.

reserve-stock control control de existencias mediante reserva.

reside residir.

residence residencia.

residence of corporation domicilio de una corporación, domicilio de una persona jurídica.

resident residente.

resident buyer comprador residente.

residential residencial.

residential broker corredor residencial.

residential construction insurance seguro de construcción residencial.

residential district distrito residencial.

residential mortgage hipoteca residencial.

residential property propiedad residencial.

residential rental property propiedad para alquiler residencial.

resident manager administrador residente.

residual residual.

residual amortization amortización residual.

residual amount cantidad residual.

residual disability discapacidad residual.

residual income ingreso residual.

residual interest interés residual.

residual market mercado residual.

residual restrictions restricciones residuales.

residual securities valores residuales.

residual value valor residual.

residuary residual, remanente.

resolution resolución, decisión.

resolution of company resolución corporativa.

resolve resolver, decidir, acordar.

resource budget presupuesto de recursos.

resource budgeting presupuestación de recursos.

resources recursos.

respite suspensión, aplazamiento.

response time tiempo de respuesta.

responsibility responsabilidad.

responsibility accounting contabilidad de responsabilidad.

responsibility center centro de responsabilidad.

responsible responsable.

responsible bidder postor responsable.

restitution restitución, restablecimiento.

restoration restauración, rehabilitación, restitución.

restoration of plan restauración de plan.

restoration premium prima por restauración.

restore restaurar.

restraint restricción, prohibición, limitación.

restraint of trade restricción al comercio, limitación al libre comercio.

restraint on alienation restricción en cuanto a la transferencia.

restrict restringir, limitar.

restricted restringido, limitado.

restricted articles artículos restringidos.

restricted assets activo restringido.

restricted card list lista de tarjetas restringidas.

restricted credit crédito restringido.

restricted data datos restringidos.

restricted distribution distribución restringida.

restricted funds fondos restringidos.

restricted list lista de valores restringidos.

restricted market mercado restringido.

restricted shares acciones con restricciones en cuanto a la transferencia.

restricted stock acciones con restricciones en cuanto a la transferencia.

restricted stock option opción de compra de acciones restringida.

restricted surplus superávit restringido.

restriction restricción, limitación.

restriction of competition restricción de la competencia.

restrictive condition condición restrictiva.

restrictive covenant estipulación restrictiva, pacto restrictivo.

restrictive endorsement endoso restrictivo.

restrictive indorsement endoso restrictivo.

restructure reestructurar.

restructured reestructurado.

restructured loan préstamo reestructurado.

restructuring reestructuración.

restructuring of debt reestructuración de deuda.

resulting resultante.

resulting trust fideicomiso resultante, fideicomiso inferido por ley.

resume reasumir, reanudar.

resume payments reanudar pagos.

retail n venta al por menor.

retail v vender al por menor.

retail banking banca ofrecida al público en general.

retail credit crédito al por menor.

retailer detallista, minorista, quien vende al por menor.

retail inventory inventario al por menor.

retail inventory method método de inventario al por menor.

retail market mercado al por menor.

retail outlet tienda que vende al por menor.

retail price precio al por menor.

retail price index índice de precios al por menor.

retail price maintenance mantenimiento de precios al por menor.

retail sale venta al por menor.

retail sales tax impuesto sobre ventas al por menor.

retail trade comercio al por menor.

retain retener.

retainage cantidad retenida en un contrato de construcción hasta un período acordado.

retained earnings ingresos retenidos, utilidades retenidas.

retained earnings statement declaración de ingresos retenidos.

retained profits ganancias retenidas.

retained tax impuesto retenido.

retainer pago por adelantado para servicios profesionales que se esperan utilizar.

retaliatory duty arancel de represalia.

retaliatory eviction evicción como represalia.

retention retención.

retention rate tasa de retención.

retention requirement requisito de retención.

retire retirar, retirarse.

retired securities valores retirados.

retirement retiro.

retirement age edad de retiro.

retirement annuity anualidad de retiro, pensión de retiro.

retirement benefits beneficios de retiro.

retirement fund fondo de retiro.

retirement income ingresos de retiro.

retirement income payments pagos de ingresos de retiro.

retirement income policy póliza de ingresos de retiro.

retirement method of depreciation método de depreciación al retiro.

retirement of debt retiro de deuda.

retirement plan plan de retiro.

retirement planning planificación de retiro.

retirement system sistema de retiro.

retract retractar.

retractable retractable.

retraction retracción.

retraining reentrenamiento.

retroactive retroactivo.

retroactive adjustment ajuste retroactivo.

retroactive conversion conversión retroactiva.

retroactive extension extensión retroactiva.

retroactive insurance seguro retroactivo.

retroactive liability insurance seguro de responsabilidad retroactivo.

retroactively retroactivamente.

retroactive pay paga retroactiva.

retroactive rate tasa retroactiva.

retroactive rate adjustment ajuste de tasa retroactivo.

retroactive salary salario retroactivo.

retroactive wages salario retroactivo.

retroactivity retroactividad.

retrocession retrocesión.

retrospective rating clasificación retrospectiva.

return retorno, planilla, rendimiento, beneficio.

returned check cheque devuelto.

returned goods mercancías devueltas.

returned letter carta devuelta.

return items artículos devueltos.

return of capital retorno de capital.

return of premium reembolso de la prima.

return on assets rendimiento del activo.

return on equity rendimiento de la inversión en acciones comunes.

return on invested capital rendimiento del capital invertido.

return on investment rendimiento de inversión.

return on sales rendimiento de ventas.

return premium prima devuelta.

revalorization revalorización.

revaluation revaluación, retasación.

revaluation clause cláusula de retasación.

revenue ingreso, renta, entradas.

revenue and expense accounts cuentas de ingresos y gastos.

revenue anticipation note nota en anticipación a ingresos.

revenue bond bono a pagarse por ingresos de lo construido.

revenue center centro de ingresos.

revenue curve curva de ingresos.

revenue recognition reconocimiento de ingresos.

revenue stamp estampilla fiscal, timbre fiscal.

reversal inversión, contratiempo.

reverse annuity mortgage hipoteca de anualidad invertida.

reverse channels canales inversos.

reverse conversion conversión inversa.

reverse cost method método de costo inverso.

reverse discrimination discriminación inversa.

reverse leverage apalancamiento inverso.

reverse money transfer transferencia de dinero inversa.

reverse mortgage hipoteca inversa.

reverse repo contrato de retroventa inverso.

reverse repurchase agreement contrato de retroventa inverso.

reverse split reducción proporcional en la cantidad de acciones de una corporación.

reverse stock split reducción proporcional en la cantidad de acciones de una corporación.

reverse transfer transferencia inversa.

reversing entry contraasiento.

reversion reversión.

reversionary factor factor reversionario.

reversionary interest interés reversionario.

reversionary lease arrendamiento reversionario, arrendamiento a tomar efecto al expirarse uno existente.

reversionary value valor reversionario.

revert revertir.

review revisión, examen.

revival of easement restablecimiento de servidumbre.

revival of offer restablecimiento de la oferta.

revival of policy restablecimiento de la póliza.

revocable revocable, cancelable.

revocable beneficiary beneficiario revocable.

revocable credit crédito revocable.

revocable letter of credit carta de crédito revocable.

revocable transfer transferencia revocable.

revocable trust fideicomiso revocable.

revocation revocación, cancelación.

revocation of agency revocación de agencia.

revocation of offer revocación de oferta.

revocation of power of attorney revocación de poder.

revoke revocar, cancelar.

revolving account cuenta rotatoria.

revolving charge account cuenta de crédito rotatorio.

revolving credit crédito rotatorio, crédito renovable.

revolving credit line línea de crédito rotatorio.

revolving fund fondo rotatorio.

revolving letter of credit carta de crédito rotatoria.

revolving line of credit línea de crédito rotatorio.

revolving loan préstamo rotatorio.

rezone rezonificar.

rezoning rezonificación.

rider cláusula adicional, anexo.

right derecho, título, propiedad, privilegio.

right of first refusal derecho de tener la primera oportunidad de comprar un inmueble al estar disponible, derecho de prelación.

right of foreclosure derecho de ejecución hipotecaria.

right of redemption derecho de rescate.

right of rescission derecho de rescisión.

right of return derecho de devolución.

right of sale derecho de venta.

right of survivorship derecho de supervivencia.

right of way derecho de paso, servidumbre de paso.

right of withdrawal derecho de retiro.

rights offering derechos de suscripción.

right to light servidumbre de luz.

right to work derecho al trabajo.

right-to-work laws leyes sobre los derechos al trabajo.

riot exclusion exclusión por motines.

riparian ribereño.

riparian owner propietario ribereño.

riparian rights derechos ribereños.

rise in demand alza de la demanda.

rise in prices alza de precios.

rise in rent alza de alquiler.

risk riesgo, peligro.

risk-adjusted ajustado por riesgo.

risk-adjusted discount rate tasa de descuento ajustada por riesgo.

risk-adjusted rate tasa ajustada por riesgo.

risk adjustment ajuste por riesgo.

risk administration administración de riesgos.

risk analysis análisis del riesgo.

risk appraisal evaluación de riesgo.

risk arbitrage arbitraje con riesgo.

risk assessment evaluación del riesgo.

risk assumed riesgo asumido.

risk assumption asunción del riesgo.

risk avoidance evitación de riesgos.

risk-based capital capital basado en riesgo.

risk-based deposit insurance seguro sobre depósitos basado en riesgo.

risk capital capital de riesgo.

risk category catergoría de riesgo.

risk classification clasificación de riesgo.

risk control control de riesgos.

risk-control measures medidas de control de riesgos.

risk-control techniques técnicas de control de riesgos.

risk equivalent equivalente de riesgo.

risk factor factor de riesgo.

risk financing financiamiento de riesgos.

risk-financing techniques técnicas de financiamiento de riesgos.

risk-financing transfer transferencia de financiamiento de riesgos.

risk-free sin riesgo.

risk-free rate tasa sin riesgo, tasa de inversiones de mínimo riesgo.

risk-free return rendimiento sin riesgo, rendimiento de inversiones de mínimo riesgo.

risk-free yield rendimiento sin riesgo, rendimiento de inversiones de mínimo riesgo.

risk identification identificación de riesgos.

risk incident to employment riesgos los cuales acompañan un oficio.

risk increase aumento del riesgo.

risk investments inversiones de riesgo.

riskless sin riesgo.

riskless transaction transacción sin riesgo.

risk management administración de riesgos.

risk measurement medición de riesgos.

risk participation participación en riesgos.

risk premium prima por riesgo, prima adicional por tomar un riesgo mayor que lo normal.

risk reduction reducción de riesgos.

risk retention retención de riesgos.

risk-reward ratio razón riesgo-recompensa.

risk selection selección de riesgos.

risks of navigation riesgos de la navegación.

risk transfer transferencia de riesgo.

robbery robo.

robbery insurance seguro contra robos.

roll registro, nómina, lista.

rollover transferencia.

roomer inquilino.

root of title el primer título en un resumen de título.

roster registro, nómina.

rotating shift turno rotatorio.

rounding redondeo.

round lot unidad completa de transacción, transacción bursátil de cien acciones

round trip viaje de ida y vuelta.

route ruta, itinerario.

routing number número de enrutamiento.

routing symbol símbolo de enrutamiento.

royalty regalía.

rubber check cheque devuelto por insuficiencia de fondos, cheque sin fondos.

run n retiro colectivo de los fondos de un banco a causa del pánico, serie, clase.

run v administrar, tener vigencia.

runner mensajero.

running account cuenta corriente.

running costs costos de mantener un negocio en marcha, costos de explotación.

running days días corridos.

running policy póliza corriente.

rural rural.

rural servitude servidumbre rural.

sabotage sabotaje.

safe adj seguro.

safe n caja fuerte.

safe deposit box caja de seguridad.

safe deposit company compañía que alquila cajas de seguridad.

safe driver plan plan de conductores seguros.

safe harbor estipulación en las leyes para amparar a quien ha tratado de cumplir en buena fe.

safe harbor rule estipulación en las leyes tributarias para amparar a quien ha tratado de cumplir con la ley.

safekeeping depósito, custodia.

safekeeping certificate certificado de depósito, certificado de custodia.

safe place to work lugar seguro para trabajar.

safe rate tasa de inversión segura.

safety audit auditoría de seguridad.

safety commission comisión de seguridad.

safety deposit box caja de seguridad.

safety factor   factor de seguridad.

safety margin   margen de seguridad.

safety of assets   seguridad del activo.

safety of principal   seguridad del principal.

safety statutes   leyes concernientes a la seguridad en el trabajo.

safety stock   inventario de seguridad.

salable   vendible.

salable value   valor justo en el mercado.

salary   salario, paga.

salary administration   administración de salario.

salary compression   compresión de salario.

salary continuation plan   plan de continuación de salario.

salary decrease   disminución de salario.

salary increase   aumento de salario.

salary level   nivel de salario.

salary reduction   reducción de salario.

salary reduction plan   plan de reducción de salario.

salary review   revisión de salario.

salary scale   escala de salarios.

salary tax   impuesto sobre salarios.

sale   venta, compraventa.

sale and leaseback   venta de propiedad seguida del arrendamiento de dicha propiedad a quien la vendió.

sale and purchase   compraventa.

sale and return   venta con derecho a devolución.

sale at retail   venta al por menor.

sale by auction   venta mediante subasta.

sale by sample   venta mediante muestras.

sale by the court   venta judicial.

sale in gross   venta en conjunto.

sale-note   nota de venta.

sale on approval   venta sujeta a la aprobación.

sale on condition   venta condicional.

sale on credit   venta a crédito.

sale or return   venta con derecho de devolución.

sale price   precio de ventas.

sales account   cuenta de ventas.

sales administration   administración de ventas.

sales administrator   administrador de ventas.

sales agent   agente de ventas.

sales agreement   contrato de compraventa.

sales allowance   rebaja en ventas.

sales analysis   análisis de ventas.

sales analyst   analista de ventas.

sales area   área de ventas.

sales book   libro de ventas.

sales budget   presupuesto de ventas.

sales budgeting   presupuestación de ventas.

sales charge   cargo por ventas de valores, cargos por ventas.

sales contract   contrato de compraventa.

sales curve   curva de ventas.

sales department   departamento de ventas.

sales discount   descuento de ventas.

sales division   división de ventas.

sales figures   cifras de ventas.

sales forecast   pronóstico de ventas.

sales forecasting   pronosticación de ventas.

sales incentive   incentivo de ventas.

sales invoice   factura de venta.

sales journal   libro de ventas.

sales ledger   libro mayor de ventas.

sales letter   carta de ventas.

sales line   línea de ventas.

sales literature   información escrita de ventas.

sales load   cargo por ventas de valores.

sales management   administración de ventas.

sales manager   gerente de ventas.

sales manual   manual de ventas.

sales mix   mezcla de ventas.

sales mix variance   varianza de mezcla de ventas.

sales office   oficina de ventas.

sales organization   organización de ventas.

salesperson   vendedor.

sales policy   política de ventas.

sales price   precio de venta.

sales promotion   promoción de ventas.

sales quota   cuota de ventas.

sales representative   representante de ventas.

sales return devolución de venta.

sales revenue ingresos de ventas.

sales tax impuesto sobre las ventas.

sales volume volumen de ventas.

sales volume variance varianza de volumen de ventas.

sale with all faults venta en que no se ofrecen garantías.

sale with right of redemption venta con derecho de redención.

salvage loss diferencia entre el valor de los bienes recuperados menos el valor original de dichos bienes.

salvage value valor residual.

same-day funds fondos diponibles el mismo día.

same-day substitution sustitución el mismo día.

same invention la misma invención.

sample muestra, modelo.

sampling muestra, muestreo.

sampling distribution distribución de muestreo.

sampling error error de muestreo.

sandwich lease arrendamiento del arrendatario que subarrienda a otro.

satellite communication comunicación por satélite.

satisfaction satisfacción, cumplimiento, liquidación.

satisfaction of lien documento mediante el cual se libera un gravamen.

satisfaction of mortgage documento que certifica que se ha liquidado una hipoteca.

satisfaction piece documento que certifica que se ha liquidado una hipoteca.

satisfactory satisfactorio.

satisfactory endorser endosante satisfactorio.

satisfactory indorser endosante satisfactorio.

satisfactory title título satisfactorio.

satisfy satisfacer, cumplir, liquidar.

saturation saturación.

saturation campaign campaña de saturación.

saturation of market saturación de mercado.

saturation point punto de saturación.

save ahorrar.

save harmless clause cláusula de indemnidad.

saving reserva, economía.

saving clause cláusula restrictiva, cláusula que indica que si se invalida una parte de una ley o de un contrato que no se invalidarán las demás.

savings ahorros.

savings account cuenta de ahorros.

savings account loan préstamo colaterizado con cuenta de ahorros.

savings and loan association asociación de ahorro y préstamos, sociedad de ahorro y préstamos.

savings and loan bank banco de ahorro y préstamo.

savings bank banco de ahorros.

savings bond bono de ahorros.

savings certificate certificado de ahorros.

savings deposits depósitos de ahorros.

savings element elemento de ahorros.

savings funds fondos de ahorros.

savings rate tasa de ahorros.

scab esquirol, rompehuelgas.

scale escala, tarifa.

scale of charges escala de cargos.

scale of costs escala de costos.

scale of fees escala de cargos.

scale of salaries escala de salarios.

scale of wages escala de salarios.

scale order orden por etapas.

scale relationship relación de escala.

scale tolerance las pequeñas diferencias en la medición del peso entre básculas diferentes.

scalper especulador en cantidades pequeñas, quien revende taquillas a espectáculos en exceso del valor nominal.

scarce escaso, insuficiente.

scarce currency moneda escasa.

scarcity escasez, insuficiciencia.

scarcity value valor por escasez.

scenario analysis análisis del panorama.

schedule programa, horario, anejo, lista.

scheduled coverage cobertura de acuerdo a una lista de bienes con sus valores respectivos.

scheduled maintenance mantenimiento programado.

scheduled policy póliza para cobertura de acuerdo a una lista de bienes con sus valores respectivos.

scheduled production producción programada.

scheduled property lista de bienes asegurados con sus valores respectivos.

schedule of charges lista de cargos.

schedule of costs lista de costos.

schedule of fees lista de cargos.

schedule of production programa de producción.

schedule of rates lista de tasas.

schedule production producción programada.

schedule rating método de calcular primas de seguros dependiendo de las características especiales del riesgo.

scheme to defraud treta para defraudar.

scientific amortization amortización científica.

scientific management administración científica.

scope alcance, intención.

scope of a patent alcance de una patente.

scope of employment actividades que lleva a cabo un empleado al cumplir con sus deberes del trabajo.

S Corporation corporación pequeña la cual ha elegido que se le impongan contribuciones como personas naturales.

scrip vale, certificado, certificado provisional.

scrip dividend dividendo para el cual se entrega un vale.

sea carrier cargador marítimo.

sea damage daño en alta mar.

sea insurance seguro marítimo.

seal n sello, timbre.

seal v sellar, concluir.

sealed sellado.

sealed and delivered sellado y entregado.

sealed bid oferta en sobre sellado, propuesta sellada.

seal of approval sello de aprobación.

seal of corporation sello corporativo.

seaport puerto marítimo.

search of title estudio de título.

sea risks riesgos de alta mar.

seasonal estacional, de temporada.

seasonal adjusting ajuste estacional.

seasonal adjustment ajuste estacional.

seasonal business negocio estacional.

seasonal credit crédito estacional.

seasonal demand demanda estacional.

seasonal discount descuento estacional.

seasonal employment empleo por temporada.

seasonal fluctuations fluctuaciones estacionales.

seasonal index índice estacional.

seasonal industry industria estacional.

seasonally estacionalmente.

seasonally adjusted ajustado estacionalmente.

seasonally adjusted figures cifras ajustadas estacionalmente.

seasonal risk riesgo estacional.

seasonal supply oferta estacional.

seasonal unemployment desempleo por temporada.

seasonal variability variabilidad estacional.

seasonal variation variación estacional.

seasonal work trabajo estacional.

seasoned loan préstamo con buen historial de pagos.

seasoned mortgage hipoteca con buen historial de pagos.

sea trade comercio marítimo.

second segundo, subordinado.

secondary secundario, subordinado.

secondary beneficiary beneficiario secundario.

secondary boycott boicot secundario.

secondary contract contrato que modifica o reemplaza uno anterior.

secondary conveyances cesiones derivadas.

secondary creditor acreedor secundario.

secondary distribution distribución secundaria.

secondary easement servidumbre accesoria.

secondary employment empleo secundario.

secondary financing financiamiento secundario.

secondary liability responsabilidad secundaria.

secondary market mercado secundario.

secondary mortgage market mercado hipotecario secundario.

secondary offering ofrecimiento secundario.

secondary plan plan secundario.

secondary reserves reservas secundarias.

secondary stocks acciones secundarias.

secondary strike huelga secundaria.

second home segunda residencia.

second lien segundo gravamen, segundo privilegio.

second mortgage segunda hipoteca.

second-rate de calidad inferior.

second round segunda ronda.

secretary of corporation secretario de una corporación, secretario de una persona jurídica.

secret partner socio secreto.

secret partnership sociedad secreta.

secret profit ganancia oculta.

secret reserve reserva oculta.

secret trust fideicomiso secreto.

section sección, párrafo, artículo.

section of land una milla cuadrada de terreno.

sector sector.

sector fund fondo mutuo de sector.

sector mutual fund fondo mutuo de sector.

sector of the economy sector de la economía.

secular secular.

secure adj seguro.

secure v asegurar, garantizar.

secured garantizado.

secured account cuenta garantizada.

secured bond bono garantizado.

secured credit crédito garantizado.

secured credit card tarjeta de crédito colaterizado con cuenta de ahorros.

secured creditor acreedor garantizado.

secured debt deuda garantizada.

secured loan préstamo garantizado.

secured note pagaré garantizado.

secured transaction transacción garantizada.

securely seguramente.

secureness seguridad, certeza.

securities valores.

securities account cuenta de valores.

securities affiliate afiliado de valores.

securities analyst analista de inversiones.

securities broker corredor de valores.

securities exchange bolsa de valores.

securities laws leyes de valores.

securities loan préstamo de valores, préstamo colaterizado con valores.

securities market mercado de valores.

securities offering oferta de valores.

securities rating clasificación de valores.

securitization conversión a valores.

security garantía, seguridad, fianza.

security agreement acuerdo de garantía.

security deposit depósito de garantía.

security interest derecho de vender un inmueble para satisfacer una deuda.

security rating clasificación de seguridad.

security valuation valuación de valores.

segment segmento.

segmentation segmentación.

segmentation strategy estrategia de segmentación, estrategia de segmento.

segment margin margen de segmento.

segment reporting informes de segmento.

segregated segregado.

segregated account cuenta segregada.

segregation segregación.

segregation of duties segregación de deberes.

segregation of securities segregación de valores.

seisin posesión.

selection selección.

selection of risk selección de riesgo.

selection ratio razón de selección.

selective selectivo.

selective advertising publicidad selectiva.

selective demand demanda selectiva.

selective distribution distribución selectiva.

selective marketing mercadeo selectivo.

select mortality table tabla de mortalidad selecta.

self-adjusting autoajustable.

self-administered autoadministrado.

self-administered plan plan autoadministrado.

self-amortizing autoamortizante.

self-amortizing mortgage hipoteca autoamortizante.

self-dealing transacciones en que una persona actúa como fiduciario para su propio beneficio.

self-employed quien tiene negocio propio, empleado autónomo.

self-employment negocio propio.

self-employment income ingresos provenientes de un negocio propio.

self-employment retirement plan plan de retiro de negocio propio.

self-employment tax impuesto a los que tienen negocio propio.

self-executing de efecto inmediato.

self-financing autofinanciamiento, autofinanciación.

self-insurance autoseguro.

self-insurer autoasegurador.

self-liquidating autoliquidante.

self-liquidating loan préstamo autoliquidante.

self-regulatory autorregulador.

self-regulatory organization organización autorreguladora.

self-selection autoselección.

self-service autoservicio.

sell vender, convencer.

sell at auction vender mediante subasta.

seller vendedor.

seller financing financiamiento por vendedor.

seller's lien gravamen del vendedor.

seller's market mercado del vendedor, mercado que favorece a los que venden.

seller's option opción del vendedor.

selling against the box venta al descubierto de valores en cartera.

selling agency agencia de ventas.

selling agent agente de ventas.

selling broker corredor de ventas.

selling campaign campaña de ventas.

selling climax clímax de ventas.

selling commission comisión de ventas.

selling concession descuento de ventas.

selling costs costos de ventas.

selling expenditures gastos de ventas.

selling expenses gastos de ventas.

selling flat vendiéndose sin intereses.

selling group grupo de ventas.

selling group agreement convenio del grupo de ventas.

selling license licencia de venta.

selling price precio de venta.

selling price clause cláusula de precio de venta.

selling rights derechos de venta.

selling short venta de valores que no se poseen corrientemente en cartera.

selling short against the box venta al descubierto de valores en cartera.

selling syndicate sindicato de ventas.

sell out venta de valores de un cliente por un corredor para compensar por falta de pago.

sell short vender valores que no se poseen corrientemente en cartera.

semiannual semianual, semestral.

semiannual adjustment ajuste semianual.

semiannual audit auditoría semianual.

semiannual basis base semianual.

semiannual bonus bono semianual.

semiannual budget presupuesto semianual.

semiannual charge cargo semianual.

semiannual earnings ingresos semianuales.

semiannual income ingreso semianual.

semiannual interest intereses semianuales.

semiannual premium prima semianual.

semiannual production producción semianual.

semiannual rate tasa semianual.

semiannual return rendimiento semianual.

semiannual yield rendimiento semianual.

semidurable semiduradero.

semifixed semifijo.

semifixed cost costo semifijo.

semimonthly quincenal.
semivariable semivariable.
semivariable cost costo semivariable.
semivariable premium prima
semivariable.
semivariable rate tasa semivariable.
send mandar, enviar, transmitir.
sender remitente.
sending bank banco que envía.
sending bank identifier código de
identificación de banco que envía.
sending bank name nombre de banco
que envía.
senior superior, mayor.
senior citizen persona de edad
avanzada.
senior debt deuda de rango superior.
seniority antigüedad, prioridad.
seniority system sistema basado en
antigüedad.
senior lien gravamen de rango superior,
privilegio de rango superior.
senior mortgage hipoteca de rango
superior.
senior partner socio principal.
senior securities valores de rango
superior.
sensitive market mercado sensible.
sensitivity analysis análisis de
sensibilidad.
sentimental value valor sentimental.
sentiment indicators indicadores del
sentir.
separability clause cláusula que indica
que si se invalida una cláusula en un
contrato no se invalidarán las demás.
separable separable, divisible.
separable contract contrato divisible.
separate adj separado, distinto.
separate v separar, dividir.
separate account cuenta separada.
separate accounting contabilidad
separada.
separate agreement convenio
separado.
separate billing facturación separada.
separate bookkeeping contabilidad
separada.
separate contract contrato separado.
separate covenant estipulación que
obliga a cada parte individualmente.
separate customer cliente separado.

separate estate bienes privativos.
separate line of business línea de
negocios separada.
separate property bienes privativos.
separate return planilla separada,
declaración de impuestos separada.
separation separación, clasificación.
separation of service separación de
servicios.
separation rate tasa de separación.
sequester secuestrar, confiscar,
embargar.
sequestered account cuenta
congelada.
sequestration secuestro, confiscación,
embargo.
serial serial, de serie, consecutivo.
serial bonds bonos en serie.
serial correlation correlación serial.
serial number número de serie.
series bonds bonos en serie.
series of option serie de opciones.
service servicio.
service adjustment ajuste de servicio.
service bureau empresa de servicios.
service business negocio de servicios.
service center centro de servicio.
service charge cargo por servicios.
service company compañía de servicio.
service corporation corporación de
servicio.
service cost costo de servicio.
service department departamento de
servicio.
service department costs costos del
departamento de servicio.
service establishment
establecimiento donde se prestan
servicios.
service fee cargo por servicios.
service level nivel de servicio.
service life vida útil.
service mark marca de servicios.
service of a loan servicio de un
préstamo.
service plan plan de servicios.
service sector sector de servicios.
services rendered servicios prestados.
servicing servicio, mantenimiento.
servicing agreement contrato de
servicio.
servient tenement propiedad sirviente.

servitude servidumbre.

set adj establecido, fijo.

set n conjunto, serie.

set v establecer, poner.

set-amount annuity anualidad de cantidad fija.

set annuity anualidad fija.

set assets activo fijo.

setback distancia mínima de un linde dentro de la cual se puede edificar, contratiempo.

set benefits beneficios fijos.

set budget presupuesto fijo.

set budgeting presupuestación fija.

set capital capital fijo.

set charges cargos fijos.

set cost contract contrato de costo fijo.

set costs costos fijos.

set credit line línea de crédito fija.

set debt deuda fija.

set deposit depósito a plazo fijo.

set depreciation amortización fija.

set-dollar annuity anualidad de cantidad fija.

set exchange rate tipo de cambio fijo.

set expenditures gastos fijos.

set expenses gastos fijos.

set factors factores fijos.

set fee cargo fijo.

set income ingreso fijo.

set-income investment inversión de ingreso fijo.

set-income market mercado de inversiones de ingreso fijo.

set-income securities valores de ingreso fijo.

set interest interés fijo.

set interest rate tasa de interés fija.

set liabilities pasivo fijo.

set obligation obligación fija.

set of accounts conjunto de cuentas.

set parity paridad fija.

set-payment mortgage hipoteca de pagos fijos.

set payments pagos fijos.

set period período fijo.

set premium prima fija.

set price precio fijo.

set-price contract contrato a precio fijo.

set rate tasa fija.

set-rate financing financiamiento a tasa de interés fija.

set-rate loan préstamo de tasa de interés fija.

set-rate mortgage hipoteca de tasa de interés fija.

set rent renta fija.

set salary salario fijo.

set sampling muestreo fijo.

set selling price precio de venta fijo.

set tax impuesto fijo.

set term plazo fijo.

settle transar, convenir, liquidar.

settle accounts ajustar cuentas.

settled account cuenta liquidada.

settlement transacción, convenio, liquidación, cierre.

settlement account cuenta de liquidación.

settlement cost gastos de cierre.

settlement currency moneda de liquidación.

settlement date fecha de pago, fecha de entrega, fecha del cierre.

settlement department departamento de liquidaciones.

settlement of accounts liquidación de cuentas.

settlement options opciones de liquidación.

settlement statement declaración del cierre, estado del cierre.

settler residente en un terreno.

settle up liquidar.

set trust fideicomiso fijo.

sever separar, dividir.

severability divisibilidad.

severability clause cláusula que indica que si se invalida una parte en una ley o contrato no se invalidarán las demás.

severable separable, divisible.

severable contract contrato divisible.

several separado, independiente, varios.

several covenants estipulaciones que obligan a cada parte individualmente.

several liability responsabilidad independiente.

severally separadamente, independientemente.

severally liable responsable independientemente.

several obligation obligación independiente.

several ownership propiedad independiente.

severalty propiedad individual.

severance separación, división.

severance benefit beneficio por despido.

severance indemnity indemnización por despido.

severance pay indemnización por despido, cesantía.

severance tax impuesto sobre la explotación de recursos naturales.

sex discrimination discriminación sexual.

sexual harassment hostigamiento sexual, acoso sexual.

shadow price precio sombra.

sham adj falso.

sham n imitación, falsificación, engaño.

sham transaction transacción falsa.

share n acción, parte.

share v compartir.

share account cuenta que paga lo devengado con acciones.

sharecropper aparcero.

sharecropping aparcería.

shared-appreciation mortgage hipoteca de apreciación compartida.

shared network red compartida.

shareholder accionista, accionario.

shareholder's derivative action acción entablada por un accionista para hacer cumplir una causa corporativa.

shareholder's equity porcentaje del accionista en una corporación.

shareholder's liability responsabilidad del accionista.

shareholders' meeting reunión de accionistas, junta de accionistas.

shareholder's representative action acción entablada de parte propia en representación de otros por un accionista para hacer cumplir una causa corporativa.

share of market porcentaje del mercado de una marca.

share repurchase plan plan de recompra de acciones.

shares account cuenta de acciones.

shares accumulation acumulación de acciones.

shares analysis análisis de acciones.

shares appreciation apreciación de acciones.

shares at a discount acciones con descuento.

shares at a premium acciones con prima.

shares authorized acciones autorizadas.

shares buyback recompra de acciones por la compañía que los emitió, recompra de acciones.

shares capital capital en acciones.

shares certificate certificado de acciones.

shares dividend dividendo en acciones.

shares index índice de acciones.

shares index futures futuros de índices de acciones.

shares issue emisión de acciones.

shares issued acciones emitidas.

shares list lista de acciones.

shares loan préstamo de acciones.

shares option opción de compra de acciones bajo ciertas condiciones.

shares outstanding acciones en circulación.

shares price precio de acciones.

shares purchase compra de acciones.

shares purchase plan plan de compra de acciones.

shares-purchase warrant derecho generalmente vigente por varios años para la compra de acciones a un precio específico.

shares record registro de acciones.

shares-redemption plan plan de redención de acciones.

shares register registro de acciones.

shares rights derecho de suscripción.

shares split cambio proporcional en la cantidad de acciones de una corporación.

shares subscription suscripción de acciones.

shares transfer transferencia de acciones.

shares transfer agent agente de transferencia de acciones.

shares transfer tax impuesto sobre la transferencia de acciones.

shares warrant derecho generalmente vigente por varios años para la compra de acciones a un precio específico.

sharp cláusula que le permite al acreedor entablar una acción rápida y sumaria en caso de incumplimiento.

sheet hoja.

shift turno, jornada, movimiento, desplazamiento.

shift differential paga adicional por jornada irregular.

shifting trust fideicomiso en el cual los beneficiarios pueden variar condicionalmente.

ship n nave, embarcación.

ship v enviar, embarcar.

ship broker corredor naviero, consignatario.

shipment cargamento, embarque, envío.

shipper embarcador, cargador.

shipping envío, embarque.

shipping charges gastos de embarque.

shipping company compañía naviera.

shipping costs costos de embarque.

shipping date fecha de embarque.

shipping documents documentos de embarque.

shipping expenditures gastos de embarque.

shipping expenses gastos de embarque.

shipping instructions instrucciones de embarque.

shipping notice aviso de embarque.

shipping order copia del conocimiento de embarque con detalles adicionales sobre la entrega, conocimiento de embarque.

shop tienda, taller, oficio.

shop-books libros de cuentas.

shoplifting hurto de mercancías en una tienda o negocio.

shopper comprador, pequeño periódico local con fines publicitarios.

shopping center centro comercial.

shopping service servicio de compras.

shop right rule derecho de un patrono de usar una invención de un empleado sin pagarle regalías.

shop steward representante sindical.

short vender valores que no se poseen corrientemente en cartera.

short account cuenta para la venta de valores que no se poseen en cartera.

shortage escasez, déficit.

short bill letra a corto plazo.

short bond bono a corto plazo.

short coupon primer pago de intereses de un bono cuando abarca un período menor que los demás.

short covering compra de cobertura.

shorten acortar, reducir.

short form forma corta, forma simplificada.

short-form report informe resumido.

short interest cantidad de acciones en circulación compradas al descubierto.

short lease arrendamiento a corto plazo.

short position posición descubierta, posición corta.

short sale venta al descubierto, venda de valores que no se poseen corrientemente en cartera.

short-sale rules reglas de ventas al descubierto.

short selling ventas al descubierto.

short term a corto plazo.

short-term assets activo a corto plazo.

short-term bond bono a corto plazo.

short-term capital capital a corto plazo.

short-term capital gain ganancia de capital a corto plazo.

short-term capital loss pérdida de capital a corto plazo.

short-term care cuidado a corto plazo.

short-term contract contrato a corto plazo.

short-term corporate bond bono corporativo a corto plazo.

short-term creditor acreedor a corto plazo.

short-term debt deuda a corto plazo.

short-term debt ratio razón de deuda a corto plazo.

short-term deposit depósito a corto plazo.

short-term disability discapacidad a corto plazo.

short-term disability insurance seguro de discapacidad a corto plazo.

short-term draft letra a corto plazo.

short-term employee empleado a corto plazo.

short-term employment empleo a corto plazo.

short-term financing   financiamiento a corto plazo.

short-term forecast   pronóstico a corto plazo.

short-term gain   ganancia a corto plazo.

short-term gains tax   impuesto sobre ganancias a corto plazo.

short-term interest rate   tasa de interés a corto plazo.

short-term investment   inversión a corto plazo.

short-term investment fund   fondo de inversión a corto plazo.

short-term lease   arrendamiento a corto plazo.

short-term liability   responsabilidad a corto plazo, obligación a corto plazo.

short-term loan   préstamo a corto plazo.

short-term loss   pérdida a corto plazo.

short-term mortgage   hipoteca a corto plazo.

short-term municipal bond   bono municipal a corto plazo.

short-term paper   efectos a corto plazo.

short-term policy   póliza a corto plazo, política a corto plazo.

short-term rate   tasa a corto plazo.

short-term securities   valores a corto plazo.

short-term trend   tendencia a corto plazo.

short ton   tonelada de dos mil libras.

short year   año de menos de doce meses.

showing   exposición, demostración.

shrinkage   disminnución, disminución esperada, reducción.

shut down   cesar operaciones.

shutdown   cese de operaciones.

sick benefits   beneficios por enfermedad.

sick leave   licencia por enfermedad, ausencia del trabajo por enfermedad.

sickness coverage   cobertura por enfermedad.

sickness insurance   seguro de enfermedad.

sick pay   paga durante enfermedad.

side collateral   colateral parcial.

side lines   línea de productos secundaria, línea de negocios secundaria, líneas laterales en una pertenencia minera.

sight deposit   depósito a la vista.

sight draft   letra a la vista.

sight letter of credit   carta de crédito a la vista.

sight liabilities   obligaciones a la vista.

sign   n signo, rótulo.

sign   v firmar.

signature   firma.

signature by mark   firma mediante una marca.

signature by proxy   firma por un apoderado.

signature card   tarjeta de firmas.

signature check   comprobación de firma.

signature loan   préstamo sin colateral.

signature on file   la firma está en los expedientes.

signature verification   verificación de firma.

signer   firmante.

significant   significativo.

signify   significar, manifestar.

signing bonus   bono por firmar, bono al firmar.

silent partner   socio oculto.

silver certificate   certificado de plata.

silver standard   patrón plata.

simple   simple, sencillo.

simple arbitrage   arbitraje simple.

simple average   promedio simple, avería simple.

simple capital structure   estructura de capital simple.

simple contract   contrato simple.

simple interest   interés simple.

simple linear regression   regresión lineal simple.

simple obligation   obligación simple.

simple probability   probabilidad simple.

simple rate of return   tasa de rendimiento simple.

simple regression   regresión simple.

simple return   rendimiento simple.

simple trust   fideicomiso simple.

simplex method   método símplex.

simple yield   rendimiento simple.

simplified earnings form   formulario de ingresos simplificado.

simplified employee pension plan   plan de pensiones de empleados simplificado.

simulated simulado.

simulated contract contrato simulado.

simulated sale venta simulada.

simulation simulación.

simultaneous simultáneo.

simultaneously simultáneamente.

single único, solo, soltero.

single condition condición única.

single creditor acreedor único, acreedor de privilegio único.

single entry partida única, partida simple.

single-entry accounting contabilidad por partida única.

single-entry bookkeeping contabilidad por partida única.

single-exchange rate tasa de cambio única.

single-family housing vivienda de familia única.

single interest insurance seguro que sólo protege al prestador.

single obligation obligación sin pena por incumplimiento.

single payment pago único.

single-payment loan préstamo de pago único.

single premium prima única.

single-premium annuity anualidad de prima única.

single-premium deferred annuity anualidad diferida de prima única.

single-premium insurance seguro de prima única.

single-premium life seguro de vida de prima única.

single-premium life insurance seguro de vida de prima única.

single price precio único.

single-price policy política de precio único.

single tax impuesto único.

single taxpayer persona no casada para efectos contributivos.

singular title título singular.

sinking fund fondo de amortización.

sinking fund reserve reserva para el fondo de amortización.

sister corporations corporaciones filiales, empresas afiliadas, empresas hermanas.

sit-down strike huelga de brazos caídos.

site sitio, lote.

site assessment evaluación de local.

situational management administración por situación.

skilled diestro, hábil, perito.

skill intensive intensivo en habilidad.

skill obsolescence obsolescencia de habiliades.

skip-payment privilege privilegio de omitir pagos, privilegio de aplazar pagos.

slack período inactivo.

slander of title declaración falsa concerniente al título de propiedad de otro.

sleeping partner socio oculto.

slide in prices baja en precios.

slide in rates baja en tasas.

slowdown acuerdo entre trabajadores para reducir la producción con el propósito de obligar al patrono a ceder a ciertas exigencias, retraso.

slum sección pobre y superpoblada de una ciudad.

slush fund fondo para usos ilícitos.

small business empresa pequeña, negocio pequeño.

small loan acts leyes las cuales establecen ciertos términos de los préstamos envolviendo cantidades pequeñas.

small loss principle principio de pérdidas pequeñas.

smart card tarjeta con microchip, tarjeta electrónica.

smoke clause cláusula de humo.

smuggle contrabandear.

smuggled goods artículos de contrabando.

smuggler contrabandista.

smuggling contrabando.

snapshot statement estado interino.

social accounting contabilidad social.

social benefit beneficio social.

social capital capital social.

social cost costo social.

social credit crédito social.

social economics economía social.

social impact statement declaración del impacto social.

social insurance seguro social.

social-insurance benefits beneficios del seguro social.

social policy política social.

social responsibility responsabilidad social.

social security seguridad social, seguro social.

social security benefits beneficios del seguro social.

social security system sistema del seguro social.

social welfare bienestar social, asistencia social.

soft currency moneda débil.

soft goods géneros textiles.

soft loan préstamo con términos muy favorables para países en desarrollo económico.

soft market mercado débil.

soft sell técnicas de ventas que no dependen de la insistencia.

software programas, software.

sold vendido.

sole único, individual, exclusivo.

sole actor doctrine doctrina que indica que un mandante debe estar enterado de las ejecutorias del agente.

sole and unconditional owner dueño único y absoluto.

sole corporation corporación con sólo un miembro.

solely solamente, exclusivamente.

solemn solemne, formal.

sole owner dueño único.

sole ownership propiedad exclusiva.

sole proprietor dueño único.

sole proprietorship negocio propio.

sole tenant dueño exclusivo.

solicit solicitar, peticionar.

solicitation solicitación, petición.

solicited solicitado.

solvency solvencia.

solvent solvente.

solvent debt deuda cobrable.

sound title título de propiedad transferible sin gravámenes u otras restricciones.

sound value valor ajustado.

source fuente.

source document documento fuente.

sources of capital fuentes de capital.

sources of funds fuentes de fondos.

sources of income fuentes de ingresos.

sources of profits fuentes de ganancias.

sovereign risk riesgo por país.

space buyer comprador de espacio.

speaker portavoz.

special especial, específico.

special acceptance aceptación especial.

special account cuenta especial.

special agency agencia especial.

special agent agente especial.

special arbitrage account cuenta de arbitraje especial.

special assessment contribución especial.

special assessment bond bono a pagarse por contribuciones especiales.

special assessment fund fondo de contribuciones especiales.

special assumpsit acción por incumplimiento de un contrato expreso, acción por incumplimiento de una promesa expresa.

special audit auditoría especial.

special bond account cuenta de bonos especial.

special charge cargo especial.

special contract contrato especial, contrato sellado, contrato expreso.

special cost costo especial.

special coverage cobertura especial.

special credit crédito especial.

special damages daños especiales.

special delivery entrega especial.

special deposit depósito especial.

special discount descuento especial.

special endorsement endoso específico.

special expenditure gasto especial.

special expense gasto especial.

special extended coverage cobertura extendida especial.

special facts rule regla que indica que un director de una corporación tiene que divulgar ciertos hechos.

special fee cargo especial.

special form formulario especial.

special guaranty garantía específica.

special indorsement endoso específico.

special insurance seguro especial.

special insurance policy póliza de seguro especial.

special interest account cuenta de intereses especial.

specialist especialista.

specialist's book libro del especialista.

specialized especializado.

specialized agency agencia especializada.

specialized capital capital especializado.

specialized fund fondo mutuo especializado.

specialized industry industria especializada.

specialized mutual fund fondo mutuo especializado.

special journal libro especial.

special license licencia especial.

special lien gravamen especial, privilegio especial.

special meeting asamblea extraordinaria.

special mention mención especial.

special miscellaneous account cuenta miscelánea especial.

special mortality table tabla de mortalidad especial.

special multiperil insurance seguro de riesgos múltiples especial.

special offer oferta especial.

special offering ofrecimiento especial.

special order orden especial.

special owner dueño especial.

special partner socio comanditario.

special partnership sociedad en comandita.

special permit permiso especial.

special policy póliza especial.

special price precio especial.

special property derecho de propiedad condicional.

special purchase compra especial.

special purpose propósito especial.

special purpose financial statement estado financiero de propósitos especiales.

special rate tarifa especial, tasa especial.

special redemption redención especial.

special report informe especial.

special risk riesgo especial.

special risk insurance seguro de riesgo especial.

special situation situación especial.

special tax impuesto especial.

special tax bond bono a pagarse por impuestos especiales.

special trust fideicomiso especial.

specialty contrato sellado, edificio destinado a usos específicos, especialidad.

specialty retailer detallista especializado.

specialty shop tienda especializada.

specialty store tienda especializada.

special use uso especial.

special-use permit permiso de uso especial.

special warranty garantía especial.

specie moneda sonante.

specific específico, explícito.

specific amount cantidad específica.

specification especificación, descripción.

specific coverage cobertura específica.

specific deposit depósito específico.

specific duty arancel específico.

specific identification identificación específica.

specific insurance seguro específico.

specific interest rate tasa de interés específica.

specific lien gravamen específico.

specific limit límite específico.

specific performance cumplimiento específico.

specific price precio específico.

specific price index índice de precio específico.

specific rate tasa específica.

specific subsidy subsidio específico.

specific tariff arancel específico.

specific tax tasa fija, impuesto específico.

specified especificado.

specified benefits beneficios especificados.

specified capital capital especificado.

specified charges cargos especificados.

specified costs costos especificados.

specified credit line línea de crédito especificada.

specified deposit depósito especificado.

specified exchange rate tipo de cambio especificado.

specified expenditures gastos especificados.

specified expenses gastos especificados.

specified fees cargos especificados.

specified interest rate tasa de interés especificada.

specified payment pago especificado.

specified peril insurance seguro de peligro especificado.

specified period período especificado.

specified price precio especificado.

specified rate tasa especificada.

specified return rendimiento especificado.

specified salary salario especificado.

specified yield rendimiento especificado.

specify especificar.

specimen signature firma de muestra.

speculate especular.

speculation especulación.

speculative especulativo.

speculative buying compras especulativas.

speculative market mercado especulativo.

speculative operations operaciones especulativas.

speculative risk riesgo especulativo.

speculative securities valores especulativos.

speculative selling ventas especulativas.

speculative transaction transacción especulativa.

speculator especulador.

speed-up esfuerzo de aumentar producción sin aumentar la paga.

spend gastar, consumir.

spendthrift pródigo, derrochador.

spendthrift trust fideicomiso para un pródigo.

spin-off escisión, separación de una subsidiaria o división de una corporación para formar un ente independiente.

split cambio proporcional en la cantidad de acciones de una corporación, división.

split commission comisión dividida.

split deductible deducible dividido.

split deposit depósito dividido.

split dollar insurance seguro cuyos beneficios se pagan al patrono y un beneficiario escojido por el empleado, seguro en que parte de las primas se usa para seguro de vida y lo demás para inversión.

split dollar life insurance seguro de vida cuyos beneficios se pagan al patrono y un beneficiario escojido por el empleado, seguro de vida en que parte de las primas se usa para seguro de vida y lo demás para inversión.

split-down reducción proporcional en la cantidad de acciones de una corporación.

split income ingresos divididos.

split-level balance balance de tasa dividida.

split limit límite dividido.

split order orden dividida.

split shift jornada dividida.

split-up escisión, la disolución de una corporación al dividirse en dos o más entes corporativos, aumento proporcional en la cantidad de acciones de una corporación.

spoiled check cheque arruinado.

spokesperson representante, portavoz.

sponsor garante, patrocinador.

spot para entrega inmediata.

spot check revisión al azar.

spot commodity mercancía de la cual se espera entrega física.

spot exchange rate tasa de cambio al contado.

spot goods mercadería disponible.

spot market mercado al contado.

spot price precio de entrega inmediata, precio al contado.

spot rate tasa al contado.

spot trading ventas en efectivo y con entrega inmediata.

spot zoning otorgamiento de una clasificación de zonificación que no corresponde al de los terrenos en el área inmediato ni que imparte un beneficio público.

spread margen, extensión, combinación de opciones de compra y venta, diferencia entre los precios de oferta de compra y oferta de venta.

spreadsheet hoja de cálculos electrónica.

spurious espurio, falsificado.

spurious bank-bill papel moneda falsificado.

square cuadra, manzana.

square block cuadra, manzana.

square footage área en pies cuadrados.

square position posición balanceada.

squeeze-out técnicas para eliminar o reducir un interés minoritario en una corporación.

stability estabilidad.

stability measures medidas de estabilidad.

stability policy política de estabilidad.

stabilization estabilización.

stabilization fund fondo de estabilización.

stabilization policy política de estabilización.

stabilize estabilizar.

stabilized estabilizado.

stabilized rate tasa estabilizada.

stabilize prices estabilizar precios.

stabilizer estabilizador.

stable estable, permanente.

stable costs costos estables.

stable currency moneda estable.

stable exchange rate tipo de cambio estable.

stable income ingresos estables.

stable interest rate tasa de interés estable.

stable mortgage hipoteca estable.

stable price precio estable.

stable rate tasa estable.

staff personal.

stage etapa.

stagflation estanflación.

staggered maturities vencimientos escalonados.

staggering maturities escalonamiento de vencimientos.

stagnation estancamiento.

stakeholder depositario.

staking identificar los linderos de un terreno mediante el uso de estacas.

stale check cheque presentado mas allá del tiempo razonable, cheque vencido.

stale dated cheque presentado mas allá del tiempo razonable, cheque vencido.

stale-dated check cheque presentado mas allá del tiempo razonable, cheque vencido.

stamp sello, timbre, estampado.

stamp tax impuesto de sellos.

standard estandarte, patrón, norma.

standard cost costo estándar.

standard cost system sistema de costos estándar.

standard deduction deducción fija.

standard deviation desviación estándar.

standard error error estándar.

standard form forma estándar, política en cuanto al trato de ciertos riesgos.

standard group grupo estándar.

standardization estandarización.

standardize estandarizar.

standardized estandarizado.

standard labor rate tasa laboral combinada.

standard limit límite estándar.

standard of comparison patrón de comparación.

standard of living nivel de vida.

standard of value patrón de valor.

standard policy póliza estándar.

standard provisions cláusulas estándar.

standard rate tasa estándar.

standard risk riesgo aceptable.

standard variation variación estándar.

standby commitment compromiso de reserva.

standby credit crédito de reserva.

standing mortgage hipoteca en que sólo se pagan intereses hasta el vencimiento.

standing order orden a repetirse hasta nuevo aviso.

standstill detención.

staple artículo de primera necesidad, materia prima, producto principal.

staple stock productos siempre en inventario por demanda fija.

start-up establecimiento de negocio.

start-up costs costos de establecer un negocio.

start-up financing financiamiento para establecer un negocio.

state n estado, condición.

state v declarar, exponer.

state aid ayuda estatal.

state assistance asistencia estatal.

state auditor auditor estatal.

state bank banco estatal.

state bond bono estatal.

stated dicho, declarado, establecido.

stated account acuerdo de balance para cancelación.

stated amount cantidad declarada.

stated amount endorsement anejo de cantidad declarada.

stated capital capital declarado.

stated meeting asamblea ordinaria, junta ordinaria.

stated term sesión ordinaria.

stated times intervalos establecidos.

stated value valor establecido.

state fund fondo estatal.

statement estado de cuenta, declaración.

statement analysis análisis del balance.

statement balance saldo al prepararse un estado de cuenta.

statement of account estado de cuenta, extracto de cuenta.

statement of affairs informe sobre el estado financiero.

statement of cash flow informe sobre el flujo de fondos.

statement of changes informe sobre cambios.

statement of changes in financial position estado de cambios de posición financiera.

statement of condition estado de condición.

statement of financial position estado de posición financiera.

statement of income declaración de ingresos.

statement of opinion declaración sobre opinión.

statement of retained earnings estado de ingresos retenidos.

statement of value declaración del valor.

statement savings account cuenta de ahorros con estado.

statement stuffer material publicitario incluído con un estado.

state rate tasa estatal.

state tax impuesto estatal.

static estático.

static analysis análisis estático.

static budget presupuesto estático.

static economics economía estática.

static risk riesgo estático.

statistical estadístico.

statistical analysis análisis estadístico.

statistical control control estadístico.

statistical cost control control de costos estadístico.

statistical inference inferencia estadística.

statistical method método estadístico.

statistical process control control de proceso estadístico.

statistical quality control control de calidad estadístico.

statistical sampling muestreo estadístico.

statistics estadística.

statute of frauds ley indicando que ciertos contratos orales no son válidos.

statute of limitations ley de prescripción.

statutory estatutario.

statutory accounting contabilidad estatutaria.

statutory audit auditoría estatutaria.

statutory bond fianza estatutaria.

statutory earnings ingresos estatutarios.

statutory foreclosure ejecución hipotecaria estatutaria, ejecución hipotecaria extrajudicial conforme a las leyes pertinentes.

statutory liability responsbilidad estatutaria.

statutory lien gravamen estatutario, privilegio estatutario.

statutory obligation obligación estatutaria.

statutory provisions estipulaciones estatutarias.

statutory requirements requisitos estatutarios.

statutory reserves reservas estatutarias.

statutory restriction restricción estatutaria.

statutory voting regla de un voto por una acción.

stay n suspensión, aplazamiento, estancia.

stay v suspender, aplazar, permanecer.

steering práctica ilegal de mostrar propiedades sólo a ciertos grupos étnicos, práctica ilegal de mostrar ciertas propiedades a ciertos grupos étnicos.

step-rate premium insurance seguro con primas variables.

steward representante sindical, sustituto.

stifling bids comportamientos o acuerdos los cuales impiden una subasta justa.

stimulate estímular.

stimulate the economy estímular la economía.

stimulation estímulo.

stipulate estipular, convenir.

stipulated estipulado.

stipulated benefits beneficios estipulados.

stipulated charge cargo estipulado.

stipulated conditions condiciones estipuladas.

stipulated cost costo estipulado.

stipulated credit line línea de crédito estipulada.

stipulated deposit depósito estipulado.

stipulated fee cargo estipulado.

stipulated interest rate tasa de interés estipulada.

stipulated payment pago estipulado.

stipulated period período estipulado.

stipulated premium prima estipulada.

stipulated premium insurance seguro de prima estipulada.

stipulated price precio estipulado.

stipulated rate tasa estipulada.

stipulated salary salario estipulado.

stipulated selling price precio de venta estipulado.

stipulated terms términos estipulados.

stipulation estipulación, convenio.

stipulator estipulante.

stipulatory estipulante.

stochastic estocástico.

stock n acciones, capital comercial, inventario, existencias, ganado.

stock v abastecer, almacenar.

stock account cuenta de inventario, cuenta de acciones.

stock accumulation acumulación de acciones, acumulación de inventario.

stock adjustment ajuste de inventario.

stock ahead orden para una transacción de acciones que se ejecuta primero de acuerdo a las reglas de prioridad.

stock analysis análisis de acciones, análisis de inventario.

stock appreciation apreciación de acciones.

stock association empresa sin incorporar pero con acciones.

stock at a discount acciones con descuento.

stock at a premium acciones con prima.

stockbroker corredor de bolsa, agente de bolsa.

stock buyback recompra de acciones por la compañía que las emitió, recompra de acciones.

stock capital capital en acciones.

stock certificate certificado de acciones, certificado de inventario.

stock change cambio en inventario.

stock company compañía por acciones, sociedad anónima.

stock control control de inventario.

stock corporation corporación por acciones, ente jurídico por acciones, sociedad anónima.

stock cycle ciclo de inventario.

stock dividend dividendo en acciones.

stock exchange bolsa de valores.

stock financing financiamiento mediante acciones, financiamiento basado en inventario.

stockholder accionista.

stockholder of record accionista registrado.

stockholder's derivative action acción entablada por un accionista para hacer cumplir una causa corporativa.

stockholder's equity porcentaje del accionista en una corporación.

stockholder's liability responsabilidad del accionista.

stockholders' meeting asamblea de accionistas.

stockholder's representative action acción entablada de parte propia en representación de otros por un accionista para hacer cumplir una causa corporativa.

stock index índice de acciones.

stock index futures futuros de índices de acciones.

stock insurance company compañía de seguros por acciones.

stock insurer compañía de seguros por acciones.

stock in trade inventario.

stock issue emisión de acciones.

stock issued acciones emitidas.

stock jobber especulador.

stockjobbing especulación.

stock ledger libro de accionistas, libro de acciones.

stock list lista de acciones.

stock loan préstamo de acciones, préstamo basado en inventario.

stock market bolsa de valores.

stock option opción de compra de acciones.

stock outstanding acciones en circulación.

stockpile reserva.

stock planning planificación de inventario.

stock power poder para transferir acciones.

stock price precio de acción.

stock purchase compra de acciones.

stock-purchase plan plan de compra de acciones.

stock-purchase warrant derecho generalmente vigente por varios años para la compra de acciones a un precio específico.

stock record registro de acciones.

stock-redemption plan plan de redención de acciones.

stock register registro de acciones.

stock reserve reserva de inventario.

stock rights derecho de suscripción.

stock shortage escasez de inventario.

stock split cambio proporcional en la cantidad de acciones de una corporación.

stock split down reducción proporcional en la cantidad de acciones de una corporación.

stock split up aumento proporcional en la cantidad de acciones de una corporación.

stock subscription suscripción de acciones.

stock symbols símbolos de acciones.

stock transfer transferencia de acciones.

stock-transfer agent agente de transferencia de acciones.

stock-transfer tax impuesto sobre la transferencia de acciones.

stock turnover giro de inventario, rotación de inventario.

stock valuation valuación de inventario, valuación de acciones.

stock warrant derecho generalmente vigente por varios años para la compra de acciones a un precio específico.

stolen hurtado.

stolen card tarjeta hurtada.

stolen goods bienes hurtados.

stop n detención, suspensión.

stop v parar, detener, suspender.

stop-loss order orden de efectuar la transacción tras haberse atravesado un precio específico.

stop-loss reinsurance reaseguro para limitar las pérdidas por varias reclamaciones combinadas que excedan un cierto porcentaje de ingresos por primas.

stop order orden de efectuar la transacción tras haberse tocado un precio específico.

stoppage parada, interrupción, huelga.

stoppage in transitu embargo por el vendedor de mercancías en tránsito.

stoppage of work paro de trabajo y operaciones.

stop payment detener el pago.

stop payment order orden de no hacer el pago de un cheque.

stopped payment pago detenido.

stop price precio límite, precio de activación de orden.

storage almacenamiento, almacén.

store tienda, negocio, almacén.

store brand marca del lugar de compra.

storehouse almacén.

stow almacenar, estibar.

stowage almacenamiento, estiba.

straddle combinación de igual cantidad de opciones de compra y venta para el mismo valor y con el mismo precio de ejecución y fecha de vencimiento.

straight bill of lading conocimiento de embarque no negociable.

straight-line depreciation depreciación lineal.

straight-line method of depreciation método de depreciación lineal.

straight time número de horas acostumbrado por un período de trabajo.

strategic budgeting presupuestación estratégica.

strategic planning planificación estratégica.

stratification of losses estratificación de pérdidas.

stratified random sampling muestreo aleatorio estratificado.

stratified sampling muestreo estratificado.

straw party prestanombre.

stream of commerce bienes en movimiento comercial.

street name valores de una persona que están a nombre del corredor.

strict foreclosure sentencia que indica que tras incumplimiento de pago la propiedad se transfiere al acreedor hipotecario sin venta ni derecho de rescate.

strict liability responsabilidad objetiva.

strike huelga, paro.

strike benefits beneficios por huelga.

strikebreaker rompehuelgas.

strikebreaking romper huelgas.

strike insurance seguro contra huelgas.

strike notice aviso de huelga.

strike pay paga durante huelga.

strike price precio de ejecución.

striker huelguista.

strike suit acción entablada por accionistas sin intención de que se beneficie la corporación.

strike threat amenaza de huelga.

strips valores con pago único al vencimiento que incluye los intereses devengados.

strong currency moneda fuerte.

structural adjustment ajuste estructural.

structural alteration or change alteración estructural.

structural defect vicio estructural.

structural inflation inflación estructural.

structural unemployment desempleo estructural.

structure estructura.

student loan préstamo estudiantil.

subagent subagente.

Subchapter S Corporation corporación pequeña la cual ha elegido que se le impongan contribuciones como personas naturales.

subcontract n subcontrato.

subcontract v subcontratar.

subcontractor subcontratista.

subdivide subdividir.

subdividing subdivisión.

subdivision subdivisión.

subjacent support derecho del apoyo subterráneo de las tierras.

subjective probability probabilidad subjetiva.

subjective risk riesgo subjetivo.

subject to change sujeto a cambio.

subject to check sujeto a comprobación.

subject to collection sujeto a cobro.

subject to mortgage sujeto a hipoteca.

subject to opinion sujeto a opinión.

subject to redemption sujeto a redención.

subject to repurchase sujeto a recompra.

subject to restriction sujeto a restricción.

subject to sale sujeto a venta previa.

subject to tax imponible.

subject to verification sujeto a verificación.

sublease subarriendo.

sublessee subarrendatario.

sublessor subarrendador.

sublet subarrendar.

subletter subarrendador.

subletting subarrendamiento.

sublicense sublicencia.

submarginal submarginal.

submerged lands tierras sumergidas.

submit someter, presentar.

submit an offer someter una oferta.

submitted sometido, presentado.

submit to arbitration someterse a arbitraje.

submortgage subhipoteca.

suboptimization suboptimización.

suboptimize suboptimizar.

subordinate subordinado.

subordinated debt deuda subordinada.

subordination subordinación.

subpartner subsocio.

subpartnership subsociedad.

subrogation subrogación.

subrogation clause cláusula de subrogación.

subscribe suscribir, firmar.

subscribed shares acciones suscritas.

subscribed stock acciones suscritas.

subscriber suscriptor, firmante.

subscription suscripción, firma.

subscription certificate certificado de suscripción.

subscription contract contrato de suscripción, contrato de compra.

subscription price precio de suscripción.

subscription privilege privilegio de suscripción.

subscription ratio razón de suscripción.

subscription right derecho de suscripción.

subscription warrant derecho generalmente vigente por varios años para la compra de acciones a un precio específico.

subsection subsección.

subsequent subsiguiente.

subsequent buyer comprador subsiguiente.

subsequent creditor acreedor subsiguiente.

subsequent endorsement endoso subsiguiente.

subsequent endorser endosante subsiguiente.

subsequent event evento subsiguiente.

subsequent indorsement endoso subsiguiente.

subsequent indorser endosante subsiguiente.

subsequent purchaser comprador subsiguiente.

subsidiary subsidiario, auxiliar.

subsidiary account cuenta auxiliar.

subsidiary company compañía subsidiaria.

subsidiary company accounting contabilidad de compañía subsidiaria.

subsidiary corporation corporación subsidiaria.

subsidiary ledger libro mayor auxiliar.

subsidiary trust fideicomiso auxiliar.

subsidize subsidiar.

subsidized subsidiado.

subsidized housing vivienda subsidiada.

subsidized loan préstamo subsidiado.

subsidized mortgage hipoteca subsidiada.

subsidized payment pago subsidiado.

subsidized price precio subsidiado.

subsidized rate tasa subsidiada.

subsidized rent renta subsidiada.

subsidy subsidio.

subsistence subsistencia.

substandard de calidad inferior.

substandard risk riesgo más allá de lo usualmente aceptable.

substantial substancial.

substantial compliance cumplimiento con lo esencial.

substantial equivalent of patented device equivalencia substancial a un dispositivo patentado.

substantial performance cumplimiento con lo esencial.

substantial possession posesión efectiva.

substitute n substituto.

substitute v substituir.

substituted basis base sustituida.

substitute trustee fideicomisario substituto.

substitution sustitución.

substitution effect efecto de sustitución.

subsystem subsistema.

subtenant subinquilino, subarrendatario.

subtotal subtotal.

succession sucesión, serie.

succession duty impuesto sucesorio.

succession tax impuesto sucesorio.

successive assignees cesionarios sucesivos.

successor sucesor, causahabiente.

successor in interest dueño de propiedad quien sigue a otro.

successors and assigns sucesores y cesionarios.

successor trustee fideicomisario quien sigue a otro.

sufficient suficiente.

sufficient consideration contraprestación suficiente.

suggested price precio sugerido.

suggested retail price precio al por menor sugerido.

suggestion system sistema de sugestiones.

suicide clause cláusula de suicidio.

suitability rules reglas concerniente a lo apropiado que pueden ser ciertos valores para ciertas personas.

suitable apropiado, adecuado.

sum suma de dinero, suma, total.

sum at risk capital bajo riesgo, suma máxima por la cual un asegurador es responsable en una póliza.

sum certain suma cierta.

sum insured suma asegurada.

summarily sumariamente.

summary statement estado resumido.

sum-of-the-years' digits method método de la suma de los dígitos de los años.

sum-of-the-years' digits method of depreciation método de depreciación de la suma de los dígitos de los años.

sum payable suma pagadera.

sumptuary suntuario.

sumptuary goods artículos suntuarios.

sumptuary laws leyes sobre productos suntuarios.

Sunday closing laws leyes que prohiben las operaciones comerciales los domingos.

sundries artículos diversos.

superfund superfondo.

superintendent superintendente.

superior superior.

superior lien gravamen de rango superior, privilegio de rango superior.

superior title título superior.

supersede reemplazar, anular.

supervise supervisar.

supervision supervisión.

supervisory employee empleado supervisor.

supplement suplemento.

supplemental suplemental.

supplemental agreement convenio suplementario.

supplemental benefits beneficios suplementarios.

supplemental budget presupuesto suplementario.

supplemental contract contrato suplementario.

supplemental costs costos suplementarios.

supplemental coverage cobertura suplementaria.

supplemental credit crédito suplementario.

supplemental deed escritura suplementaria.

supplemental estimate estimado suplementario.

supplemental expenditures gastos suplementarios.

supplemental expenses gastos suplementarios.

supplemental financing financiamiento suplementario.

supplemental income ingreso suplementario.

supplemental liability insurance seguro de responsabilidad suplementario.

supplemental medical insurance seguro médico suplementario.

supplemental pay paga suplementaria.

supplemental payments pagos suplementarios.

supplemental policy póliza suplementaria.

supplemental salary salario suplementario.

supplemental statement estado suplementario.

supplemental tax impuesto suplementario.

supplemental wages salario suplementario.

supplementary suplementario.

supplementary agreement convenio suplementario.

supplementary benefits beneficios suplementarios.

supplementary budget presupuesto suplementario.

supplementary contract contrato suplementario.

supplementary costs costos suplementarios.

supplementary coverage cobertura suplementaria.

supplementary credit crédito suplementario.

supplementary deed escritura suplementaria.

supplementary estimate estimado suplementario.

supplementary expenditures gastos suplementarios.

supplementary expenses gastos suplementarios.

supplementary financing financiamiento suplementario.

supplementary income ingreso suplementario.

supplementary liability insurance seguro de responsabilidad suplementario.

supplementary medical insurance seguro médico suplementario.

supplementary pay paga suplementaria.

supplementary payments pagos suplementarios.

supplementary policy póliza suplementaria.

supplementary salary salario suplementario.

supplementary statement estado suplementario.

supplementary tax impuesto suplementario.

supplementary wages salario suplementario.

supplier proveedor.

supplies suministros.

supply n oferta, abastecimiento.

supply v proveer, abastecer, suplir, ofrecer.

supply and demand oferta y demanda.

supply and demand curves curvas de oferta y demanda.

supply and demand equilibrium equilibrio de oferta y demanda.

supply curve curva de oferta.

supply price precio de oferta.

supply the market abastecer el mercado.

support n mantenimiento, sostén.

support v mantener, sostener.

support price precio de sostén.

support trust fideicomiso en que se le da al beneficiario sólo lo necesario para mantenerse.

suppression of the competition supresión de la competencia.

surcharge n recargo, sobreprecio, impuesto abusivo, hipoteca adicional a la primera.

surcharge v recargar, imponer un impuesto adicional, señalar un error en una cuenta saldada, imponer responsabilidad personal a un fiduciario quien administra mal.

surety fiador, fianza, garante, garantía, seguridad.

surety bond fianza.

surety insurance seguro de fidelidad.

surplus superávit, sobrante.

surplus reinsurance reaseguro con participación de todo riesgo que exceda cierto límite.

surrender n renuncia, cesión.

surrender v renunciar, ceder.

surrenderee a quien se renuncia.

surrenderor renunciante.

surrender value valor de rescate.

surtax impuesto adicional, sobretasa.

surveillance vigilancia.

survey agrimensura, apeo, encuesta.

surviving company comapañía sobreviviente.

survivorship supervivencia.

survivorship annuity anualidad con pagos a los beneficiarios sobrevivientes.

suspended trading situación en que se suspenden las transacciones de un valor.

suspense account cuenta suspensiva.

suspension suspensión.

suspension of business suspensión de las operaciones de negocios.

suspension of coverage suspensión de cobertura.

suspension of payment suspensión de pago.

suspension of performance suspensión del cumplimiento.

suspension of policy suspensión de póliza.

sustained growth crecimiento sostenido.

swap intercambio.

swap network red de intercambio.

sweat equity equidad obtenida a través del trabajo del dueño en la propiedad.

sweat shop lugar de trabajo donde se explota excesivamente a los empleados.

swindle estafa.

swindler estafador.

swindling estafa.

swing shift turno de tarde.

symbolic delivery entrega simbólica.

symbolic possession posesión simbólica.

sympathetic strike huelga de solidaridad.

synallagmatic contract contrato sinalagmático.

syndic síndico.

syndical sindical.

syndicalism sindicalismo.

syndicate n sindicato, consorcio.

syndicate v sindicar.

syndicate manager gerente del sindicato.

syndicate termination terminación del sindicato.

syndication sindicación.

syndicator sindicador.

synthetic securities valores sintéticos.

systematic sistemático.

systematic error error sistemático.

systematic risk riesgo sistemático.

systematic sampling muestreo sistemático.

systemic risk riesgo sistémico.

systems analysis análisis de sistemas.

systems analyst analista de sistemas.

T

table of morbidity tabla de morbilidad.

table of mortality tabla de mortalidad.

tacit acceptance aceptación tácita.

tacit collusion colusión tácita.

tacit hypothecation hipoteca por operación de ley.

tacit mortgage hipoteca por operación de ley.

tacit relocation tácita reconducción.

tack unir un gravamen de rango inferior con el de primer rango para obtener prioridad sobre uno intermedio.

tacking combinación de los períodos de posesión de diferentes personas para adquirir título mediante la prescripción adquisitiva, unir un gravamen de rango inferior con el de primer rango para obtener prioridad sobre uno intermedio.

tail cola.

take an inventory llevar a cabo un inventario.

take bids recibir ofertas.

take delivery aceptar entrega.

take effect entrar en vigencia, surtir efecto.

take-home pay paga neta, salario neto.

take inventory hacer inventario.

take-or-pay contract contrato firme de compra.

take-out financing financiamiento permanente tras la construcción.

take-out loan financiamiento permanente tras la construcción.

takeover toma del control, adquisición.

takeover arbitrage arbitraje envolviendo corporaciones en situaciones de toma del control.

takeover bid oferta pública de adquisición, oferta de toma del control.

takeover candidate corporación quien es candidata a una oferta pública de adquisición.

takeover laws leyes sobre las adquisiciones corporativas.

takeover regulations reglamentos sobre las adquisiciones corporativas.

take possession tomar posesión.

take stock hacer inventario.

take title adquirir título.

taking delivery aceptar entrega.

taking inventory tomar inventario.

takings entradas, ingresos.

taking stock tomar inventario.

taking unconscionable advantage aprovecharse de las circunstancias para llegar a un acuerdo abusivo.

tally cuenta, anotación contable.

tally trade venta a plazos.

tamper alterar, falsificar.

tandem increase aumento en tándem.

tandem loan préstamo en tándem.

tangible tangible.
tangible assets activo tangible.
tangible cost costo tangible.
tangible goods bienes tangibles.
tangible movable property bienes muebles tangibles.
tangible net worth activo neto tangible.
tangible personal property propiedad personal tangible.
tangible property propiedad tangible.
tare weight tara.
target audience audiencia objeto.
target balance balance objeto.
target company compañía de la cual se quiere adquirir control.
target cost costo objeto.
target customer cliente objeto.
target date fecha fijada.
target group grupo objeto.
target income ingreso objeto.
target market mercado objeto.
target net income ingreso neto objeto.
target price precio objeto, precio mínimo establecido por el gobierno.
target rate tasa objeto.
target risk riesgo objeto.
tariff tarifa, arancel, derecho de importación.
tariff agreement acuerdo arancelario, acuerdo aduanero.
tariff elimination eliminación arancelaria.
tariff increase aumento arancelario.
tariff quota cuota arancelaria.
tariff rate tasa arancelaria, tasa de tarifas.
tariff schedule arancel.
tariff suspension suspensión arancelaria.
tariff system sistema arancelario.
tariff wall barrera arancelaria.
tariff war guerra arancelaria.
task group grupo de tareas.
task management administración de tareas.
tax n impuesto, contribución, tributo, gravamen.
tax v imponer, gravar.
tax abatement reducción impositiva.
taxability imponibilidad.
taxable imponible, tributable, gravable.

taxable act acto gravable, acto tributable.
taxable base base imponible.
taxable bond bono imponible.
taxable equivalent yield rendimiento equivalente imponible.
taxable estate patrimonio imponible, patrimonio gravable.
taxable funds fondos imponibles, fondos gravables.
taxable gift donación imponible, donación gravable.
taxable income ingreso imponible, ingreso gravable.
taxable municipal bond bono municipal imponible.
taxable operations operaciones imponibles, operaciones gravables.
taxable profits ganancias imponibles.
taxable property propiedad imponible, propiedad gravable.
taxable return rendimiento imponible.
taxable transaction transacción imponible.
taxable value valor imponible, valor gravable.
taxable year año fiscal.
taxable yield rendimiento imponible.
tax accounting contabilidad fiscal, contabilidad impositiva.
tax adjustment ajuste impositivo.
tax administration administración tributaria.
tax advance adelanto impositivo.
tax adviser asesor fiscal.
tax agreement acuerdo tributario.
tax amnesty amnistía contributiva.
tax anticipation bill obligación a corto plazo en anticipación a impuestos.
tax anticipation bond bono en anticipación a impuestos.
tax anticipation note nota en anticipación a impuestos.
tax assessment valuación fiscal.
tax assessor tasador fiscal.
taxation tributación, imposición, impuestos.
taxation policy política de tributación.
taxation system sistema de tributación.
tax audit auditoría fiscal.
tax auditor auditor fiscal.
tax authorities autoridades fiscales.

tax avoidance evitación de impuestos, reducción de la carga impositiva mediante el uso de deducciones legales.

tax base base imponible, base gravable.

tax basis base imponible.

tax benefit beneficio impositivo.

tax benefit rule regla de beneficios impositivos.

tax bracket clasificación contributiva, clasificación impositiva.

tax burden carga impositiva.

tax carryback pérdidas netas que se incluyen al volver a computar los impuestos de años anteriores.

tax carryforward pérdidas que se pueden incluir en la planilla tributaria para años subsiguientes.

tax carryover pérdidas que se pueden incluir en la planilla tributaria para años subsiguientes.

tax certificate certificado impositivo, certificado de la adquisición de un inmueble resultando de una venta por incumplimiento de los deberes impositivos.

tax code código impositivo.

tax collection recaudación de impuestos.

tax collector recaudador de impuestos.

tax commission comisión fiscal.

tax compliance cumplimiento fiscal.

tax computation cómputo impositivo, cómputo de impuestos.

tax consultant consultor fiscal.

tax court tribunal fiscal.

tax credit crédito impositivo, crédito fiscal.

tax data datos fiscales.

tax debt deuda impositiva.

tax deductible deducible para efectos contributivos.

tax-deductible interest intereses deducibles para efectos contributivos.

tax deduction deducción impositiva, deducción fiscal.

tax deed escritura del comprador de un inmueble mediante una venta por incumplimiento de los deberes impositivos.

tax deferral aplazamiento de impuestos.

tax-deferred de impuestos diferidos.

tax-deferred annuity anualidad de impuestos diferidos.

tax-deferred exchange intercambio de impuesto diferido.

tax-deferred savings ahorros de impuestos diferidos.

tax deposit depósito de contribuciones.

tax district distrito fiscal.

tax doctrine doctrina fiscal.

tax dodging evasión de impuestos.

tax due impuesto debido.

tax duty obligación impositiva.

tax effect efecto impositivo.

tax election elección de trato impositivo.

tax equalization igualación fiscal.

tax equity equidad fiscal.

tax equivalent equivalente impositivo.

tax evasion evasión de impuestos.

tax exclusion exclusión impositiva.

tax exempt exento de impuestos.

tax-exempt bond bono exento de impuestos.

tax-exempt corporation corporación exenta de impuestos.

tax-exempt income ingreso exento de impuestos.

tax exemption exención impositiva.

tax-exempt organization organización exenta de impuestos.

tax-exempt property propiedad exenta de impuestos.

tax-exempt securities valores exentos de impuestos.

tax foreclosure ejecución fiscal.

tax fraud fraude impositivo.

tax free libre de impuestos.

tax-free exchange intercambio libre de impuestos.

tax-free income ingreso libre de impuestos.

tax-free rollover transferencia libre de impuestos.

tax harmonization armonización fiscal.

tax haven paraíso impositivo, paraíso fiscal.

tax impact impacto impositivo.

tax incentive incentivo impositivo.

tax incentive system sistema de incentivos impositivos.

tax incidence incidencia impositiva.

tax increase aumento impositivo.

taxing power poder fiscal.

tax investigation investigación fiscal.

tax jurisdiction jurisdicción fiscal.

tax law ley impositiva, derecho fiscal.

tax lease instrumento que se otorga en una venta por incumplimiento de los deberes impositivos cuando lo que se vende es el derecho de posesión por un tiempo determinado.

tax legislation legislación fiscal.

tax levy imposición fiscal.

tax liability obligación fiscal, obligación contributiva.

tax lien privilegio fiscal, gravamen por impuestos no pagados.

tax limit límite impositivo.

tax list lista de contribuyentes.

tax loophole laguna impositiva.

tax-loss carryback pérdidas netas que se incluyen al volver a computar los impuestos de años anteriores.

tax-loss carryforward pérdidas que se pueden incluir en la planilla tributaria para años subsiguientes.

tax-loss carryover pérdidas que se pueden incluir en la planilla tributaria para años subsiguientes.

tax map mapa impositivo.

tax on capital gains impuesto sobre ganancias de capital.

tax on consumption impuesto sobre el consumo.

tax on dividends impuesto sobre los dividendos.

tax on luxury impuesto sobre los lujos.

tax on profits impuesto sobre las ganancias.

tax opinion opinión sobre la calidad de exento de una emisión de bonos.

tax paid impuesto pagado.

taxpayer contribuyente.

taxpayer identification number número de identificación de contribuyente.

taxpayer rights derechos de contribuyentes.

tax payment pago de impuestos.

tax penalty penalidad impositiva.

tax planning planificación impositiva.

tax policy política fiscal.

tax preference preferencia impositiva.

tax preference items ítems de preferencia impositiva.

tax purchaser quien adquiere en una venta por incumplimiento de los deberes impositivos.

tax rate tasa impositiva.

tax-rate schedule tabla de tasas impositivas.

tax ratio razón impositiva.

tax receipts ingresos impositivos.

tax reduction reducción impositiva.

tax reform reforma contributiva.

tax refund reintegro de impuestos.

tax regulations regulaciones fiscales.

tax relief alivio impositivo.

tax return planilla, declaración de impuestos.

tax return preparer preparador de planillas.

tax revenue ingresos impositivos.

tax roll registro de contribuyentes.

tax sale venta de propiedad por incumplimiento de los deberes impositivos.

tax shelter abrigo tributario, amparo contributivo, estratagema para reducir o aplazar la carga impositiva.

tax shield escudo tributario.

tax stamp timbre fiscal.

tax structure estructura tributaria.

tax system sistema tributario.

tax tables tablas impositivas.

tax title título de quien compra en una venta por incumplimiento de los deberes impositivos.

tax treatment tratamiento tributario.

tax treaty tratado contributivo.

tax year año impositivo, año fiscal.

technical approval aprobación técnica.

technical assistance asistencia técnica.

technical mortgage hipoteca formal.

technological tecnológico.

technological assessment evaluación tecnológica.

technological obsolescence obsolescencia tecnológica.

technological unemployment desempleo tecnológico.

telecommunications telecomunicaciones.

telegraphic transfer transferencia telegráfica.

telemarketing telemercadeo.

telephone account cuenta telefónica.

telephone banking   banca telefónica.
telephone bill payment   pago de cuenta telefónica.
telephone order   orden telefónica.
telephone transaction   transacción telefónica.
teller   cajero, cajero de banco.
teller's check   cheque de caja.
teller's stamp   sello de cajero.
teller terminal   terminal de cajero.
temporarily   temporalmente.
temporary   temporal, temporero, provisional.
temporary account   cuenta temporal.
temporary administrator   administrador temporal.
temporary annuity   anualidad temporal.
temporary balance sheet   balance temporal.
temporary capital   capital temporal.
temporary consumption   consumo temporal.
temporary difference   diferencia temporal.
temporary disability   discapacidad temporal.
temporary disability benefits   beneficios por discapacidad temporal.
temporary employee   empleado temporal.
temporary employment   empleo temporal.
temporary export   exportación temporal.
temporary exportation   exportación temporal.
temporary file   archivo temporal.
temporary financing   financiamiento temporal.
temporary home   residencia temporal.
temporary import   importación temporal.
temporary importation   importación temporal.
temporary income   ingreso temporal.
temporary insurance   seguro temporal.
temporary interruption   interrupción temporal.
temporary investment   inversión temporal.
temporary loan   préstamo temporal.

temporary location   ubicación temporal.
temporary monopoly   monopolio temporal.
temporary residence   residencia temporal.
temporary total disability   discapacidad total temporal.
temporary total disability benefits   beneficios por discapacidad total temporal.
temporary unemployment   desempleo temporal.
tenancy   tenencia, arrendamiento.
tenancy at sufferance   posesión de un inmueble tras la expiración del arrendamiento.
tenancy at will   arrendamiento por un período indeterminado.
tenancy by the entirety   tenencia conjunta entre cónyuges.
tenancy from month to month   arrendamiento renovable de mes a mes.
tenancy from year to year   arrendamiento renovable de año a año.
tenancy in common   tenencia en conjunto.
tenancy in partnership   tenencia en sociedad.
tenant   tenedor de un inmueble, arrendatario, inquilino, ocupante.
tenantable repairs   reparaciones necesarias para que un inmueble se pueda habitar.
tenant at sufferance   quien mantiene posesión tras la expiración del arrendamiento.
tenant at will   arrendatario por un período indeterminado.
tenant for life   tenedor de un inmueble por vida, tenedor de un inmueble durante la vida de un tercero.
tenant for years   tenedor de un inmueble por un número determinado de años.
tenant from year to year   arrendatario en un arrendamiento renovable de año a año.
tenant in common   tenedor en conjunto.
tenant in fee simple   propietario absoluto.
tenant in severalty   tenedor exclusivo.

tenant's fixtures instalaciones fijas en un inmueble las cuales el tenedor tiene derecho a remover.

tender n oferta, oferta de pago, oferta de cumplir, moneda de curso legal.

tender v ofrecer, ofrecer pagar.

tender of delivery oferta de entrega.

tender offer oferta pública para la adquisición de acciones.

tender of performance oferta de cumplimiento.

tenement house edificio de alquiler con calidad y renta baja.

tenements bienes inmuebles.

tenor las palabras exactas de un documento, copia exacta, significado.

tentative trust fideicomiso en que una persona hace un depósito en un banco en nombre propio como fiduciario para otro.

tenure posesión, ejercicio de un cargo, empleo por un tiempo indefinido.

tergiversate tergiversar.

tergiversation tergiversación.

term término, plazo fijo, sesión.

term bonds bonos emitidos con la misma fecha de vencimiento.

term certificate certificado de depósito de un año o más.

term for years derecho de posesión por un tiempo determinado.

terminability terminabilidad.

terminable terminable.

terminable interest interés en un inmueble el cual termina bajo las condiciones estipuladas.

terminal market mercado a plazos.

termination terminación, expiración, limitación.

termination benefits beneficios por terminación de empleo.

termination notice aviso de terminación.

termination of conditional contract terminación de contrato condicional.

termination of employment despido de empleo, terminación de empleo.

termination statement declaración de terminación.

term insurance seguro de vida por un término fijo.

termite clause cláusula de termitas.

term life insurance seguro de vida por un término fijo.

term loan préstamo por un término fijo.

term mortgage hipoteca no amortizante.

term of lease término del arrendamiento.

term policy seguro de vida por un término fijo.

term repo contrato de retroventa por más de un día.

term repurchase agreement contrato de retroventa por más de un día.

terms términos, condiciones.

terms net cash estipulación en un contrato de venta de pago en efectivo.

terms of acceptance condiciones de aceptación.

terms of credit condiciones de crédito.

terms of delivery condiciones de entrega.

terms of loan condiciones de préstamo.

terms of payment condiciones de pago.

terms of sale condiciones de venta.

terms of shipment condiciones de transporte, condiciones de embarque.

terms of trade condiciones de comercio.

testament testamento.

testamentary testamentario.

testamentary trust fideicomiso testamentario.

testamentary trustee fiduciario testamentario.

test market mercado de prueba.

test marketing mercadeo de prueba.

test number número de prueba.

test of transaction prueba de transacción.

theft insurance seguro contra hurtos y robos.

theft loss pérdidas debido a hurtos o robos.

theoretical teorético.

theoretical capacity capacidad teorética.

theoretical value valor teorético.

theory of demand teoría de la demanda.

theory of supply teoría de la oferta.

thin capitalization capitalización basada en préstamos.

thin capitalization corporation corporación con capitalización basada en préstamos.

thin corporation corporación con capitalización basada en préstamos.

things of value objetos de valor.

things personal bienes muebles.

things real bienes inmuebles.

thin market mercado con pocas transacciones.

third market tercer mercado.

third mortgage tercera hipoteca.

third party beneficiary tercero beneficiario.

third party check cheque de tercera parte.

third party credit crédito de tercera parte.

third party payment pago por tercera parte.

third party transfer transferencia por tercera parte.

third possessor quien compra una propiedad hipotecada sin asumir una hipoteca existente.

third shift tercer turno.

thousand-year lease arrendamiento a mil años.

threatened cloud imperfección de título anticipada.

threshold price precio umbral.

thrift account cuenta de ahorros.

thrift institution institución de ahorros.

through bill of lading estilo de conocimiento de embarque usado cuando hay más de un transportador.

through lot lote el cual tiene una calle en cada extremo, solar el cual tiene una calle en cada extremo.

through rate tarifa combinada de envío.

tick movimiento del precio de un valor.

ticker dispositivo para visualizar cotizaciones.

ticker symbols símbolos de acciones.

tied product acuerdo de vender un producto siempre que se compre otro determinado.

tie-in promotion promoción vinculada.

tight budget presupuesto restringido.

tight credit situación económica en que es difícil obtener crédito.

tight market mercado activo.

tight money situación económica en que es difícil obtener crédito.

tillage tierra cultivada, tierra bajo cultivo, cultivo.

time-adjusted rate of return tasa de rendimiento ajustada por el tiempo.

time adjustment ajuste de tiempo.

time and a half tiempo y medio.

time and a half pay paga a tiempo y medio.

time and motion studies estudios de tiempo y movimientos.

time and one half tiempo y medio.

time bill letra de cambio a fecha cierta, letra de cambio a término.

time buyer comprador de tiempo.

time card tarjeta para registrar horas de trabajo.

time charter contrato de fletamiento por un término determinado.

time deposit depósito a plazo.

time draft letra de cambio a fecha cierta, letra de cambio a término.

time immemorial tiempo inmemorial.

time is of the essence el plazo es de esencia.

time limit límite de tiempo.

time loan préstamo a plazo.

time management administración del tiempo.

time money dinero a plazo.

time note pagaré pagadero en un término determinado.

time out of memory tiempo inmemorial.

time policy póliza por un término determinado.

time-sharing copropiedad en la cual los diversos dueños tienen derecho a usar la propiedad durante un período específico cada año.

timesharing copropiedad en la cual los diversos dueños tienen derecho a usar la propiedad durante un período específico cada año.

time sheet hoja de jornales, hoja de registro de tiempo.

time spread combinación de opciones con vencimientos diferentes.

time value valor del tiempo.

time value of money valor de tiempo del dinero.

time-weighted return rendimiento con tiempo ponderado.

tip comunicación de información sobre una corporación la cual no es del conocimiento público, propina.

tippees quienes obtienen información confidencial sobre una compañia.

tipper quien divulga información sobre una corporación la cual no es del conocimiento público.

title título.

title abstract resumen de título.

title bond garantía de título.

title by accretion título obtenido mediante la adquisición gradual de tierra por causas de la naturaleza.

title by adverse possession título adquirido al mantener la posesión y transcurrir la prescripción adquisitiva.

title by descent título adquirido como heredero.

title by limitation título adquirido mediante la prescripción.

title by prescription título adquirido al mantener la posesión y transcurrir la prescripción adquisitiva.

title by purchase título obtenido por cualquier método menos herencia.

title company compañía de títulos.

title covenants cláusulas en un traspaso concernientes a las garantías del título.

title deeds escrituras evidenciando título de propiedad.

title defect defecto de título.

title defective in form título con defectos formales.

title documents documentos de título.

title guaranty garantía de título.

title guaranty company compañía que garantiza títulos.

title in fee simple propiedad absoluta.

title insurance seguro de título.

title of record título registrado.

title report informe de título.

title retention privilegio de retención de título.

title search estudio de título.

title standards normas para evaluar el título de propiedad.

token money moneda fiduciaria.

token payment pago parcial, pago nominal.

toll peaje.

tombstone ad anuncio en periódicos de un ofrecimiento público.

tomorrow next transacción a ejecutarse el día siguiente con entrega el día que le sigue a dicha transacción.

tonnage tonelaje.

tonnage-duty impuesto sobre el tonelaje.

tonnage tax impuesto sobre el tonelaje.

top lease arrendamiento que se establece antes de expirar uno anterior.

top management alta gerencia.

Torrens System Sistema Torrens.

total total, entero.

total acceptance aceptación total.

total assets activos totales.

total assignment cesión total.

total balance saldo total.

total breach incumplimiento total.

total capital capital total.

total capitalization capitalización total.

total cost costo total.

total cost curve curva de costos totales.

total debt deuda total.

total delivery entrega total.

total disability discapacidad total.

total disbursement desembolso total.

total expenditures gastos totales.

total expenses gastos totales.

total fixed costs costos fijos totales.

total income ingresos totales.

total investment inversión total.

total loss pérdida total.

total output producción total.

total payment pago total.

total performance cumplimiento total.

total project approach acercamiento de proyecto total.

total receipts entradas totales.

total reserves reservas totales.

total return rendimiento total.

total revenue ingresos totales.

total variable costs costos variables totales.

total volume volumen total.

total yield rendimiento total.

Totten trust fideicomiso en que una persona hace un depósito en un banco en nombre propio como fiduciario para otro.

township medida de terreno en forma de cuadrado conteniendo 36 millas cuadradas, municipio.

trade n comercio, oficio, cambio.

trade v comerciar, cambiar.

trade acceptance documento cambiario aceptado.

trade agreement acuerdo comercial, convenio comercial.

trade allowance descuento comercial.

trade and commerce actividad comercial.

trade association asociación comercial.

trade balance balanza comercial.

trade barrier barrera comercial.

trade bill efecto comercial, letra comercial.

trade bloc paises participantes en un acuerdo comercial.

trade brand marca comercial.

trade credit crédito comercial.

trade date fecha de transacción.

trade deficit déficit comercial.

trade discount descuento comercial.

trade dispute disputa laboral.

trade fixtures instalaciones fijas comerciales.

trade law derecho comercial.

trade libel declaraciones escritas comercialmente difamantes.

trade-mark marca, marca comercial.

trademark marca, marca comercial.

trade-mark license licencia de marca comercial.

trademark license licencia de marca comercial.

trade-mark protection protección de marca comercial.

trademark protection protección de marca comercial.

trade name nombre comercial.

trade policy política comercial.

trade practice práctica comercial.

trade promotion promoción comercial.

trade publication publicación comercial.

trader comerciante, negociante.

trade rate tasa comercial.

trade reference referencia comercial.

trade report informe comercial.

trade representative representante comercial.

trade restriction restricción comercial.

trade secret secreto comercial, secreto industrial.

trade surplus superávit comercial.

trade union sindicato, gremio laboral.

trading comercio.

trading account cuenta para transacciones.

trading authorization autorización para transacciones.

trading bloc paises participantes en un acuerdo comercial.

trading capital capital de explotación.

trading company compañía comercial.

trading contract contrato comercial.

trading corporation corporación comercial, ente jurídico comercial.

trading days días de transacciones.

trading enterprise empresa comercial.

trading halt parada de transacciones.

trading hours horas de transacciones.

trading limit límite de transacciones.

trading partnership sociedad comercial.

trading post puesto de transacciones.

trading range intervalo de transacciones.

trading stamps estampillas obtenidas mediante compras las cuales se combinan para obtener premios.

trading unit unidad de transacción.

trading volume volumen de transacciones.

trading voyage viaje marítimo comercial.

traditional corporation corporación tradicional.

traffic tráfico.

training program programa de entrenamiento.

tramp corporation corporación o ente jurídico el cual se constituye en un estado sin intenciones de comerciar en dicho estado.

tranche tramo, clase.

transact tramitar, negociar, comerciar.

transacting business llevando a cabo operaciones comerciales.

transaction transacción, negocio.

transaction account cuenta de transacciones.

transactional transaccional.

transaction amount cantidad de transacción.

transaction analysis análisis de transacción.

transaction card tarjeta de transacciones.

transaction code código de transacción.

transaction cost costo de transacción.

transaction cycle ciclo de transacciones.

transaction date fecha de transacción.

transaction document documento de transacción.

transaction report informe de transacción.

transaction risk riesgo de transacción.

transaction test prueba de transacción.

transaction value valor de transacción.

transactor tramitador, negociante.

transfer n transferencia, cesión.

transfer v transferir, ceder.

transferability transferibilidad.

transferable transferible.

transferable card tarjeta transferible.

transferable letter of credit carta de crédito transferible.

transferable securities valores transferibles.

transfer agent agente de transferencia.

transfer agreement acuerdo de cesión.

transfer charge cargo de transferencia.

transfer cost costo de transferencia.

transferee cesionario.

transference transferencia, cesión.

transfer entry asiento de transferencia.

transfer expense gasto de transferencia.

transfer fee cargo de transferencia.

transfer of funds transferencia de fondos.

transfer of mortgage transferencia de hipoteca.

transfer of ownership transferencia de propiedad.

transfer of property transferencia de propiedad.

transfer of title transferencia de título.

transfer order orden de transferencia.

transfer price precio de transferencia.

transferred transferido.

transferred account cuenta transferida.

transferred amount cantidad transferida.

transferred balance balance transferido.

transferrer cedente, transferidor.

transfer tax impuesto a las transferencias.

transgressive trust fideicomiso transgresivo, fideicomiso que viola la regla prohibiendo crear un interés futuro si no existe la posibilidad de que se transfiera dentro de los 21 años más período de gestación de haberse creado.

transient merchant comerciante ambulante.

transient worker trabajador ambulante.

transit tránsito.

transit agent agente de tránsito.

transit bill pase.

transit department departamento de tránsito.

transit duties derechos de tránsito.

transition transición.

transit items ítems de tránsito, artículos de transito.

transitive covenant convenio transferible.

transit letter carta de tránsito.

transit number número de tránsito.

transitory transitorio.

transit rate tasa de tránsito.

transmittal letter carta que acompaña.

transnational transnacional.

transnational contract contrato transnacional.

transport transporte.

transportation transportación, transporte.

transportation charge cargo de transporte.

transportation company compañía de transporte.

transportation cost costo de transporte.

transportation expenditure gastos de transporte.

transportation expense gastos de transporte.

transportation fee cargo de transporte.

transportation insurance seguro de transporte.

transport charge cargo de transporte.

transport company compañía de transporte.

transport cost costo de transporte.

transport expenditure gastos de transporte.

transport expense gastos de transporte.

transport fee cargo de transporte.

transport insurance seguro de transporte.

travel and entertainment card tarjeta de viajes y entretenimiento.

travel and entertainment expense deduction deducción por gastos de viaje y entretenimiento.

travel and entertainment expenses gastos de viaje y entretenimiento.

traveler's check cheque de viajero.

traveler's letter of credit carta de crédito de viajero, carta de crédito dirigida a un banco corresponsal.

travel expenditures gastos de viaje.

travel expenses gastos de viaje.

traveling sales representative representante de ventas viajero.

travel time tiempo de viaje.

treasurer tesorero.

treasury tesorería.

treasury bill obligación del tesoro a corto plazo.

treasury bond bono del tesoro, bono emitido y readquirido por la misma corporación.

treasury department departamento del tesoro, departamento de hacienda.

treasury note obligación del tesoro a medio plazo.

treasury securities valores de tesorería, valores emitidos y readquiridos por la misma corporación.

treasury shares acciones de tesorería.

treasury stock acciones de tesorería.

treasury stock method método de acciones de tesorería.

treatise tratado.

trend analysis análisis de tendencia.

trend forecast pronóstico de tendencia.

trial balance balance de comprobación.

trial offer oferta de prueba.

trial order orden de prueba.

trial period período de prueba.

trial size tamaño de prueba.

trigger point punto de intervención.

trigger price precio de intervención.

trimestral trimestral.

triple indemnity triple indemnización.

triple-net lease arrendamiento en que el arrendatario paga todos los gastos de la propiedad.

triple protection triple protección.

triplicate triplicado.

triweekly trisemanal.

troubled bank banco con una proporción alta de préstamos en mora o en incumplimiento.

troy weight peso troy.

truancy ausencia sin justificación del trabajo.

true interest intereses reales.

true interest cost costo real de intereses.

true value valor justo en el mercado.

truncation truncamiento, retención de cheques cancelados.

trust fideicomiso, confianza.

trust account cuenta fiduciaria.

trust certificate certificado de fideicomiso de equipo.

trust company compañía fiduciaria.

trust deed escritura fiduciaria.

trust department departamento de administración de bienes.

trust deposit depósito en un fideicomiso.

trustee fiduciario, persona en una capacidad fiduciaria.

trustee in bankruptcy síndico concursal.

trusteeship cargo fiduciario.

trust estate los bienes en el fideicomiso.

trust fund fondos en fideicomiso, fondos destinados a formar parte de un fideicomiso.

trust fund doctrine doctrina que indica que los bienes de una empresa se deben usar para pagar sus deudas antes de repartirse entre los accionistas.

trust indenture escritura de fideicomiso, documento que contiene los términos y las condiciones de un fideicomiso.

trust instrument instrumento formal mediante el cual se crea un fideicomiso.

trust legacy legado a través de un fideicomiso.

trust officer funcionario de una compañía fiduciaria encargado de los fondos de los fideicomisos.

trustor quien crea un fideicomiso.

trust property la propiedad objeto del fideicomiso.

trust receipt recibo fiduciario.

truth-in-lending laws leyes para que se divulgue información pertinente en préstamos.

truth-in-savings laws leyes para que se divulgue información pertinente a cuentas que producen intereses.

turnaround time tiempo que transcurre en terminar completamente un trabajo tras recibir la orden.

turndown rechazo.

turnkey contract contrato llave en mano.

turnover movimiento, movimiento de mercancías, producción, cambio de personal, giro.

turnover ratio razón de movimiento, razón de giro.

turnover tax impuesto a etapas de producción.

twisting transacciones excesivas para generar comisiones, tergiversación.

two-dollar broker miembro de bolsa quien sirve de corredor para corredores de valores.

two-tailed test prueba de dos colas.

tying arrangement arreglo mediante el cual se puede obtener un producto siempre que se compre otro determinado.

tying contract contrato mediante el cual se puede obtener un producto siempre que se compre otro determinado.

type of option tipo de opción.

ultimate balance saldo final.

ultimate beneficiary beneficiario final.

ultimate consumer consumidor final.

ultimate payment pago final.

ultra vires ultra vires, actos más allá de los poderes autorizados.

umbrella liability seguro de responsabilidad suplementario para aumentar la cobertura.

umbrella liability insurance seguro de responsabilidad suplementario para aumentar la cobertura.

umbrella policy póliza suplementaria para aumentar la cobertura.

unacceptable inaceptable.

unaccessible inaccesible.

unaccustomed desacostumbrado, no usual.

unacknowledged no reconocido.

unadjusted no ajustado.

unadjusted basis base no ajustada.

unadjusted rate tasa no ajustada.

unadjusted rate of return tasa de rendimiento no ajustada.

unadmitted assets activo no admitido.

unaffiliated union unión no afiliada.

unallocated costs costos no asignados.

unamortized no amortizado.

unamortized bond discount descuento de bono no amortizado.

unamortized bond premium prima de bono no amortizada.

unamortized debt deuda no amortizada.

unamortized loan préstamo no amortizado.

unamortized mortgage hipoteca no amortizada.

unamortized mortgage loan préstamo hipotecario no amortizado.

unamortized premium prima no amortizada.

unamortized value valor no amortizado.

unapplied no aplicado.

unappropriated funds fondos no asignados.

unappropriated profits ganancias no asignadas.

unappropriated retained earnings ingresos retenidos no asignados.

unascertainable indeterminable.

unascertained indeterminado.

unascertained duties derechos estimados.

unassignable intransferible, no asignable.

unassociated no asociado.

unauthorized no autorizado, desautorizado.

unauthorized agent agente no autorizado.

unauthorized auditor auditor no autorizado.

unauthorized bank banco no autorizado.

unauthorized dealer comerciante no autorizado.

unauthorized endorsement endoso no autorizado.

unauthorized indorsement endoso no autorizado.

unauthorized insurer asegurador no autorizado.

unauthorized investment inversión no autorizada.

unauthorized issue emisión no autorizada.

unauthorized representative representante no autorizado.

unauthorized signature firma no autorizada.

unauthorized strike huelga no autorizada.

unauthorized transfer transferencia no autorizada.

unauthorized use uso no autorizado.

unavailability indisponibilidad.

unavailable no disponible, inaccesible.

unavoidable inevitable.

unavoidable charges cargos inevitables.

unavoidable costs costos inevitables.

unavoidable expenditures gastos inevitables.

unavoidable expenses gastos inevitables.

unavoidable fees cargos inevitables.

unbalanced desbalanceado.

unbalanced budget presupuesto desbalanceado.

unbalanced budgeting presupuestación desbalanceada.

unbalanced growth crecimiento desbalanceado.

unbiased estimator estimador no sesgado.

unbilled no facturado.

unbilled revenue ingresos no facturados.

unblocking desbloqueo, descongelación.

unbundle desempaquetar.

unbundled desempaquetado.

unbundled stock units unidades de acciones desempaquetadas.

unbundling desempaquetamiento.

uncallable no retirable, no redimible.

uncalled no redimido.

uncalled bonds bonos no redimidos.

uncertain incierto.

uncertain rate tasa incierta.

unclaimed no reclamado.

unclaimed balance balance no reclamado.

unclaimed goods bienes no reclamados.

uncollected no cobrado.

uncollected funds fondos no cobrados.

uncollectible incobrable.

uncollectible account cuenta incobrable.

uncollectible debt deuda incobrable.

uncollectible loan préstamo incobrable.

uncompensable incompensable.

unconditional incondicional.

unconditional acceptance aceptación incondicional.

unconditional agreement convenio incondicional.

unconditional annuity anualidad incondicional.

unconditional binding receipt recibo obligante incondicional.

unconditional commitment compromiso incondicional.

unconditional contract contrato incondicional.

unconditional conveyance traspaso incondicional.

unconditional credit crédito incondicional.

unconditional creditor acreedor incondicional.

unconditional delivery entrega incondicional.

unconditional endorsement endoso incondicional.

unconditional guaranty garantía incondicional.

unconditional health insurance seguro de salud incondicional.

unconditional indorsement endoso incondicional.

unconditional insurance seguro incondicional.

unconditionally incondicionalmente.

unconditional obligation obligación incondicional.

unconditional offer oferta incondicional.

unconditional offer to purchase oferta de compra incondicional.

unconditional order orden incondicional.

unconditional ownership propiedad incondicional.

unconditional payment pago incondicional.

unconditional permit permiso incondicional.

unconditional promise promesa incondicional.

unconditional receipt recibo incondicional.

unconditional renewable health insurance seguro de salud renovable incondicional.

unconditional sale venta incondicional.

unconditional sales contract contrato de venta incondicional.

unconditional transfer transferencia incondicional.

unconfirmed no confirmado.

unconfirmed credit crédito no confirmado.

unconfirmed letter of credit carta de crédito no confirmada.

unconscionable desmedido, abusivo, falto de escrúpulo.

unconscionable bargain contrato abusivo.

unconscionable clause cláusula abusiva.

unconscionable contract contrato abusivo.

unconsolidated no consolidado.

unconsolidated accounts cuentas no consolidadas.

unconsolidated debt deuda no consolidada.

unconsolidated financial statement estado financiero no consolidado.

unconsolidated mortgages hipotecas no consolidadas.

unconsolidated statement estado no consolidado.

unconsolidated tax return planilla no consolidada.

uncontrollable incontrolable.

uncontrollable costs costos incontrolables.

uncontrollable expenditures gastos incontrolables.

uncontrollable expenses gastos incontrolables.

uncontrollable factors factores incontrolables.

uncontrollable variables variables incontrolables.

uncovered descubierto.

uncovered call option opción de compra descubierta.

uncovered option opción descubierta.

uncrossed no cruzado.

undated sin fecha.

undeclared no declarado.

undeclared value valor no declarado.

undeferrable inaplazable.

undefined indefinido.

undelivered sin entregar.

under bond bajo fianza, bajo garantía.

undercapitalization subcapitalización.

undercapitalize subcapitalizar.

undercapitalized subcapitalizado.

undercharge cobrar de menos.

under contract bajo contrato, contratado.

underemployed subempleado.

underground economy economía clandestina.

under insurance infraseguro, cobertura parcial.

underinsurance infraseguro.

underinsured infraasegurado.

under-lease subarriendo.

underlease subarriendo.

under-lessor subarrendador.

underlying subyacente.

underlying bond bono subyacente.

underlying company compañía subsidiaria.

underlying futures contract contrato de futuros subyacente.

underlying lien gravamen subyacente.

underlying mortgage hipoteca subyacente.

underlying securities valores subyacentes.

undermargined account cuenta de margen que está por debajo del mínimo de mantenimiento.

underpay paga insuficiente.

underpayment pago insuficiente.

underpayment penalty penalidad por insuficiencia de pagos.

underproduction subproducción.

under protest bajo protesto.

underreport informar menos de lo devengado.

under seal bajo sello.

undersell vender por precio menor que de competidores.

understate subestimar, subdeclarar.

understated subestimado, subdeclarado.

undertake an obligation asumir una obligación.

undertaking empresa, compromiso.

under-tenant subarrendatario.

under-the-table ilegalmente.

underutilization subutilización.

undervaluation subvaloración.

undervalue subvalorar.

undervalued subvalorado.

underwrite suscribir, asegurar.

underwrite a risk asegurar un riesgo.

underwriter suscriptor, asegurador, colocador de emisión.

underwriting suscripción, aseguramiento, aseguramiento de emisión.

underwriting agreement contrato de colocación de emisión.

underwriting contract contrato de colocación de emisión.

underwriting costs costos de colocación de emisión.

underwriting fee cargo de colocación de emisión.

underwriting group grupo de colocación de emisión.

underwriting manager administrador de colocación de emisión.

underwriting spread margen de colocación de emisión.

underwriting syndicate consorcio de emisión.

undetachable stock warrant certificado de derechos de compra de acciones no desprendible.

undeterminable indeterminable.

undetermined indeterminado.

undetermined costs costos indeterminados.

undigested securities valores emitidos no vendidos.

undisbursed sin desembolsar.

undisclosed oculto.

undisclosed agency representación oculta.

undisclosed agent quien no revela su estado de representante.

undisclosed defects vicios ocultos.

undisclosed partner socio oculto.

undisclosed principal mandante oculto.

undiscounted no descontado.

undistributed no distribuido.

undistributed costs costos no distribuidos.

undistributed earnings ingresos no distribuidos.

undistributed expenses gastos no distribuidos.

undistributed profits ganancias no distribuidas, beneficios no distribuidos.

undistributed profits tax impuesto sobre ganancias no distribuidas.

undivided indiviso, completo.

undivided account cuenta indivisa.

undivided interest interés indiviso.

undivided profits ganancias indivisas.

undivided right derecho indiviso.

undue indebido, no pagadero, no vencido.

unearned no ganado.

unearned discount descuento no devengado.

unearned income ingresos no devengados.

unearned increment incremento no devengado, plusvalía.

unearned interest intereses no vencidos.

unearned premium prima no devengada.

unearned revenue ingresos no devengados.

unemployable quien no puede ser empleado, incapacitado para trabajar.

unemployed desempleado, sin utilizar.

unemployment desempleo.

unemployment compensation compensación por desempleo.

unemployment insurance seguro de desempleo.

unemployment rate tasa de desempleo.

unencumbered libre de gravámenes.

unencumbered property propiedad libre de gravámenes.

unethical no ético.

unexpired no vencido, no expirado.

unexpired account cuenta no expirada.

unexpired card tarjeta no expirada.

unexpired cost costo no vencido.

unexpired credit card tarjeta de crédito no expirada.

unexpired insurance seguro no expirado.

unexpired insurance policy póliza de seguro no expirada.

unexpired policy póliza no expirada.

unexpired term plazo no vencido.

unfair injusto, desleal.

unfair advantage ventaja desleal.

unfair competition competencia desleal.

unfair competitive advantage ventaja competitiva desleal.

unfair labor practice práctica laboral desleal.

unfair methods of competition métodos de competencia desleales.

unfair practices prácticas desleales.

unfair trade competencia desleal.

unfair trade practices prácticas de competencia desleales.

unfaithful employee empleado desleal.

unfavorable desfavorable.

unfavorable balance of trade balanza comercial desfavorable.

unfavorable variance varianza desfavorable.

unfreeze descongelar.

unfulfilled incumplido, insatisfecho.

unfunded sin fondos, flotante.

unified unificado.

unified budget presupuesto unificado.

unified budgeting presupuestación unificada.

unified credit crédito unificado.

uniform uniforme.

uniform accounting system sistema de contabilidad uniforme.

uniform capitalization rules reglas de capitalización uniformes.

uniform cash flow flujo de fondos uniforme.

uniform code código uniforme.

uniform forms formularios uniformes.

uniformity uniformidad.

uniform laws leyes uniformes.

uniform statement declaración uniforme, declaración del cierre uniforme, estado uniforme.

unilateral unilateral.

unilateral contract contrato unilateral.

unilateral strategy estrategia unilateral.

unimproved land tierras sin mejoras.

unimproved property propiedad sin mejoras.

unincorporated no incorporado.

unincorporated no incorporado.

unincorporated association asociación no incorporada.

uninsurable no asegurable.

uninsurable interest interés no asegurable.

uninsurable property propiedad no asegurable.

uninsurable risk riesgo no asegurable.

uninsurable title título no asegurable.

uninsured sin seguro, no asegurado.

uninsured account cuenta no asegurada.

uninsured bank banco no asegurado.

uninsured deposit depósito no asegurado.

uninsured depositor depositante no asegurado.

uninsured financial institution institución financiera no asegurada.

uninsured loan préstamo no asegurado.

uninsured mail correo no asegurado.

uninsured mortgage hipoteca no asegurada.

uninsured mortgage loan préstamo hipotecario no asegurado.

uninsured motorist conductor no asegurado.

uninsured motorist coverage cobertura de conductores no asegurados.

uninsured municipal bond bono municipal no asegurado.

uninsured peril peligro no asegurado.

uninsured premises propiedad no asegurada.

uninsured property propiedad no asegurada.

uninsured risk riesgo no asegurado.

uninsured title título no garantizado.

uninterrupted ininterrumpido.

union unión, gremio laboral, sindicato.

union affiliation afiliación sindical.

union certification certificación de sindicato.

union contract convenio colectivo.

union dues cuotas sindicales.

unionize sindicalizar, agremiar.

union member miembro de unión.

union mortgage clause cláusula en una póliza de seguro de propiedad para proteger al acreedor hipotecario.

union rate salario mínimo postulado por un sindicato.

union security clause cláusula sindical en un contrato laboral.

union shop taller agremiado.

unissued no emitido.

unissued preferred shares acciones preferidas no emitidas.

unissued preferred stock acciones preferidas no emitidas.

unissued shares acciones no emitidas.

unissued stock acciones no emitidas.

unit unidad.

unitary elasticity elasticidad unilateral.

unit bank banco sin sucursales.

unit banking banca sin sucursales.

unit benefit plan plan de beneficios de unidades.

unit control control de unidades.

unit cost costo unitario.

unit investment trust fondo mutuo de inversiones de ingreso fijo.

unit of account unidad de cuenta.

unit of output unidad de producción.

unit of production unidad de producción.

unit of sampling unidad de muestreo.

unit of trade unidad de transacción.

unit of value unidad de valor.

unit ownership acts leyes concernientes a la propiedad horizontal.

unit price precio de unidad.

unitrust fideicomiso en que se le paga anualmente a los beneficiarios un porcentaje fijo del valor justo en el mercado del activo.

units of production method método de unidades de producción.

unit teller cajero de pagos y cobros.

unit value valor unitario.

unity of command unidad de mando.

unity of interest unidad de intereses.

unity of possession unidad de posesión.

unity of time unidad de tiempo.

unity of title unidad de título.

universal universal.

universal agency representación general, poder general.

universal agent representante general, apoderado general.

universal banking banca universal.

universal life seguro de vida universal.

universal life insurance seguro de vida universal.

universal numerical system sistema numérico universal.

universal partnership sociedad universal.

universal teller cajero universal.

universal variable seguro de vida variable universal.

universal variable life insurance seguro de vida variable universal.

universe universo.

unjust enrichment enriquecimiento injusto.

unlawful ilegal, ilícito.

unlawful condition condición ilícita.

unlawful contract contrato ilegal.

unlawful loan préstamo ilegal.

unlawful picketing piquete ilegal.

unleveraged no apalancado.

unleveraged company compañía no apalancada.

unlicensed sin licencia, sin autorizar.

unlimited ilimitado.

unlimited account cuenta ilimitada.

unlimited authority autorización ilimitada.

unlimited credit crédito ilimitado.

unlimited liability responsabilidad ilimitada.

unlimited mortgage hipoteca ilimitada.

unlimited tax bond bono con respaldo de imposición ilimitada.

unliquidated no liquidado, sin determinar.

unlisted no cotizado.

unlisted securities valores no cotizados.

unlisted shares acciones no cotizadas.

unlisted stock acciones no cotizadas.

unlisted trading transacciones de valores no cotizados.

unlivery descarga del cargamento en el puerto señalado.

unload descargar.

unloading descarga.

unmailable no apto para enviarse por correo.

unmarginable que no son elegibles para cuentas de margen.

unmarked sin marcar.

unmarketable incomerciable, invendible, innegociable.

unmarketable title título incierto.

unnegotiable innegociable, no negociable.

unoccupied vacante, no ocupado.

unofficial strike huelga sin la autorización del sindicato.

unpaid no pagado, impago, sin paga.

unpaid balance saldo deudor.

unpaid check cheque no pagado.

unpaid debt deuda no pagada.

unpaid dividend dividendo no pagado.

unpaid holiday día festivo no pagado.

unpaid invoice factura no pagada.

unpaid loan préstamo no pagado.

unproductive investment inversión improductiva.

unprofessional conduct conducta no profesional.

unqualified opinion opinión sin reservas.

unquoted no cotizado.

unrealized no realizado.

unrealized appreciation apreciación no realizada.

unrealized depreciation depreciación no realizada.

unrealized gains ganancias no realizadas.

unrealized losses pérdidas no realizadas.

unrealized profits ganancias no realizadas.

unreasonable irrazonable, arbitrario.

unreasonable compensation remuneración irrazonable.

unreasonable restraint of trade restricción irrazonable del comercio.

unrecorded no registrado, no inscrito.

unrecorded deed escritura sin registrar.

unrecovered cost costo no recuperado.

unregistered shares acciones no registradas.

unregistered stock acciones no registradas.

unrelated business income ingresos de negocios no relacionados.

unrelated business income tax impuesto sobre ingresos de negocios no relacionados.

unreported income ingresos sin informar.

unrestricted sin restricción, no restringido, ilimitado.

unrestricted articles artículos sin restricciones.

unrestricted assets activo sin restricción.

unrestricted card list lista de tarjetas sin restricciones.

unrestricted credit crédito sin restricción.

unrestricted data datos sin restricciones.

unrestricted distribution distribución sin restricciones.

unrestricted funds fondos sin restricciones.

unrestricted list lista de valores sin restricciones.

unrestricted market mercado sin restricciones.

unrestricted shares acciones sin restricciones en cuanto a la transferencia.

unrestricted stock acciones sin restricciones en cuanto a la transferencia.

unrestricted stock option opción de compra de acciones sin restricciones.

unsafe inseguro, peligroso.

unsatisfactory no satisfactorio.

unsatisfactory account cuenta no satisfactoria.

unsatisfactory title título viciado.

unsatisfied insatisfecho.

unscheduled property propiedad que no está en una lista de bienes asegurados con sus valores respectivos.

unscrupulous inescrupuloso.

unsecured sin garantía.

unsecured account cuenta sin garantía.

unsecured bond bono sin garantía.

unsecured credit crédito sin garantía.

unsecured credit card tarjeta de crédito.

unsecured creditor acreedor sin garantía.

unsecured debt deuda sin garantía.

unsecured loan préstamo sin garantía.

unsecured note pagaré quirografario.

unsecured transaction transacción sin garantía.

unseen no visto.

unsolicited no solicitado.

unstable inestable.

unstable market mercado inestable.

unstated interest intereses imputados.

unsubscribed shares acciones no suscritas.

unsubscribed stock acciones no suscritas.

unsystematic risk riesgo no sistemático.

untenantable condition condiciones no aptas para la ocupación.

unused sin usar, no utilizado.

unused capacity capacidad no utilizada.

unused credit crédito no utilizado.

unvalued policy póliza en que no se establece el valor de los bienes asegurados.

unwritten no escrito, verbal.

unwritten contract contrato no escrito, contrato verbal.

update actualizar.

updated actualizado.

upkeep mantenimiento.

upon condition bajo condición.

upper limit límite superior.

upset price precio mínimo en subasta.

uptick venta a precio mayor que la anterior.

up to date al día.

upturn cambio alcista en un ciclo.

urban urbano.

urban development desarrollo urbano.

urban easement servidumbre urbana.

urban property propiedad urbana.

urban renewal renovación urbana.

urban servitude servidumbre urbana.

usable funds fondos utilizables.

usage of trade modo acostumbrado de llevar a cabo transacciones.

usance usanza, uso, vencimiento.

useful life vida útil.

user fee cargo al usuario.

use tax impuesto sobre bienes comprados en otro estado.

usual and customary charges cargos usuales y acostumbrados.

usual course of business curso normal de los negocios.

usual covenants cláusulas usuales, garantías usuales.

usual place of business lugar usual de negocios.

usufruct usufructo.

usurer usurero.

usurious usurario.

usurious contract contrato usurario.

usurious rate tasa usuraria.

usurious rate of interest tasa de interés usuraria.

usury usura.

usury laws leyes concernientes a la usura.

usury rate tasa usuraria.

utility easement servidumbre de compañías de servicio público.

utilization factor factor de utilización.
utilization rate tasa de utilización.
utilized utilizado.
utilized capacity capacidad utilizada.

V

vacancy vacante.
vacancy rate tasa de vacantes.
vacant vacante.
vacant land tierra vacante.
vacate dejar vacante, anular.
vacation pay paga durante vacaciones.
valid válido, vigente.
validate validar.
validation validación.
validation period período de validación.
valid contract contrato válido.
valid date fecha de validez.
validity validez.
validity test prueba de validez.
validness validez.
valid title título válido.
valorization valorización.
valorize valorar.
valuable valioso.
valuable consideration contraprestación suficiente, contraprestación válida.
valuable improvements mejoras de valor.
valuation valuación, valoración, tasación, apreciación.
valuation account cuenta de valuación.
valuation base base de valuación.
valuation basis base de valuación.
valuation change cambio de valuación.
valuation criterion criterio de valuación.
valuation factor factor de valuación.
valuation method método de valuación.
valuation of assets valuación del activo.
valuation of loss valuación de la pérdida.
valuation of policy valuación de la póliza.

valuation premium prima de valuación.
valuation reserve reserva de valuación.
value valor, contraprestación, precio.
value added valor agregado, valor añadido.
value-added tax impuesto al valor agregado, impuesto de plusvalía.
value analysis análisis de valor.
value change cambio de valor.
value compensated compensado por valor.
valued valorado.
value date fecha de valor.
valued contract contrato valorado.
value declared valor declarado.
valued policy póliza valorada, póliza en que se establece el valor de los bienes asegurados.
value increase aumento de valor.
value in use valor en uso.
valueless sin valor, inservible.
value of money valor del dinero.
valuer tasador.
value received valor recibido.
variable variable.
variable amount cantidad variable.
variable-amount annuity anualidad de cantidad variable.
variable annuity anualidad variable.
variable base base variable.
variable-benefit plan plan de beneficios variables.
variable benefits beneficios variables.
variable budget presupuesto variable.
variable budgeting presupuestación variable.
variable capital capital variable.
variable cost costo variable.
variable-cost ratio razón de costos variables.
variable credit line línea de crédito variable.
variable debt deuda variable.
variable-dollar annuity anualidad de cantidad variable.
variable exchange rate tipo de cambio variable.
variable expenditures gastos variables.
variable expenses gastos variables.
variable fee cargo variable.

variable income ingreso variable.

variable inspection inspección variable.

variable interest interés variable.

variable interest rate tasa de interés variable.

variable life insurance seguro de vida variable.

variable limit límite variable.

variable overhead gastos generales variables.

variable-payment plan plan de pagos variables.

variable payments pagos variables.

variable premium prima variable.

variable-premium life insurance seguro de vida de primas variables.

variable price precio variable.

variable rate tasa variable.

variable-rate account cuenta con tasa de interés variable.

variable-rate certificate certificado de ahorros a tasa de interés variable.

variable-rate certificate of deposit certificado de ahorros a tasa de interés variable.

variable-rate financing financiamiento a tasa de interés variable.

variable-rate loan préstamo a tasa de interés variable.

variable-rate mortgage hipoteca con tasa de interés variable.

variable return rendimiento variable.

variable yield rendimiento variable.

variance varianza, permiso especial para una desviación de los reglamentos de zonificación, variación.

variance analysis análisis de la varianza.

variation variación.

variation clause cláusula de variación.

variety store tienda con variedad de productos.

vault cash efectivo en bóveda.

vehicle coverage cobertura de vehículo.

velocity of circulation velocidad de circulación.

velocity of money velocidad del dinero.

vend vender, divulgar.

vendee comprador.

vendibility posibilidad de venderse.

vendible vendible.

vendor vendedor.

vendor's lien gravamen del vendedor.

venture empresa, negocio, negocio arriesgado.

venture capital capital arriesgado en una empresa, capital aventurado.

venture capital limited partnership sociedad en comandita de capital aventurado.

verbal verbal.

verbal agreement acuerdo verbal.

verbal contract contrato verbal.

verifiable verificable.

verification verificación.

verification factor factor de verificación.

verification of signature verificación de firma.

vertical analysis análisis vertical.

vertical conflict conflicto vertical.

vertical integration integración vertical.

vertical management administración vertical.

vertical marketing mercadeo vertical.

vertical merger fusión vertical.

vertical organization organización vertical.

vertical promotion promoción vertical.

vertical spread combinación vertical de opciones.

vertical union sindicato vertical.

vest investir, dar posesión, conferir.

vested efectivo, transferido, conferido.

vested interest interés adquirido.

vested pension derecho de pensión adquirido.

vested remainder derecho sobre un inmueble el cual se adquirirá al extinguirse el derecho de otro sobre dicho inmueble.

vesting adquisición de derechos de pensión.

vexatious delay to pay demora de pago injustificada.

vicarious liability responsabilidad indirecta.

vice-president vicepresidente.

vice-principal empleado a quien se le delegan varias responsabilidades de supervisión y control sobre empleados.

video banking banca por video.

violation violación, infracción.

visible means of support medios aparentes de mantenimiento.

visible supply emisiones de bonos municipales en los próximos treinta días.

vocational rehabilitation rehabilitación vocacional.

vocational training entrenamiento vocacional.

void nulo, sin fuerza legal.

voidable anulable.

voidable contract contrato anulable.

voidable preference preferencia anulable.

void contract contrato nulo.

voided anulado.

void transaction transacción nula.

volatile volátil.

volatility volatilidad.

volume volumen.

volume discount descuento por volumen.

volume of business volumen de negocios.

volume of trade volumen de comercio.

voluntary voluntario.

voluntary accumulation plan plan de acumulación voluntario.

voluntary arbitration arbitraje voluntario.

voluntary assignment cesión voluntaria.

voluntary bankruptcy quiebra voluntaria.

voluntary compliance cumplimiento voluntario.

voluntary conversion conversión voluntaria.

voluntary conveyance transferencia voluntaria, transferencia a título gratuito.

voluntary deposit depósito voluntario.

voluntary exchange intercambio voluntario.

voluntary export quotas cuotas de exportación voluntarias.

voluntary insurance seguro voluntario.

voluntary lien gravamen voluntario.

voluntary payment pago voluntario.

voluntary plan termination terminación de plan voluntaria.

voluntary reserve reserva voluntaria.

voluntary sale venta voluntaria.

voluntary termination terminación voluntaria.

voluntary trust fideicomiso voluntario.

vote by proxy voto por poder, voto mediante apoderado.

voting rights derechos de voto.

voting shares acciones con derecho de voto.

voting stock acciones con derecho de voto.

voting trust fideicomiso para votación.

voting trust certificate certificado de fideicomiso para votación.

vouchee defensor del título.

voucher comprobante, recibo.

voucher check cheque con comprobante.

voucher system sistema de comprobantes.

voyage policy póliza de seguro marítimo para viajes determinados.

W

wage salario, sueldo, remuneración.

wage adjustment ajuste salarial.

wage agreement convenio salarial.

wage and hours laws leyes concernientes al máximo de horas de trabajo y al salario mínimo.

wage assignment cesión de salario, asignación de salario.

wage bracket escala salarial.

wage ceiling techo salarial.

wage control control salarial.

wage curve curva salarial.

wage dispute disputa salarial.

wage earner asalariado, trabajador.

wage earner plan convenio para el pago de deudas por un deudor asalariado bajo la ley de quiebras.

wage floor salario mínimo.

wage freeze congelación salarial.

wage garnishment embargo de salario.

wage incentive incentivo salarial.

wage increase aumento salarial.

wage increment incremento salarial.

wage index índice salarial.

wage inflation inflación de salarios.

wageless no pagado.

wage level nivel salarial.

wage minimum salario mínimo.

wage-price spiral espiral salarios-precios.

wage-push inflation inflación impulsada por salarios ascendentes.

wage rate tasa salarial.

wage rise alza salarial.

wager policy póliza de seguro en la que el asegurado no tiene un interés asegurable.

wages salario, comisiones, remuneración.

wage scale escala salarial.

wage stabilization estabilización salarial.

wage structure estructura salarial.

wage tax impuesto sobre salarios.

wageworker asalariado, trabajador.

waiting list lista de espera.

waiting period período de espera.

waive renunciar a, abandonar.

waiver renuncia, abandono.

waiver of exemption renuncia de exención.

waiver of notice renuncia a notificación.

waiver of premium clause cláusula de cesación de pagos por parte del asegurado al incapacitarse.

waiver of premiums cancelación de primas.

waiver of protest renuncia al protesto.

waiver of rights renuncia de derechos.

waiver of tort elección de no accionar por daño legal sino por incumplimiento de contrato.

walkout abandono organizado del lugar de trabajo por trabajadores por causa de conflictos laborales, huelga laboral.

want of consideration falta de contraprestación.

warehouse almacén, depósito.

warehouse book libro para mantener el inventario de un almacén.

warehouser almacenero.

warehouse receipt recibo de almacenaje.

warehouse rent almacenaje.

warehouse system sistema para el almacenamiento de mercancías importadas.

wares mercancías, bienes.

warning bulletin boletín de aviso.

warrant n libramiento, autorización, certificado, derecho generalmente vigente por varios años para la compra de acciones a un precio específico.

warrant v garantizar, certificar, autorizar.

warrantable garantizable.

warranted garantizado.

warrantee beneficiario de una garantía, garantizado.

warrantor garante.

warranty garantía.

warranty deed escritura con garantías de título.

warranty of habitability garantía de habitabilidad.

warranty of merchantability garantía de comerciabilidad.

warranty of title garantía de título.

wash sale venta con pérdida del mismo valor comprado dentro de un plazo máximo de días, venta ficticia.

waste daños negligentes a la propiedad, uso abusivo de la propiedad, desperdicios.

wasteful pródigo, ruinoso.

wasting asset activo consumible, recurso natural agotable.

wasting property propiedad agotable.

wasting trust fideicomiso agotable.

watch list lista de acciones bajo vigilancia especial.

water damage insurance seguro contra daño por agua.

watered stock acciones ofrecidas con precio inflado comparado con el valor contable.

water pollution contaminación de aguas.

water stock aguar acciones.

water transportation transporte por agua.

waybill hoja de ruta, guía, carta de porte.

way-going crop cosecha tras la expiración del arrendamiento.

wayleave servidumbre minera.

way of necessity servidumbre de paso por necesidad.

ways and means medios y arbitrios.

ways and means committee comisión de medios y arbitrios.

weak currency moneda débil.

weak market mercado débil.

wear and tear deterioro.

wear and tear exclusion exclusión de deterioro.

weekday día de semana, día laborable.

weekly semanalmente.

weekly report informe semanal.

weight certificate certificado de peso.

weighted average media ponderada.

weighted average inventory method método de inventario de media ponderada.

weighted average life vida media ponderada.

weighted average maturity vencimiento medio ponderado.

weighted index índice ponderado.

weighted mean media ponderada.

welfare bienestar, asistencia social.

wharf muelle.

wharfage derechos de muelle.

when issued a efectuarse cuando se emita.

whistle blower empleado que se rehusa a participar en actividades ilícitas en su empresa, empleado que informa sobre actividades ilícitas en su empresa.

whole life seguro de vida entera.

whole life annuity anualidad de vida entera.

whole life insurance seguro de vida entera.

wholesale al por mayor.

wholesale banking banca al por mayor.

wholesale dealer comerciante mayorista.

wholesale market mercado al por mayor.

wholesale price precio al por mayor.

wholesale price index índice de precios al por mayor.

wholesaler mayorista.

wholesale trade comercio al por mayor.

wholesaling ventas al por mayor.

wholly enteramente, totalmente.

wildcat strike huelga no autorizada por el sindicato.

will testamento, voluntad.

windfall profits ganancias inesperadas.

windfall profits tax impuesto sobre las ganancias inesperadas.

window dressing estratagemas para adornar.

window of opportunity ventana de oportunidad.

wire house casa de corretaje con sucursales.

wire room sala de operaciones de firma de corretaje.

wire transfer transferencia electrónica.

with all faults en el estado en que está.

with benefit of survivorship con beneficio de supervivencia.

withdraw retirar, retractar.

withdraw a bid retirar una propuesta.

withdrawal retiro.

withdrawal notice aviso de retiro.

withdrawal of funds retiro de fondos.

withdrawal penalty penalidad por retiro.

withdrawal plan plan de retiros.

withdrawal value valor de retiro.

withdraw an offer retirar una oferta.

withdraw funds retirar fondos.

with exchange con gastos de cobro.

withhold retener, rehusar.

withholding retención.

withholding agent agente de retención, retentor.

withholding tax retención de impuestos.

with interest con intereses.

without delay sin demora.

without dividend sin dividendo.

without recourse sin recurso.

without reserve sin reserva.

with recourse con recurso.

with right of survivorship con derecho de supervivencia.

work trabajo, ocupación, obra.

work area área de trabajo.

workday día laborable, jornada.

workday día laborable, jornada.

work environment ambiente de trabajo.

worker trabajador.

workers' compensation insurance seguro de accidentes y enfermedades de trabajo.

workers' compensation laws leyes de accidentes y enfermedades de trabajo.

workforce fuerza laboral, personal.

working utilizable, trabajador.

working account cuenta de explotación.

working assets activo de explotación, activo de trabajo.

working capital capital circulante, capital de explotación.

working capital turnover razón de ventas a capital circulante.

working day día laborable.

working hours horas de trabajo.

working papers permiso oficial de trabajo.

working place lugar de trabajo.

working reserve reserva para operaciones.

workload carga de trabajo.

work of necessity trabajo de necesidad.

work order orden de trabajo.

work permit permiso de trabajo, permiso oficial de trabajo de extranjero.

worksheet hoja de trabajo.

workstation estación de trabajo.

work stoppage paro laboral.

work ticket tarjeta para registrar horas de trabajo.

work week semana laboral.

world trade comercio mundial.

worldwide coverage cobertura mundial.

worldwide trade comercio mundial.

worth valor.

worthless sin valor.

worthless account cuenta sin valor.

worthless check cheque sin fondos, cheque girado contra una cuenta no existente.

worthless securities valores sin valor.

wraparound mortgage hipoteca que incorpora otra hipoteca existente.

write down reducir el valor contable, amortizar parcialmente.

write off reducir el valor contable a cero, eliminar, amortizar completamente, cancelar una partida contable.

writer girador, quien vende opciones.

write up aumentar el valor contable.

written escrito.

written agreement convenio escrito.

written contract contrato escrito.

written notice aviso por escrito.

written warranty garantía escrita.

wrong entry asiento equivocado.

wrongful dishonor rehuso de pago indebido.

xenocurrency xenomoneda.

year-end a fin de año, fin de ejercicio.

year-end adjustment ajuste de fin de año.

year-end dividend dividendo de fin de año.

yearly anual.

yearly accounts cuentas anuales.

yearly aggregate limit límite total anual.

yearly amortization amortización anual.

yearly audit auditoría anual.

yearly average earnings promedio de ingresos anuales.

yearly basis base anual.

yearly bonus bono anual.

yearly budget presupuesto anual.

yearly budgeting presupuestación anual.

yearly cap límite anual.

yearly debt service servicio de la deuda anual.
yearly depreciation depreciación anual.
yearly earnings ingresos anuales.
yearly exclusion exclusión anual.
yearly financial statement estado financiero anual.
yearly income ingreso anual.
yearly interest interés anual.
yearly meeting reunión anual.
yearly premium prima anual.
yearly production producción anual.
yearly rate tasa anual.
yearly rate increase incremento de tasa anual.
yearly remuneration remuneración anual.
yearly rent renta anual.
yearly report informe anual.
yearly return rendimiento anual.
yearly salary salario anual.
yearly statement estado anual.
yearly wage salario anual.
yearly yield rendimiento anual.
years of service años de servicio.
year-to-date año hasta la fecha.
yellow dog contract contrato mediante el cual el empleado pierde su trabajo si se une a un sindicato.
yield rendimiento.
yield advantage ventaja de rendimiento.
yield basis base de rendimiento.
yield curve curva de rendimiento.
yield equivalence equivalencia de rendimiento.
yield equivalent equivalente de rendimiento.
yield increase aumento de rendimiento.
yield interest devengar intereses.

yield rate tasa de rendimiento.
yield spread diferencia de rendimiento.
yield to average life rendimiento a la vida media.
yield to call rendimiento a la redención.
yield to maturity rendimiento al vencimiento.

Z

zero-balance account cuenta de balance cero.
zero-base budget presupuesto de base cero.
zero-base budgeting presupuestación de base cero.
zero-coupon bond bono con pago único al vencimiento que incluye el principal y todos los intereses.
zero-coupon mortgage hipoteca con pago único al vencimiento que incluye el principal y todos los intereses.
zero-coupon securities valores con pago único al vencimiento que incluye el principal y todos los intereses.
zero economic growth crecimiento económico cero.
zero growth crecimiento cero.
zero rate tasa cero.
zone zona.
zone of employment zona de empleo.
zoning zonificación.
zoning laws leyes de zonificación.
zoning map mapa de zonificación.
zoning ordinance ordenanza de zonificación.
zoning regulations reglamentos de zonificación.

Spanish-English Section

a cargo de in charge of, payable by.

a corto plazo short term, in the short term.

a crédito on credit.

a cuenta on account.

a cuenta de for the account of, on behalf of.

a descuento at a discount.

a destajo by the job, by the piece.

a favor de in favor of.

a granel in bulk.

a la entrega on delivery.

a la orden de to the order of.

a la par at par.

a la presentación at sight, on presentation.

a la vista at sight.

a largo plazo long term.

a medio plazo medium term.

a pagar payable, outstanding.

a pedimento on request.

a plazo intermedio intermediate term.

a plazos in installments.

a precio de mercado at market price.

a presentación on presentation.

a prueba on approval.

a su presentación on presentation.

a su propia orden to his own order.

a tiempo on time.

a tiempo completo full time.

a tiempo parcial part time.

a título gratuito gratuitous.

a título oneroso based on valuable consideration.

a título precario for temporary use and enjoyment.

abandonado abandoned, negligent.

abandonamiento *m* abandonment, negligence.

abandonar abandon, waive.

abandonar al asegurador abandon to the insurer.

abandonar géneros abandon goods.

abandonar géneros al asegurador abandon goods to the insurer.

abandonar una reclamación abandon a claim.

abandono *m* abandonment, waiver.

abandono de bienes abandonment of goods.

abandono de buque abandonment of ship.

abandono de carga abandonment of cargo.

abandono de cargamento abandonment of cargo.

abandono de cosas aseguradas abandonment of insured property.

abandono de flete abandonment of freight.

abandono de mercancías abandonment of goods.

abandono de propiedad asegurada abandonment of insured property.

abandono de un contrato abandonment of a contract.

abandono implícito implied abandonment.

abaratar cheapen.

abarcador adj comprehensive.

abarcador *m* monopolizer.

abarcar contain, monopolize.

abarrotar stock completely, monopolize.

abastecedor *m* purveyor.

abastecer supply.

abastecer el mercado supply the market.

abastecido supplied.

abastecimiento *m* supply, supplying.

abasto *m* supplying.

abastos *m* supplies.

abogado de patentes patent attorney.

abogado de sociedad corporate attorney.

abogado notario attorney who is also a notary public.

abolición *f* abolition, repeal.

abolir abolish, repeal.

abonable payable.

abonado *m* subscriber.

abonado en cuenta credited to account.

abonador *m* surety, guarantor.

abonamiento *m* surety, guaranty, security.

abonar credit, pay, guarantee.

abonar a una cuenta credit an account.

abonar al contado pay cash.

abonar de más overcredit.

abonar en cuenta credit an account.

abonar en exceso overcredit.

abonaré *m* promissory note, due bill.

abono *m* payment, credit, guaranty.

abono a cuenta payment on account.

abono de intereses payment of interest.

abono en cuenta payment on account.

abono parcial payment on account.

abordaje *m* collision of vessels, boarding.

abrigo contributivo tax shelter.

abrigo impositivo tax shelter.

abrigo tributario tax shelter.

abrir la asamblea call the meeting to order.

abrir la junta call the meeting to order.

abrir la licitación open the bidding.

abrir la reunión call the meeting to order.

abrir la sesión call the meeting to order.

abrir los libros open the books.

abrir propuestas open bids.

abrir un crédito open a line of credit.

abrir un mercado open a market.

abrir una cuenta open an account.

abrogable annullable, repealable.

abrogación *f* abrogation, annulment, repeal.

abrogar abrogate, annul, repeal.

absentismo *m* absenteeism.

absentismo laboral employee absenteeism.

absentista *m/f* absentee.

absoluta e incondicionalmente absolutely and unconditionally.

absoluto absolute.

absorber absorb.

absorber costes absorb costs.

absorber costos absorb costs.

absorber la pérdida absorb the loss.

absorber pérdidas absorb losses.

absorbido absorbed.

absorción *f* absorption, takeover.

absorción de costes absorption of costs.

absorción de costos absorption of costs, cost absorption.

absorción de empresa corporate takeover.

absorción de liquidez absorption of liquidity.

abundancia *f* abundance.

abuso *m* abuse, misuse.

abuso de crédito misuse of credit.

acaparador adj monopolizing, hoarding.

acaparador *m* monopolizer, hoarder.

acaparamiento *m* monopolization, hoarding.

acaparamiento de bienes hoarding of goods.

acaparamiento de mercancías hoarding of goods, hoarding of commodities.

acaparamiento de toda la oferta coemption.

acaparar monopolize, hoard.

acaparar el mercado corner the market.

acapararse reach an agreement, close a transaction.

acápite *m* separate paragraph.

acarrear carry, transport.

acarreo *m* carriage, transport.

acarreto *m* carriage, transport.

acatamiento voluntario voluntary compliance.

accesibilidad *f* accessibility.

accesible accessible, available.

accesión *f* accession.

acceso *m* access, admittance.

acceso a un mercado access to a market.

acceso efectivo effective access.

acceso efectivo al mercado effective market access.

acceso equivalente equivalent access.

acceso equivalente al mercado equivalent market access.

accesoria *f* annex.

accesorio adj accessory, secondary.

accesorio *m* accessory, fixture.

accidental accidental.

accidentalmente accidentally.

accidente *m* accident.

accidente corporal accident resulting in a personal injury.

accidente de trabajo occupational accident.

accidente en el trabajo on-the-job accident.

accidente industrial industrial accident.

accidente laboral occupational accident.

accidente no de trabajo nonoccupational accident.

accidente no laboral nonoccupational accident.

accidente ocupacional occupational accident.

accidente operativo industrial accident.

accidente profesional occupational accident.

accidente relacionado al empleo job-related accident.

accidente relacionado al trabajo job-related accident.

acción *f* stock share, stock certificate, action, lawsuit.

acción cambiaria action for the collection of a bill of exchange.

acción cambiaria de regreso action against secondary endorsers.

acción contractual action of contract.

acción de apremio summary process for the collection of taxes.

acción de clase class action.

acción de cobro de dinero action of debt.

acción de conducción action by a tenant to maintain possession.

acción de desahucio action of ejectment, ejectment action.

acción de desalojo ejectment action.

acción de deslinde action to establish property lines.

acción de despojo ejectment action.

acción de enriquecimiento indebido action for restitution after unjust enrichment.

acción de locación action to collect rent.

acción de regreso action of debt.

acción en cobro de dinero action of debt.

acción estimatoria action by the buyer against the seller to obtain a reduction in price due to defects.

acción fraccionada fractional share.

acción hipotecaria foreclosure proceedings.

acción inmobiliaria action concerning real estate.

acción laboral labor action.

acción mobiliaria action concerning personal property.

acción pignoraticia action of pledge.

acción plenaria de posesión action to acquire property through prescription.

acción por incumplimiento de contrato action of contract.

acción prendaria action of pledge.

acción revocatoria action by a creditor against a debtor to nullify fraudulent acts.

accionariado *m* shareholders.

accionario *m* shareholder.

acciones *f* shares, stock shares, stock certificates.

acciones a la par par-value stock.

acciones a valor par par-value stock.

acciones acumulativas cumulative stock.

acciones al contado cash stock.

acciones al portador bearer stock.

acciones bancarias bank shares.

acciones barométricas barometer stocks.

acciones calificadas qualifying shares.

acciones cíclicas cyclical stocks.

acciones clasificadas classified stock.

acciones comunes common stock.

acciones con derecho a dividendos dividend stock.

acciones con derecho a voto voting stock.

acciones con derecho de voto voting stock.

acciones con descuento stock at a discount.

acciones con dividendos dividend stock.

acciones con garantía de dividendos guaranteed stock.

acciones con participación participating stock.

acciones con prima stock at a premium.

acciones con valor a la par par-value stock.

acciones con voto voting stock.

acciones convertibles convertible stock.

acciones corporativas corporate stock.

acciones cotizadas listed stock.

acciones cubiertas paid-up stock.

acciones de alta tecnología high-technology stocks.

acciones de alto riesgo high-risk stocks.

acciones de banco bank stock.

acciones de banquero banker's shares.

acciones de capital capital stock.

acciones de clase A class A stock.

acciones de clase B class B stock.

acciones de compañías corporate shares.

acciones de control control stock.

acciones de fundación founders' shares.

acciones de fundador founders' shares.

acciones de garantía guaranty stock.

acciones de industria stock given in exchange of services.

acciones de ingresos income shares.

acciones de preferencia preferred stock.

acciones de primera calidad blue-chip stocks.

acciones de sociedad anónima corporate stock.

acciones de tesorería treasury stock.

acciones de trabajo stock issued for services.

acciones del fundador founder's shares.

acciones del promotor founder's shares.

acciones diferidas deferred stock.

acciones donadas donated stock.

acciones emitidas emitted stock, issued stock.

acciones en caja treasury stock.

acciones en circulación outstanding stock.

acciones enteramente pagadas paid-up stock.

acciones exhibidas paid-up stock.

acciones gravables assessible stock.

acciones habilitantes qualifying shares.

acciones inactivas inactive stocks.

acciones indicativas de tendencias bellwether stocks.

acciones liberadas paid-up stock.

acciones no cotizadas unlisted shares.

acciones no emitidas unissued stock.

acciones no gravables non-assessible stock.

acciones no imponibles non-assessable stock.

acciones no liberadas stock that is not paid-up.

acciones no registradas unregistered stock.

acciones no suscritas unsubscribed stock.

acciones nominales registered stock.

acciones nominativas registered stock.

acciones ordinarias ordinary stock.

acciones pagadas paid-up stock.

acciones pignoradas pledged shares.

acciones preferenciales acumulativas cumulative preferred stock.

acciones preferenciales redimibles redeemable preferred shares.

acciones preferentes preferred stock.

acciones preferentes acumulativas cumulative preferred stock.

acciones preferentes con participación participating preferred stock.

acciones preferentes no acumulativas noncumulative preferred stock.

acciones preferentes no emitidas unissued preferred stock.

acciones preferidas preferred stock.

acciones preferidas acumulativas cumulative preferred stock.

acciones preferidas con participación participating preferred stock.

acciones preferidas convertibles convertible preferred stock.

acciones preferidas de tasa flotante floating-rate preferred stock.

acciones preferidas de tipo ajustable adjustable-rate preferred stock.

acciones preferidas de tipo flotante floating-rate preferred stock.

acciones preferidas no acumulativas noncumulative preferred stock.

acciones preferidas no emitidas
unissued preferred stock.

acciones preferidas redimibles
callable preferred stock.

acciones preferidas redimidas
called preferred stock.

acciones preferidas sin participación
nonparticipating preferred stock.

acciones prestadas   borrowed stock,
loaned stock.

acciones privilegiadas   preferred
stock.

acciones privilegiadas acumulativas
cumulative preferred stock.

**acciones privilegiadas con
participación**   participating preferred
stock.

acciones privilegiadas convertibles
convertible preferred stock.

**acciones privilegiadas no
acumulativas**   non-cumulative
preferred stock.

acciones privilegiadas no emitidas
unissued preferred stock.

acciones privilegiadas redimibles
callable preferred stock.

acciones privilegiadas redimidas
called preferred stock.

acciones readquiridas   reacquired
stock.

acciones redimibles   callable stock,
redeemable stock.

acciones rescatables   callable stock,
redeemable stock.

acciones seguras   defensive stocks.

**acciones sensibles a las tasas de
intereses**   interest-sensitive stocks.

acciones sin derecho a voto
non-voting stock.

acciones sin derecho de voto
non-voting stock.

acciones sin valor a la par   no par
stock.

acciones sin valor nominal   no par
stock.

acciones sin voto   non-voting stock.

acciones suscritas   subscribed stock.

acciones votantes   voting stock.

accionista   *m/f* stockholder.

accionista mayoritario   majority
stockholder.

accionista preferido   preferred
stockholder.

accionista principal   principal
stockholder.

accionista registrado   stockholder of
record.

accionistas disidentes   dissenting
stockholders.

accionistas minoritarios   minority
stockholders.

aceleración   *f* acceleration.

acelerado   accelerated.

acelerador   *m* accelerator.

acelerar   accelerate.

acensar   tax, take a census, establish an
annuity contract which runs with the
land.

acensuar   tax, take a census, establish an
annuity contract which runs with the
land.

aceptabilidad   *f* acceptability.

aceptable   acceptable.

aceptablemente   acceptably.

aceptación   *f* acceptance.

aceptación absoluta   absolute
acceptance.

aceptación anticipada   anticipated
acceptance.

aceptación bancaria   banker's
acceptance, bank acceptance.

aceptación cambiaria   accepted bill of
exchange.

aceptación comercial   trade
acceptance.

aceptación como finiquito   accord
and satisfaction.

aceptación condicionada   conditional
acceptance.

aceptación condicional   conditional
acceptance.

aceptación contractual   acceptance of
contract.

aceptación de bienes   acceptance of
goods.

aceptación de complacencia
accommodation acceptance.

aceptación de crédito   credit
acceptance.

aceptación de depósitos   acceptance
of deposits.

aceptación de favor   accommodation
acceptance.

aceptación de la donación
acceptance of the gift.

aceptación de la herencia acceptance of the inheritance.

aceptación de la letra de cambio acceptance of the bill of exchange.

aceptación de oferta acceptance of offer.

aceptación de pedido acceptance of order.

aceptación de poder acceptance of power of attorney.

aceptación del legado acceptance of the legacy.

aceptación del mandato acceptance to represent a principal.

aceptación del riesgo acceptance of risk.

aceptación en blanco blank acceptance.

aceptación especial special acceptance.

aceptación expresa express acceptance.

aceptación final final acceptance.

aceptación general general acceptance.

aceptación implícita implied acceptance.

aceptación incondicional unconditional acceptance.

aceptación legal legal acceptance.

aceptación libre general acceptance.

aceptación limitada limited acceptance.

aceptación mercantil trade acceptance.

aceptación parcial partial acceptance.

aceptación por acomodamiento accommodation acceptance.

aceptación por consumidores consumer acceptance.

aceptación pura y simple unconditional acceptance.

aceptación tácita tacit acceptance.

aceptación total total acceptance.

aceptado accepted, honored.

aceptador adj accepting.

aceptador m acceptor.

aceptante adj accepting.

aceptante m acceptor.

aceptante de un efecto acceptor of a bill.

aceptar accept.

aceptar con reserva accept conditionally.

aceptar condicionalmente accept conditionally.

aceptar depósitos accept deposits.

aceptar mercancías accept goods.

aceptar por cuenta de accept for the account of, accept on behalf of.

aceptar una letra accept a bill.

aceptar una oferta accept an offer.

acepto adj acceptable, accepted.

acepto m acceptance.

acercamiento de comparación comparison approach.

acercamiento de comparación de mercado market comparison approach.

acercamiento de coste de oportunidad opportunity cost approach.

acercamiento de costes cost approach.

acercamiento de costo de oportunidad opportunity cost approach.

acercamiento de costos cost approach.

acercamiento de estado comparativo comparative statement approach.

acercamiento de ingresos income approach.

acercamiento de ventas comparativas comparative sales approach.

acercamiento económico economic approach.

acercamiento incremental incremental approach.

acercamiento integrado integrated approach.

acervo m undivided assets, undivided estate.

acervo hereditario assets of an estate.

acervo social assets of a company.

acoger accept, receive.

acomodar accommodate.

acordado agreed, decided.

acordar agree, decide, resolve, pass a resolution.

acordar un dividendo declare a dividend.

acordar una dilación grant a delay.

acordar una patente grant a patent.

acordarse agree to.

acorde in agreement, agreed.

acoso sexual sexual harassment.

acostumbrado accustomed.

acre *m* acre.

acrecencia *f* accretion, increase.

acrecentador accretive.

acrecentamiento *m* increase.

acrecentar increase.

acrecer increase.

acrecimiento *m* accrual.

acreción *f* accretion.

acreditado accredited, credited.

acreditante *m/f* creditor.

acreditar credit, authorize, guarantee.

acreditar a una cuenta credit an account.

acreditar en exceso overcredit.

acreedor *m* creditor.

acreedor a corto plazo short-term creditor.

acreedor a largo plazo long-term creditor.

acreedor asegurado secured creditor.

acreedor ausente absent creditor.

acreedor común general creditor, unsecured creditor.

acreedor con garantía secured creditor.

acreedor concursal creditor in an insolvency proceeding.

acreedor condicional conditional creditor.

acreedor de dominio creditor of a bankrupt who claims title.

acreedor de la sucesión decedent's creditor.

acreedor de quiebra bankruptcy creditor.

acreedor de regreso creditor who demands payment of a dishonored bill.

acreedor del fallido creditor of a bankrupt.

acreedor del quebrado creditor of a bankrupt.

acreedor embargante attaching creditor.

acreedor escriturario creditor with a notarized loan.

acreedor garantizado secured creditor.

acreedor hipotecario mortgage creditor, mortgagee.

acreedor incondicional unconditional creditor.

acreedor inferior junior creditor.

acreedor mancomunado joint creditor.

acreedor no asegurado unsecured creditor.

acreedor no garantizado unsecured creditor.

acreedor ordinario ordinary creditor, general creditor.

acreedor peticionario petitioning creditor.

acreedor pignoraticio pledgee.

acreedor por contrato sellado specialty creditor.

acreedor por fallo judgment creditor.

acreedor por sentencia judgment creditor.

acreedor preferente preferred creditor.

acreedor prendario pledgee.

acreedor principal principal creditor.

acreedor privilegiado privileged creditor, preferred creditor.

acreedor quirografario general creditor.

acreedor real secured creditor.

acreedor refaccionario creditor who advances money for construction.

acreedor secundario secondary creditor.

acreedor sencillo general creditor.

acreedor simple general creditor.

acreedor sin garantía unsecured creditor.

acreedor sin privilegio general creditor.

acreedor social partnership creditor, corporate creditor.

acreedor solidario joint and several creditor.

acreedor subsecuente subsequent creditor.

acreedor subsiguiente subsequent creditor.

acreedor superior senior creditor.

acreedor único single creditor.

acreencia *f* amount due, credit balance.

acta *f* record, minutes, document, memorandum.

acta constitutiva articles of incorporation.

acta de avenimiento memorandum of an agreement.

acta de cesión conveyance, transfer.

acta de constitución articles of incorporation.

acta de depósito document certifying that which has been deposited with a notary pubic.

acta de deslinde certificate stating a boundary line, description of a boundary line.

acta de organización articles of incorporation.

acta de protesto protest of a commercial document.

acta de protocolización document certifying that which has been recorded in the formal registry of a notary public.

acta de sesión minutes.

acta de una reunión minutes.

activar activate.

actividad *f* activity.

actividad aseguradora insurance activity.

actividad comercial commercial activity.

actividad de cobros collection activity.

actividad de construcción building activity.

actividad de cuenta account activity.

actividad de negocio business activity.

actividad económica economic activity.

actividad lucrativa lucrative activity, gainful activity.

actividad marginal marginal activity.

actividad normal normal activity.

actividad pasiva passive activity.

actividad productiva productive activity.

actividad pública public activity.

actividad trimestral quarterly activity.

actividades de mercadeo controlables controllable marketing activities.

actividades de negocio business activities.

actividades no bancarias permisibles permissible nonbank activities.

activo adj active.

activo *m* assets.

activo a corto plazo short-term assets.

activo a largo plazo long-term assets.

activo a mano cash assets.

activo abandonado abandoned assets.

activo aceptable admissible assets.

activo acumulado accrued assets.

activo admisible admissible assets.

activo admitido admitted assets.

activo agotable depletable assets.

activo amortizable amortizable assets, depreciable assets.

activo aprobado admitted assets.

activo circulante working assets, current assets, floating assets.

activo computable admitted assets.

activo confirmado admitted assets.

activo congelado frozen assets.

activo contingente contingent assets.

activo corriente current assets.

activo corriente neto net current assets.

activo de capital capital assets.

activo de explotación working assets, operating assets.

activo de la quiebra bankrupt's assets.

activo de reserva reserve assets.

activo de trabajo working assets.

activo demorado deferred assets.

activo depreciable depreciable assets.

activo diferido deferred assets.

activo disponible liquid assets, available assets, cash assets.

activo efectivo cash assets.

activo en circulación working assets.

activo en divisas foreign exchange assets.

activo eventual contingent assets.

activo exigible bills receivable.

activo exterior foreign assets.

activo ficticio fictitious assets.

activo fijo fixed assets.

activo financiero financial assets.

activo físico tangible assets, physical assets.

activo flotante floating assets, current assets.

activo ilíquido illiquid assets.

activo improductivo dead assets.

activo inactivo inactive assets.

activo incorpóreo   intangible assets.
activo inmaterial   intangible assets.
activo inmobiliario   real assets.
activo inmovilizado   fixed assets.
activo intangible   intangible assets.
activo invisible   concealed assets, goodwill.
activo líquido   liquid assets.
activo líquido neto   net liquid assets.
activo monetario   monetary assets.
activo neto   net assets, net worth.
activo no aceptado   unadmitted assets.
activo no admitido   unadmitted assets.
activo no circulante   non-current assets.
activo nominal   intangible assets.
activo oculto   hidden assets.
activo original   original assets.
activo permanente   fixed assets.
activo real   actual assets.
activo realizable   current assets, quick assets.
activo rentable   earning assets.
activo restringido   restricted assets.
activo sin restricción   unrestricted assets.
activo social   partnership assets, corporate assets.
activo tangible   tangible assets.
activo y pasivo   assets and liabilities.
activos totales   total assets.
acto a título gratuito   gratuitous act.
acto a título oneroso   act based upon valuable consideration.
acto concursal   bankruptcy proceeding.
acto de comercio   commercial transaction.
acto de insolvencia   act of insolvency.
acto de la naturaleza   act of nature.
acto de posesión   possessory action.
acto de quiebra   act of bankruptcy.
acto fraudulento   fraudulent act.
acto gravable   taxable act.
acto gravado   taxed act.
acto imponible   taxable act.
acto traslativo   transfer.
acto tributable   taxable act.
actos comerciales   commercial transactions.
actos constitutivos   acts that create an obligation.

actos de comercio   commercial transactions.
actos de disposición   acts to dispose of property.
actos de gestión   acts of agency.
actos lícitos   legal acts.
actos lucrativos   lucrative acts.
actos nulos   void acts.
actos onerosos   acts based on valuable consideration.
actualización   *f* updating.
actualizado   updated.
actualizar   update.
actualizar un archivo   update a file.
actualizar una cuenta   update an account.
actuarial   actuarial.
actuario   *m* actuary.
actuario de seguros   insurance actuary.
acuerdo   *m* agreement, understanding.
acuerdo administrativo   management agreement.
acuerdo aduanero   tariff agreement.
acuerdo arancelario   tariff agreement.
acuerdo arbitral   arbitral agreement.
acuerdo comercial   trade agreement.
acuerdo comercial funcional   functional trade agreement.
acuerdo comercial recíproco   reciprocal trade agreement.
acuerdo de cesión   transfer agreement.
acuerdo de comerciante   merchant agreement.
acuerdo de comercio en exclusiva   exclusive dealing arrangement.
acuerdo de compensación   compensation agreement.
acuerdo de compras   purchasing agreement.
acuerdo de extensión   extension agreement.
acuerdo de fijación de precios   price fixing agreement.
acuerdo de garantía   security agreement.
acuerdo de intercambio   trade agreement.
acuerdo de inversiones   investment agreement.
acuerdo de mercadeo   marketing agreement.

acuerdo de no competir covenant not to compete.

acuerdo de precios price-fixing.

acuerdo de prórroga extension agreement.

acuerdo de reciprocidad reciprocity agreement.

acuerdo de recompra repurchase agreement.

acuerdo de renovar covenant to renew.

acuerdo de tasa de interés a plazo forward rate agreement.

acuerdo de tasa de interés a término forward rate agreement.

acuerdo de tipo de interés a término forward rate agreement.

acuerdo de voluntades meeting of minds.

acuerdo económico economic agreement.

acuerdo escrito written agreement.

acuerdo expreso express agreement.

acuerdo fiscal tax agreement.

acuerdo general general agreement.

acuerdo laboral labor agreement.

acuerdo monetario monetary agreement.

acuerdo multilateral multilateral agreement.

acuerdo mutuo mutual agreement.

acuerdo oral oral agreement.

acuerdo para fijar precios agreement to fix prices.

acuerdo por escrito agreement in writing.

acuerdo provisional provisional agreement.

acuerdo sobre precios price agreement.

acuerdo tácito implied agreement.

acuerdo tributario tax agreement.

acuerdo verbal parol agreement.

acuerdos fiscales internacionales international tax agreements.

acumulable accumulative.

acumulación *f* accumulation.

acumulación bruta gross accumulation.

acumulación de acciones stock accumulation.

acumulación de capital capital accumulation.

acumulación de costos cost accumulation.

acumulación de dividendos dividend accumulation.

acumulación de existencias stockpiling.

acumulación de inventario inventory accumulation.

acumulación de pedidos backlog of orders.

acumulador *m* accumulator.

acumular accumulate.

acumular reservas accumulate reserves.

acumulativo accumulative, cumulative.

acuñación *f* mintage.

acuñar mint, affix a seal.

acusar recibo acknowledge receipt.

acusar recibo de pago acknowledge receipt of payment.

acusar recibo de un pedido acknowledge receipt of an order.

acusar una ganancia show a profit.

acusar una pérdida show a loss.

acuse *m* acknowledgement.

acuse de recibo acknowledgement of receipt, acknowledgement.

acuse de recibo de pago acknowledgement of receipt of payment, acknowledgement of payment.

acuse de recibo de un pedido acknowledgement of receipt of an order, acknowledgement of an order.

acuse de recibo de una orden acknowledgement of receipt of an order, acknowledgement of an order.

ad valórem according to value, ad valorem.

adecuadamente adequately.

adecuado adequate.

adehala *f* extra, gratuity.

adelantadamente in advance.

adelantado advanced, early.

adelantar advance, pay in advance.

adelantar dinero advance money.

adelanto *m* advance, progress.

adelanto bancario bank advance.

adelanto contributivo tax advance.

adelanto de efectivo cash advance.

adelanto de prima premium advance.

adelanto impositivo tax advance.

adelanto tributario tax advance.

adeudado indebted.

adeudamiento *m* indebtedness.

adeudar owe, debit.

adeudar una cuenta debit an account.

adeudarse become indebted.

adeudo *m* debt, obligation, indebtedness, debit, customs duty.

adherencia *f* adherence.

adherente adherent.

adherir adhere, affix.

adhesión *f* adhesion.

adición de capital capital addition.

adición de nombre addition of name.

adición por dividendos dividend addition.

adicional additional.

adicionalmente additionally.

adir accept, accept an inheritance.

adir la herencia accept the inheritance.

adjudicación *f* adjudication.

adjudicación al mejor postor award to the best bidder.

adjudicación de contrato award of contract.

adjudicación de herencia adjudication of an inheritance.

adjudicación de quiebra adjudication of bankruptcy.

adjudicación en pago payment in lieu of that accorded.

adjudicar award, adjudicate.

adjudicar al mejor postor award to the best bidder.

adjudicar el contrato award the contract.

adjudicar un contrato award a contract.

adjudicatario *m* awardee, grantee, successful bidder.

adjunto enclosed, attached.

administración *f* administration.

administración activa active management.

administración centralizada centralized management.

administración científica scientific management.

administración clásica classical management.

administración de aduanas customs administration.

administración de banco bank management.

administración de bienes del ausente administration of property of an absentee.

administración de bienes inmuebles real estate management.

administración de calidad quality management.

administración de cartera de valores portfolio administration, money management.

administración de compañía company administration.

administración de crisis crisis management.

administración de crisis en crisis management by crisis.

administración de departamento department management.

administración de deudas debt management.

administración de efectivo cash management.

administración de empresas business administration, business management.

administración de fondos money management, funds management.

administración de impuestos tax administration.

administración de la cosa común administration of something owned jointly.

administración de la demanda demand management.

administración de la deuda debt administration.

administración de la herencia estate administration.

administración de la quiebra administration of a bankrupt's estate.

administración de la sociedad administration of a partnership, administration of a corporation.

administración de la sucesión administration of an estate.

administración de línea line management.

administración de marca brand management.

administración de materiales materials management.

administración de mercadeo
marketing management.

administración de mercancías
merchandise management.

administración de oficina   office
management.

administración de operaciones
operations management.

administración de personal
personnel administration.

administración de plan   plan
administration.

administración de producción
production management.

administración de programa
program management.

administración de propiedad
property management.

administración de proyecto   project
management.

**administración de recursos
humanos**   human resources
management.

administración de registros   records
management.

administración de riesgos   risk
management.

administración de salario   salary
administration.

administración de tierras   land
management.

administración de ventas   sales
management.

administración del activo   asset
management.

administración del pasivo   liability
management.

administración del proyecto   project
management.

administración financiera   financial
management.

administración fiscal   fiscal
management.

administración general   general
management.

administración hipotecaria
mortgage administration.

administración laboral   labor
administration.

administración monetaria   monetary
management.

administración nuclear   core
management.

administración operativa   operating
administration.

administración por excepciones
management by exception.

administración por objetivos
management by objectives.

administración presupuestaria
budget management.

administración tributaria   tax
administration.

administración vertical   vertical
management.

administrado   administered.

administrador   adj administrating.

administrador   m administrator.

administrador activo   active manager.

administrador adaptivo   adaptive
manager.

administrador concursal   trustee in
bankruptcy.

administrador de aduanas   customs
collector.

administrador de cartera de valores
portfolio manager, money manager.

administrador de cobros   collection
manager.

administrador de contribuciones
tax collector.

administrador de crédito   credit
manager.

administrador de departamento
department manager.

administrador de empresa   business
administrator.

administrador de fondos   funds
manager, money manager.

administrador de impuestos   tax
collector.

administrador de línea   line manager.

administrador de mercadeo
marketing manager.

administrador de mercancías
merchandise manager.

administrador de operaciones
operations manager.

administrador de personal
personnel manager.

administrador de plan   plan
administrator.

administrador de producción
production manager.

administrador de programa
program manager.

administrador de propiedad property manager.

administrador de proyecto project manager.

administrador de recursos humanos human resources manager.

administrador de registros records manager.

administrador de ventas sales administrator.

administrador del departamento de acatamiento compliance manager.

administrador fiduciario trustee.

administrador financiero financial manager.

administrador general general manager.

administrador intermedio middle manager.

administrador judicial receiver.

administrador monetario monetary manager.

administrador presupuestario budget manager.

administrador regional regional manager.

administrador temporal temporary administrator.

administrar administer, manage.

administrativamente administratively.

administrativo administrative.

admisible admissible.

admisión de valores en bolsa listing of securities.

admitido admitted, accepted.

admitir admit, accept.

admitir una deuda admit a debt.

admitir una reclamación admit a claim.

adopción *f* adoption.

adoptar un acuerdo pass a resolution.

adquirible acquirable.

adquirido acquired.

adquirido por acquired by.

adquiridor *m* acquirer, purchaser.

adquiriente *m/f* acquirer, purchaser.

adquiriente a título gratuito recipient of a gift.

adquiriente a título oneroso purchaser for value.

adquiriente de buena fe purchaser in good faith.

adquiriente sin previo conocimiento purchaser without notice.

adquirir acquire.

adquirir por título de compra acquire by purchase.

adquisición *f* acquisition.

adquisición a título gratuito acquisition by gift.

adquisición a título oneroso purchase for value.

adquisición corporativa corporate acquisition.

adquisición de buena fe purchase in good faith.

adquisición de cosas acquisition of chattels.

adquisición derivada derivative acquisition.

adquisición original original acquisition.

adquisitivo acquisitive.

aduana *f* customs, customhouse.

aduana de destino destination customs.

aduana de entrada entry customs.

aduana de salida departure customs.

aduanal pertaining to a customhouse.

aduanar pay customs.

aduanero *m* customs official.

adueñarse become owner, take possession.

adulteración *f* adulteration, falsification, tampering.

adulteración de documentos falsification of documents.

adulterado adulterated.

adulterar adulterate, falsify.

adulterino adulterine, falsified.

advenimiento del plazo maturity.

adyacente adjacent.

aeropuerto aduanero customs airport.

aeropuerto de destino airport of delivery.

aeropuerto de entrega airport of delivery.

aeropuerto franco customs-free airport.

afección *f* pledging, mortgaging, charge.

afección de bienes pledging of goods, mortgaging.

afectable able to be encumbered, able to be mortgaged.

afectación *f* encumbrance, appropriation, charge.

afectar affect, encumber, appropriate, charge.

afecto pledged, encumbered.

afianzado bonded, guaranteed.

afianzado para derechos aduaneros customs-bonded.

afianzado para rentas interiores internal revenue bonded.

afianzador *m* surety, guarantor.

afianzamiento *m* bonding, bond, guarantee.

afianzar bond, bail, guarantee.

afidávit *m* affidavit.

afiliación *f* affiliation, membership.

afiliación sindical union affiliation.

afiliado *m* member.

afiliado de la unión union member.

afiliado de valores securities affiliate.

afiliado del gremio union member.

afiliado del sindicato union member.

afiliar affiliate, join.

afirmar affirm.

aforado appraised, leased.

aforador *m* appraiser.

aforamiento *m* appraising, measuring.

aforar appraise, estimate.

aforo *m* appraisal, measurement.

aforo de buques appraisal of ships.

agencia *f* agency.

agencia administrativa administrative agency.

agencia de aduana customs agency.

agencia de bienes raíces real estate agency.

agencia de calificación crediticia credit rating agency.

agencia de cobros collection agency.

agencia de colocaciones employment agency.

agencia de comercio exterior foreign trade agency.

agencia de compras purchasing agency.

agencia de crédito credit agency.

agencia de empleos employment agency.

agencia de facilitación facilitating agency.

agencia de informes de crédito credit reporting agency.

agencia de negocios business agency.

agencia de servicios completos full-service agency.

agencia de ventas selling agency.

agencia del gobierno governmental agency.

agencia especial special agency.

agencia especializada specialized agency.

agencia exclusiva exclusive agency.

agencia federal federal agency.

agencia fiscal fiscal agency.

agencia general general agency.

agencia implícita implied agency.

agencia independiente independent agency.

agencia internacional international agency.

agencia mercantil mercantile agency.

agencia ordinaria ordinary agency.

agencia ostensible ostensible agency.

agencia pagadora paying agency.

agencia presunta presumed agency.

agencia presupuestaria budget agency.

agencia publicitaria advertising agency.

agencia real actual agency.

agencia reguladora regulatory agency.

agencia única exclusive agency.

agenciar obtain, negotiate.

agenciarse obtain.

agenda oculta hidden agenda.

agente *m* agent.

agente administrador managing agent.

agente aduanal customhouse broker.

agente aparente apparent agent.

agente autorizado authorized agent.

agente cautivo captive agent.

agente comercial commercial agent, broker.

agente corporativo corporate agent.

agente de aduana customhouse broker, customs agent.

agente de bienes raíces real estate agent.

agente de bolsa stockbroker.

agente de cámara de compensación clearinghouse agent.

agente de cambio   exchange broker.

agente de cambio y bolsa   stockbroker.

agente de campo   field agent.

agente de casa de liquidación   clearinghouse agent.

agente de cobros   collection agent.

agente de combinaciones   combination agent.

agente de comercio   commercial agent, broker.

agente de compras   purchasing agent.

agente de contratación   contract broker.

agente de distribución   distribution agent.

agente de exportación   export broker.

agente de importación   import agent.

agente de negociaciones   bargaining agent.

agente de pagos de dividendos   dividend paying agent.

agente de plica   escrow agent.

agente de propiedad inmobiliaria   real estate agent.

agente de retención   withholding agent.

agente de seguros   insurance agent.

agente de seguros independiente   independent insurance agent.

agente de transferencia   transfer agent.

agente de transferencia de acciones   stock transfer agent.

agente de tránsito   transit agent.

agente de ventas   sales agent.

agente debidamente autorizado   duly authorized agent.

agente del fabricante   manufacturer's agent.

agente del naviero   shipping agent.

agente económico   economic agent.

agente especial   special agent.

agente exclusivo   exclusive agent.

agente extranjero   foreign agent.

agente fiduciario   fiduciary agent.

agente financiero   fiscal agent, financial agent.

agente fiscal   fiscal agent.

agente general   general agent.

agente inculpable   innocent agent.

agente independiente   independent agent.

agente inocente   innocent agent.

agente local   local agent.

agente marítimo   shipping agent.

agente mercantil   mercantile agent.

agente no autorizado   unauthorized agent.

agente ostensible   ostensible agent.

agente pagador   paying agent.

agente privado   private agent.

agente retenedor   withholding agent.

agente vendedor   sales agent.

agio   *m* agio, usury, profit margin, speculator.

agiotaje   *m* usury, speculation.

agiotista   *m* usurer, profiteer, speculator.

aglomeración   *f* agglomeration.

agotamiento   *m* depletion.

agotamiento de costos   cost depletion.

agravio material   material damage.

agregación   *f* aggregation.

agregación de mercado   market aggregation.

agregado   aggregated.

agregado comercial   commercial attache.

agregar   add, incorporate.

agregativo   aggregative.

agremiación   *f* unionization, union.

agremiado   *m* union member.

agremiar   unionize.

agrícola   agricultural.

agrupación   *f* group.

agrupación de fincas   merging of properties.

agrupación de hipotecas   mortgage pool.

agrupación horizontal   horizontal combination.

agrupación temporal de empresas   joint venture of corporations.

agrupación vertical   vertical combination.

agrupamiento   *m* group, grouping, bunching.

agrupamiento de costes   cost pool.

agrupamiento de costos   cost pool.

aguar acciones   water stock.

aguas interiores   inland waters.

aguas internacionales international waters.

aguinaldo *m* bonus, Christmas bonus.

ahorrar save.

ahorro *m* saving.

ahorros brutos gross savings.

ahorros de costes cost savings.

ahorros de costos cost savings.

ahorros forzosos forced savings.

ahorros líquidos liquid savings.

ahorros netos net savings.

ahorros personales personal savings.

ajustable adjustable.

ajustado adjusted.

ajustado cíclicamente cyclically adjusted.

ajustado estacionalmente seasonally adjusted.

ajustado por riesgo risk-adjusted.

ajustador *m* adjuster.

ajustador de averías average adjuster.

ajustador de derechos liquidator.

ajustador de reclamaciones claims adjuster.

ajustador de seguros insurance adjuster.

ajustador independiente independent adjuster.

ajustador público public adjuster.

ajustar adjust, settle.

ajustar cuentas settle accounts.

ajustar precios adjust prices.

ajuste *m* adjustment, settlement.

ajuste al mercado market fit.

ajuste cambiario exchange adjustment.

ajuste contributivo tax adjustment.

ajuste de auditoría audit adjustment.

ajuste de crédito credit adjustment.

ajuste de débito debit adjustment.

ajuste de inventario inventory adjustment.

ajuste de pérdidas loss adjustment.

ajuste de precio price adjustment.

ajuste de prima premium adjustment.

ajuste de reserva reserve adjustment.

ajuste de servicio service adjustment.

ajuste de tasa de interés periódico periodic interest rate adjustment.

ajuste de tasa retroactivo retroactive rate adjustment.

ajuste de tiempo time adjustment.

ajuste de tipo de interés periódico periodic interest rate adjustment.

ajuste de tipo retroactivo retroactive rate adjustment.

ajuste de trabajo piecework rate.

ajuste estacional seasonal adjustment.

ajuste estructural structural adjustment.

ajuste financiero financial adjustment.

ajuste impositivo tax adjustment.

ajuste monetario monetary adjustment.

ajuste para inflación adjustment for inflation.

ajuste por coste de vida cost of living adjustment.

ajuste por costo de vida cost of living adjustment.

ajuste por mortalidad mortality adjustment.

ajuste por riesgo risk adjustment.

ajuste retroactivo retroactive adjustment.

ajuste salarial wage adjustment.

ajuste semianual semiannual adjustment.

ajuste tributario tax adjustment.

al contado cash.

al corriente up to date.

al coste at cost.

al costo at cost.

al descubierto short.

al día up to date, current.

al fiado on credit.

al mejor postor to the best bidder.

al pie de la fábrica at the place manufactured.

al pie de la obra at the work site.

al por mayor wholesale.

al por menor retail.

al portador bearer.

al valor ad valorem.

alargar extend.

alargar el plazo extend a time period.

alarma de incendios fire alarm.

albacea *m/f* executor.

albaceazgo *m* executorship.

alcabalero *m* tax collector.

alcance *m* scope, reach.

alcance de auditoría audit scope.

alcista adj rising.

alcista *m/f* bull.

aleatorio aleatory, contingent.
aliado allied.
alianza competitiva competitive alliance.
alias *m* alias.
alienable alienable.
alienación *f* alienation.
alienar alienate.
alijar jettison, unload.
alijo *m* unloading.
alijo forzoso jettison.
alindar mark the boundaries of.
aliviar la carga alleviate the burden.
alivio contributivo tax relief.
alivio fiscal tax relief.
alivio impositivo tax relief.
alivio tributario tax relief.
almacén *m* warehouse.
almacén aduanal customs warehouse.
almacén aduanero customs warehouse.
almacén afianzado bonded warehouse.
almacén de uso público public warehouse.
almacén general de depósito public warehouse.
almacén particular private warehouse.
almacén privado private warehouse.
almacén público public warehouse.
almacenador *m* warehouser.
almacenaje *m* storage.
almacenamiento *m* storage.
almacenar store, stock.
almacenero *m* warehouser.
almacenista *m/f* warehouser.
almoneda *f* public auction.
almonedar auction.
almonedear auction.
alojamiento *m* lodging.
alongar lengthen, extend.
alquilable rentable.
alquilado rented, leased.
alquilador *m* lessor, lessee.
alquilante *m* renter, lessee.
alquilar rent, lease.
alquiler *m* rent, lease, lease payment.
alquiler base base rent.
alquiler contingente contingent rental.
alquiler del terreno ground rent.
alquiler implícito implicit rent.

alquiler neto net rent.
alta dirección top management.
alta gerencia top management.
altas finanzas high finance.
alteración *f* alteration.
alteración de contrato alteration of contract.
alteración de fideicomiso alteration of trust.
alteración de instrumento alteration of instrument.
alteración de los libros alteration of the books.
alteración de un cheque alteration of a check.
alterado altered.
alterar alter.
alterar los libros alter the books.
alternativa *f* alternative.
alternativo alternative.
alterno alternate, alternating.
aluvión *m* alluvion.
alza *f* rise.
alza de alquiler rise in rent.
alza de la demanda rise in demand.
alza de precios rise in prices, price appreciation.
alza de salario rise in pay.
alza salarial wage rise.
alzado adj fraudulently bankrupt.
alzado *m* fraudulent bankrupt.
alzamiento *m* higher bid, fraudulent bankruptcy, hiding of assets by a bankrupt.
alzamiento de bienes fraudulent bankruptcy, hiding of assets by a bankrupt.
alzar raise, fraudulently enter bankruptcy.
alzar el precio raise the price.
alzarse fraudulently enter bankruptcy.
amalgama *f* amalgam.
amalgamación *f* amalgamation.
amalgamar amalgamate.
ambiental environmental.
ambiente de empleo job environment.
ambiente de trabajo job environment.
ambiente inflacionario inflationary environment.
ambiente laboral job environment.
ambiguamente ambiguously.
ambigüedad *f* ambiguity.

ambiguo ambiguous.

ambulante ambulant.

amenaza de huelga strike threat.

amillarado assessed.

amillaramiento *m* tax assessment.

amillarar assess a tax.

amnistía *f* amnesty.

amnistía contributiva tax amnesty.

amnistía fiscal tax amnesty.

amnistía impositiva tax amnesty.

amnistiar grant amnesty.

amojonamiento *m* delimitation, demarcation.

amojonar delimit, mark the boundaries of.

amonedación *f* minting.

amonedar mint.

amortizable amortizable, depreciable.

amortización *f* amortization, depreciation.

amortización acelerada accelerated depreciation, accelerated amortization.

amortización acelerada en exceso excess accelerated depreciation.

amortización acumulada accrued depreciation.

amortización anual annual depreciation, annual amortization.

amortización científica scientific amortization.

amortización combinada combined depreciation.

amortización compensatoria compensating depreciation.

amortización constante straight-line depreciation, constant amortization.

amortización creciente increasing amortization.

amortización curable curable depreciation.

amortización de bono bond amortization.

amortización de componentes component depreciation.

amortización de descuento amortization of discount.

amortización de deuda amortization of debt.

amortización de divisa exchange depreciation.

amortización de empréstito amortization of loan.

amortización de la moneda currency depreciation.

amortización de obligación amortization of obligation.

amortización de pagos parejos level-payment amortization.

amortización de préstamo amortization of loan.

amortización de prima amortization of premium.

amortización de principal amortization of principal.

amortización de propiedad property depreciation.

amortización de saldos decrecientes declining-balance depreciation.

amortización decreciente decreasing amortization.

amortización económica economic depreciation.

amortización en libros book depreciation.

amortización excesiva overdepreciation.

amortización extraordinaria extraordinary depreciation.

amortización fija fixed depreciation.

amortización física physical depreciation.

amortización futura future depreciation.

amortización grupal group depreciation.

amortización incurable incurable depreciation.

amortización lineal straight-line depreciation.

amortización negativa negative amortization.

amortización no realizada unrealized depreciation.

amortización ordinaria ordinary depreciation.

amortización rápida rapid amortization.

amortización real real depreciation.

amortización residual residual amortization.

amortizado amortized.

amortizar amortize, redeem, depreciate.

amortizar una deuda amortize a debt.

amortizar una obligación amortize an obligation.

amovible   movable, transferable.

amovilidad   *f* removability, transferability.

amparo contributivo   tax shelter.

amparo fiscal   tax shelter.

amparo impositivo   tax shelter.

amparo social   social security.

amparo tributario   tax shelter.

ampliación   *f* extension, enlargement.

ampliación de capital   increase of capital.

ampliación de cobertura   extension of coverage.

ampliación del crédito   increase of the loan.

ampliación del plazo   extension of the term.

ampliar   enlarge, extend.

ampliar el plazo   extend the term.

ampliar el riesgo   extend the risk.

ampliar un cheque   raise a check.

amplificación   *f* enlargement, extension.

amplificar   enlarge, extend, develop.

amplitud de la cobertura   extent of the coverage.

amuento de tasa máximo   maximum rate increase.

amuento de tipo máximo   maximum rate increase.

análisis   *m/f* analysis.

análisis competitivo   competitive analysis.

análisis coste-beneficio   cost-benefit analysis.

análisis costo-beneficio   cost-benefit analysis.

análisis cualitativo   qualitative analysis.

análisis cuantitativo   quantitative analysis.

análisis de acciones   stock analysis.

análisis de actividad   activity analysis.

análisis de año base   base-year analysis.

análisis de cobros   collection analysis.

análisis de conducta de coste   cost-behavior analysis.

análisis de conducta de costo   cost-behavior analysis.

análisis de consumidores   consumer analysis.

análisis de correlación   correlation analysis.

análisis de coste mínimo   least cost analysis.

análisis de coste-beneficio   cost-benefit analysis.

análisis de costes   cost analysis.

análisis de costes de distribución   distribution cost analysis.

análisis de costes de mercadeo   marketing cost analysis.

análisis de costes funcional   functional cost analysis.

análisis de costo mínimo   least cost analysis.

análisis de costo-beneficio   cost-benefit analysis.

análisis de costos   cost analysis.

análisis de costos de distribución   distribution cost analysis.

análisis de costos de mercadeo   marketing cost analysis.

análisis de costos funcional   functional cost analysis.

análisis de crédito   credit analysis.

análisis de cuenta   account analysis.

análisis de cuenta de plica   escrow analysis.

análisis de depósitos   deposit analysis.

análisis de empleo   job analysis.

análisis de entradas y salidas   input-output analysis.

análisis de equilibrio general   general equilibrium analysis.

análisis de equilibrio parcial   partial-equilibrium analysis.

análisis de estados financieros   financial statement analysis.

análisis de factores   factor analysis.

análisis de flujo de fondos   funds-flow analysis.

análisis de gastos   expenditures analysis.

análisis de ingresos   income analysis.

análisis de inventario   inventory analysis.

análisis de inversiones   investment analysis.

análisis de la tendencia   analysis of the trend.

análisis de la varianza   analysis of variance.

análisis de mercado   market analysis.

análisis de operaciones operations analysis.

análisis de proceso process analysis.

análisis de proyecto project analysis.

análisis de razones ratio analysis.

análisis de razones financieras financial ratio analysis.

análisis de regresión regression analysis.

análisis de rendimiento performance analysis.

análisis de sistemas systems analysis.

análisis de tendencia trend analysis.

análisis de trabajo job analysis.

análisis de transacción transaction analysis.

análisis de ventas sales analysis.

análisis del punto crítico break-even analysis.

análisis del riesgo risk analysis.

análisis diferencial differential analysis.

análisis económico economic analysis.

análisis entre industrias interindustry analysis.

análisis estadístico statistical analysis.

análisis estático static analysis.

análisis factorial factorial analysis.

análisis financiero financial analysis.

análisis horizontal horizontal analysis.

análisis incremental incremental analysis.

análisis marginal marginal analysis.

análisis monetario monetary analysis.

análisis operacional operational analysis.

análisis organizativo organizational analysis.

análisis periódico period analysis.

análisis vertical vertical analysis.

analista *m* analyst.

analista de cobros collection analyst.

analista de costes cost analyst.

analista de crédito credit analyst.

analista de inversiones securities analyst.

analista de sistemas systems analyst.

analista de valores securities analyst.

analista de ventas sales analyst.

analista económico economic analyst.

analista financiero financial analyst.

analizar analyze.

analizar cuentas analyze accounts.

analizar una cuenta analyze an account.

anatocismo *m* anatocism.

anchura del mercado breadth of market.

anejar annex, attach.

anejo adj attached, annexed.

anejo *m* annex.

anexar annex, attach.

anexidades *f* accessories, incidental rights or things.

anexión *f* annexation.

anexo adj attached, annexed.

anexo *m* annex.

anexo para endosos allonge.

ánimo de lucro intention to profit.

ánimo de revocar intent to revoke.

aniversario de póliza policy anniversary.

año base base year.

año calendario calendar year.

año comercial commercial year.

año comercial natural natural business year.

año común common year.

año continuo calendar year.

año contributivo tax year.

año contributivo fiscal fiscal tax year.

año de auditoría auditing year.

año de beneficios benefit year.

año de calendario calendar year.

año de referencia reference year.

año económico fiscal year.

año en curso current year.

año financiero financial year, fiscal year.

año fiscal fiscal year.

año gravable tax year.

año impositivo tax year.

año impositivo fiscal fiscal tax year.

año natural natural year.

año presupuestario budget year.

año social fiscal year.

año tributario tax year.

año tributario fiscal fiscal tax year.

anómalo anomalous.

anormal abnormal.

años de servicio years of service.

anotación *f* annotation, filing, entry.

anotación contable accounting entry.

anotación de embargo   filing a writ of attachment.

anotación de secuestro   filing a writ of attachment.

anotación en cuenta   account entry.

anotación en la cuenta   annotation in the account.

anotación en registro público   filing in a public registry.

anotación preventiva   provisional filing in a registry of property to protect an interest.

anotar   annotate, file, enter, register.

anotar en los libros   enter in the books.

antecontrato   *m* preliminary agreement.

antedata   *f* antedate.

antedatado   antedated.

antedatar   antedate, backdate.

antefechar   predate.

antefirma   *f* title of the person signing.

antepagar   prepay, pay beforehand.

anteproyecto   *m* preliminary draft.

anteproyecto de contrato   preliminary draft of a contract.

anterior al impuesto   pretax.

antes de contribuciones   pretax.

antes de impuestos   pretax.

antes de la apertura   before opening.

antes de tributos   pretax.

antes del cierre   before closing.

anticíclico   anticyclical.

anticipación   *f* anticipation, prepayment.

anticipadamente   in advance.

anticipado   in advance, anticipated.

anticipar   anticipate, prepay.

anticipar dinero   advance money.

anticipo   *m* advance payment, advance, anticipation.

anticipo de dinero   advance of money, advance.

anticipo de fondos   advance payment, advance.

anticipo de herencia   inter vivos gift.

anticipo sobre póliza   advance on policy.

antigüedad   *f* seniority, antiquity.

antigüedad en la empresa   seniority.

antiinflacionario   antiinflationary.

antimonopólico   antitrust.

antimonopolio   antitrust.

antimonopolista   antitrust.

antípoca   *f* deed acknowledging a lease, deed acknowledging an annuity contract that runs with the land.

antipocar   acknowledge in writing a lease, acknowledge in writing an annuity contract that runs with the land.

antor   *m* seller of stolen goods.

anual   annual.

anualidad   *f* annuity, annual charge, annual occurrence.

anualidad a plazo fijo   annuity certain.

anualidad acumulada   accumulated annuity.

anualidad anticipada   anticipated annuity.

anualidad aplazada   deferred annuity.

anualidad cierta   annuity certain.

anualidad colectiva   group annuity.

anualidad con efecto inmediato   immediate annuity.

anualidad con participación   participating annuity.

anualidad condicional   conditional annuity.

anualidad conjunta   joint annuity.

anualidad contingente   contingent annuity.

anualidad de cantidad fija   fixed-amount annuity.

anualidad de grupo   group annuity.

anualidad de impuestos diferidos   tax-deferred annuity.

anualidad de pago inmediato   immediate payment annuity.

anualidad de pagos diferidos   deferred-payment annuity.

anualidad de pagos parejos   level-payment annuity.

anualidad de prima única   single-premium annuity.

anualidad de primas flexibles   flexible-premium annuity.

anualidad de reembolso a plazos   installment refund annuity.

anualidad de reembolso en efectivo   cash refund annuity.

anualidad de reembolso en efectivo modificada   modified cash refund annuity.

anualidad de retiro   retirement annuity.

anualidad de supervivencia   survivorship annuity.

anualidad diferida   deferred annuity.

anualidad diferida de prima única single-premium deferred annuity.

anualidad diferida grupal   group deferred annuity.

anualidad fija   fixed annuity.

anualidad grupal diferida   deferred group annuity.

anualidad híbrida   hybrid annuity.

anualidad incondicional   annuity certain, unconditional annuity.

anualidad inmediata   immediate annuity.

anualidad ordinaria   ordinary annuity.

anualidad perpetua   perpetual annuity.

anualidad pura   pure annuity.

anualidad temporal   temporary annuity.

anualidad variable   variable annuity.

anualidad vitalicia   life annuity.

anualizado   annualized.

anualmente   annually.

anulabilidad   *f* voidability, annullability.

anulable   voidable, cancelable, annullable.

anulación   *f* annulment.

anulación de contrato   nullification of contract.

anulación de convenio   nullification of agreement.

anulación de deuda   cancelation of debt.

anulación de orden   cancelation of order.

anulación de pedido   cancelation of order.

anulado   voided, annulled, canceled.

anular   void, cancel, annul.

anular un pedido   cancel an order.

anular una orden   cancel an order.

anulativo   nullifying, annulling, voiding.

anunciado   advertised.

anunciar   advertise, announce.

anunciar un cambio   announce a change.

anuncio   *m* announcement, notice, advertisement.

anuncio clasificado   classified advertisement.

anuncio de dividendo   dividend announcement.

anuncio de oferta   invitation to bid.

anuncios comparativos   comparative advertising.

apalabrar   agree to verbally, contract verbally, discuss beforehand.

apalancamiento   *m* leverage.

apalancamiento financiero   financial leverage.

apalancamiento inverso   reverse leverage.

apalancamiento negativo   negative leverage.

apalancamiento operativo   operating leverage.

apalancamiento positivo   positive leverage.

aparcería   *f* sharecropping, partnership.

aparcero   *m* sharecropper, partner.

apareado   matched.

apareamiento   *m* matching.

aparente   apparent.

apariencia de título   color of title.

apartamento   *m* apartment.

apartamento cooperativo cooperative apartment.

apartamento modelo   model apartment.

apear   survey.

apelación   *f* appeal.

apeo   *m* survey.

apertura   *f* opening.

apertura de crédito   opening of a line of credit, granting of a loan.

apertura de cuenta   opening of account.

apertura de la bolsa   opening of the exchange.

apertura de las licitaciones   opening of bids.

apertura de las propuestas   opening of bids.

apertura de libros   opening of the books.

apertura de negociaciones   opening of negotiations.

apertura demorada   delayed opening.

aplazable   postponable.

aplazada   *f* extension of time.

aplazado   deferred.

aplazamiento   *m* deferment, adjournment.

aplazamiento de contribuciones tax deferral.

aplazamiento de impuestos tax deferral.

aplazamiento de pago deferment of payment.

aplazamiento de pago de contribuciones deferment of payment of taxes.

aplazamiento de pago de impuestos deferment of payment of taxes.

aplazar defer, adjourn.

aplazar un pago defer a payment.

aplicación *f* application.

aplicación de costes cost application.

aplicación de costos cost application.

aplicación de fondos funds application.

aplicado applied.

aplicar apply, impose.

aplicar un impuesto impose a tax.

ápoca *f* receipt.

apoderado adj empowered, authorized.

apoderado *m* representative, agent, proxy, attorney.

apoderado especial special agent.

apoderado general general agent, managing partner.

apoderado singular special agent.

apoderamiento *m* empowerment, power of attorney, appropriation, authorization.

apoderar empower, grant power of attorney, give possession.

apoderarse take possession.

aportación *f* contribution.

aportar contribute.

aportar fondos finance, contribute funds.

aporte *m* contribution, payment.

aporte jubilatorio payment to a retirement fund.

apoyo *m* support.

apoyo de precios price support.

apoyo financiero financial support.

apoyo lateral lateral support.

apreciable appreciable.

apreciación *f* appreciation, appraisal.

apreciación de acciones stock appreciation.

apreciación de la moneda currency appreciation.

apreciación no realizada unrealized appreciation.

apreciador *m* appraiser.

apreciar appraise, appreciate.

apremiar el pago compel payment.

apremio *m* legal proceedings for debt collection, pressure.

apremio personal legal proceedings for debt collection involving personal property.

apremio real sale of attached real property.

aprobación *f* approval, ratification.

aprobación de crédito credit approval.

aprobación previa prior approval.

aprobación técnica technical approval.

aprobado approved.

aprobar approve, ratify.

aprobar el presupuesto approve the budget.

aprobar la moción carry the motion.

aprontar comply with an obligation promptly, pay immediately.

apropiación *f* appropriation.

apropiación fraudulenta fraudulent conversion.

apropiación ilícita conversion.

apropiación implícita constructive conversion.

apropiación indebida misappropriation.

apropiador *m* appropriator.

apropiar appropriate.

apropiarse de appropriate, take possession of.

aprovechamiento *m* utilization, enjoyment.

aprovechamiento de tierras land improvement.

aprovisionamiento *m* supply.

aprovisionar supply.

aproximación *f* approximation.

aproximado approximate.

apunte de anulación canceling entry.

apunte de cancelación canceling entry.

aquiescencia *f* acquiescence.

aquiescente acquiescent.

arancel *m* tariff, tariff schedule, schedule of fees.

arancel aduanero customs tariff, schedule of customs duties.

arancel agrícola agricultural tariff.

arancel compensatorio compensating tariff.

arancel compuesto compound tariff.

arancel de aduana schedule of customs duties.

arancel de corredores schedule of brokers' commissions.

arancel de exportación export duties.

arancel de honorarios fee schedule.

arancel de importación import duties.

arancel de renta revenue tariff.

arancel de represalia retaliatory duty.

arancel específico specific tariff.

arancel fiscal revenue tariff.

arancel mixto mixed tariff.

arancel proteccionista protective tariff.

arancelario tariff, pertaining to tariffs.

aranceles de importación import tariffs, import duties.

arbitrable arbitrable.

arbitración *f* arbitration.

arbitración obligante binding arbitration.

arbitrador *m* arbitrator.

arbitraje *m* arbitration, arbitrage.

arbitraje comercial commercial arbitration.

arbitraje compuesto compound arbitrage.

arbitraje compulsivo compulsory arbitration.

arbitraje cubierto covered arbitrage.

arbitraje de cambio exchange arbitrage.

arbitraje de divisas currency arbitrage.

arbitraje entre compañías intercompany arbitration.

arbitraje forzoso compulsory arbitration.

arbitraje industrial labor arbitration.

arbitraje laboral labor arbitration.

arbitraje necesario compulsory arbitration.

arbitraje obligatorio compulsory arbitration.

arbitraje simple simple arbitrage.

arbitraje voluntario voluntary arbitration.

arbitrajista *m* arbitrager.

arbitral arbitral.

arbitramiento *m* arbitration.

arbitrar arbitrate.

arbitrar fondos raise money.

arbitrativo arbitrative.

arbitrios taxes, resources.

árbitro *m* arbitrator.

archivar file.

archivero *m* archivist, file clerk.

archivista *m/f* archivist, file clerk.

archivo *m* file.

archivo activo active file.

archivo confidencial confidential file.

archivo de crédito credit file.

archivo de información del cliente customer-information file.

archivo maestro de tenedores de tarjeta cardholder master file.

archivo negativo negative file.

archivo permanente permanent file.

archivo temporal temporary file.

archivos de cheques check files.

área aduanera customs area.

área alquilable rentable area.

área arrendable neta net leasable area.

área común common area.

área de comercio commercial area.

área de desarrollo development area.

área de distribución distribution area.

área de libre comercio free-trade area.

área de mercado market area.

área de monedas currency area.

área de solar mínima minimum lot area.

área de trabajo work area.

área de ventas sales area.

área deprimida depressed area.

área estadística metropolitana metropolitan statistical area.

área impactada impacted area.

área industrial industrial area.

área metropolitana metropolitan area.

armonización *f* harmonization.

armonización contributiva tax harmonization.

armonización fiscal tax harmonization.

armonización impositiva tax harmonization.

armonización tributaria tax harmonization.

arqueo *m* audit, tonnage, capacity.

arqueo bruto   gross tonnage.
arqueo de buques   tonnage, capacity.
arqueo de fondos   audit of the public
   treasury.
arqueo neto   net tonnage.
arquero   *m* teller.
arraigar   put up a bond, purchase real
   estate.
arraigo   *m* bailment, real estate.
arras   *f* security, earnest money, down
   payment.
arreglador   *m* adjuster.
arreglador de avería   average adjuster.
arreglar   arrange, fix, settle.
arreglar una cuenta   settle an account.
arreglar una reclamación   adjust a
   claim.
arreglarse   settle, compromise.
arreglo bilateral   bilateral arrangement.
arreglo con acreedores   arrangement
   with creditors.
arreglo cooperativo   cooperative
   arrangement.
arreglo de avería   average adjustment.
arreglo de crédito   credit arrangement.
arreglo de reembolso   reimbursement
   arrangement.
arreglo financiero   financial
   arrangement.
arreglo recíproco   reciprocal
   arrangement.
arrendable   leasable.
arrendación   *f* lease.
arrendación a corto plazo   short term
   lease.
arrendación a largo plazo   long term
   lease.
arrendado   leased.
arrendador   *m* lessor, lessee.
arrendador a la parte   sharecropper.
arrendador ausente   absentee lessor.
arrendamiento   *m* lease, lease contract.
arrendamiento a corto plazo
   short-term lease.
arrendamiento a largo plazo
   long-term lease.
arrendamiento apalancado
   leveraged lease.
arrendamiento cerrado   closed-end
   lease.
arrendamiento concurrente
   concurrent lease.

arrendamiento de capital   capital
   lease.
arrendamiento de consumo
   consumer lease.
arrendamiento de equipo   equipment
   leasing.
arrendamiento de explotación
   operating lease.
arrendamiento de financiación
   directa   direct financing lease.
arrendamiento de financiamiento
   directo   direct financing lease.
arrendamiento de servicio
   employment.
arrendamiento escalonado
   graduated lease.
arrendamiento financiero   financial
   lease.
arrendamiento marítimo   maritime
   lease.
arrendamiento neto   net lease.
arrendamiento oral   parol lease.
arrendamiento perpetuo   perpetual
   lease.
arrendamiento primario   primary
   lease.
arrendamiento renovable   renewable
   lease.
arrendamiento reversionario
   reversionary lease.
arrendamiento transferible
   assignable lease.
arrendante   *m/f* lessor, lessee.
arrendar   lease, hire.
arrendatario   *m/f* lessee, tenant.
arrendaticio   pertaining to a lease.
arriendo   *m* lease, hire.
arriendo a corto plazo   short-term
   lease.
arriendo a largo plazo   long-term
   lease.
arriendo marítimo   maritime lease.
arriendo neto   net lease.
arriendo oral   parol lease.
arriendo perpetuo   perpetual lease.
arriendo transferible   assignable lease.
arte   *m/f* art, profession, skill.
arte anterior   prior art.
artículo   *m* article.
artículo adicional   addendum.
artículo básico   staple.
artículo cautivo   captive item.

artículo de excepción exception item.

artículo de importación import article.

artículo de marca trademarked article.

artículo de preferencia preference item.

artículo de preferencia contributiva preference tax item.

artículo de preferencia impositiva preference tax item.

artículo de preferencia tributaria preference tax item.

artículo de primera necesidad staple.

artículo del contrato contract clause.

artículo descontinuado discontinued item.

artículo manufacturado manufactured article.

artículo patentado patented article.

artículo propietario patented article, trademarked article.

artículos consolidados consolidated items.

artículos de asociación articles of association.

artículos de cobro collection items.

artículos de consumo consumer goods.

artículos de contrabando smuggled goods.

artículos de conveniencia convenience goods.

artículos de incorporación articles of incorporation.

artículos de lujo luxury goods.

artículos gravables consolidados consolidated taxable items.

artículos imponibles consolidados consolidated taxable items.

artículos restringidos restricted articles.

artículos sin restricciones unrestricted articles.

artículos suntuarios sumptuary goods.

artículos tributables consolidados consolidated taxable items.

artículos y servicios goods and services.

asalariado adj salaried.

asalariado *m* salaried worker, wage earner.

asamblea *f* assembly, meeting.

asamblea anual annual meeting.

asamblea constitutiva organizational meeting.

asamblea constituyente constitutional convention.

asamblea consultiva advisory body.

asamblea de accionistas shareholders' meeting.

asamblea de accionistas anual annual shareholders' meeting.

asamblea de accionistas general general shareholders' meeting.

asamblea de acreedores creditors' meeting.

asamblea extraordinaria special meeting.

asamblea general general meeting.

asamblea general de accionistas general meeting of shareholders.

asamblea ordinaria regular meeting.

asamblea plenaria plenary meeting.

ascenso *m* promotion.

ascenso de empleado employee promotion.

asegurabilidad *f* insurability.

asegurabilidad garantizada guaranteed insurability.

asegurable insurable, assurable.

aseguración *f* insurance.

asegurado adj insured, assured.

asegurado *m* insured, insured person.

asegurado adicional additional insured.

asegurador adj insuring, safeguarding.

asegurador *m* insurer, underwriter, assurer.

asegurador autorizado authorized insurer.

asegurador cooperativo cooperative insurer.

asegurador directo direct insurer.

asegurador independiente independent insurer.

asegurador líder lead insurer.

asegurador no autorizado unauthorized insurer.

asegurador primario primary insurer.

aseguradores contra incendios fire underwriters.

aseguradores contra riesgos marítimos marine underwriters.

aseguradores de crédito credit underwriters.

aseguramiento *m* insuring, insurance, securing.

aseguranza *f* insurance.

asegurar insure, underwrite, affirm.

asegurar un riesgo underwrite a risk.

asegurarse obtain insurance.

aseguro *m* insurance.

asentar make an entry, record.

asentar una partida make an entry.

asesor *m* adviser, consultant.

asesor administrativo administrative consultant.

asesor de finanzas financial adviser.

asesor de inversiones investment adviser.

asesor de seguros insurance consultant.

asesor en colocaciones investment adviser.

asesor financiero financial adviser.

asesor fiscal tax adviser.

asesoramiento *m* advice.

asesoramiento de crédito credit counseling.

asesoramiento financiero financial counseling.

asesorar to advise.

asiento *m* seat, entry.

asiento compensatorio offsetting entry.

asiento complementario complementing entry.

asiento compuesto compound entry.

asiento contable accounting entry, book entry.

asiento de abono credit entry.

asiento de ajuste adjusting entry.

asiento de apertura opening entry.

asiento de cargo debit entry.

asiento de cierre closing entry.

asiento de complemento complementing entry.

asiento de corrección correction entry.

asiento de crédito debit entry.

asiento de diario journal entry.

asiento de presentación registration of a mortgage in a property registry.

asiento de reclasificación reclassification entry.

asiento de rectificación rectification entry.

asiento de transferencia transfer entry.

asiento de traspaso transfer entry.

asiento del diario compuesto compound journal entry.

asiento del mayor ledger entry.

asiento equivocado wrong entry.

asiento falsificado false entry.

asiento original original entry.

asiento principal de negocios principal place of business.

asignable assignable.

asignación *f* allotment, allowance, allocation, payment.

asignación de beneficios allocation of profit.

asignación de colateral collateral assignment.

asignación de costes allocation of costs.

asignación de costos allocation of costs.

asignación de ganancias allocation of profit.

asignación de pérdidas allocation of loss.

asignación de producción production allocation.

asignación de recursos allocation of resources.

asignación de salario assignment of wages.

asignación directa direct allocation.

asignación óptima de recursos optimal allocation of resources.

asignación presupuestaria budget allocation.

asignación proporcional proportional allocation.

asignación y distribución allocation and distribution.

asignado assigned.

asignar assign, establish, designate.

asignatario *m* beneficiary, legatee.

asistencia *f* assistance.

asistencia bilateral bilateral assistance.

asistencia económica economic assistance.

asistencia en financiamiento financing assistance.

asistencia estatal state assistance.

asistencia exterior foreign assistance.
asistencia federal federal assistance.
asistencia financiera financial assistance.
asistencia internacional international assistance.
asistencia pública public assistance, welfare.
asistencia social public assistance, welfare.
asistencia técnica technical assistance.
asistir assist.
asistir a una asamblea assist a meeting.
asistir a una junta assist a meeting.
asistir a una reunión assist a meeting.
asistir a una sesión assist a meeting.
asociación f association, collaboration.
asociación agrícola farmers' association.
asociación anónima corporation.
asociación caritativa charitable association.
asociación comercial trade association.
asociación cooperativa cooperative association.
asociación corporativa corporate association.
asociación de ahorro y préstamos savings and loan association.
asociación de comerciantes trade association.
asociación de condominio condominium association.
asociación de consumidores consumer association.
asociación de crédito credit association, credit union.
asociación de dueños de condominio condominium owners' association.
asociación de dueños de hogar homeowner's association.
asociación de empleados employee association.
asociación de fabricantes manufacturers' association.
asociación de marca brand association.
asociación de negocios business league.

asociación de préstamos loan association.
asociación de préstamos para edificación building and loan association.
asociación del renglón trade association.
asociación denunciable partnership at will.
asociación en participación joint venture.
asociación gremial trade association, labor union.
asociación impersonal corporation.
asociación mercantil business association.
asociación momentánea joint venture.
asociación mutua mutual association.
asociación nacional national association.
asociación no pecuniaria nonprofit organization.
asociación obrera trade union, labor union.
asociación para reasegurar reinsurance association.
asociación patronal employers' association.
asociación personal partnership.
asociación profesional professional association.
asociación profesional obrera trade union.
asociación secreta secret partnership.
asociación sindical labor union.
asociado adj associated.
asociado m associate, partner.
asociarse join, incorporate, form a partnership.
asocio m association, corporation.
asueto m time off, day off, half-day off.
asumible assumable.
asumir assume.
asumir control assume control.
asumir un empréstito assume a loan.
asumir un préstamo assume a loan.
asumir un riesgo assume a risk.
asumir una deuda assume a debt.
asumir una hipoteca assume a mortgage.

asumir una obligación   assume an obligation.

asunción   *f* assumption.

asunción corriente   current assumption.

asunción de crédito   assumption of a loan.

asunción de deuda   assumption of debt.

asunción de empréstito   assumption of loan.

asunción de hipoteca   assumption of mortgage.

asunción de interés   interest assumption.

asunción de obligación   assumption of obligation.

asunción de préstamo   assumption of loan.

asunción de riesgo   assumption of risk.

asunción hipotecaria   mortgage assumption.

asuntos económicos   economic affairs.

asuntos fiscales   fiscal affairs.

atender   attend to, pay attention to.

atender el compromiso   meet an obligation.

atender la deuda   meet a debt.

atender la obligación   meet an obligation.

atestar la firma   witness the signature.

atrasado   in arrears, back, late, delinquent.

atrasado de pago   in arrears, in default.

atraso   *m* delay.

atraso, en   in arrears.

atrasos   *m* arrears.

audiencia cautiva   captive audience.

audiencia objeto   target audience.

auditar   audit.

auditar una cuenta   audit an account.

auditor   *m* auditor.

auditor autorizado   authorized auditor.

auditor de banco   bank auditor.

auditor de campo   field auditor.

auditor estatal   state auditor.

auditor externo   external auditor.

auditor fiscal   tax auditor.

auditor independiente   independent auditor.

auditor interno   internal auditor.

auditor no autorizado   unauthorized auditor.

auditor público   public auditor.

auditoría   *f* audit, auditing.

auditoría administrativa   administrative audit.

auditoría anual   annual audit.

auditoría completa   complete audit.

auditoría continua   continuous audit.

auditoría de acatamiento   compliance audit.

auditoría de caja   cash audit.

auditoría de calidad   quality audit.

auditoría de campo   field audit.

auditoría de cuentas   auditing of accounts.

auditoría de dividendos   dividend audit.

auditoría de estados financieros   financial statement audit.

auditoría de mercado   market audit.

auditoría de nómina   payroll audit.

auditoría de personal   personnel audit.

auditoría de rendimiento   performance audit.

auditoría de seguridad   safety audit.

auditoría del balance   balance sheet audit.

auditoría detallada   detailed audit.

auditoría especial   special audit.

auditoría especial completa   complete special audit.

auditoría estatutaria   statutory audit.

auditoría externa   external audit.

auditoría fiscal   tax audit.

auditoría general   general audit.

auditoría horizontal   horizontal audit.

auditoría independiente   independent audit.

auditoría interina   interim audit.

auditoría interna   internal audit.

auditoría limitada   limited audit.

auditoría operacional   operational audit.

auditoría parcial   partial audit.

auditoría periódica   periodic audit.

auditoría por correspondencia   correspondence audit.

auditoría preliminar   preliminary audit.

auditoría semianual   semiannual audit.

auge económico   economic boom.

auge inflacionario inflationary boom.
aumentado increased.
aumentar increase.
aumentar el tipo increase the rate.
aumentar el tipo de interés increase the interest rate.
aumentar la tasa increase the rate.
aumentar la tasa de interés increase the interest rate.
aumentar precios increase prices.
aumentar tarifas increase tariffs.
aumento *m* increase.
aumento arancelario tariff increase.
aumento contributivo tax increase.
aumento de capital capital increase.
aumento de dividendo increase of dividend.
aumento de la tasa bancaria bank rate increase.
aumento de precio price increase.
aumento de productividad productivity increase.
aumento de reserva reserve increase.
aumento de salario salary increase.
aumento de salario diferido deferred salary increase.
aumento de sueldo salary increase.
aumento de tarifa tariff increase.
aumento de tasa rate increase.
aumento de tasa mínimo minimum rate increase.
aumento de tipo rate increase.
aumento de tipo bancario bank rate increase.
aumento de tipo mínimo minimum rate increase.
aumento del rendimiento yield increase.
aumento del riesgo risk increase.
aumento del valor value increase.
aumento en costes increase in costs.
aumento en costos increase in costs.
aumento en ingresos increase in earnings.
aumento en productividad increase in productivity.
aumento en tándem tandem increase.
aumento en valor increase in value.
aumento general general increase.
aumento impositivo tax increase.
aumento lineal linear increase.
aumento neto net increase.

aumento proporcional proportional increase.
aumento salarial wage increase, salary increase.
aumento tributario tax increase.
ausencia compensada compensated absence.
ausente adj absent.
ausente *m* absentee.
ausentismo *m* absenteeism.
auténtica *f* attestation, certification.
autenticación *f* authentication.
autenticación de firma authentication of signature.
autenticar authenticate, attest.
autenticidad *f* authenticity.
auténtico authentic, certified.
auto de embargo writ of attachment.
auto de pago official demand for payment.
auto de posesión writ of possession.
auto de quiebra declaration of bankruptcy.
auto de reivindicación writ of replevin.
autoadministrado self-administered.
autoajustable self-adjusting.
autoamortizante self-amortizing.
autoasegurador *m* self-insurer.
autocontrato *m* contract where one party acts on behalf of both parties.
autocorrelación *f* autocorrelation.
autodespido *m* resignation.
autoejecutable self-executing.
autofinanciación *f* self-financing.
autofinanciamiento *m* self-financing.
autoliquidación *f* self-liquidating, self-assessment.
autoliquidante self-liquidating.
automático automatic.
automatización *f* automation.
automatizado automated.
autónomo autonomous.
autoridad *f* authority.
autoridad aparente apparent authority.
autoridad discrecional discretionary authority.
autoridad inferida inferred authority.
autoridad portuaria port authority.
autoridades aduaneras customs authorities.

autoridades financieras financial authorities.

autoridades fiscales fiscal authorities, tax authorities.

autoridades monetarias monetary authorities.

autorización *f* authorization.

autorización de compra authorization to buy.

autorización de contrato contract authorization.

autorización de crédito credit authorization.

autorización de cheque check authorization.

autorización de exportación general general export license.

autorización de libros authorization of a new set of books by public authority.

autorización de pago authority to pay.

autorización expresa express authority.

autorización general general authority.

autorización implícita implied authority.

autorización limitada limited authority.

autorización negativa negative authorization.

autorización no limitada unlimited authority.

autorización ostensible apparent authority.

autorización para contratar authority to contract.

autorización para negociar authority to negotiate.

autorización para operar authority to operate.

autorización para pagar authority to pay.

autorización para transacciones limitada limited trading authorization.

autorización para vender agency to sell.

autorización positiva positive authorization.

autorización real actual authority.

autorizado authorized.

autorizar authorize.

autorregulador self-regulatory.

autoseguro *m* self-insurance.

autoselección *f* self-selection.

autoservicio *m* self-service.

auxiliar auxiliary.

aval *m* aval, guaranty.

aval absoluto full guaranty.

aval limitado limited guaranty.

avalado *m* guarantee, endorsee.

avalar guarantee, support, endorse.

avalista *m/f* guarantor, endorser, backer.

avalorar value, appraise.

avaluación *f* appraisal, valuation.

avaluador *m* appraiser.

avaluar value, appraise.

avalúo *m* appraisal, valuation, assessment.

avalúo catastral real estate appraisal.

avalúo certificado certified appraisal.

avalúo fiscal appraisal for taxation purposes.

avenencia *f* agreement, settlement.

avenimiento *m* agreement, mediation, conciliation.

avería *f* damage, failure, average.

avería común general average.

avería extraordinaria extraordinary average.

avería gruesa general average, gross average.

avería menor petty average.

avería ordinaria petty average.

avería parcial partial average.

avería particular particular average.

avería pequeña petty average.

avería simple simple average, particular average, common average.

avisar notify, warn.

aviso *m* notice, announcement, warning, advertisement.

aviso a acreedores notice to creditors.

aviso de aceptación notice of acceptance.

aviso de caducidad expiration notice.

aviso de cambio notice of change.

aviso de cancelación notice of cancelation.

aviso de deficiencia notice of deficiency.

aviso de ejecución exercise notice.

aviso de embarque   notice of shipment.
aviso de entrega   delivery notice.
aviso de envío   dispatch notice.
aviso de expiración   expiration notice.
aviso de huelga   strike notice.
aviso de llegada   notice of arrival.
aviso de mora   notice of arrears.
aviso de no aceptación   notice of non-acceptance.
aviso de protesto   notice of protest.
aviso de quiebra   bankruptcy notice.
aviso de rechazo   notice of dishonor.
aviso de renovación   notice of renewal.
aviso de retiro   withdrawal notice.
aviso de terminación   termination notice.
aviso de vencimiento   notice of due date, notice of deadline, notice of date of maturity, expiration notice.
aviso escrito   written notice.
aviso por escrito   written notice.
aviso razonable   reasonable notice.
avisos comerciales   trademark.
ayuda   *f* assistance, aid.
ayuda a la inversión   investment aid.
ayuda al desarrollo   development aid.
ayuda bilateral   bilateral aid.
ayuda económica   economic aid.
ayuda estatal   state aid.
ayuda exterior   foreign aid.
ayuda federal   federal aid.
ayuda financiera   financial aid.
ayuda internacional   international aid.

B

baja   drop, withdrawal, decrease.
baja de precios   fall in prices.
bajista   bearish.
bajo apercibimiento   under penalty.
bajo contrato   under contract.
bajo la línea   below the line.
bajo la par   below par.
bajo mano   clandestinely.
bajo obligación   under obligation.
bajo protesto   under protest.
bajo sello   under seal.
balance   *m* balance, balance sheet.

balance anterior   previous balance.
balance bancario   bank balance.
balance certificado   certified balance sheet.
balance clasificado   classified balance sheet.
balance cobrado   collected balance.
balance comercial   trade balance.
balance comparativo   comparative balance sheet.
balance compensatorio   compensating balance.
balance condensado   condensed balance sheet.
balance consolidado   consolidated balance sheet.
balance de apertura   opening balance.
balance de comercio   trade balance.
balance de comprobación   trial balance.
balance de contabilidad   balance sheet.
balance de cuenta   balance of account.
balance de cuenta principal   primary account balance.
balance de fusión   consolidated balance sheet.
balance de liquidación   liquidation balance sheet.
balance de mercancías   merchandise balance.
balance de principal   principal balance.
balance de resultado   profit and loss statement.
balance de situación   balance sheet.
balance de situación certificado   certified balance sheet.
balance de situación consolidado   consolidated balance sheet.
balance dinámico   dynamic balance sheet.
balance estimado   estimated balance sheet.
balance fiscal   balance sheet for tax purposes.
balance general   general balance sheet.
balance general certificado   certified balance sheet.
balance general comparativo   comparative balance sheet.
balance general consolidado   consolidated balance sheet.

balance general estimado   estimated balance sheet.

balance global   overall balance.

balance impositivo   balance sheet for tax purposes.

balance inactivo   unclaimed balance.

balance inicial   beginning balance.

balance mínimo   minimum balance.

balance no reclamado   unclaimed balance.

balance previo   previous balance.

balance provisional   interim balance sheet.

balance provisorio   interim balance sheet.

balance requerido   required balance.

balance temporal   temporary balance sheet.

balance tentativo   tentative balance sheet.

balance total   total balance.

balance transferido   transferred balance.

balanceado   balanced.

balancear   balance.

balancete   *m* tentative balance sheet.

balanza   *f* balance, comparison.

balanza básica   basic balance.

balanza cambista   balance of payments.

balanza comercial   trade balance.

balanza comercial desfavorable unfavorable trade balance.

balanza comercial favorable favorable trade balance.

balanza de comercio   trade balance.

balanza de comercio exterior foreign trade balance.

balanza de divisas   balance of foreign exchange.

balanza de endeudamiento   balance of indebtedness.

balanza de intercambio   trade balance.

balanza de mercancías   trade balance.

balanza de pagos   balance of payments.

balanza de pagos corriente   current balance of payments.

balanza de pagos desfavorable unfavorable balance of payments.

balanza de pagos favorable favorable balance of payments.

balanza de pagos internacionales balance of international payments.

balanza mercantil   trade balance.

baldío   unimproved, uncultivated, idle.

banca   *f* banking.

banca al por mayor   wholesale banking.

banca central   central banking.

banca comercial   commercial banking.

banca con servicio para automorilistas   drive-in banking.

banca con servicios completos full-service banking.

banca con sucursales   branch banking.

banca de concentración concentration banking.

banca de cuentas a crédito   charge account banking.

banca de depósitos   deposit banking.

banca de inversión   investment banking.

banca de inversionistas   investment banking.

banca de sucursales   branch banking.

banca electrónica   electronic banking.

banca electrónica remota   remote electronic banking.

banca encadenada   chain banking.

banca grupal   group banking.

banca hipotecaria   mortgage banking.

banca interestatal   interstate banking.

banca internacional   international banking.

banca intraestatal   intrastate banking.

banca mercantil   merchant banking.

banca múltiple   multiple banking.

banca por correo   bank by mail.

banca por servicarro   drive-in banking.

banca por teléfono   bank by phone.

banca privada   private banking.

banca sin cheques   checkless banking.

banca telefónica   telephone banking.

banca universal   universal banking.

bancable   bankable, negotiable.

bancario   banking, financial.

bancarrota   *f* bankruptcy.

banco   *m* bank.

banco aceptante   accepting bank.

banco agente   agent bank.

banco asegurado   insured bank.

banco asociado   associate bank, member bank.

banco autorizado authorized bank.
banco capitalizador bank for capitalization of savings.
banco central central bank.
banco comercial commercial bank.
banco comunitario community bank.
banco confirmante confirming bank.
banco cooperativo cooperative bank.
banco corresponsal correspondent bank.
banco de ahorros savings bank.
banco de bancos central bank.
banco de banqueros bankers' bank.
banco de centro financiero money center bank.
banco de cobranzas collecting bank.
banco de cobro collecting bank.
banco de comercio commercial bank.
banco de comercio exterior foreign trade bank.
banco de compensación clearing bank.
banco de concentración concentration bank.
banco de crédito credit bank.
banco de crédito inmobiliario mortgage bank.
banco de datos data bank.
banco de depósito deposit bank.
banco de depósito inicial bank of first deposit.
banco de emisión bank of issue.
banco de empleos job bank.
banco de fomento development bank.
banco de inversión investment bank.
banco de liquidación clearinghouse.
banco de préstamos loan bank.
banco de reserva reserve bank.
banco de servicios completos full-service bank.
banco de servicios limitados limited-service bank.
banco de tenedor de tarjeta cardholder bank.
banco de trabajos job bank.
banco del beneficiario beneficiary's bank.
banco del desarrollo development bank.
banco del desarrollo multilateral multilateral development bank.
banco del estado state bank.

banco depositario depository bank.
banco deudor debtor bank.
banco emisor bank of issue.
banco estatal state bank.
banco extranjero overseas bank.
banco extraterritorial off-shore bank.
banco fiduciario trust company, trust bank.
banco hipotecario mortgage bank.
banco independiente independent bank.
banco industrial industrial bank.
banco intermediario intermediary bank.
banco internacional international bank.
banco líder lead bank.
banco mercantil commercial bank.
banco miembro member bank.
banco múltiple all-purpose bank.
banco municipal municipal bank.
banco mutualista de ahorro mutual savings bank.
banco nacional national bank, government bank.
banco no asegurado uninsured bank.
banco no autorizado unauthorized bank.
banco no miembro nonmember bank.
banco pagador payer bank.
banco privado private bank.
banco que recibe receiving bank.
banco quebrado failed bank.
banco regional regional bank.
banco remitente remitting bank.
banquero *m* banker.
banquero comercial commercial banker.
banquero hipotecario mortgage banker.
banquero personal personal banker.
barato inexpensive, cheap.
barcaje *m* transport by vessel, fee for transport by vessel.
barómetro *m* barometer.
barraca *f* warehouse, cabin, hut, worker's hut.
barraquero *m* warehouser.
barrera *f* barrier.
barrera arancelaria tariff barrier.
barrera comercial trade barrier.
barreras al comercio barriers to trade.

barrio *m* district, quarter.
base *f* base, basis.
base actuarial actuarial basis.
base ajustada adjusted basis.
base amortizable depreciable basis.
base contributiva neta net tax base.
base de acumulación accrual basis.
base de acumulación modificada modified accrual basis.
base de amortización depreciation base.
base de comerciantes merchant base.
base de contabilidad basis of accounting.
base de coste cost basis.
base de costo cost basis.
base de crédito credit basis.
base de datos en línea on-line database.
base de depreciación depreciation base.
base de efectivo cash basis.
base de imposición basis of assessment.
base de ingresos income basis.
base de la renta income basis.
base de prima premium base.
base de tarjetas card base.
base de tasa rate base.
base de tenedores de tarjeta cardholder base.
base de tipo rate base.
base de valoración valuation basis.
base de valuación valuation basis.
base del índice index basis.
base depreciable depreciable basis.
base económica economic base.
base imponible tax base.
base impositiva tax base.
base impositiva ajustada adjusted tax basis.
base impositiva neta net tax base.
base monetaria monetary base.
base no ajustada unadjusted basis.
base semianual semiannual basis.
base sustituida substituted basis.
base tributaria neta net tax base.
base trimestral quarterly basis.
base variable variable base.
bases constitutivas articles of incorporation.
básico basic.

benefactor *m* benefactor.
beneficencia social social welfare.
beneficiado *m* beneficiary.
beneficiar benefit, develop.
beneficiario *m* beneficiary, payee.
beneficiario absoluto absolute beneficiary.
beneficiario alternativo alternative beneficiary, alternative payee.
beneficiario condicional contingent beneficiary.
beneficiario contingente contingent beneficiary.
beneficiario de ingresos income beneficiary.
beneficiario de preferencia preference beneficiary.
beneficiario de una firma de favor accommodated party.
beneficiario de una firma por acomodación accommodated party.
beneficiario de una póliza beneficiary of a policy.
beneficiario de una póliza de seguros beneficiary of an insurance policy.
beneficiario en expectativa expectant beneficiary.
beneficiario eventual contingent beneficiary.
beneficiario incidental incidental beneficiary.
beneficiario inmediato immediate beneficiary.
beneficiario irrevocable irrevocable beneficiary.
beneficiario preferido preferred beneficiary.
beneficiario revocable revocable beneficiary.
beneficiario secundario secondary beneficiary.
beneficiarios conjuntos joint beneficiaries.
beneficio *m* benefit, profit, gain, development.
beneficio bruto gross profits.
beneficio bruto de ventas gross profit on sales.
beneficio contable book profit.
beneficio contributivo tax benefit.
beneficio de familia máximo maximum family benefit.

beneficio económico economic benefit.

beneficio en libros book profit.

beneficio excesivo excessive profit.

beneficio fiscal taxable profit.

beneficio gravable taxable profit.

beneficio imponible taxable profit.

beneficio impositivo taxable profit.

beneficio marginal marginal benefit.

beneficio máximo maximum benefit.

beneficio mínimo minimum benefit.

beneficio neto net income, net profit, clear profit.

beneficio neto por acción net income per share.

beneficio normal normal profit.

beneficio por discapacidad disability benefit.

beneficio por muerte accidental accidental death benefit.

beneficio por muerte graduado graded death benefit.

beneficio realizado realized profit.

beneficio sobre el papel paper profit.

beneficio social social benefit.

beneficio tributable taxable profit.

beneficios acumulados earned surplus.

beneficios adicionales ejecutivos executive perquisites.

beneficios antes de contribuciones pretax profits.

beneficios antes de impuestos pretax profits.

beneficios de empleados employee benefits.

beneficios de indemnización indemnity benefits.

beneficios de jubilación temprana early-retirement benefits.

beneficios de retiro temprano early-retirement benefits.

beneficios de salud de empleados employee health benefits.

beneficios del seguro social social security benefits.

beneficios diferidos deferred benefits.

beneficios económicos economic benefits.

beneficios especificados specified benefits.

beneficios estipulados stipulated benefits.

beneficios fijos fixed benefits.

beneficios gravables taxable profits, taxable benefits.

beneficios imponibles taxable profits, taxable benefits.

beneficios marginales fringe benefits, marginal profits.

beneficios médicos medical benefits.

beneficios netos net earnings.

beneficios no distribuidos undistributed earnings.

beneficios no realizados unrealized profits.

beneficios opcionales optional benefits.

beneficios pecuniarios pecuniary benefits.

beneficios por accidente accident benefits.

beneficios por discapacidad permanente permanent disability benefits.

beneficios por discapacidad temporal temporary disability benefits.

beneficios por discapacidad total temporal temporary total disability benefits.

beneficios por enfermedad sick benefits.

beneficios por huelga strike benefits.

beneficios por incapacidad disability benefits.

beneficios por maternidad maternity benefits.

beneficios por muerte death benefits.

beneficios por muerte de empleados employee death benefits.

beneficios proyectados projected benefits.

beneficios retenidos retained profits.

beneficios suplementarios supplemental benefits.

beneficios tributables taxable profits, taxable benefits.

beneficios variables variable benefits.

beneficioso beneficial, profitable.

beta _f_ beta.

bienal biennial.

bienes _m_ property, assets, goods, estate.

bienes abandonados abandoned property.

bienes accesorios accessions, fixtures.

bienes adventicios adventitious property.

bienes alodiales allodial property.

bienes arrendados leased goods.

bienes comunales community property.

bienes comunes public property, community property.

bienes corporales corporeal goods.

bienes de calidad quality goods.

bienes de capital capital goods, capital assets.

bienes de consumo consumer goods.

bienes de consumo duraderos hard goods.

bienes de dominio privado private property.

bienes de dominio público public property.

bienes de familia homestead.

bienes de importación import goods.

bienes de la sociedad conyugal community property.

bienes de la sucesión estate of a decedent.

bienes de menores property of minors.

bienes de producción production goods.

bienes de propiedad privada private property.

bienes de servicio público local government property.

bienes de uso común public property.

bienes de uso público public property.

bienes del quebrado bankrupt's property.

bienes divisibles divisible property.

bienes duraderos durable goods.

bienes embargados attached property.

bienes en tránsito goods in transit.

bienes enajenables alienable property.

bienes forales leasehold.

bienes fungibles fungible goods.

bienes futuros future goods.

bienes gananciales community property.

bienes hereditarios inherited property, descendent's estate.

bienes herenciales inherited property, descendent's estate.

bienes hipotecables mortgageable property.

bienes hipotecados mortgaged property.

bienes inalienables inalienable property.

bienes incorporales intangible assets.

bienes incorpóreos intangible assets.

bienes indivisibles indivisible goods.

bienes industriales industrial goods.

bienes inembargables property that can not be attached.

bienes inmovilizados fixed assets.

bienes inmuebles real estate, real property.

bienes inmuebles amortizables depreciable real estate.

bienes inmuebles depreciables depreciable real estate.

bienes intangibles intangible property, intangible assets.

bienes intermedios intermediate goods.

bienes libres unencumbered property.

bienes mancomunados joint property.

bienes mobiliarios personal property.

bienes mostrencos waifs.

bienes muebles personal property.

bienes no duraderos non-durable goods.

bienes no esenciales nonessential goods.

bienes no fungibles non-fungible goods.

bienes no hipotecables non-mortgageable property.

bienes perecederos perishable goods, non-durable goods.

bienes por heredar hereditaments.

bienes presentes property in possession, present assets.

bienes principales principal goods.

bienes privativos separate property of each spouse.

bienes propios separate property of each spouse, unencumbered property.

bienes públicos public property, public goods.

bienes raíces real estate, real property.

bienes reales real estate, real property.

bienes rechazados rejected goods.

bienes reservables inalienable property.

bienes sedientes real estate, real property.

bienes sociales partnership property, corporate property.

bienes sucesorios estate of a decedent.

bienes tangibles tangible goods.

bienes vacantes real estate with no known owner.

bienes y servicios goods and services.

bienestar *m* welfare.

bienestar económico economic welfare.

bienestar social social welfare.

bienhechuría *f* improvements.

bienquerencia *f* good will.

bilateral bilateral.

bilateralismo *m* bilateralism.

bilateralmente bilaterally.

billete *m* bill, note, ticket.

billete de banco bank bill, bank note.

billetes moneda currency notes.

bimensual bimonthly.

bimestral bimestrial, bimonthly.

bimestre adj bimestrial.

bimestre *m* bimester.

bimetalismo *m* bimetallism.

bisiesto bissextile.

blanco, en blank.

bloque de apertura opening block.

bloqueado blocked, frozen.

bloqueador blockading, obstructing.

bloquear block, freeze, blockade, obstruct.

bloquear fondos freeze assets.

bloqueo *m* blockade, freezing.

bloqueo efectivo effective blockade.

bloqueo en el papel paper blockade.

boicot *m* boycott.

boicot del comprador buyer's boycott.

boicot primario primary boycott.

boicot principal primary boycott.

boicot secundario secondary boycott.

boicotear boycott.

boicoteo *m* boycott, boycotting.

boleta *f* ticket, certificate, permit.

boleta bancaria certificate of deposit.

boleta de consignación certificate of deposit.

boleta de depósito deposit slip, certificate of deposit.

boleta de registro certificate of registry.

boletín *m* bulletin, ticket, voucher.

boleto *m* ticket, preliminary contract.

boleto de carga bill of lading.

boleto de compraventa preliminary contract, bill of sale.

boleto de empeño pawn ticket.

bolsa *f* stock exchange.

bolsa de comercio commodities exchange, stock exchange.

bolsa de contratación commodities exchange.

bolsa de divisas foreign currency exchange.

bolsa de futuros futures exchange.

bolsa de valores securities exchange, stock exchange.

bolsa de valores regional regional stock exchange.

bonificación *f* bonification, bonus, allowance.

bonificación de contribuciones bonification of taxes.

bonificación de impuestos bonification of taxes.

bonificación tributaria tax rebate.

bonista *m/f* bondholder.

bono *m* bond, bonus.

bono a corto plazo short-term bond.

bono a la par par bond.

bono a largo plazo long term bond.

bono a medio plazo medium-term bond.

bono a perpetuidad perpetual bond.

bono ajustable ajustable bond.

bono al portador bearer bond.

bono anual annual bonus.

bono asumido assumed bond.

bono clasificado classified bond.

bono colateral collateral trust bond.

bono comerciable marketable bond.

bono con combinación combination bond.

bono con cupones coupon bond.

bono con garantía secured bond.

bono con garantía prendaria collateral bond.

bono con participación participating bond.

bono con prima premium bond.

bono con tasa de interés corriente
current coupon bond.

bono consolidado consolidated bond.

bono convertible convertible bond.

bono corporativo corporate bond.

bono corporativo a corto plazo
short-term corporate bond.

bono corporativo a largo plazo
long-term corporate bond.

bono de ahorro savings bond.

bono de alto rendimiento high-yield
bond.

bono de amortización controlada
controlled amortization bond.

bono de caja short-term government
debt instrument.

bono de consolidación funding bond.

bono de conversión refunding bond.

bono de desarrollo industrial
industrial development bond.

bono de garantía colateral collateral
trust bond.

bono de hipoteca general general
mortgage bond.

bono de hipotecas consolidadas
consolidated mortgage bond.

bono de incentivo incentive bonus.

bono de ingresos de hipotecas
mortgage revenue bond.

bono de ingresos industriales
industrial revenue bond.

bono de ingresos municipales
municipal revenue bond.

bono de intereses diferidos deferred
interest bond.

bono de obligación general general
obligation bond.

bono de obligación preferente
prior-lien bond.

bono de prenda note issued against
warehoused property.

bono de primera hipoteca first
mortgage bond.

bono de reintegración refunding
bond.

bono de rendimientos income bond.

bono de renta income bond.

bono de renta perpetua perpetual
bond.

bono de tesorería government debt
instrument.

bono del estado government debt
instrument.

bono del tesoro treasury bond.

bono descontado discount bond.

bono en dólares dollar bond.

bono en efectivo cash bonus.

bono en eurodólares Eurodollar
bond.

bono estatal state bond.

bono exento de contribuciones
tax-exempt bond.

bono exento de impuestos
tax-exempt bond.

bono extranjero foreign bond.

bono fiscal government bond.

bono garantizado guaranteed bond.

bono grupal group bonus.

bono gubernamental government
bond.

bono hipotecario mortgage bond.

bono imponible taxable bond.

bono inactivo inactive bond.

bono indizado indexed bond.

bono industrial industrial bond.

bono inmobiliario real estate bond.

bono intercambiable interchangeable
bond.

bono irredimible irredeemable bond.

bono municipal a corto plazo
short-term municipal bond.

bono municipal a largo plazo
long-term municipal bond.

bono municipal a medio plazo
medium-term municipal bond.

bono municipal asegurado insured
municipal bond.

bono municipal imponible taxable
municipal bond.

bono municipal no asegurado
uninsured municipal bond.

bono municipal tributable taxable
municipal bond.

bono negociable negotiable bond,
marketable bond.

bono no negociable nonmarketable
bond.

bono no retirable noncallable bond.

bono nominativo registered bond.

bono pasivo passive bond.

bono perpetuo perpetual bond.

bono por actividad activity bonus.

bono por eficiencia efficiency bonus.

bono por riesgo   hazard bonus.
bono privilegiado   privileged bond.
bono puente   bridge bond.
bono redimible   redeemable bond, callable bond.
bono redimido   called bond.
bono registrado   registered bond.
bono respaldado por hipotecas   mortgage-backed bond.
bono retirable   callable bond.
bono semianual   semiannual bonus.
bono sin garantía   unsecured bond.
bono sin vencimiento   perpetual bond.
bono sobre equipo   equipment trust certificate.
bono subyacente   underlying bond.
bono talonario   coupon bond.
bono tributable   taxable bond.
bonos de fundador   bonds issued to promoters.
bonos diferidos   deferred bonds.
bonos emitidos   bonds issued.
bonos en circulación   outstanding bonds.
bonos en serie   serial bonds.
bonos extranjeros   foreign bonds.
bonos municipales   municipal bonds.
bonos municipales sin certificado   certificateless municipal bonds.
bonos sin certificado   certificateless bonds.
borrador de acuerdo   rough draft of agreement.
borradura   *f* erasure, deletion.
bracero   *m* laborer, day laborer.
braceros contratados   contract labor.
brecha inflacionaria   inflationary gap.
buen nombre   goodwill, good reputation.
buena fe   good faith.
buena paga   good credit risk.
bueno y válido   good and valid.
buhonería   *f* peddling.
buhonero   *m* peddler.
buque   *m* ship, vessel, hull.
buque carguero   freighter.
buque mercante   merchant ship.
burocracia   *f* bureaucracy.
burócrata   *m* bureaucrat.
burocrático   bureaucratic.

bursátil   pertaining to stock exchange transactions, pertaining to a stock exchange.

cabecero   *m* lessee, head of household.
cabeza de casa   head of household.
cabeza de familia   head of household.
cabotaje   *m* cabotage, coastal sailing, coastal trading, tax upon a vessel traveling along a coast.
cadena bancaria   banking chain.
cadena de mando   chain of command.
cadena de posesión   chain of possession.
cadena de tiendas   chain of stores.
cadena de título   chain of title.
caducable   forfeitable, lapsable.
caducado   forfeited, expired, lapsed.
caducar   expire, lapse, to be forfeited, become void.
caducidad   *f* expiration, lapse, forfeiture, caducity.
caducidad de marcas   lapse of trademark registration.
caducidad de patentes   lapse of patent registration.
caduco   expired, lapsed, void, caducous.
caer en comiso   to be forfeited.
caer en mora   fall in arrears, to become delinquent on a debt.
caída   *f* fall, drop.
caído   due, fallen.
caídos   *m* arrears, perquisites.
caja   *f* box, safe, cash, fund.
caja chica   petty cash.
caja de ahorros   savings bank.
caja de amortización   sinking fund.
caja de caudales   safe, safety deposit box.
caja de compensación   clearinghouse.
caja de conversión   governmental foreign exchange.
caja de crédito hipotecario   mortgage bank.
caja de gastos menores   petty cash.
caja de jubilación   pension fund.

caja de maternidad maternity leave fund.

caja de pensión pension fund.

caja de seguridad safety deposit box.

caja de seguro safe.

caja dotal pension fund.

caja fiscal national treasury.

caja fuerte safe.

caja mutua de ahorros mutual savings bank.

caja pequeña petty cash.

caja registradora cash register.

caja registradora electrónica electronic cash register.

cajear take on a debt knowing that it cannot be paid.

cajero *m* teller, peddler.

cajero automático automatic teller machine.

cajero comercial commercial teller.

cajero de banco bank cashier.

cajero de certificación certification teller.

cajero de cobros collection teller.

cajero de colección de cupones coupon collection teller.

cajero de cupones coupon teller.

cajero principal head teller.

cajero que recibe receiving teller.

cajero recibidor receiving teller.

cajilla de seguridad safety deposit box.

cálculo *m* calculation.

cálculo de costos calculation of costs.

cálculo de gastos calculation of expenses.

cálculo de intereses calculation of interest.

cálculo de pagos calculation of payments.

cálculo de precios calculation of prices.

calidad *f* quality.

calidad cuestionable questionable quality.

calidad de banco bank quality.

calidad de crédito credit quality.

calidad media average quality.

calificación *f* qualification.

calificación crediticia credit rating.

calificación registral verification of suitability for filing in public registry.

calificado qualified, conditional.

calificar classify, rate, qualify.

cámara compensadora clearinghouse.

cámara de compensación clearinghouse.

cámara de compensación local local clearinghouse.

cambalache *m* bartering.

cambiable changeable, exchangeable.

cambiador *m* barterer.

cambial *m* bill of exchange.

cambial domiciliada domiciled bill.

cambiar change, exchange, negotiate.

cambiar una letra negotiate a bill.

cambiario pertaining to a bill of exchange, pertaining to exchange.

cambio *m* change, exchange, rate of exchange, barter.

cambio a corto plazo short-term exchange.

cambio a la vista exchange at sight.

cambio de base change of base.

cambio de beneficiario change of beneficiary.

cambio de circunstancias change of circumstances.

cambio de contabilidad accounting change.

cambio de cuota quota change.

cambio de domicilio change of domicile.

cambio de precio price change.

cambio de propiedad change of ownership.

cambio de tasa change of rate.

cambio de tasa de interés change of interest rate.

cambio de tipo change of rate.

cambio de tipo de interés change of interest rate.

cambio de valor value change.

cambio de valoración valuation change.

cambio de valuación valuation change.

cambio directo direct exchange.

cambio dirigido controlled exchange.

cambio en condiciones change in conditions.

cambio en demanda change in demand.

**cambio en el estimado de
contabilidad** change in accounting
estimate.

**cambio en el método de
contabilidad** change in accounting
method.

cambio en el riesgo change in the risk.

cambio en inventario inventory
change.

cambio en la tendencia change in
tendency.

cambio en oferta change in supply.

**cambio en un principio de
contabilidad** change in accounting
principle.

cambio exterior foreign trade.

cambio extranjero foreign exchange.

cambio flotante floating exchange.

cambio libre exchange in a free market.

cambio mercantil mercantile exchange.

cambio neto net change.

cambio oficial official exchange rate.

cambio organizativo organizational
change.

cambio periódico periodic change.

cambio social amendment to the
articles of incorporation.

cambista *m/f* cambist.

camino de servidumbre right of way.

campaña *f* campaign, period of
employment.

campaña corporativa corporate
campaign.

campaña de saturación saturation
campaign.

campaña de ventas selling campaign.

campaña publicitaria advertising
campaign.

campo *m* field.

canal de comunicación
communication channel.

canal de distribución distribution
channel.

canal de mercado market channel.

canal de ventas channel of sales.

cancelable cancelable, annullable.

cancelación *f* cancelation, annulment.

cancelación de deuda debt
cancelation.

cancelación de gravamen discharge
of lien.

cancelación de hipoteca cancelation
of mortgage.

cancelación de orden cancelation of
order.

cancelación de pedido cancelation of
order.

cancelación de póliza cancelation of
policy.

cancelación de póliza de seguro
cancelation of insurance policy.

cancelado canceled.

cancelar cancel, annul, pay off.

cancelar la factura cancel a bill.

cancelar un cheque cancel a check.

cancelar un crédito cancel a credit.

cancelar un pedido cancel an order.

cancelar una orden cancel an order.

canje *m* exchange, barter, clearing of
checks.

canjeable exchangeable, convertible.

canjear exchange, convert, clear checks.

canon *m* rate, rent, royalty.

canon de arrendamiento rent
payment.

cantidad *f* quantity, sum.

cantidad a pagar amount payable.

cantidad acumulada accumulated
amount.

cantidad alzada agreed sum.

cantidad asegurada amount covered.

cantidad compuesta compound
amount.

cantidad constante constant amount.

cantidad de equilibrio equilibrium
quantity.

cantidad de la pérdida amount of
loss.

cantidad de orden económica
economic order quantity.

cantidad de pedido order quantity.

cantidad de pedido económica
economic order quantity.

cantidad de seguro primario
primary insurance amount.

cantidad de transacción transaction
amount.

cantidad debida amount due.

cantidad declarada amount stated.

cantidad determinada determined
amount.

cantidad en riesgo amount at risk.

cantidad en riesgo neta net amount at risk.

cantidad específica specific amount.

cantidad financiada amount financed.

cantidad garantizada guaranteed amount.

cantidad indeterminada sum uncertain.

cantidad líquida liquid assets.

cantidad mínima minimum amount.

cantidad neta net amount.

cantidad predeterminada predetermined amount.

cantidad requerida required amount.

cantidad residual residual amount.

cantidad retenida amount withheld.

cantidad transferida transferred amount.

cantidad variable variable amount.

capacidad *f* capacity.

capacidad administrativa executive capacity.

capacidad anual esperada expected annual capacity.

capacidad contributiva taxpaying capacity.

capacidad de carga cargo capacity.

capacidad de competir capacity to compete.

capacidad de comprar y vender capacity to buy and sell.

capacidad de crédito credit capacity.

capacidad de exportación export capacity.

capacidad de las partes capacity of parties.

capacidad de pago capacity to pay.

capacidad de producción production capacity.

capacidad de producir ingresos earning capacity.

capacidad de tomar prestado borrowing capacity.

capacidad económica economic capacity.

capacidad en exceso excess capacity.

capacidad exportadora exporting capacity.

capacidad fiduciaria fiduciary capacity.

capacidad financiera credit rating.

capacidad ideal ideal capacity.

capacidad importadora importing capacity.

capacidad legal legal capacity.

capacidad máxima maximum capacity.

capacidad máxima práctica maximum practical capacity.

capacidad no utilizada unused capacity, idle capacity.

capacidad normal normal capacity.

capacidad operativa operating capacity.

capacidad óptima optimum capacity.

capacidad para contratar capacity to contract.

capacidad para ganar ability to earn.

capacidad para hipotecar capacity to mortgage.

capacidad para pagar contribuciones ability to pay taxes.

capacidad para pagar deudas ability to pay debts.

capacidad para pagar impuestos ability to pay taxes.

capacidad para reasegurar reinsurance capacity.

capacidad práctica practical capacity.

capacidad profesional professional capacity.

capacidad teorética theoretical capacity.

capacidad utilizada utilized capacity.

capacitar capacitate, empower, qualify.

caparra *f* earnest money, down payment, partial payment.

capataz *m* foreperson.

capaz capable.

capitación *f* capitation.

capital *m* capital, principal.

capital a corto plazo short-term capital.

capital a largo plazo long-term capital.

capital accionario capital stock.

capital activo active capital.

capital amortizado amortized capital.

capital antecedente original capital.

capital autorizado authorized capital.

capital circulante working capital, circulating capital.

capital circulante negativa negative working capital.

capital circulante neto net working capital.

capital computable accountable capital.

capital congelado frozen capital.

capital contribuido contributed capital.

capital corporativo corporate capital.

capital corriente current capital.

capital cubierto paid-up capital.

capital de compañía company capital.

capital de explotación operating capital.

capital de inversión investment capital.

capital de producción production capital.

capital de riesgo risk capital.

capital declarado stated capital.

capital desembolsado paid-in capital.

capital deteriorado impaired capital.

capital disponible available capital.

capital e intereses capital and interest.

capital en acciones issued stock, stock capital.

capital en giro working capital.

capital en préstamos loan capital.

capital escriturado stated capital.

capital especializado specialized capital.

capital especificado specified capital.

capital extranjero foreign capital.

capital fijo fixed capital.

capital financiero financial capital.

capital flotante floating capital.

capital fundacional original capital.

capital humano human capital.

capital improductivo non-producing capital.

capital inactivo idle capital.

capital individual individual capital.

capital inicial initial capital, original capital.

capital integrado paid-up capital.

capital invertido invested capital.

capital legal legal capital.

capital líquido liquid assets, net worth.

capital neto net worth, net capital.

capital nominal face capital.

capital obtenido mediante debentures debenture capital.

capital pagado paid-in capital.

capital permanente permanent capital.

capital prestado borrowed capital.

capital principal primary capital.

capital privado private capital.

capital productivo working capital.

capital propio equity capital.

capital público public capital.

capital real real capital.

capital social capital stock, corporate capital, partnership's capital.

capital temporal temporary capital.

capital utilizado capital employed.

capital variable variable capital.

capital y reservas capital and reserves.

capitalismo *m* capitalism.

capitalización *f* capitalization, compounding.

capitalización de beneficios capitalization of profits.

capitalización de contribuciones capitalization of taxes.

capitalización de ganancias capitalization of profits.

capitalización de impuestos capitalization of taxes.

capitalización de ingresos capitalization of earnings.

capitalización de intereses capitalization of interest.

capitalización de mercado market capitalization.

capitalización de utilidades capitalization of profits.

capitalización directa direct capitalization.

capitalización total total capitalization.

capitalizado capitalized.

capitalizar capitalize, compound, convert.

capitulación *f* capitulation, agreement, settlement.

captura de dividendo dividend capture.

carácter *m* character.

características corporativas corporate characteristics.

características generales general characteristics.

carga *m* cargo, encumbrance, tax, obligation.

carga contributiva tax burden.

carga de buques ship's cargo.
carga de deuda debt burden.
carga de trabajo work load.
carga del fiduciario trustee's duties.
carga del seguro obligation to insure.
carga económica economic burden.
carga fiscal tax burden.
carga general general cargo.
carga impositiva tax burden.
carga real real property tax.
carga tributaria tax burden.
cargador *m* loader, carrier.
cargamento *m* cargo.
cargar load, impose, charge.
cargareme *m* receipt.
cargas familiares family expenses.
cargo *m* post, duty, charge, load.
cargo accesorio accessory charge.
cargo acostumbrado customary charge.
cargo acostumbrado y razonable customary and reasonable charge.
cargo administrativo management fee.
cargo bancario bank charge.
cargo de, a in charge of, payable by.
cargo de compromiso commitment charge.
cargo de conversión conversion charge.
cargo de corretaje brokerage charge.
cargo de mantenimiento maintenance fee.
cargo de participación participation fee.
cargo de salida exit fee.
cargo de tasación appraisal fee.
cargo de transferencia transfer charge.
cargo de transporte transportation fee.
cargo de venta diferido deferred sales charge.
cargo diferido deferred charge.
cargo equitativo equitable charge.
cargo especial special charge.
cargo estipulado stipulated charge.
cargo fijo fixed fee, flat fee.
cargo máximo maximum charge.
cargo mínimo minimum charge.
cargo misceláneo miscellaneous charge.

cargo no recurrente nonrecurring charge.
cargo no reembolsable nonrefundable fee.
cargo no repetitivo nonrecurring charge.
cargo periódico periodic fee.
cargo por adelanto de efectivo cash advance charge.
cargo por administración management fee.
cargo por agrupar pooling charge.
cargo por amortización redemption fee.
cargo por aplazamiento deferment charge.
cargo por cobros collection fee.
cargo por combinar fondos pooling charge.
cargo por compromiso commitment fee.
cargo por depreciación depreciation charge.
cargo por empréstito loan fee.
cargo por extensión extension fee.
cargo por financiación finance charge.
cargo por financiación periódico periodic finance charge.
cargo por financiamiento finance charge.
cargo por financiamiento periódico periodic finance charge.
cargo por garantía de empréstito loan guarantee fee.
cargo por garantía de préstamo loan guarantee fee.
cargo por liquidación liquidation charge.
cargo por originación origination fee.
cargo por originación de empréstito loan origination fee.
cargo por originación de préstamo loan origination fee.
cargo por préstamo loan fee.
cargo por procesar una póliza policy processing fee.
cargo por redención redemption fee.
cargo por servicio de crédito credit service charge.
cargo por servicio mínimo minimum service charge.
cargo por servicios service charge.

cargo por servicios bancarios bank service charge.

cargo por solicitud application fee.

cargo por solicitud de empréstito loan application fee.

cargo por solicitud de préstamo loan application fee.

cargo preautorizado preauthorized charge.

cargo predeterminado predetermined charge.

cargo razonable reasonable charge.

cargo recurrente recurring charge.

cargo reembolsable refundable fee.

cargo semianual semiannual charge.

cargo trimestral quarterly charge.

cargo variable variable fee.

cargos acumulados accrued charges.

cargos adicionales extra charges.

cargos atrasados back charges.

cargos bancarios banking charges.

cargos de aduana customs charges.

cargos de capital capital charges.

cargos de transporte carriage charges.

cargos especificados specified charges.

cargos fijos fixed charges.

cargos inevitables unavoidable charges.

cargos mensuales monthly charges.

cargos operacionales operational charges.

cargos por inspección inspection charges.

cargos por recibir charges receivable.

cargos preestablecidos preset charges.

cargos preliminares preliminary fees.

cargos prepagados prepaid fees.

cargos programados programmed charges.

cargos progresivos progressive fees.

carné *m* identification document, identity card.

carnet *m* identification document, identity card.

carnet de identificación identification document, identity card.

caro expensive.

carrera *f* career.

carrera abierta open career.

carro de la compañía company car.

carta *f* letter, document, charter.

carta acompañatoria letter of transmittal.

carta blanca carte blanche.

carta certificada certified letter, registered letter.

carta comercial business letter.

carta con acuse de recibo letter with return receipt requested.

carta confirmatoria confirming letter.

carta constitucional charter, articles of incorporation.

carta constitutiva corporate charter.

carta credencial credentials.

carta de aceptación letter of acceptance.

carta de asignación allotment letter.

carta de autorización letter of authorization.

carta de cobro collection letter.

carta de compromiso letter of undertaking, letter of commitment.

carta de confirmación confirmation letter.

carta de crédito letter of credit, bill of credit.

carta de crédito a la vista sight letter of credit.

carta de crédito a plazo time letter of credit.

carta de crédito auxiliar ancillary letter of credit.

carta de crédito circular circular letter of credit.

carta de crédito comercial commercial letter of credit.

carta de crédito confirmada confirmed letter of credit.

carta de crédito confirmada irrevocable confirmed irrevocable letter of credit.

carta de crédito de exportación export letter of credit.

carta de crédito de viajero traveler's letter of credit.

carta de crédito garantizado guaranteed letter of credit.

carta de crédito irrevocable irrevocable letter of credit.

carta de crédito renovable renewable letter of credit.

carta de crédito revocable revocable letter of credit.

carta de crédito simple   simple letter of credit.

carta de crédito transferible transferable letter of credit.

carta de deficiencia   deficiency letter.

carta de depósito   letter of deposit.

carta de embarque   bill of lading.

carta de envío   remittance letter.

carta de espera   extension letter.

carta de garantía   letter of guaranty.

carta de intención   letter of intent.

carta de inversión   investment letter.

carta de mar   ship's papers.

carta de orden   order letter.

carta de pago   receipt.

carta de pedido   order letter.

carta de porte   bill of lading, bill of freight.

carta de porte a la orden   order bill of lading.

carta de porte aéreo   air bill of lading.

carta de porte local   local waybill.

carta de porte múltiple   blanket waybill.

carta de porte nominativa   straight bill of lading.

carta de privilegio   franchise.

carta de procuración   power of attorney.

carta de rechazo   denial letter.

carta de recomendación   letter of recommendation.

carta de remesa   remittance letter.

carta de representación   letter of representation.

carta de seguimiento   follow-up letter.

carta de tránsito   transit letter.

carta de transmisión   cover letter.

carta de transporte aéreo   air bill of lading.

carta de venta   bill of sale.

carta devuelta   returned letter.

carta muerta   dead letter.

carta orden de crédito   letter of credit.

carta orgánica   corporate franchise.

carta poder   power of attorney, proxy.

carta registrada   registered letter.

carta registrada con acuse de recibo registered letter with return receipt requested.

cartel   *m* cartel.

cartel de asignación   allocation cartel.

cartel de compra   cartel to purchase as a group.

cartel de condiciones   cartel to set the terms of sales.

cartel de exportación   export cartel.

cartel de limitación   cartel to limit production.

cartel de mercancía   commodity cartel.

cartel de precios   cartel for price fixing.

cartel internacional   international cartel.

cartera   *f* portfolio.

cartera de acciones seguras defensive portfolio.

cartera de bonos   bond portfolio.

cartera de hipotecas   mortgage portfolio.

cartera de préstamos   loan portfolio.

cartera de valores conservadora conservative portfolio.

cartera de valores corriente   current portfolio.

cartera de valores de apreciación growth portfolio.

cartera de valores eficiente   efficient portfolio.

cartera de valores escalonada laddered portfolio.

casa   *f* house, firm, family.

casa bancaria   banking house, bank.

casa cambiaria   money-exchange.

casa central   home office.

casa de amonedación   mint.

casa de apartamentos   apartment house.

casa de arbitraje   arbitrage house.

casa de banca   banking house, bank.

casa de contratación   exchange.

casa de correos   post office.

casa de corretaje   brokerage house, brokerage firm.

casa de corretaje de descuento discount brokerage house, discount broker.

casa de corretaje de servicios completos   full-service broker.

casa de corretaje institucional institutional brokerage house.

casa de depósito   warehouse.

casa de descuento   discount house.

casa de empeños   pawnshop.

casa de juego   gambling establishment.

casa de liquidación clearinghouse.
casa de liquidación local local clearinghouse.
casa de moneda mint.
casa de renta rental property.
casa de ventas por correo mail order house.
casa en común condominium.
casa habitada inhabited house.
casa matriz home office.
casa modelo model house.
casa solariega homestead.
casados radicando conjuntamente married filing jointly.
casados radicando separadamente married filing separately.
caso *m* case.
caso fortuito superior force, act of nature.
caso incierto contingency.
catastral cadastral, pertaining to cadastre.
catastro *m* cadastre.
catástrofe de propiedad property catastrophe.
categoría de acciones class of stock.
categoría de riesgo risk category.
caución *f* bond, surety, guaranty, security deposit, pledge.
caución de construcción construction bond.
caución de fidelidad fidelity bond.
caución de fidelidad colectiva blanket fidelity bond.
caución de licencia license bond.
caución de licitador bid bond.
caución de mantenimiento maintenance bond.
caución de terminación completion bond.
caucionar bond, secure, guarantee, pledge.
caudal *m* estate, capital, wealth.
caudal hereditario decedent's estate.
caudal relicto decedent's estate.
caudal social the assets of a partnership, the assets of a corporation.
causa *f* cause, consideration, purpose of entering a contract.
causa a título gratuito gratuitous consideration.
causa accidental accidental cause.

causa adecuada adequate consideration.
causa anterior past consideration.
causa concurrente concurrent consideration.
causa continua continuing consideration.
causa de insolvencia act of bankruptcy, bankruptcy proceedings.
causa de la obligación purpose of entering a contract, consideration.
causa debida due consideration.
causa del contrato purpose of entering a contract, consideration.
causa efectuada executed consideration.
causa ejecutada executed consideration.
causa equitativa equitable consideration.
causa expresa express consideration.
causa gratuita gratuitous consideration.
causa ilegal illegal consideration.
causa ilícita illegal consideration.
causa implícita implied consideration.
causa impracticable impossible consideration.
causa inadecuada inadequate consideration.
causa inmoral immoral consideration.
causa insuficiente inadequate consideration.
causa justa fair consideration.
causa justa y adecuada fair and valuable consideration.
causa justa y razonable fair and reasonable consideration.
causa legal legal consideration.
causa lícita legal consideration.
causa moral moral consideration.
causa nominal nominal consideration.
causa onerosa good consideration, valuable consideration.
causa pasada past consideration.
causa pecuniaria pecuniary consideration.
causa por efectuarse executory consideration.
causa razonable adequate consideration.
causa suficiente sufficient consideration.
causa tácita implied consideration.

causa valiosa valuable consideration.

causahabiente *m/f* assignee, successor.

causante *m/f* assigner, originator.

causar impuesto to be subject to tax.

causar intereses bear interest.

caveat emptor let the buyer beware, caveat emptor.

caveat venditor let the seller beware, caveat venditor.

cedente *m/f* cedent, assigner, transferer, granter, endorser.

ceder assign, transfer, cede, relinquish.

cedible assignable, transferable.

cedido assigned, transferred.

cédula *f* identification document, document, certificate, scrip, official document.

cédula de aduana customs permit.

cédula de cambio bill of exchange.

cédula de capitalización certificate issued by a bank for capitalization of savings.

cédula de privilegio de invención letters patent.

cédula de suscripción subscription warrant.

cédula de tesorería treasury debt instrument.

cédula fiscal taxpayer identification document.

cédula hipotecaria mortgage bond.

cédula inmobiliaria mortgage certificate.

cedulación *f* registration, publication.

cedular register, enroll.

cédulas de inversión securities.

celebración *f* celebration, formalization, execution.

celebrar celebrate, formalize, execute.

celebrar asamblea hold a meeting.

celebrar negocios transact business.

celebrar un acuerdo make an agreement.

celebrar un contrato enter into a contract.

celebrar una junta hold a meeting.

celebrar una reunión hold a meeting.

celebrar una sesión hold a meeting.

celebrar una subasta hold an auction.

censalista *m/f* annuitant, lessor, recipient of an annuity contract which runs with the land.

censar prepare a taxpayer list, take a census.

censario *m* payer of an annuity contract which runs with the land, payer of ground rent.

censatario *m/f* payer of an annuity contract which runs with the land.

censo *m* census, lease, tax, annuity contract which runs with the land.

censo al quitar redeemable annuity contract which runs with the land.

censo consignativo annuity contract which runs with the land, ground rent.

censo de bienes inventory.

censo de contribuyentes taxpayer list.

censo de negocios census of business.

censo de por vida life annuity, an annuity contract which runs with the land for life.

censo irredimible irredeemable annuity contract which runs with the land.

censo perpetuo perpetual annuity, perpetual annuity contract which runs with the land.

censo personal annuity contract which runs with the person.

censo real annuity contract which runs with the land.

censo redimible redeemable annuity contract which runs with the land.

censo reservativo transfer of full ownership reserving the right to receive an annuity.

censo temporal an annuity contract which runs with the land for a determined period.

censo vitalicio life annuity, an annuity contract which runs with the land for life.

censual pertaining to an annuity contract which runs with the land, censual.

censualista *m/f* annuitant, lessor, recipient of an annuity contract which runs with the land.

censuario *m* payer of an annuity contract which runs with the land.

centavo *m* cent.

centralización *f* centralization.

centralización del control centralization of control.

centralizado centralized.
centralizar centralize.
centro comercial shopping center.
centro comercial regional regional shopping center.
centro de autorizaciones authorization center.
centro de costes cost center.
centro de costos cost center.
centro de distribución distribution center.
centro de ganancias profit center.
centro de ingresos revenue center.
centro de inversiones investment center.
centro de procesamiento de cheques check processing center.
centro de procesamiento de cheques regional regional check processing center.
centro de servicio service center.
centro de tarjetas de crédito credit card center.
centro financiero financial center.
cerrado closed.
cerrar close.
cerrar una cuenta close an account.
certificable certifiable.
certificación *f* certification.
certificación de cheque certification of check.
certificación de dominio certification of title, title papers, title.
certificación de gremio union certification.
certificación de sindicato union certification.
certificación de unión union certification.
certificación del registro de la propiedad certificate of title.
certificado adj certified.
certificado *m* certificate.
certificado abierto open certificate.
certificado al portador bearer certificate.
certificado contributivo tax certificate.
certificado de acciones stock certificate.
certificado de adeudo certificate of indebtedness.

certificado de adición certificate of a patent improvement.
certificado de ahorros savings certificate.
certificado de análisis certificate of analysis.
certificado de auditoría audit certificate.
certificado de autoridad certificate of authority.
certificado de avalúo appraisal certificate.
certificado de averías average statement.
certificado de balance balance certificate.
certificado de calidad certificate of quality.
certificado de cambio exchange certificate.
certificado de compra certificate of purchase.
certificado de constitución certificate of incorporation.
certificado de daños certificate of damage.
certificado de depósito certificate of deposit, deposit slip, warehouse warrant.
certificado de depósito bancario bank certificate of deposit.
certificado de depósito de tasa flotante floating-rate certificate of deposit.
certificado de depósito de tipo flotante floating-rate certificate of deposit.
certificado de depósito en eurodólares Eurodollar certificate of deposit.
certificado de depósito garantizado guaranteed certificate of deposit.
certificado de depósito negociable negotiable certificate of deposit.
certificado de depósito no negociable nonnegotiable certificate of deposit.
certificado de deuda certificate of indebtedness.
certificado de divisas foreign exchange certificate.
certificado de empleo certificate of employment.

certificado de enmienda certificate of amendment.

certificado de exportación export certificate.

certificado de fideicomiso de equipo equipment trust certificate.

certificado de garantía de empréstito loan guaranty certificate.

certificado de garantía de préstamo loan guaranty certificate.

certificado de hipotecas garantizadas guaranteed mortgage certificate.

certificado de identidad certificate of identity.

certificado de importación import certificate.

certificado de incorporación certificate of incorporation.

certificado de invención patent certificate.

certificado de inventario inventory certificate.

certificado de manufactura certificate of manufacture.

certificado de manufacturero certificate of manufacturer.

certificado de origen certificate of origin.

certificado de origen de producto certificate of product origin.

certificado de participación participation certificate.

certificado de peso certificate of weight.

certificado de plata silver certificate.

certificado de préstamo loan certificate.

certificado de propiedad certificate of ownership.

certificado de protesto certificate of protest.

certificado de reclamación certificate of claim.

certificado de reconocimiento certificate of acknowledgement.

certificado de registro certificate of registry.

certificado de renovación renewal certificate.

certificado de saldo certificate of balance.

certificado de salud certificate of health.

certificado de sanidad bill of health.

certificado de seguro certificate of insurance.

certificado de suscripción subscription certificate.

certificado de título certificate of title.

certificado de trabajo certificate of services rendered.

certificado de uso certificate of use.

certificado de valor certificate of value.

certificado de valor nominal face-amount certificate.

certificado de venta certificate of sale.

certificado definitivo definitive certificate.

certificado del administrador judicial receiver's certificate.

certificado del contable accountant's certificate.

certificado del contador accountant's certificate.

certificado del liquidador receiver's certificate.

certificado del mercado monetario money market certificate.

certificado del tesoro treasury note.

certificado grupal group certificate.

certificado hipotecario mortgage certificate.

certificado impositivo tax certificate.

certificado oro gold certificate.

certificado respaldado por hipotecas mortgage-backed certificate.

certificado tributario tax certificate.

certificador *m* certifier.

certificar certify.

certificar una firma certify a signature, witness a signature.

certificatorio certifying.

cesación *f* cessation, suspension.

cesación de pagos suspension of payments.

cesamiento *m* cessation, suspension.

cesante adj unemployed, dismissed, laid off.

cesante *m/f* unemployed person, dismissed person, laid off person.

cesantía *f* unemployment, dismissal, severance pay.

cesar cease.

cesar de trabajar cease work.

cese *m* ceasing, suspension.

cesibilidad *f* transferability, assignability.

cesible transferable, assignable.

cesión *f* cession, transfer, assignment.

cesión absoluta absolute assignment.

cesión activa transfer of a right.

cesión contractual de bienes voluntary assignment.

cesión de arrendamiento assignment of lease.

cesión de bienes cession of goods.

cesión de créditos assignment of claim, extension of credit.

cesión de deudas novation.

cesión de la clientela transfer of the clients of a business.

cesión de salario assignment of salary.

cesión general general assignment.

cesión libre absolute conveyance.

cesión secundaria secondary conveyance.

cesión sin condiciones absolute conveyance.

cesión total total assignment.

cesión voluntaria voluntary assignment.

cesionario *m* cessionary, assignee, transferee, grantee.

cesionario conjunto co-assignee.

cesionario mancomunado co-assignee.

cesionista *m/f* assigner, transferer, granter.

cesta de monedas currency basket.

cíclicamente cyclically.

cíclico cyclical.

ciclo *m* cycle.

ciclo administrativo management cycle.

ciclo de auditoría audit cycle.

ciclo de cobros collection cycle.

ciclo de contabilidad accounting cycle.

ciclo de conversión de efectivo cash conversion cycle.

ciclo de expiraciones expiration cycle.

ciclo de facturación billing cycle.

ciclo de inventario inventory cycle.

ciclo de mercado market cycle.

ciclo de trabajo job cycle.

ciclo de transacciones transaction cycle.

ciclo de vida life cycle.

ciclo de vida de inversión investment life cycle.

ciclo de vida de producto product life cycle.

ciclo de vida de vecindad neighborhood life cycle.

ciclo diurno day cycle.

ciclo económico economic cycle, business cycle.

ciclo nocturno night cycle.

ciclo operativo normal normal operating cycle.

cierre *m* closure, closing, shut-down, lock-out.

cierre de los libros closing of the books.

cierre de un empréstito closing a loan.

cierre de un empréstito hipotecario closing a mortgage loan.

cierre de un préstamo closing a loan.

cierre de un préstamo hipotecario closing a mortgage loan.

cierre patronal lock-out.

cierre previo previous closing.

cifras ajustadas estacionalmente seasonally adjusted figures.

cifras de ventas sales figures.

cinta consolidada consolidated tape.

circulación *f* circulation.

circulación de bienes circulation of goods.

circulación de dinero circulation of money.

circulación general general circulation.

circulado circulated.

circulante circulating.

circular *m* circular, notice.

circular v circulate.

circular de bono bond circular.

circular de ofrecimiento offering circular.

círculo de calidad quality circle.

circunstancias excepcionales exceptional circumstances.

circunstancias financieras financial circumstances.

citación a licitadores call for bids.
citación de evicción notice of eviction.
citación de remate notice of a public auction.
cítanse postores bids welcome.
citar arrange a meeting, cite.
citar a asamblea call a meeting.
citar a junta call a meeting.
citar a reunión call a meeting.
citar a sesión call a meeting.
clandestinamente clandestinely.
clandestino clandestine.
claro y expedito free and clear.
claro y puro free and clear.
clase *f* class, type.
clase de acciones class of stock.
clase de opciones class of options.
clase de seguro class of insurance.
clasificación *f* classification.
clasificación aduanera customs classification.
clasificación básica basic rating.
clasificación contributiva de ingreso income bracket.
clasificación contributiva marginal marginal tax bracket.
clasificación contributiva por la renta income bracket.
clasificación crediticia credit rating.
clasificación de bono bond rating.
clasificación de calidad quality rating.
clasificación de cuentas classification of accounts.
clasificación de empleo job classification.
clasificación de gastos classification of expenses.
clasificación de gravámenes marshaling of liens.
clasificación de riesgo risk classification.
clasificación de trabajo job classification.
clasificación de valores securities rating.
clasificación del activo classification of assets.
clasificación del activo neto classification of stockholders' equity.
clasificación del pasivo classification of liabilities.

clasificación impositiva marginal marginal tax bracket.
clasificación industrial industrial classification.
clasificación oficial official classification.
clasificación prospectiva prospective rating.
clasificado classified.
clasificar classify, grade.
cláusula *f* clause, article.
cláusula accesoria secondary clause.
cláusula adicional rider, added clause.
cláusula amarilla yellow dog clause.
cláusula ambigua ambiguous clause.
cláusula antihuelga no-strike clause.
cláusula antirrenuncia antiwaiver clause.
cláusula arbitral arbitration clause.
cláusula arbitraria arbitrary clause.
cláusula compromisaria arbitration clause.
cláusula compromisoria arbitration clause.
cláusula conminatoria penalty clause, warning clause.
cláusula conspicua conspicuous clause.
cláusula contra demolición demolition clause.
cláusula de aceleración acceleration clause.
cláusula de arbitraje arbitration clause.
cláusula de arbitraje forzoso compulsory arbitration clause.
cláusula de arrepentimiento rescission clause.
cláusula de asunción assumption clause.
cláusula de aviso de cancelación notice of cancelation clause.
cláusula de caducidad expiration clause.
cláusula de cambio de beneficiario change of beneficiary provision.
cláusula de cancelación cancelation clause.
cláusula de coaseguro coinsurance clause.
cláusula de cobertura en exceso excess coverage clause.
cláusula de contingencias contingency clause.

cláusula de contrato total entire contract clause.

cláusula de contribución contribution clause.

cláusula de demora delay clause.

cláusula de desastre disaster clause.

cláusula de desastre común common disaster clause.

cláusula de destino destination clause.

cláusula de disponibilidad availability clause.

cláusula de distribución distribution clause.

cláusula de encadenamiento tying clause.

cláusula de escape escape clause.

cláusula de estilo standard clause.

cláusula de excepción saving clause.

cláusula de extensión extension clause.

cláusula de franquicia franchise clause.

cláusula de garantía guarantee clause.

cláusula de humo smoke clause.

cláusula de inalienabilidad non-transferability clause.

cláusula de incendio intencional arson clause.

cláusula de incontestabilidad incontestability clause.

cláusula de indivisión nondivisibility clause.

cláusula de inmunidad immunity clause.

cláusula de insolvencia insolvency clause.

cláusula de mejor comprador clause which allows the cancelation of the contract if a better price is obtained.

cláusula de monedas currency clause.

cláusula de nación más favorecida most favored nation clause.

cláusula de no competencia noncompetition clause.

cláusula de notificación de cancelación notice of cancelation clause.

cláusula de pago demorado delayed payment clause.

cláusula de paridad parity clause.

cláusula de permiso otorgado permission granted clause.

cláusula de precio de venta selling price clause.

cláusula de prepago prepayment clause.

cláusula de reaseguro reinsurance clause.

cláusula de reclamaciones claim provision.

cláusula de rehabilitación rehabilitation clause.

cláusula de reinstalación reinstatement clause.

cláusula de renovación renewal provision.

cláusula de renuncia waiver clause.

cláusula de reposesión repossession clause.

cláusula de reserva reserve clause.

cláusula de responsabilidad financiera financial responsibility clause.

cláusula de salvedad saving clause.

cláusula de subrogación subrogation clause.

cláusula de suicidio suicide clause.

cláusula de tasación appraisal clause.

cláusula de valor en el mercado market value clause.

cláusula de valor justo en el mercado market value clause.

cláusula de valor recibido value received clause.

cláusula del acreedor hipotecario mortgagee clause.

cláusula del conocimiento de embarque bill of lading clause.

cláusula disputable contestable clause.

cláusula escapatoria escape clause.

cláusula esencial essential clause.

cláusula facultativa facultative clause.

cláusula hipotecaria mortgage clause.

cláusula negando responsabilidad disclaimer clause.

cláusula neutra neutral clause.

cláusula oculta hidden clause.

cláusula opcional optional clause.

cláusula operativa operative clause.

cláusula oro gold payment clause.

cláusula para eximir de responsabilidad hold harmless clause.

cláusula penal penalty clause.

cláusula principal principal clause.
cláusula prohibitiva prohibitive clause.
cláusula rescisoria rescission clause.
cláusula resolutiva defeasance clause.
cláusula resolutoria defeasance clause.
cláusula salarial salary clause.
cláusula usual standard clause.
clausulado *m* series of clauses, series of articles.
cláusulas de estilo standard clauses.
cláusulas de póliza policy clauses.
clausura *f* closing, closure.
clausura de sesiones adjournment.
clausura mercantil business closure.
clerical clerical.
cliente *m* client, customer.
cliente de crédito charge customer.
cliente marginal marginal customer.
cliente objetivo target customer.
cliente separado separate customer.
clientela *f* clientele.
clima organizativo organizational climate.
clímax de compras buying climax.
clímax de ventas selling climax.
club de inversiones investment club.
club navideño Christmas club.
coacción *f* coaction.
coacción en los contratos coercion to contract.
coacreedor *m* joint creditor.
coactivo coactive.
coadministrador *m* coadministrator.
coadquisición *f* joint acquisition.
coagente *m* coagent, joint agent.
coalbacea *m/f* coexecutor.
coalición *f* coalition.
coarrendador *m* colessor, joint lessor.
coarrendatario *m* colessee, joint lessee, joint tenant.
coasegurador *m* coinsurer.
coaseguro *m* coinsurance.
coasociado *m* partner, associate.
coasociar associate.
cobertura *f* coverage.
cobertura a plazo forward cover.
cobertura a término forward cover.
cobertura adicional additional coverage.

cobertura automática automatic coverage.
cobertura de costes fijos fixed-charge coverage.
cobertura de costos fijos fixed-charge coverage.
cobertura de dependiente dependent coverage.
cobertura de intereses interest coverage.
cobertura de intereses de bonos bond interest coverage.
cobertura de mercado market coverage.
cobertura de responsabilidad patronal employers' liability coverage.
cobertura de seguro de dependiente dependent insurance coverage.
cobertura de seguro de propiedad property insurance coverage.
cobertura de seguro de vivienda dwelling insurance coverage.
cobertura de seguro extendido extended insurance coverage.
cobertura de seguro múltiple blanket insurance coverage.
cobertura de seguro provisional provisional insurance coverage.
cobertura de seguros insurance coverage.
cobertura de vehículo vehicle coverage.
cobertura de vehículos misceláneos miscellaneous vehicles coverage.
cobertura de vivienda dwelling coverage.
cobertura del peligro coverage of hazard.
cobertura del riesgo coverage of risk.
cobertura en exceso excess coverage.
cobertura especial special coverage.
cobertura específica specific coverage.
cobertura excesiva excess coverage.
cobertura extendida extended coverage.
cobertura extendida adicional additional extended coverage.
cobertura extendida especial special extended coverage.
cobertura familiar family coverage.
cobertura global overall coverage.
cobertura múltiple blanket coverage.

cobertura negativa   negative coverage.

cobertura provisional   provisional coverage.

cobertura suplementaria supplemental coverage.

cobertura total   full coverage.

cobrabilidad   *f* collectibility.

cobrable   collectible.

cobradero   collectible.

cobrado   collected.

cobrador   *m* collector, payee, collection agent.

cobrador de impuestos   tax collector.

cobranza   *f* collection.

cobrar   collect, charge.

cobrar al entregar   collect on delivery.

cobrar impuestos   collect taxes.

cobrar un cheque   cash a check.

cobrar un dividendo   collect a dividend.

cobrar una deuda   collect a debt.

cobro   *m* collection.

cobro al entregar   collection on delivery.

cobro de cheques   collection of checks.

cobro de deuda incobrable   bad-debt collection.

cobro de lo indebido   unjust enrichment.

cocesionario   *m* co-assignee.

codeudor   *m* joint debtor.

codeudor hipotecario   comortgagor.

codificación   *f* coding, encoding.

codificación de cuentas   coding of accounts.

codificado   encoded.

codificador arancelario   schedule of customs duties.

codificar   encode.

codificar mal   misencode.

código   *m* code.

código aduanero   customs code.

código comercial   commercial code.

código contributivo   tax code.

código de acceso   access code.

código de aduanas   customs code.

código de arbitración   code of arbitration.

código de autenticación de mensaje message authentication code.

código de autorización   authorization code.

código de comercio   commercial code.

código de construcciones   building code.

código de edificación   building code.

código de ética   code of ethics.

código de ética profesional   code of professional responsibility.

código de las quiebras   bankruptcy code.

código de moneda   currency code.

código de procedimientos   code of procedure.

código de transacción   transaction code.

código del país   country code.

código del trabajo   labor code.

código fiscal   tax code.

código impositivo   tax code.

código laboral   labor code.

código mercantil   commercial code.

código tributario   tax code.

código uniforme   uniform code.

coeficiente   *m* coefficient, ratio, rate.

coeficiente alfa   alpha coefficient.

coeficiente beta   beta coefficient.

coeficiente costo-beneficio cost-benefit ratio.

coeficiente de actividad   activity ratio.

coeficiente de aprobaciones approval ratio.

coeficiente de calificación   qualifying ratio.

coeficiente de capital   capital ratio.

coeficiente de capital neto   net capital ratio.

coeficiente de capitalización capitalization ratio.

coeficiente de cobertura   coverage ratio.

coeficiente de cobertura de deudas debt coverage ratio.

coeficiente de cobertura de intereses   interest coverage ratio.

coeficiente de cobertura de préstamos   loan coverage ratio.

coeficiente de cobros   collection ratio.

coeficiente de colocación   placement ratio.

coeficiente de concentración concentration ratio.

coeficiente de conversión conversion ratio.

coeficiente de correlación
correlation coefficient.

coeficiente de deuda a corto plazo
short-term debt ratio.

coeficiente de efectivo cash ratio.

coeficiente de eficiencia efficiency
ratio.

coeficiente de ejecución exercise
ratio.

coeficiente de elasticidad elasticity
coefficient.

coeficiente de encaje bank cash ratio.

coeficiente de explotación operating
ratio.

coeficiente de gastos expense ratio.

coeficiente de liquidez liquidity ratio.

coeficiente de liquidez bancaria
bank liquidity ratio.

coeficiente de mejoras improvement
ratio.

coeficiente de mercado market ratio.

coeficiente de morosidad
delinquency ratio.

coeficiente de pagos de dividendos
dividend payout ratio.

coeficiente de pérdidas loss ratio.

coeficiente de pérdidas esperadas
expected loss ratio.

coeficiente de pérdidas incurridas
incurred loss ratio.

coeficiente de pérdidas permisible
permissible loss ratio.

coeficiente de reemplazo
replacement ratio.

coeficiente de regresión regression
coefficient.

coeficiente de salida de capital
capital output ratio.

coeficiente de selección selection
ratio.

coeficiente de suscripción
subscription ratio.

coeficiente de valor neto net worth
ratio.

coeficiente de valuación assessment
ratio.

coeficiente de variación coefficient
of variation.

coeficiente ingresos-gastos
income-expense ratio.

coeficiente mínimo de encaje
minimum reserve ratio.

coeficiente riesgo-recompensa
risk-reward ratio.

coemitente *m/f* coissuer, codrawer.

coercer coerce.

coercible coercible.

coerción *f* coercion.

cofiador *m* co-surety.

cofiduciarios *m* joint trustees.

cofinanciamiento *m* cofinancing.

cofirmante *m/f* cosigner.

cofirmar cosign.

cogarante *m* joint guarantor.

cogestión *f* participation of employee
representatives in management.

cogirador *m* co-drawer, co-maker.

cohechador *m* briber.

cohechar bribe.

cohecho *m* bribe, bribery, graft.

coheredero *m* co-heir.

cohipotecante *m/f* comortgagor.

coincidencia de la voluntad meeting
of minds.

coinquilino *m* co-lessee, joint tenant.

cointeresado *m* jointly interested.

colapso *m* collapse.

colateral *m* collateral.

colateral adicional additional
collateral.

colateral cruzado cross collateral.

colateral en efectivo cash collateral.

colateral mixto mixed collateral.

colateralizado collateralized.

colateralizar collateralize.

colateralmante collaterally.

colección *f* collection.

colección de cupones coupon
collection.

colecta *f* collection, tax collection.

colectar collect.

colectiva e individualmente joint
and several.

colectivamente collectively, jointly.

colectividad *f* collectivity.

colectivo collective, joint.

colector *m* collector.

colector de contribuciones tax
collector.

colector de derechos aduaneros
collector of customs duties.

colector de impuestos tax collector.

colector de rentas internas collector
of internal revenue.

colector fiscal tax collector.

colecturía *f* tax office.

colegiación *f* professional association, joining a professional association.

colegiado *m* member of a professional association.

colegiarse join a professional association.

colegio *m* professional association.

colindante adj adjoining, abutting.

colindante *m* adjoining property, adjoining owner.

colindar adjoin, abut.

colocación *f* placing, placement, post.

colocación de empleo job placement.

colocación de trabajo job placement.

colocación directa direct placement.

colocación privada private placement.

colocado privadamente privately placed.

colocador de bloques block positioner.

coludir collude.

columna del debe debit column.

columna del haber credit column.

colusión *f* collusion.

colusión tácita tacit collusion.

colusor *m* colluder.

colusoriamente collusively.

colusorio collusive.

comandatario *m* coagent.

comandita *f* special partnership, limited partnership.

comandita simple limited partnership.

comanditado *m* general partner.

comanditario *m* special partner, limited partner.

combinación *f* combination.

combinación alcista de opciones de compra y venta bull spread.

combinación bajista de opciones de compra y venta bear spread.

combinación de negocios business combination.

combinación de opciones diagonal diagonal spread.

combinación horizontal horizontal combination.

combinado combined.

comentario de auditoría audit comment.

comenzar commence.

comerciabilidad *f* marketability.

comerciable marketable.

comercial commercial.

comercialismo *m* commercialism.

comercialización *f* commercialization.

comercializar commercialize, market.

comercialmente commercially.

comerciante *m/f* merchant, businessperson.

comerciante almacenista wholesaler, jobber.

comerciante individual sole proprietor.

comerciante no autorizado unauthorized dealer.

comerciar trade, market, do business.

comercio *m* commerce, trade, business, business establishment.

comercio activo brisk commerce.

comercio administrado managed trade.

comercio al por mayor wholesale business.

comercio al por menor retail business.

comercio bilateral bilateral trade.

comercio controlado managed trade.

comercio de cabotaje coastal trade.

comercio de comisión commission business.

comercio de exportación export business.

comercio de importación import business.

comercio de ultramar overseas trade.

comercio doméstico domestic trade.

comercio exterior foreign trade.

comercio franco duty free trade.

comercio ilegal illegal trade.

comercio ilícito illicit trade.

comercio interestatal interstate commerce.

comercio interior domestic trade.

comercio internacional international trade, international commerce.

comercio interno internal commerce.

comercio intraestatal intrastate commerce.

comercio marítimo maritime trade.

comercio multilateral multilateral trade.

comercio mundial world trade.

comercio nacional domestic trade.

comercio preferencial preferential trade.

comienzo *m* commencement.

comienzo de la cobertura commencement of coverage.

comienzo de la cobertura del seguro commencement of insurance coverage.

comienzo del mes beginning of the month.

comienzo del período beginning of the period.

comienzo del seguro commencement of insurance.

comienzos de construcción de viviendas housing starts.

comisario *m* commissioner, shareholders' representative.

comisario de averías average surveyor.

comisario de comercio trade commissioner.

comisario de patentes commissioner of patents.

comisario testamentario testamentary trustee.

comisión *f* commission, committee.

comisión administrativa administrative commission.

comisión bancaria banking commission.

comisión central central commission.

comisión contributiva tax commission.

comisión de bienes raíces real estate commission.

comisión de cobro collection fee.

comisión de compromiso commitment fee.

comisión de corretaje brokerage commission.

comisión de intermediario finder's fee.

comisión de medios y arbitrios ways and means committee.

comisión de planificación planning commission.

comisión de seguridad safety commission.

comisión de ventas selling commission.

comisión dividida split commission.

comisión fija flat commission.

comisión fiscal tax commission.

comisión impositiva tax commission.

comisión mercantil commercial commission.

comisión monetaria monetary commission.

comisión por cobros collection commission.

comisión tributaria tax commission.

comisionado de la banca bank commissioner.

comisionado de seguros insurance commissioner.

comisionar commission, empower.

comisiones parejas level commissions.

comisionista *m/f* agent, a person working on a commission basis.

comiso confiscation, forfeiture.

comisorio valid for a specified time.

comité *m* committee, commission.

comité administrador executive committee.

comité asesor advisory committee.

comité de acreedores creditors' committee.

comité de auditoría audit committee.

comité de compras buying committee.

comité de fiduciarios board of trustees.

comité de préstamos loan committee.

comité de reorganización reorganization committee.

comité directivo executive committee.

comité ejecutivo executive committee.

comité especial special committee.

comité planeador planning board.

comitente *m* principal, shipper.

comodante *m/f* gratuitous lender.

comodar lend gratuitously.

comodatario *m* gratuitous borrower, gratuitous bailee.

comodato *m* gratuitous loan, gratuitous bailment.

compañero de trabajo co-worker.

compañía *f* company, corporation.

compañía administradora management company.

compañía administrativa management company.

compañía afiliada affiliated company.

compañía aliada allied company.

compañía anónima stock company.

compañía apalancada leveraged company.

compañía armadora shipping company.

compañía asociada associated company, affiliated company.

compañía bancaria banking company.

compañía capitalizadora company for the capitalization of savings.

compañía caritativa charitable company.

compañía cerrada close corporation.

compañía civil civil corporation.

compañía colectiva partnership.

compañía comanditaria special partnership, limited partnership.

compañía comanditaria especial special partnership.

compañía comercial business association.

compañía componente constituent company.

compañía controlada controlled company.

compañía controladora controlling company, holding company.

compañía cooperativa cooperative.

compañía cooperativa de edificación y préstamos building and loan association.

compañía de ahorro y préstamo savings and loan association.

compañía de banca hipotecaria mortgage banking company.

compañía de capitalización company for capitalization of savings.

compañía de cartera investment trust.

compañía de comercio business association.

compañía de control controlling company, holding company.

compañía de crédito credit company, credit union.

compañía de crédito comercial commercial credit company.

compañía de fideicomiso trust company.

compañía de finanzas cautiva captive finance company.

compañía de inversiones investment company.

compañía de inversiones apalancada leveraged investment company.

compañía de inversiones de acciones limitadas closed-end investment company.

compañía de inversiones diversificada diversified investment company.

compañía de inversiones regsitrada registered investment company.

compañía de inversiones regulada regulated investment company.

compañía de negocios business company.

compañía de responsabilidad limitada limited liability company.

compañía de seguros insurance company.

compañía de seguros cautiva captive insurance company.

compañía de seguros comercial commercial insurance company.

compañía de seguros de vida life insurance company.

compañía de seguros mixta mixed insurance company.

compañía de seguros mutuales mutual insurance company.

compañía de seguros mutuos mutual insurance company.

compañía de servicio service company.

compañía de transporte transport company, shipping company.

compañía de utilidad pública public service company.

compañía de ventas por correo mail order company.

compañía de ventas por correspondencia mail order company.

compañía difunta defunct company.

compañía diversificada diversified company.

compañía en nombre colectivo general partnership.

compañía exenta exempt company.

compañía extranjera alien company.

compañía familiar family company.

compañía fiduciaria trust company.

compañía filial sister company, subsidiary.

compañía financiera finance company.

compañía financiera para consumidores consumer finance company.

compañía fusionada merged company.

compañía hipotecaria mortgage company.

compañía ilícita company organized for illegal purposes.

compañía inactiva dormant company.

compañía insolvente insolvent company.

compañía internacional international company.

compañía inversionista investment company.

compañía manufacturera manufacturing company.

compañía matriz parent company.

compañía miembro member company.

compañía multinacional multinational company.

compañía nacional domestic company.

compañía no afiliada unaffiliated company.

compañía no apalancada unleveraged company.

compañía no pública nonpublic company.

compañía operadora operating company.

compañía para fines no pecuniarios nonprofit company.

compañía por acciones stock company.

compañía privada private company.

compañía propietaria close company.

compañía pública publicly held company, public company.

compañía que acepta depósitos deposit-taking company.

compañía quebrada bankrupt company.

compañía registrada registered company.

compañía retenedora holding company.

compañía sin fines de lucro non-profit company.

compañía sobreviviente surviving company.

compañía subsidiaria subsidiary company.

compañía tenedora holding company.

compañía tenedora de banco bank holding company.

compañía tenedora diversificada diversified holding company.

compañía transferidora ceding company.

comparable comparable.

comparablemente comparably.

comparación f comparison.

comparación de mercado market comparison.

comparativo comparative.

compartimiento obligatorio mandatory sharing.

compatrono m joint employer.

compensable compensable.

compensación f compensation.

compensación acumulada accrued compensation.

compensación adecuada adequate compensation.

compensación bancaria bank clearing.

compensación bilateral bilateral clearing.

compensación de cheques check clearing.

compensación de pérdidas loss compensation.

compensación debida due compensation.

compensación diferida deferred compensation.

compensación ejecutiva executive compensation.

compensación extraordinaria overtime pay.

compensación facultativa facultative compensation.

compensación financiera financial compensation.

compensación financiera directa direct financial compensation.

compensación mercantil clearing.

compensación multilateral multilateral compensation.

compensación no financiera nonfinancial compensation.

compensación por accidentes de trabajo workers' compensation.

compensación por comparecencia call compensation.

compensación por desempleo unemployment compensation.

compensación por despido dismissal compensation.

compensación por discapacidad disability compensation.

compensaciones *f* clearings.

compensaciones bancarias bank clearings.

compensado compensated.

compensador compensating.

compensar compensate.

compensativo compensative.

compensatorio compensatory.

competencia *f* competition.

competencia abierta open competition.

competencia desleal unfair competition.

competencia destructiva destructive competition.

competencia entre industrias interindustry competition.

competencia ilícita illegal competition.

competencia imperfecta imperfect competition.

competencia injusta unfair competition.

competencia internacional international competition.

competencia lícita fair competition.

competencia monopolista monopolistic competition.

competencia monopolística monopolistic competition.

competencia perfecta perfect competition.

competencia pura pure competition.

competidor *m* competitor.

competir compete.

competitivo competitive.

compilación *f* compilation.

complementario complementary.

completamente completely, fully.

completamente amortizado fully amortized.

completamente diluido fully diluted.

completamente distribuido fully distributed.

completamente pagado fully paid.

completamente registrado fully registered.

completar complete.

completo complete.

cómplice en la quiebra accomplice to fraud in a bankruptcy.

componente *m* component.

componente aletorio random component.

componente de coste component of cost.

componente de costo component of cost.

componente de índice component of index.

componente de precio price component.

componente prefabricado prefabricated component.

componer mediate, arbitrate, settle.

composición de la cartera de valores portfolio composition.

compostura *f* repair, settlement, agreement.

compra *f* purchase, purchasing.

compra a plazos installment purchase.

compra al contado cash purchase.

compra apareada matched purchase.

compra condicional conditional purchase.

compra de acciones stock purchase.

compra de cierre closing purchase.

compra de cobertura short covering.

compra directa direct buy.

compra especial special purchase.

compra global lump-sum purchase.

compra negociada negotiated purchase.

compra periódica periodic purchase.

compra y venta sale, bargain and sale, buying and selling.

comprable purchasable, bribable.

comprado bought.

comprador *m* purchaser, buyer.

comprador a crédito charge buyer.

comprador al contado cash buyer.

comprador de buena fe buyer in good faith.

comprador de mala fe buyer in bad faith.

comprador en firme firm buyer.

comprador final final buyer.

comprador firme　firm buyer.

comprador inocente　buyer in good faith.

comprador marginal　marginal buyer.

comprador subsiguiente　subsequent purchaser.

comprar　buy, purchase, bribe.

comprar a crédito　buy on credit.

comprar al contado　buy outright.

comprar al por mayor　buy wholesale.

comprar al por menor　buy retail.

comprar en firme　buy firm.

comprar enteramente　buy outright.

comprar para revender　buy for resale.

compras a plazos　installment buying.

compras al contado　cash buying.

compras centrales　central buying.

compras centralizadas　centralized purchasing.

compras de entrega inmediata　cash buying.

compras especulativas　speculative buying.

compras excesivas　excessive purchases.

compras impulsivas　impulse buying.

compras netas　net purchases.

compras por contrato　contract purchasing.

compras recíprocas　reciprocal buying.

compraventa　*f* sale, bargain and sale, sales contract.

compraventa a crédito　credit sale.

compraventa a ensayo　purchase on approval.

compraventa a plazos　credit sale.

compraventa a prueba　purchase on approval.

compraventa al contado　cash purchase.

compraventa de herencia　sale of inheritance.

compraventa en abonos　installment sale.

compraventa mercantil　purchase for resale.

compraventa sobre muestras　sale by sample.

compraventa solemne　formalized sale.

comprensibilidad　*f* comprehensibility.

comprensible　comprehensible.

comprensión　*f* comprehension.

comprensivamente　comprehensively.

comprensivo　comprehensive.

compresión de salario　salary compression.

comprobación de calidad　quality assurance.

comprobación de firma　signature check.

comprobación de trasfondo　background check.

comprobación interna　internal check.

comprobante　*m* voucher, proof.

comprobante de adeudo　proof of debt.

comprobante de deuda　proof of debt.

comprobante de diario　journal voucher.

comprobante de venta　bill of sale.

comprobar　verify, audit.

comprometer　obligate, compromise, submit to arbitration.

compromiso　*m* commitment, obligation, arbitration.

compromiso arbitral　agreement to submit to arbitration.

compromiso colateral　collateral engagement.

compromiso condicional　conditional commitment.

compromiso contingente　contingent commitment.

compromiso de arrendamiento　lease commitment.

compromiso de compra　purchase commitment.

compromiso de préstamo　loan commitment.

compromiso de préstamo hipotecario　mortgage loan commmitment.

compromiso de venta　commitment to sell.

compromiso en firme　firm commitment.

compromiso eventual　contingent liability.

compromiso firme　firm commitment.

compromiso hipotecario　mortgage commitment.

compromiso incondicional　unconditional commitment.

compromiso preliminar preliminary commitment.

compulsa *f* authenticated copy, compared document, audit.

cómputo *m* computation.

cómputo contributivo tax computation.

cómputo de contribuciones tax computation.

cómputo de impuestos tax computation.

cómputo de intereses computation of interest.

cómputo de prima premium computation.

cómputo fiscal tax computation.

cómputo impositivo tax computation.

cómputo tributario tax computation.

común common, held in common, public.

común, en in common.

comunero *m* joint tenant.

comunicación diagonal diagonal communication.

comunicación formal formal communication.

comunicación lateral lateral communication.

comunidad *f* community, association.

comunidad de bienes community property, joint ownership.

comunidad de bienes gananciales community property.

comunidad de bienes matrimoniales community property.

comunidad en mancomún joint tenancy.

comunidad hereditaria community of heirs.

comunidad proindiviso joint tenancy.

con derecho a un dividendo entitled to a dividend.

con dividendo with dividend.

con intereses with interest.

con prima at a premium.

con todo incluido all-inclusive.

con todos los defectos with all faults.

concedente *m* granter, conceder.

conceder concede, grant.

conceder crédito extend credit.

conceder un préstamo make a loan.

conceder una patente grant a patent.

concentración *f* concentration.

concentración de capitales concentration of capital.

concentración de empresas consolidation of corporations.

concentración horizontal horizontal consolidation.

concentración total aggregate concentration.

concentración vertical vertical consolidation.

concepto de mercadeo marketing concept.

concertado concerted.

concertar agree, contract, close, coordinate, concert.

concertar un contrato make a contract.

concertar un préstamo negotiate a loan.

concesible grantable, concedable.

concesión *f* concession, grant, franchise, authorization.

concesión administrativa government franchise.

concesión de crédito extension of credit.

concesión por mercancías merchandise allowance.

concesionario *m* concessionaire, franchisee, grantee.

concesionario de la patente patentee.

concesionario exclusivo sole licensee.

concesionario único sole licensee.

concesivo concessible, grantable.

conciencia de marca brand awareness.

concierto *m* agreement, settlement, contract.

concierto de voluntades meeting of minds.

conciliación *f* conciliation, reconciliation.

conciliación laboral labor arbitration.

conciliador *m* conciliator.

concordar conciliate, agree, tally.

concordato *m* agreement between debtor and creditors, concordat.

concordato preventivo agreement between the creditors and a debtor to avoid bankruptcy.

concurrencia *f* concurrency.

concurrencia desleal   unfair competition.

concurrente   concurrent.

concurrentemente   concurrently.

concurrir   concur, attend, meet.

concurrir a una asamblea   attend a meeting.

concurrir a una junta   attend a meeting.

concurrir a una licitación   bid.

concurrir a una reunión   attend a meeting.

concurrir a una sesión   attend a meeting.

concursado   *m* bankrupt.

concursal   bankruptcy.

concursante   *m/f* bidder, competitor.

concursar   declare bankruptcy, compete.

concurso   *m* bankruptcy proceeding, bidding, competition, meeting.

concurso civil   bankruptcy proceeding.

concurso civil de acreedores   bankruptcy proceeding.

concurso de acreedores   creditors' meeting.

concurso de competencia   competitive bidding.

concurso de precios   competitive bidding.

concurso necesario   involuntary bankruptcy.

concurso público   public bidding.

concurso punible   criminal bankruptcy.

condición   *f* condition.

condición afirmativa   affirmative condition.

condición callada   implied condition.

condición casual   casual condition.

condición compatible   consistent condition.

condición concurrente   condition concurrent.

condición confinante   confining condition.

condición conjunta   copulative condition.

condición constitutiva   essential condition.

condición contraria a las buenas costumbres   immoral condition.

condición convenible   consistent condition.

condición copulativa   copulative condition.

condición cumplida   fulfilled condition.

condición de derecho   implied condition.

condición de hecho   express condition.

condición de plazo   temporary condition.

condición de póliza   policy condition.

condición de trabajo   condition of employment.

condición dependiente   dependent condition.

condición desconvenible   repugnant condition.

condición deshonesta   immoral condition.

condición disyuntiva   disjunctive condition.

condición en la herencia   testamentary condition.

condición en los testamentos   testamentary condition.

condición expresa   express condition.

condición extintiva   extinguishing condition.

condición financiera   financial condition.

condición física   physical condition.

condición ilegal   unlawful condition.

condición ilícita   unlawful condition.

condición implícita   implied condition.

condición imposible   impossible condition.

condición incierta   uncertain condition.

condición incompatible   repugnant condition.

condición independiente   independent condition.

condición inherente   inherent condition.

condición inmoral   immoral condition.

condición legal   lawful condition.

condición legítima   lawful condition.

condición médica confinante   confining medical condition.

condición mixta   mixed condition.

condición mutua   mutual condition.

condición necesaria   essential condition.

condición negativa   negative condition.

condición posible   possible condition.

condición positiva   positive condition.

condición precedente   condition precedent.

condición precisa   express condition.

condición preexistente   preexisting condition.

condición previa   condition precedent.

condición prohibida   forbidden condition.

condición resolutiva   condition subsequent.

condición resolutoria   condition subsequent.

condición restrictiva   restrictive condition.

condición retroactiva   retroactive condition.

condición subsecuente   condition subsequent.

condición sucesiva   successive condition.

condición superflua   superfluous condition.

condición supuesta   implied condition.

condición suspensiva   suspensive condition.

condición tácita   implied condition.

condición testamentaria   testamentary condition.

condición única   sole condition.

condicional   conditional.

condicionalmente   conditionally.

condicionar   condition, qualify.

condiciones concurrentes   concurrent conditions.

condiciones de aceptación   terms of acceptance.

condiciones de crédito   terms of credit.

condiciones de entrega   terms of delivery.

condiciones de licitación   bidding conditions.

condiciones de negocios   business conditions.

condiciones de pago   terms of payment.

condiciones de préstamo   terms of loan.

condiciones de venta   terms of sale.

condiciones del mercado prevalecientes   prevailing market conditions.

condiciones dependientes   dependent conditions.

condiciones estipuladas   stipulated conditions.

condiciones preestablecidas   preset conditions.

condiciones prevalecientes   prevailing conditions.

condómine   *m* joint owner.

condominio   *m* condominium, joint ownership.

condómino   *m* joint owner.

conducción   *f* conveyance.

conducir bajo estado de embriaguez   driving while intoxicated.

conducta de consumidores   consumer behavior.

conducta de coste   cost behavior.

conducta de costo   cost behavior.

conducta del comprador   buyer behavior.

conducto   *m* conduit.

conducto de hipotecas   mortgage conduit.

condueño   *m* joint owner.

conexidades   incidental rights, appurtenances.

conexión bancaria   bank connection.

confederación de sindicatos   labor union.

conferencia internacional   international conference.

conferencia por computadora   computer conference.

conferido   *m* conferee.

conferir   confer.

confidencial   confidential.

confidencialmente   confidentially.

confín   *m* boundary, limit, abutment.

confirmación   *f* confirmation.

confirmación bancaria   bank confirmation.

confirmación de orden   confirmation of order.

confirmación de pedido   confirmation of order.

confirmación negativa   negative confirmation.

confirmación positiva   positive confirmation.

confirmado   confirmed.

confirmante   confirming.

confirmar confirm.

confirmar crédito confirm credit.

confirmar un pedido confirm an order.

confirmar una orden confirm an order.

confirmativamente confirmatively.

confirmativo confirmative.

confirmatorio confirmatory.

confiscable confiscable.

confiscación f confiscation.

confiscador m confiscator.

confiscar confiscate, expropriate.

confiscatorio confiscatory.

conflicto de intereses conflict of interest.

conflicto de trabajo labor dispute.

conflicto horizontal horizontal conflict.

conflicto vertical vertical conflict.

conforme agreed, adequate, in order.

conformidad f conformity.

confundir confuse, mix.

confusión f confusion, commingling, intermingling.

confusión de bienes confusion of goods.

confusión de cosas confusion of goods.

confusión de derechos confusion of rights.

confusión de deudas confusion of debts, merger of debts.

confusión de lindes confusion of boundaries.

confusión de servidumbres merger of easements.

confusión de títulos confusion of titles.

congelación f freezing.

congelación de fondos freezing of assets.

congelación de precios price freeze.

congelación de rentas rent control.

congelación salarial wage freeze.

congelado frozen.

congelar freeze.

conglomeración f conglomeration.

conglomerado m conglomerate.

conjunción de voluntades meeting of minds.

conjuntamente jointly.

conjunto joint, common, mixed.

conmutación impositiva commutation of taxes.

conmutar commute, exchange.

connotación f connotation.

conocimiento m knowledge, bill of lading, ocean bill of lading, bill.

conocimiento a la orden order bill of lading.

conocimiento al portador negotiable bill of lading.

conocimiento de almacén warehouse receipt.

conocimiento de carga bill of lading.

conocimiento de embarque bill of lading.

conocimiento de embarque certificado certified bill of lading.

conocimiento de embarque directo through bill of lading.

conocimiento de embarque negociable negotiable bill of lading.

conocimiento de favor accommodation bill of lading.

conocimiento limpio clean bill of lading.

conocimiento tachado foul bill of lading.

consejeros directores board of directors.

consejo m council, board.

consejo administrativo administrative council, board of directors.

consejo asesor advisory council.

consejo consultivo advisory board.

consejo de administración board of directors.

consejo de dirección board of directors.

consejo ejecutivo executive board.

consensual consensual.

consentimiento m consent.

consentimiento expreso express consent.

consentimiento implícito implied consent.

consentimiento mutuo mutual consent.

conservación f conservation.

consignación f consignment, deposit, destination, payment.

consignación, en   on consignment.

consignación en pago   deposit for the payment of debt.

consignador   *m* consignor.

consignar   consign, earmark, deposit.

consignatario   *m* consignee, depositary, trustee.

consistencia   *f* consistency.

consocio   *m* partner, copartner, associate.

consolidación   *f* consolidation, funding.

consolidación de balances   consolidation of balances.

consolidación de corporaciones   consolidation of corporations.

consolidación de deudas   consolidation of debts.

consolidación de fincas   consolidation of two or more properties.

consolidación horizontal   horizontal consolidation.

consolidación vertical   vertical consolidation.

consolidador   consolidator.

consolidar   consolidate, combine, fund.

consorcio   *m* consortium, cartel, syndicate.

consorcio bancario   bank syndicate.

consorcio de reaseguro   reinsurance pool.

conspicuo   conspicuous.

constancia de deuda   evidence of indebtedness.

constante   *f* constant.

constante de gastos   expense constant.

constante de pérdidas   loss constant.

constante hipotecaria   mortgage constant.

constituir quórum   constitute a quorum.

constituir una sociedad   establish a company.

constreñimiento   *m* constraint.

constreñir   constrain.

construcción   *f* construction.

constructivo   constructive.

constructor a la orden   custom builder.

construir   construct.

consultar   consult.

consultor   *m* consultant.

consultor administrativo   administrative consultant, management consultant.

consultor de seguros   insurance consultant.

consultor fiscal   tax consultant.

consultor impositivo   tax consultant.

consultorio   *m* the office of a professional.

consumación   *f* consummation, completion.

consumado   consummate.

consumidor   *m* consumer.

consumidor final   final consumer.

consumidor industrial   industrial consumer.

consumir   consume, expend.

consumismo   *m* consumerism.

consumo   *m* consumption.

consumo de capital   capital consumption.

consumo opcional   optional consumption.

consumo per cápita   per capita consumption.

consumo permanente   permanent consumption.

consumo personal   personal consumption.

consumo temporal   temporary consumption.

contabilidad   *f* accounting.

contabilidad administrativa   administrative accounting.

contabilidad bancaria   bank bookkeeping.

contabilidad comercial   commercial accounting.

contabilidad con doble registro   double entry accounting.

contabilidad de caja   cash accounting.

contabilidad de compañía   company accounting.

contabilidad de compañía subsidiaria   subsidiary company accounting.

contabilidad de coste corriente   current cost accounting.

contabilidad de coste de reposición   replacement cost accounting.

contabilidad de costes   cost accounting.

contabilidad de costo corriente
current cost accounting.

contabilidad de costo de reposición
replacement cost accounting.

contabilidad de costos cost
accounting.

contabilidad de depreciación
depreciation accounting.

contabilidad de efectivo cash
accounting.

contabilidad de existencias
inventory accounting.

contabilidad de negocios business
accounting.

contabilidad de nivel de precios
price level accounting.

contabilidad de rentabilidad
profitability accounting.

contabilidad de reservas
contemporáneas contemporaneous
reserves accounting.

contabilidad de sector público
public sector accounting.

contabilidad de tenedores de tarjeta
cardholder accounting.

contabilidad de valor corriente
current value accounting.

contabilidad de vía crítica critical
path accounting.

contabilidad ejecutiva managerial
accounting.

contabilidad electrónica electronic
accounting.

contabilidad en valores de caja
cash-based accounting.

contabilidad en valores
devengables accrual accounting.

contabilidad estatutaria statutory
accounting.

contabilidad fiduciaria fiduciary
accounting.

contabilidad financiera financial
accounting.

contabilidad fiscal tax accounting.

contabilidad funcional functional
accounting.

contabilidad gubernamental
government accounting.

contabilidad impositiva tax
accounting.

contabilidad industrial industrial
accounting.

contabilidad nacional national
accounting.

contabilidad por partida doble
double entry accounting.

contabilidad por partida simple
single-entry accounting.

contabilidad por partida única
single-entry accounting.

contabilidad por ramas branch
accounting.

contabilidad pública public
accounting.

contabilidad separada separate
accounting.

contabilizable accountable.

contabilizar enter, post, record.

contable *m* accountant, bookkeeper.

contable autorizado certified public
accountant.

contable de costes cost accountant.

contable de costos cost accountant.

contable diplomado certified public
accountant.

contable forense forensic accountant.

contable independiente independent
accountant.

contable perito expert accountant.

contable privado private accountant.

contable público public accountant.

contable público autorizado
certified public accountant.

contable público diplomado
certified public accountant.

contable público titulado certified
public accountant.

contacto *m* contact.

contador *m* accountant, auditor, cashier.

contador autorizado certified public
accountant.

contador de costes cost accountant.

contador de costos cost accountant.

contador diplomado certified public
accountant.

contador forense forensic accountant.

contador perito expert accountant.

contador público public accountant.

contador público autorizado
certified public accountant.

contador público diplomado
certified public accountant.

contador público titulado certified
public accountant.

contaduría *f* accounting, accountant's office.
contaminación *f* pollution.
contaminar pollute.
contango *m* contango.
contemplación *f* contemplation.
contemplación de insolvencia contemplation of insolvency.
contemplación de quiebra contemplation of bankruptcy.
contemplativo contemplative.
contenido *m* contents.
contenido desconocido contents unknown.
contenido extranjero foreign content.
contigüidad *f* contiguity, contiguousness.
contiguo contiguous.
contingencia *f* contingency.
contingencia de ganancia gain contingency.
contingencia de pérdida loss contingency.
contingencia financiera financial contingency.
contingente contingent.
continuación *f* continuation.
continuación de beneficios continuation of benefits.
continuación de ingresos income continuation.
continuar continue.
continuidad *f* continuity.
continuidad de la existencia corporativa continuity of life.
continuidad en el mercadeo continuity in advertising.
continuo continuous.
contraasiento *m* reversing entry.
contrabandear smuggle.
contrabandeo *m* smuggling.
contrabandista *m/f* smuggler.
contrabando *m* smuggling, contraband.
contracambio *m* re-exchange.
contracción *f* contraction.
contracción de depósitos deposit contraction.
contractual contractual.
contraendosar re-endorse.
contraendoso *m* re-endorsement.
contraer contract, assume an obligation.

contraer un empréstito contract a loan.
contraer un préstamo contract a loan.
contraer una deuda incur a debt.
contraer una obligación assume an obligation.
contrafianza *f* indemnity bond.
contralor *m* comptroller, controller, auditor.
contralor general general controller.
contraloría *f* comptrollership, controllership.
contraoferta *f* counteroffer.
contraorden *f* countermand.
contrapartida *f* balancing entry.
contraprestación *f* consideration.
contraprestación a título gratuito gratuitous consideration.
contraprestación anterior past consideration.
contraprestación concurrente concurrent consideration.
contraprestación continua continuing consideration.
contraprestación debida due consideration.
contraprestación expresa express consideration.
contraprestación ilegal illegal consideration.
contraprestación implícita implied consideration.
contraprestación inadecuada inadequate consideration.
contraprestación inmoral immoral consideration.
contraprestación insuficiente inadequate consideration.
contraprestación justa fair consideration.
contraprestación justa y adecuada fair and valuable consideration.
contraprestación justa y razonable fair and reasonable consideration.
contraprestación legal legal consideration.
contraprestación moral moral consideration.
contraprestación nominal nominal consideration.
contraprestación pecuniaria pecuniary consideration.

contraprestación razonable
adequate consideration.

contraprestación suficiente
sufficient consideration.

contrata *f* contract made with a
government, contract, agreement.

contratable contractible.

contratación *f* contracting, preparation
of a contract.

contratación colectiva collective
bargaining.

contratado contracted.

contratante *m/f* contractor, contracting
party.

contratar contract, hire.

contratista *m/f* contractor.

contratista de construcción building
contractor.

contratista general general contractor.

contratista independiente
independent contractor.

contrato *m* contract, agreement.

contrato a corretaje contract made
with the general contractor.

contrato a corto plazo short-term
contract.

contrato a coste más honorario
cost-plus contract.

contrato a costo más honorario
cost-plus contract.

contrato a la gruesa bottomry.

contrato a largo plazo long-term
contract.

contrato a plazo forward contract.

contrato a precio global lump-sum
contract.

contrato a precios unitarios
unit-price contract.

contrato a suma alzada lump-sum
contract.

contrato a término forward contract.

contrato a título gratuito gratuitous
contract.

contrato a título oneroso onerous
contract.

contrato abierto open contract,
non-exclusive contract.

contrato accesorio accessory contract.

contrato administrativo
management contract, contract made
with a government.

contrato al mejor postor contract to
the highest bidder.

contrato aleatorio aleatory contract.

contrato anulable voidable contract.

contrato bilateral bilateral contract.

contrato cerrado closed contract.

contrato cierto certain contract.

contrato colateral collateral contract.

contrato colectivo de trabajo
collective bargaining agreement.

contrato comercial commercial
contract.

contrato complejo mixed contract.

contrato con alternativas alternative
contract.

contrato con cláusula penal
contract with a penalty clause.

contrato con incentivos incentive
contract.

contrato condicional conditional
contract.

contrato conjunto joint contract.

contrato conmutativo commutative
contract.

contrato consensual consensual
contract.

contrato de adhesión adhesion
contract.

contrato de administración
management contract.

contrato de agencia agency
agreement.

contrato de ajuste employment
contract.

contrato de anualidad annuity
contract.

contrato de anualidad diferida
deferred annuity contract.

**contrato de anualidad grupal
diferida** deferred group annuity
contract.

contrato de aparcería sharecropping
contract.

contrato de arrendamiento lease.

**contrato de arrendamiento de
servicios** service contract.

contrato de arriendo lease.

contrato de cambio exchange
contract, commutative contract, foreign
exchange contract.

contrato de comercio en exclusiva
exclusive dealing contract.

contrato de comisión commission
contract.

contrato de comodato   gratuitous bailment contract.

contrato de compra y venta   sales contract, bargain and sale contract.

contrato de compras   purchasing contract.

contrato de compraventa   sales contract, bargain and sale contract.

contrato de compromiso   arbitration agreement.

contrato de conchabo   employment contract.

contrato de consignación consignment contract.

contrato de construcción construction contract.

contrato de corretaje   brokerage contract.

contrato de coste fijo   fixed cost contract.

contrato de costo fijo   fixed cost contract.

contrato de crédito   credit contract.

contrato de custodia   bailment contract.

contrato de depósito   bailment contract.

contrato de doble   repurchase contract.

contrato de empeño   contract to pawn.

contrato de empleo   employment contract.

contrato de empresa   contract with an independent contractor.

contrato de empréstito   loan contract.

contrato de encadenamiento exclusive contract, tying arrangement.

contrato de enfiteusis   emphyteusis contract.

contrato de enganche   employment contract.

contrato de enrolamiento employment contract.

contrato de estabilidad   agreement to stabilize prices.

contrato de fianza   contract of surety.

contrato de fideicomiso   trust agreement.

contrato de fiducia   trust agreement.

contrato de fletamento   charterparty.

contrato de futuros regulado regulated futures contract.

contrato de garantía   guarantor agreement.

contrato de hipoteca   mortgage agreement.

contrato de indemnidad   contract of indemnity.

contrato de indemnización indemnity contract.

contrato de ingreso garantizado guaranteed income contract.

contrato de intención   letter of intent.

contrato de intermediación bursátil authorization for a discretionary securities account.

contrato de inversión bancario bank investment contract.

contrato de inversión garantizada guaranteed investment contract.

contrato de inversiones   investment contract.

contrato de juego   wagering contract.

contrato de locación   lease.

contrato de locación de obra construction contract.

contrato de locación de servicios service contract.

contrato de mandato   contract of mandate.

contrato de mutuo   loan for consumption.

contrato de negocios   business contract.

contrato de obras   contract for public works.

contrato de opción   option.

contrato de palabra   oral contract.

contrato de permuta   barter agreement.

contrato de prenda   pledge contract.

contrato de préstamo   loan contract.

contrato de préstamo de uso bailment agreement.

contrato de prueba   contract for an employment trial.

contrato de renta de retiro   contract for retirement income.

contrato de renta vitalicia   life annuity contract.

contrato de representación   agency agreement.

contrato de reserva   backup contract.

contrato de retrovendendo repurchase agreement.

contrato de retroventa   repurchase agreement.

contrato de retroventa abierto open repurchase agreement.

contrato de retroventa inverso reverse repurchase agreement.

contrato de seguro   insurance contract.

contrato de seguro médico   health insurance contract.

contrato de seguro múltiple   blanket insurance contract.

contrato de servicios personales personal service contract.

contrato de sociedad   partnership agreement, incorporation agreement.

contrato de suministro   supply contract.

contrato de tarea   contract work.

contrato de trabajo   employment contract.

contrato de transporte   shipping agreement.

contrato de venta   contract of sale.

contrato de venta condicional conditional sales contract.

contrato de venta incondicional unconditional sales contract.

contrato dependiente   dependent contract.

contrato derivado   subcontract.

contrato divisible   divisible contract.

contrato ejecutado   executed contract.

contrato en exclusiva   exclusive contract.

contrato enfitéutico   emphyteusis contract.

contrato escrito   written contract.

contrato espurio   spurious contract.

contrato estimatorio   consignment sales contract.

contrato exclusivo   exclusive contract.

contrato expreso   express contract.

contrato extintivo   nullifying contract.

contrato falso   simulated contract.

contrato fiduciario   fiduciary contract, trust agreement, trust indenture.

contrato fingido   simulated contract.

contrato formal   formal contract.

contrato garantizado   guaranteed contract.

contrato gratuito   gratuitous contract.

contrato grupal   group contract.

contrato ilegal   illegal contract.

contrato ilícito   illegal contract.

contrato imperfecto   imperfect contract.

contrato implícito   implied contract.

contrato incondicional   unconditional contract.

contrato individual de trabajo individual employment contract.

contrato indivisible   indivisible contract.

contrato informal   informal contract.

contrato inmoral   immoral contract.

contrato innominado   innominate contract.

contrato internacional   international contract.

contrato justo de fletamento   clean charter.

contrato leonino   unconscionable contract.

contrato lícito   legal contract.

contrato literal   written contract.

contrato lucrativo   onerous contract.

contrato maestro   master contract.

contrato marítimo   marine contract.

contrato matrimonial   antenuptial agreement, marriage contract.

contrato mercantil   mercantile contract, commercial contract.

contrato mixto   mixed contract.

contrato multilateral   multilateral contract.

contrato no escrito   unwritten contract.

contrato no solemne   simple contract.

contrato nominado   nominate contract.

contrato notarial   notarized contract.

contrato notarizado   notarized contract.

contrato nulo   void contract.

contrato nupcial   antenuptial agreement, marriage contract.

contrato oneroso   onerous contract.

contrato oral   oral contract.

contrato partible   divisible contract.

contrato perpetuo   perpetual contract.

contrato personal   personal contract.

contrato pignoraticio   pledge contract.

contrato plurilateral   multilateral contract.

contrato por adhesión adhesion contract.

contrato por correo mail contract.

contrato por correspondencia mail contract.

contrato por escrito written contract.

contrato preliminar preliminary contract.

contrato preparatorio preliminary contract.

contrato presunto implied contract.

contrato principal principal contract.

contrato privado private contract.

contrato público public contract.

contrato real real contract.

contrato recíproco reciprocal contract.

contrato renovable renewable contract.

contrato renovable garantizado guaranteed renewable contract.

contrato revocativo nullifying contract.

contrato sellado contract under seal.

contrato separado separate contract.

contrato simple simple contract.

contrato simulado simulated contract.

contrato sinalagmático synallagmatic contract.

contrato sindical collective bargaining agreement.

contrato sobreentendido implied contract.

contrato social partnership agreement, incorporation agreement.

contrato solemne special contract.

contrato solidario joint and several contract.

contrato sucesivo installment contract.

contrato suplementario supplemental contract.

contrato tácito implied contract.

contrato típico nominate contract.

contrato transnacional transnational contract.

contrato unilateral unilateral contract.

contrato usurario usurious contract.

contrato válido valid contract.

contrato verbal parol contract, oral contract.

contrato verdadero express contract.

contrato-ley union contract covering an entire industry made official by the government.

contratos independientes independent contracts.

contravalor *m* collateral.

contraventa *f* repurchase.

contribución *f* contribution, tax, tax assessment.

contribución a la exportación export tax.

contribución a la herencia inheritance tax.

contribución a las ganancias income tax.

contribución a las rentas income tax.

contribución a las transacciones excise tax.

contribución a las utilidades income tax.

contribución a las ventas sales tax.

contribución a los capitales capital stock tax.

contribución a los predios ad valorem tax.

contribución a los réditos income tax.

contribución a ocupaciones occupational tax.

contribución acumulativa cumulative tax.

contribución ad valórem ad valorem tax.

contribución adelantada advance tax.

contribución adicional surtax.

contribución aduanal customs duty.

contribución al capital contribution to capital.

contribución al consumo consumption tax.

contribución al valor agregado value added tax.

contribución anticipada advance tax.

contribución arancelaria customs duty.

contribución básica basic tax.

contribución compensatoria compensatory tax.

contribución complementaria complementary tax, surtax.

contribución comunitaria community tax.

contribución corporativa corporate tax.

contribución de ausentismo absentee tax.

contribución de base amplia broad-base tax.

contribución de capitación capitation tax, poll-tax.

contribución de capital capital contribution.

contribución de consumo excise tax, consumption tax.

contribución de derechos reales tax on real estate transfers.

contribución de emergencia emergency tax.

contribución de estampillado stamp tax.

contribución de exportación export tax.

contribución de fabricación manufacturing tax.

contribución de herencias inheritance tax.

contribución de igualación equalization tax.

contribución de importación import tax.

contribución de inmuebles real estate tax, ad valorem tax.

contribución de internación import duty.

contribución de legado inheritance tax.

contribución de lujo luxury tax.

contribución de manufactura manufacturing tax.

contribución de mejoras special assessment, tax assessment.

contribución de mercancía commodity tax.

contribución de no residentes nonresident tax.

contribución de patrimonio capital tax.

contribución de privilegio franchise tax.

contribución de producto commodity tax.

contribución de seguro social social security tax.

contribución de sellos stamp tax.

contribución de soltería tax on unmarried persons.

contribución de sucesión inheritance tax.

contribución de superposición surtax.

contribución de testamentaría inheritance tax.

contribución de timbres stamp tax.

contribución de tonelaje tonnage-duty.

contribución de transferencia transfer tax.

contribución de valorización special assessment.

contribución debida tax due.

contribución degresiva degressive tax.

contribución directa direct tax.

contribución doble double taxation.

contribución electoral poll-tax.

contribución en la frontera border tax.

contribución escalonada progressive tax.

contribución especial special tax, extraordinary tax.

contribución específica specific tax.

contribución estatal state tax.

contribución estimada estimated tax.

contribución excesiva excessive tax.

contribución extranjera foreign tax.

contribución extraordinaria surtax.

contribución fija fixed tax, flat tax.

contribución fiscal tax, national tax.

contribución general general tax.

contribución hereditaria inheritance tax.

contribución hipotecaria mortgage tax.

contribución ilegal illegal tax.

contribución indirecta indirect tax.

contribución individual sobre la renta individual's income tax.

contribución industrial professional services tax.

contribución inmobiliaria real estate tax, ad valorem tax.

contribución interna internal tax.

contribución local local tax.

contribución máxima maximum contribution, maximum tax.

contribución máxima deducible
maximum deductible contribution.

contribución mínima   minimum
contribution, minimum tax.

**contribución mínima alternativa
corporativa**   corporate alternative
minimum tax.

contribución múltiple   multiple
taxation.

contribución municipal   municipal
tax.

contribución negativa   negative tax.

contribución neta   net contribution.

contribución no deducible
nondeductible tax.

contribución normal   tax, normal tax.

contribución oculta   hidden tax.

contribución opcional   optional tax.

contribución ordinaria   tax.

contribución pagada   tax paid.

contribución para mejoras
contribution for improvements.

contribución para previsión social
social security tax.

contribución patrimonial   capital tax.

contribución per cápita   per capita
tax.

contribución personal   personal tax.

contribución por cabeza   poll tax.

contribución portuaria   port charges.

contribución predial   ad valorem tax.

contribución profesional
occupational tax.

contribución progresiva   progressive
tax.

contribución proporcional
proportional tax.

contribución pública   public tax.

contribución real   ad valorem tax.

contribución regresiva   regressive tax.

contribución represiva   repressive tax.

contribución retenida   retained tax.

contribución según el valor   ad
valorem tax.

contribución sobre beneficios
profits tax.

**contribución sobre beneficios
extraordinarios**   excess profits tax.

contribución sobre bienes   property
tax.

**contribución sobre bienes
inmuebles**   ad valorem tax.

contribución sobre bienes muebles
personal property tax.

contribución sobre compras
purchase tax.

contribución sobre compraventas
sales tax.

contribución sobre concesiones
franchise tax.

contribución sobre diversiones
amusement tax.

contribución sobre dividendos
dividend tax.

contribución sobre donaciones   gift
tax.

contribución sobre el consumo
excise tax.

contribución sobre el ingreso
income tax.

contribución sobre el juego
gambling tax.

contribución sobre el lujo   luxury tax.

contribución sobre el patrimonio
property tax, capital tax, net worth tax.

**contribución sobre el patrimonio
neto**   net worth tax.

**contribución sobre el valor
agregado**   value-added tax.

contribución sobre el valor añadido
value-added tax.

contribución sobre empleo
employment tax.

contribución sobre entradas
admissions tax.

**contribución sobre exceso de
ganancias**   excess profits tax.

contribución sobre franquicias
franchise tax.

contribución sobre ganancias   profit
tax.

**contribución sobre ganancias a
corto plazo**   short-term gains tax.

**contribución sobre ganancias a
largo plazo**   long-term gains tax.

**contribución sobre ganancias de
capital**   capital gains tax.

contribución sobre herencias
inheritance tax.

contribución sobre ingresos   income
tax.

**contribución sobre ingresos
acumulados**   accumulated earnings
tax.

contribución sobre ingresos de sociedades corporate income tax.

contribución sobre ingresos diferida deferred income tax.

contribución sobre ingresos individual individual income tax.

contribución sobre ingresos negativa negative income tax.

contribución sobre ingresos progresiva progressive income tax.

contribución sobre inmuebles real property tax.

contribución sobre la nómina payroll tax.

contribución sobre la producción production tax.

contribución sobre la propiedad property tax.

contribución sobre la propiedad clasificada classified property tax.

contribución sobre la propiedad general general property tax.

contribución sobre la propiedad inmueble real property tax.

contribución sobre la renta income tax.

contribución sobre la renta corporativa corporate income tax.

contribución sobre la renta individual individual's income tax.

contribución sobre la renta personal individual's income tax.

contribución sobre las importaciones import tax.

contribución sobre las nóminas payroll tax.

contribución sobre las sociedades corporate tax.

contribución sobre las ventas sales tax.

contribución sobre los beneficios profit tax.

contribución sobre los bienes property tax.

contribución sobre los ingresos income tax.

contribución sobre los ingresos brutos gross receipts tax.

contribución sobre producción production tax.

contribución sobre riqueza mueble personal property tax.

contribución sobre salarios salary tax.

contribución sobre transacciones de capital capital transactions tax.

contribución sobre transferencias transfer tax.

contribución sobre transmisión de bienes transfer tax.

contribución sobre transmisiones transfer tax.

contribución sobre ventas sales tax.

contribución sobre ventas al por menor retail sales tax.

contribución sobre ventas general general sales tax.

contribución sucesoria inheritance tax.

contribución suntuaria luxury tax.

contribución suplementaria supplemental tax.

contribución terrestre ad valorem tax.

contribución territorial land tax.

contribución única nonrecurrent tax, single tax.

contribuciones acumuladas accrued taxes.

contribuciones acumulativas cumulative taxes.

contribuciones atrasadas back taxes.

contribuciones comerciales business taxes.

contribuciones corporativas corporate taxes.

contribuciones de aduanas customs duties.

contribuciones de empleados employee contributions.

contribuciones de rentas internas internal revenue taxes.

contribuciones diferidas deferred taxes.

contribuciones en exceso excess contributions.

contribuciones federales federal taxes.

contribuciones ilegales illegal taxes.

contribuciones locales local taxes.

contribuciones morosas delinquent taxes.

contribuciones nacionales national taxes.

contribuciones prepagadas prepaid taxes.

contribuciones proporcionales proportional taxes.

contribuciones prorrateadas apportioned taxes.

contribuciones retenidas withheld taxes.

contribuciones sobre ingresos corporativos corporate income tax.

contribuciones sobre ingresos federales federal income taxes.

contribuido contributed.

contribuir contribute, pay taxes.

contributario *m* contributor, taxpayer.

contributivo pertaining to taxes.

contribuyente adj contributory.

contribuyente *m* contributor, taxpayer.

contribuyente individual individual taxpayer.

control *m* control.

control centralizado centralized control.

control conjunto joint control.

control de calidad quality control.

control de calidad estadístico statistical quality control.

control de cambio exchange control.

control de contabilidad accounting control.

control de costes cost control.

control de costes estadístico statistical cost control.

control de costos cost control.

control de costos estadístico statistical cost control.

control de crédito credit control.

control de dividendos dividend control.

control de divisas foreign exchange control.

control de existencias stock control.

control de gastos expense control.

control de inventario inventory control.

control de inventario perpetuo perpetual inventory control.

control de límites limit control.

control de materiales materials control.

control de mercancías merchandise control.

control de pérdidas loss control.

control de precios price control.

control de proceso process control.

control de proceso estadístico statistical process control.

control de producción production control.

control de riesgos risk control.

control del consumo consumption control.

control directo direct control.

control ejecutivo managerial control.

control estadístico statistical control.

control exclusivo exclusive control.

control interno internal control.

control monetario monetary control.

control operacional operational control.

control presupuestario budget control.

control salarial wage control.

controlable controllable.

controlado controlled.

controlar control.

controles a la exportación export controls.

controles a la importación import controls.

controles de exportación export controls.

controles de importación import controls.

controles de intercambio de divisas currency exchange controls.

controles financieros financial controls.

convalidación *f* confirmation, validation.

convalidar confirm, validate.

convención *f* convention.

convención colectiva de trabajo collective bargaining agreement.

convención de trabajo labor agreement.

convención internacional international agreement.

convencional conventional.

conveniencia *f* convenience.

convenio *m* agreement, contract, settlement.

convenio básico basic agreement.

convenio bilateral bilateral agreement.

convenio colectivo collective agreement.

convenio colectivo de trabajo collective bargaining agreement.

convenio comercial trade agreement.

convenio concursal creditors' agreement.

convenio condicionado conditional agreement.

convenio condicional conditional agreement.

convenio conjunto joint agreement.

convenio de cartel cartel agreement.

convenio de comercio recíproco reciprocal trade agreement.

convenio de compensación clearing agreement, compensation agreement.

convenio de compras purchasing agreement.

convenio de consentimiento de préstamo de valores loan consent agreement.

convenio de cuenta conjunta joint account agreement.

convenio de cuenta de margen margin agreement.

convenio de empréstito para edificación building loan agreement.

convenio de fideicomiso trust agreement.

convenio de garantía guaranty agreement.

convenio de grupo de compra purchase group agreement.

convenio de indemnización indemnity agreement.

convenio de modificación modification agreement.

convenio de participación participation agreement.

convenio de préstamo para edificación building loan agreement.

convenio de recompra buyback agreement.

convenio de tenedor de tarjeta cardholder agreement.

convenio de tomar prestado borrowing agreement.

convenio del cliente customer's agreement.

convenio en la quiebra agreement between debtor and creditors.

convenio entre deudor y acreedores agreement between debtor and creditors.

convenio escrito written agreement.

convenio expreso express agreement.

convenio implícito implied agreement.

convenio incondicional unconditional agreement.

convenio internacional international agreement.

convenio maestro master agreement.

convenio multilateral multilateral agreement.

convenio patrón master agreement.

convenio salarial wage agreement.

convenio separado separate agreement.

convenio sobre mercancía commodity agreement.

convenio sobre precios price agreement.

convenio sobre producto commodity agreement.

convenio suplementario supplemental agreement.

convenio tácito tacit agreement.

convenio verbal oral agreement.

convenir agree, to be advisable, convene, correspond.

convenirse reach an agreement, convene.

convergencia *f* convergence.

conversión *f* conversion.

conversión a la par conversion at par.

conversión de bono bond conversion.

conversión de condominio condominium conversion.

conversión de póliza conversion of policy.

conversión equitativa equitable conversion.

conversión forzada forced conversion.

conversión inversa reverse conversion.

conversión involuntaria involuntary conversion.

conversión retroactiva retroactive conversion.

conversión voluntaria voluntary conversion.

convertibilidad *f* convertibility.

convertibilidad completa full convertibility.

convertibilidad de moneda currency convertibility.

convertible convertible.

convertir convert.

convexidad *f* convexity.

convocar convoke, call together.

convocar a licitación call for bids.

convocar de nuevo reconvene.

convocar una asamblea call a meeting.

convocar una asamblea de accionistas call a meeting of stockholders.

convocar una junta call a meeting.

convocar una junta de accionistas call a meeting of shareholders.

convocar una junta de accionistas call a meeting of stockholders.

convocar una reunión call a meeting.

convocar una reunión de accionistas call a meeting of shareholders.

convocar una sesión call a meeting.

convocatoria *f* summons, notice of a meeting.

convocatoria para propuestas call for bids.

coobligación *f* co-obligation.

coobligado *m* co-obligor.

cooperación internacional international cooperation.

cooperativa *f* cooperative.

cooperativa agrícola agricultural cooperative, farmers' cooperative.

cooperativa de arrendamiento leasing cooperative.

cooperativa de consumidores consumers' cooperative.

cooperativa de consumo consumers' cooperative.

cooperativa de crédito credit union.

cooperativa de productores producers' cooperative.

cooperativa de vivienda housing cooperative.

coordinación *f* coordination.

coordinación de beneficios coordination of benefits.

copar *m* monopolize.

coparticipación *f* partnership.

copartícipe adj joint.

copartícipe *m/f* partner.

copia *f* copy.

copia certificada certified copy.

coposeedor *m* joint owner, joint possessor.

coposesión *f* joint ownership, joint possession.

coposesor *m* joint owner, joint possessor.

copresidente *m* co-chairperson.

copropiedad *f* joint tenancy, joint ownership.

copropietario *m* joint owner, co-owner, joint tenant.

corporación *f* corporation, company, legal entity, entity.

corporación afiliada affiliated corporation.

corporación armadora shipping corporation.

corporación asociada associated corporation.

corporación bancaria banking corporation.

corporación caritativa charitable corporation.

corporación cerrada close corporation.

corporación civil civil corporation.

corporación comercial commercial corporation.

corporación controlada controlled corporation, subsidiary.

corporación controladora holding corporation.

corporación de control holding corporation.

corporación de crédito credit corporation.

corporación de derecho corporation created fulfilling all legal requirements.

corporación de dividendos limitados limited-dividend corporation.

corporación de fideicomiso trust corporation.

corporación de hecho corporation in fact.

corporación de inversión investment corporation.

corporación de negocios business corporation.

corporación de seguros insurance corporation.

corporación de seguros mutuos mutual insurance corporation.

corporación de servicio service corporation.

corporación de servicios personales personal service corporation.

corporación diversificada diversified corporation.

corporación doméstica domestic corporation.

corporación exenta exempt corporation.

corporación exenta de contribuciones tax-exempt corporation.

corporación exenta de impuestos tax-exempt corporation.

corporación extranjera alien corporation, foreign corporation.

corporación extranjera controlada controlled foreign corporation.

corporación familiar family corporation.

corporación fiduciaria trust corporation.

corporación filial sister corporation, subsidiary.

corporación financiera finance corporation.

corporación hipotecaria mortgage corporation.

corporación ilícita corporation organized for illegal purposes.

corporación inactiva dormant corporation.

corporación insolvente insolvent corporation.

corporación internacional international corporation.

corporación inversionista investment corporation.

corporación manufacturera manufacturing corporation.

corporación matriz parent corporation.

corporación mercantil business corporation.

corporación miembro member corporation.

corporación multinacional multinational corporation.

corporación nacional domestic corporation.

corporación no especulativa non-profit corporation.

corporación para fines no pecuniarios non-profit corporation.

corporación por acciones stock corporation.

corporación privada private corporation.

corporación propietaria close corporation.

corporación pública public corporation.

corporación quebrada bankrupt corporation.

corporación sin acciones nonstock corporation.

corporación sin fines de lucro non-profit corporation.

corporación subsidiaria subsidiary corporation.

corporación tenedora holding corporation.

corporativo corporate.

corpóreo corporeal.

corrección f correction.

corredor m broker.

corredor conjunto co-broker.

corredor cooperador cooperating broker.

corredor de aduana customs broker.

corredor de arrendamientos lease broker.

corredor de bienes raíces real estate broker.

corredor de bonos bond broker.

corredor de cambio foreign exchange broker.

corredor de cargo fijo flat-fee broker.

corredor de comercio merchandise broker, merchandise broker who also performs the services of a notary public.

corredor de contratación contract broker.

corredor de descuento discount broker.

corredor de empresas business broker.

corredor de letras bill broker.

corredor de mercancías merchandise broker.

corredor de préstamos loan broker.

corredor de reaseguro reinsurance broker.

corredor de seguros insurance broker.

corredor de servicios completos full-service broker.

corredor de valores securities broker.

corredor de ventas selling broker.

corredor del comprador buyer's broker.

corredor hipotecario mortgage broker.

corredor independiente independent broker.

corredor institucional institutional broker.

corredor principal principal broker.

corredor residencial residential broker.

correduría *f* brokerage.

corregido corrected.

correlación *f* correlation.

correlación conjunta joint correlation.

correlación directa direct correlation.

correlación lineal linear correlation.

correlación múltiple multiple correlation.

correlación negativa negative correlation.

correlación parcial partial correlation.

correlación positiva positive correlation.

correlación serial serial correlation.

correo *m* mail, correspondence, post office.

correo asegurado insured mail.

correo certificado certified mail, registered mail.

correo de respuesta comercial business reply mail.

correo electrónico electronic mail.

correo no asegurado uninsured mail.

correo registrado registered mail.

correspondencia *f* correspondence, mail.

correspondencia certificada certified mail, registered mail.

correspondencia de negocios business correspondence.

correspondencia registrada registered mail.

correspondiente corresponding.

corresponsal *m/f* correspondent.

corretaje *m* brokerage.

corretaje de descuento discount brokerage.

corretaje institucional institutional brokerage.

corriente de ingresos income stream.

corrientemente currently.

corrientemente asegurado currently insured.

corrientemente cubierto currently covered.

cortar costes cut costs.

cortar costos cut costs.

corto plazo, a short term, in the short term.

cosa fungible fungible good.

cosa gravada encumbered thing.

cosa hipotecada mortgaged thing.

cosa inmueble real property.

cosa mueble movable thing.

cosecha del arrendatario away-going crop.

cosignatario *m* cosigner.

coste *m* cost, price.

coste absorbido absorbed cost.

coste adicional additional cost.

coste administrado managed cost.

coste alternativo alternative cost.

coste amortizado amortized cost.

coste anticipado anticipated cost.

coste básico basic cost.

coste capitalizado capitalized cost.

coste comparativo comparative cost.

coste común common cost.

coste conjunto joint cost.

coste constante constant cost.

coste contingente contingent cost.

coste controlable controllable cost.

coste corriente current cost.

coste de capital cost of capital.

coste de capital incremental incremental cost of capital.

coste de compromiso commitment cost.

coste de constitución organization cost.

coste de conversión conversion cost.

coste de distribución distribution cost.

coste de emisión issue cost.

coste de emisión de bonos bond issue cost.

coste de entrega cost of delivery.

coste de fabricación manufacturing cost.

coste de factores factor cost.

coste de financiamiento financing cost.

coste de intereses neto   net interest cost.

coste de mantenimiento maintenance cost.

coste de manufactura   manufacturing cost.

coste de materiales   materials cost.

coste de mercancía   cost of merchandise.

coste de mercancía vendida   cost of merchandise sold.

coste de mercancías   cost of goods.

coste de mercancías vendidas   cost of goods sold.

coste de negocios directo   direct business cost.

coste de operación   operating cost.

coste de oportunidad   opportunity cost.

coste de organización   organization cost.

coste de personal directo   direct labor.

coste de posesión   carrying cost, cost of possession.

coste de producción   production cost.

coste de producto   product cost.

coste de reemplazo   replacement cost.

coste de reposición   replacement cost

coste de reproducción   reproduction cost, replacement cost.

coste de servicio   service cost.

coste de sustitución   substitution cost.

coste de transferencia   transfer cost.

coste de transporte   transportation cost.

coste de ventas   cost of sales.

coste de vida   cost of living.

coste depreciable   depreciable cost.

coste depreciado   depreciated cost.

coste diferencial   differential cost.

coste diferido   deferred cost.

coste directo   direct cost.

coste discrecional   discretionary cost.

coste económico   economic cost.

coste entregado   delivered cost.

coste especial   special cost.

coste específico   specific cost.

coste estándar   standard cost.

coste estimado   estimated cost.

coste estipulado   stipulated cost.

coste fijo   fixed cost.

coste histórico   historical cost.

coste implícito   implied cost.

coste imputado   imputed cost.

coste incidental   incidental cost.

coste incontrolable   uncontrollable cost.

coste incremental   incremental cost.

coste indirecto   indirect cost.

coste inevitable   inevitable cost.

coste inicial   initial cost.

coste laboral   labor cost.

coste marginal   marginal cost.

coste marginal de capital   marginal cost of capital.

coste marginal de fondos   marginal cost of funds.

coste máximo   maximum cost.

coste medio   average cost.

coste mínimo   minimum cost.

coste misceláneo   miscellaneous cost.

coste mixto   mixed cost.

coste neto   net cost.

coste no controlable   noncontrollable cost.

coste no recuperado   unrecovered cost.

coste nominal   nominal cost.

coste objeto   target cost.

coste original   original cost.

coste periódico   periodic cost.

coste por financiamiento   finance cost.

coste por pieza   cost per piece.

coste predeterminado   predetermined cost.

coste prevaleciente   prevailing cost.

coste privado   private cost.

coste prohibitivo   prohibitive cost.

coste promedio   average cost.

coste razonable   reasonable cost.

coste real   real cost.

coste recurrente   recurring cost.

coste reducido   reduced cost.

coste relacionado   related cost.

coste repetitivo   repetitive cost.

coste residual   residual cost.

coste semivariable   semivariable cost.

coste tangible   tangible cost.

coste total   total cost, full cost.

coste trimestral   quarterly cost.

coste unitario   unit cost.

coste unitario medio average unit cost.

coste variable variable cost.

coste y flete cost and freight.

costear finance, pay for.

costeo de proceso process costing.

costeo de producto product costing.

costeo directo direct costing.

costeo marginal marginal costing.

costeo por absorción absorption costing.

costeo total full costing.

costero coastal.

costes aumentados increased costs.

costes constantes constant costs.

costes controlables controllable costs.

costes crecientes increasing costs.

costes de capacidad capacity costs.

costes de colocación de emisión underwriting costs.

costes de construcción building costs.

costes de distribución distribution costs.

costes de embarque shipping costs.

costes de fábrica factory costs.

costes de investigación y desarrollo research and development costs.

costes de mercadeo marketing costs.

costes de personal personnel costs.

costes de promoción promotional costs.

costes de quiebra bankruptcy costs.

costes de ventas selling costs.

costes decrecientes decreasing costs.

costes del desarrollo development costs.

costes especificados specified costs.

costes esperados expected costs.

costes estables stable costs.

costes explícitos explicit costs.

costes fijos fixed costs.

costes fijos comprometidos committed fixed costs.

costes fijos totales total fixed costs.

costes financieros financial costs.

costes generales fijos overhead costs.

costes incontrolables uncontrollable costs.

costes indeterminados undetermined costs.

costes inevitables unavoidable costs.

costes mensuales monthly costs.

costes no asignados unallocated costs.

costes no de manufactura nonmanufacturing costs.

costes no distribuidos undistributed costs.

costes normales normal costs.

costes operacionales operational costs.

costes operativos operating costs.

costes preliminares preliminary costs.

costes prepagados prepaid costs.

costes progresivos progressive costs.

costes prorrateados apportioned costs.

costes relevantes relevant costs.

costes suplementarios supplemental costs.

costo *m* cost, price.

costo absorbido absorbed cost.

costo adicional additional cost.

costo administrado managed cost.

costo alternativo alternative cost.

costo amortizado amortized cost.

costo anticipado anticipated cost.

costo básico basic cost.

costo capitalizado capitalized cost.

costo comparativo comparative cost.

costo común common cost.

costo conjunto joint cost.

costo constante constant cost.

costo contingente contingent cost.

costo controlable controllable cost.

costo corriente current cost.

costo de capital cost of capital.

costo de capital incremental incremental cost of capital.

costo de cobros collection cost.

costo de compromiso commitment cost.

costo de constitución organization cost.

costo de conversión conversion cost.

costo de distribución distribution cost.

costo de emisión issue cost.

costo de emisión de bonos bond issue cost.

costo de emitir acciones flotation cost.

costo de entrega cost of delivery.

costo de fabricación manufacturing cost.

costo de factores   factor cost.

costo de financiamiento   financing cost.

costo de fondos   cost of funds.

costo de intereses neto   net interest cost.

costo de la pérdida   cost of loss.

costo de mantenimiento maintenance cost.

costo de manufactura   manufacturing cost.

costo de materiales   materials cost.

costo de mercancía   cost of merchandise.

costo de mercancía vendida   cost of merchandise sold.

costo de mercancías   cost of goods.

costo de mercancías manufacturadas   cost of goods manufactured.

costo de mercancías vendidas   cost of goods sold.

costo de negocios directo   direct business cost.

costo de ocupación   cost of occupancy.

costo de operación   operating cost.

costo de oportunidad   opportunity cost.

costo de organización   organization cost.

costo de personal directo   direct labor.

costo de personal indirecto   indirect labor.

costo de posesión   carrying cost, cost of possession.

costo de producción   cost of production.

costo de producto   product cost.

costo de reemplazo   replacement cost.

costo de reposición   replacement cost

costo de reproducción   reproduction cost, replacement cost, cost of reproduction.

costo de seguro de vida   life insurance cost.

costo de servicio   service cost.

costo de sustitución   substitution cost.

costo de transacción   transaction cost.

costo de transferencia   transfer cost.

costo de transporte   transportation cost.

costo de ventas   cost of sales.

costo de vida   cost of living.

costo del dinero   cost of money.

costo del riesgo   cost of risk.

costo del seguro   cost of insurance.

costo depreciable   depreciable cost.

costo depreciado   depreciated cost.

costo diferencial   differential cost.

costo diferido   deferred cost.

costo directo   direct cost.

costo discrecional   discretionary cost.

costo económico   economic cost.

costo entregado   delivered cost.

costo especial   special cost.

costo específico   specific cost.

costo estándar   standard cost.

costo estimado   estimated cost.

costo estipulado   stipulated cost.

costo fijo   fixed cost.

costo histórico   historical cost.

costo implícito   implied cost.

costo imputado   imputed cost.

costo incidental   incidental cost.

costo incontrolable   uncontrollable cost.

costo incremental   incremental cost.

costo indirecto   indirect cost.

costo inevitable   inevitable cost.

costo inicial   initial cost.

costo intangible   intangible cost.

costo laboral   labor cost.

costo marginal   marginal cost.

costo marginal de adquisición marginal cost of acquisition.

costo marginal de capital   marginal cost of capital.

costo marginal de fondos   marginal cost of funds.

costo máximo   maximum cost.

costo medio   average cost.

costo mínimo   minimum cost.

costo misceláneo   miscellaneous cost.

costo mixto   mixed cost.

costo neto   net cost.

costo no controlable   noncontrollable cost.

costo no recuperado   unrecovered cost.

costo nominal   nominal cost.

costo objeto   target cost.

costo original   original cost.

costo periódico   periodic cost.
costo por financiamiento   finance cost.
costo por pieza   cost per piece.
costo predeterminado   predetermined cost.
costo prevaleciente   prevailing cost.
costo privado   private cost.
costo prohibitivo   prohibitive cost.
costo promedio   average cost.
costo razonable   reasonable cost.
costo real   real cost.
costo recurrente   recurring cost.
costo redistribuido   redistributed cost.
costo reducido   reduced cost.
costo relacionado   related cost.
costo repetitivo   repetitive cost.
costo residual   residual cost.
costo semifijo   semifixed cost.
costo semivariable   semivariable cost.
costo tangible   tangible cost.
costo total   total cost, full cost.
costo trimestral   quarterly cost.
costo unitario   unit cost.
costo unitario medio   average unit cost.
costo variable   variable cost.
costo y flete   cost and freight.
costos adicionales   extra costs.
costos aumentados   increased costs.
costos constantes   constant costs.
costos controlables   controllable costs.
costos crecientes   increasing costs.
costos de capacidad   capacity costs.
costos de colocación de emisión   underwriting costs.
costos de construcción   building costs.
costos de distribución   distribution costs.
costos de embarque   shipping costs.
costos de explotación   operating costs.
costos de fábrica   factory costs.
costos de investigación y desarrollo   research and development costs.
costos de mercadeo   marketing costs.
costos de personal   personnel costs.
costos de promoción   promotional costs.
costos de quiebra   bankruptcy costs.
costos de ventas   selling costs.
costos decrecientes   decreasing costs.

costos del desarrollo   development costs.
costos especificados   specified costs.
costos esperados   expected costs.
costos estables   stable costs.
costos explícitos   explicit costs.
costos fijos   fixed costs.
costos fijos comprometidos   committed fixed costs.
costos fijos totales   total fixed costs.
costos financieros   financial costs.
costos generales fijos   overhead costs.
costos incontrolables   uncontrollable costs.
costos indeterminados   undetermined costs.
costos inevitables   unavoidable costs.
costos mensuales   monthly costs.
costos no asignados   unallocated costs.
costos no de manufactura   nonmanufacturing costs.
costos no distribuidos   undistributed costs.
costos normales   normal costs.
costos operacionales   operational costs.
costos operativos   operating costs.
costos preliminares   preliminary costs.
costos prepagados   prepaid costs.
costos programados   programmed costs.
costos progresivos   progressive costs.
costos prorrateados   apportioned costs.
costos relevantes   relevant costs.
costos suplementarios   supplemental costs.
costos variables totales   total variable costs.
costumbre   f custom.
costumbre comercial   business practice.
costumbre general   general custom.
costumbre inmemorial   immemorial custom.
costumbre internacional   international custom.
costumbres del comercio   customs of the trade.
cotización   f quotation.
cotización al cierre   closing quote.
cotización de bono   bond quote.

cotización de cierre closing quote.
cotización en firme firm quote.
cotización firme firm quote.
cotización nominal nominal quotation.
cotizar quote.
creciente increasing.
crecimiento *m* growth.
crecimiento anticipado anticipated growth.
crecimiento cero zero growth.
crecimiento compuesto compound growth.
crecimiento de capital capital growth.
crecimiento direccional directional growth.
crecimiento económico economic growth.
crecimiento económico cero zero economic growth.
crecimiento económico equilibrado balanced economic growth.
crecimiento equilibrado balanced growth.
crecimiento estable stable growth.
crecimiento global overall growth.
credencial *f* credential.
credibilidad *f* credibility.
crédito *m* credit, installment, solvency, reputation.
crédito, a on credit.
crédito a corto plazo short-term credit.
crédito a largo plazo long-term credit.
crédito a medio plazo medium-term credit.
crédito a sola firma unsecured credit.
crédito abierto open credit.
crédito agrícola farm credit.
crédito al descubierto unsecured credit.
crédito al por menor retail credit.
crédito bancario bank credit.
crédito cierto existing debt.
crédito comercial commercial credit.
crédito confirmado confirmed credit.
crédito congelado frozen credit.
crédito contra contribución credit against tax.
crédito contra impuesto credit against tax.
crédito contributivo tax credit.

crédito contributivo extranjero foreign tax credit.
crédito contributivo por inversión investment tax credit.
crédito de aceptación acceptance credit.
crédito de avío loan for a specific business purpose.
crédito de cheques check credit.
crédito de consumidor consumer credit.
crédito de consumo consumer credit.
crédito de descuento discount credit.
crédito de habilitación loan for a specific business purpose.
crédito de importación import credit.
crédito de negocios business credit.
crédito de tercera parte third party credit.
crédito del comprador buyer's credit.
crédito deteriorado impaired credit.
crédito diferido deferred credit.
crédito disponible available credit.
crédito divisible divisible credit.
crédito documentario documentary credit.
crédito en blanco open credit.
crédito especial special credit.
crédito estacional seasonal credit.
crédito extendido extended credit.
crédito ficticio fictitious credit.
crédito garantizado guaranteed credit, secured credit.
crédito hipotecario mortgage credit, mortgage.
crédito ilimitado unlimited credit.
crédito impositivo tax credit.
crédito impositivo extranjero foreign tax credit.
crédito impositivo por inversión investment tax credit.
crédito incobrable uncollectible debt.
crédito incondicional unconditional credit.
crédito inmediato immediate credit.
crédito interino interim credit.
crédito interior domestic credit.
crédito irrevocable irrevocable credit.
crédito libre open credit.
crédito litigioso debt in litigation.
crédito mercantil commercial credit.
crédito mixto mixed credit.

crédito mobiliario   chattel mortgage.
crédito no confirmado   unconfirmed credit.
crédito no utilizado   unused credit.
crédito opcional   optional credit.
crédito pendiente   outstanding credit.
crédito personal   personal credit.
crédito pignoraticio   secured credit.
crédito por cuidado de dependiente dependent care credit.
crédito por inversión   investment credit.
crédito por seguro médico   health insurance credit.
crédito privado   private credit.
crédito privilegiado   privileged debt.
crédito provisional   provisional credit.
crédito público   public credit, public debt.
crédito quirografario   unsecured credit.
crédito reembolsable   refundable credit.
crédito refaccionario   agricultural loan, commercial loan.
crédito renovable   renewable credit.
crédito restringido   restricted credit.
crédito revocable   revocable credit.
crédito rotatorio   revolving credit.
crédito simple   simple credit.
crédito sin garantía   unsecured credit.
crédito sin restricción   unrestricted credit.
crédito suplementario   supplemental credit.
crédito transferible   transferable credit.
crédito tributario   tax credit.
crédito tributario extranjero   foreign tax credit.
crédito tributario por inversión investment tax credit.
crédito unificado   unified credit.
creíble   credible.
crimen corporativo   corporate crime.
crisis económica   economic crisis.
crisis laboral   labor crisis.
criterio de valoración   valuation criterion.
criterio de valuación   valuation criterion.
criterios de crédito   credit criteria.
cuadruplicado   quadruplicate.

cuantificación   *f* quantification.
cuartila   *f* quartile.
cuasicontrato   *m* quasi contract.
cuasicorporación   *f* quasi corporation.
cuasimonopolio   *m* quasi monopoly.
cuasiposesión   *f* quasi possession.
cuasipúblico   quasi-public.
cuasirrenta   *f* quasi rent.
cuasirreorganización   *f* quasi reorganization.
cuasiservidumbre   *f* quasi easement.
cuatrimestre   *m* a four month period.
cubierta   *f* coverage.
cubierto   covered.
cubrir   cover, cover up, pay.
cuenta   *f* account, bill, accounting, calculation, report.
cuenta, a   on account.
cuenta a cobrar   bill receivable.
cuenta a comisión   commission account.
cuenta a pagar   bill payable.
cuenta abierta   open account.
cuenta activa   active account.
cuenta adjunta   adjunct account.
cuenta administrada   managed account.
cuenta ajena   the account of another.
cuenta al descubierto   short account, overdrawn account.
cuenta asegurada   insured account.
cuenta asignada   assigned account.
cuenta auxiliar   subsidiary account.
cuenta bancaria   bank account.
cuenta básica   basic account.
cuenta bloqueada   blocked account.
cuenta cancelada   canceled account.
cuenta cedida   assigned account.
cuenta cerrada   closed account.
cuenta clave   key account.
cuenta comercial   commercial account, business account.
cuenta compuesta   compound account.
cuenta congelada   frozen account.
cuenta conjunta   joint account.
cuenta continua   continuing account.
cuenta controlada   controlled account.
cuenta controladora   controlling account.
cuenta convenida   account stated.
cuenta corporativa   corporate account.

cuenta corriente   commercial account, current account, checking account.

cuenta corriente bancaria   checking account.

cuenta custodial   custodial account.

cuenta de, a   for the account of, on behalf of.

cuenta de actividad   activity account.

cuenta de ahorros   savings account.

cuenta de ahorros vinculada   linked savings account.

cuenta de alto volumen   high-volume account.

cuenta de apropiación   appropriation account.

cuenta de arbitraje especial   special arbitrage account.

cuenta de balance cero   zero-balance account.

cuenta de banco conjunta   joint bank account.

cuenta de bonos especial   special bond account.

cuenta de caja   cash account.

cuenta de capital   capital account.

cuenta de certificado   certificate account.

cuenta de cheques   checking account.

cuenta de club   club account.

cuenta de club navideño   Christmas club account.

cuenta de comercio   commercial account.

cuenta de compensación   offset account.

cuenta de compras   purchase account.

cuenta de concentración   concentration account.

cuenta de consignación   consignment account.

cuenta de consumo   consumption account.

cuenta de control   control account.

cuenta de corporación   corporation account.

cuenta de corretaje   brokerage account.

cuenta de crédito   credit account.

cuenta de crédito renovable   revolving charge account.

cuenta de crédito rotatorio   revolving charge account.

cuenta de depósito   deposit account.

cuenta de depósito del mercado monetario   money market deposit account.

cuenta de difunto   deceased account.

cuenta de empresa   corporate account.

cuenta de explotación   working account, operating account.

cuenta de ganancias y pérdidas   profit-and-loss account.

cuenta de gastos flexibles   flexible spending account.

cuenta de igualación   equalization account.

cuenta de ingresos   income account.

cuenta de intereses diarios   daily interest account.

cuenta de inventario   inventory account.

cuenta de inversiones   investment account.

cuenta de liquidación   settlement account.

cuenta de margen   margin account.

cuenta de mercado abierto   open market account.

cuenta de negocios   business account.

cuenta de no residente   nonresident account.

cuenta de nómina   payroll account.

cuenta de opciones   option account.

cuenta de participación   participation account.

cuenta de préstamos   loan account.

cuenta de producción   production account.

cuenta de regreso   protest charges.

cuenta de resaca   protest charges.

cuenta de reserva   reserve account.

cuenta de residente   resident account.

cuenta de retiro individual   individual retirement account.

cuenta de saldo cero   zero-balance account.

cuenta de tenedor de tarjeta   cardholder account.

cuenta de tutela   trust account.

cuenta de valoración   valuation account.

cuenta de valores   securities account.

cuenta de ventas   sales account.

cuenta del balance   balance sheet account.

cuenta del cierre closing account.

cuenta del mayor ledger account.

cuenta del mercado monetario money market account.

cuenta detallada itemized account.

cuenta deudora debit account, account payable.

cuenta diferida deferred account.

cuenta discrecional discretionary account.

cuenta dividida divided account.

cuenta dudosa doubtful account.

cuenta embargada attached account.

cuenta en fideicomiso account in trust.

cuenta en moneda extranjera foreign currency account.

cuenta en mora delinquent account, past due account.

cuenta en plica escrow account.

cuenta entre compañías intercompany account.

cuenta especial special account.

cuenta expirada expired account.

cuenta exterior foreign account.

cuenta externa external account.

cuenta fiduciaria trust account.

cuenta flexible flexible account.

cuenta garantizada secured account.

cuenta general general account.

cuenta inactiva inactive account, dormant account.

cuenta incobrable uncollectible account.

cuenta indivisa undivided account.

cuenta liquidada liquidated account.

cuenta mala uncollectible debt.

cuenta miscelánea especial special miscellaneous account.

cuenta mixta mixed account.

cuenta morosa delinquent account, past due account.

cuenta no asegurada uninsured account.

cuenta no expirada unexpired account.

cuenta nominal nominal account.

cuenta nueva new account.

cuenta para gastos expense account.

cuenta particional account to divide.

cuenta pendiente outstanding account.

cuenta permanente permanent account.

cuenta pignorada pledged account.

cuenta por cobrar account receivable.

cuenta por contrato contract account.

cuenta por pagar account payable.

cuenta presentada al deudor account rendered.

cuenta presupuestaria budget account.

cuenta primaria primary account.

cuenta principal primary account.

cuenta privada private account.

cuenta provisional provisional account.

cuenta pública public account.

cuenta regional regional account.

cuenta rotatoria revolving account.

cuenta saldada account settled.

cuenta secundaria secondary account.

cuenta segregada segregated account.

cuenta separada separate account.

cuenta sin garantía unsecured account.

cuenta sin movimiento inactive account.

cuenta sin valor worthless account.

cuenta sobregirada overdrawn account.

cuenta telefónica telephone account.

cuenta temporal temporary account.

cuenta transferida transferred account.

cuenta vencida past due account.

cuentas anuales annual accounts.

cuentas consolidadas consolidated accounts.

cuentas de orden memoranda accounts.

cuentas mezcladas commingled accounts.

cuentas no consolidadas unconsolidated accounts.

cuentas por cobrar accounts receivable.

cuentas por pagar accounts payable.

cuerpo administrativo administrative body.

cuerpo de bienes total assets.

cuestionable questionable.

cuidado a corto plazo short-term care.

cuidado a largo plazo long-term care.

cuidado médico   medical care.

cultura corporativa   corporate culture.

cumplimiento   *m* fulfillment, completion, performance, expiration date.

cumplimiento contributivo   tax compliance.

cumplimiento de la obligación   performance of an obligation.

cumplimiento específico   specific performance.

cumplimiento fiscal   tax compliance.

cumplimiento impositivo   tax compliance.

cumplimiento parcial   partial performance.

cumplimiento total   total performance.

cumplimiento tributario   tax compliance.

cumplimiento voluntario   voluntary compliance.

cumplir   fulfill, carry out, comply, perform.

cumplir con   abide by.

cumplirse el plazo   mature.

cumulativo   cumulative.

cuota   *f* quota, share, payment, installment, fee.

cuota arancelaria   tariff quota.

cuota contributiva   tax rate, tax assessment.

cuota de importación   import quota.

cuota de impuesto   tax rate.

cuota de ventas   sales quota.

cuota global   global quota.

cuota gravable   taxable value.

cuota imponible   taxable value.

cuota tributable   taxable value.

cuotas de exportación   export quotas.

cuotas, en   in installments.

cuotas sindicales   union dues.

cupo   *m* quota, share, tax share.

cupón   *m* coupon.

cupón de acción   dividend coupon.

cupón de bono   bond coupon.

cupón de deuda   bond coupon.

cupón de dividendo   dividend coupon.

cupón de intereses   interest coupon.

cupón de pago   payment coupon.

curso de cambio   rate of exchange.

curso de los negocios   course of business.

curso del empleo   course of employment.

curso legal   legal tender.

curso normal de los negocios   ordinary course of business.

curso ordinario de los negocios   ordinary course of business.

curva de coste marginal   marginal cost curve.

curva de costes   cost curve.

curva de costes totales   total cost curve.

curva de costo marginal   marginal cost curve.

curva de costos   cost curve.

curva de costos totales   total cost curve.

curva de crecimiento   growth curve.

curva de demanda   demand curve.

curva de experiencia   experience curve.

curva de ingresos   revenue curve.

curva de oferta   supply curve.

curva de probabilidad   probability curve.

curva de producción   output curve.

curva de rendimiento   yield curve.

curva de rendimiento decreciente   declining-yield curve.

curva de rendimiento invertida   inverted yield curve.

curva de rendimiento positiva   positive yield curve.

curva de rendimientos negativa   negative yield curve.

curva de ventas   sales curve.

curva salarial   wage curve.

curvas de oferta y demanda   supply and demand curves.

custodial   custodial.

cheque   *m* check.

cheque a la orden   order check.

cheque a la orden de   check to the order of.

cheque al portador   bearer check.

cheque alterado   altered check.

cheque antedatado   antedated check.

cheque cancelado   canceled check.

cheque certificado certified check.

cheque circular cashier's check.

cheque cobrado cashed check.

cheque compensado cleared check.

cheque conformado certified check.

cheque cruzado check for deposit only, crossed check.

cheque de caja cashier's check.

cheque de cajero cashier's check.

cheque de compañía company check.

cheque de dividendo dividend check.

cheque de gerencia cashier's check.

cheque de gerencia bancaria cashier's check.

cheque de gerente cashier's check.

cheque de reembolso refund check.

cheque de tesorería treasury check.

cheque de ventanilla counter check.

cheque de viajero traveler's check.

cheque devuelto returned check.

cheque en blanco blank check.

cheque falsificado forged check.

cheque falso false check.

cheque limitado limited check.

cheque local local check.

cheque mutilado mutilated check.

cheque negociable negotiable check.

cheque no negociable nonnegotiable check.

cheque no pagado unpaid check.

cheque pagado paid check.

cheque para abono en cuenta check for deposit only.

cheque para acreditar en cuenta check for deposit only.

cheque personal personal check.

cheque posfechado post-dated check.

cheque postal postal money order.

cheque preautorizado preauthorized check.

cheque protegido protected check.

cheque rayado check for deposit only.

cheque rehusado dishonored check.

cheque sin fondos bad check.

cheque visado certified check.

chequear check, inspect.

D

dación dation, delivery.

dación de arras payment of earnest money.

dación en pago dation in payment, payment in lieu of that accorded.

dádiva *f* gift, donation, grant.

dador *m* giver, donor, grantor.

dador a la gruesa lender on bottomry bond.

dador de préstamo lender.

dador de trabajo employer.

dañado damaged.

daño accidental accidental damage.

daño de propiedad property damage.

daño oculto concealed damage.

daños damages.

daños a la propiedad damage to property.

daños especiales special damages.

dar a crédito lend.

dar a la gruesa lend on bottomry bond.

dar aviso give notice.

dar crédito grant credit.

dar en arriendo lease.

dar en prenda pledge.

dar por vencido cause to become due and payable.

dar prestado lend.

dar prórroga grant a time extension.

datos contributivos tax data.

datos de contabilidad accounting data.

datos del censo census data.

datos entre compañías intercompany data.

datos fiscales tax data.

datos impositivos tax data.

datos internos internal data.

datos sin procesar raw data.

datos sin restricciones unrestricted data.

datos tributarios tax data.

de acuerdo a lo convenido as per agreement.

de acuerdo al contrato as per contract.

de mancomún jointly.

de tránsito in transit.

debe *m* debit side.

debe y haber debit and credit.

debenture *m* debenture.

debenturista *m/f* holder of a debenture.

deber *m* duty, obligation, debt.

deber v owe.

deberes duties, obligations.

deberes contributivos tax obligations.

deberes fiscales tax obligations.

deberes impositivos tax obligations.

deberes tibutarios tax obligations.

debida diligencia due diligence.

debidamente calificado duly qualified.

debidamente registrado duly registered.

debitar debit.

debitar de más overdebit.

débito *m* debit.

débito abierto open debit.

débito bancario bank debit.

débito diferido deferred debit.

débito directo direct debit.

débito preautorizado preauthorized debit.

decisión financiera financial decision.

decisiones operativas operating decisions.

decisiones programadas programmed decisions.

declaración *f* declaration, statement, report.

declaración aduanera customs declaration.

declaración arancelaria customs declaration.

declaración contributiva tax return.

declaración de aduana customs declaration.

declaración de bienes statement of property owned.

declaración de concurso declaration of bankruptcy.

declaración de condición statement of condition.

declaración de condominio condominium declaration.

declaración de contribución sobre ingresos income tax return.

declaración de contribuciones estimadas declaration of estimated taxes.

declaración de dividendo dividend declaration.

declaración de entrada customs declaration.

declaración de exportación export declaration.

declaración de fideicomiso declaration of trust.

declaración de impacto impact statement.

declaración de impuesto sobre ingresos income tax return.

declaración de impuestos tax return.

declaración de impuestos estimados declaration of estimated taxes.

declaración de ingresos retenidos retained earnings statement.

declaración de origen declaration of origin.

declaración de póliza policy declaration.

declaración de quiebra declaration of bankruptcy.

declaración de rechazo notice of dishonor.

declaración de renta income statement, income tax return.

declaración de solvencia declaration of solvency.

declaración de utilidades retenidas retained earnings statement.

declaración del cierre closing statement.

declaración del impacto ambiental environmental impact statement.

declaración del impacto social social impact statement.

declaración engañosa deceptive statement.

declaración falsa enjuiciable actionable misrepresentation.

declaración fiscal tax return.

declaración fraudulenta fraudulent representation.

declaración impositiva tax return.

declaración oficial official statement.

declaración tributaria tax return.

declarado declared, manifested.

declarado de más overstated.

declarado de menos understated.

declarar declare.

declarar un dividendo declare a dividend.

declarar una huelga declare a strike.

declaratoria de quiebra declaration of bankruptcy.

declinar decline, refuse.

decomisable confiscable, forfeitable.

decomisar confiscate, forfeit.

decomiso *m* confiscation, forfeit.

decreciente decreasing, falling.

deducción *f* deduction.

deducción admisible admissible deduction.

deducción contributiva tax deduction.

deducción contributiva extranjera foreign tax deduction.

deducción contributiva matrimonial marital deduction.

deducción contributiva por gastos médicos medical expense deduction.

deducción de ingresos deduction from income.

deducción de ingresos brutos deduction from gross income.

deducción de ingresos netos deduction from net income.

deducción de intereses interest deduction.

deducción de intereses hipotecarios mortgage interest deduction.

deducción familiar family allowance.

deducción fiscal matrimonial marital deduction.

deducción impositiva tax deduction.

deducción impositiva extranjera foreign tax deduction.

deducción impositiva matrimonial marital deduction.

deducción impositiva por gastos médicos medical expense deduction.

deducción matrimonial marital deduction.

deducción médica medical deduction.

deducción permisible allowable deduction.

deducción permitida allowed deduction.

deducción por agotamiento depletion allowance.

deducción por contribuciones caritativas charitable contributions deduction.

deducción por dependiente dependent deduction.

deducción por gastos de comidas meal expense deduction.

deducción por gastos de mudanza moving expense deduction.

deducción por gastos de representación entertainment expense deduction.

deducción por gastos educativos education expense deduction.

deducción por gastos médicos medical expense deduction.

deducción por oficina en el hogar home office deduction.

deducción por pérdida de explotación neta net operating loss deduction.

deducción por pérdida operativa neta net operating loss deduction.

deducción tributaria extranjera foreign tax deduction.

deducción tributaria matrimonial marital deduction.

deducción tributaria por gastos médicos medical expense deduction.

deducciones de nómina payroll deductions.

deducciones del ingreso bruto deductions from gross income.

deducciones detalladas itemized deductions.

deducciones detalladas misceláneas miscellaneous itemized deductions.

deducciones en exceso excess deductions.

deducciones por gastos de negocios business expenses deductions.

deducible deductible.

deducible de porcentaje de pérdidas percentage-of-loss deductible.

deducible desvaneciente disappearing deductible.

deducible dividido split deductible.

deducible fijo flat deductible.

deducible integrado integrated deductible.

deducir deduct.

deducir contribuciones deduct taxes.

deducir del salario deduct from wages.

deducir impuestos   deduct taxes.
defalcar   *m* embezzle, default.
defecto   *m* defect, insufficiency.
defecto constitutivo   inherent defect.
defecto de título   title detect.
defecto inherente   inherent defect.
defecto latente   latent defect.
defecto oculto   hidden defect.
defecto patente   patent defect.
defectos aparentes   apparent defects.
defectuoso   defective.
deficiencia   *f* deficiency.
deficiente   deficient.
déficit   *m* deficit.
déficit acumulativo   cumulative deficit.
déficit casual   casual deficit.
déficit comercial   trade deficit.
déficit de caja   cash deficit.
déficit de la balanza   trade deficit.
déficit de pagos   payments deficit.
déficit en la balanza de pagos   balance of payments deficit.
déficit exterior   external deficit.
déficit federal   federal deficit.
déficit global   overall deficit.
déficit presupuestario   budgetary deficit.
definición de empleo   job definition.
definición de trabajo   job definition.
definitivo   definitive.
deflación   *f* deflation.
deflación moderada   moderate deflation.
deflacionador   deflator.
deflacionario   deflationary.
defraudación   *f* fraud, defraudation, defrauding, swindle.
defraudación fiscal   tax evasion.
defraudador   *m* defrauder, swindler.
defraudar   defraud, cheat.
degresión   *f* degression.
dejar de cumplir   fail to fulfill.
dejar en prenda   pledge, pawn.
dejar sin efecto   annul.
delegación   *f* delegation, agency, authorization.
delegación de autoridad   delegation of authority.
delegación de crédito   novation.
delegación de deuda   novation.
delegado   adj delegated, assigned.

delegado   *m* delegate, agent, representative, assignee.
delegante   *m* principal, assigner.
delegar   delegate, assign, authorize.
delegar autoridad   delegate authority.
delegatorio   delegatory.
delimitación   *f* delimitation.
delimitar   delimit.
delincuencia   *f* delinquency.
delincuente   delinquent.
delinear   delineate.
delito fiscal   tax crime.
delta   *f* delta.
demanda   *f* demand, claim.
demanda agregada   aggregated demand.
demanda aletoria   random demand.
demanda cíclica   cyclical demand.
demanda combinada   composite demand.
demanda complementaria   complementary demand.
demanda conjunta   joint demand.
demanda de consumidores   consumer demand.
demanda de importaciones   import demand.
demanda de mercado   market demand.
demanda derivada   derived demand.
demanda efectiva   effective demand.
demanda elástica   elastic demand.
demanda en exceso   excess demand.
demanda en juicio hipotecario   bill for foreclosure.
demanda estacional   seasonal demand.
demanda extranjera   foreign demand.
demanda global   overall demand.
demanda inelástica   inelastic demand.
demanda potencial   potential demand.
demanda primaria   primary demand.
demanda recíproca   reciprocal demand.
demanda selectiva   selective demand.
demandable   demandable.
demandar el pago de un empréstito   call a loan.
demandar el pago de un préstamo   call a loan.
demarcación   *f* demarcation.
demasía   *f* excess.
demográfico   demographic.

demolición f demolition.
demora f delay, demurrage.
demora de pago payment delay.
demora en el pago delay in payment.
demora en la entrega delay in delivery.
demora evitable avoidable delay.
demorado delayed.
demorar delay, hold.
demoroso overdue, in default.
demostración f demonstration.
denegación f denial, refusal.
denegación de crédito credit denial.
denegación de responsabilidad disclaimer of liability.
denegar deny, refuse.
denegatorio denying, rejecting.
denominación f denomination, title.
denominación comercial trade name.
densidad f density.
densidad de probabilidad probability density.
denuncia f report, announcement.
denuncia del contribuyente income tax return.
denunciación f report, announcement.
denunciador person who files a report.
denunciante m/f person who files a report.
denunciar report, announce.
denunciar un saldo show a balance.
denunciar una mina file a mining claim.
departamentalización f departmentalization.
departamento m department, branch, district.
departamento arrendado leased department.
departamento de acatamiento compliance department.
departamento de aprobación de crédito credit-approval department.
departamento de auditoría audit department.
departamento de autorizaciones authorization department.
departamento de certificación certification department.
departamento de cobranza collection department.

departamento de cobros collection department.
departamento de compras purchasing department.
departamento de contabilidad accounting department.
departamento de contribuciones tax department.
departamento de corretaje brokerage department.
departamento de crédito credit department.
departamento de cuentas de margen margin department.
departamento de descuento discount department.
departamento de exportación export department.
departamento de facturación billing department.
departamento de hipotecas mortgage department.
departamento de impuestos tax department.
departamento de liquidaciones settlement department.
departamento de nómina payroll department.
departamento de operaciones operations department.
departamento de órdenes order department.
departamento de personal personnel department.
departamento de préstamos loan department.
departamento de producción production department.
departamento de publicidad advertising department.
departamento de reclamaciones claims department.
departamento de relaciones públicas public relations department.
departamento de seguros insurance department.
departamento de servicio service department.
departamento de tránsito transit department.
departamento de ventas sales department.

departamento de ventas a crédito credit sales department.

departamento derivado derivative department.

departamento extranjero foreign department.

departamento fiduciario de banco bank trust department.

departamento financiero finance department.

departamento general general department.

departamento hipotecario mortgage department.

dependencia dependence, branch, agency.

dependiente adj dependent, subordinate.

dependiente m/f agent, employee.

dependiente legal legal dependent.

deponente m/f deponent, depositor, bailor.

depositante m/f depositor, bailor.

depositante asegurado insured depositor.

depositante no asegurado uninsured depositor.

depositar deposit.

depositaría f depository.

depositaría gubernamental government depository.

depositaría nocturna night depository.

depositario m depositary, depository, trustee, bailee.

depositario de plica escrow agent.

depósito m deposit, down payment, warehouse, trust agreement, bailment.

depósito a corto plazo short-term deposit.

depósito a la vista sight deposit, demand deposit.

depósito a largo plazo long-term deposit.

depósito a mediano plazo medium-term deposit.

depósito a plazo time deposit.

depósito a término time deposit.

depósito a título gratuito gratuitous deposit.

depósito accidental involuntary bailment.

depósito aduanero customs deposit.

depósito afianzado bonded warehouse.

depósito anticipado advance deposit.

depósito asegurado insured deposit.

depósito automático automatic deposit.

depósito bancario bank deposit.

depósito bloqueado blocked deposit.

depósito civil gratuitous bailment.

depósito comercial bailment.

depósito comercial business deposit.

depósito conjunto joint deposit.

depósito convencional voluntary deposit.

depósito de garantía guaranty deposit.

depósito de giro demand deposit.

depósito de nómina directo direct payroll deposit.

depósito de plica escrow deposit.

depósito de prima premium deposit.

depósito de reserva reserve deposit.

depósito de títulos de propiedad deposit of title deeds.

depósito de ventanilla counter deposit.

depósito derivado derivative deposit.

depósito directo direct deposit.

depósito directo de nómina direct deposit of payroll.

depósito disponible demand deposit.

depósito dividido split deposit.

depósito efectivo actual bailment.

depósito en avería gruesa general average deposit.

depósito en buena fe good faith deposit.

depósito en mutuo loan for consumption.

depósito especial special deposit.

depósito especificado specified deposit.

depósito específico specific deposit.

depósito estipulado stipulated deposit.

depósito extranjero foreign deposit.

depósito garantizado guaranteed deposit.

depósito general general deposit.

depósito gratuito gratuitous deposit, gratuitous bailment.

depósito gubernamental
government deposit.

depósito interbancario interbank deposit.

depósito involuntario involuntary deposit.

depósito irregular irregular deposit.

depósito mercantil bailment.

depósito mínimo minimum deposit.

depósito necesario necessary deposit.

depósito no asegurado uninsured deposit.

depósito no reembolsable
nonrefundable deposit.

depósito nocturno night deposit.

depósito por correspondencia mail deposit.

depósito previo prior deposit.

depósito privado private deposit.

depósito reembolsable refundable deposit.

depósito regular regular deposit.

depósito requerido required deposit.

depósito voluntario voluntary deposit.

depósitos a la vista netos net demand deposits.

depósitos brutos gross deposits.

depósitos de ahorros savings deposits.

depósitos en tránsito deposits in transit.

depósitos nucleares core deposits.

depósitos primarios primary deposits.

depósitos públicos public deposits.

depósitos reservables reservable deposits.

depreciable depreciable.

depreciación f depreciation.

depreciación acelerada accelerated depreciation.

depreciación acelerada en exceso
excess accelerated depreciation.

depreciación acumulada accrued depreciation.

depreciación anual annual depreciation.

depreciación combinada combined depreciation.

depreciación compensatoria
compensating depreciation.

depreciación curable curable depreciation.

depreciación de componentes
component depreciation.

depreciación de divisa exchange depreciation.

depreciación de la moneda currency depreciation.

depreciación de moneda
depreciation of money.

depreciación de propiedad property depreciation.

depreciación de saldos decrecientes
declining-balance depreciation.

depreciación económica economic depreciation.

depreciación en libros book depreciation.

depreciación excesiva
overdepreciation.

depreciación extraordinaria
extraordinary depreciation.

depreciación futura future depreciation.

depreciación grupal group depreciation.

depreciación incurable incurable depreciation.

depreciación no realizada unrealized depreciation.

depreciación ordinaria ordinary depreciation.

depreciación real real depreciation.

depreciado depreciated.

depreciar depreciate.

depredación f depredation, embezzlement.

depresión f depression.

depresión económica depression.

deprimido depressed.

derecho m right, franchise, law.

derecho a la huelga right to strike.

derecho a trabajar right to work.

derecho bancario banking law.

derecho cambiario rights pertaining to a bill of exchange.

derecho comercial commercial law.

derecho corporativo corporate law.

derecho de arrendamiento leasehold.

derecho de autor copyright.

derecho de capitación poll tax.

derecho de clientela goodwill.

derecho de crédito creditor's right.

derecho de dominio right of fee simple ownership.

derecho de entrada right of entry, import duty.

derecho de exportación export duty.

derecho de hogar seguro homestead right.

derecho de huelga right to strike.

derecho de importación import duty.

derecho de imposición taxing power.

derecho de impresión copyright.

derecho de insolvencia bankruptcy law.

derecho de las sucesiones law of successions.

derecho de los negocios commercial law.

derecho de los riesgos del trabajo worker's compensation law.

derecho de minas mining law, mining right.

derecho de paso right of way, easement of access.

derecho de patente patent right.

derecho de posesión right of possession.

derecho de prelación right of first refusal.

derecho de prioridad right of pre-emption.

derecho de propiedad property rights, real estate law.

derecho de propiedad literaria copyright.

derecho de reproducción copyright.

derecho de rescate right of redemption.

derecho de rescisión right of rescission.

derecho de retención lien.

derecho de retiro right of withdrawal.

derecho de servidumbre right of easement.

derecho de superficie surface rights.

derecho de supervivencia right of survivorship.

derecho de tanteo right of first refusal.

derecho de trabajo labor law.

derecho de tránsito freedom of passage.

derecho de uso right of use.

derecho de venta right of sale.

derecho de vía right of way.

derecho del contrato contract law.

derecho del tanto right of first refusal.

derecho del trabajo labor law.

derecho económico economic law.

derecho exclusivo exclusive right.

derecho exclusivo para vender exclusive right to sell.

derecho fiscal tax law.

derecho hipotecario mortgage law.

derecho imperfecto imperfect right.

derecho indiviso undivided right.

derecho industrial labor law.

derecho inmobiliario real estate law.

derecho intelectual copyright.

derecho internacional international law.

derecho internacional del trabajo international labor law.

derecho laboral labor law.

derecho marcario trademark law, trademark right.

derecho mercantil commercial law.

derecho mobiliario personal property law.

derecho particular franchise.

derecho patentario patent law.

derecho patrimonial property law.

derecho público public law.

derecho tributario tax law.

derechohabiente *m* holder of a right, successor.

derechos taxes, duties, rights, fees, laws.

derechos a negociaciones bargaining rights.

derechos ad valórem ad valorem duties.

derechos administrativos management rights.

derechos aduaneros customs duties.

derechos aduaneros ad valórem ad valorem customs duties.

derechos aduaneros según el valor ad valorem customs duties.

derechos aéreos air rights.

derechos ajustables adjustable tariffs.

derechos al valor ad valorem duties.

derechos arancelarios customs duties.

derechos de aduana customs duties.

derechos de autor copyright.

derechos de contrato contract rights.

derechos de entrada import duties.

derechos de exclusividad exclusive rights.
derechos de exportación export duties.
derechos de fábrica manufacturing royalties.
derechos de importación import duties.
derechos de licencia license fees.
derechos de patente patent rights, patent royalties.
derechos de puerto keelage.
derechos de quilla keelage.
derechos de salida export duties.
derechos de sello stamp taxes.
derechos de sucesión inheritance taxes.
derechos de superficie surface rights.
derechos de suscripción stock rights.
derechos de timbre stamp taxes.
derechos de tránsito transit duties.
derechos de venta selling rights.
derechos del trabajador workers' rights.
derechos estatales government taxes, government fees.
derechos flexibles adjustable tariffs.
derechos impositivos taxes, duties.
derechos para renta pública revenue tariffs.
derechos patronales employer rights.
derechos portuarios port duties.
derechos ribereños riparian rights.
derechos según el valor ad valorem duties.
derechos sucesorios inheritance taxes.
derechos variables adjustable tariffs.
derivado derived.
derogable repealable, annullable.
derogación *f* repeal, annulment.
derogado repealed, annulled.
derogar repeal, annul.
derogatorio repealing, annulling.
derrama *f* apportionment.
derramar apportion.
desadeudar free from debt.
desadeudarse pay debts.
desahogado unencumbered.
desahuciador *m* evictor, dispossessor.
desahuciar evict, dispossess.

desahucio *m* eviction, dispossession, severance pay, notice of termination of lease.
desahucio como represalia retaliatory eviction.
desahucio efectivo actual eviction.
desahucio implícito constructive eviction.
desairar dishonor, refuse.
desalojamiento *m* eviction, dispossession.
desalojar evict, dispossess, move out.
desalojo *m* eviction, dispossession.
desalojo como represalia retaliatory eviction.
desalojo físico actual eviction.
desalojo implícito constructive eviction.
desalojo parcial partial eviction.
desalojo sobreentendido constructive eviction.
desalojo virtual constructive eviction.
desalquilar vacate, evict.
desapoderar cancel a power of attorney, dispossess.
desaposesionar dispossess.
desapropiamiento *m* transfer of property, surrender of property.
desapropiar transfer property.
desapropio *m* transfer of property, surrender of property.
desarrendar terminate a lease.
desarrollado developed.
desarrollador *m* developer.
desarrollar develop, promote.
desarrollo *m* development.
desarrollo de marca brand development.
desarrollo de mercado market development.
desarrollo de producto product development.
desarrollo económico economic development.
desarrollo financiero financial development.
desarrollo industrial industrial development.
desarrollo organizativo organizational development.
desarrollo planificado planned development.

desarrollo urbano   urban development.
desasegurar   cancel insurance.
desautorizado   unauthorized.
desautorizar   deprive of authority.
desbalanceado   unbalanced.
desbloquear   lift a blockade, unfreeze.
desbloqueo   *m* unblocking, unfreezing.
descapitalización   *f* decapitalization.
descarga   *f* unloading, discharge.
descargar   unload, discharge.
descargar la responsabilidad   transfer responsibility.
descargo   *m* unloading, release.
descargo en quiebra   discharge in bankruptcy.
descentralización   *f* decentralization.
descentralizado   decentralized.
descentralizar   decentralize.
descongelar   unfreeze.
desconglomeración   *f* deconglomeration.
desconsolidar   deconsolidate.
descontable   discountable.
descontado   discounted.
descontador   *m* payee of a discounted bill.
descontante   *m* payee of a discounted bill.
descontar   discount, disregard.
descontar una letra   discount a bill.
descontinuación   *f* discontinuance.
descontinuación de contribuciones   discontinuance of contributions.
descontinuación de pagos   discontinuance of payments.
descontinuación de pagos de primas   discontinuance of premium payments.
descontinuación de plan   discontinuance of plan.
descontinuado   discontinued.
descontinuar   discontinue, suspend.
descontinuo   discontinuous.
descorrer el velo corporativo   piercing the corporate veil.
descripción   *f* description.
descripción de empleo   job description.
descripción de trabajo   job description.
descripción legal   legal description.
descriptivo   descriptive.
descubierto   adj uncovered.

descubierto   *m* overdraft, shortage.
descubierto, en   overdrawn, uncovered.
descubierto en cuenta   overdraft.
descuento   *m* discount.
descuento, a   at a discount.
descuento a plazo   forward discount.
descuento a término   forward discount.
descuento bancario   bank discount.
descuento comercial   commercial discount.
descuento compuesto   compound discount.
descuento de adquisición   acquisition discount.
descuento de bono   bond discount.
descuento de bono no amortizado   unamortized bond discount.
descuento de comerciante   merchant discount.
descuento de distribución   distribution allowance.
descuento de precio   price discount.
descuento de prima   premium discount.
descuento especial   special discount.
descuento estacional   seasonal discount.
descuento funcional   functional discount.
descuento grupal   group discount.
descuento hipotecario   mortgage discount.
descuento oculto   concealed discount.
descuento ordinario   ordinary discount.
descuento permitido   allowed discount.
descuento por aplazamiento   backwardation.
descuento por cantidad no acumulativo   noncumulative quantity discount.
descuento por manejo   handling allowance.
descuento por patrocinio   patronage discount.
deseconomías   *f* diseconomies.
desembarcar   disembark, unload.
desembargar   lift an embargo, remove a lien.
desembargo   *m* lifting of an embargo, removal of a lien.

desembolsar disburse, pay.

desembolso *m* disbursement, outlay, expenditure, payment.

desembolso acumulado accumulated expenditure.

desembolso adicional additional expenditure.

desembolso básico basic expenditure.

desembolso capitalizado capitalized expenditure.

desembolso controlado controlled disbursement.

desembolso corriente current disbursement.

desembolso de capital capital outlay.

desembolso de constitución organization expenditure.

desembolso de desarrollo development expenditure.

desembolso de efectivo cash disbursement.

desembolso de explotación operating expenditures.

desembolso de fabricación manufacturing expenditure.

desembolso de intereses interest expenditure.

desembolso de inversión investment expenditure.

desembolso de mantenimiento maintenance expenditure.

desembolso de manufactura manufacturing expenditure.

desembolso de producción production expenditure.

desembolso de transporte transportation expenditure.

desembolso demorado delayed disbursement.

desembolso diferido deferred expenditure.

desembolso directo direct expenditure.

desembolso discrecional discretionary expenditure.

desembolso especial special expenditure.

desembolso estimado estimated expenditure.

desembolso federal federal expenditure.

desembolso financiero financial expenditure.

desembolso flotante floating charge.

desembolso general general expenditure.

desembolso incidental incidental expenditure.

desembolso incurrido expenditure incurred.

desembolso indirecto indirect expenditure.

desembolso misceláneo miscellaneous outlay.

desembolso nacional bruto gross national expenditure.

desembolso necesario necessary expenditure.

desembolso no controlable noncontrollable expenditure.

desembolso no deducible nondeductible expenditure.

desembolso no recurrente nonrecurring expenditure.

desembolso no reembolsable nonrefundable expenditure.

desembolso no repetitivo nonrecurring expenditure.

desembolso periódico periodic outlay.

desembolso por financiamiento finance expenditure.

desembolso presupuestario budget expenditure.

desembolso razonable reasonable expenditure.

desembolso recurrente recurring expenditure.

desembolso total total disbursement.

desembolso trimestral quarterly expenditure.

desempleo *m* unemployment.

desempleo cíclico cyclical unemployment.

desempleo crónico chronic unemployment.

desempleo estructural structural unemployment.

desempleo fluctuante fluctuating unemployment.

desempleo friccional frictional unemployment.

desempleo involuntario involuntary unemployment.

desempleo oculto hidden unemployment.

desempleo por temporada seasonal unemployment.

desempleo tecnológico technological unemployment.

desempleo temporal temporary unemployment.

desequilibrio *m* imbalance.

desestimación de la personalidad societaria piercing the corporate veil.

desfalcador *m* embezzler, defaulter.

desfalcar embezzle, defalcate, default.

desfalco *m* embezzlement, defalcation.

desfavorable unfavorable.

desgravación tax reduction.

desgravar reduce taxes, disencumber, remove a lien.

deshabitado uninhabited.

deshacer el contrato rescind the contract.

deshipotecar pay off a mortgage, cancel a mortgage.

deshonestamente dishonestly.

deshonestidad *f* dishonesty.

deshonesto dishonest.

deshonrar dishonor, disgrace.

desierto deserted.

designación *f* designation.

designación de fiduciario appointment of trustee.

designado designated, specified.

designar designate.

desincorporar dissolve a corporation, divide.

desindustrialización *f* deindustrialization.

desinflación *f* disinflation.

desinflacionario disinflationary.

deslindar delimit.

deslinde *m* survey, delimitation.

deslinde y amojonamiento survey and demarcation.

desmandar revoke, revoke a power of attorney.

desmembrarse dissolve, dissolve a partnership.

desmonetización *f* demonetization.

desmonetizar demonetize.

desocupación *f* unoccupancy, unemployment, eviction.

desocupado unoccupied, unemployed.

desocupar vacate, evict.

desocupar judicialmente evict.

desocuparse quit a job.

desorganización *f* disorganization.

desorganizado disorganized.

despachante de aduanas customs agent.

despachar dispatch, settle, take care of quickly.

despacho *m* dispatch, office, shipment.

despacho aduanal customhouse clearance.

despacho aduanero customs clearance.

despedir dismiss.

despedirse quit.

desperdicios industriales industrial waste.

despido *m* dismissal, layoff.

despido de empleado discharge of employee.

despido injustificado dismissal without grounds.

despido justificado dismissal with grounds.

despignorar release a pledge.

desplazar displace.

despojar despoil, evict, dispossess.

despojo *m* plunder, dispossession, forceful eviction.

desposeedor *m* dispossessor.

desposeer dispossess, evict, divest.

desposeimiento *m* dispossession, divestiture.

desproporcionado disproportionate.

desreglamentación bancaria bank deregulation.

desregulación *f* deregulation.

destajista *m/f* pieceworker.

destajo *m* piecework.

destajo, a by the job.

destinación *f* destination, assignment.

destinar destine, designate, allot.

destinatario *m* addressee, consignee.

destino *m* destination.

desutilidad *f* disutility.

desvaluación *f* devaluation.

desvaluación competitiva competitive devaluation.

desvaluación de moneda currency devaluation.

desviación *f* deviation.

desviación estándar standard deviation.

desviación media mean deviation.
detallado detailed.
detallar itemize, specify in detail.
detalles de pago details of payment.
detener el pago stop payment.
deteriorarse deteriorate.
deterioro *m* deterioration, impairment.
deterioro de capital impairment of capital.
deterioro del valor impairment of value.
deterioro físico physical deterioration.
deterioro normal normal spoilage.
determinable determinable.
determinación *f* determination.
determinación de precio price determination.
determinación de riesgo risk assessment.
determinado determinate.
determinar determine, fix.
deuda *f* debt, indebtedness, obligation.
deuda a corto plazo short-term debt.
deuda a corto plazo neta net short-term debt.
deuda a largo plazo long-term debt.
deuda a largo plazo general general long-term debt.
deuda a largo plazo neta net long-term debt.
deuda a medio plazo medium-term debt.
deuda a plazo breve short-term debt.
deuda activa active debt.
deuda amortizable amortizable debt.
deuda ancestral ancestral debt.
deuda anulada canceled debt.
deuda bruta gross debt.
deuda cancelada canceled debt.
deuda consolidada consolidated debt.
deuda contingente contingent debt.
deuda contributiva tax debt.
deuda convertible convertible debt.
deuda corriente current debt.
deuda de consumidor consumer debt.
deuda de rango superior senior debt.
deuda directa direct debt.
deuda doméstica domestic debt.
deuda dudosa doubtful debt.
deuda efectiva effective debt.
deuda en gestión debt in the process of collection through legal means.

deuda en libros book debt.
deuda en moneda extranjera foreign currency debt.
deuda en mora delinquent debt.
deuda exigible exigible debt.
deuda existente existing debt.
deuda exterior foreign debt.
deuda externa foreign debt.
deuda federal federal debt.
deuda federal bruta gross federal debt.
deuda ficticia fictitious debt.
deuda fiduciaria fiduciary debt.
deuda fija fixed debt.
deuda fiscal tax debt.
deuda flotante floating debt.
deuda fraudulenta fraudulent debt.
deuda garantizada guaranteed debt.
deuda general general debt.
deuda gubernamental government debt.
deuda hipotecaria mortgage debt.
deuda ilíquida unliquidated debt.
deuda impositiva tax debt.
deuda incobrable uncollectible debt.
deuda interior domestic debt.
deuda internacional international debt.
deuda líquida liquidated debt.
deuda mala uncollectible debt.
deuda mancomunada joint debt.
deuda mancomunada y solidaria joint and several debt.
deuda nacional national debt.
deuda nacional bruta gross national debt.
deuda nacional neta net national debt.
deuda neta net debt.
deuda no amortizada unamortized debt.
deuda no consolidada unconsolidated debt.
deuda no pagada unpaid debt.
deuda pasiva passive debt.
deuda per cápita per capita debt.
deuda perpetua perpetual debt.
deuda por juicio judgment debt.
deuda preferida preferred debt.
deuda privada private debt.
deuda privilegiada preferred debt.
deuda pública public debt.

deuda pública neta   net public debt.
deuda quirografaria   unsecured debt.
deuda sin garantía   unsecured debt.
deuda solidaria   joint and several debt.
deuda subordinada   subordinated debt.
deuda total   total debt.
deuda tributaria   tax debt.
deuda variable   variable debt.
deuda vencida   matured debt.
deudas hereditarias   decedent's debts.
deudas incobrables de negocio
  business bad debts.
deudas individuales   individual debts.
deudas privilegiadas   privileged debts.
deudor   adj indebted.
deudor   m debtor, obligor.
deudor ausente   absent debtor.
deudor concordatario   bankrupt who
  has an agreement with his creditors.
deudor en mora   delinquent debtor.
deudor hipotecario   mortgage debtor,
  mortgagor.
deudor insolvente   insolvent debtor.
deudor mancomunado   joint debtor.
deudor moroso   delinquent debtor.
deudor por fallo   judgment debtor.
deudor por juicio   judgment debtor.
deudor principal   principal debtor.
deudor solidario   joint and several
  debtor.
devaluación   f devaluation.
devaluado   devaluated.
devaluar   devalue.
devengado   accrued, earned, due.
devengar   accrue, draw.
devengar intereses   bear interest.
devolución   f devolution, return, refund.
devolución contributiva   tax refund.
devolución de impuesto   tax refund.
devolución de prima   premium return.
devolución de venta   sales return.
devolución impositiva   tax refund.
devolución tributaria   tax refund.
devolutivo   returnable.
devolver   return, refund.
día calendario   calendar day.
día cierto   day certain.
día de pago   pay day.
día de trabajo   working day.
día festivo   holiday.
día festivo bancario   bank holiday.

día hábil   working day.
día laborable   working day.
día natural   natural day.
día útil   working day.
diario   adj daily.
diario   m journal.
días de cobertura   days of coverage.
días de gracia   days of grace.
días de transacciones   trading days.
dictamen de auditoría   auditor's
  certificate.
diferencia de precios   price difference.
diferencia temporal   temporary
  difference.
diferenciación   f differentiation.
diferencial   f differential.
diferencial de precios   price
  differential.
diferencial nocturna   night differential.
diferencial regional   regional
  differential.
diferido   deferred.
diferir   defer, delay, adjourn, differ.
difunto   deceased.
dígito de comprobación   check digit.
dilación   f delay, procrastination.
dilatar   delay, defer, extend.
dilatorio   dilatory.
diligencia   f diligence, task, care.
diligencia de embargo   attachment
  proceedings.
diligencia de lanzamiento   ejectment.
diligencia debida   due diligence.
diligencia necesaria   necessary
  diligence.
diligencia normal   ordinary diligence.
diligencia ordinaria   ordinary
  diligence.
diligenciador   m agent, negotiator.
diligencias del protesto   measures
  taken to protest a note, measures taken
  to protest a draft.
diligenciero   m agent, representative.
diligente   diligent.
diligentemente   diligently.
dilución   f dilution.
dimisión   f resignation, waiver.
dimitir   resign, waive.
dinámica económica   economic
  dynamics.
dinero   m money.

dinero a corto plazo   short-term money.

dinero a la vista   demand money.

dinero a largo plazo   long-term money.

dinero a plazo   time money.

dinero bancario   bank money.

dinero del banco central   central bank money.

dinero en circulación   money in circulation.

dinero en efectivo   cash.

dinero extranjero   foreign money.

dinero falso   counterfeit money.

dinero fiduciario   fiduciary money.

dinero inactivo   inactive money, idle money.

dinero inconvertible   inconvertible money.

dinero lavado   laundered money.

dinero pagado   money paid.

dinero público   public money.

dirección general   headquarters.

dirección postal   mailing address.

directiva   *f* directorate, management, board of directors, guideline.

directivo   directive, executive.

directo   direct.

director   *m* director, executive, representative.

director de ventas   sales director.

director ejecutivo   executive director.

director ficticio   dummy director.

director independiente   independent director.

directorio   *m* directorate.

directorios encadenados   interlocking directorates.

directorios entrelazados   interlocking directorates.

dirigir   direct, manage.

dirigismo   *m* government intervention.

dirigismo estatal   government intervention.

dirigismo oficial   government intervention.

dirimir   settle, annul.

disagio   *m* disagio.

discapacidad   *f* disability.

discapacidad a corto plazo   short-term disability.

discapacidad a largo plazo   long-term disability.

discapacidad absoluta   total disability.

discapacidad absoluta permanente   permanent total disability.

discapacidad absoluta temporal   temporary total disability.

discapacidad física   physical disability.

discapacidad laboral   work disability.

discapacidad no ocupacional   nonoccupational disability.

discapacidad para trabajar   work disability.

discapacidad parcial   partial disability.

discapacidad parcial permanente   permanent partial disability.

discapacidad permanente   permanent disability.

discapacidad permanente total   permanent total disability.

discapacidad perpetua   permanent disability.

discapacidad personal   personal disability.

discapacidad presunta   presumptive disability.

discapacidad recurrente   recurrent disability.

discapacidad relativa   partial disability.

discapacidad residual   residual disability.

discapacidad temporal   temporary disability.

discapacidad temporal total   temporary total disability.

discapacidad total   total disability.

discapacidad total permanente   permanent total disability.

discapacidad total temporal   temporary total disability.

discapacidad transitoria   transitory disability.

discontinuo   discontinuous.

discreción   *f* discretion.

discreción limitada   limited discretion.

discrecional   discretionary.

discrepancia   *f* discrepancy.

discrimen   *m* discrimination.

discriminación   *f* discrimination.

discriminación de precios   price discrimination.

discriminación económica   economic discrimination.

discriminación inversa reverse discrimination.

discriminación por edad age discrimination.

discriminación sexual sex discrimination.

discriminador adj discriminating.

discriminador *m* discriminator.

discriminar discriminate.

discriminatorio discriminatory.

diseminación *f* dissemination.

diseñar design.

diseño *m* design.

diseño de paquete package design.

diseño de proyecto project design.

diseño industrial industrial design.

disfrute *m* enjoyment, use, benefit, possession.

disintermediación *f* disintermediation.

disminución *f* diminution.

disminución contributiva tax reduction.

disminución de capital reduction of capital.

disminución de contribuciones reduction of taxes.

disminución de costes cost reduction.

disminución de costos cost reduction.

disminución de deuda debt reduction.

disminución de dividendo reduction of dividend.

disminución de impuestos tax reduction.

disminución de la tasa bancaria bank rate reduction.

disminución de pérdidas loss reduction.

disminución de precio price reduction.

disminución de riesgos risk reduction.

disminución de salario salary reduction.

disminución de tasa rate decrease.

disminución de tipo rate decrease.

disminución del tipo bancario bank rate reduction.

disminución general general decrease.

disminución impositiva tax reduction.

disminución neta net decrease.

disminución tributaria tax reduction.

disminuir tarifas decrease tariffs.

disolución de sociedad dissolution of corporation, dissolution of partnership.

disolver dissolve, terminate, settle.

disolver la asamblea adjourn the meeting.

disolver la junta adjourn the meeting.

disolver la reunión adjourn the meeting.

disolver la sesión adjourn the meeting.

disolver una compañía dissolve a company.

disolver una corporación dissolve a corporation.

disolver una sociedad dissolve a corporation, dissolve a partnership.

disparidad *f* disparity.

dispensación *f* dispensation, exemption.

dispensador de efectivo cash dispenser.

dispensar exempt, pardon.

disponer dispose, order, prepare.

disponibilidad *f* availability.

disponibilidad de fondos funds availability.

disponibilidad descontinuada discontinued availability.

disponibilidad diferida deferred availability.

disponible available, liquid, disposable.

disponible para trabajo available for work.

disposición *f* disposition, requirement, clause, disposal.

disposiciones tributarias tax laws.

disputa obrera labor dispute.

distracción *f* distraction, misappropriation.

distracción de fondos misappropriation.

distracto *m* annulment of contract by mutual consent.

distraer divert, misappropriate.

distribución *f* distribution.

distribución a dueños distribution to owners.

distribución abierta open distribution.

distribución de capital capital distribution.

distribución de contribuciones del impuesto sobre la renta income tax allocation.

distribución de contribuciones interperíodo interperiod tax allocation.

distribución de contribuciones intraperíodo intraperiod tax allocation.

distribución de contribuciones sobre ingresos income tax allocation.

distribución de costes cost distribution.

distribución de costos cost distribution.

distribución de frecuencias frequency distribution.

distribución de ganancias de capital capital gains distribution.

distribución de gastos distribution of expenses.

distribución de impuestos interperíodo interperiod tax allocation.

distribución de impuestos intraperíodo intraperiod tax allocation.

distribución de ingresos distribution of income.

distribución de la renta income distribution.

distribución de muestreo sampling distribution.

distribución de probabilidad probability distribution.

distribución de producción production distribution.

distribución del riesgo distribution of risk.

distribución desproporcionada disproportionate distribution.

distribución en especie in-kind distribution.

distribución en exclusiva exclusive distribution.

distribución equitativa equitable distribution.

distribución exclusiva exclusive distribution.

distribución física physical distribution.

distribución funcional functional distribution.

distribución global lump-sum distribution.

distribución limitada limited distribution.

distribución normal normal distribution.

distribución parcial partial distribution.

distribución proporcional proportional distribution.

distribución prorrateada pro rata distribution.

distribución restringida restricted distribution.

distribución secundaria secondary distribution.

distribución selectiva selective distribution.

distribución sin restricciones unrestricted distribution.

distribuído distributed.

distribuidor *m* distributor.

distribuidor en exclusiva exclusive distributor.

distribuidor exclusivo exclusive distributor.

distribuir distribute.

distrito *m* district, region.

distrito aduanero customs district.

distrito comercial business district.

distrito comercial central central business district.

distrito contributivo tax district.

distrito impositivo tax district.

distrito industrial industrial district.

distrito residencial residential district.

distrito tributario tax district.

dita *f* guarantee, debt, guarantor.

diversificable diversifiable.

diversificación *f* diversification.

diversificación concéntrica concentric diversification.

diversificación de liquidez liquidity diversification.

diversificación horizontal horizontal diversification.

diversificación vertical vertical diversification.

diversificado diversified.

dividendo *m* dividend.

dividendo activo dividend.

dividendo acumulado accumulated dividend.

dividendo acumulativo cumulative dividend.

dividendo adicional extra dividend.

dividendo atrasado late dividend.

dividendo bruto gross dividend.

dividendo casual irregular dividend.

dividendo de bienes property dividend.

dividendo de capital capital dividend.

dividendo de ganancias de capital capital gains dividend.

dividendo de liquidación liquidation dividend.

dividendo de póliza policy dividend.

dividendo de póliza con participación participating policy dividend.

dividendo de propiedad property dividend.

dividendo declarado declared dividend.

dividendo diferido deferred dividend.

dividendo en acciones stock dividend.

dividendo en efectivo cash dividend.

dividendo en especie property dividend.

dividendo en pagarés scrip dividend.

dividendo extra extra dividend.

dividendo extraordinario extraordinary dividend.

dividendo final final dividend.

dividendo fiscal fiscal dividend.

dividendo garantizado guaranteed dividend.

dividendo igualador equalizing dividend.

dividendo ilegal illegal dividend.

dividendo implícito constructive dividend.

dividendo interino interim dividend.

dividendo neto net dividend.

dividendo no gravable nontaxable dividend.

dividendo no imponible nontaxable dividend.

dividendo no tributable nontaxable dividend.

dividendo ocasional irregular dividend.

dividendo omitido omitted dividend.

dividendo opcional optional dividend.

dividendo ordinario ordinary dividend.

dividendo preferencial preferred dividend.

dividendo preferente preferred dividend.

dividendo preferido preferred dividend.

dividendo privilegiado preferred dividend.

dividendo provisional interim dividend.

dividendo provisorio interim dividend.

dividendo regular regular dividend.

dividendo trimestral quarterly dividend.

dividendos a pagar dividends payable.

dividendos de acciones comunes common stock dividends.

dividendos por acción dividends per share.

dividido divided.

dividido igualmente equally divided.

dividuo divisible.

divisa f foreign currency, emblem, slogan, devise.

divisas foreign currency, foreign exchange.

divisas a plazo foreign exchange futures.

divisas a término foreign exchange futures.

divisibilidad f divisibility.

divisible divisible.

división f division, partition.

división arrendada leased division.

división de acatamiento compliance division.

división de aprobación de crédito credit-approval division.

división de auditoría audit division.

división de autorizaciones authorization division.

división de certificación certification division.

división de cobranza collection division.

división de cobros collection division.

división de comisión commission split.

división de compras purchasing division.

división de contabilidad accounting division.

división de contribuciones tax division.

división de corretaje brokerage division.

división de crédito credit division.

división de cuentas de margen margin division.

división de descuento discount division.

división de exportación export division.

división de facturación billing division.

división de hipotecas mortgage division.

división de impuestos tax division.

división de ingresos income splitting.

división de la renta income splitting.

división de liquidaciones settlement division.

división de nómina payroll division.

división de operaciones operations division.

división de órdenes order division.

división de personal personnel division.

división de préstamos loan division.

división de producción production division.

división de publicidad advertising division.

división de reclamaciones claims division.

división de relaciones públicas public relations division.

división de seguros insurance division.

división de servicio service division.

división de tránsito transit division.

división de ventas sales division.

división de ventas a crédito credit sales division.

división derivada derivative division.

división extranjera foreign division.

división fiduciaria de banco bank trust division.

división financiera finance division.

división general general division.

división hipotecaria mortgage division.

divulgación *f* disclosure, publication.

divulgación completa full disclosure.

divulgación de interés disclosure of interest.

divulgar disclose.

doble agencia dual agency.

doble asiento double posting.

doble cargo double charge.

doble contrato dual contract.

doble control dual control.

doble disminución de saldo double declining balance.

doble distribución dual distribution.

doble economía dual economy.

doble empleo double employment, moonlighting.

doble endoso double endorsement.

doble entrada double entry.

doble exención double exemption.

doble financiación double financing.

doble financiamiento double financing.

doble imposición double taxation.

doble indemnización double indemnity.

doble opción double option.

doble paga double pay.

doble recuperación double recovery.

doble responsabilidad double liability.

doble supervisión dual supervision.

doctrina *f* doctrine.

doctrina contributiva tax doctrine.

doctrina fiscal tax doctrine.

doctrina impositiva tax doctrine.

doctrina tributaria tax doctrine.

documentación *f* documentation, document, documents.

documentación de empréstito loan documentation.

documentación de préstamo loan documentation.

documentación del buque ship's papers.

documental documentary.

documentar una deuda provide evidence of indebtedness.

documento *m* document.

documento a la orden order paper.

documento al portador bearer paper.

documento cambiario bill of exchange.

documento comercial commercial paper.

documento constitutivo incorporation papers.

documento creditorio credit instrument.

documento de aventura bill of adventure.

documento de comercio commercial paper.

documento de constitución incorporation papers.

documento de crédito credit instrument.

documento de favor accommodation bill.

documento de giro draft.

documento de transacción transaction document.

documento de tránsito bill of lading.

documento de transmisión bill of sale.

documento de venta bill of sale.

documento extranjero foreign document.

documento falsificado forged document.

documento falso false document.

documento fuente source document.

documento interno internal document.

documento negociable negotiable instrument.

documento por cobrar note receivable.

documento por pagar note payable.

documento transmisible negotiable instrument.

documentos aduaneros customs documents.

documentos comerciales commercial documents.

documentos contra aceptación documents against acceptance.

documentos contra pago documents against payment.

documentos de cobros collection documents.

documentos de contabilidad accounting documents.

documentos de embarque shipping documents.

documentos de exportación export documents.

documentos de título title documents.

documentos externos external documents.

dólares constantes constant dollars.

dólares corrientes current dollars.

dolo *m* deceit, fraud.

dolo causante deceit used in securing a contract.

dolo positivo active deceit.

dolo principal deceit used in securing a contract.

dolosamente fraudulently, deceitfully.

doloso fraudulent, deceitful.

doméstico domestic, internal.

domiciliación *f* domiciliation.

domiciliado domiciled.

domicilio *m* domicile.

domicilio comercial commercial domicile.

domicilio corporativo corporate domicile.

domicilio extranjero foreign domicile.

domicilio fiscal domicile for tax purposes.

domicilio social corporate domicile.

dominante dominant.

dominar dominate.

dominar un mercado dominate a market.

dominio *m* dominion, ownership, control.

dominio absoluto fee simple.

dominio aéreo air rights.

dominio del estado state property.

dominio directo legal ownership.

dominio durante la vida life estate.

dominio eminente eminent domain.

dominio fiduciario possession in trust.

dominio fiscal government ownership.

dominio fluvial riparian ownership.

dominio imperfecto imperfect ownership.

dominio perfecto perfect ownership.

dominio pleno fee simple.

dominio por tiempo fijo estate for years.

dominio público public domain.

dominio simple fee simple.

dominio supremo eminent domain.

dominio útil useful ownership, usufruct.

dominio vitalicio life estate.
donación *f* donation, gift.
donación irrevocable absolute gift.
donador *m* donor, giver.
donante *m/f* donor, giver.
donar donate.
donatario *m* donee, recipient.
donativo *m* donation, gift, contribution.
dueño *m* owner, property owner, head of household.
dueño absoluto absolute owner.
dueño aparente reputed owner.
dueño ausente absentee owner.
dueño de hogar home owner.
dueño de negocio business owner.
dueño matriculado registered owner.
dueño sin restricciones absolute owner.
duopolio *m* duopoly.
dúplex duplex.
duplicación *f* duplication.
duplicación de beneficios duplication of benefits.
duplicado *m* duplicate.
duración *f* duration, life.
duración de beneficios duration of benefits.
duración de la patente term of a patent.
duradero durable.

E

econometría *f* econometrics.
economía *f* economy, economics.
economía abierta open economy.
economía aplicada applied economics.
economía cerrada closed economy.
economía clásica classical economics.
economía colectiva collective economy.
economía competitiva competitive economy.
economía controlada controlled economy.
economía de consumo consumption economy.
economía de escala economy of scale.

economía de mercado market economy.
economía de permutas barter economy.
economía dinámica dynamic economy.
economía dirigida directed economy.
economía doméstica domestic economy.
economía equilibrada balanced economy.
economía estática static economics.
economía global global economy, overall economy.
economía intervenida directed economy.
economía local local economy.
economía madura mature economy.
economía mixta mixed economy.
economía mundial world economy.
economía nacional national economy, domestic economy.
economía normativa normative economics.
economía planificada planned economy.
economía regional regional economy.
economías de escala economies of scale.
económico economic, economical.
economista *m* economist.
economizar economize.
ecónomo *m* trustee, guardian.
ecuación de ajuste adjustment equation.
ecuación de contabilidad básica basic accounting equation.
ecuación del balance balance sheet equation.
ecuación del punto crítico break-even equation.
edad de retiro retirement age.
edad de retiro forzado compulsory retirement age.
edad efectiva effective age.
edad mínima de empleo minimum employment age.
edad original original age.
edades de retiro múltiples multiple retirement ages.
edicto *m* edict.
edificación *f* edification.

edificación auxiliar   accessory building.
edificio cooperativo   cooperative building.
edificio de oficinas   office building.
edificio público   public building.
efectivamente   effectively.
efectivar   cash, negotiate, collect.
efectivo   adj effective, actual.
efectivo   m cash.
efectivo desembolsado   cash disbursed.
efectivo disponible   available cash.
efectivo, en   in cash.
efectivo en caja   cash on hand.
efectivo en la bóveda   cash in vault.
efectivo inactivo   idle cash.
efecto   m effect, negotiable instrument, bill, article of merchandise.
efecto aceptado   accepted bill.
efecto acumulativo   cumulative effect.
efecto bancario   bank bill.
efecto cambiario   bill of exchange.
efecto comercial   trade bill.
efecto contributivo   tax effect.
efecto de complacencia   accommodation bill.
efecto de ingreso   income effect.
efecto de la renta   income effect.
efecto de sustitución   substitution effect.
efecto impositivo   tax effect.
efecto liberatorio de pago   releasing effect of payment.
efecto multiplicador   multiplier effect.
efecto neto   net effect.
efecto retroactivo   retroactive effect.
efecto tributario   tax effect.
efectos   chattels, merchandise, negotiable instruments, bills, effects.
efectos a corto plazo   short-term paper.
efectos al portador   bearer paper.
efectos cuasinegociables   quasi-negotiable instruments.
efectos de caja   cash items.
efectos de comercio   negotiable instruments, commercial paper, merchandise.
efectos de cortesía   accommodation paper.
efectos de difícil cobro   negotiable instruments which are hard to collect.

efectos de favor   accommodation paper.
efectos desatendidos   dishonored bills.
efectos extranjeros   foreign negotiable instruments.
efectos financieros   finance bills.
efectos negociables   negotiable instruments.
efectos pasivos   bills payable.
efectos personales   personal property, personal effects.
efectos públicos   government securities.
efectos redescontables   eligible paper.
efectos timbrados   stamped documents.
efectuar   effectuate, carry out, comply with.
efectuar cobros   collect.
efectuar seguro   obtain insurance.
efectuar un asiento   make an entry.
efectuar un contrato   make a contract.
efectuar un pago   make a payment.
efectuar una asamblea   hold a meeting.
efectuar una garantía   provide a guaranty.
efectuar una junta   hold a meeting.
efectuar una reunión   hold a meeting.
efectuar una sesión   hold a meeting.
efectuar una venta   make a sale.
eficacia de costes   cost-effectiveness.
eficacia de costos   cost-effectiveness.
eficiencia   f efficiency.
eficiencia de capital   capital efficiency.
eficiencia económica   economic efficiency.
eficiencia estimada   estimated efficiency.
eficiencia laboral   labor efficiency.
eficiencia marginal   marginal efficiency.
eficiencia marginal de capital   marginal efficiency of capital.
eficiencia marginal de inversión   marginal efficiency of investment.
eficiente   efficient.
eficientemente   efficiently.
egreso   m departure, expenditure.
ejecución   f execution, enforcement, fulfillment, foreclosure, judgment.
ejecución coactiva   foreclosure.

ejecución concursal   bankruptcy proceedings.

ejecución de hipoteca   mortgage foreclosure.

ejecución general   bankruptcy proceedings.

ejecución hipotecaria   mortgage foreclosure.

ejecución hipotecaria estatutaria statutory foreclosure.

ejecución individual   foreclosure by a single creditor.

ejecución universal   bankruptcy proceedings.

ejecutable   executable, enforceable, workable.

ejecutado   adj executed, carried out, complied with, perfect.

ejecutado   m a debtor whose property is attached.

ejecutante   m/f executant, performer.

ejecutar   execute, perform, foreclose.

ejecutar bienes   attach property.

ejecutar un ajuste   make an adjustment, work out a settlement.

ejecutar un contrato   perform a contract.

ejecutar un pedido   execute an order, fill an order.

ejecutar una hipoteca   foreclose a mortgage.

ejecutar una orden   execute an order.

ejecutivamente   promptly, efficiently, summarily, executively.

ejecutividad   f right of foreclosure, right of execution.

ejecutivo   adj executory, executive, prompt.

ejecutivo   m executive.

ejecutor   m executor, performer.

ejecutor testamentario   executor.

ejecutorio   executory, executable, final, enforceable.

ejemplar   m sample, copy.

ejemplar de firma   specimen signature.

ejercer   exercise, practice.

ejercer el comercio   engage in commerce.

ejercer una profesión   practice a profession.

ejercicio   m exercise, practice, fiscal year.

ejercicio contable   fiscal year.

ejercicio económico   fiscal year.

ejercicio financiero   fiscal year.

ejercicio gravable   tax year.

ejercicio impositivo   tax year.

ejercicio profesional   practice of a profession.

ejercicio social   fiscal year.

ejercitable   enforceable.

ejercitar   exercise, practice.

elaboración   f manufacture.

elaborar   manufacture, elaborate.

elástica   elastic.

elasticidad   f elasticity.

elasticidad de demanda   elasticity of demand.

elasticidad de oferta   elasticity of supply.

elasticidad de oferta y demanda elasticity of supply and demand.

elasticidad de producción   elasticity of production.

elasticidad negativa   negative elasticity.

elasticidad unilateral   unitary elasticity.

elegibilidad   f eligibility.

elegible   eligible.

elegir   elect.

elemento de ahorros   savings element.

elementos comunes   common elements.

eliminación   f elimination.

eliminación arancelaria   tariff elimination.

eliminación de aranceles   tariff elimination.

eliminación de aranceles acelerada accelerated tariff elimination.

eliminación de tarifas   tariff elimination.

eliminación entre compañías intercompany elimination.

eludir impuestos   evade taxes.

elusión   f avoidance, evasion.

emancipación   f emancipation.

emancipar   emancipate.

embalaje   m packing, package.

embarcación   f vessel.

embargable   attachable.

embargado   adj attached, garnished.

embargado   m garnishee, lienee.

embargador   m garnishor, lienor.

embargante   m/f garnishor, lienor.

embargar embargo, attach, garnish.

embargo *m* embargo, attachment, garnishment.

embargo de bienes attachment of assets.

embargo de buques embargo of vessels.

embargo de ingresos attachment of earnings.

embargo de propiedad attachment of property.

embargo precautorio attachment of property to ensure the satisfaction of a judgment.

embargo preventivo attachment of property to ensure the satisfaction of a judgment.

embargo provisional temporary attachment.

embargo provisorio temporary attachment.

embargo subsecuente attachment of property after a judgment.

embaucador *m* swindler, cheat.

embaucar swindle, cheat.

emisible issuable.

emisión *f* emission, issuance.

emisión autorizada authorized issue.

emisión colocada pre-sold issue.

emisión consolidada consolidated bond issuance.

emisión corporativa corporate issue.

emisión de acciones stock issue.

emisión de billetes de banco bank note issue.

emisión de tarjeta card issue.

emisión de títulos issuance of securities.

emisión no autorizada unauthorized issue.

emisión prevendida pre-sold issue.

emisor *m* issuer.

emisor de tarjetas card issuer.

emitente *m/f* drawer of a check, drawer of a bill.

emitir issue, emit.

emitir acciones issue shares.

emitir un cheque issue a check.

emitir una póliza issue a policy.

emolumento *m* emolument.

empadronamiento *m* tax list, census, census-taking.

empaque engañoso deceptive packaging.

empaquetado packaged.

empaquetamiento *m* packaging.

empeñado pledged, pawned.

empeñar pledge, pawn, undertake.

empeño *m* pledge, pawn, pledge contract, pawnshop, commitment.

emplazamiento a huelga strike call.

empleable employable.

empleado adj employed.

empleado *m* employee.

empleado a corto plazo short-term employee.

empleado a largo plazo long-term employee.

empleado a tiempo completo full-time employee.

empleado a tiempo parcial part-time employee.

empleado clave key employee.

empleado de banco bank employee.

empleado de campo field employee.

empleado de mostrador counter employee.

empleado exento exempt employee.

empleado ficticio dummy employee.

empleado permanente permanent employee.

empleado probatorio probationary employee.

empleado público public employee.

empleado temporal temporary employee, casual employee.

empleador *m* employer.

emplear employ, utilize.

empleo *m* employment, occupation, position, use.

empleo a corto plazo short-term employment.

empleo a largo plazo long-term employment.

empleo a tiempo completo full-time employment.

empleo a tiempo parcial part-time employment.

empleo clave key job.

empleo peligroso hazardous employment.

empleo permanente permanent employment.

empleo provechoso gainful employment.

empleo temporal temporary employment.

emporio *m* emporium.

empresa *f* enterprise, undertaking, intention, company, firm.

empresa afiliada affiliated enterprise.

empresa agrícola farm enterprise.

empresa aseguradora insurance firm.

empresa colectiva joint venture, partnership.

empresa común joint venture.

empresa conductora common carrier.

empresa conjunta joint venture.

empresa conjunta corporativa corporate joint venture.

empresa constructora construction firm.

empresa corporativa corporate enterprise.

empresa de alto crecimiento high-growth venture.

empresa de construcción building firm.

empresa de depósitos en seguridad safety-deposit company.

empresa de explotación operating company.

empresa de negocios business enterprise.

empresa de seguros insurance firm.

empresa de servicios públicos public utility company.

empresa de transporte afianzada bonded carrier.

empresa de transporte particular private carrier.

empresa de transporte por ajuste contract carrier.

empresa de transporte privada private carrier.

empresa de transportes carrier.

empresa de utilidad pública public utility company.

empresa de ventas por correo mail order firm.

empresa de ventas por correspondencia mail order firm.

empresa dominante dominant firm.

empresa en marcha going concern.

empresa especulativa commercial enterprise.

empresa extranjera foreign enterprise.

empresa familiar family enterprise.

empresa filial subsidiary company.

empresa fiscal government enterprise.

empresa global global firm.

empresa gubernamental government enterprise.

empresa individual individual enterprise, sole proprietorship.

empresa industrial industrial enterprise.

empresa lucrativa commercial enterprise.

empresa marginal marginal enterprise.

empresa marítima maritime enterprise.

empresa mixta mixed enterprise.

empresa multinacional multinational enterprise.

empresa no lucrativa nonprofit organization.

empresa no miembro nonmember firm.

empresa operadora operating company.

empresa porteadora carrier.

empresa privada private enterprise.

empresa pública public enterprise.

empresa quebrada bankrupt firm.

empresa subsidiaria subsidiary company.

empresa tenedora holding company.

empresa vertical vertical combination.

empresarial entrepreneurial.

empresario *m* entrepreneur, businessperson, contractor, employer.

emprestar loan.

empréstito *m* loan, loan contract.

empréstito a corto plazo short-term loan.

empréstito a la demanda demand loan, call loan.

empréstito a la gruesa bottomry.

empréstito a la vista demand loan.

empréstito a largo plazo long-term loan.

empréstito a medio plazo medium-term loan.

empréstito a plazo fijo time loan.

empréstito a riesgo marítimo bottomry.

empréstito a tasa de interés variable variable-rate loan.

empréstito agrícola agricultural loan.

empréstito amortizable amortizable loan.

empréstito amortizado amortized loan.

empréstito asegurado insured loan.

empréstito asumible assumable loan.

empréstito autoliquidante self-liquidating loan.

empréstito bancario bank loan.

empréstito basado en flujo de efectivo cash-flow loan.

empréstito basado en inventario inventory loan.

empréstito bisemanal biweekly loan.

empréstito clasificado classified loan.

empréstito colateralizado collateralized loan.

empréstito colectivo blanket loan.

empréstito comercial commercial loan.

empréstito comercial e industrial commercial and industrial loan.

empréstito completamente amortizado fully amortized loan.

empréstito con garantía guaranteed loan.

empréstito con interés loan with interest.

empréstito con pago único al final bullet loan.

empréstito con participación participation loan.

empréstito conforme conforming loan.

empréstito consolidado consolidated loan.

empréstito contingente contingent loan.

empréstito convencional conventional loan.

empréstito convertible convertible loan.

empréstito de acciones stock loan.

empréstito de consolidación consolidation loan.

empréstito de construcción construction loan.

empréstito de consumo consumer loan, consumption loan.

empréstito de corredor broker loan.

empréstito de depósito deposit loan.

empréstito de desarrollo development loan.

empréstito de día a día day-to-day loan.

empréstito de diferencia gap loan.

empréstito de dinero monetary loan.

empréstito de interés fijo fixed-rate loan.

empréstito de inversión investment loan.

empréstito de pago único single-payment loan.

empréstito de pagos constantes constant-payment loan.

empréstito de pagos parejos level-payment loan.

empréstito de ratio alto high-ratio loan.

empréstito de razón alta high-ratio loan.

empréstito de reducción directa direct-reduction loan.

empréstito de renta perpetua perpetual loan.

empréstito de tasa ajustable adjustable-rate loan.

empréstito de tasa constante constant rate loan.

empréstito de tasa de interés fija fixed-rate loan.

empréstito de tasa flexible flexible-rate loan.

empréstito de tasa flotante floating-rate loan.

empréstito de tasa fluctuante fluctuating rate loan.

empréstito de tasa renegociable renegotiable-rate loan.

empréstito de tipo ajustable adjustable-rate loan.

empréstito de tipo constante constant rate loan.

empréstito de tipo de interés fijo fixed-rate loan.

empréstito de tipo flexible flexible-rate loan.

empréstito de tipo flotante floating-rate loan.

empréstito de tipo fluctuante fluctuating rate loan.

empréstito de tipo renegociable renegotiable-rate loan.

empréstito de uso loan for use.

empréstito de valores securities loan.
empréstito descontado discounted loan.
empréstito diario day loan.
empréstito directo direct loan.
empréstito dudoso doubtful loan.
empréstito en divisa foreign currency loan.
empréstito en efectivo cash loan.
empréstito en moneda extranjera foreign currency loan.
empréstito en que sólo se pagan intereses interest-only loan.
empréstito estudiantil student loan.
empréstito extranjero foreign loan.
empréstito fiduciario fiduciary loan.
empréstito forzado forced loan.
empréstito forzoso forced loan.
empréstito garantizado guaranteed loan.
empréstito hipotecario mortgage loan.
empréstito hipotecario ajustable adjustable mortgage loan.
empréstito hipotecario ajustable de pagos progresivos graduated-payment adjustable mortgage loan.
empréstito hipotecario amortizado amortized mortgage loan.
empréstito hipotecario asegurado insured mortgage loan.
empréstito hipotecario conforme conforming mortgage loan.
empréstito hipotecario garantizado guaranteed mortgage loan.
empréstito hipotecario no amortizado unamortized mortgage loan.
empréstito hipotecario no asegurado uninsured mortgage loan.
empréstito hipotecario preaprobado preapproved mortgage loan.
empréstito ilegal unlawful loan.
empréstito improductivo nonproductive loan.
empréstito incobrable uncollectible loan.
empréstito indirecto indirect loan.
empréstito indizado indexed loan.
empréstito interino interim loan.

empréstito internacional international loan.
empréstito interno internal loan.
empréstito libre de intereses interest-free loan.
empréstito local local loan.
empréstito marítimo maritime loan.
empréstito mercantil commercial loan.
empréstito mínimo floor loan.
empréstito no amortizado unamortized loan.
empréstito no asegurado uninsured loan.
empréstito no hipotecario nonmortgage loan.
empréstito no pagado unpaid loan.
empréstito pagadero a la demanda callable loan.
empréstito para adquisición acquisition loan.
empréstito para consumo loan for consumption.
empréstito para edificación building loan.
empréstito para gastos educativos education loan.
empréstito para mejoras al hogar home improvement loan.
empréstito para proyecto project loan.
empréstito para viviendas housing loan.
empréstito paralelo parallel loan.
empréstito parcialmente amortizado partially amortized loan.
empréstito personal personal loan.
empréstito por un término determinado time loan.
empréstito por un término fijo term loan.
empréstito preaprobado preapproved loan.
empréstito precario precarious loan.
empréstito público public loan.
empréstito puente bridge loan.
empréstito quirografario unsecured loan.
empréstito reestructurado restructured loan.
empréstito refinanciado refinanced loan.

empréstito renegociado renegotiated loan.

empréstito renovable revolving loan.

empréstito rotatorio revolving loan.

empréstito simple loan for consumption.

empréstito sin amortización nonamortizing loan.

empréstito sin garantía unsecured loan.

empréstito sobre póliza policy loan.

empréstito subsidiado subsidized loan.

empréstito temporal temporary loan.

empréstito usurario usurious loan.

empréstito vinculado a un índice index-tied loan.

en atraso in arrears.

en blanco blank.

en común in common.

en consignación on consignment.

en cuotas in installments.

en descubierto overdrawn, uncovered.

en efectivo in cash.

en especie in kind.

en espera in abeyance.

en exceso in excess.

en fideicomiso in trust.

en huelga on strike.

en mora in arrears, delinquent.

en negociación in negotiation.

en nombre de on behalf of.

en perpetuidad in perpetuity.

en posesión in possession.

en quiebra in bankruptcy.

en serie serial.

en suspenso in abeyance.

en tránsito in transit.

en vigencia in force.

enajenación *f* alienation.

enajenador *m* alienor.

enajenante *m/f* alienor.

enajenar alienate, sell.

encadenamiento *f* connection, nexus.

encaje *m* cash reserve, reserve.

encaje bancario bank reserves.

encaje excedente excess reserves.

encaje legal legal reserve.

encante *m* auction.

encargado *m* representative, manager.

encargar entrust, order.

encargo *m* post, entrustment, assignment, order.

encomendero *m* agent.

encomienda postal parcel post.

encubierta *f* fraud, deceit.

encubiertamente clandestinely, fraudulently.

endeudado indebted.

endeudarse to become indebted.

endorsar endorse.

endorso *m* endorsement.

endosable endorsable.

endosado adj endorsed.

endosado *m* endorsee.

endosador *m* endorser, indorser.

endosante *m/f* endorser, indorser.

endosante de favor accommodation endorser.

endosante irregular irregular endorser.

endosante previo prior endorser.

endosante satisfactorio satisfactory endorser.

endosante subsiguiente subsequent endorser.

endosar endorse.

endosatario *m* endorsee.

endosatario para cobro endorsee for collection.

endose *m* endorsement, indorsement.

endoso *m* endorsement, indorsement.

endoso a la orden full endorsement.

endoso absoluto absolute endorsement.

endoso al cobro endorsement granting power of attorney.

endoso al orden del portador bearer endorsement.

endoso antedatado antedated endorsement.

endoso anterior prior endorsement.

endoso bancario bank endorsement.

endoso calificado qualified endorsement.

endoso completo full endorsement.

endoso condicional conditional endorsement, qualified endorsement.

endoso conjunto joint endorsement.

endoso de cobertura extendida extended coverage endorsement.

endoso de costos aumentados increased cost endorsement.

endoso de crimen global
comprehensive crime endorsement.

endoso de favor accommodation
endorsement.

endoso de regreso endorsement to a
prior party.

endoso en blanco blank endorsement.

endoso en garantía endorsement
pledging as collateral.

endoso en prenda endorsement
pledging as collateral.

endoso en procuración endorsement
granting power of attorney.

endoso en propiedad endorsement
transferring title.

endoso especial special endorsement.

endoso falsificado forged
endorsement.

endoso incondicional unconditional
endorsement.

endoso irregular irregular
endorsement.

endoso limitado qualified
endorsement.

endoso para cobro endorsement for
collection.

endoso pignoraticio endorsement
pledging as collateral.

endoso pleno full endorsement.

endoso por acomodamiento
accommodation endorsement.

endoso regular full endorsement.

endoso restrictivo restrictive
endorsement.

endoso subsiguiente subsequent
endorsement.

enfermedad de trabajo occupational
disease.

enfermedad ocupacional
occupational disease.

enfiteusis *f* emphyteusis.

enfiteuta *m/f* emphyteuta.

engañar deceive, defraud.

enganche de trabajadores
contracting of laborers to work
elsewhere.

engaño *m* deception, misunderstanding.

engañosamente deceptively,
fraudulently.

engañoso misleading, fraudulent.

enmendable amendable, revisable,
correctable.

enmendado amended.

enmendadura *f* amendment, revision,
correction.

enmendar amend, revise, correct.

enmendatura *f* amendment, revision,
correction.

enmienda *f* amendment, revision,
correction.

enriquecimiento *m* enrichment.

enriquecimiento de trabajo job
enrichment.

enriquecimiento injusto unjust
enrichment.

enriquecimiento sin causa unjust
enrichment.

ensamblaje final final assembly.

enseres chattels, fixtures.

entablar juicio hipotecario initiate a
foreclosure.

entablar negociaciones begin
negotiations.

entablar un protesto protest.

ente *m* entity.

enterar inform, pay, satisfy.

entero adj whole, honest.

entero *m* payment.

entidad *f* entity, agency, company,
corporation.

entidad administradora management
entity.

entidad administrativa management
entity.

entidad afiliada affiliated entity.

entidad aliada allied entity.

entidad armadora shipping entity.

entidad aseguradora insurance
company.

entidad asociada associated entity.

entidad bancaria bank, banking entity.

entidad capitalizadora entity for the
capitalization of savings.

entidad caritativa charitable entity.

entidad comercial business entity.

entidad contable accounting entity.

entidad controlada controlled entity.

entidad controladora controlling
entity.

entidad de banca hipotecaria
mortgage banking entity.

entidad de capitalización entity for
capitalization of savings.

entidad de comercio business entity.

entidad de contabilidad accounting entity.

entidad de control controlling entity.

entidad de crédito credit entity.

entidad de crédito comercial commercial credit entity.

entidad de derecho privado private corporation.

entidad de derecho público public company.

entidad de fideicomiso trust entity.

entidad de inversiones investment entity.

entidad de negocios business entity.

entidad de responsabilidad limitada limited liability entity.

entidad de seguros insurance entity.

entidad de servicio service entity.

entidad de transporte transport entity.

entidad diversificada diversified entity.

entidad económica economic entity.

entidad exenta exempt entity.

entidad fiduciaria trust entity.

entidad financiera finance entity.

entidad ilícita entity organized for illegal purposes.

entidad inactiva dormant entity.

entidad insolvente insolvent entity.

entidad internacional international entity.

entidad inversionista investment entity.

entidad legal legal entity.

entidad manufacturera manufacturing entity.

entidad multinacional multinational entity.

entidad nacional domestic entity.

entidad no afiliada unaffiliated entity.

entidad no pública nonpublic entity.

entidad porteadora common carrier.

entidad privada private entity.

entidad pública public entity.

entidad quebrada bankrupt entity.

entidad retenedora holding entity.

entidad sin fines de lucro non-profit entity.

entidad sindical labor union.

entidad sobreviviente surviving entity.

entidad social partnership.

entidad subsidiaria subsidiary entity.

entidad tenedora holding entity.

entrada *f* entry, down payment, deposit, cash receipts.

entrada a caja cash receipts.

entrada de capital capital inflow.

entrada mínima minimum down payment.

entradas income, revenue, entries.

entradas brutas gross revenue.

entradas de operación operating revenue.

entradas en caja cash receipts.

entradas netas net income.

entradas totales total receipts.

entrar en vigor take effect.

entre compañías intercompany.

entre industrias interindustry.

entrega *f* delivery, payment.

entrega, a la on delivery.

entrega condicional conditional delivery.

entrega corriente current delivery.

entrega demorada delayed delivery.

entrega diferida deferred delivery.

entrega efectiva actual delivery.

entrega especial special delivery.

entrega futura forward delivery.

entrega incondicional unconditional delivery.

entrega inmediata immediate delivery.

entrega material actual delivery.

entrega parcial partial delivery.

entrega real actual delivery.

entrega simbólica symbolic delivery.

entrega total total delivery.

entregable deliverable.

entregadero deliverable.

entregado delivered.

entregado en la frontera delivered at frontier.

entregador *m* deliverer.

entregamiento *m* delivery.

entregar deliver, pay.

entregar a mano hand deliver.

entregar mercancías deliver goods.

entrenamiento *m* training.

entrenamiento de empleo job training.

entrenamiento de trabajo job
training.

entrenamiento vocacional
vocational training.

entretener entertain.

entretenimiento *m* entertainment.

entrevista *f* interview.

entrevista de salida exit interview.

enumerado enumerated.

enumerar enumerate.

envase del consumidor consumer
package.

enviar send, ship.

época de pago date due.

equidad contributiva tax equity.

equidad fiscal tax equity.

equidad impositiva tax equity.

equidad tributaria tax equity.

equilibrar el presupuesto balance
the budget.

equilibrar un presupuesto balance a
budget.

equilibrio *m* equilibrium.

equilibrio cooperativo cooperative
equilibrium.

equilibrio de mercado market
equilibrium.

equilibrio de oferta y demanda
supply and demand equilibrium.

equilibrio económico economic
equilibrium.

equilibrio en la balanza de pagos
balance of payments equilibrium.

equilibrio general general equilibrium.

equipo *m* equipment.

equipo accesorio accessory equipment.

equipo de negocios business
equipment.

equitativo equitable.

equivalencia *f* equivalence.

equivalencia de rendimiento yield
equivalence.

equivalencia en efectivo cash
equivalence.

equivalente equivalent.

equivalente contributivo tax
equivalent.

equivalente de acciones comunes
common stock equivalent.

equivalente de acciones ordinarias
common stock equivalent.

equivalente de certidumbre
certainty equivalent.

equivalente de precio de mercado
market price equivalent.

equivalente de rendimiento yield
equivalent.

equivalente en efectivo cash
equivalent.

equivalente fiscal tax equivalent.

equivalente impositivo tax
equivalent.

**equivalente substancial de cosa
patentizada** substantial equivalent
of patented device.

equivalente tributario tax equivalent.

equivocación bilateral bilateral
mistake.

erario *m* public treasury.

erogación *f* distribution.

erogar distribute.

erosión *f* erosion.

erróneo erroneous.

error aparente apparent error.

error compensatorio offsetting error,
compensating error.

error de contabilidad accounting
error.

error de facturación billing error.

error de muestreo sampling error.

error en buena fe bona fide error.

error estándar standard error.

error inadvertido inadvertent error.

error sistemático systematic error.

escala *f* port of call, stopover, scale.

escala de cargos scale of charges.

escala de costes scale of costs.

escala de costos scale of costs.

escala de precios price scale.

escala de razón ratio scale.

escala de salarios salary scale.

escala de tasas rate scale.

escala fija flat scale.

escala invertida inverted scale.

escala nominal nominal scale.

escala progresiva progressive scale.

escala salarial pay scale.

escasez *f* scarcity.

escasez de inventario inventory
shortage.

escasez de liquidez liquidity shortage.

escasez laboral labor shortage.

escritura *f* deed, contract, document, instrument, legal instrument.

escritura a título gratuito gratuitous deed.

escritura con garantía general general warranty deed.

escritura constitutiva articles of incorporation, articles of association.

escritura de cancelación document evidencing the cancellation of a debt.

escritura de cesión deed of assignment.

escritura de compraventa bill of sale, deed, act of sale.

escritura de concordato creditors' agreement with the bankrupt.

escritura de constitución articles of incorporation, articles of association.

escritura de constitución de hipoteca mortgage deed.

escritura de donación deed of gift.

escritura de emisión de bonos bond indenture.

escritura de enajenación deed.

escritura de fideicomiso trust indenture.

escritura de fundación articles of incorporation, articles of association.

escritura de hipoteca mortgage deed.

escritura de organización articles of incorporation, articles of association.

escritura de partición deed of partition.

escritura de pleno dominio deed in fee.

escritura de propiedad title deed.

escritura de reforma amendment.

escritura de satisfacción document evidencing the cancellation of a debt.

escritura de seguro insurance policy.

escritura de sociedad partnership agreement, articles of incorporation.

escritura de traspaso deed of assignment, deed.

escritura de venta bill of sale, deed.

escritura fiduciaria trust deed.

escritura hipotecaria mortgage deed.

escritura maestra master deed.

escritura sin registrar unrecorded deed.

escritura social partnership agreement, articles of incorporation.

escritura suplementaria supplemental deed.

escritura traslativa de dominio deed.

esencial essential.

esencialmente essentially.

especialista *m/f* specialist.

especialización *f* specialization.

especialización horizontal horizontal specialization.

especializado specialized.

especie, en in kind.

especificación *f* specification.

especificación de empleo job specification.

especificación de trabajo job specification.

especificado specified.

especulación *f* speculation.

especulador *m* speculator.

especular speculate.

especulativo speculative.

espera *f* stay, term, grace period, wait.

espera, en in abeyance.

esperado expected.

esperanza de vida life expectancy.

espionaje *m* espionage.

espionaje industrial industrial espionage.

espiral inflacionario inflationary spiral.

esquirol *m* scab.

estabilidad *f* stability.

estabilidad absoluta permanent job security.

estabilidad de precios price stability.

estabilidad económica economic stability.

estabilidad en el empleo job security.

estabilidad relativa temporary job security.

estabilización *f* stabilization.

estabilización de cambio exchange stabilization.

estabilización de mercado market stabilization.

estabilización de precios price stabilization.

estabilización económica economic stabilization.

estabilización salarial wage stabilization.

estabilizado   stabilized.

estabilizar   stabilize.

estabilizar precios   stabilize prices.

establecer   establish.

establecer impuestos   impose taxes.

establecimiento   *m* establishment, resolution, statute, plant.

establecimiento comercial commercial establishment.

establecimiento mercantil mercantile establishment.

estación aduanera   customs station.

estadía   *f* stay, time in port beyond the necessary.

estadística   *f* statistics.

estadística actuarial   actuarial statistics.

estadística bayesiana   Bayesian statistics.

estadística descriptiva   descriptive statistics.

estadística inferencial   inferential statistics.

estadística no paramétrica nonparametric statistics.

estadísticas del año calendario calendar-year statistics.

estadísticas laborales   labor statistics.

estadístico   statistical.

estado   *m* state, condition, statement, report.

estado anual   annual statement.

estado bancario   bank statement.

estado basado en flujo de fondos cash-flow statement.

estado certificado   certified statement.

estado combinado   combined statement.

estado comparativo   comparative statement.

estado con fines contributivos   tax statement.

estado condensado   condensed statement.

estado consolidado   consolidated statement.

estado contabilístico   balance sheet.

estado de caja   cash statement.

estado de cámara de compensación clearinghouse statement.

estado de casa de liquidación clearinghouse statement.

estado de concurso   state of bankruptcy.

estado de contabilidad   balance sheet.

estado de continuación   continuation statement.

estado de cuenta   statement, account status.

estado de ganancias y pérdidas profit and loss statement.

estado de ingresos   earnings statement, income statement.

estado de ingresos retenidos statement of retained earnings.

estado de liquidación   liquidation statement.

estado de posición financiera statement of financial condition.

estado de producción   production statement.

estado de quiebra   state of bankruptcy.

estado de reconciliación reconciliation statement.

estado de situación   general balance sheet.

estado de superávit   surplus statement.

estado de tenedor de tarjeta cardholder statement.

estado del cierre   closing statement.

estado descriptivo   descriptive statement.

estado diario   daily statement.

estado exento   exempt status.

estado falsificado   falsified statement.

estado financiero   financial statement.

estado financiero anual   annual financial statement.

estado financiero certificado certified financial statement.

estado financiero combinado combined financial statement.

estado financiero comparativo comparative financial statement.

estado financiero condensado condensed financial statement.

estado financiero consolidado consolidated financial statement.

estado financiero de conglomerado conglomerate financial statement.

estado financiero grupal   group financial statement.

estado financiero no consolidado unconsolidated financial statement.

estado financiero personal personal financial statement.

estado financiero proyectado projected financial statement.

estado interino interim statement.

estado mensual monthly statement.

estado no consolidado unconsolidated statement.

estado periódico periodic statement.

estado pro forma pro forma statement.

estado suplementario supplemental statement.

estado trimestral quarterly statement.

estampilla *f* stamp, rubber stamp.

estampilla fiscal revenue stamp.

estanco *m* monopoly, state monopoly.

estandarización *f* standardization.

estandarizado standardized.

estandarizar standardize.

estanflación *f* stagflation.

estanquero *m* retailer of goods under state monopoly.

estático static.

estatutario statutory.

estatuto *m* statute, by-law, ordinance, charter.

estatutos de sociedades by-laws.

estelionato *m* stellionate.

estimación *f* estimation, estimate, appraisal.

estimación de coste cost estimate.

estimación de costo cost estimate.

estimación de gastos estimate of expenses.

estimación de valor final final value estimate.

estimación del valor estimate of value.

estimación presupuestario budget estimate.

estimación suplementario supplemental estimate.

estimado *m* estimate.

estimado de coste cost estimate.

estimado de costo cost estimate.

estimado de gastos estimate of expenses.

estimado de valor final final value estimate.

estimado del valor estimate of value.

estimado presupuestario budget estimate.

estimado suplementario supplemental estimate.

estimar estimate, appraise.

estimatoria *f* action by the buyer against the seller to obtain a reduction in price due to defects.

estimular stimulate.

estimular la economía stimulate the economy.

estímulo *m* stimulation.

estipendio *m* stipend, compensation.

estipulación *f* stipulation, specification, agreement, covenant.

estipulación condicionada conditional stipulation.

estipulación de control de costos cost-containment provision.

estipulación de póliza policy stipulation.

estipulación incondicional absolute covenant.

estipulaciones estatutarias statutory provisions.

estipulaciones generales general provisions.

estipulado stipulated.

estipulante adj stipulating.

estipulante *m/f* stipulator.

estipular stipulate, specify, agree.

estocástico stochastic.

estorbo atractivo attractive nuisance.

estraperlo *m* black market.

estrategia competitiva competitive strategy.

estrategia de comprar y retener buy and hold strategy.

estrategia de diferenciación differentiation strategy.

estrategia de inversiones investment strategy.

estrategia de marca brand strategy.

estrategia de mercado market strategy.

estratificación de pérdidas stratification of losses.

estrés de trabajo job stress.

estructura *f* structure.

estructura capital capital structure.

estructura cerrada closed structure.

estructura contributiva tax structure.

estructura corporativa corporate structure.

estructura de capital capital structure.
estructura de capital compleja complex capital structure.
estructura de capital simple simple capital structure.
estructura de compañía company structure.
estructura de control control structure.
estructura de mercado market structure.
estructura de organización organization structure.
estructura de precios price structure.
estructura económica economic structure.
estructura financiera financial structure.
estructura fiscal tax structure.
estructura histórica historical structure.
estructura impositiva tax structure.
estructura organizativa organizational structure.
estructura salarial wage structure.
estructura tributaria tax structure.
estudio de caso case study.
estudio de comercialibidad marketability study.
estudio de mercado market study.
estudio de título title search.
etapa f stage.
etapa de carrera career stage.
etapa de crecimiento growth stage.
etapa de madurez maturity stage.
ética f ethics.
ética de los negocios business ethics.
ética en los negocios business ethics.
ética profesional professional ethics.
éticamente ethically.
ético ethical.
etiqueta en los negocios business etiquette.
eurobanca f Eurobanking.
eurocheque m Eurocheck.
eurocrédito m Eurocredit.
eurodivisa f Eurocurrency.
eurodólares m Eurodollars.
evacuar un informe make a report.
evacuar un negocio liquidate a business.
evadir evade.

evadir impuestos evade taxes.
evaluación f evaluation, assessment.
evaluación actuarial actuarial evaluation.
evaluación de calidad quality assessment.
evaluación de proyecto project evaluation.
evaluación de rendimiento performance evaluation.
evaluación de trabajo job evaluation.
evaluación del control interno evaluation of internal control.
evaluación del riesgo del país country risk assessment.
evaluación tecnológica technological assessment.
evaluador m evaluator.
evaluar evaluate.
evasión f evasion.
evasión contributiva tax evasion.
evasión de contribuciones tax evasion.
evasión de impuestos tax evasion.
evasión de responsabilidad evasion of liability.
evasión del impuesto tax evasion.
evasión fiscal tax evasion.
evasión impositiva tax evasion.
evasión tributaria tax evasion.
evasor m evader.
evento m event.
evento fortuito fortuitous event.
evento subsiguiente subsequent event.
eventos independientes independent events.
evicción f eviction, dispossession.
evicción como represalia retaliatory eviction.
evicción efectiva actual eviction.
evidencia de cancelación cancellation evidence.
evidente evident.
evitable avoidable.
evitación f avoidance.
evitación de impuestos avoidance of taxes.
evitación de pérdidas loss avoidance.
exacción f exaction, levy.
exacción ilegal illegal exaction.
exactor m tax collector.

examinación *f* examination.

examinación de acatamiento compliance examination.

examinación de auditoría audit examination.

examinación de banco bank examination.

examinación de bancos nacionales national bank examination.

examinación general general examination.

examinador *m* examiner.

examinador bancario bank examiner.

examinador de bancos bank examiner.

examinador de bancos nacionales national bank examiner.

examinador de seguros insurance examiner.

examinar cuentas audit.

excedente *m* excess, surplus.

excedente acumulado accumulated surplus.

excedente capitalizado capitalized surplus.

excedente comercial trade surplus.

excedente contribuido contributed surplus.

excedente corporativo corporate surplus.

excedente de capital capital surplus.

excedente de contingencia contingency surplus.

excedente de explotación operating surplus.

excedente de exportación export surplus.

excedente de inversión investment surplus.

excedente de la balanza trade surplus.

excedente de operación operating surplus, earned surplus.

excedente de pagos payments surplus.

excedente de recapitalización recapitalization surplus.

excedente disponible available surplus.

excedente divisible divisible surplus.

excedente donado donated surplus.

excedente exterior external surplus.

excedente externo external surplus.

excedente ganado earned surplus.

excedente neto net surplus.

excedente pagado paid-in surplus.

excedente restringido restricted surplus.

exceder exceed.

excepción *f* exception.

excepcional exceptional.

excesivamente excessively.

excesivo excessive.

exceso *m* excess, overage.

exceso de capacidad excess capacity.

exceso de deducciones excess deductions.

exceso de demanda excess demand.

exceso de liquidez excess liquidity.

exceso de oferta excess supply.

exceso de pérdida excess loss.

exceso de seguro overinsurance.

exceso de siniestralidad excess loss.

exceso, en in excess.

excluido excluded.

excluir exclude.

exclusión *f* exclusion.

exclusión contributiva tax exclusion.

exclusión de ingresos income exclusion.

exclusión fiscal tax exclusion.

exclusión impositiva tax exclusion.

exclusión por contaminación pollution exclusion.

exclusión por dividendos dividend exclusion.

exclusión por falla de producto product failure exclusion.

exclusión por vicios inherentes inherent vice exclusion.

exclusión tributaria tax exclusion.

exclusiones de la póliza exclusions of policy.

exclusividad *f* exclusivity.

exclusividad laboral exclusive employment.

exclusivista monopolistic.

exclusivo exclusive.

exención *f* exemption, immunity.

exención absoluta absolute exemption.

exención arancelaria exemption from customs duties.

exención contributiva tax exemption.

exención de responsabilidad exemption from liability.

exención fiscal tax exemption.
exención impositiva tax exemption.
exención personal personal exemption.
exención por dependencia dependency exemption.
exención por personas a cargo exemption for dependents.
exención tributaria tax exemption.
exencionar exempt.
exentar exempt.
exento *m* exempt, immune.
exento de contribuciones tax exempt.
exento de derechos duty-free.
exento de impuestos tax exempt.
exhibición íntegra full payment.
exigencia *f* exigency, demand, requirement.
exigible exigible, demandable, due.
exigir demand, charge, levy.
eximente exempting.
eximir exempt.
eximir de derechos exempt from duties.
existencias inventory.
existencias base base stock.
existencias reales actual stock.
exoneración *f* exoneration, exemption, release.
exonerar exonerate, exempt, release.
exonerar de impuestos exempt from taxes.
exonerar de responsabilidad release from liability.
exorbitante exorbitant.
expansión *f* expansion.
expansión de crédito credit expansion.
expansión de depósitos deposit expansion.
expansión diagonal diagonal expansion.
expansión económica economic expansion.
expansión horizontal horizontal expansion.
expansión industrial industrial expansion.
expansión interna internal expansion.
expectativa *f* expectation.

expectativa de pérdida expectation of loss.
expectativa de vida expectancy of life.
expectativas de precios price expectations.
expedición *f* expedition, remittance, shipment, issuance.
expedición de aduana customhouse clearance.
expedido sent, issued.
expedidor *m* shipper, drawer.
expediente *f* file.
expediente de apremio proceeding for collection.
expediente de construcción file pertaining to a request for a building permit.
expedir ship, send, issue.
expedir un cheque issue a check.
expedir una factura make out a bill.
expedir una patente issue a patent.
expedito y claro free and clear.
expendedor *m* dealer, vendor.
expender expend, sell, circulate counterfeit money.
expendición de moneda falsa circulation of counterfeit money.
expensas costs.
experiencia *f* experience.
experiencia del año calendario calendar-year experience.
expiración de póliza policy expiration.
expirado expired.
expirar expire.
explícitamente explicitly.
explícito explicit.
exploración por máquina machine scanning.
explotación *f* exploitation, use, operation.
explotación de una patente use of a patent.
explotar exploit, use.
expoliación *f* violent dispossession.
exportación *f* exportation.
exportación directa direct exporting.
exportación indirecta indirect export.
exportación paralela parallel exporting.
exportación temporal temporary exportation.

exportaciones de capital capital exports.

exportaciones nacionales national exports.

exportaciones netas net exports.

exportaciones paralelas parallel exports.

exportaciones totales aggregate exports.

exportador *m* exporter.

exportadores cooperativos cooperative exporters.

exportar *m* export.

exposición *f* exposure.

exposición a pérdida loss exposure.

exposición a riesgo homogénea homogeneous exposure.

exposición económica economic exposure.

expreso aéreo air express.

expropiación *f* expropriation.

expulsar expel.

extender extend.

extender el plazo extend the term.

extender las actas write up the minutes.

extender los asientos make the entries.

extender un cheque draw a check.

extender un contrato prepare a contract.

extender una patente issue a patent.

extensión *f* extension, scope, length.

extensión de línea line extension.

extensión de marca brand extension.

extensión del plazo extension of the term.

extensión retroactiva retroactive extension.

extinción extinguishment, termination, liquidation, paying off.

extinción de deudas extinguishment of debts.

extinción de los contratos termination of contracts.

extinción temprana de deuda early extinguishment of debt.

extinguir *m* extinguish, terminate, pay off.

extinguirse expire, lapse.

extorno *m* refund, drawback.

extorsión *f* extortion.

extracontable not in the books.

extracontractual not in the contract.

extracto *m* excerpt, statement, summary.

extracto de balance condensed balance sheet.

extracto de cuenta statement of account.

extraoficial unofficial, off-the-record.

extraordinario extraordinary.

extrapolación *f* extrapolation.

fábrica *f* factory.

fabricación *f* fabrication.

fabricado fabricated, manufactured.

fabricante *m/f* manufacturer.

facilidades facilities.

facilidades de crédito credit facilities.

facilitar facilitate, furnish.

facsímil *m* facsimile.

factible feasible.

factor *m* factor, agent.

factor de actividad activity factor.

factor de acumulación accumulation factor.

factor de ajuste de divisa currency adjustment factor.

factor de capacidad capacity factor.

factor de carga load factor.

factor de conversión conversion factor.

factor de coste cost factor.

factor de costo cost factor.

factor de descuento discount factor.

factor de diversidad diversity factor.

factor de inflación inflation factor.

factor de producción factor of production.

factor de productividad productivity factor.

factor de riesgo risk factor.

factor de seguridad safety factor.

factor de utilización utilization factor.

factor de valor actual present value factor.

factor de valoración valuation factor.

factor de valuación valuation factor.

factor de verificación   verification factor.

factor determinante   determining factor.

factor limitante   limiting factor.

factor negativo   negative factor.

factor reversionario   reversionary factor.

factoraje   *m* factorage, agency.

factores cíclicos   cyclical factors.

factores cualitativos   qualitative factors.

factores cuantitativos   quantitative factors.

factores de costes   cost factors.

factores de costos   cost factors.

factores de proyección   projection factors.

factores fijos   fixed factors.

factores humanos   human factors.

factores incontrolables uncontrollable factors.

factoría   *f* factorage, factory, agency.

factura   *f* invoice, bill.

factura anticipada   advance bill.

factura comercial   commercial invoice.

factura común   invoice.

factura corregida   corrected invoice.

factura de aduana   customs invoice.

factura de compra   purchase invoice.

factura de consignación   consignment invoice.

factura de venta   sales invoice, bill of sale.

factura detallada   itemized invoice.

factura en cuadruplicado quadruplicate invoice.

factura en quintuplicado quintuplicate invoice.

factura final   final invoice.

factura no pagada   unpaid invoice.

factura original   original invoice.

factura provisional   provisional invoice.

facturación   *f* billing.

facturación descriptiva   descriptive billing.

facturación diferida   deferred billing.

facturación por ciclos   cycle billing..

facturación progresiva   progressive billing.

facturación separada   separate billing.

facturado   billed.

facturador   *m* biller.

facturar   invoice, bill.

facturero   *m* invoice book.

facultades implícitas del agente agent's implied authority.

facultar   empower, authorize.

facultativo   facultative, optional, concerning a power.

falencia   *f* deceit, bankruptcy.

falla   *f* fault, failure, defect.

falla de causa   failure of consideration.

falla de mercado   market failure.

falla en caja   cash shortage.

fallido   adj bankrupt, frustrated.

fallido   *m* bankrupt.

fallido culpable   bankrupt due to negligence.

fallido fraudulento   fraudulent bankrupt.

fallido rehabilitado   discharged bankrupt.

fallir   fail.

falsa representación   false representation.

falsamente   falsely.

falsedad   *f* falsehood, misrepresentation.

falsificación   *f* forgery, falsification.

falsificación comercial   commercial counterfeiting.

falsificación de cheques   check forgery.

falsificación de documentos   forgery.

falsificación de libros   falsification of books.

falsificación de moneda counterfeiting.

falsificado   forged, falsified.

falsificador   *m* forger, falsifier.

falsificador de moneda   counterfeiter.

falsificar   forge, falsify.

falso   false, counterfeit.

falso flete   dead freight.

falso y fraudulento   false and fraudulent.

falta de aceptación   nonacceptance.

falta de asistencia   absenteeism.

falta de causa   want of consideration.

falta de competencia   lack of competition.

falta de contraprestación   want of consideration.

falta de cumplimiento failure of consideration, nonperformance, noncompliance, nonfeasance.

falta de ejecución failure of consideration, nonperformance, noncompliance, nonfeasance.

falta de entrega nondelivery.

falta de pago nonpayment, dishonor.

falta de trabajo unemployment.

falta de uso nonuse.

faltante de efectivo cash shortage.

faltar fail, default, breach, to be short.

faltista habitually defaulting.

familia de fondos mutuos family of funds.

familia de marcas family of brands.

familia inmediata immediate family.

fatiga laboral industrial fatigue.

favor *m* favor, accommodation.

favor de, a in favor of.

favorable favorable.

favorecedor *m* indorser of an accommodation bill, client.

favorecido adj favored.

favorecido *m* maker of an accommodation bill.

favoritismo *m* favoritism.

fecha cierta date certain.

fecha de aceptación acceptance date.

fecha de acumulación accrual date.

fecha de adquisición acquisition date.

fecha de anuncio announcement date.

fecha de apertura opening date.

fecha de asiento posting date.

fecha de caducidad expiration date.

fecha de cierre closing date.

fecha de corte cut-off date.

fecha de declaración declaration date.

fecha de depósito deposit date.

fecha de desembolso payout date.

fecha de disponibilidad availability date.

fecha de distribución distribution date.

fecha de efectividad effective date.

fecha de elegibilidad eligibility date.

fecha de embarque shipping date.

fecha de emisión date of issue.

fecha de endoso endorsement date.

fecha de entrada posting date.

fecha de entrega delivery date.

fecha de expiración expiration date.

fecha de expiración de contrato contract expiration date.

fecha de expiración de póliza policy expiration date.

fecha de factura invoice date.

fecha de facturación billing date.

fecha de letra draft date.

fecha de ofrecimiento offering date.

fecha de pago payment date.

fecha de pago de dividendo payment date of dividend.

fecha de póliza policy date.

fecha de publicación publication date.

fecha de radicación filing date.

fecha de redención call date.

fecha de registro record date.

fecha de tasación appraisal date.

fecha de terminación termination date.

fecha de terminación de plan termination date of plan.

fecha de transacción transaction date.

fecha de valor effective date.

fecha de vencimiento expiration date, due date, deadline, maturity date.

fecha de vigencia effective date.

fecha efectiva effective date.

fecha límite final date.

fecha opcional optional date.

fechado dated.

fechar date.

fecho executed, issued.

federal federal.

feria comercial trade fair.

feriado *m* holiday.

feriado nacional national holiday.

fiado purchased on credit.

fiador *m* surety, bailor, guarantor.

fiador mancomunado co-surety.

fiador solidario joint and several surety.

fianza *f* bond, guaranty, bail.

fianza de aduana customs bond.

fianza de almacén warehouse bond.

fianza de averías average bond.

fianza de caución surety bond.

fianza de contratista contract bond.

fianza de cumplimiento performance bond.

fianza de depósito warehouse bond.

fianza de desembarque landing bond.
fianza de embargo attachment bond.
fianza de empresa porteadora
carrier's bond.
fianza de exportación export bond.
fianza de fidelidad fidelity bond.
fianza de garantía surety bond.
fianza de licencia license bond.
fianza de licitador bid bond.
fianza de oferta bid bond.
fianza de pago payment bond.
fianza de postura bid bond.
fianza de propiedad title bond.
fianza de seguridad surety bond.
fianza de título title bond.
fianza en avería gruesa general
average bond.
fianza estatutaria statutory bond.
fianza hipotecaria mortgage.
fianza mercantil performance bond.
fianza pignoraticia pledge.
fianza prendaria pledge.
fiar grant credit, bond for, guarantee.
fichero *m* file.
fichero activo active file.
fichero confidencial confidential file.
fichero de crédito credit file.
fichero de información del cliente
customer-information file.
**fichero maestro de tenedores de
tarjeta** cardholder master file.
fichero negativo negative file.
fichero permanente permanent file.
fichero temporal temporary file.
fideicomisario *m* trustee, beneficiary of
a trust, legal representative of debenture
holders.
fideicomisario en la quiebra trustee
in bankruptcy.
fideicomisario público public trustee.
fideicomiso *m* trust.
fideicomiso activo active trust.
fideicomiso caritativo charitable
trust.
fideicomiso comercial business trust.
fideicomiso complejo complex trust.
fideicomiso condicional contingent
trust.
fideicomiso conservatorio
testamentary trust.
fideicomiso constructivo
constructive trust.

fideicomiso de acumulación
accumulation trust.
fideicomiso de beneficencia
charitable trust.
fideicomiso de fondos depositados
funded trust.
fideicomiso de pensiones pension
trust.
fideicomiso de seguro de vida life
insurance trust.
fideicomiso de sociedad anónima
corporate trust.
fideicomiso de tierras land trust.
fideicomiso definido express trust.
fideicomiso directivo directory trust.
fideicomiso directo direct trust.
fideicomiso discrecional
discretionary trust.
fideicomiso, en in trust.
fideicomiso especial special trust.
fideicomiso expreso express trust.
fideicomiso familiar testamentary
trust.
fideicomiso fijo fixed trust.
fideicomiso formalizado executed
trust.
fideicomiso forzoso constructive trust.
fideicomiso imperfecto imperfect
trust.
fideicomiso implícito implied trust.
fideicomiso impuesto constructive
trust.
fideicomiso indestructible
indestructible trust.
fideicomiso involuntario involuntary
trust.
fideicomiso irrevocable irrevocable
trust.
fideicomiso limitado limited trust.
fideicomiso matrimonial marital
trust.
fideicomiso múltiple multiple trust.
fideicomiso nominal nominal trust.
fideicomiso para votación voting
trust.
fideicomiso particular private trust.
fideicomiso pasivo passive trust.
fideicomiso perfecto perfect trust.
fideicomiso perpetuo perpetual trust.
fideicomiso personal personal trust.
fideicomiso por formalizar
executory trust.

fideicomiso presunto presumptive trust.

fideicomiso privado private trust.

fideicomiso público public trust.

fideicomiso puro simple trust.

fideicomiso revocable revocable trust.

fideicomiso secreto secret trust.

fideicomiso sencillo simple trust.

fideicomiso simple simple trust.

fideicomiso sin depósito de fondos unfunded trust.

fideicomiso sucesivo testamentary trust.

fideicomiso testamentario testamentary trust.

fideicomiso universal trust encompassing an entire estate.

fideicomiso voluntario voluntary trust.

fideicomisor *m* trustee.

fideicomisos recíprocos reciprocal trusts.

fideicomitente *m/f* trustor.

fidelidad *f* fidelity.

fiduciante *m/f* trustor.

fiduciario adj fiduciary.

fiduciario *m* trustee.

fiduciario condicional contingent trustee.

fiduciario corporativo corporate trustee.

fiduciario interino acting trustee.

fiduciario judicial judicial trustee.

fiduciario testamentario testamentary trustee.

fiel cumplimiento faithful performance.

fieldad *f* surety, guaranty.

fijación de precios price-fixing.

fijación de tasa rate lock.

fijación de tasas rate setting.

fijación de tipo rate lock.

fijación de tipos rate setting.

fijación del precio de oro gold fixing.

fijar determine, fix.

fijar precios fix prices.

fijar un precio fix a price.

fijo fixed.

fin de año end of year.

fin de mes end of month.

fin de trimestre end of quarter.

final final.

finalidad de pago finality of payment.

financiación *f* financing.

financiación a corto plazo short-term financing.

financiación a interés fijo fixed-rate financing.

financiación a largo plazo long-term financing.

financiación a medio plazo medium-term financing.

financiación a tasa de interés fija fixed-rate financing.

financiación a tasa de interés variable variable-rate financing.

financiación a tasa fija fixed-rate financing.

financiación a tipo de interés fijo fixed-rate financing.

financiación a tipo de interés variable variable-rate financing.

financiación a tipo fijo fixed-rate financing.

financiación basada en inventario inventory financing.

financiación combinada combined financing.

financiación comercial commercial financing.

financiación compensatoria compensatory financing.

financiación conjunta joint financing.

financiación creativa creative financing.

financiación de arrendamientos lease financing.

financiación de bienes inmuebles real estate financing.

financiación de bienes raíces real estate financing.

financiación de inversiones investment financing.

financiación de plan de pensiones pension plan funding.

financiación de riesgos risk financing.

financiación directa direct financing.

financiación hipotecaria mortgage financing.

financiación innovadora creative financing.

financiación interina interim financing.

financiación interna internal financing.

financiación mediante acciones stock financing.

financiación mediante déficit deficit financing.

financiación mediante deuda debt financing.

financiación mixta mixed financing.

financiación paralela parallel financing.

financiación permanente permanent financing.

financiación por el dueño owner financing.

financiación por vendedor seller financing.

financiación puente bridge financing.

financiación retroactiva retroactive financing.

financiación secundaria secondary financing.

financiación suplementaria supplemental financing.

financiación temporal temporary financing.

financiado financed.

financiamiento *m* financing.

financiamiento a corto plazo short-term financing.

financiamiento a interés fijo fixed-rate financing.

financiamiento a largo plazo long-term financing.

financiamiento a medio plazo medium-term financing.

financiamiento a tasa de interés fija fixed-rate financing.

financiamiento a tasa de interés variable variable-rate financing.

financiamiento a tasa fija fixed-rate financing.

financiamiento a tipo de interés fijo fixed-rate financing.

financiamiento a tipo de interés variable variable-rate financing.

financiamiento a tipo fijo fixed-rate financing.

financiamiento basado en inventario inventory financing.

financiamiento combinado combined financing.

financiamiento comercial commercial financing.

financiamiento compensatorio compensatory financing.

financiamiento conjunto joint financing.

financiamiento creativo creative financing.

financiamiento de arrendamientos lease financing.

financiamiento de bienes inmuebles real estate financing.

financiamiento de bienes raíces real estate financing.

financiamiento de inversiones investment financing.

financiamiento de plan de pensiones pension plan funding.

financiamiento de riesgos risk financing.

financiamiento directo direct financing.

financiamiento hipotecario mortgage financing.

financiamiento innovador creative financing.

financiamiento interino interim financing.

financiamiento interno internal financing.

financiamiento mediante acciones stock financing.

financiamiento mediante déficit deficit financing.

financiamiento mediante deuda debt financing.

financiamiento mixto mixed financing.

financiamiento paralelo parallel financing.

financiamiento permanente permanent financing.

financiamiento por el dueño owner financing.

financiamiento por vendedor seller financing.

financiamiento puente bridge financing.

financiamiento retroactivo retroactive financing.

financiamiento secundario secondary financing.

financiamiento suplementario supplemental financing.

financiamiento temporal temporary financing.
financiar finance.
financiera *f* finance company.
financiero adj financial.
financiero *m* financier.
finanzas *f* finance, finances.
finanzas públicas public finances.
finca *f* plot, farm, real estate.
finca colindante adjoining property.
finca raíz real estate.
finca rústica rural property.
finca urbana urban property.
fincar purchase real estate.
fines caritativos charitable purpose.
fines de contabilidad accounting purposes.
finiquitar extinguish, close an account.
finiquito *m* extinction, release, closing of an account, quitclaim.
firma *f* signature, firm, company, company name.
firma autorizada authorized signature.
firma comercial company, company name.
firma corresponsal correspondent firm.
firma de corretaje brokerage firm.
firma de favor accommodation endorsement.
firma falsificada falsified signature.
firma miembro member firm.
firma obligante binding signature.
firma social company signature, company name.
firmador de cheques check signer.
firmante *m/f* signer, maker of a document.
firmante conjunto cosigner.
firmante por acomodación accommodation maker.
firmar sign, execute.
firme final, firm.
fiscal fiscal, financial.
fiscal de cuentas auditor.
fiscalista fiscal.
fisco *m* fisc.
fisco municipal municipal treasury, municipal government.
fletador *m* charterer.
fletamento *m* charter party, affreightment.

fletamento a plazo time charter.
fletamento con operación por cuenta del arrendador gross charter.
fletamento con operación por cuenta del arrendatario net charter.
fletamento por tiempo time charter.
fletamento por viaje trip charter.
fletamento por viaje redondo voyage charter.
fletamiento *m* charter party, affreightment.
fletante *m* charterer, owner of a means of transport for hire.
fletar charter, freight, hire.
flete *m* freight.
flete adicional additional freight.
flete base base freight.
flete bruto gross freight.
flete en exceso excess freight.
flete eventual freight contingency.
flete marítimo ocean freight.
flete neto net freight.
fletear charter, freight, hire.
fletero *m* freighter, freight carrier.
flexibilidad de precios price flexibility.
flota *f* fleet.
flotante floating.
flotar un empréstito float a loan.
fluctuación *f* fluctuation.
fluctuación económica economic fluctuation.
fluctuaciones cíclicas cyclical fluctuations.
fluctuaciones de mercado market fluctuations.
fluctuaciones de precios price fluctuations.
fluctuaciones estacionales seasonal fluctuations.
fluctuante fluctuating.
flujo bilateral bilateral flow.
flujo de caja cash flow.
flujo de capital capital flow.
flujo de consumo consumption flow.
flujo de costes flow of costs.
flujo de costos flow of costs.
flujo de efectivo cash flow.
flujo de fondos cash flow, flow of funds.

flujo de fondos antes de impuestos before-tax cash flow.

flujo de fondos bruto gross cash flow.

flujo de fondos en exceso excess cash flow.

flujo de fondos incremental incremental cash flow.

flujo de fondos negativo negative cash flow.

flujo de fondos neto net cash flow.

flujo de fondos positivo positive cash flow.

flujo de fondos uniforme uniform cash flow.

flujo del trabajo flow of work.

flujo financiero financial flow.

flujo monetario monetary flow.

flujo unilateral unilateral flow.

folio *m* folio.

folleto informativo brochure.

fomentador *m* promoter, developer.

fomentar promote, develop.

fomento *m* development, promotion.

fondo *m* fund.

fondo acumulativo sinking fund.

fondo amortizante sinking fund.

fondo central central fund.

fondo común general fund.

fondo común de inversión mutual fund.

fondo consolidado consolidated fund.

fondo de acciones comunes common stock fund.

fondo de acciones ordinarias common stock fund.

fondo de amortización amortization fund, sinking fund.

fondo de amortización de bonos bond sinking fund.

fondo de anualidad annuity fund.

fondo de bonos bond fund.

fondo de bonos municipales municipal bond fund.

fondo de comercio combined tangible and intangible assets of a business establishment.

fondo de contingencia contingency fund.

fondo de depreciación depreciation fund.

fondo de doble propósito dual purpose fund.

fondo de estabilización stabilization fund.

fondo de fideicomiso trust fund.

fondo de garantía guaranty fund.

fondo de gastos finales final expense fund.

fondo de igualación equalization fund.

fondo de ingresos corporativos corporate income fund.

fondo de insolvencia insolvency fund.

fondo de inversión mutual fund.

fondo de inversión a base de índice index mutual fund.

fondo de inversión a corto plazo short-term investment fund.

fondo de inversión a largo plazo long-term investment fund.

fondo de inversión con comisión load fund.

fondo de inversión con comisión baja low-load fund.

fondo de inversión de acciones limitadas closed-end mutual fund.

fondo de inversión de bonos bond mutual fund.

fondo de inversión de doble propósito dual purpose mutual fund.

fondo de inversión de sector sector fund.

fondo de inversión del mercado monetario money market fund.

fondo de inversión equilibrado balanced mutual fund.

fondo de inversión especializado specialized mutual fund.

fondo de inversión mezclado commingled investment fund.

fondo de inversión sin comisión no-load fund.

fondo de inversiones investment fund.

fondo de inversiones colectivo collective investment fund.

fondo de pérdidas central central loss fund.

fondo de previsión reserve fund, pension fund.

fondo de protección hedge fund.

fondo de reserva reserve fund.

fondo de retiro retirement fund.

fondo de servicio de la deuda debt service fund.

fondo discrecional discretionary fund.
fondo equilibrado balanced fund.
fondo especial special fund.
fondo estatal state fund.
fondo fiduciario irrevocable irrevocable trust fund.
fondo fijo fixed fund.
fondo garantizado por banco bank-guaranteed fund.
fondo general general fund.
fondo gubernamental government fund.
fondo jubilatorio pension fund.
fondo mutualista mutual fund.
fondo mutuo mutual fund.
fondo mutuo a base de índice index mutual fund.
fondo mutuo con comisión load fund.
fondo mutuo con comisión baja low-load fund.
fondo mutuo de acciones limitadas closed-end mutual fund.
fondo mutuo de bonos bond mutual fund.
fondo mutuo de doble propósito dual purpose mutual fund.
fondo mutuo de sector sector fund.
fondo mutuo equilibrado balanced mutual fund.
fondo mutuo especializado specialized mutual fund.
fondo mutuo sin comisión no-load fund.
fondo no asegurado noninsured fund.
fondo para emergencias emergency fund.
fondo para gastos expense fund.
fondo para la educación educational fund.
fondo para préstamos loan fund.
fondo renovable revolving fund.
fondo reservado reserved fund.
fondo restringido restricted fund.
fondo rotatorio revolving fund.
fondo social capital stock, partnership's capital.
fondos funds.
fondos administrados managed funds.
fondos bloqueados blocked funds, frozen funds.

fondos cobrados collected funds.
fondos comprometidos committed funds.
fondos congelados frozen funds.
fondos de ahorros savings funds.
fondos de cámara de compensación clearinghouse funds.
fondos de casa de liquidación clearinghouse funds.
fondos de construcción building funds.
fondos de depósitos deposit funds.
fondos de fideicomiso trust funds.
fondos disponibles available funds.
fondos en fideicomiso comunes common trust fund.
fondos en fideicomiso mezclados commingled trust fund.
fondos en plica escrow funds.
fondos externos external funds.
fondos federales federal funds.
fondos fiduciarios trust funds.
fondos gravables taxable funds.
fondos ilíquidos illiquid funds.
fondos imponibles taxable funds.
fondos inactivos inactive funds.
fondos insuficientes insufficient funds.
fondos invertidos invested funds.
fondos líquidos liquid funds.
fondos mezclados commingled funds.
fondos no asignados unappropriated funds.
fondos no cobrados uncollected funds.
fondos prestados borrowed funds.
fondos presupuestados budgeted funds.
fondos productivos productive funds.
fondos públicos public funds.
fondos restringidos restricted funds.
fondos sin restricciones unrestricted funds.
forma estándar standard form.
formación *f* formation.
formación de capital capital formation.
formación de fideicomiso formation of trust.
formalizar protesta protest.
formas de los contratos contractual formalities.

fórmula de beneficios   benefit formula.

fórmula de coaseguro   coinsurance formula.

fórmula de coste-volumen cost-volume formula.

fórmula de costo-volumen cost-volume formula.

fórmula de presupuesto flexible flexible budget formula.

fórmula de propuesta   proposal.

formulario   *m* form.

formulario abierto   open form.

formulario de ajuste de prima premium adjustment form.

formulario de contrato   contract form.

formulario de crédito   credit form.

formulario de ingresos   earnings form.

formulario de orden   order form.

formulario de pedido   order form.

formulario de póliza perdida   lost policy receipt.

formulario de propuesta   proposal form.

formulario de seguros   insurance form.

formulario de solicitud   application form.

formulario en blanco   blank form.

formulario en cuadruplicado quadruplicate form.

formulario en quintuplicado quintuplicate form.

formulario especial   special form.

formularios comerciales   commercial forms.

formularios de seguro comerciales commercial insurance forms.

foro   *m* lease, leasehold.

fortuito   fortuitous.

forzoso   compulsory, unavoidable.

fracción   *f* fraction.

fraguar   falsify, plot.

fraguar una firma   forge a signature.

franco   free, duty-free, exempt.

franco a bordo   free on board.

franco al costado   free alongside.

franco al costado de buque   free alongside ship.

franco al costado vapor   free alongside.

franco de avería simple   free of particular average.

franco de derechos   duty-free.

franco en el muelle   free on dock.

franja magnética   magnetic stripe.

franquear   prepay, pay postage, clear, exempt.

franqueo   *m* postage, prepayment, clearance.

franquicia   *f* franchise, exemption.

franquicia aduanera   exemption from customs duties.

franquicia arancelaria   exemption from customs duties.

franquicia impositiva   tax exemption.

franquicia tributaria   tax exemption.

fraude   *m* fraud, deceit.

fraude cometido usando el correo mail fraud.

fraude contributivo   tax fraud.

fraude de acreedores   fraud committed against creditors.

fraude de comerciante   merchant fraud.

fraude efectivo   actual fraud.

fraude fiscal   tax fraud.

fraude impositivo   tax fraud.

fraude intrínseco   intrinsic fraud.

fraude procesable   actionable fraud.

fraude tributario   tax fraud.

fraudulencia   *f* fraudulence.

fraudulentamente   fraudulently.

fraudulento   fraudulent.

frecuencia   *f* frequency.

frecuencia de pérdidas   loss frequency.

frecuencia relativa   relative frequency.

frente obrero   labor association.

fructuoso   successful, productive.

frustración de contrato   frustration of contract.

frutos industriales   industrial products, emblements.

fuente de ganancia   source of profit.

fuente de ingresos   source of income.

fuente rentística   source of revenue.

fuentes de beneficios   sources of profits.

fuentes de capital   sources of capital.

fuentes de fondos   sources of funds.

fuentes de ganancias   sources of profits.

fuera de inventario   out of stock.

fuero comercial   commercial code.

fuero de los concursos   bankruptcy court.

fuerza de negociación   bargaining strength.

fuerza laboral   labor force.

fuerzas de mercado   market forces.

fuerzas del mercado   forces of the market.

fuga de capitales   capital flight.

función de auditoría   audit function.

función de costos   cost function.

función de densidad de probabilidad   probability density function.

función de depósito   deposit function.

función de liquidez   liquidity function.

función del consumo   consumption function.

funcionario   *m* functionary, officer.

funcionario administrativo   administrative officer.

funcionario corporativo   corporate officer.

funcionario de operaciones principal   chief operating officer.

funcionario de plica   escrow officer.

funcionario de préstamos   loan officer.

funcionario ejecutivo   executive officer.

funcionario ejecutivo principal   chief executive officer.

funcionario financiero principal   chief financial officer.

funcionario fiscal   financial officer.

funcionario interino   acting officer.

funciones de mercado   market functions.

funciones del dinero   money functions.

fundación   *f* foundation.

fundación caritativa   charitable foundation.

fundación privada   private foundation.

fundado   founded.

fundamental   fundamental.

fundirse   go bankrupt, fail, merge.

fundo dominante   dominant tenement.

fundo sirviente   servient tenement.

fungibilidad   *f* fungibility.

fungible   fungible.

fusión   *f* merger.

fusión bancaria   bank merger.

fusión conglomerada   conglomerate merger.

fusión corporativa   corporate merger.

fusión de contratos   merger of contracts.

fusión de corporaciones   corporate merger.

fusión de títulos   confusion of titles.

fusión horizontal   horizontal merger.

fusión parcial   partial merger.

fusión vertical   vertical merger.

fusionar   merge, unite.

futuro   future.

futuros de divisas   foreign currency futures.

futuros de índices de acciones   stock index futures.

futuros de monedas   currency futures.

futuros de tasas de intereses   interest rate futures.

futuros de tipos de intereses   interest rate futures.

futuros financieros   financial futures.

gabela   *f* tax.

gabela de consumo   excise tax.

gaje   *m* remuneration.

ganado   adj earned, won.

ganado   *m* livestock.

ganancia   *f* profit, gain, earnings.

ganancia a corto plazo   short-term gain.

ganancia a largo plazo   long-term gain.

ganancia anticipada   anticipated profit.

ganancia bruta   gross profit.

ganancia bruta de ventas   gross profit on sales.

ganancia de capital a corto plazo   short-term capital gain.

ganancia de capital a largo plazo   long-term capital gain.

ganancia diferida   deferred gain.

ganancia en bruto   gross profit.

ganancia entre compañías intercompany profit.

ganancia extraordinaria extraordinary gain.

ganancia neta net profit, clear profit.

ganancia no recurrente nonrecurring gain.

ganancia no repetitivo nonrecurring gain.

ganancia normal normal profit.

ganancia ordinaria ordinary gain.

ganancia privada private gain.

ganancia realizable realizable gain.

ganancia realizada realized gain.

ganancial pertaining to profit, pertaining to community property.

ganancias acumuladas accumulated profits.

ganancias antes de contribuciones pretax profits.

ganancias antes de impuestos pretax profits.

ganancias brutas diferidas deferred gross profit.

ganancias corrientes current profits.

ganancias de capital capital gains.

ganancias de negocios business gains.

ganancias diferidas deferred profits.

ganancias en libros book profit.

ganancias excesivas excessive profits.

ganancias extraordinarias extraordinary profits.

ganancias gravables taxable profits.

ganancias imponibles taxable profits.

ganancias marginales marginal profits.

ganancias no realizadas unrealized profits.

ganancias retenidas retained profits.

ganancias tributables taxable profits.

ganancias y pérdidas profit and loss.

ganancioso profitable.

ganar earn, gain, win.

ganar dinero earn money.

ganar interés earn interest.

ganarse la vida earn a living.

garante *m* guarantor, surety, guarantee.

garantía *f* guarantee, guaranty, warranty, security, collateral, bond.

garantía absoluta absolute guaranty.

garantía afirmativa affirmative warranty.

garantía bancaria bank guaranty.

garantía colateral collateral warranty.

garantía completa full warranty.

garantía condicional conditional guaranty.

garantía continua continuing guaranty.

garantía de cheque check guarantee.

garantía de crédito guaranty of a loan.

garantía de empréstito loan guarantee.

garantía de firma guaranty of a signature.

garantía de inversión investment guaranty.

garantía de pago payment guarantee.

garantía de persona positive identification.

garantía de precio price guarantee.

garantía de préstamo loan guaranty.

garantía de verificación de cheque check verification guarantee.

garantía del constructor builder's warranty.

garantía en avería gruesa general average guaranty.

garantía en efectivo cash guarantee.

garantía escrita written warranty.

garantía especial special warranty.

garantía eventual conditional guaranty.

garantía expresa express warranty.

garantía financiera financial guarantee.

garantía flotante floating collateral.

garantía formal collateral.

garantía general general warranty.

garantía hipotecaria mortgage security.

garantía implícita implied warranty.

garantía incondicional unconditional guaranty, absolute guaranty, absolute warranty.

garantía limitada limited guaranty, limited warranty.

garantía mancomunada joint guaranty.

garantía particular special guaranty.

garantía personal personal guaranty.

garantía pignoraticia pledge.

garantía por escrito written warranty.

garantía prendaria pledge, collateral.

garantía promisoria   promissory warranty.

garantía provisional   binder.

garantía real   collateral.

garantía solidaria   joint and several guaranty.

garantías concurrentes   concurrent guaranties.

garantías escritas   written warranties.

garantías implícitas   implied warranties.

garantir   guarantee.

garantizado   guaranteed, warranted.

garantizado por banco   bank-guaranteed.

garantizador   *m* guarantor, surety.

garantizar   guarantee, warrant.

garito   *m* gambling house.

gastar   expend, spend.

gasto   *m* expense, expenditure.

gasto acumulado   accumulated expenditure.

gasto adicional   additional expenditure.

gasto básico   basic expense.

gasto capitalizado   capitalized expense.

gasto corriente   current expenditure.

gasto de ajuste de pérdidas   loss adjustment expense.

gasto de capital   capital expenditure.

gasto de constitución   organization expense.

gasto de desarrollo   development expense.

gasto de explotación   operating expenses.

gasto de fabricación   manufacturing expense.

gasto de intereses   interest expense.

gasto de inversión   investment expense.

gasto de mantenimiento   maintenance expense.

gasto de manufactura   manufacturing expense.

gasto de producción   production expense.

gasto de transporte   transportation expense.

gasto diferido   deferred expense.

gasto directo   direct expense.

gasto discrecional   discretionary expense.

gasto doméstico bruto   gross domestic expenditure.

gasto especial   special expense.

gasto estimado   estimated expense.

gasto federal   federal expenditure.

gasto financiero   financial expense.

gasto flotante   floating charge.

gasto general   general expense.

gasto incidental   incidental expense.

gasto incurrido   expense incurred.

gasto indirecto   indirect expense.

gasto misceláneo   miscellaneous expense.

gasto nacional bruto   gross national expenditure.

gasto necesario   necessary expense.

gasto no controlable   noncontrollable expense.

gasto no deducible   nondeductible expense.

gasto no recurrente   nonrecurring expense.

gasto no reembolsable   nonrefundable expense.

gasto no repetitivo   nonrecurring expense.

gasto periódico   periodic expense.

gasto por financiamiento   finance expense.

gasto presupuestario   budget expenditure.

gasto razonable   reasonable expense.

gasto recurrente   recurring expense.

gasto trimestral   quarterly expense.

gastos   expenses, expenditures, charges, costs.

gastos a repartir   undistributed expenses.

gastos accesorios   accessory expenses.

gastos adicionales   additional expenses.

gastos administrativos   administrative expenses.

gastos aduanales   customs expenses.

gastos compensatorios   compensating expenditures.

gastos constantes   constant expenses.

gastos controlables   controllable expenses.

gastos crecientes   increasing expenses.

gastos cubiertos   covered expenses.

gastos de administración
administration expenses.

gastos de aduana customs expenses.

gastos de bolsillo out-of-pocket
expenses.

gastos de capital capital expenses.

gastos de cierre closing costs.

gastos de cobranza costs of collection.

gastos de cobros collection expenses.

gastos de conservación maintenance
expenses.

gastos de constitución organization
expenses.

gastos de depreciación depreciation
expenses.

gastos de desarrollo development
expenses.

gastos de dirección administration
expenses.

gastos de distribución distribution
expenses.

gastos de embarque shipping
expenses.

gastos de entrega delivery expenses.

gastos de explotación operating
expenses.

gastos de fábrica factory expenses.

gastos de financiación financing
expenses.

gastos de financiamiento financing
expenses.

gastos de fomento development costs.

gastos de funcionamiento operating
expenses.

gastos de fusión merger expenses.

gastos de gerencia management
expenses.

gastos de iniciación organization
expenses.

gastos de mantenimiento
maintenance expenses.

gastos de manufactura indirectos
indirect manufacturing expenses.

gastos de mercadeo marketing
expense.

gastos de negocios business expenses.

gastos de negocios ordinarios
ordinary business expenses.

**gastos de negocios ordinarios y
necesarios** ordinary and necessary
business expenses.

gastos de oficina office expenses.

gastos de operación operating costs.

gastos de organización organization
expenses.

gastos de producción production
expenses.

gastos de promoción promotion
expenses.

gastos de protesto protest charges.

gastos de publicidad advertising
expenses.

gastos de puro lujo sumptuary
expenses.

gastos de rectificación registral
expenses involved in rectifying data at a
property registry.

gastos de rehabilitación
rehabilitation expenditures.

gastos de representación
representation expenses.

gastos de ventas selling expenses.

gastos diferidos deferred expenses.

gastos directos direct expenses.

gastos elegibles eligible expenses.

gastos especificados specified
expenses.

gastos esperados expected expenses.

gastos estimados estimated expenses.

gastos fijos fixed charges, fixed
expenses.

gastos fijos de fábrica factory
overhead.

gastos financieros finance charges.

gastos funerarios burial expenses.

gastos generales overhead, general
expenses.

gastos generales comerciales
commercial overhead.

gastos generales de fabricación
manufacturing overhead.

gastos generales de manufactura
manufacturing overhead.

gastos generales directos direct
overhead.

gastos generales fijos overhead
expenses.

gastos generales indirectos indirect
overhead.

gastos generales reducidos reduced
overhead.

gastos generales variables variable
overhead.

gastos gubernamentales
government expenditures.

gastos incontrolables uncontrollable expenses.

gastos incurridos incurred expenses.

gastos indirectos indirect costs.

gastos inevitables unavoidable expenses.

gastos iniciales initial expenses.

gastos médicos medical expenses.

gastos mensuales monthly expenses.

gastos necesarios ordinary expenses.

gastos netos net expenses.

gastos no distribuidos undistributed expenses.

gastos normales normal expenses.

gastos operacionales operating expenses.

gastos operativos generales general operating expenses.

gastos ordinarios ordinary expenses.

gastos ordinarios y necesarios ordinary and necessary expenses.

gastos pendientes de pago outstanding expenses.

gastos personales personal expenses.

gastos preliminares preliminary expenses.

gastos prepagados prepaid expenses.

gastos presupuestados budgeted expenses.

gastos programados programmed expenses.

gastos progresivos progressive expenses.

gastos publicitarios advertising expenses.

gastos públicos public spending.

gastos reducidos reduced expenses.

gastos suntuarios sumptuary expenses.

gastos suplementarios supplemental expenses.

gastos totales total expenses.

gastos variables variable expenditures.

generador de ingreso pasivo passive income generator.

generador de números aleatorios random-number generator.

genérico generic.

géneros goods, merchandise.

géneros textiles soft goods.

genuino genuine.

genuino y válido genuine and valid.

geodemográfico geodemographic.

gerencia *f* management.

gerencia de línea line management.

gerencia vertical vertical management.

gerente *m* manager.

gerente activo active manager.

gerente adaptivo adaptive manager.

gerente de banco bank manager.

gerente de departamento department manager.

gerente de empresa business manager.

gerente de fondos funds manager.

gerente de línea line manager.

gerente de marca brand manager.

gerente de mercadeo marketing manager.

gerente de mercancías merchandise manager.

gerente de operaciones operations manager.

gerente de personal personnel manager.

gerente de producto product manager.

gerente de recursos humanos human resources manager.

gerente de sindicato syndicate manager.

gerente de sucursal branch manager.

gerente de ventas sales manager.

gerente del departamento de acatamiento compliance manager.

gerente general general manager.

gerente intermedio middle manager.

gerente presupuestario budgeting manager.

gerente regional regional manager.

gestión *f* action, effort, administration, management, handling, negotiation.

gestión activa active management.

gestión centralizada centralized management.

gestión científica scientific management.

gestión de bienes del ausente administration of property of an absentee.

gestión de bienes inmuebles real estate management.

gestión de cartera de valores portfolio administration, money management.

gestión de compañía   company administration.

gestión de deudas   debt management.

gestión de efectivo   cash management.

gestión de empresas   business administration, business management.

gestión de fondos   money management, funds management.

gestión de impuestos   tax administration.

gestión de la cosa común   administration of something owned jointly.

gestión de la deuda   debt administration.

gestión de la herencia   estate administration.

gestión de la quiebra   administration of a bankrupt's estate.

gestión de la sociedad   administration of a partnership, administration of a corporation.

gestión de mercadeo   marketing management.

gestión de mercancías   merchandise management.

gestión de negocios ajenos   handling of another's business affairs without a written contract.

gestión de oficina   office management.

gestión de operaciones   operations management.

gestión de personal   personnel administration.

gestión de plan   plan administration.

gestión de producción   production management.

gestión de programa   program management.

gestión de proyecto   project management.

gestión de registros   records management.

gestión de riesgos   risk management.

gestión de salario   salary administration.

gestión de tierras   land management.

gestión de ventas   sales management.

gestión financiera   financial management.

gestión fiscal   fiscal management.

gestión general   general management.

gestión monetaria   monetary management.

gestión tributaria   tax administration.

gestión vertical   vertical management.

gestionar   negotiate, take measures, handle.

gestionar el pago   demand payment.

gestionar en nombre de   act in the name of.

gestionar fondos   raise money.

gestionar un empréstito   arrange a loan.

gestionar una patente   apply for a patent.

gestor   adj negotiating, promoting, managing.

gestor   m negotiator, promoter, manager, agent.

gestor de negocios ajenos   handler of another's business affairs without a written contract, one who acts for another without authority.

gestor oficioso   one who acts for another without authority.

girado   adj drawn.

girado   m drawee.

girador   m drawer, maker.

girante   m/f drawer, maker.

girar   draw, write, remit, do business.

girar a cargo de   draw against.

girar dinero   withdraw cash.

girar en descubierto   overdraw.

girar un cheque   write a check, draw a check.

giro   m draft, money order, turnover, line of business, turn.

giro a la vista   sight draft, demand draft.

giro a plazo   time draft.

giro bancario   bank draft.

giro comercial   commercial draft.

giro de capital   capital turnover.

giro de cortesía   accommodation paper.

giro de favor   accommodation paper.

giro de inventario   inventory turnover.

giro de inversiones   investment turnover.

giro de mercancías   merchandise turnover.

giro documentario   documentary draft.

giro en descubierto   overdraft.

giro laboral   labor turnover.

giro postal money order.
giro simple clean draft.
giro telegráfico wire transfer.
globalización *f* globalization.
goce *m* enjoyment, possession.
gozar enjoy, have possession.
gozar de una renta receive an income.
gozar intereses draw interest.
gracia *f* grace period, favor, gift.
gracioso gratuitous.
gradación *f* classification, marshaling assets.
grado *m* degree, grade, step.
grado de monopolio degree of monopoly.
grado de riesgo degree of risk.
graduación *f* classification.
graduación de acreedores ordering of creditors' priority.
graduación de créditos marshaling assets.
graduado graded.
gradual gradual.
gráfico de control de calidad quality control chart.
granel, a in bulk.
gratis gratuitous.
gratuito gratuitous.
gravable taxable, liable.
gravado taxed, encumbered.
gravamen *m* encumbrance, lien, tax.
gravamen bancario banker's lien, bank lien.
gravamen cancelado satisfied lien.
gravamen de aduana customs duty.
gravamen de valorización special assessment.
gravamen del agente agent's lien.
gravamen del constructor mechanic's lien.
gravamen del factor factor's lien.
gravamen del timbre stamp tax.
gravamen del transportador carrier's lien.
gravamen del transportista carrier's lien.
gravamen del vendedor vendor's lien.
gravamen equitativo equitable lien.
gravamen específico specific lien.
gravamen fiscal tax.

gravamen fiscal general general tax lien.
gravamen general general lien.
gravamen hipotecario mortgage lien, mortgage.
gravamen involuntario involuntary lien.
gravamen judicial judicial lien.
gravamen liquidado satisfied lien.
gravamen perfeccionado perfected lien.
gravamen por fallo judgment lien.
gravamen por fallo judicial judgment lien.
gravamen previo prior lien.
gravamen subyacente underlying lien.
gravamen sucesorio inheritance tax, estate tax.
gravamen voluntario voluntary lien.
gravámenes concurrentes concurrent liens.
gravar tax, encumber, assess, pledge.
gravar con impuestos burden with taxes.
gremial pertaining to labor unions, pertaining to guilds.
gremializar unionize.
gremio *m* labor union, guild.
gremio independiente independent union.
gremio industrial industrial union.
gremio internacional international union.
gremio local local union.
gremio nacional national union.
gremio no afiliado unaffiliated union.
gremio vertical vertical union.
gruesa, a la bottomry.
grupo bancario banking group.
grupo controlado controlled group.
grupo de compañías group of companies.
grupo de compras purchasing group.
grupo de control control group.
grupo de edades age group.
grupo de fondos fund group.
grupo de ingresos similares income group.
grupo de ventas selling group.
grupo equilibrado balanced group.
grupo estándar standard group.
grupo ficticio fictitious group.

grupo mínimo　minimum group.
grupo objeto　target group.
gubernamental　governmental.
guerra arancelaria　tariff war.
guerra de precios　price war.
guerra de tarifas　tariff war.
guerra de tasas　rate war.
guerra de tipos　rate war.
guía　*f* guide, waybill, customs permit, directory.
guía　*m/f* guide, advisor.
guía administrativa　management guide.
guía aérea　air waybill.
guía de carga　waybill.
guía de carga aérea　air waybill.
guía de depósito　warehouse receipt.
guía de embarque　ship's bill of lading, bill of lading.
guía de exportación　export permit, export waybill.
guía de internación　import permit.
guía de transporte　waybill.

haber　*m* property, credit, credit side, estate, salary.
haber jubilatorio　pension.
haber social　corporate capital, partnership's assets.
haberes　property, assets, wages.
habiente　possessing.
hábil　competent, working day.
habilitación　*f* authorization, qualification, profit sharing.
habilitación de bandera　authorization for a foreign vessel to engage in coastal trade.
habilitado　employee sharing in the profits, representative, official who handles money.
habilitar　authorize, share in the profits, enable, validate.
habilitar los libros　affix the required revenue stamps to the books.
habitabilidad　*f* habitability.
habitable　habitable.
habitualmente　habitually.

hacendístico　fiscal.
hacer balance　balance.
hacer bancarrota　go into bankruptcy.
hacer cesión　assign.
hacer efectivo　cash, collect.
hacer empeño　pawn.
hacer inventario　take inventory.
hacer pago　pay.
hacer partes　divide.
hacer protestar　protest.
hacer quiebra　go into bankruptcy.
hacer un empréstito　make a loan.
hacer un pedido　place an order.
hacer una oferta　make an offer, make a bid.
hacer una transferencia　make a transfer.
hacerse garante de　become surety for.
hacienda　*f* treasury, finance, estate, property, rural property, livestock.
hacienda particular　private property.
hacienda pública　treasury, public revenues, public assets.
hacienda social　corporate property, partnership's property.
hectárea　*f* hectare.
hecho falso　false fact.
heredad　*f* estate, plot, property, rural property.
heredad ajena　rural property belonging to another.
heredad cerrada　enclosed property.
heredad dominante　dominant tenement.
heredad sirviente　servient tenement.
heredamiento　*m* tenement, bequest.
heredar　inherit.
heredero　*m* heir, owner of rural property.
herederos y cesionarios　heirs and assigns.
hereditable　inheritable.
hereditario　hereditary.
herencia　*f* inheritance, estate, hereditaments.
heterogéneo　heterogeneous.
heurístico　heuristic.
hiperinflación　*f* hyperinflation.
hipoteca　*f* mortgage, hypothecation.
hipoteca a corto plazo　short-term mortgage.
hipoteca a la gruesa　bottomry bond.

hipoteca a la vista demand mortgage.

hipoteca a largo plazo long-term mortgage.

hipoteca abierta open mortgage.

hipoteca ajustable adjustable mortgage.

hipoteca ajustable de pagos progresivos graduated-payment adjustable mortgage.

hipoteca alternativa alternative mortgage.

hipoteca amortizada amortized mortgage.

hipoteca ampliable open mortgage.

hipoteca asegurada insured mortgage.

hipoteca asumible assumable mortgage.

hipoteca autoamortizante self-amortizing mortgage.

hipoteca bisemanal biweekly mortgage.

hipoteca cerrada closed-end mortgage, closed mortgage.

hipoteca colectiva blanket mortgage.

hipoteca comercial commercial mortgage.

hipoteca con pago final mayor balloon mortgage.

hipoteca con pago único al final bullet mortgage.

hipoteca con tasa de interés variable variable rate mortgage.

hipoteca con tipo de interés variable variable rate mortgage.

hipoteca conforme conforming mortgage.

hipoteca convencional conventional mortgage.

hipoteca convertible convertible mortgage.

hipoteca de ajuste adjustment mortgage.

hipoteca de anualida invertida reverse annuity mortgage.

hipoteca de bienes muebles chattel mortgage.

hipoteca de construcción construction mortgage.

hipoteca de cuenta pignorada pledged account mortgage.

hipoteca de hogar home mortgage.

hipoteca de inquilinato leasehold mortgage.

hipoteca de interés fijo fixed-rate mortgage.

hipoteca de pagos constantes constant-payment mortgage.

hipoteca de pagos fijos fixed-payment mortgage.

hipoteca de pagos flexibles flexible-payment mortgage.

hipoteca de pagos parejos level-payment mortgage.

hipoteca de pagos progresivos graduated-payment mortgage.

hipoteca de participación participation mortgage.

hipoteca de propiedad que produce renta income property mortgage.

hipoteca de quince años fifteen-year mortgage.

hipoteca de reducción directa direct-reduction mortgage.

hipoteca de tasa ajustable adjustable-rate mortgage.

hipoteca de tasa ajustable convertible convertible adjustable-rate mortgage.

hipoteca de tasa constante constant rate mortgage.

hipoteca de tasa de interés fija fixed-rate mortgage.

hipoteca de tasa fija convencional conventional fixed-rate mortgage.

hipoteca de tasa flexible flexible-rate mortgage.

hipoteca de tasa flotante floating-rate mortgage.

hipoteca de tasa fluctuante fluctuating rate mortgage.

hipoteca de tasa renegociable renegotiable-rate mortgage.

hipoteca de tipo ajustable adjustable-rate mortgage.

hipoteca de tipo ajustable convertible convertible adjustable-rate mortgage.

hipoteca de tipo constante constant rate mortgage.

hipoteca de tipo de interés fijo fixed-rate mortgage.

hipoteca de tipo fijo convencional conventional fixed-rate mortgage.

hipoteca de tipo flexible flexible-rate mortgage.

hipoteca de tipo flotante
floating-rate mortgage.
hipoteca de tipo fluctuante
fluctuating rate mortgage.
hipoteca de tipo renegociable
renegotiable-rate mortgage.
hipoteca de treinta años thirty-year
mortgage.
hipoteca en primer grado first
mortgage.
hipoteca en primer lugar first
mortgage.
hipoteca en segundo grado second
mortgage.
hipoteca especial special mortgage.
hipoteca fija closed-end mortgage.
hipoteca flexible flexible mortgage.
hipoteca garantizada guaranteed
mortgage.
hipoteca general general mortgage.
hipoteca ilimitada unlimited
mortgage.
hipoteca indeterminada open-end
mortgage.
hipoteca inversa reverse mortgage.
hipoteca legal legal mortgage.
hipoteca marítima maritime mortgage.
hipoteca naval ship mortgage.
hipoteca no amortizada unamortized
mortgage.
hipoteca no asegurada uninsured
mortgage.
hipoteca permanente permanent
mortgage.
hipoteca posterior junior mortgage,
second mortgage.
hipoteca preaprobada preapproved
mortgage.
hipoteca precedente prior mortgage,
first mortgage.
hipoteca prendaria chattel mortgage.
hipoteca principal first mortgage.
hipoteca residencial residential
mortgage.
hipoteca secundaria junior mortgage,
second mortgage.
hipoteca subordinada subordinated
mortgage.
hipoteca subsidiada subsidized
mortgage.
hipoteca superior prior mortgage,
first mortgage.
hipoteca tácita legal mortgage.

hipoteca voluntaria conventional
mortgage.
hipotecable mortgageable.
hipotecado mortgaged.
hipotecante *m/f* mortgagor.
hipotecar mortgage.
hipotecario adj pertaining to mortgages.
hipotecario *m* mortgagee.
hipotecas consolidadas consolidated
mortgages.
hipotecas no consolidadas
unconsolidated mortgages.
hipótesis de mercado eficiente
efficient market hypothesis.
hipótesis nula null hypothesis.
histograma *m* histogram.
historial de crédito credit history.
historial de cuenta account history.
historial de inversiones investment
history.
historial de tenedor de tarjeta
cardholder history.
historial personal personal history.
hito *m* landmark.
hogar *m* homestead, home.
hoja de confirmación confirmation
slip.
hoja de corrección de depósito
deposit correction slip.
hoja de costes cost sheet.
hoja de costos cost sheet.
hoja de crédito credit slip.
hoja de depósito deposit slip.
hoja de información de préstamos
loan information sheet.
hoja de orden order sheet.
hoja de pedido order sheet.
hoja de ruta waybill.
hoja sellada stamped sheet.
hoja timbrada stamped sheet.
homogéneo homogeneous.
homoscedasticidad *f*
homoscedasticity.
honorario condicional contingent fee.
honorario de agencia agency fee.
honorario de agente agent's fee.
honorario definido fixed fee.
honorario fijo fixed fee.
honorarios fees, honorariums.
honorarios contingentes contingent
fees.

honorarios de los directores
directors' fees, directors' honorariums.
honrar honor, meet, pay.
hora de apertura opening time.
hora de cierre closing time.
hora de expiración expiration time.
horario de trabajo work schedule.
horario flexible flexible hours.
horas bancarias banking hours.
horas de oficina office hours, business hours.
horas de trabajo working hours.
horas de transacciones trading hours.
horas extraordinarias overtime.
horas extras overtime.
horas laborables working hours.
hostigamiento *m* harassment.
hostigamiento sexual sexual harassment.
hostigar harass.
huelga *f* strike.
huelga de brazos caídos sit-down strike.
huelga de brazos cruzados sit-down strike.
huelga de solidaridad sympathy strike.
huelga del comprador buyer's strike.
huelga directa direct strike.
huelga, en on strike.
huelga general general strike.
huelga ilegal illegal strike.
huelga no autorizada unauthorized strike.
huelga organizada organized strike.
huelga pasiva sit-down strike.
huelga patronal lockout.
huelga secundaria secondary strike.
huida de capitales capital flight.
hurtado stolen, robbed.
hurto *m* larceny.

identificación *f* identification.
identificación bancaria bank identification.
identificación de bienes identification of goods.

identificación de riesgos risk identification.
identificación específica specific identification.
identificación genérica generic identification.
identificador de beneficiario beneficiary identifier.
identificador de remitente remitter identifier.
identificador del banco del beneficiario beneficiary's bank identifier.
igual equal.
iguala *f* retainer, fee, contract for services, agreement.
igualación *f* equalization.
igualación contributiva tax equalization.
igualación fiscal tax equalization.
igualación impositiva tax equalization.
igualación tributaria tax equalization.
igualar equalize, adjust, agree.
igualdad *f* equality.
igualdad de salario equal pay for equal work.
igualmente equally.
ilegal illegal.
ilícito illegal.
ilíquido illiquid, unliquidated.
imagen de marca brand image.
imagen de producto product image.
imitación *f* imitation.
imitación de marca imitation of a trademark.
imitación de nombre comercial imitation of a trade name.
imitado imitated.
imitar imitate.
impacto contributivo tax impact.
impagable unpayable.
impagado unpaid.
impago unpaid.
impedimento *m* estoppel.
impedimento por actos propios estoppel.
impedir impede.
impensa *f* expense.
imperfecto imperfect.
impignorable that which cannot be pledged.

implementación *f* implementation.
implicación *f* implication.
implícito implicit.
imponedor *m* assessor.
imponente adj imposing, obligating.
imponente *m* depositor, investor.
imponer impose, invest, deposit, obligate.
imponer contribuciones impose taxes.
imponer impuestos impose taxes.
imponer una multa impose a fine.
imponibilidad *f* taxability.
imponible taxable, dutiable.
importable importable.
importación *f* importation, imports.
importación directa direct importing.
importación libre de derechos duty-free importation, duty-free import.
importación paralela parallel importing.
importación temporal temporary importation.
importaciones de capital capital imports.
importaciones nacionales national imports.
importaciones netas net imports.
importaciones paralelas parallel imports.
importaciones totales aggregate imports.
importado imported.
importador adj importing.
importador *m* importer.
importadores cooperativos cooperative importers.
importante important.
importar import, to be important.
importe *m* amount, price, value.
importe de factura invoice amount.
imposibilidad de pago impossibility of payment.
imposibilidad práctica practical impossibility.
imposición *f* imposition.
imposición clasificada classified taxation.
imposición comercial business taxation.
imposición de la renta income tax.

imposición de permuta barter taxation.
imposición degresiva degressive taxation.
imposición directa direct taxation.
imposición discriminatoria discriminatory taxation.
imposición federal federal taxation.
imposición fiscal taxation, national taxation.
imposición indirecta indirect taxation.
imposición múltiple multiple taxation.
imposición progresiva progressive taxation.
imposición proporcional proportional taxation.
imposición real ad valorem tax.
imposición regresiva regressive taxation.
imposición sobre capitales capital tax.
impositivas taxes.
impositivo pertaining to taxation, tax.
impostergable not postponable.
imprevistos incidental expenses.
improductivo nonproductive.
imprudencia *f* imprudence, negligence.
imprudencia profesional malpractice.
imprudente imprudent, negligent.
impuesto *m* tax, assessment.
impuesto a la exportación export tax.
impuesto a la herencia inheritance tax.
impuesto a la renta income tax.
impuesto a las ganancias income tax.
impuesto a las rentas income tax.
impuesto a las transacciones excise tax.
impuesto a las utilidades income tax.
impuesto a las ventas sales tax.
impuesto a los capitales capital stock tax.
impuesto a los predios ad valorem tax.
impuesto a los réditos income tax.
impuesto acumulativo cumulative tax.
impuesto ad valórem ad valorem tax.
impuesto adelantado advance tax.
impuesto adicional surtax.
impuesto aduanal customs duty.

impuesto al consumo consumption tax.

impuesto al valor agregado value added tax.

impuesto anticipado advance tax.

impuesto arancelario customs duty.

impuesto básico basic tax.

impuesto compensatorio compensatory tax.

impuesto complementario complementary tax, surtax.

impuesto comunitario community tax.

impuesto corporativo corporate tax.

impuesto de ausentismo absentee tax.

impuesto de base amplia broad-base tax.

impuesto de capitación capitation tax, poll tax.

impuesto de consumo excise tax, consumption tax.

impuesto de derechos reales tax on real estate transfers.

impuesto de emergencia emergency tax.

impuesto de estampillado stamp tax.

impuesto de exportación export tax.

impuesto de fabricación manufacturing tax.

impuesto de herencias inheritance tax.

impuesto de igualación equalization tax.

impuesto de importación import tax.

impuesto de inmuebles ad valorem tax.

impuesto de internación import duty.

impuesto de legado inheritance tax.

impuesto de lujo luxury tax.

impuesto de manufactura manufacturing tax.

impuesto de mejora special assessment.

impuesto de mercancía commodity tax.

impuesto de no residentes nonresident tax.

impuesto de patrimonio capital tax.

impuesto de privilegio franchise tax.

impuesto de producto commodity tax.

impuesto de seguro social social security tax.

impuesto de sellos stamp tax.

impuesto de soltería tax on unmarried persons.

impuesto de sucesión inheritance tax.

impuesto de superposición surtax.

impuesto de testamentaría inheritance tax.

impuesto de timbres stamp tax.

impuesto de tonelaje tonnage-duty.

impuesto de transferencia transfer tax.

impuesto de valorización special assessment.

impuesto debido tax due.

impuesto degresivo degressive tax.

impuesto directo direct tax.

impuesto doble double tax.

impuesto electoral poll tax.

impuesto en la frontera border tax.

impuesto escalonado graduated tax, progressive tax.

impuesto especial special tax.

impuesto específico specific tax.

impuesto estatal state tax.

impuesto estimado estimated tax.

impuesto excesivo excessive tax.

impuesto extranjero foreign tax.

impuesto extraordinario surtax.

impuesto federal federal tax.

impuesto fijo fixed tax, flat tax.

impuesto fiscal tax, national tax.

impuesto general general tax.

impuesto hereditario inheritance tax.

impuesto hipotecario mortgage tax.

impuesto ilegal illegal tax.

impuesto indirecto indirect tax.

impuesto individual sobre la renta individual's income tax.

impuesto industrial professional services tax.

impuesto inmobiliario real estate tax, ad valorem tax.

impuesto interno internal tax.

impuesto local local tax.

impuesto máximo maximum tax.

impuesto mínimo minimum tax.

impuesto mínimo alternativo corporativo corporate alternative minimum tax.

impuesto municipal municipal tax.

impuesto negativo negative tax.
impuesto no deducible
nondeductible tax.
impuesto normal tax, normal tax.
impuesto oculto hidden tax.
impuesto opcional optional tax.
impuesto ordinario tax.
impuesto pagado tax paid.
impuesto para previsión social
social security tax.
impuesto patrimonial capital tax.
impuesto per cápita per capita tax.
impuesto personal personal tax.
impuesto por cabeza poll tax.
impuesto portuario port charges.
impuesto predial ad valorem tax.
impuesto profesional occupational
tax.
impuesto progresivo progressive tax.
impuesto proporcional proportional
tax.
impuesto público public tax.
impuesto real ad valorem tax.
impuesto regresivo regressive tax.
impuesto represivo repressive tax.
impuesto retenido retained tax.
impuesto según el valor ad valorem
tax.
impuesto sobre beneficios profits
tax.
**impuesto sobre beneficios
extraordinarios** excess profits tax.
impuesto sobre bienes property tax.
impuesto sobre bienes inmuebles
ad valorem tax.
impuesto sobre bienes muebles
personal property tax.
impuesto sobre compras purchase
tax.
impuesto sobre compraventa sales
tax.
impuesto sobre concesiones
franchise tax.
impuesto sobre diversiones
amusement tax.
impuesto sobre dividendos dividend
tax.
impuesto sobre donaciones gift tax.
impuesto sobre el consumo excise
tax.
impuesto sobre el ingreso income
tax.

impuesto sobre el juego gambling
tax.
impuesto sobre el lujo luxury tax.
impuesto sobre el patrimonio
property tax, capital tax, net worth tax.
impuesto sobre el patrimonio neto
net worth tax.
impuesto sobre el valor agregado
value-added tax.
impuesto sobre el valor añadido
value-added tax.
impuesto sobre empleo employment
tax.
impuesto sobre entradas admissions
tax.
impuesto sobre exceso de ganancias
excess profits tax.
impuesto sobre franquicias
franchise tax.
impuesto sobre ganancias profit tax.
**impuesto sobre ganancias a corto
plazo** short-term gains tax.
**impuesto sobre ganancias a largo
plazo** long-term gains tax.
impuesto sobre ganancias de capital
capital gains tax.
impuesto sobre herencias
inheritance tax.
impuesto sobre ingresos income tax.
**impuesto sobre ingresos de
sociedades** corporate income tax.
impuesto sobre ingresos diferido
deferred income tax.
**impuesto sobre ingresos
individuales** individual's income tax.
impuesto sobre ingresos negativo
negative income tax.
impuesto sobre ingresos progresivo
progressive income tax.
impuesto sobre inmuebles property
tax.
impuesto sobre la producción
production tax.
impuesto sobre la propiedad
property tax.
**impuesto sobre la propiedad
clasificado** classified property tax.
**impuesto sobre la propiedad
general** general property tax.
**impuesto sobre la propiedad
inmueble** real property tax.
impuesto sobre la renta income tax.

impuesto sobre la renta corporativa corporate income tax.

impuesto sobre la renta individual individual's income tax.

impuesto sobre la renta personal individual's income tax.

impuesto sobre las importaciones import tax.

impuesto sobre las nóminas payroll tax.

impuesto sobre las sociedades corporate tax.

impuesto sobre las ventas sales tax.

impuesto sobre los beneficios profit tax.

impuesto sobre los bienes property tax.

impuesto sobre los ingresos income tax.

impuesto sobre los ingresos brutos gross receipts tax.

impuesto sobre producción production tax.

impuesto sobre riqueza mueble personal property tax.

impuesto sobre salarios salary tax.

impuesto sobre transacciones de capital capital transactions tax.

impuesto sobre transferencias transfer tax.

impuesto sobre transmisión de bienes transfer tax.

impuesto sobre transmisiones transfer tax.

impuesto sobre ventas sales tax.

impuesto sobre ventas al por menor retail sales tax.

impuesto sobre ventas general general sales tax.

impuesto sucesorio inheritance tax.

impuesto suntuario luxury tax.

impuesto suplementario supplemental tax.

impuesto terrestre ad valorem tax.

impuesto territorial land tax, ad valorem tax.

impuesto único nonrecurrent tax, single tax.

impuestos acumulados accrued taxes.

impuestos acumulativos cumulative taxes.

impuestos atrasados back taxes.

impuestos comerciales business taxes.

impuestos corporativos corporate taxes.

impuestos de aduanas customs duties.

impuestos de compañía company taxes.

impuestos de rentas internas internal revenue taxes.

impuestos diferidos deferred taxes.

impuestos federales federal taxes.

impuestos ilegales illegal taxes.

impuestos locales local taxes.

impuestos morosos delinquent taxes.

impuestos nacionales national taxes.

impuestos prepagados prepaid taxes.

impuestos proporcionales proportional taxes.

impuestos prorrateados apportioned taxes.

impuestos retenidos withheld taxes.

impuestos sobre ingresos corporativos corporate income tax.

impuestos sobre ingresos federales federal income taxes.

imputación *f* imputation.

imputación del pago debtor's choice of which debt a payment should be credited to.

imputado imputed.

imputar impute.

inaceptable unacceptable.

inaceptado unaccepted.

inactivo inactive.

inacumulativo noncumulative.

inadecuado inadequate.

inajenable inalienable.

inalienabilidad *f* inalienability.

inalienable inalienable.

inamovible unremovable, irremovable.

inamovilidad *f* unremovability, irremovability.

inaplazable not postponable.

inaplicabilidad *f* inapplicability.

inaplicable inapplicable.

inapreciable invaluable, imperceptible.

inasistente *m/f* absentee.

incaducable unforfeitable, not voidable.

incapacidad *f* incapacity, disability.

incapacidad absoluta total disability.

incapacidad absoluta permanente permanent total disability.

incapacidad absoluta temporal
temporary total disability.

incapacidad física physical disability.

incapacidad laboral work disability.

incapacidad para contratar lack of
capacity to contract.

incapacidad para trabajar work
disability.

incapacidad parcial partial disability.

incapacidad permanente permanent
disability.

incapacidad permanente total
permanent total disability.

incapacidad perpetua permanent
disability.

incapacidad relativa partial disability.

incapacidad temporal total
temporary total disability.

incapacidad total total disability.

incapacidad transitoria transitory
disability.

incapacitado incapacitated, disabled.

incapacitar incapacitate, disable.

incapacitarse become disabled.

incapaz incapable, not qualified.

incautación *f* attachment,
expropriation, confiscation.

incautar attach, expropriate, confiscate.

incendio intencional arson.

incentivo *m* incentive.

incentivo contributivo tax incentive.

incentivo de ventas sales incentive.

incentivo impositivo tax incentive.

incentivo no financiero nonfinancial
incentive.

incentivo salarial wage incentive.

incentivo tributario tax incentive.

incentivos de producción production
incentives.

incentivos para la exportación
export incentives.

incentivos por bonificaciones bonus
incentives.

incertidumbre financiera financial
uncertainty.

incesible inalienable.

incidencia contributiva tax incidence.

incidencia de contribuciones
incidence of taxes.

incidencia de impuestos incidence of
taxes.

incidencia del impuesto incidence of
taxation.

incidencia impositiva tax incidence.

incidencia tributaria tax incidence.

incidental incidental.

incidentalmente incidentally.

incierto uncertain, untrue.

inciso *m* paragraph, clause, section.

inclusión por referencia
incorporation by reference.

incluso including.

incoación *f* initiation.

incoado inchoate.

incoar initiate.

incobrable uncollectible.

incomerciable unmarketable.

incondicionado unconditional.

incondicional unconditional, absolute.

incondicionalmente unconditionally.

inconducente useless.

inconfirmado unconfirmed.

inconsistente inconsistent.

incontestabilidad *f* incontestability.

incontinuo discontinuous.

incontrolable uncontrollable.

inconvertible inconvertible.

incorporable that which can be
incorporated.

incorporación *f* incorporation, joining.

incorporación por referencia
incorporation by reference.

incorporado a built-in.

incorporal incorporeal.

incorporar incorporate, join.

incorporarse incorporate, join.

incorpóreo incorporeal.

incosteable that which is too expensive.

incremental incremental.

incrementar increase.

incremento *m* increase.

incremento de tasa rate increase.

incremento de tasa anual annual
rate increase.

incremento de tipo rate increase.

incremento de tipo anual annual
rate increase.

incremento salarial wage increment.

incumplimiento *m* breach,
nonfulfillment, noncompliance, default.

incumplimiento con anticipación
anticipatory breach of contract.

incumplimiento de condición breach of condition.

incumplimiento de contrato breach of contract.

incumplimiento de deberes breach of duty.

incumplimiento de garantía breach of warranty.

incumplimiento de pago default of payment.

incumplimiento de pago de prima premium default.

incumplimiento de promesa breach of promise.

incumplimiento de representación breach of representation.

incumplimiento en el pago de contribuciones failure to pay taxes.

incumplimiento en el pago de impuestos failure to pay taxes.

incumplimiento parcial partial breach.

incumplimiento reiterado de contrato continuing breach of contract.

incumplimiento total total breach.

incumplir breach, fail to comply, default.

incurrido incurred.

incurrir incur.

incurrir en mora to be late in a payment, to become delinquent on a loan.

incurrir en responsabilidad to become responsible.

incurrir en una deuda incur a debt.

incurrir en una multa to be subject to a fine.

incurrir una pérdida incur a loss.

incurso liable.

indagación de crédito credit inquiry.

indefinido undefined.

indelegable unable to be delegated.

indemnidad *f* indemnity.

indemnización *f* indemnification.

indemnización compensatoria compensatory damages.

indemnización de preaviso indemnity for dismissal without advance notice.

indemnización global lump-sum settlement.

indemnización monetaria monetary indemnity.

indemnización múltiple multiple indemnity.

indemnización obrera workers' compensation.

indemnización por accidente accident benefits.

indemnización por cesantía severance pay.

indemnización por desahucio severance pay.

indemnización por despido severance pay, severance indemnity.

indemnización por enfermedad sick benefits.

indemnización por falta de preaviso indemnity for dismissal without advance notice.

indemnización por muerte death benefits.

indemnización razonable adequate damages.

indemnizado adj indemnified.

indemnizado *m* indemnitee.

indemnizador indemnitor.

indemnizar indemnify.

indemnizatorio indemnifying.

independencia *f* independence.

independencia económica economic independence.

independiente independent.

indeterminado indeterminate.

indexación *f* indexation.

indicación *f* indication.

indicación de interés indication of interest.

indicado indicated.

indicador *m* indicator.

indicador de mercado market indicator.

indicador monetario monetary indicator.

indicadores anticipados leading indicators.

indicadores atrasados lagging indicators.

indicadores económicos economic indicators.

índice *m* index.

índice de acciones index of stocks, stock index.

índice de acciones comunes common stock index.

índice de correlación index of correlation.

índice de costo de fondos cost-of-funds index.

índice de indicadores anticipados index of leading indicators.

índice de liquidez liquidity index.

índice de mercado market index.

índice de precio específico specific price index.

índice de precios price index.

índice de precios al consumidor consumer price index.

índice de precios al por mayor wholesale price index.

índice de precios al por menor retail price index.

índice de precios de productores producer price index.

índice de precios general general price index.

índice de producción production index.

índice de producción industrial industrial production index.

índice de rentabilidad profitability index.

índice del coste de vida cost of living index.

índice del costo de vida cost of living index.

índice del desarrollo de mercado market development index.

índice estacional seasonal index.

índice ponderado weighted index.

índice salarial wage index.

indiligencia f carelessness, negligence.

indirecto indirect.

indispensable indispensable.

individualmente individually.

individuo adj individual, indivisible.

individuo m individual.

indivisibilidad f indivisibility.

indivisible indivisible.

indivisiblemente indivisibly.

indivisión f indivision.

indiviso undivided.

indización f indexing.

indizado indexed.

inducido induced.

inducir induce.

inductor m inducer.

indultado pardoned.

indultar pardon, grant amnesty.

indulto m pardon, amnesty.

industria f industry.

industria cíclica cyclical industry.

industria clave key industry.

industria de construcción building industry.

industria de costes constantes constant-cost industry.

industria de costes crecientes increasing costs industry.

industria de costos constantes constant-cost industry.

industria de costos crecientes increasing costs industry.

industria de mucha mano de obra labor-intensive industry.

industria esencial essential industry.

industria especializada specialized industry.

industria estacional seasonal industry.

industria impactada impacted industry.

industria intensiva en capital capital-intensive industry.

industria local local industry.

industria nacional national industry.

industria pesada heavy industry.

industria regulada regulated industry.

industrial industrial.

ineficiencia f inefficiency.

ineficiencia económica economic inefficiency.

ineficiencias en el mercado inefficiencies in the market.

inejecución f nonperformance.

inelasticidad f inelasticity.

inelasticidad de demanda inelasticity of demand.

inelasticidad de oferta inelasticity of supply.

inelasticidad de oferta y demanda inelasticity of supply and demand.

inelasticidad de precios price inelasticity.

inelasticidad de producción inelasticity of production.

inelástico inelastic.

inelegible ineligible.

inembargabilidad *f* unattachability.
inembargable that which cannot be attached.
inenajenabilidad *f* inalienability.
inenajenable inalienable.
inestabilidad *f* instability.
inestable unstable.
inevitable unavoidable.
inferencia estadística statistical inference.
inferior inferior.
infirmación *f* invalidation.
infirmar invalidate.
inflación *f* inflation.
inflación abierta open inflation.
inflación cíclica cyclical inflation.
inflación continua continuous inflation.
inflación controlada controlled inflation.
inflación de costes cost inflation.
inflación de costos cost inflation.
inflación de moneda currency inflation.
inflación de precios price inflation.
inflación estructural structural inflation.
inflación impulsada por costes cost-push inflation.
inflación impulsada por costos cost-push inflation.
inflación impulsada por demanda demand-pull inflation.
inflación lentamente progresiva creeping inflation.
inflación moderada moderate inflation.
inflación oculta hidden inflation.
inflacionario inflationary.
inflar un cheque raise a check.
infligir inflict, impose.
infligir una multa impose a fine.
influencia *f* influence.
información *f* information, investigation, report.
información confidencial confidential information.
información de crédito credit report.
información de trabajo occupational information.
información del cliente customer information.

información despectiva derogatory information.
información financiera financial information.
información no pública nonpublic information.
información ocupacional occupational information.
información para consumidores consumer information.
informar inform, advise.
informativo informative.
informe *m* report, opinion, information.
informe anual annual report.
informe anual a los accionistas annual report to stockholders.
informe comercial business report, commercial report.
informe crediticio credit report.
informe de auditoría audit report.
informe de caja cash report.
informe de crédito credit report.
informe de cuenta nueva new account report.
informe de excepción exception report.
informe de gastos expense report.
informe de gastos funcional functional reporting of expenses.
informe de ingresos earnings report.
informe de inspección inspection report.
informe de inspección de acatamiento compliance inspection report.
informe de la directiva directors' report.
informe de mercado market report.
informe de pérdidas loss report.
informe de préstamos hipotecarios mortgage loan report.
informe de reclamación claim report.
informe de rendimiento performance report.
informe de título title report.
informe de transacción transaction report.
informe de transacción de moneda currency transaction report.
informe del contador accountant's report.
informe diario daily report.

informe especial special report.

informe externo external report.

informe final final report.

informe financiero financial report.

informe financiero anual global comprehensive annual financial report.

informe interino interim report.

informe interno internal report.

informe mensual monthly report.

informe provisional provisional report.

informe semanal weekly report.

informe sobre actividad activity report.

informe trimestral quarterly report.

informes comparativos comparative reports.

infraasegurado underinsured.

infracción *f* infraction.

infracción de patente patent infringement.

infracción tributaria tax law violation.

infractor *m* infringer.

infractorio infringing.

infraestructura *f* infrastructure.

infraseguro *m* underinsurance.

ingresar enter.

ingreso *m* income, entry, admission.

ingreso acumulado accrued income.

ingreso antes de contribuciones income before taxes.

ingreso anual annual income.

ingreso bruto gross income.

ingreso bruto ajustado adjusted gross income.

ingreso bruto ajustado modificado modified adjusted gross income.

ingreso bruto efectivo effective gross income.

ingreso bruto no gravable nontaxable gross income.

ingreso bruto no imponible nontaxable gross income.

ingreso bruto no tributable nontaxable gross income.

ingreso corporativo corporate income.

ingreso de inversiones pasivo passive investment income.

ingreso devengado earned income.

ingreso diferido deferred income.

ingreso disponible income available.

ingreso disponible personal personal disposable income.

ingreso doméstico bruto gross domestic income.

ingreso exento de contribuciones tax-exempt income.

ingreso exento de impuestos tax-exempt income.

ingreso fijo fixed income.

ingreso garantizado guaranteed income.

ingreso global comprehensive income.

ingreso gravable taxable income.

ingreso ilegal illegal income.

ingreso imponible taxable income.

ingreso imputado imputed income.

ingreso individual individual income.

ingreso libre de contribuciones tax-free income.

ingreso libre de impuestos tax-free income.

ingreso marginal marginal revenue.

ingreso medio average income.

ingreso monetario money income.

ingreso nacional national income.

ingreso nacional bruto gross national income.

ingreso nacional neto net national income.

ingreso nacional real real national income.

ingreso neto net income.

ingreso neto ajustado adjusted net income.

ingreso neto objeto target net income.

ingreso neto por acción net income per share.

ingreso no gravable nontaxable income.

ingreso no imponible nontaxable income.

ingreso no tributable nontaxable income.

ingreso nominal nominal income.

ingreso objeto target income.

ingreso operativo neto net operating income.

ingreso ordinario ordinary income.

ingreso pasivo passive income.

ingreso per cápita per capita income.

ingreso percibido earned income.

ingreso periódico periodic income.

ingreso personal   personal income.
ingreso por dividendos   dividend income.
ingreso por intereses   interest income.
ingreso residual   residual income.
ingreso semianual   semiannual income.
ingreso suplementario   supplemental income.
ingreso temporal   temporary income.
ingreso total   total income.
ingreso tras contribuciones   income after taxes.
ingreso tras impuestos   income after taxes.
ingreso tributable   taxable income.
ingreso variable   variable income.
ingresos   receipts, income.
ingresos administrativos   administrative revenues.
ingresos agrícolas   farm income.
ingresos antes de contribuciones   pretax earnings.
ingresos antes de impuestos   pretax earnings, pretax income.
ingresos bancarios   bank income.
ingresos contributivos   tax receipts.
ingresos corregidos   corrected earnings.
ingresos corrientes   current earnings, current revenues.
ingresos de bono   bond income.
ingresos de compañía   company income.
ingresos de explotación   operating income.
ingresos de explotación netos   net operating income.
ingresos de exportación   export earnings.
ingresos de negocios   business income.
ingresos de operación   operating income.
ingresos de reajuste   readjustment income.
ingresos de retiro   retirement income.
ingresos devengados   earned income.
ingresos discrecionales   discretionary income.
ingresos disponibles   disposable income.
ingresos divididos   split income.
ingresos efectivos   effective income.

ingresos en efectivo   cash earnings.
ingresos estables   stable income.
ingresos estatutarios   statutory earnings.
ingresos exentos   exempt income.
ingresos extranjeros   foreign income.
ingresos federales   federal revenue.
ingresos financieros   financial income.
ingresos fiscales   fiscal revenues.
ingresos generales   general revenue.
ingresos gubernamentales   government revenues.
ingresos imponibles   taxable income.
ingresos impositivos   tax receipts.
ingresos interiores   internal revenue.
ingresos laborales   occupational earnings.
ingresos netos   net earnings.
ingresos no distribuidos   undistributed earnings.
ingresos ocupacionales   occupational earnings.
ingresos operacionales   operational income.
ingresos permanentes   permanent income.
ingresos personales   personal earnings.
ingresos personales disponibles   disposable personal income.
ingresos por acción   earnings per share.
ingresos por actividad pasiva   passive activity income.
ingresos por inversiones   investment income.
ingresos por inversiones netos   net investment income.
ingresos por inversiones no gravables   nontaxable investment income.
ingresos por inversiones no imponibles   nontaxable investment income.
ingresos por inversiones no tributables   nontaxable investment income.
ingresos prepagados   prepaid income.
ingresos públicos   public revenue.
ingresos reales   real earnings, real income.
ingresos retenidos   retained income, retained earnings.

ingresos totales   total income, total revenue.

ingresos tras discapacidad   disability income.

ingresos tras tributos   after-tax income.

ingresos tributarios   tax receipts.

inhábil   unable, unqualified, non-working.

inhabilidad   *f* inability, incompetence.

inhabilitación   *f* disablement, disqualification.

inhabitable   uninhabitable.

inhabitado   uninhabited.

inherente   inherent.

inherentemente peligroso   inherently dangerous.

ininterrumpido   uninterrupted.

inmediato   immediate.

inmemorial   immemorial.

inmobiliario   real estate.

inmoral   immoral.

inmoralidad   *f* immorality.

inmueble   real estate.

inmune   immune.

inmunidad   *f* immunity.

inmunidad fiscal   tax exemption.

inmunización   *f* immunization.

innegociable   nonnegotiable.

innominado   unnamed.

innovación   *f* innovation.

innovación financiera   financial innovation.

innovar   innovate.

inobservancia   *f* nonobservance.

inquilinato   *m* lease, leasehold.

inquilino   *m* tenant, lessee, sharecropper.

insalubridad   *f* insalubrity, unsanitariness.

insatisfecho   unsatisfied.

inscribible   registrable, recordable.

inscribir   register, record.

inscribirse   register.

inscripción   *f* inscription.

inscripción de buques   registration of vessels.

inscripción de hipoteca   recording of mortgage.

inscripción de la posesión   registration of possession.

inscripción de la traslación de dominio   recording of a transfer of ownership.

inscripto   registered, recorded.

inscrito   registered, recorded.

insecuestrable   not attachable.

inseparabilidad   *f* inseparability.

inseparable   inseparable.

insoluto   unpaid.

insolvencia   *f* insolvency.

insolvencia bancaria   bank insolvency.

insolvencia comercial   commercial insolvency.

insolvencia culpable   negligent bankruptcy.

insolvencia fraudulenta   fraudulent bankruptcy.

insolvencia notoria   notorious insolvency.

insolvente   insolvent.

inspección   *f* inspection.

inspección aduanera   customs inspection.

inspección de acatamiento   compliance inspection.

inspección de proceso   process inspection.

inspección física   physical inspection.

inspección por aduana   inspection by customs.

inspeccionar   inspect.

inspector   *m* inspector.

inspector de aduana   customs inspector.

inspector de hogares   home inspector.

instalación   *f* installation.

instalaciones permanentes   permanent fixtures.

institución   *f* institution.

institución bancaria   banking institution.

institución caritativa   charitable institution.

institución de crédito   credit institution.

institución de fianzas   bonding company.

institución de fideicomiso   trust company.

institución de préstamos   lending institution.

institución fiduciaria   trust company.

institución financiera financial institution.

institución financiera asegurada insured financial institution.

institución financiera no asegurada uninsured financial institution.

institución financiera pública public financial institution.

institución hipotecaria mortgage company.

institución monetaria central central monetary institution.

institución pública public institution.

institución sin fines de lucro nonprofit institution.

institucional institutional.

instituto *m* institution.

instituto de emisión bank of issue.

instituto financiero financial institution.

instrucciones de embarque shipping instructions.

instrucciones de empaque packing instructions.

instrumental instrumental.

instrumento *m* instrument.

instrumento al portador bearer instrument.

instrumento constitutivo articles of incorporation, partnership's agreement.

instrumento de crédito credit instrument.

instrumento de deuda debt instrument.

instrumento de deuda de tasa flotante floating-rate note.

instrumento de deuda de tipo flotante floating-rate note.

instrumento de título document of title.

instrumento de venta bill of sale.

instrumento del mercado monetario money market instrument.

instrumento derivado derivative instrument.

instrumento falsificado false instrument.

instrumento financiero financial instrument.

instrumento negociable negotiable instrument.

instrumento no negociable nonnegotiable instrument.

instrumento por escrito instrument in writing.

instrumento privado private document.

instrumento público public document.

instrumentos de crédito credit instruments.

instrumentos de trabajo tools of the trade.

instrumentos financieros a plazo financial futures.

instrumentos negociables commercial paper, negotiable instruments.

insuficiencia *f* insufficiency.

insuficiente insufficient.

intangible intangible.

integración *f* integration, payment.

integración económica economic integration.

integración horizontal horizontal integration.

integración lateral lateral integration.

integración vertical vertical integration.

integrado integrated.

integrantes members, partners.

integrar integrate, pay, reimburse.

integridad *f* integrity.

intención de compra purchase intention.

intención de los contratantes intent of the contracting parties.

intención fraudulenta fraudulent intent.

intencionado intended.

intencional intentional.

intencionalidad *f* premeditation.

intencionalmente intentionally.

intensidad de utilización de tierras land-use intensity.

intensivo en capital capital intensive.

intento de monopolizar attempt to monopolize.

interbancario interbank.

intercambiable interchangeable.

intercambiar exchange.

intercambio *m* interchange, exchange, swap.

intercambio de bonos bond swap.

intercambio de crédito credit interchange.

intercambio de deudas   debt-debt swap.

intercambio de divisas   currency exchange.

intercambio de monedas   currency swap.

intercambio de tasas de interés   interest rate swap.

intercambio de tipos de interés   interest rate swap.

intercambio doméstico   domestic exchange.

intercambio hipotecario   mortgage swap.

intercambio involuntario   involuntary exchange.

intercambio libre de contribuciones   tax-free exchange.

intercambio libre de impuestos   tax-free exchange.

intercambio no monetario   nonmonetary exchange.

intercambio pecuniario   pecuniary exchange.

intercambio recíproco   reciprocal exchange.

intercambio voluntario   voluntary exchange.

intercepción de comunicaciones   interception of communications.

interdependencia   *f* interdependence.

interdicción   *f* interdiction, prohibition.

interdicto de obra nueva   action against further construction.

interdicto de obra ruinosa   action against maintaining a dangerous structure.

interés   *m* interest.

interés absoluto   absolute interest.

interés acumulado   accrued interest.

interés anual   annual interest.

interés asegurable   insurable interest.

interés beneficioso   beneficial interest.

interés compuesto   compound interest.

interés común   joint interest.

interés condicional   contingent interest.

interés convencional   conventional interest.

interés corriente   current interest.

interés de bono   bond interest.

interés de demora   interest charged for late payment.

interés de gracia   interest charged for late payment.

interés de mora   interest charged for late payment.

interés de plaza   going interest rate.

interés demorado   interest charged for late payment.

interés deudor   debit interest.

interés dominante   controlling interest.

interés fijo   fixed interest.

interés financiero   financial interest.

interés futuro   future interest.

interés garantizado   guaranteed interest.

interés hipotecario   mortgage interest.

interés ilegal   illegal interest.

interés imputado   imputed interest.

interés inalienable   inalienable interest.

interés indiviso   undivided interest.

interés legal   legal interest.

interés mayoritario   majority interest.

interés minoritario   minority interest.

interés neto   net interest.

interés no asegurable   uninsurable interest.

interés nominal   nominal interest.

interés ordinario   ordinary interest.

interés parcial   partial interest.

interés predominante   majority interest.

interés privado   private interest.

interés público   public interest.

interés real   real interest.

interés residual   residual interest.

interés reversionario   reversionary interest.

interés simple   simple interest.

interés usurario   usury.

interés variable   variable interest.

interesado   *m* party, interested party, contracting party.

intereses acumulados   interest accrued.

intereses anuales constantes   constant annual interest.

intereses atrasados   belated interest.

intereses concurrentes   concurrent interests.

intereses de bono corporativo   corporate bond interest.

intereses de consumo   consumer interest.

intereses de empréstito loan interest.

intereses de préstamo loan interest.

intereses diarios daily interest.

intereses diferidos deferred interest.

intereses en exceso excess interest.

intereses en mora defaulted interest.

intereses exactos exact interest.

intereses explícitos explicit interest.

intereses hipotecarios mortgage interest.

intereses hipotecarios de hogar home mortgage interest.

intereses mensuales monthly interest.

intereses no gravables nontaxable interest.

intereses no imponibles nontaxable interest.

intereses no tributables nontaxable interest.

intereses ordinarios ordinary interest.

intereses pagados interest paid.

intereses precomputados precomputed interest.

intereses prepagados prepaid interest.

intereses puros pure interest.

intereses reembolsables refundable interest.

intereses semestrales semiannual interest.

intereses semianuales semiannual interest.

interestadal interstate.

interestadual interstate.

interestatal interstate.

interferencia patronal employer interference.

ínterin *m* interim.

interinamente provisionally.

interinario provisional.

interinidad *f* temporariness.

interino provisional, interim, acting.

interior internal, domestic.

interiormente internally, domestically.

intermediación *f* intermediation.

intermediación en el mercado de valores securities brokerage.

intermediar intermediate, mediate.

intermediario *m* intermediary, mediator.

intermediario financiero financial intermediary.

intermediarios de mercadeo marketing intermediaries.

intermedio intermediate.

intermitente intermittent.

internacional international.

internacionalización *f* internationalization.

internacionalizar internationalize.

internacionalmente internationally.

internamente internally, domestically.

interno internal, domestic.

internuncio *m* envoy.

interpelación *f* interpellation, order to pay a debt, request.

interpelado *m* recipient of an order to pay a debt, recipient of a request.

interpelador *m* interpolator, the person who orders the payment of a debt, requester.

interpelante *m/f* interpolator, the person who orders the payment of a debt, requester.

interpelar interpellate, order to pay a debt, request.

interperíodo interperiod.

interpolación *f* interpolation.

interponer intervene, file, present.

interposición *f* intervention, interference, mediation.

interpósita persona agent, apparent agent.

interpretación *f* interpretation.

interpretación del contrato interpretation of the contract.

interpretación técnica technical interpretation.

interpretación usual usual interpretation.

interpuesta persona agent, intermediary.

interrupción de negocios business interruption.

interrupción de negocios contingente contingent business interruption.

interrupción en servicio break in service.

interrupción temporal temporary interruption.

intervalo *m* interval.

intervalo de confianza confidence interval.

intervalo de fluctuación fluctuation interval.

intervalo de precios price range.

intervención *f* intervention.

intervención del banco central central bank intervention.

intervención económica economic intervention.

intervención gubernamental government intervention.

intervención monetaria monetary intervention.

intervenidor *m* intervener, auditor, supervisor.

intervenir intervene, mediate, audit, supervise.

intervenir el pago stop payment.

interventor *m* intervener, auditor, supervisor.

intestado intestate.

intimación de pago demand for payment.

intimación judicial de pago court order to pay.

intraestatal intrastate.

intransferible nontransferable.

intransmisible untransmissible.

intraperíodo intraperiod.

intrasmisible untransmissible.

intraspasable nontransferable.

intrínseco intrinsic.

introductorio introductory.

intrusarse encroach.

invalidación *f* invalidation.

invalidado invalidated.

invalidar invalidate, quash.

invalidez *f* invalidity, disability.

invalidez absoluta total disability.

invalidez definitiva permanent disability.

invalidez laboral work disability.

invalidez parcial partial disability, partial invalidity.

invalidez permanente permanent disability.

invalidez provisional temporary disability.

invalidez relativa partial disability.

invalidez total total disability.

invalidez transitoria temporary disability.

inválido invalid.

invención *f* invention.

invendible unsalable.

inventar invent.

inventario *m* inventory.

inventario abierto open inventory.

inventario combinado composite inventory.

inventario de cierre closing inventory.

inventario de fabricación manufacturing inventory.

inventario de final de período ending inventory.

inventario de manufactura manufacturing inventory.

inventario de materias primas raw materials inventory.

inventario de mercancías merchandise inventory.

inventario de productos terminados finished goods inventory.

inventario de seguridad buffer inventory.

inventario en libros book inventory.

inventario físico physical inventory.

inventario inicial beginning inventory.

inventario mínimo minimum inventory.

inventario periódico periodic inventory.

inventario perpetuo perpetual inventory.

inventario predeterminado predetermined inventory.

invento *m* invention.

inventor *m* inventor.

inventor original original inventor.

inversión *f* investment, inversion.

inversión a corto plazo short-term investment.

inversión a largo plazo long-term investment.

inversión a medio plazo medium-term investment.

inversión amortizable amortizable investment.

inversión autónoma autonomous investment.

inversión bruta gross investment.

inversión continua continuing investment.

inversión cruzada cross-investment.

inversión cubierta covered investment.

inversión de capital   capital investment.

inversión de fondos   investment of funds.

inversión de ingreso fijo fixed-income investment.

inversión del mercado monetario money market investment.

inversión derivada   derivative investment.

inversión deseada   desired investment.

inversión directa   direct investment.

inversión directa extranjera   foreign direct investment.

inversión dominante   controlling interest.

inversión elegible   eligible investment.

inversión en bonos   bond investment.

inversión extranjera   foreign investment.

inversión extranjera neta   net foreign investment.

inversión financiera   financial investment.

inversión indizada   indexed investment.

inversión inicial   initial investment.

inversión internacional   international investment.

inversión nacional bruta   gross national investment.

inversión negativa   negative investment.

inversión neta   net investment.

inversión no autorizada unauthorized investment.

inversión no negociable nonmarketable investment.

inversión no tributable   nontaxable investment.

inversión original   original investment.

inversión pasiva   passive investment.

inversión planificada   planned investment.

inversión privada   private investment.

inversión productiva   productive investment.

inversión prudente   prudent investment.

inversión pública   public investment.

inversión razonable   reasonable investment.

inversión real   real investment.

inversión realizada   realized investment.

inversión regulada   regulated investment.

inversión respaldada por hipotecas mortgage-backed investment.

inversión segura   defensive investment.

inversión temporal   temporary investment.

inversión total   total investment, aggregate investment.

inversiones inactivas   inactive investments.

inversiones negociables   negotiable investments.

inversiones sin certificado certificateless investments.

inversionista   *m/f* investor.

inversionista prudente   prudent investor.

inversionista razonable   reasonable investor.

inversionistas institucionales institutional investors.

inversor   *m* investor.

invertido   invested, inverted.

invertir   invest.

investidura   *f* investiture.

investigación   *f* investigation.

investigación cualitativa   qualitative research.

investigación cuantitativa quantitative research.

investigación de campo   field research.

investigación de crédito   credit investigation.

investigación de mercadeo marketing research.

investigación de mercado   market research.

investigación de operaciones operations research.

investigación de título   title search.

investigación de trasfondo background investigation.

investigación del consumidor consumer research.

investigación económica   economic research.

investigación motivacional motivational research.

investigación sobre la conducta de consumidores consumer behavior research.

investigación y desarrollo research and development.

investir vest, confer.

inviolabilidad *f* inviolability.

inviolable inviolable.

invocar invoke.

involuntario involuntary.

ir a la bancarrota go into bankruptcy.

ir a la quiebra go into bankruptcy.

irrazonable unreasonable.

irrecuperable irrecoverable.

irredimible irredeemable.

irregular irregular.

irreivindicable irrecoverable.

irremplazable irreplaceable.

irrenunciable unrenounceable.

irrescindible unrescindable.

irretroactividad *f* non-retroactivity.

irretroactivo not retroactive.

irrevisable not revisable.

irrevocabilidad *f* irrevocability.

irrevocable irrevocable.

irritable voidable.

irritar void.

írrito void.

irrogar gastos incur expenses.

iteración *f* iteration.

jefatura *f* headquarters, division, directorship.

jefe *m* boss.

jefe de departamento head of department.

jefe de familia head of household.

jefe de ventas head of sales.

jefe ejecutivo chief executive.

jerarquía *f* hierarchy.

jerárquico hierarchical.

jornada *f* work period, work day.

jornada de trabajo work period, work day.

jornal *m* daily pay.

jornalero *m* day laborer, laborer.

jubilación *f* retirement, pension.

jubilación obligatoria mandatory retirement.

jubilación por discapacidad disability retirement.

jubilación por invalidez disability pension.

jubilación por vejez old-age pension.

jubilación temprana early retirement.

jubilado adj retired.

jubilado *m* retiree, pensioner.

jubilar retire, pension.

jubilarse retire, retire with a pension.

jubilatorio pertaining to retirement.

juicio de apremio suit for debt collection, suit for collection of a judgment.

juicio de árbitros arbitration proceedings

juicio de avenencia arbitration proceedings.

juicio de concurso bankruptcy proceedings.

juicio de consignación action to place money in escrow.

juicio de convocatoria action to have a creditors' meeting.

juicio de convocatoria de acreedores action to have a creditors' meeting.

juicio de desahucio eviction proceedings, dispossess proceedings.

juicio de desalojo eviction proceedings, dispossess proceedings.

juicio de embargo attachment proceedings.

juicio de enajenación forzosa condemnation proceedings.

juicio de insolvencia bankruptcy proceedings.

juicio de lanzamiento dispossess proceedings, eviction proceedings.

juicio de mayor cuantía proceedings concerning a large claim.

juicio de menor cuantía proceedings concerning a small claim.

juicio de mensura, deslinde, y amojonamiento action to determine boundaries.

juicio de quiebra bankruptcy proceedings.

juicio de rehabilitación discharge proceedings.

juicio hipotecario foreclosure on a mortgage.

junta *f* board, meeting.

junta administrativa management board.

junta anual annual meeting.

junta arbitral arbitration board.

junta asesora consulting board.

junta constitutiva organizational meeting.

junta consultiva consulting board.

junta de accionistas shareholders' meeting.

junta de accionistas anual annual shareholders' meeting.

junta de accionistas general general shareholders' meeting.

junta de acreedores creditors' meeting.

junta de apelación de impuestos board of tax appeals.

junta de arbitraje board of arbitration.

junta de aseguradores board of underwriters.

junta de comercio board of trade.

junta de dirección board of governors.

junta de directores board of directors.

junta de fiduciarios board of trustees.

junta de gobernadores board of governors.

junta de gobierno board of governors.

junta de planificación planning board.

junta de planificación económica economic planning board.

junta de retiro pension board.

junta de revisión board of review, board of audit.

junta de síndicos board of trustees.

junta directiva board of directors.

junta especial special meeting.

junta examinadora examining board.

junta extraordinaria special meeting.

junta general general meeting.

junta general de accionistas shareholders' meeting.

junta general ordinaria shareholders' meeting.

junta ordinaria regular meeting.

junta planificadora planning board.

jurídico-laboral pertaining to labor law.

jurisdicción laboral jurisdiction over matters concerning labor law.

jurisdicción mercantil jurisdiction over matters concerning commercial law.

justa compensación just compensation.

justipreciación *f* appraisal.

justipreciador *m* appraiser.

justipreciar appraise.

justiprecio *m* appraisal.

justo precio fair price.

justo título just title.

justo valor just value.

juzgado de aduanas custom's court.

juzgado de trabajo labor court.

kiosco kiosk.

labor *f* labor.

laborable workable, work.

laboral pertaining to labor.

laborante laboring.

laborar labor.

laborío *m* labor.

laborioso laborious.

labrar farm, work.

labrar un acta draw up a document.

laguna contributiva tax loophole.

laguna fiscal tax loophole.

laguna impositiva tax loophole.

laguna tributaria tax loophole.

laissez faire political philosophy of not interfering, laissez-faire.

lanchada *f* full load of a vessel.

lanchaje *m* lighterage.

lanzamiento *m* eviction, ouster.

lanzar evict, oust.

lapso *m* lapse.

lapso de espera waiting period.

largo plazo long term.

largo plazo, a long term.

lastar pay for another.

lasto *m* receipt given to the person who pays for another.

lateral lateral.

latifundio *m* very large property.

laudar award.

laudo *m* award, decision.

laudo arbitral arbitration award, arbitration decision.

lavado de dinero money laundering.

lealtad de marca brand loyalty.

lectora de caracteres en relieve embossed character reader.

lectora de código de barras bar-code reader.

legado *m* legacy, devise, bequeathment.

legajo *m* file, bundle of papers.

legalmente legally.

legar bequeath, devise, delegate.

legatario *m* legatee, devisee, beneficiary.

legibilidad *f* legibility.

legible por máquina machine readable.

legislación antimonopolio antitrust legislation.

legislación del trabajo labor legislation.

legislación laboral labor legislation.

legislación obrera labor law.

legislación recíproca reciprocal legislation.

legislación tributaria tax legislation.

legitimidad *f* legitimacy, genuineness.

legítimo legitimate.

lesión *f* injury, damage.

lesión corporal bodily injury.

lesión de trabajo occupational injury.

lesión laboral occupational injury.

lesión ocupacional occupational injury.

lesión personal personal injury.

lesión relacionada al empleo job-related injury.

lesión relacionada al trabajo job-related injury.

lesionado adj injured.

lesionado *m* injured person.

lesionar injure, damage.

lesiones injuries, damage.

letra *f* draft, bill, letter, handwriting.

letra a cobrar bill receivable.

letra a corto plazo short-term draft, short bill.

letra a día fijo time bill.

letra a la vista demand bill, sight draft.

letra a largo plazo long-term draft, long bill.

letra a pagar bill payable.

letra a plazo time bill.

letra a plazo fijo time bill.

letra a presentación sight draft.

letra a término time bill.

letra abierta open letter of credit.

letra aceptada accepted draft.

letra al cobro bill for collection.

letra bancaria bank draft.

letra cambiaria bill of exchange.

letra comercial trade bill.

letra de acomodación accommodation letter.

letra de banco bank draft.

letra de cambio bill of exchange, bill.

letra de cambio a la vista sight draft.

letra de cambio a plazo fijo time bill.

letra de cambio aceptada accepted bill of exchange.

letra de cambio al portador bearer bill of exchange.

letra de cambio comercial commercial bill.

letra de cambio documentada documentary bill of exchange.

letra de cambio documentaria documentary draft.

letra de cambio doméstica domestic bill of exchange.

letra de cambio domiciliada domiciled bill of exchange.

letra de cambio endosada endorsed bill of exchange.

letra de cambio extranjera foreign bill of exchange.

letra de cambio negociable negotiable bill of exchange.

letra de cambio no domiciliada non-domiciled bill of exchange.

letra de cambio protestada protested bill of exchange.

letra de cambio vencida due draft.

letra de crédito letter of credit, credit bill.

letra de recambio redraft.

letra de resaca redraft.

letra descontable discountable bill.
letra documentaria documentary bill.
letra doméstica domestic bill.
letra domiciliada domiciled draft.
letra en blanco blank bill.
letra financiera finance bill.
letra limpia clean bill of exchange.
letra menuda small print.
letra muerta dead letter.
letra no atendida dishonored bill.
letra protestada protested bill.
letra rechazada dishonored bill.
letras patentes letters patent.
levantamiento *m* lifting, survey.
levantar lift, adjourn, build.
levantar capital raise capital.
levantar el embargo release the attachment.
levantar la sesión adjourn.
levantar un pagaré pay a note.
levantar un protesto prepare a notice of protest.
ley cambiaria law pertaining to negotiable instruments.
ley comercial commercial law, commercial statute, commercial code.
ley contributiva tax law.
ley de edificación building code.
ley de fraudes statute of frauds.
ley de la demanda law of demand.
ley de la proporcionalidad law of proportionality.
ley de los costes crecientes law of increasing costs.
ley de los costos crecientes law of increasing costs.
ley de los números grandes law of large numbers.
ley de los números pequeños law of small numbers.
ley de oferta y demanda law of supply and demand.
ley de patentes patent law, patent statute.
ley de quiebras bankruptcy law, bankruptcy code.
ley de refrendación countersignature law.
ley de sociedades corporate law, partnership law.
ley del hogar seguro homestead exemption law.

ley del lugar del contrato the law of the place the contract was made.
ley del timbre stamp-tax law.
ley del trabajo labor law, labor statute.
ley fiscal tax law, tax statute.
ley hipotecaria law of mortgages.
ley mercantil commercial law, commercial statute, commercial code.
ley uniforme uniform law.
leyes antimonopolio antitrust acts.
leyes bancarias banking laws.
leyes de compañías de inversiones investment company laws.
leyes de crédito justo fair credit acts.
leyes de etiquetado labeling laws.
leyes de impuestos internal revenue laws.
leyes de quiebra bankruptcy laws.
leyes de rentas internas internal revenue laws.
leyes de valores securities laws.
leyes de ventas a granel bulk sales laws.
leyes de zonificación zoning laws.
leyes impositivas tax laws.
leyes laborales labor laws.
leyes obreras labor laws.
leyes recíprocas reciprocal laws.
leyes sobre competencia justa y razonable fair trade acts.
leyes sobre contribuciones sobre ingresos income tax laws.
leyes sobre la propiedad horizontal horizontal property laws.
leyes sobre la protección del crédito del consumidor consumer credit protection laws.
leyes tributarias tax laws.
leyes uniformes uniform laws.
liberación *f* liberation, exemption, release.
liberación aduanera customs release.
liberación de gravamen release of lien.
liberado liberated, exempt, released.
liberador liberating.
liberar free, exempt, issue.
liberar acciones issue stock.
liberar de derechos exempt from duties.
liberar de responsabilidad free from liability.

liberatorio releasing, exempting.
libertad *f* liberty, right, license.
libertad contractual freedom of contract.
libertad de contratación freedom of contract.
libertad de contratar freedom of contract.
libertad de industria right to work.
libertad de la propiedad right to own property.
libertad de pactar freedom of contract.
libertad de trabajar right to work.
libertad de trabajo right to work.
libertad económica economic freedom.
libertad industrial right to work.
libertar liberate, exempt.
librado *m* drawee.
librado alternativo alternative drawee.
librador *m* drawer.
libramiento *m* order of payment, draft.
librancista *m* issuer of an order of payment.
librante *m/f* drawer.
libranza *f* order of payment, draft.
librar liberate, draw, issue.
libre free, exempt.
libre a bordo free on board.
libre al costado free alongside ship.
libre amortización free depreciation.
libre cambio free trade.
libre comercio free trade.
libre competencia free competition.
libre de contribuciones tax-free.
libre de derechos duty-free.
libre de gastos free of charges.
libre de gastos a bordo free on board.
libre de gravamen free and clear.
libre de impuestos tax-free.
libre de impuestos aduaneros free of customs.
libre depreciación free depreciation.
libre empresa free enterprise.
librecambio *f* free trade.
librecambista free trading.
libreta *f* bank book, agenda.
libreta de ahorros bank book.
libreta de banco bank book.
libreta de cheques checkbook.
libreta de depósitos deposit book.

libro *m* book.
libro de acciones stock ledger.
libro de accionistas stock ledger.
libro de actas minutes book.
libro de asiento memorandum book, account book.
libro de asiento original book containing the original entry.
libro de caja cash book.
libro de calificaciones crediticias credit rating book.
libro de cobros collection book.
libro de contabilidad account book.
libro de cuenta y razón account book.
libro de cuentas account book.
libro de cupones coupon book.
libro de desembolsos de efectivo cash disbursement journal.
libro de entradas en caja cash receipts journal.
libro de facturas invoice book.
libro de inventarios y balances inventory and balance book.
libro de letras bill book.
libro de minutas minutes book.
libro de navegación ship's logbook.
libro de órdenes order book.
libro de pagos al contado cash-payment journal.
libro de pedidos order book.
libro de primera entrada book containing the original entry.
libro de recibos receipt book.
libro de ventas sales book.
libro del cajero cashier's book.
libro diario journal.
libro general general journal.
libro maestro ledger.
libro mayor ledger.
libro mayor auxiliar subsidiary ledger.
libro mayor de costes cost ledger.
libro mayor de costos cost ledger.
libro mayor de ventas sales ledger.
libro mayor general general ledger.
libro talonario stub book.
libros de a bordo ship's papers.
libros de comercio corporate books.
libros de contabilidad books of account.
libros del registro de la propiedad register of real estate, register of deeds.

libros facultativos books not required by law.

libros obligatorios books required by law.

libros y registros de contabilidad accounting books and records.

licencia *f* license, leave of absence.

licencia autorizada authorized leave of absence.

licencia de alijo unloading permit.

licencia de construcción building permit.

licencia de fabricación manufacturing rights, manufacturing license.

licencia de importación import license.

licencia de manufactura manufacturing license.

licencia de patente patent license.

licencia de venta selling license.

licencia en exclusiva exclusive license.

licencia especial special license.

licencia exclusiva exclusive license.

licencia expresa express license.

licencia gratuita gratuitous license.

licencia para edificar building permit.

licencia para operar license to operate.

licencia profesional professional license.

licenciado *m* licentiate, licensee, attorney.

licenciado en comercio certified public accountant.

licenciante *m/f* licensor.

licenciatario en exclusiva exclusive licensee.

licenciatario exclusivo exclusive licensee.

licitación *f* licitation, bidding.

licitador *m* bidder.

lícitamente legally.

licitante *m/f* bidder.

licitar bid, auction.

lícito legal.

licitud *f* lawfulness.

líder de mercado market leader.

líder en pérdida loss leader.

liderazgo de precios price leadership.

ligar link.

limitable limitable.

limitación *f* limitation.

limitación contingente contingent limitation.

limitación de deducciones detalladas itemized deduction limitation.

limitación de gastos expense limitation.

limitación de responsabilidad limitation of liability.

limitación parcial partial limitation.

limitación presupuestaria budgetary constraint.

limitaciones de deuda debt limitations.

limitadamente limitedly.

limitado limited.

limitar limit.

limitativo limiting.

límite *m* limit, end.

límite básico basic limit.

límite básico de responsabilidad basic limit of liability.

límite combinado combined limit.

límite contributivo tax limit.

límite convenido agreed limit.

límite de coaseguro coinsurance limit.

límite de crédito credit limit.

límite de crédito bilateral bilateral credit limit.

límite de deuda debt limit.

límite de deuda federal federal debt limit.

límite de ejecuciones de opciones exercise limit.

límite de fluctuación fluctuation limit.

límite de ingresos income limit.

límite de póliza policy limit.

límite de posición position limit.

límite de precio price limit.

límite de préstamos loan limit.

límite de préstamos legal legal lending limit.

límite de producción production limit.

límite de responsabilidad limit of liability.

límite de responsabilidad total aggregate limit of liability.

límite de seguros insurance limit.

límite de tiempo time limit.

límite de tipo de interés interest rate limit.

límite del país country limit.

límite diario daily limit.
límite dividido split limit.
límite en exceso excess limit.
límite específico specific limit.
límite estándar standard limit.
límite impositivo tax limit.
límite legal legal limit.
límite por accidente per accident limit.
límite por persona per person limit.
límite superior convenido agreed higher limit.
límite tributario tax limit.
límite variable variable limit.
límites de confianza confidence limits.
límites de control control limits.
límites de seguro de vida life insurance limits.
limítrofe bordering.
lindar adjoin, abut.
linde *m* boundary, abutment, landmark.
lindero *m* boundary, abutment, landmark.
lindero adj adjoining.
línea *f* line, boundary.
línea aérea airline, air route.
línea base baseline.
línea de carga load line.
línea de coste-factor factor-cost line.
línea de costo-factor factor-cost line.
línea de crédito credit line.
línea de crédito bancaria bank line.
línea de crédito de apoyo backup line.
línea de crédito especificada specified credit line.
línea de crédito estipulada stipulated credit line.
línea de crédito fija fixed credit line.
línea de crédito renovable revolving line of credit.
línea de crédito rotatorio revolving credit line.
línea de crédito variable variable credit line.
línea de descuento line of discount.
línea de edificación building line.
línea de navegación navigation route, shipping company.
línea de negocios line of business.
línea de productos product line.
línea de regresión regression line.

línea férrea railroad line, railroad company.
línea fluvial navigation route.
línea presupuestaria budget line.
línea telefónica telephone line.
lineal linear.
linealidad *f* linearity.
líneas comerciales commercial lines.
líneas de comunicaciones lines of communication.
líneas de seguro comerciales commercial insurance lines.
lingote *m* ingot.
liquidable liquefiable.
liquidación *f* liquidation.
liquidación completa complete liquidation.
liquidación de averías liquidation of ship's average.
liquidación de corporación dissolution of corporation.
liquidación de cuentas settlement of accounts.
liquidación de sociedad liquidation of partnership, liquidation of corporation, dissolution of corporation.
liquidación de una reclamación adjustment of a claim.
liquidación en efectivo cash settlement.
liquidación forzosa forced liquidation.
liquidación neta net settlement.
liquidación parcial partial liquidation.
liquidado liquidated.
liquidador *m* liquidator.
liquidador de averías average adjuster, claims adjuster.
liquidador judicial judicial liquidator.
liquidar liquidate.
liquidar un giro honor a draft.
liquidar un negocio liquidate a business.
liquidar una cuenta settle an account.
liquidez *f* liquidity.
liquidez bancaria bank liquidity.
liquidez de mercado market liquidity.
liquidez en exceso excess liquidity.
liquidez internacional international liquidity.
liquidez nacional national liquidity.
líquido liquid.
líquido gravable taxable income.

líquido imponible taxable income.
líquido tributable taxable income.
lisiado disabled, injured.
lisiar disable, injure.
lista *f* list.
lista de acreedores list of creditors.
lista de autorización negativa negative authorization list.
lista de cotejo checklist.
lista de morosos delinquent list.
lista de tarjetas sin restricciones unrestricted card list.
lista de valores sin restricciones unrestricted list.
lista final final list.
lista legal legal list.
lista legal modificada modified legal list.
lista negra black list.
literal literal.
literalmente literally.
litoral *m* littoral.
locación *f* lease, employment.
locación concurrente concurrent lease.
locación de cosas lease of goods.
locación de fincas rústicas lease of rural property.
locación de fincas urbanas lease of urban property.
locación de servicios employment.
locación informal parol lease.
locación-venta lease with option to buy.
locador *m* lessor, employer.
locador de servicios employer.
local *m* locale.
local adj local.
locales de trabajo work sites.
localidad *f* locality.
localización *f* location.
localización cubierta covered location.
localizar locate.
locatario *m* lessee.
locativo pertaining to leasing, pertaining to employment.
lograr achieve, possess, enjoy.
logrear profiteer, lend money.
logrería *f* profiteering, usury, moneylending.
logrero *m* profiteer, usurer, moneylender.
longuería *f* dilatoriness.

lonja *f* market, commodities exchange.
lonja de mercancías commodities exchange.
lonja de productos commodities exchange.
lote *m* lot.
lotear parcel.
loteo *m* parceling.
lotería *f* lottery.
lucrar profit.
lucrarse profit.
lucrativo lucrative.
lucro *m* profit.
lucro cesante lost profits.
lucro esperado anticipated profits.
lucro naciente profit on borrowed funds.
lucros y daños profit and loss.
lugar de constitución place of incorporation.
lugar de cumplimiento place of performance.
lugar de ejecución place of performance.
lugar de empleo place of employment.
lugar de entrega place of delivery.
lugar de incorporación place of incorporation.
lugar de pago place of payment.
lugar de partida place of departure.
lugar de registro place of registration.
lugar de residencia place of residence.
lugar de salida place of departure.
lugar de trabajo work place.
lugar en los contratos place of the contract.

llamada *f* call.
llamada a licitación call for bids.
llamada a propuestas call for bids.
llamada en conferencia conference call.
llamamiento *m* call.
llamamiento a licitación call for bids.
llamar call.
llamar a asamblea call a meeting.
llamar a concurso call for bids.

llamar a junta call a meeting.
llamar a reunión call a meeting.
llamar a sesión call a meeting.
llamar al orden call to order.
llave *f* goodwill, key.
llave maestra master key.
llegada *f* arrival.
llegar arrive.
llegar a un acuerdo reach an
  agreement.
llenar comply with, fill.
llenar una vacante fill a vacancy.
llenero entire, complete.
llevanza *f* leasing.
llevar carry, transfer, manage, lease.
llevar a cabo carry out.
llevar a efecto put into effect.
llevar a protesto protest.
llevar a remate put up for auction.
llevar a término complete.
llevar intereses bear interest.
llevar un registro keep a record.

macroambiente *m* macroenvironment.
macroeconomía *f* macroeconomics.
madurar mature.
maestro de obras foreperson.
magancería *f* trickery.
magancia *f* trick.
magnitud *f* magnitude.
magullar batter and bruise.
mal carácter bad character.
mal codificado misencoded.
mal nombre bad reputation.
mal riesgo bad risk.
mala declaración false statement.
mala fama bad reputation.
mala fe bad faith.
mala firma illegible signature.
mala paga credit risk.
malaventura *f* misfortune.
malaventurado unfortunate.
malaventuranza *f* misfortune.
malbaratador *m* spendthrift,
  underseller.
malbaratar squander, dump, undersell.

malbarato *m* squandering, dumping,
  underselling.
malfuncionamiento *m* malfunction.
malicia *f* malice.
malogramiento *m* failure, frustration.
malograr waste, spoil.
malograrse fail, to be frustrated.
malogro *m* failure, frustration.
malsano noxious.
maltratar maltreat.
maltrato *m* maltreatment.
malversación *f* misappropriation,
  embezzlement, peculation.
malversador *m* embezzler, peculator.
malversar misappropriate, embezzle,
  peculate.
mamandurria *f* sinecure.
maña *f* cunning, custom.
mancipación *f* conveyance, transfer.
mancomunada y solidariamente
  joint and severally.
mancomunadamente jointly.
mancomunado joint.
mancomunar compel joint obligation,
  join.
mancomunarse become jointly
  obligated, join.
mancomunidad *f* joint liability,
  association.
mancomunidad a prorrata joint
  liability on a proportional basis.
mancomunidad simple joint liability
  on a proportional basis.
mancomunidad solidaria joint and
  several liability.
mancomunidad total joint and
  several liability.
mandante *m/f* mandator.
mandar order, offer, send.
mandar a pagar order payment.
mandar a protestar order protest.
mandatario *m* mandatary, agent, proxy.
mandatario en la compraventa
  agent for a party in a sale.
mandatario general general agent.
mandatario singular special agent.
mandato *m* mandate, agency, power of
  attorney.
mandato aparente apparent agency.
mandato condicional conditional
  agency.
mandato de hecho actual agency.

mandato de pago   order of payment.
mandato delegable   delegable agency.
mandato escrito   written agency.
mandato especial   special agency.
mandato expreso   express agency.
mandato general   general agency.
mandato gratuito   gratuitous agency.
mandato ilícito   illegal agency.
mandato irrevocable   irrevocable agency.
mandato mancomunado   joint agency.
mandato oneroso   paid agency.
mandato ostensible   ostensible agency.
mandato particular   special agency.
mandato personal   personal agency.
mandato presunto   implied agency.
mandato retribuido   paid agency.
mandato revocable   revocable agency.
mandato tácito   implied agency.
mandato verbal   oral agency.
mandatorio   mandatory.
mando   *m* command, authority.
manejar   direct, manage, drive.
manejar bajo estado de embriaguez   driving while intoxicated.
manejo   *m* direction, driving.
manejo de materiales   materials handling.
mañero   cunning.
manferir   assay weights and measures.
manganilla   *f* ruse, stratagem.
manifestación   *f* manifestation.
manifestación de impuestos   tax return.
manifestación de quiebra   declaration of bankruptcy.
manifiesto   manifest.
manifiesto de embarque   ship's manifest.
maniobra   *f* maneuver.
maniobrar   maneuver.
manipulación   *f* manipulation.
manipulador   *m* manipulator.
manipulante   *m/f* manipulator.
manipular   manipulate.
manipular la bolsa   manipulation.
manipuleo   *m* manipulation.
mano de obra   labor.
manos limpias   integrity.
mañosamente   cunningly.

mañoso   cunning.
mansalva   without risk.
mantención   *f* maintenance.
mantenencia   *f* maintenance.
mantener   maintain, sustain.
mantenido   dependent.
mantenimiento   *m* maintenance.
mantenimiento del valor   maintenance of value.
mantenimiento diferido   deferred maintenance.
mantenimiento mínimo   minimum maintenance.
mantenimiento preventivo   preventive maintenance.
manual   *m* manual.
manual de ventas   sales manual.
manufactura   *f* manufacture, manufactured article.
manufactura flexible   flexible manufacturing.
manufactura repetitiva   repetitive manufacturing.
manufacturación   *f* manufacturing.
manufacturar   manufacture.
manufacturero   *m* manufacturer.
manufacturero   adj manufacturing.
manutención   *f* maintenance.
manutener   maintain.
manzana   *f* block.
mapa de cobertura   coverage map.
mapa de zonificación   zoning map.
máquina   *f* machine.
máquina de cancelación   canceling machine.
maquinación   *f* machination.
maquinador   *m* machinator.
maquinalmente   mechanically.
maquinar   scheme.
maquinaria   *f* machinery.
maraña   *f* trick, scheme.
marañero   *m* trickster, schemer.
marbete   *m* tag, label, sticker.
marca   *f* mark.
marca colectiva   collective mark.
marca comercial   trademark, trade brand.
marca de comercio   trademark.
marca de fábrica   trademark.
marca de la casa   house brand.
marca de timbre   official stamp.
marca descriptiva   descriptive mark.

marca figurativa logo.
marca genérica generic brand.
marca industrial trademark.
marca líder brand leader.
marca nacional national brand.
marca privada private brand.
marca registrada registered trademark.
marcado marked.
marcar mark.
marcario pertaining to trademarks.
marchamar stamp.
marchamero *m* customs official who stamps.
marchamo *m* customs stamp.
marchante *m* merchant, customer.
marchante adj mercantile.
mareaje *m* ship's route.
marear navigate, sell, confuse.
marfuz deceiving.
margen *m* margin, border.
margen bruto gross margin.
margen cubierto covered margin.
margen de beneficio margin of profit.
margen de beneficio bruto gross profit margin.
margen de caja cash margin.
margen de cierre closing range.
margen de contribución contribution margin.
margen de error margin of error.
margen de ganancia margin of profit.
margen de ganancia bruta gross profit margin.
margen de ganancia de negocio business profit margin.
margen de ganancias netas net profit margin.
margen de intereses neto net interest margin.
margen de mantenimiento maintenance margin.
margen de préstamos lending margin.
margen de renta neta net profit margin.
margen de seguridad safety margin.
margen en exceso excess margin.
margen inicial initial margin.
margen original original margin.
marginal marginal.
martillar auction.
martillero *m* auctioneer.
martillo *m* auction house.

martingala *f* stratagem.
masa *f* mass, estate, assets.
masa de averías general average.
masa de bienes estate.
masa de la quiebra bankrupt's estate.
masa fallida bankrupt's estate.
masa gravable total taxable value.
masa imponible total taxable value.
masa social corporate assets, partnership assets.
masa tributable total taxable value.
matasellos *m* postal canceling stamp.
materia *f* matter.
materia de registro matter of record.
materia impositiva tax matter.
materia monetaria monetary matter.
materia prima raw material.
material material.
material inflamable flammable substance.
materiales de construcción construction materials.
materiales directos direct materials.
materialidad *f* materiality.
materializar materialize.
matrícula *f* matriculation, register, registration.
matrícula de automóviles automobile registration.
matrícula de buques ship registration.
matriculado matriculated, registered.
matriculador *m* matriculator, registrar.
matricular matriculate, register.
matriz *f* matrix.
matriz adj principal, original.
matriz de decisión decision matrix.
matute *m* smuggling, smuggled goods.
matutear smuggle.
matutero *m* smuggler.
maximización *f* maximization.
maximización de beneficios profit maximization.
maximización de ganancias profit maximization.
maximizar maximize.
máximo *m* maximum.
mayor *m* ledger.
mayor adj greater, older.
mayor cuantía involving a large amount.
mayor valía appreciation.

mayoría *f* majority.
mayoría absoluta absolute majority.
mayoría calificada qualified majority.
mayoría relativa relative majority.
mayoridad *f* majority.
mayorista *m* wholesaler.
mayorista adj wholesale.
mayoritario pertaining to a majority.
mecanismo de crédito credit mechanism.
mecanismo de precios price mechanism.
mecanización *f* mechanization.
mechero *m* shoplifter.
media aritmética arithmetic mean.
media móvil moving average.
media ponderada weighted average.
mediación *f* mediation.
mediación internacional international mediation.
mediación laboral labor mediation.
mediador *m* mediator, intermediary.
mediana *f* median.
medianería *f* party wall.
medianero *m* one of the owners of a party wall, one of the owners of adjoining properties, mediator.
mediante escritura by deed.
mediar mediate, intervene.
mediatamente mediately.
mediato mediate.
medible measurable, appraisable.
medición *f* measurement.
medida *f* measure, measurement.
medida provisional provisional measure.
medidas de estabilidad stability measures.
medidas de reducción de costes cost-reduction measures.
medidas de reducción de costos cost-reduction measures.
medidas preventivas preventive measures.
medidor de tierras surveyor.
mediería *f* sharecropping.
medio de intercambio medium of change.
medio plazo, a medium term.
medios de comunicación means of communication, mass media.
medios de vida means of livelihood.

medios económicos financial resources.
medios fraudulentos false pretenses.
medios publicitarios advertising media.
medios y arbitrios ways and means.
medir measure.
medra *f* increase, improvement.
medrar thrive.
medro *m* increase, improvement.
mejor better, best.
mejor oferta best offer.
mejor postor best bidder.
mejora *f* improvement, better bid.
mejora de capital capital improvement.
mejora permanente permanent improvement.
mejorable improvable.
mejorado improved, increased.
mejorador *m* improver.
mejoramiento *m* improvement.
mejorante *m/f* improver.
mejorar improve, increase.
mejorar un embargo extend an attachment to additional property.
mejoras internas internal improvements.
mejoría *f* improvement.
membrete *m* letterhead, heading, memo.
memorando de crédito credit memorandum.
memorando de débito debit memorandum.
memorando descriptivo descriptive memorandum.
memorándum *m* memorandum, memo book.
memoria *f* memory, report.
memoria anual annual report.
mención *f* mention.
mencionar mention.
menester *m* necessity, occupation.
mengua *f* decrease, decay, discredit.
menguante decreasing, decaying.
menguar decrease, decay, discredit.
menor cuantía, de involving a small amount.
menoría *f* minority.
menorista *m* retailer.
menorista adj retail.

menos less, least.
menoscabador damaging, reducing, discrediting.
menoscabar damage, reduce, discredit.
menoscabo *m* damage, reduction, discredit.
menoscuenta *f* partial payment.
menospreciar undervalue.
menosprecio *m* undervaluation.
menosprecio de mercancías disparagement of goods.
mensaje *m* message, communication.
mensajero *m* messenger, carrier.
mensual monthly.
mensualidad *f* monthly installment, monthly salary.
mensualmente monthly.
mensura *f* measurement.
mensurable measurable.
mensurador *m* surveyor, measurer.
mensurar measure.
menudear retail, go into detail.
menudeo *m* retail, detailed account.
menudero *m* retailer.
mera posesión naked possession.
mercachifle *m* peddler.
mercadear market, do business.
mercadeo *m* marketing, business.
mercadeo concentrado concentrated marketing.
mercadeo convergente convergent marketing.
mercadeo cooperativo cooperative marketing.
mercadeo de prueba test marketing.
mercadeo de respuesta directa direct-response marketing.
mercadeo diferenciado differentiated marketing.
mercadeo directo direct marketing.
mercadeo en masa mass marketing.
mercadeo geodemográfico geodemographic marketing.
mercadeo global global marketing.
mercadeo selectivo selective marketing.
mercadeo vertical vertical marketing.
mercader *m* merchant, dealer.
mercader de calle street vendor.
mercader de grueso wholesaler.
mercadería *f* merchandise, commodity, goods, commerce.

mercado *m* market.
mercado a plazo forward market.
mercado a término forward market, futures market.
mercado abierto open market.
mercado acaparado cornered market.
mercado activo brisk market.
mercado al contado cash market.
mercado al por mayor wholesale market.
mercado al por menor retail market.
mercado alcista bull market.
mercado amplio broad market.
mercado bajista bear market.
mercado cautivo captive market.
mercado central central market.
mercado competitivo competitive market.
mercado común common market.
mercado continuo continuous market.
mercado de bienes inmuebles real estate market.
mercado de bonos bond market.
mercado de calidad quality market.
mercado de cambios exchange market.
mercado de capitales capital market.
mercado de consumidores consumer market.
mercado de corredores brokers' market.
mercado de crédito credit market.
mercado de descuento discount market.
mercado de dinero money market.
mercado de divisas foreign exchange market.
mercado de doble subasta double auction market.
mercado de fondos federales federal funds market.
mercado de futuros futures market.
mercado de hipotecas primario primary mortgage market.
mercado de mercancías commodities exchange.
mercado de nuevas emisiones new issue market.
mercado de opciones options market.
mercado de oro gold market.
mercado de préstamos loan market.

mercado de productos commodities exchange.

mercado de productos agrícolas agricultural commodities market.

mercado de prueba test market.

mercado de valores stock market, securities market.

mercado débil weak market.

mercado del comprador buyer's market.

mercado deprimido depressed market.

mercado derivado derivative market.

mercado descontinuo discontinuous market.

mercado doméstico domestic market.

mercado eficiente efficient market.

mercado especulativo speculative market.

mercado financiero financial market.

mercado genérico generic market.

mercado gris gray market.

mercado gubernamental government market.

mercado hipotecario mortgage market.

mercado hipotecario secundario secondary mortgage market.

mercado ideal ideal market.

mercado impactado impacted market.

mercado imperfecto imperfect market.

mercado inestable unstable market.

mercado infravalorado oversold market.

mercado interbancario interbank market.

mercado internacional international market.

mercado invertido inverted market.

mercado libre free market.

mercado monetario money market.

mercado nacional national market.

mercado negro black market.

mercado objeto target market.

mercado oficial official market.

mercado organizado organized market.

mercado perfecto perfect market.

mercado primario primary market.

mercado principal principal market.

mercado público public market.

mercado residual residual market.

mercado restringido restricted market.

mercado secundario secondary market.

mercado sensible sensitive market.

mercado sin restricciones unrestricted market.

mercado sobrevalorado overbought market.

mercancía f merchandise, commodity, goods, commerce.

mercancía de efectivo cash commodity.

mercancía exenta exempt commodity.

mercancías a prueba goods on approval.

mercancías complementarias complementary goods.

mercancías consignadas goods on consignment.

mercancías controladas controlled commodities.

mercancías de importación import goods.

mercancías del mercado gris gray market goods.

mercancías devueltas returned goods.

mercancías duraderas durable merchandise.

mercancías empaquetadas packaged goods.

mercancías en tránsito goods in transit.

mercancías industriales industrial goods.

mercancías peligrosas dangerous goods.

mercancías reguladas regulated commodities.

mercancías y servicios goods and services.

mercante m merchant.

mercante adj mercantile.

mercantil mercantile.

mercantilismo m mercantilism.

mercantilista m/f mercantilist.

mercantilizar commercialize.

mercantilmente commercially.

mercantivo mercantile.

mercar purchase, trade.

merchante m merchant, jobber.

merma f diminution.

mermar diminish.

mes *m* month, month's pay.
mes calendario calendar month.
mes de entrega delivery month.
mes del contrato contract month.
mes natural natural month.
mesa directiva board of directors.
mesa ejecutiva board of directors.
mesada *f* monthly payment.
meter put into, invest, smuggle.
método *m* method.
método cuantitativo quantitative method.
método de acciones de tesorería treasury stock method.
método de acumulación accrual method.
método de amortización depreciation method.
método de amortización lineal straight-line method of depreciation.
método de asignación directa direct allocation method.
método de beneficio bruto gross profit method.
método de bonificación bonus method.
método de clasificación classification method.
método de comparación comparison method.
método de comparación de factores factor comparison method.
método de compra purchase method.
método de contabilidad accounting method, bookkeeping method.
método de contabilidad híbrido hybrid accounting method.
método de contrado completo completed contract method.
método de coste inverso reverse cost method.
método de coste neto net cost method.
método de coste total full cost method.
método de costes cost method.
método de costo inverso reverse cost method.
método de costo neto net cost method.
método de costo total full cost method.
método de costos cost method.

método de cuadrados mínimos least-squares method.
método de depreciación depreciation method.
método de depreciación de interés compuesto compound interest method of depreciation.
método de depreciación de saldos decrecientes declining-balance method.
método de depreciación lineal straight-line method of depreciation.
método de efectivo cash method.
método de financiación financing method.
método de financiación de plan de pensiones pension plan funding method.
método de financiamiento financing method.
método de financiamiento de plan de pensiones pension plan funding method.
método de flujo de efectivo descontado discounted cash flow method.
método de ganancia bruta gross profit method.
método de intereses interest method.
método de inventario periódico periodic inventory method.
método de mantenimiento maintenance method.
método de margen de contribución contribution margin method.
método de Monte Carlo Monte Carlo method.
método de pago payment method.
método de precio bruto gross price method.
método de precio neto net price method.
método de ratio de pérdidas loss ratio method.
método de razón de pérdidas loss ratio method.
método de recuperación de costos cost-recovery method.
método de reembolso reimbursement method.
método de reserva reserve method.
método de saldo previo previous balance method.

método de saldos decrecientes declining-balance method.

método de tasación appraisal method.

método de tendencias acumulativas cumulative trend method.

método de unidades comparativas comparative unit method.

método de valor en el mercado market value method.

método de valor presente neto net present value method.

método de valoración valuation method.

método de valuación valuation method.

método de ventas comparativas comparative sales method.

método de vía crítica critical path method.

método directo direct method.

método estadístico statistical method.

método gráfico graphical method.

método símplex simplex method.

métodos administrativos administrative methods.

métodos de competencia injustas unfair methods of competition.

mezcla de ventas sales mix.

mezclado commingled.

mezclar fondos commingling of funds.

microeconomía *f* microeconomics.

micropelícula *f* microfilm.

miembro *m* member.

miembro asociado associate member.

miembro constituyente founding member.

miembro de cámara de compensación clearinghouse member.

miembro de casa de liquidación clearinghouse member.

miembro de gremio union member.

miembro de la firma member of the firm.

miembro de sindicato union member.

miembro de una corporación corporator.

miembro de una sociedad corporator.

miembro de unión union member.

miembro en propiedad regular member.

miembro fundador founding member.

miembro nato member by virtue of office.

miembro originario founding member.

miembro principal regular member.

miembro propietario regular member.

miembro subrogante alternate member.

miembro suplente alternate member.

miembro titular regular member.

miembro vitalicio life member.

millaje *m* mileage.

millaje implícito constructive mileage.

mina *f* mine.

mineraje *m* mining.

minería *f* mining.

minero *m* miner.

minifundio *m* small farmstead.

minimización *f* minimization.

mínimo minimum.

mínimo de mantenimiento maintenance minimum.

ministrador *m* professional.

ministrar administer, practice a profession, provide.

minoración *f* diminution.

minorar diminish.

minorativo diminishing.

minoría *f* minority.

minoría de edad minority.

minoridad *f* minority.

minorista *m/f* retailer.

minorista adj retail.

minoritario minority.

minuta *f* minute, note, rough draft.

minutar take the minutes of, make a rough draft of.

minutario *m* minutes book.

minutas minutes.

mitin *m* meeting.

mixto mixed.

mobiliario *m* furniture, chattel.

mobiliario y equipo furniture and fixtures.

mobiliario y útiles furniture and fixtures.

moblaje *m* furniture and fixtures.

moción *f* motion.

moción para levantar la sesión motion to adjourn.

mocionante *m/f* person who presents a motion.

mocionar present a motion.

modelado modeling.

modelo *m* model, blank form.

modelo de decisiones decision model.

modelo de descuento de dividendos dividend discount model.

modelo de descuento sobre cantidad quantity discount model.

modelo de la firma specimen signature.

modelo de planificación corporativa corporate planning model.

modelo de proposición bidding form.

modelo econométrico econometric model.

modelo económico economic model.

modelo financiero financial model.

modelo impreso blank form.

modelo industrial industrial model.

modelo matemático mathematical model.

moderado moderate.

modernización *f* modernization.

modernizar modernize.

modificable modifiable, amendable.

modificación *f* modification, amendment.

modificación de contrato modification of contract.

modificado modified.

modificar modify, amend.

modificativo modifying, amending.

modificatorio modifying, amending.

modo *m* manner, mode.

mohatra *f* fraud.

mohatrar defraud.

mohatrero *m* defrauder.

mojón *m* landmark.

mojona *f* surveying.

mojonación *f* delimitation, demarcation.

mojonar delimit, mark the boundaries of.

mojonera *f* landmark site.

momentáneo momentary.

moneda *f* coin, currency.

moneda administrada managed currency.

moneda ajustable adjustable currency.

moneda bloqueada blocked currency.

moneda clave key currency.

moneda controlada managed currency.

moneda convertible convertible currency.

moneda de curso legal legal tender.

moneda de fuerza liberatoria legal tender.

moneda de liquidación settlement currency.

moneda de poder liberatorio legal tender.

moneda de referencia reference currency.

moneda de reserva reserve currency.

moneda débil weak currency.

moneda depreciada depreciated currency.

moneda devaluada devaluated currency.

moneda dirigida managed currency.

moneda elástica elastic currency.

moneda en circulación currency in circulation.

moneda escasa scarce currency.

moneda estable stable currency.

moneda extranjera foreign currency.

moneda falsa counterfeit money.

moneda flotante floating currency.

moneda fraccionada fractional currency.

moneda inconvertible inconvertible currency.

moneda inelástica inelastic currency.

moneda legal legal tender.

moneda legítima legal tender.

moneda metálica specie.

moneda mixta mixed currency.

moneda nacional national currency, domestic currency.

moneda sonante specie.

moneda vinculada al oro gold-pegged currency.

monedaje *m* coinage.

monedería *f* mintage.

monedero falso counterfeiter.

monetario monetary.

monetización *f* monetization.

monetizar mint.

monipodio *m* illegal agreement.

monometalismo *m* monometallism.

monopólico monopolistic.

monopolio *m* monopoly.

monopolio absoluto absolute monopoly.

monopolio del comprador buyer's monopoly.

monopolio fiscal government monopoly.

monopolio gubernamental government monopoly.

monopolio laboral labor monopoly.

monopolio legal legal monopoly.

monopolio natural natural monopoly.

monopolio parcial partial monopoly.

monopolio perfecto perfect monopoly.

monopolio público public monopoly.

monopolio puro pure monopoly.

monopolio temporal temporary monopoly.

monopolista *m/f* monopolist.

monopolista adj monopolistic.

monopolístico monopolistic.

monopolización *f* monopolization.

monopolizador *m* monopolizer.

monopolizador adj monopolizing.

monopolizar monopolize.

monopsonio *m* monopsony.

monta *f* sum.

montante *m* sum.

montante cierto sum certain.

monto *m* amount, sum.

monto a pagar amount payable.

monto a riesgo neto net amount at risk.

monto acumulado accumulated amount.

monto alzado agreed sum.

monto asegurado amount covered.

monto constante constant amount.

monto de la pérdida amount of loss.

monto de seguro primario primary insurance amount.

monto debido amount due.

monto determinado determined amount.

monto en riesgo amount at risk.

monto financiado amount financed.

monto garantizado guaranteed amount.

monto indeterminado sum uncertain.

monto líquido liquid assets.

monto retenido amount withheld.

mora *f* delay, default.

mora, en in arrears, delinquent.

moratoria *f* moratorium.

mordida *f* bribe.

morosamente tardily.

morosidad *f* delay, delinquency.

moroso tardy, delinquent.

mortalidad esperada expected mortality.

mortalidad experimentada experienced mortality.

motete *m* parcel.

motivación *f* motivation.

motivado motivated.

motivar motivate.

movilidad horizontal horizontal mobility.

movilidad laboral labor mobility.

movilización *f* mobilization.

movilizar mobilize.

movimiento *m* movement.

movimiento de capital capital movement.

movimiento de inversiones investment turnover.

movimiento de mercancías merchandise turnover.

movimiento de precios price movement.

movimiento de precios horizontal horizontal price movement.

movimiento laboral labor movement.

mueblaje *m* furniture.

muebles furniture, moveables.

muebles corporales personal property.

muebles y enseres furniture and fixtures.

muebles y útiles furniture and fixtures.

muellaje *m* wharfage.

muelle *m* pier.

muerte accidental accidental death.

muerte relacionada al trabajo job-related death.

muestra *f* sample, model.

muestra aletoria random sample.

muestra de referencia reference sample.

muestra representativa representative sample.

muestrario *m* sample book.

muestreo *m* sampling.

muestreo aleatorio random sampling.

muestreo aleatorio estratificado
stratified random sampling.
muestreo de hogar en hogar
house-to-house sampling.
muestreo estadístico   statistical
sampling.
muestreo estratificado   stratified
sampling.
muestreo fijo   fixed sampling.
muestreo por atributos   attribute
sampling.
muestreo por descubrimiento
discovery sampling.
muestreo por grupos   cluster
sampling.
muestreo sistemático   systematic
sampling.
multa   *f* fine.
multa aduanera   customs fine.
multa fiscal   tax penalty.
multable   finable.
multar   fine.
multicolinealidad   *f* multicolinearity.
multilateral   multilateral.
multilateralismo   *m* multilateralism.
multinacional   multinational.
múltiple   multiple.
multiplicador   *m* multiplier.
multiplicador de beneficio neto   net
income multiplier.
multiplicador de dinero   money
multiplier.
multiplicador de ingreso bruto
gross income multiplier.
multiplicador de ingreso neto   net
income multiplier.
multiplicador de renta bruto   gross
rent multiplier.
multiplicador de renta neta   net
income multiplier.
multiplicador monetario   monetary
multiplier.
muro medianero   party wall.
mutación   *f* transfer.
mutual   *f* mutual company, mutual
benefit association.
mutual   adj mutual.
mutualidad   *f* mutuality, mutual
company, mutual benefit association.
mutualista   *m* member of a mutual
company, member of a mutual benefit
association.

mutuamente   mutually.
mutuante   *m/f* lender.
mutuario   *m* mutuary, borrower.
mutuatario   *m* mutuary, borrower.
mutuo   *m* loan for consumption,
mutuum.
mutuo   adj mutual.
mutuo disenso   mutual rescission.

N

nación acreedora   creditor nation.
nación dependiente   dependent nation.
nación deudora   debtor nation.
nación exportadora   exporting nation.
nación más favorecida   most favored
nation.
nación miembro   member nation.
nacional   national.
nacionalidad del buque   nationality
of the ship.
nacionalización   *f* nationalization.
narcotráfico   *m* drug trafficking.
naturaleza de las obligaciones
nature of the obligations.
naufragante   shipwrecked, sinking.
naufragar   to be shipwrecked, to be
wrecked.
naufragio   *m* shipwreck, wreck.
nave de carga   cargo ship.
navegabilidad   *f* navigability.
navegable   navigable.
navegación   *f* navigation.
navegación aérea   air navigation.
navegación costanera   cabotage.
navegación de alta mar   navigation
on the open seas.
navegación de cabotaje   cabotage.
navegación fluvial   river navigation.
naviero   *m* shipowner.
naviero   adj pertaining to shipping.
navío   *m* ship, vessel.
navío de carga   freighter.
navío de transporte   transport ship.
navío mercante   merchant ship.
navío mercantil   merchant ship.
necesariamente   necessarily.
necesario   necessary.

necesidad *f* necessity.
negable deniable.
negación *f* negation, denial.
negador *m* denier, disclaimer.
negante *m/f* denier.
negar negate, deny, disclaim, prohibit.
negarse decline to do.
negativa *f* negative, refusal.
negativa a firmar refusal to sign.
negatoria *f* action to quiet title.
negligencia *f* negligence, neglect, carelessness.
negligencia comparada comparative negligence.
negligencia comparativa comparative negligence.
negligencia concurrente concurrent negligence.
negligencia conjunta joint negligence.
negligencia contribuyente contributory negligence.
negligencia en el abordaje collision of ships caused by negligence.
negligencia inexcusable inexcusable negligence.
negligencia procesable actionable negligence.
negligencia profesional malpractice, professional negligence.
negligente *m* neglecter.
negligente adj negligent, careless.
negligentemente negligently, carelessly.
negociabilidad *f* negotiability.
negociable negotiable.
negociación *f* negotiation, transaction, clearance.
negociación, en in negotiation.
negociación individual individual bargaining.
negociaciones colectivas collective bargaining.
negociaciones en buena fe good faith bargaining.
negociado adj negotiated.
negociado *m* bureau, department, transaction, illegal transaction.
negociado de aduanas bureau of customs.
negociado de patentes patent office.
negociador *m* negotiator.
negociar negotiate.

negociar colectivamente bargain collectively.
negociar documentos discount negotiable instruments.
negociar un empréstito negotiate a loan.
negocio *m* business, occupation, transaction.
negocio ajeno another's business.
negocio bancario banking business.
negocio con el extranjero foreign trade.
negocio de construcción building business.
negocio de corretaje brokerage business.
negocio de financiamiento financing business.
negocio de seguros insurance business.
negocio de ventas por correo mail order business.
negocio en marcha going concern.
negocio estacional seasonal business.
negocio fiduciario fiduciary transaction.
negocio pequeño small business.
negocio propio sole proprietorship, personal business.
negocio sucio dirty business.
negocio u ocupación business or occupation.
nepotismo *m* nepotism.
neto net, genuine.
neutralidad *f* neutrality.
nexo *m* nexus.
nicho *m* niche.
nicho de mercado market niche.
nitidez *f* clarity.
nítido clear.
nivel *m* level.
nivel de aprobación approval level.
nivel de centralización level of centralization.
nivel de cobertura coverage level.
nivel de confianza confidence level.
nivel de costes cost level.
nivel de costos cost level.
nivel de empleo level of employment.
nivel de inventario base base inventory level.
nivel de ocupación occupancy level.

nivel de pleno empleo full employment level.
nivel de precios price level.
nivel de precios general general price level.
nivel de salario salary level.
nivel de servicio service level.
nivel de vida standard of living.
nivel neto net level.
nivel organizativo organizational level.
nivel periódico periodic level.
nivel salarial wage level.
nivelar level.
no acumulativo noncumulative.
no admitido nonadmitted.
no ajustado unadjusted.
no amortizado unamortized.
no asegurable noninsurable.
no asegurado uninsured, noninsured.
no asumible nonassumable.
no cancelable noncancelable.
no cobrado uncollected.
no comercial noncommercial.
no confirmado unconfirmed.
no consolidado unconsolidated.
no consumible nonconsumable.
no corporativo noncorporate.
no cotizado unlisted.
no cruzado uncrossed.
no de producción nonproduction.
no de reserva nonreserve.
no declarado undeclared.
no deducible nondeductible.
no distribuido undistributed.
no duradero nondurable.
no estocástico nonstochastic.
no expirado unexpired.
no facturado unbilled.
no financiero nonfinancial.
no fungible nonfungible.
no gravable nontaxable.
no imponible nontaxable.
no incorporado unincorporated.
no inflacionario noninflationary.
no inscrito unrecorded.
no intervención nonintervention.
no lucrativo nonprofit.
no monetario nonmonetary.
no negociable nonnegotiable, nonmarketable, unnegotiable.
no ocupacional nonoccupational.

no participante nonparticipating.
no prestado nonborrowed.
no proporcional nonproportional.
no público nonpublic.
no recíproco nonreciprocal.
no reclamado unclaimed.
no recurrente nonrecurring.
no reembolsable nonrefundable.
no registrado unrecorded.
no renovable nonrenewable.
no residencial nonresidential.
no residente nonresident.
no restringido unrestricted.
no retirable noncallable.
no solicitado unsolicited.
no transferible nontransferable.
no tributable nontaxable.
no valorado nonvalued.
nocente noxious.
nocible noxious.
nocividad _f_ noxiousness.
nocivo noxious.
nombrado _m_ appointee.
nombrado adj named, renowned.
nombramiento _m_ naming.
nombrar name, elect.
nombrar nuevamente reappoint.
nombrar un agente appoint an agent.
nombre _m_ name, renown.
nombre comercial commercial name.
nombre corporativo corporate name.
nombre de comercio trade name.
nombre de, en on behalf of.
nombre de fábrica trade name.
nombre de marca trade name.
nombre distintivo distinctive name.
nombre ficticio fictitious name.
nombre genérico generic name.
nombre legal legal name.
nombre postizo fictitious name.
nombre social firm name.
nombre supuesto fictitious name.
nómina _f_ payroll, list.
nómina acumulada accrued payroll.
nómina de pagos payroll.
nómina ordinaria ordinary payroll.
nominal nominal.
nominalmente nominally.
nominilla _f_ voucher.
norma _f_ norm, regulation, model.
norma corriente current practice.

norma de valor measure of value.
normalizar normalize.
normalmente normally.
normas aceptadas accepted standards.
normas contables accounting standards.
normas contables generalmente aceptadas generally accepted accounting principles.
normas de auditoría auditing standards.
normas de auditoría generalmente aceptadas generally accepted auditing standards.
normas de contabilidad accounting standards.
normas de industria industry standards.
normas de trabajo labor standards.
nota bancaria bank note, bank bill.
nota de capital capital note.
nota de crédito credit note.
nota de débito debit note, debit ticket.
nota de entrega delivery note.
nota de envío dispatch note.
nota de excepciones bill of exceptions.
nota de pago note.
nota de protesto note of protest.
nota promisoria promissory note.
notariado notarized.
notarial notarial.
notariato *m* certificate of a notary public.
notario *m* notary public.
notario autorizante attesting notary.
notario fedante attesting notary.
notario público notary public.
notario que subscribe signing notary.
notarizar notarize.
notas notes, records of a notary public.
noticia de rechazo notice of dishonor.
noticiar notify.
notificación *f* notification, notice.
notificación a acreedores notice to creditors.
notificación adecuada adequate notice.
notificación de aceptación notice of acceptance.
notificación de asamblea notice of meeting.

notificación de cambio notice of change.
notificación de cancelación notice of cancelation.
notificación de deficiencia notice of deficiency.
notificación de derechos de autor notice of copyright.
notificación de embarque notice of shipment.
notificación de huelga notice of strike.
notificación de incumplimiento notice of default.
notificación de junta notice of meeting.
notificación de llegada notice of arrival.
notificación de mora notice of arrears.
notificación de no aceptación notice of nonacceptance.
notificación de protesto notice of protest.
notificación de quiebra notice of bankruptcy.
notificación de rechazo notice of dishonor.
notificación de rechazo de un pagaré notice of dishonor.
notificación de renovación notice of renewal.
notificación de retiro notice of withdrawal.
notificación de reunión notice of meeting.
notificación de vencimiento notice of due date, notice of date of maturity.
notificación implícita constructive notice.
notificación para dejar vacante notice to quit.
notificado notified.
novación *f* novation.
novar novate.
nube sobre título cloud on title.
nuda propiedad bare legal title.
nudo pacto nude pact.
nudo propietario bare owner.
nueva adquisición new acquisition.
nueva emisión new issue.
nueva empresa new enterprise.
nueva orden new order.
nuevo contrato new contract.

nuevo pedido   new order.

nuevo saldo   new balance.

nuevo y útil   new and useful.

nulamente   invalidly.

nulidad   *f* nullity.

nulidad absoluta   absolute nullity.

nulidad de los contratos   nullity of the contracts.

nulo y sin valor   null and void.

numerar   number, express in numbers.

número de autorización   authorization number.

número de cesión   cession number.

número de cheque   check number.

número de comerciante   merchant number.

número de cuenta   account number.

número de cuenta principal   primary account number.

número de factura   invoice number.

número de identificación bancaria   bank identification number.

número de identificación de contribuyente   taxpayer identification number.

número de identificación patronal   employer identification number.

número de identificación personal   personal identification number.

número de orden   order number.

número de pedido   order number.

número de póliza   policy number.

número de referencia   reference number.

número de seguridad de tarjeta   card security number.

número de serie de cheque   check serial number.

número de tránsito   transit number.

numo   *m* money.

ñapa   *f* bonus, tip.

objetividad   *f* objectivity.

objetivo de coste   cost objective.

objetivo de costo   cost objective.

objetivo de ganancia   profit objective.

objetivos operacionales   operational objectives.

objeto   *m* object, subject matter.

objeto del contrato   subject matter of the contract.

objeto social   corporate purpose, partnership purpose.

oblación   *f* payment.

oblar   pay off.

obligación   *f* obligation, liability, bond.

obligación a corto plazo   short-term liability.

obligación a día   obligation which must be fulfilled within a certain period.

obligación a largo plazo   long-term liability.

obligación a plazo   obligation which must be fulfilled within a certain period.

obligación absoluta   absolute obligation.

obligación accesoria   accessory obligation.

obligación al portador   bearer debenture.

obligación amortizable   amortizable obligation.

obligación bilateral   bilateral obligation.

obligación colateralizada   collateralized obligation.

obligación colectiva   joint obligation.

obligación comercial   commercial obligation.

obligación con cláusula penal   obligation with a penalty clause.

obligación condicional   conditional obligation.

obligación conjunta   joint obligation.

obligación conjuntiva   conjunctive obligation.

obligación consensual   consensual obligation.

obligación contingente   contingent obligation.

obligación contractual contractual obligation.

obligación contributiva tax liability.

obligación convencional contractual obligation.

obligación convertible convertible debenture.

obligación copulativa conjunctive obligation.

obligación crediticia debt obligation.

obligación cuasicontractual quasi-contractual obligation.

obligación de bonos colateralizados collateralized bond obligation.

obligación de comercio commercial obligation.

obligación de dar obligation to turn over.

obligación de dar cosa cierta determinate obligation.

obligación de dar cosa incierta indeterminate obligation.

obligación de entrega obligation to deliver.

obligación de fideicomiso trust bond.

obligación de hacer obligation to do.

obligación de reparación obligation of reparation.

obligación de tracto sucesivo obligation which is fulfilled in installments.

obligación de tracto único obligation which is fulfilled all at once.

obligación determinada determinate obligation.

obligación directa direct obligation.

obligación divisible divisible obligation.

obligación específica determinate obligation.

obligación estatutaria statutory obligation.

obligación ética moral obligation.

obligación expresa express obligation.

obligación extracontractual noncontractual obligation.

obligación facultativa alternative obligation.

obligación fija fixed obligation.

obligación financiera financial obligation.

obligación fiscal tax duty.

obligación fiscal tax liability.

obligación garantizada secured obligation.

obligación genérica indeterminate obligation.

obligación gubernamental government obligation.

obligación hipotecaria colateralizada collateralized mortgage obligation.

obligación ilícita illegal obligation.

obligación implícita implied obligation.

obligación impositiva tax liability.

obligación incondicional unconditional obligation.

obligación incumplida unfulfilled obligation.

obligación indeterminada indeterminate obligation.

obligación indivisible indivisible obligation.

obligación legal legal obligation.

obligación mancomunada joint obligation.

obligación mercantil commercial obligation.

obligación moral moral obligation.

obligación pecuniaria monetary obligation.

obligación pendiente outstanding obligation.

obligación personal personal obligation.

obligación principal principal obligation.

obligación privilegiada preferred obligation.

obligación profesional professional obligation.

obligación pura pure obligation.

obligación real real obligation.

obligación simple simple obligation.

obligación sin garantía unsecured obligation.

obligación sinalagmática synallagmatic obligation.

obligación solidaria joint and several obligation.

obligación subsidiaria accessory obligation.

obligación tributaria tax liability.

obligación unilateral unilateral obligation.

obligacional obligational.

obligaciones a la vista sight liabilities.

obligaciones al portador bearer instruments.

obligaciones cambiarias de favor accommodation bills.

obligaciones conexas related obligations.

obligaciones contingentes contingent liabilities.

obligaciones de capital capital liabilities.

obligaciones de deudas debt obligations.

obligaciones de renta fixed-income securities.

obligaciones del tesoro treasury debt instruments.

obligaciones nominativas registered debt instruments.

obligaciones seriadas serial bonds.

obligacionista *m/f* bondholder.

obligado *m* obligor, debtor.

obligado adj obligated.

obligador *m* binder.

obligante obligating.

obligar oblige, obligate, force.

obligarse oblige oneself, undertake.

obligativo obligatory.

obligatoriamente obligatorily.

obligatoriedad *f* obligatoriness.

obligatorio obligatory.

obra *f* work, construction.

obra nueva new construction.

obra por piezas piecework.

obrador *m* worker.

obraje *m* manufacturing.

obrar work, construct.

obras públicas public works.

obrepción *f* obreption.

obrerismo *m* labor, laborism.

obrero *m* worker.

obscuridad de los contratos contractual vagueness.

obsequiador *m* giver.

obsequiar give.

obsequio *m* gift.

observación de inventario inventory observation.

observancia *f* observance.

obsolescencia *f* obsolescence.

obsolescencia de producto product obsolescence.

obsolescencia económica economic obsolescence.

obsolescencia planificada planned obsolescence.

obsolescencia tecnológica technological obsolescence.

obsolescente obsolescent.

obsoleto obsolete.

obstaculizar obstruct.

obstáculo *m* obstacle.

obstar obstruct.

obstrucción *f* obstruction.

obstructor *m* obstructor.

obstruir obstruct.

obtención *f* obtaining.

obtener obtain.

obtener crédito obtain credit.

obvención *f* perquisite.

ocasional occasional, accidental.

ocasionalmente occasionally, accidentally.

ocio *m* inactivity, leisure.

ocultación *f* concealment.

ocultación de bienes concealment of property.

ocultación de identidad concealment of identity.

ocultación fraudulenta fraudulent concealment.

ocultador *m* concealer.

ocultamente stealthily.

ocultar conceal.

oculto hidden.

ocupable occupiable, employable.

ocupación *f* occupation, occupancy.

ocupación efectiva actual occupancy.

ocupación remunerada gainful employment.

ocupacional occupational.

ocupado occupied.

ocupador *m* occupier.

ocupante *m/f* occupant.

ocupar occupy, employ.

ocurrencia *f* occurrence.

ocurrencia de acreedores creditors' meeting.

ocurrir occur, appear.

ocurso *m* petition, demand.

ofender offend, infringe.

oferente *m* offerer.
oferta *f* offer, proposal, bid.
oferta combinada composite supply.
oferta competitiva competitive bid.
oferta complementaria
complementary supply.
oferta de compra condicional
conditional offer to purchase.
oferta de compra incondicional
unconditional offer to purchase.
oferta de mercado market supply.
oferta de trabajo offer of employment.
oferta de valores securities offering.
oferta efectiva effective supply.
oferta elástica elastic supply.
oferta en exceso excess supply.
oferta en firme firm offer.
oferta especial special offer.
oferta estacional seasonal supply.
oferta firme firm offer.
oferta global overall supply.
oferta incondicional unconditional
offer.
oferta inelástica inelastic supply.
oferta irrevocable irrevocable offer.
oferta más baja lowest offer.
oferta monetaria money supply.
oferta no competitiva
noncompetitive bid.
oferta oculta hidden offer.
oferta oral oral offer.
oferta por escrito offer in writing.
oferta pública de adquisición
takeover bid.
oferta pública de valores public
offering of securities.
oferta pública inicial initial public
offering.
oferta razonable fair offer.
oferta total aggregate supply.
oferta y aceptación offer and
acceptance.
oferta y demanda supply and demand.
ofertar offer at a reduced price, offer.
oficial *m* official, officer.
oficial adj official.
oficial administrativo administrative
officer.
oficial corporativo corporate officer.
oficial de aduana customs officer.
oficial de operaciones principal
chief operating officer.

oficial de plica escrow officer.
oficial de préstamos loan officer.
oficial ejecutivo executive officer.
oficial ejecutivo principal chief
executive officer.
oficial financiero principal chief
financial officer.
oficial fiscal financial officer.
oficial interino acting officer.
oficial responsable accountable
official.
oficialidad *f* body of officers.
oficializar make official.
oficialmente officially.
oficiar officiate, communicate officially.
oficina *f* office.
oficina arrendada leased office.
oficina bancaria banking office.
oficina central headquarters, head
office.
oficina de acatamiento compliance
office.
oficina de aprobación de crédito
credit-approval office.
oficina de auditoría audit office.
oficina de autorizaciones
authorization office.
oficina de certificación certification
office.
oficina de cobranza collection office.
oficina de cobros collection office.
oficina de colocación obrera
employment office.
oficina de compensaciones
clearinghouse.
oficina de compras purchasing office.
oficina de contabilidad accounting
office.
oficina de contribuciones tax office.
oficina de crédito credit office.
oficina de exportación export office.
oficina de facturación billing office.
oficina de hipotecas mortgage office.
oficina de impuestos tax office.
oficina de marcas trademark office.
oficina de negocios business office.
oficina de nómina payroll office.
oficina de operaciones operations
office.
oficina de órdenes order office.
oficina de patentes patent office.
oficina de personal personnel office.

oficina de préstamos loan office.
oficina de producción production office.
oficina de producción de préstamos loan production office.
oficina de publicidad advertising office.
oficina de reclamaciones claims office.
oficina de relaciones públicas public relations office.
oficina de seguros insurance office.
oficina de servicio service office.
oficina de tránsito transit office.
oficina de ventas sales office.
oficina de ventas a crédito credit sales office.
oficina extranjera foreign office.
oficina fiduciaria de banco bank trust office.
oficina financiera finance office.
oficina general general office.
oficina hipotecaria mortgage office.
oficina postal post office.
oficina regional regional office.
oficinista m/f office worker.
oficio m occupation, office, trade.
ofrecedor m offerer.
ofrecer offer, bid.
ofrecido m offeree.
ofreciente m/f offerer.
ofreciente adj offering.
ofrecimiento m offer, proposal.
ofrecimiento de pago offer of payment.
ofrecimiento especial special offering.
ofrecimiento privado private offering.
ofrecimiento público public offering.
ofrecimiento secundario secondary offering.
ofrecimiento secundario registrado registered secondary offering.
oligopolio m oligopoly.
oligopolio homogéneo homogeneous oligopoly.
oligopolio imperfecto imperfect oligopoly.
oligopolio parcial partial oligopoly.
oligopolísitco oligopolistic.
oligopsonio m oligopsony.
ombudsman m ombudsman.
omisible omissible.

omisión f omission, neglect.
omitido omitted.
omitir omit.
omnímodo all-embracing.
oneroso onerous.
opción f option.
opción a base de índice index option.
opción convencional conventional option.
opción cotizada listed option.
opción cubierta covered option.
opción de compra option to purchase, call option.
opción de compra de acciones compensatoria compensatory stock option.
opción de compra de acciones de empleados employee stock option.
opción de compra de acciones sin restricciones unrestricted stock option.
opción de compra garantizada guaranteed purchase option.
opción de conversión conversion option.
opción de dividendos dividend option.
opción de renovación renewal option.
opción del comprador buyer's option.
opción del vendedor seller's option.
opción descubierta uncovered option.
opción no cubierta naked option.
opcional optional.
opciones de monedas currency options.
opciones de tasas de intereses interest rate options.
opciones de tipos de intereses interest rate options.
opciones en circulación outstanding options.
operación f operation, transaction.
operación bancaria banking transaction.
operación de bolsa stock exchange transaction.
operación de crédito credit transaction.
operación descontinuada discontinued operation.
operación financiera financial operation.

operacional operational.
operaciones bancarias banking operations.
operaciones especulativas speculative operations.
operaciones gravables taxable operations.
operaciones imponibles taxable operations.
operaciones regionales regional operations.
operar operate.
operativo operative.
opinión *f* opinion.
opinión de título opinion of title.
opinión del contador accountant's opinion.
opinión legal legal opinion.
oportunamente opportunely.
oportunidad *f* opportunity.
oportunidad comercial business opportunity.
oportunidad de empleo sin discrimen equal employment opportunity.
oportunista *m/f* opportunist.
oportunista adj opportunistic.
oportuno opportune.
oposición *f* opposition.
opositor *m* opponent.
optante *m/f* chooser.
optar choose.
optativo optional.
optimización de cartera de valores portfolio optimization.
óptimo optimal, optimum.
optmización *f* optimization.
orden *f* order.
orden a crédito credit order.
orden abierta open order.
orden al contado cash order.
orden al precio de mercado market order.
orden con combinaciones combination order.
orden con precio límite limit order.
orden condicional conditional order, contingent order.
orden de, a la to the order of.
orden de cambio change order.
orden de compra purchase order, buy order.

orden de entrega delivery order.
orden de estafeta money order.
orden de fabricación manufacturing order.
orden de manufactura manufacturing order.
orden de pago payment order.
orden de precio limitado limited price order.
orden de prueba trial order.
orden de trabajo work order, job order.
orden de transferencia transfer order.
orden de un día day order.
orden del día agenda.
orden designada designated order.
orden discrecional discretionary order.
orden dividida split order.
orden en firme firm order.
orden en vigor esta semana good-this-week order.
orden en vigor este mes good-this-month order.
orden especial special order.
orden firme firm order.
orden incondicional unconditional order.
orden inmediata immediate order.
orden judicial judicial order.
orden limitada limited order.
orden oral oral order.
orden original original order.
orden para cesar alguna actividad cease and desist order.
orden por escrito order in writing.
orden telefónica telephone order.
ordenación *f* order, arrangement.
ordenador *m* controller, arranger.
ordenamiento *m* ordering, order.
ordenanza *f* ordinance, order.
ordenanzas de construcción building code.
ordenar order, regulate.
ordenar bienes marshal assets
ordenar por correo order by mail.
órdenes apareadas matched orders.
ordinariamente ordinarily.
ordinario ordinary.
organigrama *m* organizational chart, flowchart.
organismo *m* organization, entity.
organismo rector board of directors.

organización *f* organization.

organización autorreguladora self-regulatory organization.

organización calificada qualified organization.

organización caritativa charitable organization.

organización comercial business organization.

organización de compañía company organization.

organización de mantenimiento de salud health maintenance organization.

organización de proveedores preferidos preferred provider organization.

organización de ventas sales organization.

organización del negocio business organization.

organización económica economic organization.

organización exenta exempt organization.

organización exenta de contribuciones tax-exempt organization.

organización exenta de impuestos tax-exempt organization.

organización formal formal organization.

organización funcional functional organization.

organización internacional international organization.

organización lineal line organization.

organización patronal employers' organization.

organización sin fines de lucro nonprofit organization.

organización vertical vertical organization.

organizado organized.

organizar organize.

organizarse to be organized.

organizativo organizational.

órgano *m* organ, agency.

órgano de dirección executive committee.

órgano directivo executive committee.

órgano ejecutivo executive committee.

orientación *f* orientation.

originación *f* origination.

originación de empréstito loan origination.

originación de préstamo loan origination.

originación de préstamos computerizada computerized loan origination.

originación hipotecaria mortgage origination.

originador *m* originator.

original original, authentic.

oro papel paper gold.

ostensible ostensible.

ostensiblemente ostensibly.

otorgador *m* grantor.

otorgador adj granting.

otorgamiento *m* granting, authorization.

otorgamiento de contrato contract awarding.

otorgamiento de crédito extension of credit.

otorgante *m/f* grantor.

otorgar grant, award, agree to, execute.

otorgar ante notario execute before a notary.

otorgar crédito grant credit.

otorgar un contrato award a contract.

otorgar una patente grant a patent.

otros activos other assets.

otros cargos other charges.

otros costes other costs.

otros costos other costs.

pactado agreed to.

pactante *m/f* contracting party.

pactar contract, agree to.

pacto *m* pact, agreement, contract.

pacto accesorio accessory agreement.

pacto ambiguo ambiguous agreement.

pacto comisorio agreement that may be rescinded under certain conditions.

pacto de adición sale in which the seller may rescind the agreement if there is a better offer.

pacto de comercio commerce treaty.

pacto de mejor comprador sale in which the seller may rescind the agreement if there is a better offer.

pacto de preferencia agreement to grant a right of first refusal.

pacto de recompra repurchase agreement.

pacto de retraer repurchase agreement.

pacto de retro repurchase agreement.

pacto de retroventa repurchase agreement.

pacto de reventa repurchase agreement.

pacto de trabajo employment contract.

pacto en contrario agreement to the contrary.

pacto legítimo legal agreement.

pacto leonino unconscionable agreement, unconscionable covenant.

pacto penal penalty clause.

pacto prohibido illegal agreement.

pacto restrictivo restrictive covenant.

pacto social partnership agreement.

pactos usuales usual covenants.

paga f pay, payment, compensation.

paga básica basic pay.

paga efectiva net pay.

paga indebida wrongful payment.

paga inicial initial pay.

paga mínima minimum wage.

paga neta net pay.

paga por cesantía severance pay.

paga por días festivos holiday pay.

paga por tiempo y medio time-and-a-half pay.

paga retenida retained wages.

paga retenida condicionalmente holdback pay.

paga retroactiva retroactive pay.

paga suplementaria supplemental pay.

paga viciosa inappropriate payment.

pagable payable, owing.

pagadero payable, owing.

pagadero a la demanda payable on demand.

pagadero a la entrega payable on delivery.

pagadero a la orden payable on order.

pagadero a la vista payable on sight.

pagadero a plazos payable in installments.

pagadero a presentación payable on sight.

pagadero al portador payable to bearer.

pagado m stamp indicating payment.

pagado adj paid.

pagado totalmente paid in full.

pagador m payer.

pagador de dividendos dividend payer.

pagador de impuestos taxpayer.

pagaduría f disbursement office.

pagamento m payment.

pagamiento m payment.

pagar pay, return.

pagar, a payable, outstanding.

pagar a cuenta pay on account.

pagar a la vista pay at sight.

pagar a plazos pay in installments.

pagar al contado pay cash.

pagar bajo protesta pay under protest.

pagar totalmente pay in full.

pagaré m promissory note, note.

pagaré a la vista demand note.

pagaré al portador bearer note.

pagaré con garantía prendaria collateral note.

pagaré conjunto joint promissory note.

pagaré de favor accommodation note.

pagaré fiscal short-term government debt instrument.

pagaré garantizado secured note.

pagaré hipotecario mortgage note.

pagaré mancomunado joint note.

pagaré negociable negotiable note.

pagaré no negociable nonnegotiable note.

pagaré nominativo nominative note.

pagaré pasivo passive note.

pagaré prendario collateral note.

pagaré quirografario unsecured note.

pagaré solidario joint and several note.

pagarés a cobrar notes receivable.

pagarés a pagar notes payable.

pago m payment.

pago a cuenta payment on account.

pago a plazos payment in installments.

pago adicional garantizado guaranteed additional payment.

pago adicional por despido dismissal pay.

pago al contado   cash payment.

pago antes de entrega   cash before delivery.

pago antes del vencimiento   payment before maturity.

pago anticipado   prepayment, advance payment.

pago automático   automatic payment.

pago bajo protesta   payment under protest.

pago bisemanal   biweekly payment.

pago compensatorio   compensating payment.

pago con la orden   cash with order.

pago con subrogación   subrogation payment.

pago condicional   conditional payment.

pago conjunto   copayment.

pago constante   constant payment.

pago contra documentos   payment against documents, cash against documents.

pago contra entrega   cash on delivery.

pago cuestionable   questionable payment.

pago de arrendamiento mínimo   minimum lease payment.

pago de banquero   banker's payment.

pago de contribuciones   tax payment.

pago de cuentas telefónico   telephone bill payment.

pago de deuda   debt payment.

pago de deudas ajenas   payment of the debts of another.

pago de dividendo   dividend payment.

pago de entrada   down payment.

pago de facturas   bill payment.

pago de impuestos   tax payment.

pago de impuestos anticipado   advance tax payment.

pago de incentivo   incentive fee.

pago de las obligaciones   payment of obligations.

pago de lo indebido   wrongful payment.

pago de servicios   payment of services.

pago de vacaciones   vacation pay.

pago del arrendamiento   rent payment.

pago demorado   delayed payment.

pago detenido   stopped payment.

pago diferido   deferred payment, late payment.

pago directo   direct payment.

pago en cuotas   payment in installments.

pago en el arrendamiento   rent payment.

pago en especie   payment in kind.

pago en exceso   overpayment.

pago en moneda extranjera   payment in foreign currency.

pago en mora   overdue payment.

pago especificado   specified payment.

pago estipulado   stipulated payment.

pago extraviado   missing payment.

pago ficticio   fictitious payment.

pago forzoso   forced payment.

pago global   lump-sum payment.

pago hipotecario   mortgage payment.

pago imposible   impossible payment.

pago incondicional   unconditional payment.

pago indebido   wrongful payment.

pago inicial   down payment.

pago inicial mínimo   minimum down payment.

pago inmediato   immediate payment.

pago insuficiente   underpayment.

pago interino   interim payment.

pago internacional   international payment.

pago involuntario   involuntary payment.

pago judicial   forced payment.

pago liberatorio   liberating payment.

pago máximo   maximum payment.

pago mensual   monthly payment.

pago mínimo   minimum payment.

pago obligatorio   mandatory payment.

pago ordinario   ordinary payment.

pago parcial   partial payment.

pago perdido   missing payment.

pago periódico   periodic payment.

pago por adelantado   payment in advance.

pago por cheque   payment by check.

pago por comparecencia   call pay.

pago por cuenta ajena   payment on behalf of another.

pago por entrega de bienes   payment in kind.

pago por error   wrongful payment.

pago por otro   payment of the debts of another.
pago por tercera parte   third party payment.
pago preautorizado   preauthorized payment.
pago preferencial   preferential payment.
pago recibido   payment received.
pago recurrente   recurring payment.
pago reembolsable   refundable payment.
pago subsidiado   subsidized payment.
pago suspendido   stopped payment.
pago tardío   late payment.
pago total   full payment.
pago trimestral   quarterly payment.
pago único   single payment.
pago vencido   overdue payment.
pago voluntario   voluntary payment.
pagos anticipados   anticipated payments.
pagos con cheques preautorizados   preauthorized-check payments.
pagos corrientes   current payments.
pagos escalonados   graduated payments.
pagos fijos   fixed payments.
pagos garantizados   guaranteed payments.
pagos internacionales corrientes   current international payments.
pagos netos   net payments.
pagos parejos   level payments.
pagos programados   programmed payments.
pagos progresivos   graduated payments.
pagos suplementarios   supplemental payments.
pagos variables   variable payments.
páguese a la orden de   pay to the order of.
país de destino   country of destination.
país de origen   country of origin.
país deudor   debtor country.
país exportador   exporting nation.
país importador   importing nation.
país miembro   member country.
país participante   participating country.
palabras comprometedoras   compromising words.

palabras negociables   negotiable words.
panfleto   *m* pamphlet.
papel   *m* paper.
papel al portador   bearer paper.
papel bancario   bank paper.
papel comercial   commercial paper.
papel de comercio   commercial paper.
papel de crédito   credit instrument.
papel de renta   securities.
papel de seguridad   safety paper.
papel del estado   government debt instrument.
papel financiero   financial paper.
papel gubernamental   government paper.
papel mojado   worthless document.
papel moneda   paper money.
papel redescontable   eligible paper.
papel sellado   stamped paper.
papel simple   unstamped paper.
papel timbrado   stamped paper.
papeleo   *m* red tape, paperwork.
papeles de cobros   collection papers.
papeles del buque   ship's papers.
papeleta de empeño   pawn ticket.
papelote   *m* worthless document.
papelucho   *m* worthless document.
paquete   *m* package.
paquete comercial   commercial package.
paquete de seguro comercial   commercial insurance package.
paquete postal   postal package.
par   *m* pair.
par   *f* par.
par, a la   at par.
parada   *f* stop.
parado   unemployed, idle.
paraíso contributivo   tax haven.
paraíso fiscal   tax haven.
paraíso impositivo   tax haven.
paraíso tributario   tax haven.
paralización   *f* paralyzation, blockage.
parámetro   *m* parameter.
parámetros de elegibilidad   eligibility parameters.
parar   stop.
parcela   *f* parcel.
parcelación   *f* parceling.
parcelar   parcel.

parcial partial.
parcialidad *f* partiality.
parcialmente partially.
parcionero *m* partner.
pared ajena neighboring wall.
pared común party wall.
pared divisoria division wall.
pared medianera party wall.
parejo even, alike.
paridad *f* parity.
paridad cambiaria par of exchange.
paridad de cambio par of exchange.
paridad de conversión conversion
  parity.
paridad fija fixed parity.
paro *m* stop, strike, lockout,
  unemployment.
paro de brazos caídos sit-down strike.
paro forzoso layoff, lockout.
paro general general strike.
paro obrero strike.
paro patronal lockout.
parque industrial industrial park.
párrafo *m* paragraph.
parte *f* part, party.
parte acomodada accommodated
  party.
parte acomodante accommodating
  party.
parte beneficiada accommodated
  party.
parte contratante contracting party.
parte del crédito credit party.
parte en un contrato party to a
  contract.
parte incumplidora delinquent party.
parte por acomodación
  accommodation party.
partes competentes competent
  parties.
partible divisible.
partición *f* partition, division.
participación *f* participation,
  communication.
participación de contol controlling
  interest.
participación del prestador lender
  participation.
participación del prestamista lender
  participation.
participación directa direct
  participation.

participación en las ganancias
  profit sharing.
**participación en las ganancias de
  empleados** employee profit sharing.
**participación en las ganancias
  diferida** deferred profit sharing.
participación en las utilidades
  profit sharing.
participación en los beneficios
  profit sharing.
participación en préstamo loan
  participation.
participación financiera financial
  participation.
participación hipotecaria mortgage
  participation.
participación material material
  participation.
participante adj participating.
participante *m/f* participant.
participantes de plan plan
  participants.
participar participate, inform.
partícipe *m/f* participant, partner.
partícipe adj participating.
particular adj particular, private.
particular *m* individual.
partida *f* departure, entry, shipment,
  certificate.
partida de gastos expense item.
partida del balance balance sheet item.
partida doble double entry.
partida simple single entry.
partida única single entry.
partidamente separately.
partido *m* pact, contract.
partido adj divided.
partija *f* partition, division.
partimiento *m* partition, division.
partir divide, depart.
parvifundio *m* small farmstead.
pasador *m* smuggler.
pasador adj smuggling.
pasaje *m* passage, fare.
pasajero *m* passenger.
pasajero adj passing.
pasaporte del buque ship's passport.
pasar debidamente por aduana
  clear customs.
pasivo *m* liabilities.
pasivo a plazo time deposits.
pasivo acumulado accrued liability.

pasivo administrado managed liabilities.

pasivo consolidado funded debt.

pasivo contingente contingent liability.

pasivo corriente current liabilities.

pasivo de apertura opening liabilities.

pasivo de capital capital liabilities.

pasivo de contingencia contingent liability.

pasivo diferido deferred liabilities.

pasivo eventual contingent liability.

pasivo exigible current liabilities.

pasivo exigible a la vista demand deposits.

pasivo exterior foreign liabilities.

pasivo fijo fixed liabilities, capital liabilities.

pasivo financiero financial liabilities.

pasivo futuro future liability.

pasivo real actual liabilities.

pasivo social partnership liabilities.

patentable patentable.

patentado *m* patentee.

patentado adj patented.

patentar patent.

patentario pertaining to patents.

patente *f* patent, license, permit.

patente adj patent.

patente acordada patent granted.

patente básica basic patent.

patente concedida patent granted.

patente conjunta joint patent.

patente de diseño design patent.

patente de ejercicio profesional professional license.

patente de invención patent, letters patent.

patente de mejora patent on an improvement.

patente de navegación ship's papers.

patente de sanidad bill of health.

patente de vehículo vehicle license.

patente en trámite patent pending.

patente industrial professional license.

patente original basic patent.

patente pendiente patent pending.

patente pionera pioneer patent.

patente precaucional provisional patent.

patente primitiva basic patent.

patente solicitada patent pending.

patentes y marcas patents and trademarks.

patentizar patent.

patrimonio *m* patrimony, estate, net assets, inheritance.

patrimonio bruto gross estate, gross assets.

patrimonio de la explotación working capital.

patrimonio líquido net assets.

patrimonio neto net assets.

patrimonio social corporate assets.

patrocinador *m* sponsor.

patrocinar sponsor.

patrocinio *m* sponsorship.

patrón *m* patron, employer, lessor, standard.

patrón de cambio oro gold exchange standard.

patrón de conducta de coste cost-behavior pattern.

patrón de conducta de costos cost-behavior pattern.

patrón económico economic pattern.

patrón laboral labor standard.

patrón monetario monetary standard.

patrón oro gold standard.

patrón paralelo parallel standard.

patrón plata silver standard.

patronal pertaining to employers.

patronato *m* trusteeship, trust, employers' association, association.

patronazgo *m* trusteeship, trust, employers' association, association.

patrono *m* patron, employer, lessor.

peaje *m* toll.

peculado *m* peculation, embezzlement, graft.

peculio *m* private money, private property, peculium.

pecuniariamente pecuniarily.

pecuniario pecuniary.

pechar pay a tax, assume a responsibility.

pecho *m* tax.

pedido *m* petition, order, purchase.

pedido a crédito credit order.

pedido abierto open order.

pedido al contado cash order.

pedido al precio de mercado market order.

pedido con combinaciones
combination order.

pedido con precio límite   limit order.

pedido condicional   conditional order, contingent order.

pedido de cambio   change order.

pedido de compra   purchase order, buy order.

pedido de entrega   delivery order.

pedido de estafeta   money order.

pedido de fabricación   manufacturing order.

pedido de manufactura
manufacturing order.

pedido de pago   payment order.

pedido de precio limitado   limited price order.

pedido de prueba   trial order.

pedido de trabajo   work order, job order.

pedido de transferencia   transfer order.

pedido de un día   day order.

pedido del día   agenda.

pedido designado   designated order.

pedido discrecional   discretionary order.

pedido dividido   split order.

pedido en firme   firm order.

pedido en vigor esta semana
good-this-week order.

pedido en vigor este mes
good-this-month order.

pedido especial   special order.

pedido firme   firm order.

pedido incondicional   unconditional order.

pedido inmediato   immediate order.

pedido limitado   limited order.

pedido oral   oral order.

pedido original   original order.

pedido para cesar alguna actividad
cease and desist order.

pedido por escrito   order in writing.

pedido telefónico   telephone order.

pedimento   *m* petition, request, motion, claim.

pedimento, a   on request.

pedimento de aduana   customs declaration.

pedimento de importación   customs declaration.

pedir   ask, order, demand.

pedir licitaciones   call for bids.

pedir por correo   order by mail.

pedir prestado   borrow.

pedir propuestas   call for bids.

peligro aparente   apparent danger.

peligro asegurado   insured peril.

peligro catastrófico   catastrophic hazard.

peligro común   common peril.

peligro de catástrofe   catastrophe hazard.

peligro excluido   excluded peril.

peligro no asegurado   uninsured peril.

peligro personal   personal danger.

peligros mixtos   mixed perils.

peligroso   dangerous.

pena   *f* penalty.

pena contractual   contractual penalty.

pena convencional   contractual penalty.

pena pecuniaria   fine.

penalidad   *f* penalty.

penalidad contributiva   tax penalty.

penalidad de coaseguro   coinsurance penalty.

penalidad impositiva   tax penalty.

penalidad por pago tardío   late payment penalty.

penalidad por prepago   prepayment penalty.

penalidad por radicación tardía   late filing penalty.

penalidad por retiro   withdrawal penalty.

penalidad por retiro temprano
penalty for early withdrawal.

penalidad tributaria   tax penalty.

penalizable   penalizable.

penalizar   penalize.

pendiente   pending, outstanding.

pendiente de pago   unpaid.

penetración de mercado   market penetration.

pensión   *f* pension, annuity, support, board.

pensión a la vejez   old-age pension.

pensión de arrendamiento   rent.

pensión de invalidez   disability benefits.

pensión de jubilación   pension.

pensión de retiro   pension.

pensión de vejez old-age pension.

pensión perpetua permanent pension.

pensión por discapacidad disability pension.

pensión tras divorcio alimony.

pensión vitalicia life pension, annuity.

pensionado adj pensioned.

pensionado m pensioner.

pensionado contingente contingent annuitant.

pensionar pension.

pensionario m payer of a pension.

pensionista m/f pensioner, boarder.

pequeña empresa small business.

percentil m percentile.

percepción f perception, collection.

percepción del salario receipt of salary.

perceptible perceptible, collectible.

perceptor m perceiver, collector.

percibir perceive, collect.

percibo m collecting.

pérdida f loss, waste, damage.

pérdida a corto plazo short-term loss.

pérdida a largo plazo long-term loss.

pérdida accidental accidental loss.

pérdida consecuente consequential loss.

pérdida de buque loss of a vessel.

pérdida de capital capital loss.

pérdida de capital a corto plazo short-term capital loss.

pérdida de capital a largo plazo long-term capital loss.

pérdida de empleo loss of employment.

pérdida de explotación neta net operating loss.

pérdida de ingresos loss of income.

pérdida de utilidad loss of utility.

pérdida definitiva definite loss.

pérdida directa direct loss.

pérdida económica economic loss.

pérdida en libros book loss.

pérdida esperada expected loss.

pérdida extraordinaria extraordinary loss.

pérdida fortuita fortuitous loss.

pérdida implícita constructive loss.

pérdida indirecta indirect loss.

pérdida máxima maximum loss.

pérdida máxima posible maximum possible loss.

pérdida máxima previsible maximum foreseeable loss.

pérdida máxima probable maximum probable loss.

pérdida neta net loss.

pérdida no recurrente nonrecurring loss.

pérdida no repetitiva nonrecurring loss.

pérdida normal normal loss.

pérdida operativa neta net operating loss.

pérdida ordinaria ordinary loss.

pérdida parcial partial loss.

pérdida pasiva passive loss.

pérdida pecuniaria pecuniary loss.

pérdida personal personal loss.

pérdida por catástrofe catastrophe loss.

pérdida por desastre disaster loss.

pérdida previsible normal normal foreseeable loss.

pérdida real actual loss.

pérdida realizable realizable loss.

pérdida realizada realized loss.

pérdida total total loss.

pérdida total absoluta absolute total loss.

pérdida total implícita constructive total loss.

pérdidas cubiertas covered losses.

pérdidas de crédito credit losses.

pérdidas de explotación operating losses.

pérdidas de negocios business losses.

pérdidas deducibles deductible losses.

pérdidas financieras financial loss.

pérdidas incurridas incurred losses.

pérdidas naturales natural losses.

pérdidas no realizadas unrealized losses.

pérdidas operativas operating losses.

pérdidas pagadas losses paid.

pérdidas pendientes de pagar losses outstanding.

pérdidas permisibles permissible losses.

pérdidas y ganancias profit and loss.

perdido durante el tránsito lost in transit.

perdón de la deuda forgiveness of the debt.

perdonar *m* pardon, grant amnesty, exempt.

perecedero perishable.

perenne perennial.

perennidad perpetuity.

perfección del contrato perfection of contract.

perfeccionado perfected.

perfil de cliente customer profile.

perfil de mercado market profile.

perfil de tenedor de tarjeta cardholder profile.

periódicamente periodically.

periodicidad *f* periodicity.

periódico periodic.

período *m* period.

período base base period.

período contable accounting period.

período de acumulación accumulation period.

período de auditoría audit period.

período de beneficios benefit period.

período de cobro collection period.

período de cobro medio average collection period.

período de compensación compensation period.

período de cómputo de interés compuesto compounding period.

período de contabilidad accounting period.

período de crédito credit period.

período de crédito neto net credit period.

período de desarrollo development period.

período de descuento discount period.

período de elegibilidad eligibility period.

período de eliminación elimination period.

período de entrega period of delivery.

período de espera waiting period.

período de facturación billing period.

período de garantía guarantee period.

período de gracia grace period.

período de interés compuesto compound interest period.

período de liquidación liquidation period.

período de nómina payroll period.

período de pago pay period.

período de póliza policy period.

período de prescripción prescription period.

período de producción period of production.

período de prueba trial period.

período de redención redemption period.

período de reinversión reinvestment period.

período de repago payback period.

período de reposición replacement period.

período de rescate redemption period.

período de tenencia holding period.

período de validación validation period.

período del ciclo cycle period.

período especificado specified period.

período estipulado stipulated period.

período excluido excluded period.

período fijo fixed period.

período fiscal fiscal period.

período inflacionario inflationary period.

período preliminar preliminary period.

período presupuestario budget period.

período probatorio probationary period.

perito *m* expert, appraiser.

perito en averías expert in average.

perito tasador expert appraiser.

perito valuador expert appraiser.

perjuicio de propiedad property damage.

perjuicio económico monetary loss.

permanente permanent.

permanentemente permanently.

permisible permissible.

permisión *f* permission, permit, license, leave.

permiso *m* permission, permit, license, leave.

permiso condicional conditional permit.

permiso de construcción building permit.

permiso de divisas foreign exchange permit.

permiso de edificación building permit.

permiso de exportación export permit.

permiso de importación import permit.

permiso de paso right of way.

permiso de salida departure permit.

permiso de trabajo work permit.

permiso de uso condicional conditional-use permit.

permiso de uso especial special-use permit.

permiso expreso express permission.

permiso incondicional unconditional permit.

permitido permitted.

permitir permit.

permitir un descuento allow a discount.

permuta *f* permutation.

permutable permutable.

permutación *f* permutation.

permutar permute, barter.

perpetuidad *f* perpetuity.

perpetuidad, en in perpetuity.

perpetuo perpetual.

persona a cargo dependent.

persona abstracta artificial person.

persona artificial artificial person.

persona asociada associated person.

persona clave key person.

persona cubierta covered person.

persona de control control person.

persona de existencia ideal artificial person.

persona de existencia real natural person.

persona ficticia artificial person, fictitious person.

persona incapacitada incapacitated person.

persona incorporal artificial person.

persona individual natural person.

persona informada corporativa corporate insider.

persona interpuesta intermediary.

persona jurídica artificial person.

persona legal artificial person.

persona moral artificial person.

persona natural natural person.

persona no física artificial person.

persona razonable reasonable person.

persona responsable accountable person.

personal *m* personnel.

personal adj personal, private.

personal de campo field staff.

personería *f* representation, capacity.

personero *m* representative.

perspectiva *f* perspective.

persuasión *f* persuasion.

pertenencia *f* property, ownership, mining claim, accessory, membership.

perturbación *f* disturbance.

perturbación de mercado market disruption.

pesas y medidas weights and measures.

peso *m* weight, influence.

peso bruto gross weight.

peso estimado estimated weight.

peso máximo maximum weight.

peso neto net weight.

peso troy troy weight.

petición *f* petition, claim.

petición de autorización authorization request.

petición de patente patent application.

petición de propuestas call for bids.

petición de quiebra bankruptcy petition.

peticionante *m/f* petitioner.

peticionario *m* petitioner.

petrodólares *m* petrodollars.

petrolero *m* oil tanker.

pignoración *f* pignoration, pawning.

pignorar pignorate, hypothecate, pledge.

pignoraticio pignorative.

piquete *m* picket.

pirámide financiera financial pyramid.

piratear pirate.

piratería *f* piracy, robbery.

piratería laboral labor piracy.

plan *m* plan.

plan autoadministrado self-administered plan.

plan basado en flujo de fondos cash-flow plan.

plan calificado qualified plan.

plan con ajuste por costo de vida cost of living plan.

plan contractual contractual plan.

plan de acumulación accumulation plan.

plan de acumulación voluntario voluntary accumulation plan.

plan de ahorros de empleados employee savings plan.

plan de beneficios flexible flexible-benefit plan.

plan de beneficios variables variable-benefit plan.

plan de bonificaciones bonus plan.

plan de compensación diferida deferred compensation plan.

plan de compra de acciones stock purchase plan.

plan de compra de acciones corporativas corporate stock purchase plan.

plan de compra de acciones de corporación corporation stock purchase plan.

plan de compra de acciones individual individual stock purchase plan.

plan de contribuciones contribution plan.

plan de contribuciones definidas defined-contribution plan.

plan de contribuciones diferidas deferred contribution plan.

plan de contribuciones negociado negotiated contribution plan.

plan de corporación cerrada close corporation plan.

plan de crédito de cheques check credit plan.

plan de cheques preautorizados preauthorized-check plan.

plan de depósitos automático automatic deposit plan.

plan de desarrollo development plan.

plan de descuentos de prima premium discount plan.

plan de dólares constantes constant-dollar plan.

plan de estabilización cronológica chronological stabilization plan.

plan de financiamiento financing plan.

plan de incentivos grupal group incentive plan.

plan de inversiones investment plan.

plan de inversiones mensual monthly investment plan.

plan de mercadeo marketing plan.

plan de pagos payment plan.

plan de pagos parejos level-payment plan.

plan de pagos periódicos periodic payment plan.

plan de pagos variables variable-payment plan.

plan de participación en las ganancias profit-sharing plan.

plan de pensión basado en beneficios benefit-based pension plan.

plan de pensión con fondos asignados funded pension plan.

plan de pensión contribuyente contributory pension plan.

plan de pensión de beneficios definidos defined-benefit pension plan.

plan de pensión de contribuciones definidas defined-contribution pension plan.

plan de pensión no calificado nonqualified pension plan.

plan de pensiones calificado qualified pension plan.

plan de pensiones privado private pension plan.

plan de ratio constante constant-ratio plan.

plan de razón constante constant-ratio plan.

plan de reajuste readjustment plan.

plan de recompra de acciones share repurchase plan.

plan de redención de acciones stock-redemption plan.

plan de reducción limitada limited-reduction plan.

plan de reinversión de dividendos dividend reinvestment plan.

plan de retiro retirement plan.

plan de retiro con fondos asignados funded retirement plan.

plan de retiro de negocio propio self-employment retirement plan.

plan de retiro patronal   employer retirement plan.

plan de seguro de beneficios de empleados   employee benefit insurance plan.

plan de seguros   insurance plan.

plan de servicios   service plan.

plan del negocio   business plan.

plan doble de ahorros   dual savings plan.

plan económico nacional   national economic plan.

plan financiero   financial plan.

plan operacional   operational plan.

plan primario   primary plan.

planes de pensión   pension plans.

planificación   *f* planning.

planificación a largo plazo   long-range planning.

planificación centralizada   central planning.

planificación contributiva   tax planning.

planificación corporativa   corporate planning.

planificación de carrera   career planning.

planificación de compañía   company planning.

planificación de inventario   inventory planning.

planificación de personal   personnel planning.

planificación de producción   production planning.

planificación de proyecto   project planning.

planificación de retiro   retirement planning.

planificación del desarrollo   development planning.

planificación económica   economic planning.

planificación económica centralizada   centralized economic planning.

planificación estratégica   strategic planning.

planificación estratégica corporativa   corporate strategic planning.

planificación financiera   financial planning.

planificación financiera personal   personal financial planning.

planificación fiscal   tax planning.

planificación global   comprehensive planning.

planificación impositiva   tax planning.

planificación organizativa   organizational planning.

planificación para contingencias   contingency planning.

planificación tributaria   tax planning.

planificado   planned.

planificar   plan.

planilla   *f* tax return, payroll, list.

planilla conjunta   joint tax return.

planilla consolidada   consolidated tax return.

planilla contributiva falsa   false return.

planilla contributiva frívola   frivolous tax return.

planilla de contribución sobre ingresos individual   individual income tax return.

planilla de contribuciones sobre ingresos   income tax return.

planilla de impuestos sobre la renta   income tax return.

planilla de sueldos   payroll.

planilla frívola   frivolous tax return.

planilla individual   individual income tax return.

planilla morosa   delinquent return.

planilla no consolidada   unconsolidated tax return.

planillas trimestrales   quarterly returns.

plano   *m* plan, plane.

planta   *f* plant.

planta piloto   pilot plant.

plantar   establish.

plantificar   establish.

plata   *f* silver, money.

playa de estacionamiento   parking lot.

plaza   *f* plaza, market, place, post, vacancy.

plazo   *m* period, term, installment.

plazo cierto   established term.

plazo continuo   continuous time period.

plazo contractual   contract term.

plazo de favor grace period.
plazo de gracia grace period.
plazo de las obligaciones term within which to fulfill an obligation.
plazo de patente patent term.
plazo del contrato contract term.
plazo determinado established term.
plazo fatal deadline.
plazo fijo established term, fixed term.
plazo final deadline.
plazo improrrogable deadline.
plazo incierto uncertain term.
plazo indefinido uncertain term.
plazo indeterminado uncertain term.
plazo intermedio, a intermediate term.
plazo límite deadline.
plazo perentorio deadline.
plazo probatorio trial period.
plazo prorrogable extendible deadline.
plazo prudencial reasonable time.
plazo suplementario extension.
plazo útil term which only includes working periods.
plazos, a in installments.
plena capacidad full capacity.
pleno dominio fee simple.
pleno empleo full employment.
plica *f* escrow.
pliego de aduana bill of entry.
pliego de cargos list of charges.
pliego de condiciones specifications, bid specifications, list of conditions.
pliego de licitación bid form.
pliego de propuestas bid form, proposal.
pluralidad *f* plurality, majority.
pluralidad absoluta majority.
pluralidad relativa plurality.
pluriempleo *m* moonlighting.
plurilateral plurilateral.
plus *m* bonus, extra pay.
plusvalía *f* increased value, goodwill.
plusvalía negativa negative goodwill.
población *f* population.
poder aparente apparent authority.
poder bancario banking power.
poder beneficioso beneficial power.
poder de imposición taxing power.
poder de tomar prestado borrowing power.

poder de tomar prestado de acciones borrowing power of stocks.
poder de tomar prestado de valores borrowing power of securities.
poder discrecional discretionary power.
poder especial special power of attorney.
poder general general power of attorney.
poder implícito implied power.
poder impositivo taxing power.
poder para compras buying power.
poder para compras discrecional discretionary buying power.
poderhabiente *m/f* proxy holder.
policía aduanera customs police.
policía sanitaria health inspectors.
polipolio *m* polypoly.
política a corto plazo short-term policy.
política a largo plazo long-term policy.
política aduanera tariff policy.
política arancelaria tariff policy.
política cambiaria foreign exchange policy.
política comercial trade policy.
política contributiva tax policy.
política de comercio exterior foreign trade policy.
política de compras buying policy.
política de descuentos discount policy.
política de devoluciones liberal liberal return policy.
política de dividendos dividend policy.
política de estabilidad stability policy.
política de estabilización stabilization policy.
política de imposición taxation policy.
política de mercadeo marketing policy.
política de mercado abierto open market policy.
política de precio único single-price policy.
política de precios price policy.
política de préstamos loan policy.

política de puerta abierta   open door policy.

política de tributación   taxation policy.

política discrecional   discretionary policy.

política económica   economic policy.

política financiera   financial policy.

política fiscal   fiscal policy, tax policy.

política impositiva   tax policy.

política laboral   labor policy.

política monetaria   monetary policy.

política monetaria clásica   classical monetary policy.

política presupuestaria   budget policy.

política publicitaria   advertising policy.

política sobre competencia justa y razonable   fair trade policy.

política sobre desviaciones   deviation policy.

política tributaria   tax policy.

póliza   *f* policy, customs clearance certificate, tax stamp, contract, draft.

póliza a corto plazo   short-term policy.

póliza a largo plazo   long-term policy.

póliza abierta   floater policy, open policy.

póliza anual   annual policy.

póliza avaluada   valued policy.

póliza caducada   lapsed policy.

póliza comercial   commercial policy.

póliza completamente pagada   fully paid policy.

póliza con combinación   combination policy.

póliza con cupones   coupon policy.

póliza conjunta   joint policy.

póliza contra accidentes   accident policy.

póliza contra falsificación comercial   commercial forgery policy.

póliza de anualidad   annuity policy.

póliza de automóvil comercial   business automobile policy.

póliza de automóvil personal   personal automobile policy.

póliza de cantidad mínima   minimum amount policy.

póliza de carga   bill of lading, cargo policy.

póliza de cobertura múltiple   blanket policy.

póliza de doble protección   double-protection policy.

póliza de dueño de negocio   business owner's policy.

póliza de embarque   export permit.

póliza de fianza   surety bond.

póliza de fletamiento   charter-party.

póliza de ingresos   income policy.

póliza de ingresos de retiro   retirement income policy.

póliza de ingresos familiares   family income policy.

póliza de locales múltiples   multiple location policy.

póliza de paquete comercial   commercial package policy.

póliza de propiedad comercial   commercial property policy.

póliza de seguro comercial   business insurance policy.

póliza de seguro de ingresos   income insurance policy.

póliza de seguro de vida   life insurance policy.

póliza de seguro de vivienda   dwelling insurance policy.

póliza de seguro especial   special insurance policy.

póliza de seguro expirada   expired insurance policy.

póliza de seguro hipotecario   mortgage insurance policy.

póliza de seguro marítimo   marine insurance policy.

póliza de seguro no expirada   unexpired insurance policy.

póliza de seguros   insurance policy.

póliza de seguros abierta   open insurance policy.

póliza de seguros con participación   participating insurance policy.

póliza de seguros conjunta   joint insurance policy.

póliza de valor declarado   valued policy.

póliza dotal   endowment policy.

póliza especial   special policy.

póliza estándar   standard policy.

póliza expirada   expired policy.

póliza familiar   family policy.

póliza flotante   floater policy.

póliza global   comprehensive policy.

póliza graduada   graded policy.

póliza incontestable incontestable policy.

póliza individual individual policy.

póliza indizada indexed policy.

póliza limitada limited policy.

póliza mixta mixed policy.

póliza no expirada unexpired policy.

póliza no transferible nonassignable policy.

póliza perdida lost policy.

póliza renovable renewable policy.

póliza sin participación nonparticipating policy.

póliza suplementaria supplemental policy.

póliza valorada valued policy.

polución *f* pollution.

poluto polluted.

poner en cuenta deposit into account.

poner en libertad de una obligación liberate from an obligation.

poner una orden place an order.

ponerse de acuerdo come to an agreement.

por ciento percent.

por contrato by contract.

por cuenta de alguien in someone's name.

por cuenta y riesgo de for account and risk of.

por el libro by the book.

por gracia by favor.

por menor retail.

por poder by proxy.

porcentaje *m* percentage.

porcentaje anual constante constant annual percent.

porcentaje de agotamiento percentage depletion.

porcentaje de coaseguro coinsurance percentage.

porcentaje de cobros collection percentage.

porcentaje de morosidad delinquency percentage.

porcentaje de participación percentage participation.

porcentaje de ventas percentage of sales.

porcentaje del mercado de una marca brand share.

porciento *m* percentage.

porción *f* portion, share.

porcionero adj participating.

porcionero *m* participant.

porcionista *m/f* shareholder.

pormenor *m* detail.

pormenorizar itemize, go into detail.

portador *m* bearer, carrier.

portador de destino destination carrier.

portador por contrato contract carrier.

portavoz *m/f* speaker.

portazgar charge a toll.

portazgo *m* toll, tollhouse.

portazguero *m* toll collector.

porte *m* transporting, transport charge, capacity, postage.

porte bruto tonnage.

porte debido freight owing.

porte pagado freight prepaid.

porte total tonnage.

porteador *m* carrier.

porteador inicial initial carrier.

porteador marítimo marine carrier.

porteador público common carrier.

portear carry, transport.

porteo *m* carrying.

portuario pertaining to a port.

posdatar postdate.

poseedor *m* possessor.

poseedor de buena fe holder in good faith.

poseedor de mala fe holder in bad faith.

poseedor de patente patentee.

poseer possess.

poseído possessed.

posesión *f* possession, property, enjoyment.

posesión actual actual possession.

posesión adversa adverse possession.

posesión aparente apparent possession.

posesión artificial constructive possession.

posesión artificiosa constructive possession.

posesión continua continuous possession.

posesión de buena fe possession in good faith.

posesión de cosas muebles
possession of personal property.
posesión de mala fe possession in
bad faith.
posesión directa direct possession.
posesión efectiva actual possession.
posesión, en in possession.
posesión en común joint possession.
posesión en exclusiva exclusive
possession.
posesión exclusiva exclusive
possession.
posesión fingida constructive
possession.
posesión implícita constructive
possession.
posesión incompleta incomplete
possession.
posesión indirecta indirect possession.
posesión inmemorial immemorial
possession.
posesión justa rightful possession.
posesión legal legal possession.
posesión manifiesta open possession.
posesión no interrumpida
continuous possession.
posesión notoria notorious possession.
posesión nuda naked possession.
posesión pacífica peaceable possession.
posesión patente open possession.
posesión por años determinados
estate for years.
posesión por tolerancia tenancy at
sufferance.
posesión precaria precarious
possession.
posesión pública open and notorious
possession.
posesión real actual possession.
posesión simbólica symbolic
possession.
posesorio possessory.
posfecha f postdate.
posfechado post-dated.
posfechar post-date.
posibilidad de pérdida chance of loss.
posición de liquidez liquidity position.
posición de negociación bargaining
position.
posición financiera financial position.
posición neta net position.
posponer postpone, place after.

posposición f postponement.
postal postal.
postdatar postdate.
postergación f postponement, passing
over, holding back.
postergado postponed, passed over,
held back.
postergar postpone, pass over, hold
back.
postor m bidder.
postor favorecido successful bidder.
postor más alto highest bidder.
postor mayor highest bidder.
postor responsable responsible bidder.
póstula f request, application,
nomination.
postulación f request, application,
nomination.
postulante m/f requester, applicant,
nominee.
postular request, apply, nominate.
postura f bid, stake.
potencia económica economic power.
potencial de apreciación
appreciation potential.
potencial de ingresos earnings
potential.
potestad f authority.
potestativo facultative.
práctica f practice, custom.
práctica comercial trade practice.
práctica de inversión normal
normal investment practice.
práctica desleal unfair competition.
práctica engañosa deceptive practice.
práctica laboral injusta unfair labor
practice.
práctica profesional professional
practice.
practicante practicing.
practicar practice, carry out.
practicar una liquidación settle.
practicar una tasación appraise.
prácticas colusorias collusive
practices.
prácticas comerciales business
practices.
prácticas contables accounting
practices.
prácticas de competencia injustas
unfair trade practices.
prácticas injustas unfair practices.

prácticas laborales   labor practices.
preaprobado   preapproved.
prearrendamiento   *m* prelease.
preautorizado   preauthorized.
precario   precarious.
precedencia   *f* precedence.
preciado   esteemed, valuable.
preciador   *m* appraiser.
preciar   appraise, price.
precierre   *m* preclosing.
precinta   *f* revenue stamp.
precio   *m* price, worth, consideration.
precio a plazo   forward price.
precio a término   forward price.
precio abierto   open price.
precio abusivo   abusive price.
precio aceptable   acceptable price.
precio administrado   administered price.
precio afectivo   sentimental value.
precio al consumidor   consumer price.
precio al contado   cash price.
precio al por mayor   wholesale price.
precio al por menor sugerido   suggested retail price.
precio alzado   fixed price.
precio anticipado   anticipated price.
precio base   base price.
precio básico   basic price.
precio callejero   street price, fair market value.
precio cierto   set price.
precio competitivo   competitive price.
precio completo   full price.
precio constante   constant price.
precio construido   constructed price.
precio contractual   contract price.
precio convenido   agreed price.
precio corriente   current price.
precio cotizado   quoted price.
precio de adquisición   purchase price.
precio de apertura   opening price.
precio de avalúo   assessed price.
precio de bono   bond price.
precio de cierre   closing price.
precio de clase   class price.
precio de compra   purchase price.
precio de contrato   contract price.
precio de conversión   conversion price.
precio de coste   cost price.
precio de costo   cost price.

precio de demanda   demand price.
precio de entrega   delivery price.
precio de equilibrio   equilibrium price.
precio de fábrica   cost price.
precio de factura   invoice price.
precio de liquidación   liquidation price.
precio de lista   list price.
precio de mercado   market price, fair market value.
precio de mercado, a   at market price.
precio de mercado negociado   negotiated market price.
precio de mercancía   commodity price.
precio de monopolio   monopoly price.
precio de oferta   bid price, offering price.
precio de oferta de compra   bid price.
precio de oferta de venta   ask price.
precio de ofrecimiento público   public offering price.
precio de oligopolio   oligopoly price.
precio de oligopsonio   oligopsony price.
precio de opción   option price.
precio de paridad   parity price.
precio de plaza   fair market value.
precio de redención   redemption price.
precio de reposición   replacement price.
precio de reventa   resale price.
precio de suscripción   subscription price.
precio de transferencia   transfer price.
precio de unidad   unit price.
precio de venta   sales price.
precio de venta ajustado   adjusted sales price.
precio de venta estipulado   stipulated selling price.
precio de venta fijo   fixed selling price.
precio deprimido   depressed price.
precio diario de cierre   closing daily price.
precio efectivo   effective price.
precio en el mercado   fair market value.
precio en el mercado negro   black market price.
precio en la frontera   border price.
precio especial   special price.
precio especificado   specified price.

precio específico   specific price.

precio estable   stable price.

precio estipulado   stipulated price.

precio favorable   favorable price.

precio fijo   set price, fixed price.

precio fraudulento   fraudulent price.

precio futuro   future price.

precio garantizado   guaranteed price.

precio global   lump sum.

precio implícito   implicit price.

precio inadecuado   inadequate price.

precio incierto   indeterminate price.

precio inicial   beginning price.

precio introductorio   introductory price.

precio justificado   justified price.

precio justo   fair price.

precio justo en el mercado   fair market price.

precio justo y razonable   fair and reasonable value.

precio legal   price set by law.

precio líquido   net price, cash price.

precio máximo   maximum price, ceiling price.

precio medio   average price.

precio mínimo   minimum price, upset price.

precio mínimo fijado   upset price.

precio negociado   negotiated price.

precio neto   net price.

precio no flexible   nonflexible price.

precio nominal   nominal price, par value.

precio normal   normal price.

precio objeto   target price.

precio oficial   official price.

precio ordinario   fair market value.

precio pagado   purchase price.

precio predeterminado   predetermined price.

precio preestablecido   preset price.

precio prevaleciente   prevailing price.

precio prohibitivo   prohibitive price.

precio razonable   reasonable price.

precio real   actual price.

precio reducido   reduced price.

precio relativo   relative price.

precio renegociable   renegotiable price.

precio sombra   shadow price.

precio sostenido   support price.

precio subsidiado   subsidized price.

precio sugerido   suggested price.

precio techo   ceiling price.

precio tope   ceiling price.

precio total   full price.

precio umbral   threshold price.

precio único   single price.

precio vil   dumping price.

precios flexibles   flexible prices.

precios intervenidos   controlled prices.

precios múltiples   multiple prices.

precisamente   precisely.

precisar   state precisely, compel.

precisión   f precision.

precisión del ajuste   goodness of fit.

preciso   precise, indispensable.

precomputado   precomputed.

precomputar   precompute.

precondición   f precondition.

precontractual   precontractual.

precontrato   m precontract, letter of intent.

precontribuciones   pretax.

predeterminado   predetermined.

predicción de costes   cost prediction.

predicción de costos   cost prediction.

predicción de quiebra   bankruptcy prediction.

predio   m real estate, estate, lot.

predio ajeno   another's real estate.

predio dominante   dominant tenement.

predio edificado   improved property.

predio enclavado   landlocked property.

predio rural   rural property.

predio rústico   rural property.

predio sirviente   servient tenement.

predio suburbano   suburban property.

predio superior   dominant tenement.

predio urbano   urban property.

preestablecido   preestablished, preset.

preexistencia   f preexistence.

preexistente   preexistent.

prefabricado   prefabricated.

prefabricar   prefabricate.

preferencia   f preference.

preferencia anulable   voidable preference.

preferencia contributiva   tax preference.

preferencia de liquidez liquidity preference.

preferencia en el paso right of way.

preferencia fiscal tax preference.

preferencia impositiva tax preference.

preferencia tributaria tax preference.

preferencial preferential.

preferente preferred, preferential.

prefijar prearrange.

prefinanciación *f* prefinancing.

prefinanciamiento *m* prefinancing.

prefinir set a term for.

pregonero *m* street vendor.

preimpuestos pretax.

prelación *f* priority, marshaling.

prelación de créditos marshaling assets.

preliminar preliminary.

preliminarmente preliminarily.

premiar award.

premio *m* prize, award, premium, bonus.

premio del seguro insurance premium.

prenda *f* pledge, pledge agreement, security, guaranty, chattel mortgage, household article.

prenda agraria pledge of agricultural equipment.

prenda agrícola pledge of agricultural equipment.

prenda fija pledge.

prenda sobre valores pledge of securities.

prendado pledged.

prendador *m* pledger.

prendamiento *m* pledging.

prendar pledge, give as security.

prendario pertaining to a pledge.

prenotificación *f* prenotification.

prepagado prepaid.

prepagar prepay.

prepago *m* prepayment.

prepago de cargos prepayment of fees.

prepago de contribuciones prepayment of taxes.

prepago de impuestos prepayment of taxes.

prepago de intereses prepayment of interest.

prepago de primas prepayment of premiums.

prepago de principal prepayment of principal.

prepago de seguro prepayment of insurance.

preparar prepare.

prerrefinanciación *f* prerefunding.

prerrequisito *m* prerequisite.

prerrogativas administrativas management prerogatives.

prescindible dispensable.

prescindir omit.

prescribir prescribe, acquire by prescription, acquire by adverse possession, lapse.

prescripción *f* prescription, extinguishment, adverse possession, lapsing.

prescripción en las obligaciones lapse of obligations.

prescripción extintiva extinction of an obligation through prescription.

prescripto prescribed, lapsed.

prescrito prescribed, lapsed.

presencia en un mercado market presence.

presentación *f* presentation.

presentación, a on presentation.

presentación, a la at sight, on presentation.

presentación, a su on presentation.

presentación de la letra de cambio presentation of the bill of exchange.

presentar al cobro present for collection.

presentar una oferta present an offer.

presidencia *f* presidency, office of a chairperson.

presidencial presidential.

presidente *m* president, chairperson, presiding officer, speaker.

presidente actuante acting president.

presidente de la junta presiding officer, chairperson of the board.

presidente de la junta directiva chair of the board.

presidente de mesa presiding officer.

presidente del consejo presiding officer, chairperson of the board.

presidente interino interim president.

presidir preside.

prestación *f* lending, consideration, loan, payment, rendering.

prestación a título gratuito gratuitous consideration.

prestación anterior past consideration.

prestación concurrente concurrent consideration.

prestación continua continuing consideration.

prestación de servicios rendering of services.

prestación debida due consideration.

prestación específica specific performance.

prestación expresa express consideration.

prestación ilegal illegal consideration.

prestación implícita implied consideration.

prestación inadecuada inadequate consideration.

prestación inmoral immoral consideration.

prestación insuficiente inadequate consideration.

prestación justa fair consideration.

prestación justa y adecuada fair and valuable consideration.

prestación justa y razonable fair and reasonable consideration.

prestación legal legal consideration.

prestación moral moral consideration.

prestación nominal nominal consideration.

prestación pecuniaria pecuniary consideration.

prestación razonable adequate consideration.

prestación suficiente sufficient consideration.

prestado loaned, borrowed.

prestado sin intereses loaned flat.

prestador *m* lender.

prestador adj lending.

prestador a la gruesa lender on bottomry.

prestador autorizado licensed lender.

prestador elegible eligible lender.

prestador marginal marginal lender.

prestador privado private lender.

prestamista *m/f* lender.

prestamista autorizado licensed lender.

prestamista elegible eligible lender.

prestamista marginal marginal lender.

préstamo *m* loan, loan contract.

préstamo a corto plazo short-term loan.

préstamo a la demanda demand loan, call loan.

préstamo a la gruesa bottomry.

préstamo a la vista demand loan.

préstamo a largo plazo long-term loan.

préstamo a medio plazo medium-term loan.

préstamo a plazo fijo time loan.

préstamo a riesgo marítimo bottomry.

préstamo a tasa de interés variable variable-rate loan.

préstamo agrícola agricultural loan.

préstamo amortizable amortizable loan.

préstamo amortizado amortized loan.

préstamo asegurado insured loan.

préstamo asumible assumable loan.

préstamo autoliquidante self-liquidating loan.

préstamo bancario bank loan.

préstamo basado en flujo de efectivo cash-flow loan.

préstamo basado en inventario inventory loan.

préstamo bisemanal biweekly loan.

préstamo clasificado classified loan.

préstamo colateralizado collateralized loan.

préstamo colectivo blanket loan.

préstamo comercial commercial loan.

préstamo comercial e industrial commercial and industrial loan.

préstamo completamente amortizado fully amortized loan.

préstamo con garantía guaranteed loan.

préstamo con interés loan with interest.

préstamo con pago único al final bullet loan.

préstamo con participación participation loan.

préstamo conforme conforming loan.

préstamo consolidado consolidated loan.

préstamo contingente contingent loan.

préstamo convencional conventional loan.

préstamo convertible convertible loan.

préstamo de acciones stock loan.

préstamo de consolidación consolidation loan.

préstamo de construcción construction loan.

préstamo de consumo consumer loan, consumption loan.

préstamo de corredor broker loan.

préstamo de depósito deposit loan.

préstamo de desarrollo development loan.

préstamo de día a día day-to-day loan.

préstamo de diferencia gap loan.

préstamo de dinero monetary loan.

préstamo de interés fijo fixed-rate loan.

préstamo de inversión investment loan.

préstamo de pago único single-payment loan.

préstamo de pagos constantes constant-payment loan.

préstamo de pagos parejos level-payment loan.

préstamo de ratio alto high-ratio loan.

préstamo de razón alta high-ratio loan.

préstamo de reducción directa direct-reduction loan.

préstamo de renta perpetua perpetual loan.

préstamo de tasa ajustable adjustable-rate loan.

préstamo de tasa constante constant-rate loan.

préstamo de tasa de interés fija fixed-rate loan.

préstamo de tasa flexible flexible-rate loan.

préstamo de tasa flotante floating-rate loan.

préstamo de tasa fluctuante fluctuating rate loan.

préstamo de tasa renegociable renegotiable-rate loan.

préstamo de tipo ajustable adjustable-rate loan.

préstamo de tipo constante constant-rate loan.

préstamo de tipo de interés fijo fixed-rate loan.

préstamo de tipo flexible flexible-rate loan.

préstamo de tipo flotante floating-rate loan.

préstamo de tipo fluctuante fluctuating-rate loan.

préstamo de tipo renegociable renegotiable-rate loan.

préstamo de uso loan for use.

préstamo de valores securities loan.

préstamo descontado discounted loan.

préstamo diario day loan.

préstamo directo direct loan.

préstamo dudoso doubtful loan.

préstamo en divisa foreign currency loan.

préstamo en efectivo cash loan.

préstamo en moneda extranjera foreign currency loan.

préstamo en que sólo se pagan intereses interest-only loan.

préstamo estudiantil student loan.

préstamo extranjero foreign loan.

préstamo fiduciario fiduciary loan.

préstamo forzado forced loan.

préstamo forzoso forced loan.

préstamo garantizado guaranteed loan.

préstamo hipotecario mortgage loan.

préstamo hipotecario ajustable adjustable mortgage loan.

préstamo hipotecario ajustable de pagos progresivos graduated-payment adjustable mortgage loan.

préstamo hipotecario amortizado amortized mortgage loan.

préstamo hipotecario asegurado insured mortgage loan.

préstamo hipotecario conforme conforming mortgage loan.

préstamo hipotecario garantizado guaranteed mortgage loan.

préstamo hipotecario no amortizado unamortized mortgage loan.

préstamo hipotecario no asegurado
uninsured mortgage loan.

préstamo hipotecario preaprobado
preapproved mortgage loan.

préstamo ilegal unlawful loan.

préstamo improductivo
nonproductive loan.

préstamo incobrable uncollectible
loan.

préstamo indirecto indirect loan.

préstamo indizado indexed loan.

préstamo interino interim loan.

préstamo internacional international
loan.

préstamo interno internal loan.

préstamo libre de intereses
interest-free loan.

préstamo local local loan.

préstamo marítimo maritime loan.

préstamo mercantil commercial loan.

préstamo mínimo floor loan.

préstamo no amortizado
unamortized loan.

préstamo no asegurado uninsured
loan.

préstamo no hipotecario
nonmortgage loan.

préstamo no pagado unpaid loan.

préstamo pagadero a la demanda
callable loan.

préstamo para adquisición
acquisition loan.

préstamo para consumo loan for
consumption.

préstamo para edificación building
loan.

préstamo para gastos educativos
education loan.

préstamo para mejoras al hogar
home improvement loan.

préstamo para proyecto project loan.

préstamo para viviendas housing
loan.

préstamo paralelo parallel loan.

préstamo parcialmente amortizado
partially amortized loan.

préstamo personal personal loan.

préstamo preaprobado preapproved
loan.

préstamo precario precarious loan.

préstamo público public loan.

préstamo puente bridge loan.

préstamo quirografario unsecured
loan.

préstamo reestructurado
restructured loan.

préstamo refinanciado refinanced
loan.

préstamo renegociado renegotiated
loan.

préstamo rotatorio revolving loan.

préstamo simple loan for
consumption.

préstamo sin amortización
nonamortizing loan.

préstamo sin garantía unsecured
loan.

préstamo sobre póliza policy loan.

préstamo subsidiado subsidized loan.

préstamo temporal temporary loan.

préstamo usurario usurious loan.

préstamo vinculado a un índice
index-tied loan.

préstamos consolidados
consolidated loans.

préstamos de negocios business
loans.

préstamos en exceso excess loans.

prestanombre *m* straw party.

prestar loan, render, borrow.

prestar con prima lending at a
premium.

prestar garantía offer a guaranty.

prestar valores lending securities.

prestatario *m* borrower.

prestatario adj borrowing.

prestatario conjunto joint borrower.

prestatario contra colateral
collateral borrower.

prestatario elegible eligible borrower.

prestatario marginal marginal
borrower.

prestigio *m* prestige, deception.

prestigioso prestigious, deceptive.

presunción *f* presumption.

presunción de pago presumption of
payment.

presunciones en el arrendamiento
presumptions pertaining to the lease.

presunciones en el seguro
presumptions pertaining to the insurance.

presunciones en la donación
presumptions pertaining to the donation.

presunciones en los contratos
presumptions pertaining to contracts.

presuntamente presumably.

presuntivamente conjecturally.

presuntivo presumed.

presunto presumed.

presuponer presuppose, budget.

presupuestación *f* budgeting.

presupuestación completa full
budgeting.

presupuestación de base cero
zero-base budgeting.

presupuestación de capital capital
budgeting.

presupuestación de operaciones
operations budgeting.

presupuestación de producción
production budgeting.

presupuestación de proyecto
project budgeting.

presupuestación de recursos
resource budgeting.

presupuestación desbalanceada
unbalanced budgeting.

presupuestación estratégica
strategic budgeting.

presupuestación financiera financial
budgeting.

presupuestación flexible flexible
budgeting.

presupuestación global
comprehensive budgeting.

presupuestación unificada unified
budgeting.

presupuestación variable variable
budgeting.

presupuestado budgeted.

presupuestar budget.

presupuestario budgetary.

presupuesto *m* budget, supposition.

presupuesto apretado tight budget.

presupuesto aprobado approved
budget.

presupuesto continuo continuous
budget.

presupuesto corriente current budget.

presupuesto de base cero zero-base
budget.

presupuesto de caja cash budget.

presupuesto de capital capital
budget.

**presupuesto de coste de personal
directo** direct labor budget.

**presupuesto de costo de personal
directo** direct labor budget.

presupuesto de gastos de capital
capital-expenditure budget.

**presupuesto de gastos fijos de
fábrica** factory overhead budget.

presupuesto de inversiones
investment budget.

presupuesto de materiales directos
direct materials budget.

presupuesto de producción
production budget.

presupuesto de proyecto project
budget.

presupuesto de recursos resource
budget.

presupuesto de ventas sales budget.

presupuesto desbalanceado
unbalanced budget.

presupuesto discrecional
discretionary budget.

presupuesto doméstico household
budget.

presupuesto económico economic
budget.

presupuesto equilibrado balanced
budget.

presupuesto estático static budget.

presupuesto extraordinario
extraordinary budget.

presupuesto federal federal budget.

presupuesto fijo fixed budget.

presupuesto financiero financial
budget.

presupuesto flexible flexible budget.

presupuesto global overall budget.

presupuesto interino interim budget.

presupuesto maestro master budget.

presupuesto múltiple multiple
budget.

presupuesto nacional national
budget.

presupuesto operacional operational
budget.

presupuesto operativo operating
budget.

presupuesto ordinario ordinary
budget.

presupuesto para gastos expense
budget.

presupuesto predeterminado
predetermined budget.

presupuesto publicitario advertising budget.

presupuesto reducido reduced budget.

presupuesto restringido tight budget.

presupuesto semianual semiannual budget.

presupuesto suplementario supplemental budget.

presupuesto unificado unified budget.

presupuesto variable variable budget.

pretributaciones pretax.

prevaleciente prevailing.

prevaricación *f* prevarication, breach of duty, breach of trust.

prevaricador *m* prevaricator, person who commits a breach of duty, person who commits a breach of trust.

prevaricar prevaricate, commit a breach of duty, commit a breach of trust.

prevaricato *m* prevarication, breach of duty, breach of trust.

prevención de accidentes accident prevention.

prevención de pérdidas loss prevention.

prevender presell.

preventa presale.

previa inscripción prior registration.

previamente previously.

previo previous, subject to.

previo acuerdo subject to agreement.

previo pago against payment.

prima *f* premium, bonus.

prima a la producción productivity bonus.

prima a plazo forward premium.

prima a término forward premium.

prima adicional extra premium.

prima ajustable adjustable premium.

prima amortizada amortized premium.

prima anticipada advance premium.

prima anual annual premium.

prima base base premium.

prima básica basic premium.

prima bruta gross premium.

prima de adquisición acquisition premium.

prima de bono bond premium.

prima de bono amortizada amortized bond premium.

prima de bono no amortizada unamortized bond premium.

prima de cobertura múltiple blanket rate.

prima de conversión conversion premium.

prima de depósito deposit premium.

prima de inversión investment premium.

prima de opción option premium.

prima de reaseguro reinsurance premium.

prima de redención redemption premium.

prima de seguro básica basic insurance premium.

prima de seguro hipotecario mortgage insurance premium.

prima de seguros insurance premium.

prima de valoración valuation premium.

prima del seguro insurance premium.

prima devengada earned premium.

prima diferida deferred premium.

prima estimada estimated premium.

prima estipulada stipulated premium.

prima extra extra premium.

prima fija fixed premium.

prima financiada financed premium.

prima flexible flexible premium.

prima graduada graded premium.

prima hipotecaria mortgage premium.

prima inicial initial premium.

prima mínima minimum premium.

prima natural natural premium.

prima negativa negative premium.

prima neta net premium.

prima nivelada neta net level premium.

prima no amortizada unamortized premium.

prima pendiente de pago outstanding premium.

prima por aceleración acceleration premium.

prima por aplazamiento contango.

prima por inflación inflation premium.

prima por reinstalación reinstatement premium.

prima por renovación renewal premium.

prima por restauración restoration premium.

prima por riesgo risk premium.

prima provisional provisional premium.

prima pura pure premium.

prima razonable reasonable premium.

prima semianual semiannual premium.

prima semivariable semivariable premium.

prima trimestral quarterly premium.

prima única single premium.

prima única neta net single premium.

prima variable variable premium.

primas indeterminadas indeterminate premiums.

primas parejas level premiums.

primer gravamen first lien, first encumbrance.

primer pedido first order.

primera fecha de redención first call date.

primera hipoteca first mortgage.

primera opción first option.

primera orden first order.

primera prima first premium.

primeramente firstly, before.

primero first, foremost, original.

principal principal.

principal comprometido committed principal.

principal facturado billed principal.

principio de beneficios benefit principle.

principio de la conformidad conformity principle.

principio de pérdidas grandes large loss principle.

principio del esfuerzo mínimo least-effort principle.

principios de contabilidad accounting principles.

prioridad f priority, seniority.

prioridad de gravámenes priority of liens.

prioridad de paso right of way.

privacidad f privacy.

privacidad de datos data privacy.

privacidad financiera financial privacy.

privativamente privately, exclusively, personally.

privativo privative, exclusive, personal.

privatización f privatization.

privilegiado privileged, patented.

privilegiar privilege, grant a privilege, grant a patent, create a lien.

privilegio m privilege, patent, copyright.

privilegio de acreedores creditors' privilege.

privilegio de cambio exchange privilege.

privilegio de industria professional license.

privilegio de introducción rights on a foreign product.

privilegio de invención patent.

privilegio de prepago prepayment privilege.

privilegio de reinversión reinvestment privilege.

privilegio de retención de título title retention.

privilegio de suscripción subscription privilege.

privilegios sobre bienes inmuebles creditors' privileges concerning real property.

privilegios sobre bienes muebles creditors' privileges concerning personal property.

pro forma pro forma.

pro rata proportionately, pro rata.

proactivo proactive.

probabilidad f probability.

probabilidad bayesiana Bayesian probability.

probabilidad clásica classical probability.

probabilidad de pérdida probability of loss.

probabilidad empírica empirical probability.

probabilidad objetiva objective probability.

probabilidad subjetiva subjective probability.

probabilístico probabilistic.

probatorio probationary.

procedencia f origin.

procedente originating, according to custom.

procedimental procedural.

procedimiento m procedure, process.

procedimiento arbitral arbitration proceeding.

procedimiento de aceptación acceptance procedure.

procedimiento de distribución distribution procedure.

procedimiento periódico periodic procedure.

procedimientos administrativos administrative procedures.

procedimientos de aduana customs procedures.

procedimientos de auditoría auditing procedures.

procesamiento *m* processing.

procesamiento de cheques check processing.

procesamiento de datos automatizado automated data processing.

procesamiento de datos electrónico electronic data processing.

procesamiento de información information processing.

procesamiento de préstamos loan processing.

procesamiento de trasfondo background processing.

procesar process.

proceso *m* process, lapse of time.

proceso comercial commercial action.

proceso concursal bankruptcy proceeding.

proceso continuo continuous process.

proceso de ajuste adjustment process.

proceso de auditoría auditing process.

proceso de cambio change process.

proceso de consolidación consolidation process.

proceso hipotecario foreclosure proceeding.

proceso patentado patented process.

procuración *f* procuration, proxy, power of attorney, diligent management.

procurar procure, represent, manage for another.

prodigalidad *f* prodigality, lavishness.

pródigamente prodigally, lavishly.

prodigar squander, lavish.

pródigo prodigal, lavish.

producción *f* production.

producción anual annual production.

producción bruta gross output.

producción continua continuous production.

producción corriente current production.

producción de oro gold production.

producción directa direct production.

producción en gran escala large-scale production.

producción en masa mass production.

producción indirecta indirect production.

producción industrial industrial production, industrial output.

producción intermitente intermittent production.

producción óptima optimum production.

producción predeterminada predetermined production.

producción preestablecida preset production.

producción semianual semiannual production.

producción total total output.

producente producing.

producidor producing.

producir produce, yield.

producir interés bear interest.

producir un beneficio yield a profit.

productividad *f* productivity.

productividad creciente increasing productivity.

productividad de capital capital productivity.

productividad decreciente diminishing productivity.

productividad laboral labor productivity.

productividad marginal marginal productivity.

productividad marginal de capital marginal productivity of capital.

productividad media average productivity.

productivo productive.

producto *m* product, yield.

producto bruto nacional gross national product.

producto compensatorio compensating product.

producto de consumo consumer product.

producto descontinuado
discontinued product.
producto doméstico bruto gross
domestic product.
producto emulador emulative product.
producto equitativo fair return.
producto exento exempt commodity.
producto final final product.
producto físico physical product.
producto genérico generic product.
producto marginal marginal product.
producto nacional national product,
domestic product.
producto nacional bruto gross
national product.
producto nacional neto net national
product, net domestic product.
producto primario primary product.
productor *m* producer.
productor adj producing.
productor marginal marginal
producer.
productor primario primary producer.
productos agrícolas agricultural
products, farm products, agricultural
commodities.
productos aliados allied products.
productos complementarios
complementary products.
productos controlados controlled
commodities.
productos de calidad quality products.
productos empaquetados packaged
goods.
productos extranjeros foreign goods.
productos industriales industrial
goods.
productos intermedios intermediate
goods.
productos regulados regulated
commodities.
productos terminados finished goods.
profesión *f* profession.
profesional professional.
profesionalidad *f* professionalism.
profesionalidad delictiva
professional criminality, illegal exercise
of a profession.
profesionalismo *m* professionalism.
profundidad del mercado depth of
the market.

programa de apoyo de precios
price support program.
programa de auditoría audit
program.
**programa de beneficios estilo
cafetería** cafeteria benefit program.
programa de entrenamiento
training program.
**programa de mantenimiento de
precios** price support program.
programa de mejoras de capital
capital improvement program.
programa de participación directa
direct participation program.
programa de reducción de costes
cost-reduction program.
programa de reducción de costos
cost-reduction program.
programado programmed.
progresivo progressive.
prohibición *f* prohibition.
prohibición de comerciar prohibition
against trading.
prohibición de enajenar prohibition
against transferring.
prohibido prohibited.
prohibir prohibit, ban, impede.
prohibitivo prohibitive.
prohibitorio prohibitory.
proindivisión *f* state of being undivided.
projecto de construcción building
project.
prolongación *f* prolongation.
prolongado prolonged.
prolongamiento prolongation.
prolongar prolong.
promediación de ingresos income
averaging.
promediación de precios price
averaging.
promediación de rentas income
averaging.
promediar average, mediate, divide
equally.
promedio *m* average.
promedio de bonos bond average.
promedio de vida average life span.
promedio simple simple average.
promesa *f* promise, offer.
promesa colateral collateral promise.
promesa condicional conditional
promise.

promesa de compra   promise to purchase.

promesa de compra y venta   purchase agreement.

promesa de compraventa   purchase agreement.

promesa de contrato   letter of intent.

promesa de pagar   promise to pay.

promesa de pago   promise to pay.

promesa de venta   promise to sell, option.

promesa dependiente   dependent promise.

promesa ficticia   fictitious promise.

promesa formal   formal promise.

promesa implícita   implied promise.

promesa incondicional   unconditional promise.

promesa pura   simple promise.

promesa simple   simple promise.

promesa sin causa   naked promise.

promesa unilateral   unilateral contract.

promesas recíprocas   reciprocal promises.

prometer   promise, offer.

prometido   promised, offered.

prometiente   *m/f* promisor, offeror.

prometiente   adj promising, offering.

prometimiento   *m* promise, offer.

promisorio   promissory.

promoción   *f* promotion.

promoción comercial   trade promotion.

promoción de empleado   employee promotion.

promoción de ventas   sales promotion.

promoción horizontal   horizontal promotion.

promoción vertical   vertical promotion.

promotor   promoter.

promovedor   *m* promoter.

promover   promote.

pronosticación   *f* forecasting.

pronosticación cualitativa   qualitative forecasting.

pronosticación de precios   price forecasting.

pronosticación de producción   production forecasting.

pronosticación de ventas   sales forecasting.

pronóstico   *m* prognostication, forecast.

pronóstico a corto plazo   short-term forecast.

pronóstico a largo plazo   long-term forecast.

pronóstico a medio plazo   medium-term forecast.

pronóstico cíclico   cyclical forecast.

pronóstico de tendencia   trend forecast.

pronóstico de ventas   sales forecast.

prontamente   promptly.

pronto pago   down payment.

pronto pago mínimo   minimum down payment.

propaganda   *f* propaganda.

propensión marginal a ahorrar   marginal propensity to save.

propensión marginal a consumir   marginal propensity to consume.

propensión marginal a invertir   marginal propensity to invest.

propia orden, a su   to his own order.

propiedad   *f* property, proprietorship, estate.

propiedad abandonada   abandoned property.

propiedad absoluta   absolute ownership.

propiedad adyacente   adjacent property.

propiedad amortizable   depreciable property.

propiedad aparente   ostensible ownership.

propiedad asegurada   insured property.

propiedad colectiva   collective ownership.

propiedad colindante   abutting property.

propiedad comercial   commercial property.

propiedad comunal   common property, joint ownership.

propiedad condicional   qualified estate, conditional ownership.

propiedad contingente   contingent estate.

propiedad convencional   conventional estate.

propiedad cubierta   covered property.

propiedad de negocio   business property.

propiedad de renta income property.

propiedad depreciable depreciable property.

propiedad dominante dominant tenement.

propiedad en condominio condominium property, condominium ownership.

propiedad en expectativa expectant estate.

propiedad en juicio hipotecario distressed property.

propiedad en peligro de juicio hipotecario distressed property.

propiedad exclusiva exclusive ownership.

propiedad exenta de contribuciones tax-exempt property.

propiedad exenta de impuestos tax-exempt property.

propiedad ganancial community property.

propiedad horizontal condominium property, condominium ownership, horizontal property.

propiedad imperfecta imperfect ownership.

propiedad incorporal intangible property.

propiedad incorpórea incorporeal property.

propiedad individual individual ownership.

propiedad industrial industrial property.

propiedad inmaterial intangible property.

propiedad inmobiliaria real estate, real estate ownership.

propiedad inmueble real estate, real estate ownership.

propiedad intangible intangible property.

propiedad intelectual intellectual property, copyright.

propiedad limítrofe abutting property.

propiedad literaria literary property, copyright.

propiedad mancomunada joint ownership, common property.

propiedad marginal marginal property.

propiedad mixta mixed property.

propiedad mueble personal property.

propiedad no asegurable uninsurable property.

propiedad no asegurada uninsured property.

propiedad para alquiler residencial residential rental property.

propiedad personal personal property.

propiedad personal tangible tangible personal property.

propiedad privada private property, private ownership.

propiedad pública public property.

propiedad que produce renta income property.

propiedad raíz real estate, real estate ownership.

propiedad raíz sin mejorar unimproved real estate.

propiedad real real estate, real estate ownership.

propiedad residencial residential property.

propiedad rural rural property, rural ownership.

propiedad rústica rural property, rural ownership.

propiedad sin mejoras unimproved property.

propiedad sirviente servient tenement.

propiedad tangible tangible property.

propiedad urbana urban property, urban ownership.

propiedad vitalicia life estate.

propiedades comparables comparable properties.

propietario *m* proprietor, owner.

propietario adj proprietary.

propietario absoluto absolute owner.

propietario aparente reputed owner.

propietario ausente absentee owner.

propietario beneficioso beneficial owner.

propietario conjunto joint owner.

propietario de hogar home owner.

propietario de negocio business owner.

propietario inscrito record owner.

propietario matriculado registered owner.

propietario registrado record owner.

propietario sin restricciones absolute owner.

proponer propose, offer.

proponer una moción offer a motion.

proponer una transacción offer a settlement.

proporción *f* proportion, ratio.

proporción clave key ratio.

proporción combinada combined ratio.

proporción contributiva tax ratio.

proporción corriente current ratio.

proporción coste-beneficio cost-benefit ratio.

proporción costo-beneficio cost-benefit ratio.

proporción de acciones comunes common stock ratio.

proporción de acciones ordinarias common stock ratio.

proporción de acciones preferenciales preferred stock ratio.

proporción de acciones preferidas preferred stock ratio.

proporción de activo tangible neto net tangible assets ratio.

proporción de aprobaciones approval ratio.

proporción de beneficio bruto gross profit ratio.

proporción de bonos bond ratio.

proporción de caducidad lapse ratio.

proporción de capital capital ratio.

proporción de capital neto net capital ratio.

proporción de capitalización capitalization ratio.

proporción de cobertura coverage ratio.

proporción de cobertura de costos fijos fixed-charge coverage ratio.

proporción de cobertura de deudas debt coverage ratio.

proporción de cobertura de intereses interest coverage ratio.

proporción de cobertura de préstamos loan coverage ratio.

proporción de cobros collection ratio.

proporción de colocación placement ratio.

proporción de concentración concentration ratio.

proporción de conversión conversion ratio.

proporción de correlación correlation ratio.

proporción de costes variables variable-cost ratio.

proporción de costos variables variable-cost ratio.

proporción de deuda a corto plazo short-term debt ratio.

proporción de deuda a equidad debit-equity ratio.

proporción de deuda a largo plazo long-term debt ratio.

proporción de dividendos a ganancias payout ratio.

proporción de efectivo cash ratio.

proporción de efectivo mínimo minimum cash ratio.

proporción de eficiencia efficiency ratio.

proporción de ejecución exercise ratio.

proporción de encaje bank cash ratio.

proporción de endeudamiento debt-to-equity ratio.

proporción de explotación operating ratio.

proporción de ganancia bruta gross profit ratio.

proporción de gastos expense ratio.

proporción de ingresos a precio earnings-price ratio.

proporción de liquidez liquidity ratio.

proporción de margen bruto gross margin ratio.

proporción de margen de contribución contribution margin ratio.

proporción de mercado market ratio.

proporción de morosidad delinquency ratio.

proporción de mortalidad mortality ratio.

proporción de pagos de dividendos dividend payout ratio.

proporción de pasivo y activo neto debt-to-net worth ratio.

proporción de pérdidas loss ratio.

proporción de pérdidas esperadas expected loss ratio.

proporción de pérdidas incurridas incurred-loss ratio.

proporción de pérdidas permisible permissible loss ratio.

proporción de salida de capital capital output ratio.

proporción de selección selection ratio.

proporción de servicio de la deuda debt service ratio.

proporción de suscripción subscription ratio.

proporción de valor neto net worth ratio.

proporción de ventas a activo fijo fixed asset turnover.

proporción dividendo-precio dividend-price ratio.

proporción financiera financial ratio.

proporción impositiva tax ratio.

proporción ingresos-gastos income-expense ratio.

proporción mínima de encaje minimum reserve ratio.

proporción operativa operating ratio.

proporción precio-dividendo price-dividend ratio.

proporción precio-ganancias price-earnings ratio.

proporción precio-ingresos price-earnings ratio.

proporcionablemente proportionally.

proporcionadamente proportionally.

proporcionado proportioned, suitable.

proporcional proportional.

proporcionalidad f proportionality.

proporcionalmente proportionally.

proporcionar provide, apportion, make proportionate.

proposición f proposition, offer, motion.

propósito m purpose.

propósito comercial business purpose.

propósito corporativo corporate purpose.

propósito especial special purpose.

propósito legal legal purpose.

propuesta f proposal, offer.

propuesta en firme firm offer.

propuesta presupuestaria budget proposal.

propuesta y aceptación offer and acceptance.

propuestas selladas sealed bids.

propuesto proposed.

prorrata f prorate.

prorrateado prorated.

prorratear prorate.

prorrateo proration.

prórroga f prorogation.

prórroga de plazo extension of time.

prorrogable prorogable.

prorrogación f prorogation.

prorrogar prorogue, extend, postpone.

prorrogativo prorogative.

proscribir proscribe, annul.

proscripción f proscription, annulment.

proscripto proscribed, annulled.

proscriptor proscribing, annulling.

prospección f prospecting, survey.

prospectivo prospective.

prospecto m prospectus, booklet.

prospecto preliminar preliminary prospectus.

protección f protection.

protección contra redención call protection.

protección de datos data protection.

protección del consumidor consumer protection.

protección del crédito de consumidor consumer credit protection.

proteccionismo m protectionism.

protector de cheques check protector.

proteger protect.

protegido protected.

protesta f protest.

protestable protestable.

protestado protested.

protestar protest.

protestar un giro protest a draft.

protestar una letra protest a draft.

protesto m protest.

protocolar adj protocolar, formal.

protocolar (v) protocolize, register formally, notarize.

protocolario protocolar, formal.

protocolización f protocolization, formal registration, notarization.

protocolizar protocolize, register formally, notarize.

protocolo m protocol, formal registry, formal registry of a notary public.

provecho benefit, profit.

provechosamente beneficially, profitably.

provechoso beneficial, profitable.

proveeduría *f* post of a provider, warehouse.
proveer provide, grant, decide.
provisión *f* provision, precautionary measure, measure, warehouse.
provisión de fondos provision of funds.
provisión para cuentas dudosas bad debt reserve.
provisión para depreciación depreciation reserve.
provisional provisional.
provisorio provisional.
provisto provided.
proximidad *f* proximity.
próximo proximate, near, next.
proyección *f* projection.
proyección financiera financial projection.
proyectado projected.
proyectar project.
proyecto *m* project.
proyecto de contrato draft of a contract.
proyecto de mejoras improvement project.
prueba *f* proof, sample, test.
prueba, a on approval.
prueba de acatamiento compliance test.
prueba de antes y después before-and-after test.
prueba de asegurabilidad evidence of insurability.
prueba de beneficio bruto gross profit test.
prueba de contabilidad accounting proof.
prueba de depósito proof of deposit.
prueba de deuda proof of debt.
prueba de dos colas two-tailed test.
prueba de empleo employment test.
prueba de fuego acid test.
prueba de ganancia bruta gross profit test.
prueba de mercado market test.
prueba de pérdida proof of loss.
prueba de reclamación proof of claim.
prueba de transacción test of transaction.
prueba de validez validity test.

prueba para colocación placement test.
psicología industrial industrial psychology.
psicología organizativa organizational psychology.
publicación *f* publication.
publicación comercial trade publication.
públicamente publicly.
publicar publish.
publicidad *f* publicity.
publicidad cooperativa cooperative advertising.
publicidad de acción directa direct-action advertising.
publicidad de imagen image advertising.
publicidad de producto product advertising.
publicidad de respuesta directa direct-response advertising.
publicidad de servicio público public service advertising.
publicidad directa direct advertising.
publicidad engañosa false advertising, deceptive advertising.
publicidad industrial industrial advertising.
publicidad informativa informative advertising.
publicidad institucional institutional advertising.
publicidad nacional national advertising.
publicidad selectiva selective advertising.
público *m* public, open.
público cautivo captive audience.
puerta abierta open door, free trade.
puerto *m* port.
puerto a puerto port-to-port.
puerto abierto open port.
puerto aduanero port of entry.
puerto aéreo airport.
puerto de aduana port of entry.
puerto de amarre home port.
puerto de descarga port of discharge.
puerto de destino port of destination.
puerto de embarque port of departure.
puerto de entrada port of entry.

puerto de entrega port of delivery.
puerto de escala port of call.
puerto de matrícula home port.
puerto de origen port of departure.
puerto de partida port of departure.
puerto de salida port of departure.
puerto de tránsito port of transit.
puerto extranjero foreign port.
puerto final port of delivery.
puerto franco free port.
puerto libre free port.
puerto terminal port of delivery.
puesta *f* higher bid.
puesto *m* post, position.
puja *f* bid, higher bid.
pujador *m* bidder, outbidder.
pujar bid, outbid.
punto común common point.
punto crítico break-even point.
punto crítico combinado composite break-even point.
punto crítico financiero financial break-even point.
punto de concentración concentration point.
punto de conversión conversion point.
punto de corte cut-off point.
punto de equilibrio point of equilibrium.
punto de origen point of origin.
punto de saturación saturation point.
punto de venta point of sale.
punto porcentual percentage point.
puntos de descuento discount points.
puntuación de crédito credit scoring.
puntual punctual, exact.
puntualidad *f* punctuality, exactness.
puntualizar detail, stamp, finish.
puntualmente punctually, exactly.
pureza *f* purity, genuineness.
puro pure.
puro y claro free and clear.
putativo putative.

quebradizo fragile.
quebrado *m* bankrupt person.

quebrado adj bankrupt, broken.
quebrado culpable bankrupt due to negligence.
quebrado fraudulento fraudulent bankrupt.
quebrador adj breaking.
quebrador *m* breaker, violator.
quebrantable fragile.
quebrantado broken, violated.
quebrantador *m* breaker, violator.
quebrantadura *f* breaking, violation, breach.
quebrantamiento *m* breaking, violation, breach.
quebrantar break, violate, breach.
quebranto *m* breaking, violation, breach.
quebrar go bankrupt, break, interrupt.
quedar obsoleto become obsolete.
quehacer *m* work, occupation, chore.
queja *f* complaint.
quejarse complain.
quemar burn, sell cheaply.
querella *f* complaint.
quid pro quo quid pro quo.
quiebra *f* bankruptcy, break, damage.
quiebra bancaria bank failure.
quiebra culpable bankruptcy due to negligence.
quiebra culposa bankruptcy due to negligence.
quiebra de negocio business failure.
quiebra, en in bankruptcy.
quiebra fraudulenta fraudulent bankruptcy.
quiebra involuntaria involuntary bankruptcy.
quiebra voluntaria voluntary bankruptcy.
quien toma decisiones decision maker.
quillaje *m* keelage.
quincena *f* fifteen days, pay for fifteen days of work, half-month, half-month's pay.
quintuplicado quintuplicate.
quiñón *m* share, plot of land.
quirografario *m* unsecured debt, general creditor.
quirografario adj unsecured.
quirógrafo *m* promissory note, acknowledgment of debt.

quirógrafo adj unsecured.
quita f release, reduction of a debt.
quita y espera arrangement with creditors.
quitación f release, quitclaim, income.
quitamiento m release, reduction of a debt.
quitanza f release.
quitar remove, exempt.
quitarse withdraw, remove.
quito free, exempt.
quórum m quorum.

R

racionamiento m rationing.
racionamiento de capital capital rationing.
racionamiento de crédito credit rationing.
racionar ration.
radiación f radiation, radio broadcast.
radiado radiated, broadcast.
radiar broadcast.
radicación electrónica electronic filing.
radicación tardía late filing.
radicar live, settle, to be located, file.
radicar conjuntamente file jointly.
radicar separadamente file separately.
radicar una planilla file a return.
radicar una planilla contributiva file a tax return.
rama f branch.
ramificación f ramification.
rango m rank, class.
rango hipotecario mortgage rank.
rápidamente rapidly.
rapidez f rapidity.
raqueterismo m racketeering.
raquetero m racketeer.
ratear distribute proportionally, reduce proportionally, steal.
rateo m proration, apportionment.
ratería de tiendas shoplifting.
ratificación f ratification, confirmation.
ratificación de contratos ratification of contracts.

ratificar ratify, confirm.
ratificatorio ratifying, confirming.
ratihabición f ratification, confirmation.
ratio m ratio.
ratio clave key ratio.
ratio combinado combined ratio.
ratio comercial firm name, trade name.
ratio contributivo tax ratio.
ratio corriente current ratio.
ratio coste-beneficio cost-benefit ratio.
ratio costo-beneficio cost-benefit ratio.
ratio de acciones comunes common stock ratio.
ratio de acciones ordinarias common stock ratio.
ratio de acciones preferenciales preferred stock ratio.
ratio de acciones preferidas preferred stock ratio.
ratio de activo tangible neto net tangible assets ratio.
ratio de aprobaciones approval ratio.
ratio de beneficio bruto gross profit ratio.
ratio de bonos bond ratio.
ratio de caducidad lapse ratio.
ratio de capital capital ratio.
ratio de capital neto net capital ratio.
ratio de capitalización capitalization ratio.
ratio de cobertura coverage ratio.
ratio de cobertura de costos fijos fixed-charge coverage ratio.
ratio de cobertura de deudas debt coverage ratio.
ratio de cobertura de intereses interest coverage ratio.
ratio de cobertura de préstamos loan coverage ratio.
ratio de cobros collection ratio.
ratio de colocación placement ratio.
ratio de concentración concentration ratio.
ratio de conversión conversion ratio.
ratio de correlación correlation ratio.
ratio de costes variables variable-cost ratio.
ratio de costos variables variable-cost ratio.

ratio de deuda a corto plazo
short-term debt ratio.

ratio de deuda a equidad
debit-equity ratio.

ratio de deuda a largo plazo
long-term debt ratio.

ratio de dividendos a ganancias
payout ratio.

ratio de efectivo cash ratio.

ratio de efectivo mínimo minimum
cash ratio.

ratio de eficiencia efficiency ratio.

ratio de ejecución exercise ratio.

ratio de encaje bank cash ratio.

ratio de endeudamiento
debt-to-equity ratio.

ratio de explotación operating ratio.

ratio de ganancia bruta gross profit
ratio.

ratio de gastos expense ratio.

ratio de ingresos a precio
earnings-price ratio.

ratio de liquidez liquidity ratio.

ratio de margen bruto gross margin
ratio.

ratio de margen de contribución
contribution margin ratio.

ratio de mercado market ratio.

ratio de morosidad delinquency ratio.

ratio de mortalidad mortality ratio.

ratio de pagos de dividendos
dividend payout ratio.

ratio de pasivo y activo neto
debt-to-net worth ratio.

ratio de pérdidas loss ratio.

ratio de pérdidas esperadas
expected loss ratio.

ratio de pérdidas incurridas
incurred-loss ratio.

ratio de pérdidas permisibles
permissible loss ratio.

ratio de salida de capital capital
output ratio.

ratio de selección selection ratio.

ratio de servicio de la deuda debt
service ratio.

ratio de suscripción subscription ratio.

ratio de valor neto net worth ratio.

ratio de ventas a activo fijo fixed
asset turnover.

ratio dividendo-precio dividend-price
ration.

ratio financiero financial ratio.

ratio impositivo tax ratio.

ratio ingresos-gastos income-expense
ratio.

ratio mínimo de encaje minimum
reserve ratio.

ratio operativo operating ratio.

ratio precio-dividendo price-dividend
ratio.

ratio precio-ganancias price-earnings
ratio.

ratio precio-ingresos price-earnings
ratio.

ratio social firm name, trade name.

ratio tributario tax ratio.

razón *f* reason, ratio, information.

razón clave key ratio.

razón combinada combined ratio.

razón comercial firm name, trade
name.

razón contributiva tax ratio.

razón corriente current ratio.

razón coste-beneficio cost-benefit
ratio.

razón costo-beneficio cost-benefit
ratio.

razón de acciones comunes common
stock ratio.

razón de acciones ordinarias
common stock ratio.

razón de acciones preferenciales
preferred stock ratio.

razón de acciones preferidas
preferred stock ratio.

razón de activo tangible neto net
tangible assets ratio.

razón de aprobaciones approval ratio.

razón de beneficio bruto gross profit
ratio.

razón de bonos bond ratio.

razón de caducidad lapse ratio.

razón de capital capital ratio.

razón de capital neto net capital ratio.

razón de capitalización capitalization
ratio.

razón de cobertura coverage ratio.

razón de cobertura de costos fijos
fixed-charge coverage ratio.

razón de cobertura de deudas debt
coverage ratio.

razón de cobertura de intereses
interest coverage ratio.

razón de cobertura de préstamos
loan coverage ratio.

razón de cobros   collection ratio.

razón de colocación   placement ratio.

razón de concentración   concentration ratio.

razón de conversión   conversion ratio.

razón de correlación   correlation ratio.

razón de costes variables   variable-cost ratio.

razón de costos variables   variable-cost ratio.

razón de deuda a corto plazo   short-term debt ratio.

razón de deuda a equidad   debit-equity ratio.

razón de deuda a largo plazo   long-term debt ratio.

razón de dividendos a ganancias   payout ratio.

razón de efectivo   cash ratio.

razón de efectivo mínimo   minimum cash ratio.

razón de eficiencia   efficiency ratio.

razón de ejecución   exercise ratio.

razón de encaje   bank cash ratio.

razón de endeudamiento   debt-to-equity ratio.

razón de explotación   operating ratio.

razón de ganancia bruta   gross profit ratio.

razón de gastos   expense ratio.

razón de ingresos a precio   earnings-price ratio.

razón de liquidez   liquidity ratio.

razón de margen bruto   gross margin ratio.

razón de margen de contribución   contribution margin ratio.

razón de mercado   market ratio.

razón de morosidad   delinquency ratio.

razón de mortalidad   mortality ratio.

razón de pagos de dividendos   dividend payout ratio.

razón de pasivo y activo neto   debt-to-net worth ratio.

razón de pérdidas   loss ratio.

razón de pérdidas esperadas   expected loss ratio.

razón de pérdidas incurridas   incurred-loss ratio.

razón de pérdidas permisibles   permissible loss ratio.

razón de salida de capital   capital output ratio.

razón de selección   selection ratio.

razón de servicio de la deuda   debt service ratio.

razón de suscripción   subscription ratio.

razón de valor neto   net worth ratio.

razón de ventas a activo fijo   fixed asset turnover.

razón dividendo-precio   dividend-price ration.

razón financiera   financial ratio.

razón impositiva   tax ratio.

razón ingresos-gastos   income-expense ratio.

razón mínima de encaje   minimum reserve ratio.

razón operativa   operating ratio.

razón precio-dividendo   price-dividend ratio.

razón precio-ganancias   price-earnings ratio.

razón precio-ingresos   price-earnings ratio.

razón social   firm name, trade name.

razón tributaria   tax ratio.

razonable   reasonable.

razonablemente   reasonably.

razones de industria   industry ratios.

razones del balance   balance sheet ratios.

reaceptación   *f* reacceptance.

reactivación   *f* reactivation.

reactivar   reactivate.

readquirido   reacquired.

readquirir   reacquire.

readquisición corporativa   corporate reacquisition.

reafirmación   *f* reaffirmation.

reafirmar   reaffirm.

reajustar   readjust.

reajuste   *m* readjustment.

reajuste de capital   capital readjustment.

realista   realistic.

realizable   realizable, salable.

realización   *f* realization, carrying out, sale.

realizado   realized.

realizar   realize, carry out, sell.

realquilar   sublease.

realzado de crédito   credit enhancement.

reanudar renew, resume.

reanudar pagos resume payments.

reapertura *f* reopening.

reasegurado reinsured.

reasegurador *m* reinsurer.

reasegurar reinsure.

reaseguro *m* reinsurance.

reaseguro automático automatic reinsurance.

reaseguro con participación participating reinsurance.

reaseguro de catástrofe catastrophe reinsurance.

reaseguro en exceso excess reinsurance.

reaseguro facultativo facultative reinsurance.

reaseguro no proporcional nonproportional reinsurance.

reaseguro no tradicional nontraditional reinsurance.

reaseguro obligatorio obligatory reinsurance.

reaseguro proporcional proportional reinsurance.

reaseguro prorrateado pro rata reinsurance.

reasumir resume.

reasunción *f* resumption.

rebaja *f* reduction, rebate.

rebaja de deudas abatement of debts.

rebaja de impuestos abatement of taxes.

rebaja del impuesto tax reduction.

rebajado reduced.

rebajamiento *m* reduction.

rebajar reduce.

rebasar exceed.

rebatir refute, deduct, reinforce.

rebelde *m* defaulter.

rebelde adj defaulting.

rebeldía, en in default.

recabar request, obtain.

recadero *m* messenger.

recado *m* message, errand, gift.

recaer fall again, relapse.

recaída *f* relapse.

recalcar emphasize, emphasize repeatedly.

recambiar redraw, change again.

recambio *m* reexchange, redraft.

recapitalización *f* recapitalization.

recapitalizar recapitalize.

recaptura *f* recapture.

recaptura de amortización depreciation recapture.

recaptura de depreciación depreciation recapture.

recargar reload, overload, load, surcharge, overcharge, charge again.

recargo *m* surcharge, additional load, surtax, overcharge, markup.

recargo a la importación import surcharge.

recargo contributivo surtax, surcharge for late tax payment.

recargo fiscal surtax, surcharge for late tax payment.

recargo impositivo surtax, surcharge for late tax payment.

recargo tributario surtax, surcharge for late tax payment.

recatón *m* retailer.

recatón adj retail.

recaudable collectible.

recaudación *f* collection, office of a collector.

recaudación de contribuciones collection of taxes.

recaudación de impuestos collection of taxes.

recaudaciones fiscales tax collections.

recaudador *m* collector, tax collector.

recaudador de contribuciones tax collector.

recaudador de impuestos tax collector.

recaudador de rentas internas collector of internal revenue.

recaudamiento *m* collection, post of a collector, office of a collector.

recaudar collect, collect taxes.

recaudar fondos raise funds.

recaudar impuestos collect taxes.

recaudatorio pertaining to collections.

recaudo *m* collection, bond.

recepción de mercaderías receipt of merchandise.

receptor *m* receiver.

receptor de rentas tax collector.

receptoría *f* receiver's office, collector's office, receivership.

recesar recess, adjourn, withdraw.

recesión *f* recession.

receso *m* recess, adjournment, withdrawal.

recetoría *f* receiver's office, collector's office.

recibí payment received.

recibido received.

recibidor *m* receiver, receiving teller.

recibimiento *m* receipt, reception, acceptance.

recibir receive, accept, admit.

recibir por la cuenta de accept for the account of.

recibo *m* receipt, receiving.

recibo condicional conditional receipt.

recibo de almacén warehouse receipt.

recibo de carga freight receipt.

recibo de depósito deposit receipt.

recibo de depósito al portador bearer depository receipt.

recibo de empréstito loan receipt.

recibo de entrega delivery receipt.

recibo de inspección inspection receipt.

recibo de muelle dock receipt.

recibo de pago de prima premium receipt.

recibo de préstamo loan receipt.

recibo ficticio fictitious receipt.

recibo incondicional unconditional receipt.

recibo obligante binding receipt.

recibo obligante condicional conditional binding receipt.

recibo obligante incondicional unconditional binding receipt.

recibo obligatorio binder.

reciclado recycled.

reciclaje *m* recycling.

reciclar recycle.

recientemente recently.

recíprocamente reciprocally.

reciprocidad *f* reciprocity.

recíproco reciprocal.

reclamable claimable.

reclamación *f* claim.

reclamación aceptada accepted claim.

reclamación admitida admitted claim.

reclamación de dividendo dividend claim.

reclamación del acreedor creditor's claim.

reclamación fraudulenta fraudulent claim.

reclamación inicial initial claim.

reclamación pagada claim paid.

reclamaciones sometidas claims made.

reclamador *m* claimant.

reclamante *m /f* claimer.

reclamar reclaim, claim.

reclamo *m* claim, advertisement.

reclasificación *f* reclassification.

reclasificación de acciones reclassification of stock.

recobrable recoverable.

recobrar recover.

recobrarse recover.

recobro *m* recovery.

recogedor *m* collector.

recoger collect, withdraw, retrieve.

recogida *f* collecting, withdrawal.

recolección *f* collection.

recolectar collect.

recolector *m* collector.

recomendación *f* recommendation, request.

recomendación colectiva blanket recommendation.

recomendante *m/f* recommender.

recomendar recommend, advise, request.

recompensa *f* recompense, remuneration, award.

recompensable recompensable.

recompensación *f* recompense, remuneration, award.

recomponer repair again.

recompra *f* repurchase, buyback.

recompra anticipada advance repurchase.

recompra de acciones stock buyback.

recompra de bonos bond buy-back.

recompra temprana early repurchase.

recomprar repurchase.

recómputo *m* recomputation.

reconciliable reconcilable.

reconciliación *f* reconciliation.

reconciliar reconcile.

reconducción *f* reconduction, extension, renewal.

reconducir extend, renew.

reconocedor *m* recognizer, admitter, inspector.

reconocer recognize, admit, inspect.

reconocer una firma acknowledge a signature.

reconocer una orden acknowledge an order.

reconocimiento *m* recognition, admission, inspection.

reconocimiento aduanal customs inspection.

reconocimiento de cuentas audit of accounts.

reconocimiento de deuda acknowledgment of debt.

reconocimiento de firma authentication of signature.

reconocimiento de ingresos revenue recognition.

reconocimiento de las obligaciones acknowledgment of the obligations.

reconocimiento de marca brand recognition.

reconocimiento de orden acknowledgement of order.

reconocimiento de pago acknowledgement of payment.

reconocimiento de pago en efectivo cash acknowledgement.

reconocimiento directo direct recognition.

reconocimiento implícito implied acknowledgment.

reconsideración *f* reconsideration.

reconsiderar reconsider.

reconstitución *f* reconstitution, reorganization.

reconstituir reconstitute, reorganize.

reconstrucción *f* reconstruction.

reconstruir reconstruct.

récord *m* record.

recordatorio *m* reminder.

recorte *m* cutback.

recorte de precios price cutting.

recorte de tasa rate cut.

recorte de tipo rate cut.

recorte presupuestario budget cut.

recortes de personal personnel cuts.

rectamente honestly.

rectificable rectifiable.

rectificación *f* rectification, amendment.

rectificación de asientos de los registros correction of entries in the registries.

rectificador *m* rectifier.

rectificar rectify, amend.

rectitud *f* rectitude.

recto straight, honest.

recuento *m* recount, count, inventory.

recuperable recoverable.

recuperación *f* recuperation.

recuperación de costes cost recovery.

recuperación de costos cost recovery.

recuperación económica economic recovery.

recuperar recuperate.

recurrente recurring.

recurso *m* recourse, resource, remedy, means.

recurso natural renovable renewable natural resource.

recursos agrícolas agricultural resources.

recursos de capital capital resources.

recursos disponibles available resources.

recursos económicos economic resources.

recursos financieros financial resources.

recursos humanos human resources.

recursos naturales natural resources.

recursos naturales no renovables nonrenewable natural resources.

recursos no utilizados idle resources.

rechazable rejectable.

rechazado rejected.

rechazamiento *m* rejection.

rechazar reject.

rechazar un cheque reject a check.

rechazo *m* rejection.

rechazo de mercancías refusal of goods.

rechazo de oferta rejection of offer.

rechazo de pago refusal of payment.

red *f* net, network.

red bancaria banking network.

red compartida shared network.

red de computadoras computer network.

red de comunicaciones communications network.

red de intercambio swap network.

red de tarjetas card network.

redactar un contrato draw up a contract.

redención *f* redemption.

redención de deuda debt redemption.

redención de servidumbres lifting of easements.

redención especial special redemption.

redentor redeeming.

redesarrollar redevelop.

redesarrollo *m* redevelopment.

redescuento *m* rediscount.

redespachar resend.

redimible redeemable.

redimir redeem, free, exempt, call in, pay off.

redistribución *f* redistribution.

redistribución de ingresos income redistribution.

redistribuido redistributed.

redistribuir redistribute.

rédito *m* revenue, return, profit, interest.

rédito gravable taxable income.

rédito imponible taxable income.

rédito tributable taxable income.

redituable revenue-yielding, profitable, interest bearing.

reditual revenue-yielding, profitable, interest bearing.

redituar yield, draw.

redondear *m* round off, complete.

redondearse clear oneself of all debts.

redondeo *m* rounding.

reducción *f* reduction.

reducción contributiva tax reduction.

reducción de capital reduction of capital.

reducción de contribuciones reduction of taxes.

reducción de costes cost reduction.

reducción de costos cost reduction.

reducción de deuda debt reduction.

reducción de dividendo reduction of dividend.

reducción de impuestos tax reduction.

reducción de la tasa bancaria bank rate reduction.

reducción de pérdidas loss reduction.

reducción de precio price reduction.

reducción de riesgos risk reduction.

reducción de salario salary reduction.

reducción de tasa rate decrease.

reducción de tipo rate decrease.

reducción del tipo bancario bank rate reduction.

reducción impositiva tax reduction.

reducción tributaria tax reduction.

reducciones de personal personnel reductions.

reducible reducible.

reducido reduced.

reducir reduce.

reducir contribuciones reduce taxes.

reducir costes reduce costs.

reducir costos reduce costs.

reducir gastos reduce expenses.

reducir gastos generales reduce overhead.

reducir impuestos reduce taxes.

reducir precios reduce prices.

reducir tasas reduce rates.

reducir tipos reduce rates.

reductible reducible.

reedificación *f* rebuilding.

reedificar rebuild.

reembarcar reembark.

reembargar reattach.

reembargo *m* reattachment.

reembarque *m* reembarcation.

reembolsable reimbursable, refundable.

reembolsar reimburse.

reembolso *m* reimbursement, drawback.

reembolso contributivo tax refund.

reembolso de contribuciones tax refund.

reembolso de gastos expense reimbursement.

reembolso de impuestos tax refund.

reembolso de ingresos income reimbursement.

reembolso de prima premium refund.

reembolso en efectivo cash refund.

reembolso impositivo tax refund.

reembolso por experiencia experience refund.

reembolso previo prior redemption.

reembolso tributario tax refund.

reemisión de tarjeta card reissue.

reemplazable replaceable.

reemplazar replace.

reemplazo *m* replacement.

reemplazo de ingresos income replacement.

reemplear reemploy.

reempleo *m* reemployment.
reendosar reendorse.
reendoso *m* reendorsement.
reentrenamiento *m* retraining.
reenviar return, forward.
reenvío *m* return, forwarding.
reestructuración de deuda restructuring of debt.
reestructurado restructured.
reestructurar restructure.
reexpedición *f* reshipment, forwarding.
reexpedir reship, forward.
reexportación *f* reexportation.
reexportar reexport.
refacción *f* bonus, repair, maintenance expense.
refaccionador *m* financial backer.
refaccionar finance, renovate, repair, maintain.
referencia *f* reference, report.
referencia bancaria bank reference.
referencia comercial trade reference.
referencia de coste cost reference.
referencia de costo cost reference.
referencia de crédito credit reference.
refinanciación *f* refinancing.
refinanciado refinanced.
refinanciamiento *m* refinancing.
refinanciar refinance.
reforma *f* reform, amendment, revision.
reforma contributiva tax reform.
reforma fiscal tax reform.
reforma impositiva tax reform.
reforma monetaria monetary reform.
reforma tributaria tax reform.
reformado reformed, amended.
reformar reform, amend, revise, repair.
reformatorio reforming, amending.
refrendación *f* countersignature, authentication, stamping.
refrendar countersign, authenticate, stamp.
refrendario *m* countersigner, authenticator.
refrendata *f* countersignature, authentication.
refrendo countersignature, authentication, stamp.
refugio contributivo tax haven.
refugio fiscal tax haven.
refugio impositivo tax haven.

refugio tributario tax haven.
regalía *f* royalty, privilege, exemption, perquisite, goodwill.
regatear haggle, deny.
regateo *m* haggling.
regencia *f* management.
regentar manage.
regente *m/f* manager, foreperson.
regentear manage.
región *f* region.
regional regional.
regir manage, to be in force.
registrable registrable.
registración *f* registration.
registrado registered.
registrador *m* register, registrar, inspector.
registrador de la propiedad register of real estate, register of deeds.
registral pertaining to registry.
registrante *m/f* registrant.
registrar register, inspect, enter.
registrar una hipoteca record a mortgage.
registro *m* registry, register, registration, inspection, entry, tonnage.
registro bruto gross tonnage.
registro de actas minute book.
registro de bonos bond register.
registro de buques registry of ships.
registro de crédito credit record.
registro de cheques check register.
registro de gravamen recording of lien.
registro de hipoteca recording of mortgage.
registro de hipotecas mortgage registry.
registro de la propiedad registry of real estate.
registro de la propiedad industrial registry of industrial property.
registro de la propiedad intelectual registry of intellectual property.
registro de letras bill register.
registro de navíos register of ships.
registro de nómina payroll register.
registro de pago payment record.
registro de patentes register of patents.
registro de préstamos loan register.
registro ficticio fictitious registration.

registro múltiple multiple recording.

registro múltiple de transacciones multiple recording of transactions.

registro público public record.

registros corporativos corporate records.

registros de contabilidad accounting records.

registros de costos cost records.

registros financieros financial records.

regla de antes y después before-and-after rule.

reglamentación *f* regulation, regulations.

reglamentación urbanística zoning rules.

reglamentaciones de trabajo work guidelines, labor laws.

reglamentar regulate, rule, establish rules.

reglamentario regulatory, regulation.

reglamento *m* regulation, regulations, by-laws.

reglamento aduanero customs regulations.

reglamento de edificación building code.

reglamento de trabajo work guidelines, labor laws.

reglamentos de aduana customs regulations.

reglamentos de zonificación zoning regulations.

reglamentos interiores by-laws.

reglamentos laborales labor regulations.

reglar regulate.

reglas de aduana customs rules.

reglas de capitalización capitalization rules.

reglas de suficiencia de capital capital adequacy rules.

reglas del debe y haber debit and credit conventions.

regresión lineal linear regression.

regresión lineal simple simple linear regression.

regresión múltiple multiple regression.

regresión simple simple regression.

regulación *f* regulation.

regulación de precios price regulation.

regulación de tasas rate regulation.

regulación de tipos rate regulation.

regulación monetaria monetary regulation.

regulaciones contributivas tax regulations.

regulaciones fiscales tax regulations.

regulaciones impositivas tax regulations.

regulaciones tributarias tax regulations.

regulado regulated.

regulador *m* regulator.

regulador adj regulating.

regular v regulate.

regular adj regular, average.

regularidad *f* regularity.

regularizar regulate, regularize.

regularmente regularly.

regulativo regulative.

rehabilitación *f* rehabilitation, discharge.

rehabilitación del fallido discharge of a bankrupt.

rehabilitación del quebrado discharge of a bankrupt.

rehabilitación vocacional vocational rehabilitation.

rehabilitar rehabilitate, discharge.

rehipotecar rehypothecate.

rehusar refuse.

rehusar el pago refuse payment.

rehusar pago de un cheque dishonor a check.

reimportación *f* reimportation.

reimportar reimport.

reincorporación *f* reincorporation.

reincorporar reincorporate.

reincorporarse to become reincorporated.

reiniciar reopen.

reinstalación *f* reinstatement.

reinstalación de una póliza reinstatement of policy.

reinstalar reinstall.

reintegrable refundable, restorable.

reintegración *f* restoration, refund.

reintegrar reintegrate, refund.

reintegro *m* reintegration, refund.

reintegro contributivo tax refund.

reintegro de contribuciones tax refund.

reintegro de impuestos tax refund.

reintegro en efectivo   cash refund.

reintegro fiscal   tax refund.

reintegro impositivo   tax refund.

reintegro tributario   tax refund.

reintermediación   *f* reintermediation.

reinversión   *f* reinvestment.

reinversión automática   automatic reinvestment.

reinversión comunitaria   community reinvestment.

reinversión de dividendos   dividend reinvestment.

reinversión de dividendos automática   automatic dividend reinvestment.

reivindicable   repleviable, recoverable.

reivindicación   *f* replevin, recovery.

reivindicador   *m* replevisor.

reivindicante   *m/f* replevisor.

reivindicar   replevy, recover.

reivindicativo   pertaining to replevin, pertaining to recovery.

reivindicatorio   replevying, recovering.

relación   *f* relationship, ratio, report.

relación clave   key ratio.

relación combinada   combined ratio.

relación contributiva   tax ratio.

relación corriente   current ratio.

relación coste-beneficio   cost-benefit ratio.

relación costo-beneficio   cost-benefit ratio.

relación de acciones comunes   common stock ratio.

relación de acciones ordinarias   common stock ratio.

relación de acciones preferenciales   preferred stock ratio.

relación de acciones preferidas   preferred stock ratio.

relación de activo tangible neto   net tangible assets ratio.

relación de agencia   agency relationship.

relación de aprobaciones   approval ratio.

relación de beneficio bruto   gross profit ratio.

relación de bonos   bond ratio.

relación de caducidad   lapse ratio.

relación de capital   capital ratio.

relación de capital neto   net capital ratio.

relación de capitalización   capitalization ratio.

relación de cobertura   coverage ratio.

relación de cobertura de costos fijos   fixed-charge coverage ratio.

relación de cobertura de deudas   debt coverage ratio.

relación de cobertura de intereses   interest coverage ratio.

relación de cobertura de préstamos   loan coverage ratio.

relación de cobros   collection ratio.

relación de colocación   placement ratio.

relación de concentración   concentration ratio.

relación de conversión   conversion ratio.

relación de correlación   correlation ratio.

relación de costes variables   variable-cost ratio.

relación de costos variables   variable-cost ratio.

relación de deuda a corto plazo   short-term debt ratio.

relación de deuda a equidad   debit-equity ratio.

relación de deuda a largo plazo   long-term debt ratio.

relación de dividendos a ganancias   payout ratio.

relación de efectivo   cash ratio.

relación de efectivo mínimo   minimum cash ratio.

relación de eficiencia   efficiency ratio.

relación de ejecución   exercise ratio.

relación de encaje   bank cash ratio.

relación de endeudamiento   debt-to-equity ratio.

relación de explotación   operating ratio.

relación de ganancia bruta   gross profit ratio.

relación de gastos   expense ratio.

relación de ingresos a precio   earnings-price ratio.

relación de liquidez   liquidity ratio.

relación de margen bruto   gross margin ratio.

relación de margen de contribución contribution margin ratio.

relación de mercado market ratio.

relación de morosidad delinquency ratio.

relación de mortalidad mortality ratio.

relación de pagos de dividendos dividend payout ratio.

relación de pasivo y activo neto debt-to-net worth ratio.

relación de pérdidas loss ratio.

relación de pérdidas esperadas expected loss ratio.

relación de pérdidas incurridas incurred-loss ratio.

relación de pérdidas permisibles permissible loss ratio.

relación de salida de capital capital output ratio.

relación de selección selection ratio.

relación de servicio de la deuda debt service ratio.

relación de suscripción subscription ratio.

relación de valor neto net worth ratio.

relación de ventas a activo fijo fixed asset turnover.

relación dividendo-precio dividend-price ratio.

relación fiduciaria fiduciary relation.

relación financiera financial ratio.

relación impositiva tax ratio.

relación ingresos-gastos income-expense ratio.

relación mínima de encaje minimum reserve ratio.

relación operativa operating ratio.

relación precio-dividendo price-dividend ratio.

relación precio-ganancias price-earnings ratio.

relación precio-ingresos price-earnings ratio.

relacionado al empleo job related.

relacionado al trabajo job related.

relaciones comerciales business relations.

relaciones de negocios business relations.

relaciones humanas human relations.

relaciones laborales labor relations.

relaciones profesionales professional relations.

relaciones públicas public relations.

relato *m* report.

relevación *f* release, exemption.

relevante relevant, outstanding.

relevar relieve, exempt.

remandar send repeatedly.

rematado auctioned.

rematador *m* auctioneer.

rematante *m* successful bidder.

rematar auction, terminate.

remate *m* auction, termination.

remate judicial judicial auction.

remediable remediable.

remesa *f* remittance.

remesar remit.

remisión de deuda cancellation of debt.

remisor *m* sender.

remisor adj remitting.

remisorio remissory, remitting.

remitente *m/f* remitter.

remitido remitted.

remitir remit, refer.

remoción *f* removal, dismissal.

remodelar remodel.

remonetización *f* remonetization.

remoto remote.

remover restricciones remove restrictions.

remover tarifas remove tariffs.

removimiento *m* removal.

remuneración *f* remuneration.

remuneración acumulada accumulated remuneration.

remuneración anual annual remuneration.

remuneración anual garantizada guaranteed annual remuneration.

remuneración básica base remuneration.

remuneración contractual contractual remuneration.

remuneración diaria daily remuneration.

remuneración diferida deferred remuneration.

remuneración efectiva net remuneration, remuneration paid in cash.

remuneración especificada specified remuneration.

remuneración estipulada stipulated remuneration.

remuneración fija fixed remuneration.

remuneración garantizada guaranteed remuneration.

remuneración igual equal remuneration.

remuneración inicial initial remuneration.

remuneración justa just compensation.

remuneración máxima maximum remuneration.

remuneración media average remuneration.

remuneración mensual monthly remuneration.

remuneración mínima minimum remuneration.

remuneración neta net remuneration.

remuneración nominal nominal remuneration.

remuneración real real remuneration.

remuneración retroactiva retroactive remuneration.

remuneración suplementaria supplemental remuneration.

remunerado remunerated.

remunerador remunerating.

remunerar remunerate.

remunerativo remunerative.

remuneratorio remunerative.

rendición *f* rendition, rendering, yield.

rendición de cuentas rendering of accounts.

rendimiento *m* yield, earnings, performance.

rendimiento al punto crítico break-even yield.

rendimiento al vencimiento yield to maturity.

rendimiento al vencimiento de bono bond yield to maturity.

rendimiento antes de contribuciones pretax yield.

rendimiento antes de impuestos pretax yield.

rendimiento anticipado anticipated yield.

rendimiento anual annual yield.

rendimiento anual efectivo effective annual yield.

rendimiento anual medio average annual yield.

rendimiento anualizado annualized return.

rendimiento basado en flujo de fondos cash-flow yield.

rendimiento bruto gross yield.

rendimiento creciente increasing return.

rendimiento de bono bond yield.

rendimiento de bono corporativo corporate bond yield.

rendimiento de capital return on capital.

rendimiento de dividendos dividend yield.

rendimiento de intereses neto net interest yield.

rendimiento de inversión investment yield.

rendimiento de inversiones de mínimo riesgo risk-free yield.

rendimiento de valor vendido a descuento discount yield.

rendimiento decreciente diminishing returns.

rendimiento del capital capital yield.

rendimiento efectivo effective yield.

rendimiento equivalente equivalent yield.

rendimiento equivalente de bono bond equivalent yield.

rendimiento equivalente de bono corporativo corporate bond equivalent yield.

rendimiento equivalente de bonos corporativos corporate equivalent yield.

rendimiento equivalente imponible taxable equivalent yield.

rendimiento equivalente tributable taxable equivalent yield.

rendimiento especificado specified yield.

rendimiento esperado expected return.

rendimiento histórico historical return.

rendimiento imponible taxable yield.

rendimiento imponible equivalente equivalent taxable yield.

rendimiento indicado indicated yield.

rendimiento marginal marginal yield.

rendimiento medio average return.

rendimiento mínimo minimum yield.

rendimiento neto net yield.

rendimiento nominal nominal yield.

rendimiento predeterminado predetermined yield.

rendimiento prevaleciente prevailing yield.

rendimiento razonable fair return.

rendimiento realizado realized yield.

rendimiento requerido required return.

rendimiento semianual semiannual yield.

rendimiento simple simple yield.

rendimiento sin riesgo risk-free yield.

rendimiento total total return.

rendimiento variable variable yield.

rendir render, yield, return.

rendir cuentas render accounts.

rendir interés bear interest.

rendir un informe submit a report.

renegociable renegotiable.

renegociación *f* renegotiation.

renegociado renegotiated.

renegociar renegotiate.

renombre *m* surname, fame.

renovabilidad de seguro de vida life insurance renewability.

renovable renewable.

renovación *f* renovation, renewal, replacement.

renovación automática automatic renewal.

renovación de contrato renewal of contract.

renovación de un pagaré renewal of a note.

renovación urbana urban renewal.

renovar renovate, renew.

renovar un arrendamiento renew a lease.

renovar un contrato renew a contract.

renovar una letra renew a bill.

renovar una póliza renew a policy.

renta *f* rent, income, annuity, public debt, government debt obligation.

renta acumulada accrued income.

renta antes de contribuciones income before taxes, pretax earnings.

renta antes de impuestos income before taxes, pretax earnings.

renta anticipada advance rent.

renta anual annual rent, annual income.

renta bruta gross rent, gross income.

renta bruta ajustada adjusted gross income.

renta bruta ajustada modificada modified adjusted gross income.

renta bruta efectiva effective gross income.

renta bruta no gravable nontaxable gross income.

renta bruta no imponible nontaxable gross income.

renta bruta no tributable nontaxable gross income.

renta corporativa corporate income.

renta de capital capital rent.

renta de contrato contract rent.

renta de explotación neta net operating income.

renta de inversiones investment income.

renta de inversiones pasiva passive investment income.

renta de la tierra ground rent.

renta de reajuste readjustment income.

renta de retiro retirement income.

renta decreciente diminishing returns.

renta devengada earned income.

renta diferida deferred income.

renta disponible income available.

renta disponible personal personal disposable income.

renta doméstica bruta gross domestic income.

renta económica economic rent.

renta en exceso excess rent.

renta estable stable income.

renta exenta de contribuciones tax-exempt income.

renta exenta de impuestos tax-exempt income.

renta fija fixed income, fixed rent.

renta ganada earned income.

renta garantizada guaranteed income.

renta global comprehensive income.

renta gravable taxable income.

renta ilegal illegal income.

renta imponible taxable income.

renta imputada imputed income.

renta individual individual income.

renta justa de mercado market rent.

renta justa en el mercado fair market rent.

renta libre de contribuciones tax-free income.

renta libre de impuestos tax-free income.

renta líquida net income.

renta marginal marginal revenue.

renta media average income.

renta monetaria money income.

renta nacional national revenue, national income.

renta nacional bruta gross national income.

renta nacional neta net national income.

renta nacional real real national income.

renta neta net income.

renta neta ajustada adjusted net income.

renta neta por acción net income per share.

renta no gravable nontaxable income.

renta no imponible nontaxable income.

renta no tributable nontaxable income.

renta nominal nominal income.

renta operativa neta net operating income.

renta ordinaria ordinary income.

renta pasiva passive income.

renta per cápita per capita income.

renta percibida earned income.

renta periódica periodic income.

renta permanente permanent income.

renta personal personal income.

renta por dividendos dividend income.

renta por intereses interest income.

renta por inversiones income from investments.

renta por inversiones neta net investment income.

renta por inversiones no gravable nontaxable investment income.

renta por inversiones no imponible nontaxable investment income.

renta por inversiones no tributable nontaxable investment income.

renta por ventas income from sales.

renta prepagada prepaid rent.

renta razonable fair rent.

renta real real income, real earnings.

renta redimible redeemable rent.

renta residual residual income.

renta semianual semiannual income.

renta subsidiada subsidized rent.

renta suplementaria supplemental income.

renta temporal temporary income.

renta total total income.

renta tras contribuciones income after taxes.

renta tras impuestos income after taxes.

renta tributable taxable income.

renta variable variable income.

renta vitalicia life annuity.

rentabilidad *f* rentability, capability of producing an income, profitability.

rentable rentable, income-producing, profitable.

rentar rent, yield.

rentas receipts, income.

rentas administrativas administrative revenues.

rentas agrícolas farm income.

rentas antes de contribuciones pretax earnings.

rentas antes de impuestos pretax earnings, pretax income.

rentas atrasadas back rent.

rentas contributivas tax receipts.

rentas corrientes current earnings, current revenues.

rentas de aduanas customs receipts.

rentas de bono bond income.

rentas de compañía company income.

rentas de explotación operating income.

rentas de explotación netas net operating income.

rentas de exportación export earnings.

rentas de negocios business income.

rentas de operación operating income.

rentas de reajuste readjustment income.

rentas de retiro retirement income.

rentas del trabajo earned income.

rentas devengadas earned income.

rentas discrecionales discretionary income.

rentas disponibles disposable income.

rentas divididas split income.

rentas en efectivo cash earnings.

rentas estables stable income.

rentas exentas exempt income.

rentas extranjeras foreign income.

rentas federales federal revenue.

rentas financieras financial income.

rentas fiscales fiscal revenues.

rentas generales general revenue.

rentas gubernamentales government revenues.

rentas imponibles taxable income.

rentas impositivas tax receipts.

rentas interiores internal revenue.

rentas internas internal revenue.

rentas laborales occupational earnings.

rentas netas net earnings.

rentas no distribuidas undistributed earnings.

rentas ocupacionales occupational earnings.

rentas operacionales operational income.

rentas permanentes permanent income.

rentas personales personal earnings.

rentas personales disponibles disposable personal income.

rentas por acción earnings per share.

rentas por actividad pasiva passive activity income.

rentas por inversiones investment income.

rentas por inversiones netas net investment income.

rentas por inversiones no gravables nontaxable investment income.

rentas por inversiones no imponibles nontaxable investment income.

rentas por inversiones no tributables nontaxable investment income.

rentas prepagadas prepaid income.

rentas públicas public revenues.

rentas reales real earnings, real income.

rentas retenidas retained income, retained earnings.

rentas totales total income, total revenue.

rentas tras discapacidad disability income.

rentas tras tributos after-tax income.

rentas tributarias tax receipts.

rentero *m* lessee, farm lessee.

rentero adj taxpaying.

rentista *m/f* bondholder, annuitant, person who lives off personal investments, financier.

rentista contingente contingent annuitant.

rentístico pertaining to revenues, financial.

rentoso income-producing.

renuncia *f* renunciation, resignation, waiver, disclaimer.

renunciable renounceable, that which can be waived, that which can be disclaimed.

renunciación *f* renunciation, resignation, waiver, disclaimer.

renunciamiento *m* renunciation, resignation, waiver, disclaimer.

renunciante *m/f* renouncer, resigner, waiver, disclaimer.

renunciar renounce, resign, waive, disclaim.

renunciatario *m* beneficiary of something that is renounced.

reorganización *f* reorganization.

reorganización corporativa corporate reorganization.

reorganización económica economic reorganization.

reorganizaión no divisible nondivisible reorganization.

reorganizar reorganize.

repagable repayable.

repagar repay.

reparable repairable, indemnifiable.

reparación *f* repair, indemnity.

reparaciones necesarias necessary repairs.

reparaciones ordinarias maintenance.

reparado repaired, indemnified.

reparador *m* repairer, indemnifier.

reparamiento *m* repair, indemnity.

reparar repair, indemnify.

reparativo reparative.

reparo *m* objection, repair.

repartición *f* distribution, partition.
repartido distributed, partitioned.
repartidor *m* distributor, partitioner.
repartimiento *m* distribution, partition.
repartir distribute, partition.
reparto *m* distribution, partition, delivery.
repatriación *f* repatriation.
repercusión *f* repercussion.
repetición *f* repetition, action for unjust enrichment, action for recovery.
repetido repeated.
repetir repeat, bring an action for unjust enrichment, bring an action for recovery.
repetitivo repetitive.
reponer replace, reinstate, reply, object.
reportar report, produce.
reporte *m* report, news.
reporte anual annual report.
reporte anual a los accionistas annual report to stockholders.
reporte comercial business report, commercial report.
reporte crediticio credit report.
reporte de auditoría audit report.
reporte de caja cash report.
reporte de crédito credit report.
reporte de cuenta nueva new account report.
reporte de excepción exception report.
reporte de gastos expense report.
reporte de gastos funcional functional reporting of expenses.
reporte de ingresos. earnings report.
reporte de inspección inspection report.
reporte de inspección de acatamiento compliance inspection report.
reporte de la directiva directors' report.
reporte de mercado market report.
reporte de pérdidas loss report.
reporte de préstamos hipotecarios mortgage loan report.
reporte de reclamación claim report.
reporte de rendimiento performance report.
reporte de título title report.
reporte de transacción transaction report.

reporte de transacción de moneda currency transaction report.
reporte del contador accountant's report.
reporte diario daily report.
reporte especial special report.
reporte externo external report.
reporte final final report.
reporte financiero financial report.
reporte financiero anual global comprehensive annual financial report.
reporte interino interim report.
reporte interno internal report.
reporte mensual monthly report.
reporte provisional provisional report.
reporte semanal weekly report.
reporte sobre actividad activity report.
reporte trimestral quarterly report.
reporto *m* repurchase agreement.
reposesión *f* repossession.
reposición *f* replacement, recovery.
representación *f* representation.
representación de accionistas proporcional proportional shareholder representation.
representación falsa false representation.
representación importante material representation.
representación material material representation.
representación proporcional proportional representation.
representante *m/f* representative.
representante autorizado authorized representative.
representante comercial trade representative.
representante de campo field representative.
representante de clientes customer representative.
representante de comercio commercial agent.
representante de mercado market representative.
representante de personal personnel representative.
representante de servicio al cliente customer service representative.

representante de ventas sales representative.

representante del fabricante manufacturer's representative.

representante en exclusiva exclusive representative.

representante exclusivo exclusive representative.

representante legal legal representative.

representante no autorizado unauthorized representative.

representante sindical union representative.

representar represent, appear to be.

representativo representative.

repulsa *f* repulse, refusal.

repulsar repulse, refuse.

repulsión *f* repulsion, refusal.

requerido required.

requeridor *m* requirer.

requeridor adj requiring.

requerimiento *m* requirement, demand, request.

requerimiento de pago demand for payment.

requerir require, demand.

requirente *m/f* requirer.

requirente adj requiring.

requisito *m* requirement.

requisito de capital neto net capital requirement.

requisito de coaseguro coinsurance requirement.

requisito de depósito anticipado advance deposit requirement.

requisito de póliza policy requirement.

requisito de reservas reserve requirement.

requisito de retención retention requirement.

requisito de servicio de la deuda debt service requirement.

requisito para dividendos dividend requirement.

requisitos de capital capital requirements.

requisitos de crédito credit requirements.

requisitos de divulgación disclosure requirements.

requisitos de elegibilidad eligibility requirements.

requisitos de mantenimiento maintenance requirements.

requisitos del fondo de servicio de la deuda debt service fund requirements.

requisitos estatutarios statutory requirements.

resaca *f* redraft.

resacar redraw.

resarcible indemnifiable, compensable.

resarcimiento *m* indemnification, compensation.

resarcir indemnify, compensate.

rescatar rescue, exchange.

rescate *m* rescue, exchange.

rescindible rescindable.

rescindir rescind.

rescisión *f* rescission.

rescisión de contrato rescission of contract.

rescisorio rescissory.

rescontrar offset.

rescuentro offset.

reserva *f* reserve, reservation.

reserva actuarial actuarial reserve.

reserva central central reserve.

reserva contingente contingent reserve.

reserva de amortización depreciation allowance.

reserva de contingencia contingency reserve.

reserva de contingencia general general contingency reserve.

reserva de contribuciones sobre ingresos income tax reserve.

reserva de depreciación depreciation allowance.

reserva de divisas foreign exchange reserves.

reserva de efectivo cash reserve.

reserva de garantía guarantee reserve.

reserva de igualación equalization reserve.

reserva de impuestos sobre la renta income tax reserve.

reserva de inventario inventory reserve.

reserva de póliza policy reserve.

reserva de seguro de vida life insurance reserves.

reserva de valoración valuation reserve.

reserva de valuación valuation reserve.

reserva diaria daily reserve.

reserva disponible available reserve.

reserva disponible neta net free reserves.

reserva en efectivo marginal marginal cash reserve.

reserva en exceso excess reserves.

reserva estatutaria reserve required by law.

reserva facultativa reserve not required by law.

reserva federal federal reserve.

reserva fraccionaria fractional reserves.

reserva inicial initial reserve.

reserva legal legal reserve.

reserva media mean reserve.

reserva modificada modified reserve.

reserva monetaria monetary reserve.

reserva obligatoria mandatory reserve.

reserva oculta hidden reserve.

reserva oficial official reserves.

reserva para amortización reserve for depreciation.

reserva para contingencias reserve for contingencies.

reserva para cuentas dudosas allowance for doubtful accounts.

reserva para deficiencias deficiency reserve.

reserva para depreciación reserve for depreciation.

reserva para deudas incobrables bad-debt reserve.

reserva para gastos expense reserve.

reserva para pérdidas de préstamos loan loss reserve.

reserva para reclamaciones claims reserve.

reserva parcial fractional reserves.

reserva prestada borrowed reserve.

reserva prospectiva prospective reserve.

reserva requerida required reserve.

reserva voluntaria voluntary reserve.

reservación f reservation.

reservado reserved.

reservados todos los derechos all rights reserved.

reservar reserve, exempt, postpone.

reservar derechos reserve rights.

reservas asignadas earmarked reserves.

reservas bancarias bank reserves.

reservas contemporáneas contemporaneous reserves.

reservas de banco miembro member bank reserves.

reservas de capital capital reserves.

reservas de compañía company reserves.

reservas de crédito credit reserves.

reservas del balance balance sheet reserves.

reservas estatutarias statutory reserves.

reservas generales general reserves.

reservas internacionales international reserves.

reservas no prestadas nonborrowed reserves.

reservas prestadas netas net borrowed reserves.

reservas primarias primary reserves.

reservas secundarias secondary reserves.

reservas totales total reserves.

resguardo m protection, security, guarantee, receipt.

resguardo de almacén warehouse receipt.

resguardo de depósito certificate of deposit.

resguardo provisional binder.

residencia f residence.

residencia habitual habitual residence.

residencia permanente permanent residence.

residencia personal personal residence.

residencia principal principal residence.

residencia temporal temporary home.

residencial residential.

residente m/f resident.

residir reside.

residual residual.

residuo m residue.

resolución *f* resolution, decision, cancellation, termination.

resolución corporativa corporate resolution.

resolución de error error resolution.

resolución de los contratos rescission of contracts.

resolver resolve, solve, decide, annul.

respaldado por hipotecas mortgage-backed.

respaldar endorse.

respaldo *m* backing.

respetabilidad *f* respectability.

respetable respectable, considerable.

respiro *m* extension of time.

responder respond, answer, correspond, to be responsible.

responder a answer, react, to be responsible to.

responder a una obligación meet an obligation.

responder por to be responsible for.

responder por otro to be responsible for another.

respondiente *m/f* responder.

respondiente adj responding.

responsabilidad *f* responsibility, liability.

responsabilidad a corto plazo short-term liability.

responsabilidad a largo plazo long-term liability.

responsabilidad absoluta absolute liability.

responsabilidad acumulativa cumulative liability.

responsabilidad asumida assumed liability.

responsabilidad central central liability.

responsabilidad civil civil liability, public liability.

responsabilidad comercial business liability.

responsabilidad contingente contingent liability.

responsabilidad contingente patronal employers' contingent liability.

responsabilidad contractual contractual liability.

responsabilidad contributiva neta net tax liability.

responsabilidad cruzada cross-liability.

responsabilidad cuasicontractual quasi-contractual liability.

responsabilidad de depósitos deposit liability.

responsabilidad de operaciones operations liability.

responsabilidad de pensión mínima minimum pension liability.

responsabilidad del almacenero warehouser's liability.

responsabilidad del cargador carrier's liability.

responsabilidad del naviero shipowner's liability.

responsabilidad del prestador lender liability.

responsabilidad del prestamista lender liability.

responsabilidad del transportista carrier's liability.

responsabilidad diferida deferred liability.

responsabilidad directa direct liability.

responsabilidad estatutaria statutory liability.

responsabilidad estimada estimated liability.

responsabilidad exclusiva exclusive liability.

responsabilidad financiera financial responsibility.

responsabilidad ilimitada unlimited liability.

responsabilidad impositiva neta net tax liability.

responsabilidad indirecta indirect liability.

responsabilidad internacional international liability.

responsabilidad legal legal liability.

responsabilidad limitada limited liability.

responsabilidad monetaria monetary liability.

responsabilidad objetiva strict liability.

responsabilidad patronal employer's liability.

responsabilidad personal personal liability.

responsabilidad profesional professional liability.

responsabilidad pública public liability, public responsibility.

responsabilidad social social responsibility.

responsabilidad solidaria joint and several liability.

responsabilidad total aggregate liability.

responsabilidad tributaria neta net tax liability.

responsabilidad vicaria vicarious liability.

responsabilizarse take the responsibility.

responsable m/f person responsible, person liable.

responsable adj responsible, liable.

restablecer reestablish, reinstate.

restante remaining.

restauración f restoration, reinstatement.

restauración de plan restoration of plan.

restaurar restore, reinstate.

restitución f restitution, return.

restitución de depósito return of deposit, return of bailed goods.

restituible restorable, returnable.

restituidor restoring, returning.

restituir restore, return.

restitutorio restitutive.

restricción f restriction.

restricción comercial trade restriction.

restricción de escritura deed restriction.

restricción estatutaria statutory restriction.

restricciones cuantitativas quantitative restrictions.

restricciones de cantidad quantity restrictions.

restricciones de comercio restraint of trade.

restricciones de crédito credit restrictions.

restricciones de divisas foreign exchange restrictions.

restricciones de edificación building restrictions.

restricciones de exportación export restrictions.

restricciones residuales residual restrictions.

restricciones y limitaciones del dominio limitations on ownership rights.

restrictivo restrictive.

restringido restricted.

restringir restrict.

resultados financieros financial results.

resultando m clause, whereas clause.

resumen de ingresos income summary.

resumen de título abstract of title.

resumen histórico historical summary.

retasa f reappraisal.

retasación f reappraisal.

retasar reappraise, reduce the price of unauctioned items.

retención f retention, withholding.

retención de cheque check hold.

retención neta net retention.

retenedor m retainer, withholder.

retener retain, withhold.

retenido retained, withheld.

retentor m withholding agent.

retirable callable.

retirada f withdrawal, retreat.

retirado m retiree.

retirado adj retired, pensioned, remote.

retiramiento m withdrawal, retirement, pension.

retirar retire, withdraw, call, draw.

retirar una oferta withdraw an offer.

retiro m retirement, withdrawal, pension.

retiro compensatorio compensatory withdrawal.

retiro de bonos bond retirement.

retiro de deuda debt retirement.

retiro de efectivo cash withdrawal.

retiro diferido deferred retirement.

retiro forzado compulsory retirement.

retiro obligatorio mandatory retirement.

retiro temprano early withdrawal, early retirement.

retorcer twist, distort.

retornar return.

retorno m return, reward, exchange.

retorsión f retorsion, twisting.

retracción f retraction.

retractable retractable.

retractación *f* retraction.
retractar retract, redeem.
retractarse retract oneself.
retracto *m* right of repurchase.
retracto de autorización withdrawal of authorization.
retraer bring back, repurchase, exercise the right of repurchase.
retransferir retransfer.
retransmisión *f* retransfer, rebroadcast.
retrasado in arrears.
retrasar delay, lag.
retraso *m* delay, lag.
retrato *m* photograph, right of repurchase, description.
retrayente *m/f* exerciser of the right of repurchase.
retribución *f* remuneration, reward.
retribuir remunerate, reward.
retributivo retributory, rewarding.
retroacción *f* retroaction.
retroactivamente retroactively.
retroactividad *f* retroactivity.
retroactivo retroactive.
retroalimentación *f* feedback.
retrocesión *f* retrocession.
retrotracción *f* antedating.
retrotraer antedate.
retrovender sell back to the original vendor.
retrovendición *f* repurchase by the original seller.
retroventa *f* repurchase by the original seller.
reubicación *f* relocation.
reubicar relocate.
reunión *f* reunion, meeting.
reunión anual annual meeting.
reunión constitutiva organizational meeting.
reunión convocada called meeting.
reunión de accionistas shareholders' meeting.
reunión de accionistas anual annual shareholders' meeting.
reunión de accionistas general general shareholders' meeting.
reunión de acreedores creditors' meeting.
reunión de diligencia debida due diligence meeting.

reunión de la directiva directors' meeting.
reunión especial special meeting.
reunión extraordinaria special meeting.
reunión general general meeting.
reunión general de accionistas shareholders' meeting.
reunión general ordinaria shareholders' meeting.
reunión ordinaria regular meeting.
reunir unite, reunite.
reunir los requisitos meet the requirements.
reválida *f* revalidation, exam required to obtain a professional license.
revalidación *f* revalidation, confirmation.
revalidar revalidate, pass an exam required to obtain a professional license.
revalorar revalue, reappraise.
revalorización *f* revalorization, revaluation, reappraisal.
revalorizar revalue, reappraise.
revaluación *f* revaluation, reappraisal.
revaluar revalue, reappraise.
revalúo *m* reappraisal.
revendedor *m* reseller, retailer.
revender resell, retail.
reventa *f* resale, retail.
reversibilidad *f* reversibility.
reversible reversible, reversionary.
reversión *f* reversion.
reversión al estado escheat.
reverso *m* reverse, reverse of a sheet.
revertir revert.
revisable revisable, reviewable.
revisar revise, audit, inspect.
revisar las cuentas audit accounts.
revisión *f* revision, review, auditing, inspection.
revisión administrativa management review.
revisión contable audit.
revisión de calidad quality review.
revisión de crédito credit review.
revisión de cuota quota review.
revisión de empréstito loan review.
revisión de precios price review.
revisión de préstamo loan review.
revisión de proyecto project review.

revisión de título examination of title, title search.

revisión limitada limited review.

revisión por grupo paritario peer review.

revisión trimestral quarterly review.

revisor *m* revisor, auditor, inspector.

revisor adj revising, auditing, inspecting.

revisoría *f* inspector's office, auditor's office.

revocabilidad *f* revocability.

revocable revocable, abrogable, reversible.

revocablemente revocably.

revocación *f* revocation, abrogation, reversal.

revocación de agencia revocation of agency.

revocación de contratos rescission of contracts.

revocación de oferta revocation of offer.

revocador *m* revoker, abrogator, reverser.

revocador adj revoking, abrogating, reversing.

revocante revoking, abrogating, reversing.

revocar revoke, abrogate, reverse.

revocatorio revocatory, abrogating, reversing.

rezonificación *f* rezoning.

rezonificar rezone.

ribereño riparian.

riesgo *m* risk.

riesgo alfa alpha risk.

riesgo asegurable insurable risk.

riesgo asegurado insured risk.

riesgo asumido assumed risk.

riesgo aumentado increased risk.

riesgo beta beta risk.

riesgo bilateral bilateral risk.

riesgo calculado calculated risk.

riesgo comercial business risk.

riesgo cubierto covered risk.

riesgo de cambio exchange risk.

riesgo de capital capital risk.

riesgo de crédito credit risk.

riesgo de divisas foreign exchange risk.

riesgo de entrega delivery risk.

riesgo de incumplimiento default risk.

riesgo de liquidez liquidity risk.

riesgo de mercado market risk.

riesgo de poder para compras purchasing power risk.

riesgo de reinversión reinvestment risk.

riesgo de seguros insurance risk.

riesgo de tasa de cambio exchange rate risk.

riesgo de tasa de interés interest rate risk.

riesgo de tipo de cambio exchange rate risk.

riesgo de tipo de interés interest rate risk.

riesgo de trabajo occupational risk.

riesgo de transacción transaction risk.

riesgo del comprador buyer's risk.

riesgo del país country risk.

riesgo del vendedor vendor's risk.

riesgo deteriorado impaired risk.

riesgo diversificable diversifiable risk.

riesgo especial special risk.

riesgo especulativo speculative risk.

riesgo estacional seasonal risk.

riesgo estático static risk.

riesgo extraordinario extraordinary risk.

riesgo financiero financial risk.

riesgo físico physical hazard.

riesgo hipotecario mortgage risk.

riesgo irregular abnormal risk.

riesgo limitado limited risk.

riesgo marginal marginal risk.

riesgo marítimo marine risk.

riesgo moral moral hazard.

riesgo no asegurable uninsurable risk.

riesgo no asegurado uninsured risk.

riesgo no controlable noncontrollable risk.

riesgo no diversificable nondiversifiable risk.

riesgo objeto target risk.

riesgo ocupacional occupational hazard, occupational risk.

riesgo operativo operating risk.

riesgo político political risk.

riesgo preferido preferred risk.

riesgo profesional occupational hazard.

riesgo prohibido prohibited risk.

riesgo puro pure risk.

riesgo sistemático systematic risk.
riesgo sistémico systemic risk.
riesgo subjetivo subjective risk.
riesgo total aggregate risk.
riesgos del mar perils of the sea.
riesgos ordinarios ordinary risks.
rigidez de precios price rigidity.
rigor rigor, exactness.
riguroso rigorous, exact.
robo *m* robbery.
rompehuelgas *m* strikebreaker.
romper break.
romper el contrato breach the contract.
rotación *f* rotation, shift.
rotación de empleo job rotation.
rotación de inventario inventory turnover.
rotación de inversiones investment turnover.
rotación de mercancías merchandise turnover.
rotación de trabajo job rotation.
rotación laboral labor turnover.
rótulo *m* sign, title.
rotura *f* breakage, breaking.
rotura del contrato breach of contract.
rueda de prensa press conference.
ruptura *f* rupture, break.
ruptura de negociaciones rupture of negotiations.
rural rural.
ruralmente rurally.
ruta de carrera career path.
rutina *f* routine.
rutinario routine.

S

sabido *m* fixed salary.
sabotaje *m* sabotage.
saboteador *m* saboteur.
sabotear sabotage.
sacar patente take out a patent.
sala de sesiones board room.
salariado salaried.
salariar pay a salary, assign a salary.
salario *m* salary, wage, pay.

salario acumulado accrued salary.
salario anual annual salary.
salario anual garantizado guaranteed annual wage.
salario básico base salary.
salario contractual contractual salary.
salario diario daily salary.
salario diferido deferred compensation.
salario efectivo net salary, salary paid in cash.
salario especificado specified salary.
salario estipulado stipulated salary.
salario fijo fixed salary.
salario garantizado guaranteed wage.
salario igual equal salary.
salario inicial initial salary.
salario legal salary established by law.
salario máximo maximum salary.
salario medio average wage.
salario mensual monthly salary.
salario mínimo minimum wage.
salario monetario money wage.
salario neto net salary.
salario nominal nominal wage.
salario por pieza piece rate.
salario prevaleciente prevailing salary.
salario real real salary.
salario retroactivo retroactive wages.
salario suplementario supplemental salary.
salario vital living wage.
salarios escalonados graduated wages.
saldado paid, settled.
saldar pay off, sell off, settle.
saldar una cuenta balance an account.
saldista *m/f* remnant seller.
saldo *m* payment, balance, settlement, amount outstanding, remnant.
saldo acreedor credit balance.
saldo de adelanto de efectivo cash advance balance.
saldo de apertura opening balance.
saldo de caja cash balance.
saldo de cuenta account balance.
saldo de principal principal balance.
saldo deudor debit balance, balance due.
saldo diario medio average daily balance.
saldo disponible available balance.

saldo en cuenta corriente   current account balance.

saldo en efectivo   cash balance.

saldo en efectivo mínimo   minimum cash balance.

saldo externo   external balance.

saldo global   overall balance.

saldo inactivo   idle balance, unclaimed balance.

saldo inicial   original balance.

saldo medio   average balance.

saldo no reclamado   unclaimed balance.

saldo pendiente   outstanding balance, balance due.

saldo previo   previous balance.

saldo sin pagar   unpaid balance.

saldo total   total balance.

saldos bloqueados   blocked balances.

salida   *f* exit, expenditure, market, publication.

salida de capital   capital outflow.

salida óptima   optimum output.

salida total   total output.

salidizo   *m* projection.

saliente   salient.

salón de sesiones   board room.

salón de ventas   salesroom.

salubridad pública   public health.

salud ocupacional   occupational health.

salud pública   public health.

salvedad   *f* proviso, reservation.

salvo error u omisión   errors and omissions excepted.

sanciones económicas   economic sanctions.

saneado   unencumbered, cured.

saneamiento   *m* disencumbrance, clearing title, guaranty, warranty, indemnification, reparation.

saneamiento de título   clearing title.

sanear   disencumber, clear title, guarantee, warrant, indemnify, repair.

sanidad   *f* health.

sanidad pública   public health.

sanitario   sanitary.

satélite   satellite.

satisdación   *f* bond, guaranty, bail.

satisfacción   *f* satisfaction.

satisfacer   satisfy, reply.

satisfactoriamente   satisfactorily.

satisfactorio   satisfactory.

satisfecho   satisfied.

saturación   *f* saturation.

saturación del mercado   market saturation.

saturación ilegal   dumping.

sección   *f* section.

sección arrendada   leased division.

sección de aprobación de crédito   credit-approval division.

sección de autorizaciones   authorization division.

sección de compras   purchasing division.

sección de contabilidad   accounting division.

sección de contribuciones   tax division.

sección de corretaje   brokerage division.

sección de crédito   credit division.

sección de declaraciones   declarations section.

sección de exportación   export division.

sección de facturación   billing division.

sección de hipotecas   mortgage division.

sección de órdenes   order division.

sección de personal   personnel division.

sección de préstamos   loan division.

sección de producción   production division.

sección de publicidad   advertising division.

sección de reclamaciones   claims division.

sección de seguros   insurance division.

sección de servicio   service division.

sección de ventas   sales division.

sección hipotecaria   mortgage division.

seccionar   section.

secreto comercial   trade secret.

secreto profesional   professional secret, trade secret.

sector   *m* sector.

sector de la economía   sector of the economy.

sector privado   private sector.

sector público   public sector.

secuencia   *f* sequence.

secuestrable sequestrable, attachable.

secuestración *f* sequestration, attachment.

secuestrador *m* sequestrator.

secuestrar sequester, attach.

secuestro *m* sequestration, attachment.

secuestro de bienes sequestration of goods, attachment of goods.

secular secular.

secundar second.

secundariamente secondarily.

secundario secondary.

sede *f* seat, headquarters.

sede central headquarters.

sede principal headquarters.

sede provisional temporary headquarters.

sede social headquarters, corporate domicile, partnership domicile.

segmentación *f* segmentation.

segmentación de mercado market segmentation.

segmento *m* segment.

segmento de mercado market segment.

segregación *f* segregation.

segregación de valores segregation of securities.

segregado segregated.

seguimiento *m* follow-up.

segunda hipoteca second mortgage.

segunda ronda second round.

seguramente surely, securely.

seguridad *f* security, certainty, guaranty, warranty.

seguridad de computadoras computer security.

seguridad de datos data security.

seguridad de empleo job security.

seguridad de tarjeta card security.

seguridad de trabajo job security.

seguridad del principal safety of principal.

seguridad laboral occupational safety, employment security.

seguridad ocupacional occupational safety.

seguridad personal personal security.

seguro *m* insurance, insurance policy, security.

seguro adj safe, certain, reliable.

seguro abierto open insurance.

seguro aéreo flight insurance.

seguro catastrófico catastrophic insurance.

seguro clasificado classified insurance.

seguro comercial business insurance, commercial insurance.

seguro compulsorio compulsory insurance.

seguro con participación participating insurance.

seguro con primas parejas level premium insurance.

seguro con todo incluido all-inclusive insurance.

seguro condicional conditional insurance.

seguro conjunto joint insurance.

seguro contra accidentes accident insurance.

seguro contra casualidades casualty insurance.

seguro contra crímenes crime insurance.

seguro contra crímenes comerciales business crime insurance.

seguro contra demolición demolition insurance.

seguro contra desempleo unemployment insurance.

seguro contra enfermedad health insurance.

seguro contra explosiones explosion insurance.

seguro contra falsificación forgery insurance.

seguro contra falsificaciones de depositantes depositors forgery insurance.

seguro contra granizo hail insurance.

seguro contra huracanes hurricane insurance.

seguro contra incendios fire insurance.

seguro contra interrupción de negocios contingente contingent business interruption insurance.

seguro contra inundaciones flood insurance.

seguro contra peligros múltiples multiple peril insurance.

seguro contra pérdida de ingresos loss of income insurance.

seguro contra pérdida de uso loss of income use.

seguro contra riesgos hazard insurance.

seguro contra robos insurance against theft, burglary insurance.

seguro contra terremotos earthquake insurance.

seguro contra todo riesgo all risk insurance.

seguro convertible convertible insurance.

seguro cooperativo cooperative insurance.

seguro de amortización de propiedad property depreciation insurance.

seguro de automóvil automobile insurance.

seguro de aviación aviation insurance.

seguro de carga cargo insurance.

seguro de catástrofe catastrophe insurance.

seguro de comerciante dealer's insurance.

seguro de condominio condominium insurance.

seguro de construcción construction insurance.

seguro de continuación de ingresos income continuation insurance.

seguro de contratistas independientes independent contractor's insurance.

seguro de cosecha crop insurance.

seguro de crédito comercial commercial credit insurance.

seguro de crédito grupal group credit insurance.

seguro de cuota-parte assessment insurance.

seguro de daño de propiedad property damage insurance.

seguro de depreciación depreciation insurance.

seguro de depreciación de propiedad property depreciation insurance.

seguro de desempleo unemployment insurance.

seguro de discapacidad disability insurance.

seguro de discapacidad a corto plazo short-term disability insurance.

seguro de discapacidad a largo plazo long-term disability insurance.

seguro de discapacidad grupal group disability insurance.

seguro de enfermedad health insurance.

seguro de equipaje baggage insurance.

seguro de exportación export insurance.

seguro de fabricación manufacturing insurance.

seguro de fidelidad fidelity insurance.

seguro de flete freight insurance.

seguro de fondo mutuo mutual fund insurance.

seguro de ganado livestock insurance.

seguro de gastos de cobros collection expense insurance.

seguro de gastos familiares family expense insurance.

seguro de gastos generales overhead insurance.

seguro de gastos hospitalarios hospital expense insurance.

seguro de gastos legales legal expense insurance.

seguro de gastos médicos medical expense insurance.

seguro de hospitalización hospitalization insurance.

seguro de incendios fire insurance.

seguro de indemnización indemnity insurance.

seguro de ingresos income insurance.

seguro de ingresos tras discapacidad disability income insurance.

seguro de invalidez disability insurance.

seguro de manufactura manufacturing insurance.

seguro de muerte life insurance.

seguro de nómina ordinaria ordinary payroll insurance.

seguro de pagos médicos medical payments insurance.

seguro de peligro especificado specified peril insurance.

seguro de prima estipulada stipulated premium insurance.

seguro de primas graduadas   graded premium insurance.

seguro de primas indeterminadas indeterminate premiums insurance.

seguro de procesamiento de datos data processing insurance.

seguro de propiedad   property insurance.

seguro de propiedad y responsabilidad   property and liability insurance.

seguro de reembolso de ingresos income reimbursement insurance.

seguro de reemplazo de ingresos income replacement insurance.

seguro de responsabilidad civil liability insurance.

seguro de responsabilidad contingente   contingent liability insurance.

seguro de responsabilidad de ascensor   elevator liability insurance.

seguro de responsabilidad de director   director's liability insurance.

seguro de responsabilidad de directores y funcionarios directors' and officers' liability insurance.

seguro de responsabilidad de hospital   hospital liability insurance.

seguro de responsabilidad de negocios   business liability insurance.

seguro de responsabilidad del contratista   contractor's liability insurance.

seguro de responsabilidad del fabricante   manufacturer's liability insurance.

seguro de responsabilidad general general liability insurance.

seguro de responsabilidad patronal employers' liability insurance.

seguro de responsabilidad personal personal liability insurance.

seguro de responsabilidad personal global   comprehensive personal liability insurance.

seguro de responsabilidad por daño de propiedad   property damage liability insurance.

seguro de responsabilidad por errores y omisiones   errors and omissions liability insurance.

seguro de responsabilidad profesional   professional liability insurance.

seguro de responsabilidad pública public liability insurance.

seguro de responsabilidad pública de automóvil   automobile liability insurance.

seguro de responsabilidad pública de automóvil compulsorio compulsory automobile liability insurance.

seguro de responsabilidad pública de automóvil global comprehensive automobile liability insurance.

seguro de responsabilidad retroactivo   retroactive liability insurance.

seguro de responsabilidad suplementario   supplemental liability insurance.

seguro de riesgo especial   special risk insurance.

seguro de riesgos de constructor builder's risk insurance.

seguro de salud comercial   business health insurance.

seguro de salud condicional conditional health insurance.

seguro de salud grupal   group health insurance.

seguro de salud incondicional unconditional health insurance.

seguro de salud mental   mental health insurance.

seguro de salud no cancelable noncancelable health insurance.

seguro de salud renovable renewable health insurance.

seguro de salud renovable condicional   conditional renewable health insurance.

seguro de salud renovable garantizado   guaranteed renewable health insurance.

seguro de salud renovable incondicional   unconditional renewable health insurance.

seguro de tarjeta de crédito   credit card insurance.

seguro de terminación de operaciones completed-operations insurance.

seguro de término term insurance.

seguro de término convertible convertible term insurance.

seguro de término decreciente decreasing term life insurance.

seguro de término extendido extended term insurance.

seguro de término renovable renewable term insurance.

seguro de título title insurance.

seguro de transporte transportation insurance.

seguro de vida life insurance.

seguro de vida ajustable adjustable life insurance.

seguro de vida comercial business life insurance.

seguro de vida con valor en efectivo cash-value life insurance.

seguro de vida convertible convertible life insurance.

seguro de vida creciente increasing life insurance.

seguro de vida de prima única single-premium life insurance.

seguro de vida de primas graduadas graded premium life insurance.

seguro de vida de término grupal group term life insurance.

seguro de vida en vigor life insurance in force.

seguro de vida grupal group life insurance.

seguro de vida hipotecario mortgage life insurance.

seguro de vida individual individual life insurance.

seguro de vida indizado indexed life insurance.

seguro de vida industrial industrial life insurance, debit life insurance.

seguro de vida modificado modified life insurance.

seguro de vida no cancelable noncancelable life insurance.

seguro de vida ordinario ordinary life insurance.

seguro de vida permanente permanent life insurance.

seguro de vida permanente grupal group permanent life insurance.

seguro de vida renovable renewable life insurance.

seguro de vida renovable garantizado guaranteed renewable life insurance.

seguro de vida universal universal life insurance.

seguro de vida variable variable life insurance.

seguro de vida y salud life and health insurance.

seguro de vivienda dwelling insurance.

seguro dental dental insurance.

seguro doble double insurance.

seguro dotal endowment insurance.

seguro en exceso excess insurance.

seguro especial special insurance.

seguro específico specific insurance.

seguro expirado expired insurance.

seguro facultativo optional insurance.

seguro general general insurance.

seguro grupal group insurance.

seguro grupal prepagado prepaid group insurance.

seguro gubernamental government insurance.

seguro hipotecario mortgage insurance.

seguro hipotecario privado private mortgage insurance.

seguro incondicional unconditional insurance.

seguro individual individual insurance.

seguro industrial industrial insurance, debit insurance.

seguro limitado limited insurance.

seguro marítimo maritime insurance.

seguro médico medical insurance, health insurance.

seguro médico de hospital hospital medical insurance.

seguro médico suplementario supplemental medical insurance.

seguro mercantil commercial insurance.

seguro múltiple blanket insurance.

seguro municipal municipal insurance.

seguro mutuo mutual insurance.

seguro nacional national insurance.

seguro no cancelable noncancelable insurance.

seguro no expirado unexpired insurance.

seguro obligatorio compulsory insurance.

seguro ordinario ordinary insurance.

seguro original original insurance.

seguro para artículos en consignación consignment insurance.

seguro para gastos adicionales extra expense insurance.

seguro para gastos médicos mayores global comprehensive major medical insurance.

seguro parcial partial insurance.

seguro patronal employers' insurance.

seguro permanente permanent insurance.

seguro perpetuo perpetual insurance.

seguro personal personal insurance.

seguro prepagado prepaid insurance.

seguro primario primary insurance.

seguro privado private insurance.

seguro provisional provisional insurance.

seguro puente bridge insurance.

seguro recíproco reciprocal insurance.

seguro renovable renewable insurance.

seguro renovable garantizado guaranteed renewable insurance.

seguro requerido required insurance.

seguro retroactivo retroactive insurance.

seguro sobre artículos personales personal articles insurance.

seguro sobre el valor del colateral collateral-value insurance.

seguro sobre la vida life insurance.

seguro social social security, social insurance.

seguro temporal temporary insurance.

seguro voluntario voluntary insurance.

seguros solapantes overlapping insurance.

seguros vendidos por correspondencia mail order insurance.

selección *f* selection.

selección de riesgos risk selection.

selectivo selective.

sello *m* stamp, seal.

sello bancario bank stamp.

sello corporativo corporate seal.

sello de aprobación seal of approval.

sello de cajero teller's stamp.

sello de correos postage stamp.

sello de la corporación corporate seal.

sello de la sociedad corporate seal.

sello de rentas internas internal revenue stamp.

sello de timbre internal revenue stamp.

sello postal postage stamp.

sello social corporate seal.

semana *f* week, work week, a week's pay.

semana calendario calendar week.

semana de trabajo comprimido compressed work week.

semana inglesa work week from Monday to Saturday at noon.

semanal weekly.

semanalmente weekly.

semanario weekly.

semanería *f* work by the week.

semanero *m* worker on a weekly basis.

semestral semestral.

semestralmente semiannually.

semestre *m* semester, semester's pay.

semiduradero semidurable.

semifijo semifixed.

semivariable semivariable.

seña *f* sign, mark.

señal *f* signal, landmark, earnest money, down payment.

señaladamente particularly.

señalamiento *m* designation.

señalar point out, designate, mark.

señales de fraude badges of fraud.

sensibilidad a la tasa de interés interest rate sensitivity.

sensibilidad al tipo de interés interest rate sensitivity.

sentencia *f* judgment, award.

sentencia arbitral arbitrium.

separable separable.

separación *f* separation, division, removal.

separación de cupones coupon stripping.

separación de puesto resignation.

separación del cargo removal.

separadamente separately.

separado separated.

separante separating.

separar separate, divide, remove.

separarse separate, withdraw, waive.

serie *f* series.

serie de opciones option series.

serie, en serial.

serventía *f* public road passing through private property.

servicarro *m* drive-in.

servicio *m* service.

servicio al cliente customer service.

servicio de aduana customs service.

servicio de cobros collection service.

servicio de compras shopping service.

servicio de deuda parejo level debt service.

servicio de empleos employment service.

servicio del préstamo loan service.

servicio descontinuado discontinued service.

servicio fiduciario fiduciary service.

servicio hipotecario mortgage service.

servicio postal postal service.

servicio público public service.

servicios bancarios banking services.

servicios de campo field services.

servicios de seguros insurance services.

servicios financieros financial services.

servicios gratuitos gratuitous services.

servicios ordinarios ordinary services.

servicios personales personal services.

servicios profesionales professional services.

servidero serviceable.

servidumbre *f* servitude, easement, right of way.

servidumbre accesoria appurtenant easement.

servidumbre activa positive servitude.

servidumbre aérea air easement.

servidumbre afirmativa positive servitude, affirmative easement.

servidumbre anexa appurtenant easement.

servidumbre aparente apparent easement.

servidumbre continua continuous easement.

servidumbre convencional easement by agreement.

servidumbre de acceso easement of access.

servidumbre de aguas water rights.

servidumbre de camino right of way.

servidumbre de conveniencia easement of convenience.

servidumbre de desagüe drainage rights.

servidumbre de luces light and air easement.

servidumbre de luces y vistas light and air easement.

servidumbre de paso right of way.

servidumbre de sacar agua easement to draw water.

servidumbre de tránsito right of way.

servidumbre de utilidad pública easement prescribed by law, public easement.

servidumbre de vía right of way.

servidumbre de vistas light and air easement.

servidumbre descontinua discontinuous servitude.

servidumbre discontinua discontinuous easement.

servidumbre implícita implied easement.

servidumbre intermitente intermittent easement.

servidumbre necesaria necessary easement.

servidumbre negativa negative easement, negative servitude.

servidumbre por necesidad easement of necessity.

servidumbre por prescripción easement by prescription.

servidumbre positiva affirmative easement, positive servitude.

servidumbre predial appurtenant easement, real servitude.

servidumbre privada private easement.

servidumbre pública public easement.

servidumbre real appurtenant easement, real servitude.

servidumbre recíproca reciprocal easement.

servidumbre rural rural servitude.

servidumbre rústica rural servitude.

servidumbre tácita   implied easement.

servidumbre urbana   urban servitude.

servidumbre visible   apparent easement.

servidumbre voluntaria   easement by agreement.

sesión   *f* session, meeting.

sesión a puerta cerrada   closed session, closed meeting.

sesión anual   annual meeting.

sesión constitutiva   organizational meeting.

sesión de accionistas   shareholders' meeting.

sesión de accionistas anual   annual shareholders' meeting.

sesión de acreedores   creditors' meeting.

sesión de diligencia debida   due diligence session.

sesión de la directiva   board meeting.

sesión ejecutiva   executive session, executive meeting.

sesión especial   special session, special meeting.

sesión extraordinaria   special session, special meeting.

sesión general   general session, general meeting.

sesión general de accionistas   shareholders' meeting.

sesión general ordinaria   shareholders' meeting.

sesión ordinaria   regular session, regular meeting.

sesión plenaria   full session, full meeting.

sigilación   *f* concealment, sealing, stamping, seal, stamp.

sigilar   conceal, seal, stamp.

sigilo   *m* concealment, prudence, seal.

sigilo profesional   professional secrecy.

sigla   *f* acronym.

signar   sign.

signatario   signatory.

signatura   *f* signature.

significación   *f* significance.

significado   *m* meaning.

significar   signify, indicate.

significativo   significant.

símbolo de encaminamiento   routing symbol.

símbolo de encaminamiento de cheques   check routing symbol.

símbolo de enrutamiento   routing symbol.

símbolo de enrutamiento de cheques   check routing symbol.

simple   simple, absolute, single.

simple tenedor   sole holder.

simple tenencia   simple holding.

simplemente   simply, absolutely.

simulación   *f* simulation.

simulado   simulated.

simultáneamente   simultaneously.

simultáneo   simultaneous.

sin certificado   certificateless.

sin certificado de derechos de compra   ex warrant.

sin cheques   checkless.

sin derechos de suscripción   ex rights.

sin dividendo   ex dividend, without dividend.

sin entrada   no money down.

sin fines de lucro   nonprofit.

sin pagar   unpaid.

sin pago inicial   no money down.

sin participación   nonparticipating.

sin pronto pago   no money down.

sin recurso   without recourse.

sin reserva   without reserve.

sin restricción   unrestricted.

sin riesgo   riskless.

sindicación   *f* syndication, unionization.

sindicación obligatoria   obligatory unionization.

sindicado   *m* syndicate.

sindicado   adj syndicated, unionized.

sindicador   *m* syndicator.

sindical   syndical.

sindicalismo   *m* syndicalism, unionism.

sindicalista   *m/f* syndicalist, unionist.

sindicar   syndicate, unionize.

sindicato   *m* syndicate, union, labor union, trade union, labor organization.

sindicato abierto   open union.

sindicato bancario   banking syndicate.

sindicato de distribución   distributing syndicate.

sindicato de industria   industrial union.

sindicato de oficio   trade union.

sindicato de patronos employers' association.

sindicato de suscripción underwriting syndicate.

sindicato de ventas selling syndicate.

sindicato gremial trade union.

sindicato horizontal horizontal union.

sindicato independiente independent union.

sindicato industrial industrial union.

sindicato internacional international union.

sindicato local local union.

sindicato nacional national union.

sindicato no afiliado unaffiliated union.

sindicato obrero trade union.

sindicato patronal employers' association.

sindicato vertical vertical union.

sindicatura *f* trusteeship, receivership.

síndico *m* trustee, receiver, shareholders' representative, comptroller.

síndico auxiliar ancillary receiver.

síndico de quiebra receiver.

síndico en la quiebra receiver.

sinecura *f* sinecure.

siniestro *m* loss, disaster, accident.

siniestro mayor total loss.

siniestro menor partial loss.

sistema abierto open system.

sistema acelerado de recuperación de costes accelerated cost recovery system.

sistema acelerado de recuperación de costes modificado modified accelerated cost recovery system.

sistema acelerado de recuperación de costos accelerated cost recovery system.

sistema acelerado de recuperación de costos modificado modified accelerated cost recovery system.

sistema administrativo management system.

sistema arancelario tariff system.

sistema bancario banking system.

sistema contributivo tax system.

sistema de agencia general general agency system.

sistema de agencias independientes independent agency system.

sistema de amortización depreciation system.

sistema de amortización general general depreciation system.

sistema de auditoría auditing system.

sistema de bonificaciones bonus system.

sistema de clasificación contributiva bracket system.

sistema de clasificación numérica numerical rating system.

sistema de comisiones commission system.

sistema de compras purchasing system.

sistema de comunicaciones communications system.

sistema de contabilidad accounting system.

sistema de contabilidad uniforme uniform accounting system.

sistema de control administrativo management control system.

sistema de costes estándar standard cost system.

sistema de costos estándar standard cost system.

sistema de crédito credit system.

sistema de cheques preautorizados preauthorized-check system.

sistema de depreciación depreciation system.

sistema de depreciación general general depreciation system.

sistema de doble subasta double auction system.

sistema de imposición taxation system.

sistema de información information system.

sistema de información de mercadeo marketing information system.

sistema de inventario periódico periodic inventory system.

sistema de inventario perpetuo perpetual inventory system.

sistema de pagos payment system.

sistema de precios price system.

sistema de retiro retirement system.

sistema de retiro contribuyente contributory retirement system.

sistema de retiro general general retirement system.

sistema de transferencia de fondos electrónico electronic funds transfer system.

sistema de transferencias de crédito credit transfer system.

sistema de tránsito numérico numerical transit system.

sistema de tributación taxation system.

sistema de ventas directas direct selling system.

sistema del seguro social social security system.

sistema económico economic system.

sistema económico mixto mixed economic system.

sistema financiero financial system.

sistema fiscal fiscal system, tax system.

sistema impositivo tax system.

sistema monetario monetary system.

sistema numérico universal universal numerical system.

sistema organizativo organizational system.

Sistema Torrens Torrens System.

sistema tributario tax system.

sistemático systematic.

sistematizar systematize.

situación *f* situation, condition, assignment of funds, fixed income.

situación económica economic situation.

situación especial special situation.

situación financiera financial position.

situado *m* fixed income.

situado adj situated.

situar situate, assign funds.

sobordo *m* comparison of a ship's cargo with the freight list, freight list, bonus.

sobornable able to be suborned, bribable.

sobornación *f* suborning, bribing, subornation, bribery, overload.

sobornado suborned, bribed.

sobornador *m* suborner, briber.

sobornador adj suborning, bribing.

sobornar suborn, bribe.

soborno *m* suborning, bribing, subornation, bribery, overload.

sobrancero unemployed, surplus.

sobrante *m* surplus, remainder.

sobrante adj surplus, remaining.

sobrante acumulado accumulated surplus.

sobrante capitalizado capitalized surplus.

sobrante comercial trade surplus.

sobrante contribuido contributed surplus.

sobrante corporativo corporate surplus.

sobrante de capital capital surplus.

sobrante de contingencia contingency surplus.

sobrante de efectivo cash surplus, cash overage.

sobrante de explotación operating surplus.

sobrante de exportación export surplus.

sobrante de inversión investment surplus.

sobrante de la balanza trade surplus.

sobrante de operación operating surplus, earned surplus.

sobrante de pagos payments surplus.

sobrante de recapitalización recapitalization surplus.

sobrante disponible available surplus.

sobrante divisible divisible surplus.

sobrante donado donated surplus.

sobrante exterior external surplus.

sobrante externo external surplus.

sobrante ganado earned surplus.

sobrante neto net surplus.

sobrante pagado paid-in surplus.

sobrante restringido restricted surplus.

sobrar to be surplus, remain, exceed.

sobre la cuota above quota.

sobre la par above par.

sobreabsorción *f* overabsorption.

sobreamortización *f* overdepreciation.

sobrecapacidad *f* overcapacity.

sobrecapitalización *f* overcapitalization.

sobrecapitalizado overcapitalized.

sobrecapitalizar overcapitalize.

sobrecarga *f* overload, extra load, overcharge, extra charge.

sobrecargar overload, overcharge.

sobrecertificación *f* overcertification.

sobrecomprado overbought.

sobreconsumo *m* overconsumption.

sobredepreciación *f* overdepreciation.

sobreemisión *f* overissue.

sobreempleo *m* overemployment.

sobreestadía *f* demurrage.

sobreestimar overestimate.

sobreextensión *f* overextension.

sobrefinanciación *f* overfinancing.

sobrefinanciamiento *m* overfinancing.

sobregirado overdrawn.

sobregirar overdraw.

sobregiro *m* overdraft.

sobregiro aparente technical overdraft.

sobregiro bancario bank overdraft.

sobregiro diurno daylight overdraft.

sobregiro real actual overdraft.

sobregiro técnico technical overdraft.

sobreimposición *f* surtax.

sobreimpuesto *m* surtax.

sobreoferta *f* oversupply.

sobrepaga *f* increased pay, extra pay.

sobreplazo *m* extension of time.

sobreprecio *m* surcharge, overcharge.

sobreprima *f* extra premium.

sobreproducción *f* overproduction.

sobrepujar surpass, outbid.

sobresaliente outstanding, conspicuous, projecting.

sobresaturación *f* oversaturation.

sobreseer supersede, acquit, dismiss, abandon, desist, yield.

sobreseguro *m* overinsurance.

sobrestadía *f* demurrage.

sobresueldo *m* extra pay.

sobresuscrito oversubscribed.

sobretasa *f* surtax, surcharge.

sobrevalorado overvalued.

sobrevalorar overvalue.

sobrevaluación *f* overvaluation.

sobrevencido overdue.

sobrevender oversell.

sobrevendido oversold.

sobrinazgo *m* nepotism.

social social, pertaining to a partnership, pertaining to a corporation.

sociedad *f* company, partnership, corporation, society.

sociedad accidental joint adventure.

sociedad afiliada affiliated company.

sociedad anónima company, corporation, stock company, stock corporation.

sociedad armadora shipping company.

sociedad asociada associated company.

sociedad bancaria banking corporation.

sociedad caritativa charitable organization, charitable corporation.

sociedad cerrada close corporation.

sociedad civil civil partnership, civil corporation.

sociedad colectiva general partnership.

sociedad comanditaria limited partnership.

sociedad comanditaria especial special partnership.

sociedad comercial business association.

sociedad controlada controlled corporation, subsidiary.

sociedad controladora holding company.

sociedad cooperativa cooperative.

sociedad cooperativa de edificación y préstamos building and loan association.

sociedad de ahorro y préstamo savings and loan association.

sociedad de arrendamiento de equipo equipment leasing partnership.

sociedad de beneficencia benefit society.

sociedad de capital e industria partnership where some parties provide services while others furnish funds.

sociedad de capitalización company for capitalization of savings.

sociedad de cartera investment trust.

sociedad de comercio business association.

sociedad de control holding company.

sociedad de crédito credit union.

sociedad de derecho corporation created fulfilling all legal requirements.

sociedad de fideicomiso trust company.

sociedad de gananciales community property.

sociedad de habilitación partnership where some parties provide services while others furnish funds.

sociedad de hecho corporation in fact.

sociedad de inversión investment company.

sociedad de negocios business company.

sociedad de responsabilidad limitada limited liability company.

sociedad de seguros insurance company.

sociedad de seguros mutuos mutual insurance company.

sociedad de socorros mutuos mutual benefit association.

sociedad en comandita limited partnership.

sociedad en comandita de ingresos income limited partnership.

sociedad en comandita por acciones joint-stock association.

sociedad en comandita privada private limited partnership.

sociedad en comandita pública public limited partnership.

sociedad en comandita simple limited partnership, partnership where some parties provide services while others furnish funds.

sociedad en participación joint adventure.

sociedad exenta exempt company.

sociedad extranjera alien corporation, foreign company.

sociedad familiar family corporation, family partnership.

sociedad fiduciaria trust company.

sociedad filial sister company, subsidiary.

sociedad financiera finance company.

sociedad gremial trade union, labor organization.

sociedad hipotecaria mortgage company.

sociedad ilícita company organized for illegal purposes.

sociedad implícita implied partnership.

sociedad inactiva dormant corporation.

sociedad insolvente insolvent company.

sociedad internacional international company.

sociedad inversionista investment company.

sociedad irregular joint adventure.

sociedad leonina leonine partnership.

sociedad local domestic partnership.

sociedad manufacturera manufacturing company.

sociedad matriz parent company.

sociedad mercantil business association.

sociedad multinacional multinational corporation.

sociedad nacional domestic company.

sociedad no especulativa non-profit company.

sociedad para fines no pecuniarios non-profit company.

sociedad por acciones stock company.

sociedad privada private corporation, private company.

sociedad propietaria close corporation.

sociedad pública public corporation.

sociedad quebrada bankrupt corporation.

sociedad sin cheques checkless society.

sociedad sin fines de lucro non-profit company.

sociedad subsidiaria subsidiary corporation.

sociedad tenedora holding company.

sociedad vinculada affiliate.

socio *m* partner, member.

socio accionista shareholder.

socio activo active partner.

socio administrador general partner.

socio aparente ostensible partner.

socio capitalista capital partner.

socio colectivo general partner.

socio comanditado general partner.

socio comanditario limited partner.

socio de industria partner who provides services.

socio general general partner.

socio gerente general partner.

socio gestor managing partner, general partner.

socio inactivo dormant partner.

socio industrial   partner who provides services.

socio liquidador   liquidating partner.

socio no gestor   limited partner.

socio nominal   nominal partner.

socio oculto   silent partner.

socio ostensible   ostensible partner.

socio principal   senior partner.

socio quebrado   bankrupt partner.

socio regular   general partner.

socio responsable   general partner.

socio secreto   secret partner, silent partner.

socio vitalicio   life member.

solapar   overlap, conceal.

solar   *m* lot, tenement.

solariego   held in fee simple.

soldada   *f* salary.

solicitado   solicited.

solicitador   *m* petitioner, applicant.

solicitante   *m/f* petitioner, applicant.

solicitar   petition, apply.

solicitar un empréstito   apply for a loan.

solicitar un préstamo   apply for a loan.

solicitar un trabajo   apply for a job.

solicitar una patente   apply for a patent.

solicitud   *f* solicitude, application, petition.

solicitud de comerciante   merchant application.

solicitud de crédito   credit application.

solicitud de empréstito   loan application.

solicitud de patente   patent application.

solicitud de préstamo   loan application.

solicitud de registro   application for registration.

solicitud de retiro   application for withdrawal.

solidaria y mancomunadamente   jointly and severally.

solidariamente   jointly and severally.

solidaridad   *f* solidarity.

solidario   solidary, jointly, jointly and severally.

solidarismo   *m* solidarism, solidarity.

solidarizar   make jointly liable, make jointly and severally liable.

solución   *f* solution, satisfaction.

solución óptima   optimum solution.

solvencia   *f* solvency, payment, settlement, reliability.

solvencia financiera   financial solvency.

solventar   satisfy, settle, pay, solve.

solvente   solvent, reliable.

someter   submit.

someter a votación   put to a vote.

someter al arbitraje   submit to arbitration.

someter una oferta   submit an offer.

someterse a arbitraje   submit to arbitration.

sometido   submitted.

sondear   sound.

sondeo   *m* sounding.

sostener   support.

sostenimiento   *m* support.

subagente   *m* subagent.

subalquilar   sublease.

subalquiler   *m* sublease.

subarrendador   *m* sublessor.

subarrendamiento   *m* sublease, under-lease.

subarrendar   sublease.

subarrendatario   *m* sublessee, subtenant.

subarriendo   *m* sublease, subleasing, under-lease, underleasing.

subasta   *f* auction.

subasta a la baja   dutch auction.

subasta absoluta   absolute auction.

subasta extrajudicial   extrajudicial auction.

subasta judicial   judicial auction.

subasta legal   legal auction.

subasta privada   private auction.

subasta pública   public auction.

subastación   *f* auction.

subastador   *m* auctioneer.

subastar   auction.

subcapitalización   *f* undercapitalization.

subcapitalizado   undercapitalized.

subcapitalizar   undercapitalize.

subcontratar   subcontract.

subcontratista   *m/f* subcontractor.

subcontrato   *m* subcontract.

subdelegado   *m* subdelegate.

subdelegar subdelegate.
subdesarrollo *m* underdevelopment.
subdirector *m* assistant director.
subdividir subdivide.
subdivisión *f* subdivision.
subejecutor *m* subagent.
subempleado underemployed.
subempleo *m* underemployment.
subestimar underestimate.
subfletamento *m* subcharter.
subfletar subcharter.
subhipoteca *f* submortgage.
subida *f* rise.
subinquilino *m* subtenant.
subir rise, raise.
sublicencia *f* sublicense.
sublicenciar sublicense.
sublocación *f* sublease.
sublocador *m* sublessor.
sublocatario *m* sublessee.
suboptimización *f* suboptimization.
suboptimizar suboptimize.
subordinación *f* subordination.
subordinado subordinated.
subrogación *f* subrogation.
subrogado subrogated.
subrogar subrogate.
subscribir subscribe.
subscribirse subscribe.
subscripción *f* subscription.
subscriptor *m* subscriber, underwriter.
subsección *f* subsection.
subsecuente subsequent.
subsidiado subsidized.
subsidiar subsidize.
subsidiaria *f* subsidiary.
subsidiariamente subsidiarily.
subsidiario subsidiary.
subsidio *m* subsidy.
subsidio agrícola farm subsidy.
subsidio específico specific subsidy.
subsidio oculto concealed subsidy.
subsidios de exportación export subsidies.
subsiguiente subsequent.
subsistema *m* subsystem.
subsistencia *f* subsistence.
subsistir subsist.
substancialmente substantially.
substitución *f* substitution.
substituible substitutable.

substituir substitute.
substracción *f* substraction, removal, theft, robbery.
substraer subtract, remove, steal, rob, misappropriate.
subsuelo *m* subsoil.
subtotal *m* subtotal.
suburbano suburban.
suburbio *m* suburb.
subutilización *f* underutilization.
subvalorado undervalued.
subvalorar undervalue.
subyacente underlying.
sucesión *f* succession.
suceso *m* event, outcome, lapse.
sucesor *m* successor.
sucesores y cesionarios successors and assigns.
sucursal *f* subsidiary, branch.
sucursal de banco bank branch.
sucursal extranjera foreign branch.
sueldo *m* salary, wage.
sueldo acumulado accrued salary.
sueldo anual annual salary.
sueldo anual garantizado guaranteed annual wage.
sueldo básico base salary.
sueldo contractual contractual salary.
sueldo diario daily salary.
sueldo diferido deferred compensation.
sueldo efectivo net salary, salary paid in cash.
sueldo especificado specified salary.
sueldo estipulado stipulated salary.
sueldo fijo fixed salary.
sueldo garantizado guaranteed wage.
sueldo igual equal salary.
sueldo inicial initial salary.
sueldo legal salary established by law.
sueldo máximo maximum salary.
sueldo medio average wage.
sueldo mensual monthly salary.
sueldo mínimo minimum wage.
sueldo monetario money wage.
sueldo neto net salary.
sueldo nominal nominal wage.
sueldo por pieza piece rate.
sueldo prevaleciente prevailing salary.
sueldo real real salary.
sueldo retroactivo retroactive wages.

sueldo suplementario   supplemental salary.

sueldo vital   living wage.

suficiencia   *f* adequacy.

suficiencia de capital   capital adequacy.

suficiencia de financiamiento   adequacy of financing.

suficiencia de reservas   adequacy of reserves.

suficiente   sufficient.

suficientemente   sufficiently.

sufragar   pay.

sujeto a cambio   subject to change.

sujeto a comprobación   subject to check.

sujeto a impuesto   subject to tax.

sujeto a opinión   subject to opinion.

sujeto a recompra   subject to repurchase.

sujeto a redención   subject to redemption.

sujeto a restricción   subject to restriction.

sujeto a verificación   subject to verification.

suma   *f* sum.

suma de capital   capital sum.

suma global   lump sum.

sumar   add, amount to.

sumar horizontalmente   crossfoot.

sumas horizontales   crossfooting.

suministración   *f* supply.

suministrador   *m* supplier.

suministrar   supply.

suministro   *m* supply.

suntuario   luxury.

superávit   *m* surplus.

superávit acumulado   accumulated surplus.

superávit capitalizado   capitalized surplus.

superávit comercial   trade surplus.

superávit contribuido   contributed surplus.

superávit corporativo   corporate surplus.

superávit de capital   capital surplus.

superávit de contingencia   contingency surplus.

superávit de explotación   operating surplus.

superávit de exportación   export surplus.

superávit de inversión   investment surplus.

superávit de la balanza   trade surplus.

superávit de operación   operating surplus, earned surplus.

superávit de pagos   payments surplus.

superávit de recapitalización   recapitalization surplus.

superávit disponible   available surplus.

superávit divisible   divisible surplus.

superávit donado   donated surplus.

superávit en la balanza de pagos   balance of payments surplus.

superávit exterior   external surplus.

superávit externo   external surplus.

superávit ganado   earned surplus.

superávit neto   net surplus.

superávit pagado   paid-in surplus.

superávit restringido   restricted surplus.

superficial   superficial.

superficiario   superficiary.

superficie   *f* surface, area.

superintendente   *m* superintendent.

superior   superior.

superproducción   *f* overproduction.

supervisar   supervise.

supervisión   *f* supervision.

supervisión bancaria   bank supervision.

supervisión de proyecto   project supervision.

supervisor   *m* supervisor.

supervisor   adj supervising.

suplantador   *m* supplanter, falsifier.

suplantador   adj supplanting, falsifying.

suplantar   supplant, falsify.

suplementar   supplement.

suplementario   supplementary.

suplemento   *m* supplement.

suplente   *m/f* substitute.

suplente   adj substituting.

surtir   supply.

surtir efecto   take effect, have the desired effect.

suscribir   subscribe.

suscripción   *f* subscription.

suscripción de acciones   stock subscription.

suscripción negociada   negotiated underwriting.

suscriptor   *m* subscriber, underwriter.

suscriptor administrador   managing underwriter.

suscriptor principal   principal underwriter.

suscritor   *m* subscriber, underwriter.

suspender   suspend, adjourn.

suspender pago   stop payment.

suspendido   suspended.

suspensión   *f* suspension, adjournment, abeyance.

suspensión arancelaria   tariff suspension.

suspensión compensatoria compensatory suspension.

suspensión de cobertura   suspension of coverage.

suspensión de pagos   suspension of payments.

suspensión de póliza   suspension of policy.

suspensión de tarifa   tariff suspension.

suspensión en el trabajo   suspension from work.

suspenso, en   in abeyance.

sustancial   substantial.

sustancialmente   substantially.

sustentación   *f* sustenance, support.

sustentador   *m* sustainer, supporter.

sustentador   adj sustaining, supporting.

sustentar   sustain, support.

sustento   *m* sustenance, support.

sustitución   *f* substitution.

sustituible   substitutable.

sustituidor   substitute.

sustituir   substitute.

sustitutivo   substitutive.

sustituto   *m* substitute.

sustracción   *f* substraction, removal, theft, robbery, misappropriation.

sustraer   subtract, remove, steal, rob, misappropriate.

tabla actuarial   actuarial table.

tabla de bono   bond table.

tabla de demanda   demand schedule.

tabla de desembolsos   disbursement schedule.

tabla de morbilidad   morbidity table.

tabla de mortalidad especial   special mortality table.

tabla de mortalidad selecta   select mortality table.

tabla de pago de deuda   debt repayment schedule.

tabla de pagos de préstamo   loan schedule.

tabla de tasas impositivas   tax-rate schedule.

tabla de tipos impositivos   tax-rate schedule.

tablas de mortalidad   mortality tables.

tablas de vida   life expectancy tables.

tablón de anuncios   bulletin board.

tácita reconducción   tacit relocation.

tácitamente   tacitly.

tacha   *f* flaw.

tachadura   *f* erasure, crossing out.

tachar   cross out.

tachón   *m* crossing out.

talón   *m* check, receipt, coupon, stub.

talón de cheque   check stub.

talón de venta   sales slip.

talón en descubierto   bad check.

talonario   *m* stub book.

taller   *m* workshop, factory.

taller abierto   open shop.

taller cerrado   closed shop.

taller unionado   union shop.

tamaño crítico   critical size.

tan pronto como sea posible   as soon as possible.

tan pronto como sea razonablemente posible   as soon as practicable.

tanda   *f* shift, task, lot.

tangible   tangible.

tantear   size up, compare, estimate.

tanteo   *m* sizing up, comparison, estimate.

tapar   cover, conceal, obstruct.

tara   *f* tare.

tarar   tare.

tardíamente   belatedly.

tardío   late, slow.

tardo   late, slow.

tarea   *f* task, employment.

tarifa *f* tariff, rate schedule, toll.
tarifa ad valórem ad valorem tariff.
tarifa aduanera customs tariff, tariff.
tarifa autónoma autonomous tariff.
tarifa compensatoria compensatory tariff.
tarifa compuesta compound duty.
tarifa común common tariff.
tarifa conjunta joint fare.
tarifa convencional conventional tariff.
tarifa de aduana tariff.
tarifa de avalúo tariff.
tarifa de exportación export tariff.
tarifa de represalia retaliatory duty.
tarifa de tributación tax rates.
tarifa diferencial differential duty.
tarifa discriminadora discriminating tariff.
tarifa flexible flexible tariff.
tarifa general general tariff.
tarifa mixta mixed tariff.
tarifa múltiple multiple tariff.
tarifa preferencial preferential tariff.
tarifa prohibitiva prohibitive tariff.
tarifa según el valor ad valorem tariff.
tarifar set a tariff.
tarifas de importación import tariffs.
tarjeta *f* card.
tarjeta bancaria bank card.
tarjeta de control control card.
tarjeta de crédito credit card.
tarjeta de crédito bancaria bank credit card.
tarjeta de crédito expirada expired credit card.
tarjeta de crédito no expirada unexpired credit card.
tarjeta de cuenta account card.
tarjeta de débito debit card.
tarjeta de efectivo cash card.
tarjeta de firmas signature card.
tarjeta de identificación identification card.
tarjeta de identificación de comerciante merchant identification card.
tarjeta de respuesta comercial business reply card.
tarjeta de transacciones transaction card.
tarjeta expirada expired card.

tarjeta falsificada counterfeit card.
tarjeta mal codificada misencoded card.
tarjeta no expirada unexpired card.
tarjeta no transferible nontransferable card.
tarjeta perdida lost card.
tarjeta postal postcard.
tarjeta preaprobada preapproved card.
tarjeta transferible transferable card.
tasa *f* rate, measure, assessment.
tasa a corto plazo short-term rate.
tasa a largo plazo long-term rate.
tasa a plazo forward rate.
tasa a término forward rate.
tasa abierta open rate.
tasa aduanera customs rate.
tasa ajustable adjustable rate.
tasa ajustada adjusted rate.
tasa ajustada por riesgo risk-adjusted rate.
tasa al contado spot rate.
tasa alternativa alternative rate.
tasa anual annual rate.
tasa anual constante constant annual rate.
tasa anualizada annualized rate.
tasa arancelaria tariff rate.
tasa bancaria bank rate.
tasa base base rate.
tasa base de sueldo base rate of pay.
tasa básica basic rate.
tasa bisemanal biweekly rate.
tasa central central rate.
tasa cero zero rate.
tasa clave key rate.
tasa combinada combined rate.
tasa comercial commercial rate.
tasa competitiva competitive rate.
tasa conjunta joint rate.
tasa constante constant rate.
tasa contable accounting rate.
tasa contributiva combinada composite tax rate.
tasa contributiva de no residentes nonresident tax rate.
tasa contributiva efectiva effective tax rate.
tasa contributiva marginal marginal tax rate.

tasa contributiva máxima   maximum tax rate.

tasa contributiva mínima   minimum tax rate.

tasa convenida   agreed rate.

tasa corriente   current rate.

tasa cruzada   cross-rate.

tasa de absentismo   absenteeism rate.

tasa de accidentes   accident rate.

tasa de actividad   activity rate.

tasa de adelanto de efectivo   cash advance rate.

tasa de alquiler   rental rate.

tasa de amortización   rate of depreciation.

tasa de apreciación   appreciation rate.

tasa de bono corporativo   corporate bond rate.

tasa de cambio   exchange rate.

tasa de cambio a término   forward exchange rate.

tasa de cambio administrada   managed exchange rate.

tasa de cambio al contado   spot exchange rate.

tasa de cambio de divisas   foreign exchange rate.

tasa de cambio de moneda flotante   floating currency exchange rate.

tasa de cambio efectiva   effective exchange rate.

tasa de cambio especificada   specified exchange rate.

tasa de cambio estable   stable exchange rate.

tasa de cambio fija   fixed exchange rate.

tasa de cambio flexible   flexible exchange rate.

tasa de cambio flotante   floating exchange rate.

tasa de cambio múltiple   multiple exchange rate.

tasa de cambio nominal   nominal exchange rate.

tasa de cambio oficial   official exchange rate.

tasa de cambio única   single-exchange rate.

tasa de cambio variable   variable exchange rate.

tasa de capitalización   capitalization rate.

tasa de clase   class rate.

tasa de cobros   collection rate.

tasa de combinación   combination rate.

tasa de contrato   contract rate.

tasa de conversión   conversion rate.

tasa de crecimiento   growth rate.

tasa de crecimiento anticipada   anticipated growth rate.

tasa de crecimiento compuesto   compound growth rate.

tasa de crecimiento económico   economic growth rate.

tasa de demanda   demand rate.

tasa de depreciación   rate of depreciation.

tasa de descuento   discount rate.

tasa de descuento bancaria   bank discount rate.

tasa de desempleo   unemployment rate.

tasa de dividendos   dividend rate.

tasa de empréstito   loan rate.

tasa de empréstito comercial   commercial loan rate.

tasa de empréstito pagadero a la demanda   call loan rate.

tasa de empréstito puente   bridge loan rate.

tasa de exportación   export rate.

tasa de fondos federales   federal funds rate.

tasa de hipoteca bisemanal   biweekly mortgage rate.

tasa de hipoteca comercial   commercial mortgage rate.

tasa de imposición   rate of taxation.

tasa de impuesto   tax rate.

tasa de inflación   inflation rate.

tasa de intercambio   interchange rate.

tasa de interés   interest rate.

tasa de interés a corto plazo   short-term interest rate.

tasa de interés a largo plazo   long-term interest rate.

tasa de interés a plazo   forward interest rate.

tasa de interés a término   forward interest rate.

tasa de interés anual constante   constant annual interest rate.

tasa de interés bajo del mercado
below market-interest rate.

tasa de interés base base interest rate.

tasa de interés compuesto
compound interest rate.

tasa de interés constante constant
interest rate.

tasa de interés corriente current
interest rate.

**tasa de interés de adelanto de
efectivo** cash advance interest rate.

tasa de interés de bono corporativo
corporate bond interest rate.

tasa de interés de contrato contract
interest rate.

tasa de interés de depósitos deposit
interest rate.

tasa de interés de empréstito loan
interest rate.

tasa de interés de equilibrio
equilibrium interest rate.

tasa de interés de mercado market
interest rate.

tasa de interés de préstamo loan
interest rate.

**tasa de interés de préstamo
hipotecario** mortgage loan interest
rate.

tasa de interés de referencia
reference interest rate.

tasa de interés de tarjeta de crédito
credit card interest rate.

**tasa de interés del mercado
monetario** money market interest
rate.

tasa de interés efectiva effective
interest rate.

tasa de interés específica specific
interest rate.

tasa de interés especificada
specified interest rate.

tasa de interés estable stable interest
rate.

tasa de interés estipulada stipulated
interest rate.

tasa de interés fija fixed interest rate.

tasa de interés flexible flexible
interest rate.

tasa de interés flotante floating
interest rate.

tasa de interés fluctuante
fluctuating interest rate.

tasa de interés inicial initial interest
rate.

tasa de interés legal legal interest rate.

tasa de interés máxima maximum
interest rate.

tasa de interés mínima minimum
interest rate.

tasa de interés natural natural
interest rate.

tasa de interés nominal nominal
interest rate, face interest rate.

**tasa de interés ofrecida a casas de
corretaje** broker loan rate.

tasa de interés periódica periodic
interest rate.

tasa de interés preaprobada
preapproved interest rate.

tasa de interés preferencial prime
rate.

tasa de interés prevaleciente
prevailing interest rate.

tasa de interés razonable reasonable
interest rate.

tasa de interés real real interest rate.

tasa de interés renegociable
renegotiable interest rate.

tasa de interés tope ceiling interest
rate.

tasa de interés usuraria usurious rate
of interest.

tasa de interés variable variable
interest rate.

tasa de interés vinculada a un índice
index-tied interest rate.

tasa de inversión investment rate.

tasa de mejoras improvement ratio.

tasa de mercado market rate.

tasa de mercado abierto open
market rate.

tasa de miembro member's rate.

tasa de morbilidad morbidity rate.

tasa de morosidad delinquency rate.

tasa de mortalidad mortality rate.

tasa de nación más favorecida most
favored nation rate.

tasa de pérdidas loss rate.

tasa de porcentaje anual constante
constant annual percent rate.

tasa de préstamo loan rate.

tasa de préstamo comercial
commercial loan rate.

tasa de préstamo hipotecario
mortgage loan rate.

tasa de préstamo mínima   minimum lending rate.

tasa de préstamo nominal   nominal loan rate.

tasa de préstamo pagadero a la demanda   call loan rate.

tasa de préstamo puente   bridge loan rate.

tasa de préstamos   lending rate.

tasa de prima   premium rate.

tasa de prima de clase   class premium rate.

tasa de producción   production rate.

tasa de producción corriente   current production rate.

tasa de redescuento   rediscount rate.

tasa de referencia   reference rate.

tasa de reinversión   reinvestment rate.

tasa de rendimiento   rate of return.

tasa de rendimiento antes de impuestos   pretax rate of return.

tasa de rendimiento descontada   discounted rate of return.

tasa de rendimiento global   overall rate of return.

tasa de rendimiento incremental   incremental rate of return.

tasa de rendimiento interno   internal rate of return.

tasa de rendimiento justa   fair rate of return.

tasa de rendimiento no ajustada   unadjusted rate of return.

tasa de rendimiento real   real rate of return.

tasa de rendimiento requerida   required rate of return.

tasa de rendimiento simple   simple rate of return.

tasa de retención   retention rate.

tasa de seguros   insurance rate.

tasa de sueldo base   base pay rate.

tasa de tarifas   tariff rate.

tasa de tarjeta de crédito   credit card rate.

tasa de tránsito   transit rate.

tasa de utilización   utilization rate.

tasa de vacantes   vacancy rate.

tasa de vacantes natural   natural vacancy rate.

tasa debajo del mercado   below-market rate.

tasa decreciente   falling rate.

tasa del cupón   coupon rate.

tasa del mercado monetario   money market rate.

tasa del mercado prevaleciente   prevailing market rate.

tasa departamental   departmental rate.

tasa devengada   rate earned.

tasa diferencial   differential rate.

tasa efectiva   effective rate.

tasa especial   special rate.

tasa específica   specific rate.

tasa especificada   specified rate.

tasa estabilizada   stabilized rate.

tasa estable   stable rate.

tasa estándar   standard rate.

tasa estatal   state rate.

tasa estipulada   stipulated rate.

tasa fija   fixed rate.

tasa fiscal   tax rate.

tasa flexible   flexible rate.

tasa flotante   floating rate.

tasa fluctuante   fluctuating rate.

tasa garantizada   guaranteed rate.

tasa hipotecaria   mortgage rate.

tasa hipotecaria ajustable   adjustable mortgage rate.

tasa hipotecaria preaprobada   preapproved mortgage rate.

tasa histórica   historical rate.

tasa impositiva   tax rate.

tasa impositiva combinada   composite tax rate.

tasa impositiva de no residentes   nonresident tax rate.

tasa impositiva efectiva   effective tax rate.

tasa impositiva marginal   marginal tax rate.

tasa impositiva máxima   maximum tax rate.

tasa impositiva mínima   minimum tax rate.

tasa incierta   uncertain rate.

tasa incremental   incremental rate.

tasa indizada   indexed rate.

tasa inicial   initial rate.

tasa interbancaria   interbank rate.

tasa intermedia   middle rate.

tasa introductoria   introductory rate.

tasa legal   legal rate.

tasa límite   rate cap.

tasa límite de interés interest rate cap.
tasa máxima maximum rate.
tasa mínima minimum rate.
tasa natural natural rate.
tasa negociada negotiated rate.
tasa neta net rate.
tasa no ajustada unadjusted rate.
tasa nominal nominal rate.
tasa objeto target rate.
tasa oficial official rate.
tasa periódica periodic rate.
tasa por trabajo job rate.
tasa porcentual anual annual
    percentage rate.
tasa preaprobada preapproved rate.
tasa predeterminada predetermined
    rate.
tasa prevaleciente prevailing rate.
tasa promedia blended rate.
tasa proporcional proportional rate.
tasa provisional provisional rate.
tasa puente bridge rate.
tasa razonable reasonable rate.
tasa real real rate.
tasa reducida reduced rate.
tasa renegociable renegotiable rate.
tasa representativa representative
    rate.
tasa requerida required rate.
tasa retroactiva retroactive rate.
tasa salarial wage rate.
tasa semianual semiannual rate.
tasa semivariable semivariable rate.
tasa subsidiada subsidized rate.
tasa tope ceiling rate.
tasa tributaria tax rate.
tasa tributaria combinada composite
    tax rate.
tasa tributaria de no residentes
    nonresident tax rate.
tasa tributaria efectiva effective tax
    rate.
tasa tributaria máxima maximum
    tax rate.
tasa tributaria mínima minimum tax
    rate.
tasa trimestral quarterly rate.
tasa usuraria usurious rate.
tasa variable variable rate.
tasa variable de tarjeta de crédito
    credit card variable rate.
tasa vigente going rate.

tasa vinculada a un índice index-tied
    rate.
tasable appraisable, taxable.
tasación *f* appraisal, price regulation.
tasación certificada certified appraisal.
tasación de propiedad property
    appraisal.
tasación en masa mass appraising.
tasación independiente independent
    appraisal.
tasado appraised, assessed.
tasador *m* appraiser.
tasador adj appraising.
tasador certificado certified appraiser.
tasador de avería average adjuster.
tasar appraise, regulate, tax.
tasar en exceso overappraise.
tasar en menos underappraise.
tasas contributivas progresivas
    progressive tax rates.
tasas impositivas progresivas
    progressive tax rates.
tasas progresivas progressive rates.
tasas tributarias progresivas
    progressive tax rates.
taxabilidad *f* taxability.
técnica de Monte Carlo Monte Carlo
    technique.
técnicas de auditoría audit techniques.
técnicas de flujo de efectivo
    descontado discounted cash flow
    techniques.
tecnológico technological.
telecomunicaciones
    telecommunications.
telecomunicación *f*
    telecommunication.
telefónicamente telephonically.
telefónico telephonic.
teléfono celular cellular phone.
telemercadeo *m* telemarketing.
televisar televise.
televisión de antena comunitaria
    community antenna television.
temario *m* agenda.
temporada *f* season, period.
temporal temporary, temporal.
temporalmente temporarily,
    temporally.
temporáneo temporary, temporal.
temporero temporary, seasonal.

tendencia a corto plazo   short-term trend.

tendencia a largo plazo   long-term trend.

tendencia de mercado   market trend.

tendencia económica   economic trend.

tenedor   *m* holder, possessor, owner.

tenedor de acciones   stockholder.

tenedor de bonos   bondholder.

tenedor de buena fe   holder in due course.

tenedor de contrato   contract holder.

tenedor de letra   bill holder.

tenedor de libros   bookkeeper.

tenedor de pagaré   noteholder.

tenedor de patente   patent holder.

tenedor de póliza   policyholder.

tenedor de prenda   pledgee.

tenedor de tarjeta   cardholder.

tenedor de un pagaré   noteholder.

tenedor de valor   holder for value.

tenedor en debido curso   holder in due course.

tenedor inscrito   registered holder.

tenedor registrado   holder of record.

teneduría de libros   bookkeeping.

tenencia   *f* tenancy, holding, possession.

tenencia conjunta   joint tenancy, cotenancy.

tenencia en común   tenancy in common.

tener   have, possess, own, take, receive.

tener y poseer   to have and to hold.

tenido en fideicomiso   held in trust.

teniente   possessing, holding, owning.

teorema del límite central   central limit theorem.

teorético   theoretical.

teoría contributiva de beneficios   benefit tax theory.

teoría de beneficios   benefit theory.

teoría de decisiones   decision theory.

teoría de equilibrio parcial   partial-equilibrium theory.

teoría de la demanda   theory of demand.

teoría de la oferta   theory of supply.

teoría de segmentación de mercado   market segmentation theory.

tercena   *f* state monopoly store.

tercer mercado   third market.

tercer turno   third shift.

tercera hipoteca   third mortgage.

tercerear   mediate, arbitrate.

tercería   *f* mediation, arbitration, intervention.

tercería de dominio   intervention in a suit by a third party claiming ownership.

tercerista   *m/f* intervenor.

tercero   *m* third party, mediator, arbitrator, intervenor.

tercero en discordia   mediator, arbitrator.

tercero interviniente   intervenor.

terceros en el proceso   intervenors.

terciador   *m* mediator, arbitrator.

terciador   adj mediating, arbitrating.

terciar   mediate, arbitrate, intervene.

tergiversable   that which can be misrepresented, that which can be twisted.

tergiversación   *f* misrepresentation, twisting.

tergiversar   misrepresent, twist.

terminabilidad   *f* terminability.

terminable   terminable.

terminación   *f* termination.

terminación del sindicato   syndicate termination.

terminal   terminal.

terminal activado por cliente   customer activated terminal.

terminal de cajero   teller terminal.

terminal de punto de venta   point-of-sale terminal.

terminante   definite.

terminantemente   definitely.

terminar   terminate.

término   *m* term, boundary, condition.

término cierto   fixed term.

término convencional   term which has been agreed to.

término de gracia   grace period.

término de póliza   policy terms.

término del arrendamiento   term of lease.

término del préstamo   loan term.

término extintivo   expiration date.

término fatal   deadline.

término improrrogable   deadline.

término incierto   uncertain term.

término medio   compromise.

término perentorio   deadline.

término preliminar   preliminary term.

término prorrogable extendible term.

término renovable renewable term.

término tácito implied term.

términos convencionales conventional terms.

términos corrientes current terms.

términos de aceptación terms of acceptance.

términos de comercio terms of trade.

términos de consignación consignment terms.

términos de crédito terms of credit.

términos de embarque terms of shipment.

términos de entrega terms of delivery.

términos de pago terms of payment.

términos de préstamo terms of loan.

términos de transporte terms of shipment.

términos de venta terms of sale.

términos estipulados stipulated terms.

términos expresos express terms.

términos negociados negotiated terms.

términos preestablecidos preset terms.

términos prevalecientes prevailing terms.

términos renegociables renegotiable terms.

términos renegociados renegotiated terms.

terrateniente *m/f* landowner.

terreno *m* land, plot, field.

terreno abierto open space.

terreno cerrado enclosed space.

terreno edificado developed plot.

terreno lindante abutting land.

terreno yermo wasteland, uninhabited land.

territorio *m* territory, zone.

tesorería *f* treasury, post of a treasurer.

tesorería nacional national treasury.

tesorero *m* treasurer.

tesoro *m* treasury.

tesoro nacional national treasury.

testamento *m* testament, will.

testificante testifying, witnessing, attesting.

testificar testify, witness, attest.

testigo *m* witness, attestor.

testigo certificador attesting witness.

testimoniar testify, bear witness to, attest.

tiempo, a on time.

tiempo base base time.

tiempo compensatorio compensatory time.

tiempo completo, a full time.

tiempo continuo continuous period.

tiempo de corte cut-off time.

tiempo de efectividad effective period.

tiempo de reposición replacement time.

tiempo de viaje travel time.

tiempo doble double time.

tiempo extra overtime.

tiempo inmemorial time immemorial.

tiempo muerto dead time.

tiempo normal normal time.

tiempo parcial, a part time.

tiempo razonable reasonable time.

tiempo suficiente sufficient time.

tienda *f* store.

tienda de compañía company store.

tienda de conveniencia convenience store.

tienda de descuentos discount store.

tienda de una cadena chain store.

tienda independiente independent store.

tienda libre de impuestos duty-free shop.

tienda por departamentos department store.

tierra marginal marginal land.

tierra vacante vacant land.

tierras mejoradas improved land.

tierras públicas public lands.

timbre stamp, tax stamp, tax stamp revenue, seal.

timbre de correo postage stamp.

timbre de impuesto revenue stamp.

timbre fiscal revenue stamp.

timo *m* swindle.

típico typical.

tipo *m* type, rate, standard.

tipo a corto plazo short-term rate.

tipo a largo plazo long-term rate.

tipo a plazo forward rate.

tipo a término forward rate.

tipo abierto open rate.

tipo aduanero customs rate.

tipo ajustable   adjustable rate.
tipo ajustado   adjusted rate.
tipo ajustado por riesgo
   risk-adjusted rate.
tipo al contado   spot rate.
tipo alternativo   alternative rate.
tipo anual   annual rate.
tipo anual constante   constant annual
   rate.
tipo anualizado   annualized rate.
tipo arancelario   tariff rate.
tipo bajo la del mercado   below
   market rate.
tipo bancario   bank rate.
tipo base   base rate.
tipo base de sueldo   base rate of pay.
tipo básico   basic rate.
tipo bisemanal   biweekly rate.
tipo cambiario   exchange rate.
tipo central   central rate.
tipo cero   zero rate.
tipo clave   key rate.
tipo combinado   combined rate.
tipo comercial   commercial rate.
tipo competitivo   competitive rate.
tipo conjunto   joint rate.
tipo constante   constant rate.
tipo contable   accounting rate.
tipo contributivo combinado
   composite tax rate.
tipo contributivo de no residentes
   nonresident tax rate.
tipo contributivo efectivo   effective
   tax rate.
tipo contributivo marginal   marginal
   tax rate.
tipo contributivo máximo   maximum
   tax rate.
tipo contributivo mínimo   minimum
   tax rate.
tipo convenido   agreed rate.
tipo corriente   current rate.
tipo cruzado   cross-rate.
tipo de adelanto de efectivo   cash
   advance rate.
tipo de alquiler   rental rate.
tipo de amortización   rate of
   depreciation.
tipo de apreciación   appreciation rate.
tipo de bono corporativo   corporate
   bond rate.
tipo de cambio   exchange rate.

tipo de cambio a término   forward
   exchange rate.
tipo de cambio administrado
   managed exchange rate.
tipo de cambio al contado   spot
   exchange rate.
tipo de cambio de divisas   foreign
   exchange rate.
tipo de cambio de moneda flotante
   floating currency exchange rate.
tipo de cambio efectivo   effective
   exchange rate.
tipo de cambio especificado
   specified exchange rate.
tipo de cambio estable   stable
   exchange rate.
tipo de cambio fijo   fixed exchange
   rate.
tipo de cambio flexible   flexible
   exchange rate.
tipo de cambio flotante   floating
   exchange rate.
tipo de cambio múltiple   multiple
   exchange rate.
tipo de cambio nominal   nominal
   exchange rate.
tipo de cambio oficial   official
   exchange rate.
tipo de cambio único   single-exchange
   rate.
tipo de cambio variable   variable
   exchange rate.
tipo de clase   class rate.
tipo de cobros   collection rate.
tipo de combinación   combination
   rate.
tipo de contrato   contract rate.
tipo de conversión   conversion rate.
tipo de depreciación   rate of
   depreciation, type of depreciation.
tipo de descuento   discount rate.
tipo de descuento bancario   bank
   discount rate.
tipo de dividendos   dividend rate.
tipo de empréstito   loan rate.
tipo de empréstito comercial
   commercial loan rate.
**tipo de empréstito pagadero a la
   demanda**   call loan rate.
tipo de empréstito puente   bridge
   loan rate.
tipo de exportación   export rate.

tipo de fondos federales federal funds rate.

tipo de hipoteca bisemanal biweekly mortgage rate.

tipo de hipoteca comercial commercial mortgage rate.

tipo de imposición rate of taxation.

tipo de impuesto tax rate.

tipo de inflación inflation rate.

tipo de intercambio interchange rate.

tipo de interés interest rate.

tipo de interés a corto plazo short-term interest rate.

tipo de interés a largo plazo long-term interest rate.

tipo de interés a plazo forward interest rate.

tipo de interés a término forward interest rate.

tipo de interés anual constante constant annual interest rate.

tipo de interés base base interest rate.

tipo de interés compuesto compound interest rate.

tipo de interés constante constant interest rate.

tipo de interés corriente current interest rate.

tipo de interés de adelanto de efectivo cash advance interest rate.

tipo de interés de bono corporativo corporate bond interest rate.

tipo de interés de contrato contract interest rate.

tipo de interés de depósitos deposit interest rate.

tipo de interés de empréstito loan interest rate.

tipo de interés de equilibrio equilibrium interest rate.

tipo de interés de mercado market interest rate.

tipo de interés de préstamo loan interest rate.

tipo de interés de préstamo hipotecario mortgage loan interest rate.

tipo de interés de referencia reference interest rate.

tipo de interés de tarjeta de crédito credit card interest rate.

tipo de interés debajo del mercado below market interest rate.

tipo de interés del mercado monetario money market interest rate.

tipo de interés efectivo effective interest rate.

tipo de interés especificado specified interest rate.

tipo de interés específico specific interest rate.

tipo de interés estable stable interest rate.

tipo de interés estipulado stipulated interest rate.

tipo de interés fijo fixed interest rate.

tipo de interés flexible flexible interest rate.

tipo de interés flotante floating interest rate.

tipo de interés fluctuante fluctuating interest rate.

tipo de interés inicial initial interest rate.

tipo de interés legal legal interest rate.

tipo de interés máximo maximum interest rate.

tipo de interés mínimo minimum interest rate.

tipo de interés natural natural interest rate.

tipo de interés nominal nominal interest rate, face interest rate.

tipo de interés ofrecido a casas de corretaje broker loan rate.

tipo de interés periódico periodic interest rate.

tipo de interés preaprobado preapproved interest rate.

tipo de interés preferencial prime rate.

tipo de interés prevaleciente prevailing interest rate.

tipo de interés razonable reasonable interest rate.

tipo de interés real real interest rate.

tipo de interés renegociable renegotiable interest rate.

tipo de interés tope ceiling interest rate.

tipo de interés usurario usurious rate of interest.

tipo de interés variable variable interest rate.

tipo de interés vinculado a un índice
index-tied interest rate.

tipo de mercado   market rate.

tipo de mercado abierto   open
market rate.

tipo de miembro   member's rate.

tipo de nación más favorecida   most
favored nation rate.

tipo de porcentaje anual constante
constant annual percent rate.

tipo de préstamo   loan rate.

tipo de préstamo comercial
commercial loan rate.

tipo de préstamo hipotecario
mortgage loan rate.

tipo de préstamo mínimo   minimum
lending rate.

tipo de préstamo nominal   nominal
loan rate.

**tipo de préstamo pagadero a la
demanda**   call loan rate.

tipo de préstamo puente   bridge loan
rate.

tipo de préstamos   lending rate.

tipo de prima   premium rate.

tipo de prima de clase   class premium
rate.

tipo de redescuento   rediscount rate.

tipo de referencia   reference rate.

tipo de reinversión   reinvestment rate.

tipo de rendimiento   rate of return.

**tipo de rendimiento antes de
impuestos**   pretax rate of return.

tipo de rendimiento descontado
discounted rate of return.

tipo de rendimiento global   overall
rate of return.

tipo de rendimiento incremental
incremental rate of return.

tipo de rendimiento interno
internal rate of return.

tipo de rendimiento justo   fair rate
of return.

tipo de rendimiento no ajustado
unadjusted rate of return.

tipo de rendimiento real   real rate of
return.

tipo de rendimiento requerido
required rate of return.

tipo de rendimiento simple   simple
rate of return.

tipo de retención   retention rate.

tipo de seguros   insurance rate.

tipo de sueldo base   base pay rate.

tipo de tarifas   tariff rate.

tipo de tarjeta de crédito   credit card
rate.

tipo de tránsito   transit rate.

tipo decreciente   falling rate.

tipo del cupón   coupon rate.

tipo del mercado monetario   money
market rate.

tipo del mercado prevaleciente
prevailing market rate.

tipo departamental   departmental rate.

tipo devengado   rate earned.

tipo diferencial   differential rate.

tipo efectivo   effective rate.

tipo especial   special rate.

tipo especificado   specified rate.

tipo específico   specific rate.

tipo estabilizado   stabilized rate.

tipo estable   stable rate.

tipo estándar   standard rate.

tipo estatal   state rate.

tipo estipulado   stipulated rate.

tipo fijo   fixed rate.

tipo fiscal   tax rate.

tipo flexible   flexible rate.

tipo flotante   floating rate.

tipo fluctuante   fluctuating rate.

tipo garantizado   guaranteed rate.

tipo hipotecario   mortgage rate.

tipo hipotecario ajustable   adjustable
mortgage rate.

tipo hipotecario preaprobado
preapproved mortgage rate.

tipo histórico   historical rate.

tipo impositivo   tax rate.

tipo impositivo combinado
composite tax rate.

tipo impositivo de no residentes
nonresident tax rate.

tipo impositivo efectivo   effective tax
rate.

tipo impositivo marginal   marginal
tax rate.

tipo impositivo máximo   maximum
tax rate.

tipo impositivo mínimo   minimum
tax rate.

tipo incierto   uncertain rate.

tipo incremental   incremental rate.

tipo indizado   indexed rate.

tipo inicial   initial rate.

tipo interbancario interbank rate.
tipo intermedio middle rate.
tipo introductorio introductory rate.
tipo legal legal rate.
tipo límite rate cap.
tipo límite de interés interest rate cap.
tipo máximo maximum rate.
tipo mínimo minimum rate.
tipo natural natural rate.
tipo negociado negotiated rate.
tipo neto net rate.
tipo no ajustado unadjusted rate.
tipo nominal nominal rate.
tipo objeto target rate.
tipo oficial official rate.
tipo periódico periodic rate.
tipo por trabajo job rate.
tipo porcentual anual annual percentage rate.
tipo preaprobado preapproved rate.
tipo predeterminado predetermined rate.
tipo prevaleciente prevailing rate.
tipo promedio blended rate.
tipo proporcional proportional rate.
tipo provisional provisional rate.
tipo puente bridge rate.
tipo razonable reasonable rate.
tipo real real rate.
tipo reducido reduced rate.
tipo renegociable renegotiable rate.
tipo representativo representative rate.
tipo requerido required rate.
tipo retroactivo retroactive rate.
tipo salarial wage rate.
tipo semianual semiannual rate.
tipo semivariable semivariable rate.
tipo subsidiado subsidized rate.
tipo tope ceiling rate.
tipo tributario tax rate.
tipo tributario combinado composite tax rate.
tipo tributario de no residentes nonresident tax rate.
tipo tributario efectivo effective tax rate.
tipo tributario máximo maximum tax rate.
tipo tributario mínimo minimum tax rate.

tipo trimestral quarterly rate.
tipo usurario usurious rate.
tipo variable variable rate.
tipo variable de tarjeta de crédito credit card variable rate.
tipo vigente going rate.
tipo vinculado a un índice index-tied rate.
tipos contributivos progresivos progressive tax rates.
tipos impositivos progresivos progressive tax rates.
tipos progresivos progressive rates.
tipos tributarios progresivos progressive tax rates.
titulación *f* title documents.
titulado *m* titled person.
titular *m* owner of record, holder of title, holder.
titular adj titular, regular.
titular (v) title.
título *m* title, certificate of title, certificate, bond, license.
título absoluto absolute title.
título al portador bearer instrument, bearer bond.
título aparente apparent title.
título asegurable insurable title.
título auténtico authentic title.
título colorado color of title.
título comerciable marketable title.
título de acciones stock certificate.
título de adquisición bill of sale.
título de crédito credit instrument.
título de deuda debt instrument, evidence of indebtedness.
título de dominio title, title deed.
título de la deuda pública public bond.
título de patente letters patent.
título de propiedad title, title deed.
título defectuoso defective title.
título dudoso doubtful title.
título ejecutivo document which grants a right of execution.
título en equidad equitable title.
título endosable endorsable instrument.
título equitativo equitable title.
título gratuito gratuitous title.
título gratuito, a gratuitous.
título hábil perfect title.

título hipotecario mortgage bond.

título imperfecto imperfect title.

título impugnable exceptionable title.

título incomerciable unmarketable title.

título incondicional absolute fee simple, absolute deed.

título inscribible registerable title.

título justo just title.

título legal legal title.

título limpio clear title.

título lucrativo lucrative title.

título no asegurable uninsurable title.

título no garantizado uninsured title.

título no traslativo de dominio unmarketable title.

título nominativo registered instrument, registered bond.

título nulo void title.

título oneroso onerous title.

título oneroso, a based on valuable consideration.

título originario original title.

título perfecto perfect title.

título por prescripción title by prescription.

título posesorio possessory title.

título precario, a for temporary use and enjoyment.

título presunto presumptive title.

título primordial original title.

título profesional professional license.

título putativo presumptive title.

título registrado title of record.

título satisfactorio satisfactory title.

título seguro marketable title.

título singular singular title.

título superior superior title.

título traslativo de dominio marketable title.

título válido valid title.

título valor credit instrument.

título viciado defective title, imperfect title.

título vicioso defective title, imperfect title.

títulos negociables negotiable paper.

toma de decisiones decision making.

toma de posesión taking of possession.

toma del control apalancada leveraged takeover.

tomador *m* taker, drawee, payee.

tomador de crédito borrower.

tomar take, take on.

tomar el acuerdo decide.

tomar posesión take possession.

tonelaje *m* tonnage.

tonelaje bruto gross tonnage.

tonelaje neto net tonnage.

tonelaje registrado registered tonnage.

tono de mercado market tone.

tontina *f* tontine.

tope de precios price ceiling.

tope de tasa rate ceiling.

tope de tipo rate ceiling.

torcer twist, corrupt.

torno *m* turn, granting of auctioned property to the second highest bidder upon the first failing to meet the stipulated conditions.

torsión *f* twisting.

tortuguismo *m* slowdown.

total de control hash total.

totalidad *f* totality.

totalidad del contrato entirety of contract.

totalmente totally, fully.

totalmente nulo absolutely void.

toxicidad *f* toxicity.

tóxico toxic.

traba *f* tie, obstacle, attachment.

trabacuenta *f* error in an account, dispute.

trabajador *m* worker, employee.

trabajador adj working.

trabajador a tiempo completo full-time worker.

trabajador agrícola farm worker.

trabajador ambulante transient worker.

trabajador asalariado salaried employee.

trabajador asociado co-worker.

trabajador del estado government employee.

trabajador dependiente employee.

trabajador eventual temporary worker.

trabajador extranjero foreign worker.

trabajador independiente independent contractor.

trabajador industrial industrial worker.

trabajador itinerante itinerant worker.

trabajador migratorio migrant worker.

trabajar work, to be employed.

trabajar a destajo do piecework.

trabajo *m* work, job, employment, report.

trabajo a destajo piecework.

trabajo a tiempo completo full-time work.

trabajo a tiempo parcial part-time work.

trabajo clave key job.

trabajo continuo continuous work.

trabajo de oficina clerical work.

trabajo diurno day work.

trabajo estacional seasonal work.

trabajo manual manual labor.

trabajo nocturno night work.

trabajo peligroso dangerous work.

trabajo profesional professional work.

trabajoso laborious, labored.

tracto *m* space, interval.

tradición *f* tradition, delivery, transfer.

tradición absoluta absolute delivery.

tradición condicional conditional delivery.

tradición corporal actual delivery.

tradición de derechos transfer of rights.

tradición de inmuebles transfer of real property.

tradición de la posesión transfer of possession.

tradición de la propiedad transfer of property.

tradición de muebles transfer of personal property.

tradición efectiva actual delivery.

tradición ficticia feigned delivery.

tradición fingida feigned delivery.

tradición real actual delivery.

tradición simbólica symbolic delivery.

traducción *f* translation.

traducción de divisas foreign currency translation.

traducir translate.

traficante *m/f* trafficker.

traficar traffic, travel.

tráfico *m* traffic.

trajín *m* hectic activity, transport.

tramitación *f* procedure, transaction, negotiation.

tramitación de un préstamo processing of a loan.

tramitación de una solicitud processing of an application.

tramitador *m* transactor, negotiator.

tramitar transact, negotiate, proceed with.

trámite *m* step, procedure, proceeding, negotiation.

tramo *m* section, passage.

trampa *f* trap, cheating.

trampear cheat.

trampería *f* cheating.

tramposo adj cheating.

tramposo *m* cheat.

transacción *f* transaction, settlement.

transacción a plazo forward transaction.

transacción a término forward transaction.

transacción aleatoria aleatory transaction.

transacción apareada matched transaction.

transacción comercial business transaction.

transacción compensatoria compensatory trade.

transacción completada completed transaction.

transacción con entrega inmediata cash trade.

transacción cruzada crossed trade.

transacción de apertura opening transaction.

transacción de bloque block transaction.

transacción de capital capital transaction.

transacción de crédito credit transaction.

transacción de divisas foreign exchange transaction.

transacción de mercancía commodity transaction.

transacción de negocios business deal.

transacción de permuta barter transaction.

transacción en divisa foreign currency transaction.

transacción en efectivo cash trade.

transacción en oro gold transaction.

transacción especulativa speculative transaction.

transacción ficticia dummy transaction.

transacción imponible taxable transaction.

transacción monetaria monetary transaction.

transacción neta net transaction.

transacción no comercial noncommercial transaction.

transacción no gravable nontaxable transaction.

transacción no imponible nontaxable transaction.

transacción no monetaria nonmonetary transaction.

transacción no tributable nontaxable transaction.

transacción nula void transaction.

transacción ocasional occasional transaction.

transacción omitida omitted transaction.

transacción pecuniaria pecuniary transaction.

transacción periódica periodic transaction.

transacción preautorizada preauthorized transaction.

transacción recíproca reciprocal transaction.

transacción sin garantía unsecured transaction.

transacción sin riesgo riskless transaction.

transacción telefónica telephone transaction.

transaccional transactional.

transaccionar valores usando crédito en una firma bursátil trade on margin.

transacciones entre compañías intercompany transactions.

transacciones sin certificados certificateless transactions.

transar settle.

transbordar transfer, switch.

transbordo *m* transfer, switch.

transcurrir elapse.

transcurso *m* passage.

transferencia *f* transference, transfer.

transferencia automática automatic transfer.

transferencia automática de fondos automatic transfer of funds.

transferencia autorizada authorized transfer.

transferencia bancaria banking transfer.

transferencia cablegráfica cable transfer.

transferencia condicional conditional transfer.

transferencia de acciones stock transfer.

transferencia de arrendamiento assignment of lease.

transferencia de beneficios electrónica electronic benefits transfer.

transferencia de capital capital transfer.

transferencia de certificado de depósito certificate of deposit rollover.

transferencia de contrato assignment of contract.

transferencia de crédito credit transfer.

transferencia de cuenta assignment of account.

transferencia de cuenta de retiro individual individual retirement account rollover.

transferencia de débito debit transfer.

transferencia de deudas assignment of debts.

transferencia de fondos transfer of funds.

transferencia de fondos electrónica electronic funds transfer.

transferencia de hipoteca transfer of mortgage.

transferencia de ingresos income shifting.

transferencia de mercancías merchandise transfer.

transferencia de propiedad transfer of property.

transferencia de riesgo risk transfer.

transferencia de salario assignment of wages.

transferencia de título transfer of title.

transferencia del dominio transfer of ownership.

transferencia electrónica electronic transfer.

transferencia electrónica preautorizada preauthorized electronic transfer.

transferencia en los contratos assignment of contracts.

transferencia fraudulenta fraudulent transfer.

transferencia incompleta incomplete transfer.

transferencia incondicional unconditional transfer.

transferencia inversa reverse transfer.

transferencia legal legal transfer.

transferencia monetaria money transfer.

transferencia no autorizada unauthorized transfer.

transferencia no recíproca nonreciprocal transfer.

transferencia por tercera parte third party transfer.

transferencia preautorizada preauthorized transfer.

transferencia revocable revocable transfer.

transferencia telegráfica telegraphic transfer.

transferencia voluntaria voluntary conveyance.

transferibilidad *f* transferability.

transferible transferable.

transferido transferred.

transferidor *m* transferrer.

transferidor adj transferring.

transferir transfer, postpone.

transformación *f* transformation.

transgresión *f* transgression.

transición *f* transition.

transigencia *f* compromise, tolerance.

transigente compromising, tolerant.

transigir compromise, settle.

transitar transit.

tránsito *m* transit, traffic, transition.

tránsito aéreo air traffic.

tránsito, en in transit.

transitoriamente transitorily.

transitoriedad *f* transitoriness.

transitorio transitory.

translación *f* transfer, translation, transcription.

transmisibilidad *f* transmissibility, transferability.

transmisible transmissible, transferable.

transmisión *f* transmission, transfer, communication.

transmisión de propiedad transfer of ownership.

transmisión por telefacsímil facsimile transmission.

transmisor *m* transmitter.

transmitir transmit, transfer, communicate.

transnacional transnational.

transponer transfer.

transportable transportable.

transportación *f* transportation.

transportador *m* transporter.

transportador intermedio intermediate carrier.

transportador privado private carrier.

transportar transport.

transporte *m* transport, transportation.

transporte aéreo air transport.

transporte comercial commercial transportation.

transporte de personas transportation of people.

transporte de puerta a puerta door-to-door delivery.

transporte fluvial river transportation.

transporte interior inland transport.

transporte marítimo maritime transportation.

transporte mercantil commercial transportation.

transporte por agua water transportation.

transporte terrestre ground transportation.

transportista *m/f* carrier.

transportista de destino destination carrier.

transportista público public carrier.

tranza *f* attachment.

trasbordar transfer, switch.

trasbordo *m* transfer, switch.

trascurrir elapse.

trascurso *m* passage.

trasferencia *f* transference, transfer.

trasferible transferable.

trasferir transfer, assign.

trasfondo *m* background.

trasformación *f* transformation.

traslación *f* transfer, translation, transcription.

traslación de dominio transfer of ownership.

trasladar transfer, translate, transcribe.

traslado *m* transfer, change, communication, transcript.

trasmisible transmissible, transferable.

trasmisión *f* transmission, transfer, communication.

trasmitir transmit, transfer, communicate.

traspapelar misplace among papers.

traspapelarse get misplaced among papers.

traspasable transferable, transportable, passable.

traspasar transfer, transgress, go beyond limits.

traspaso *m* conveyance, transfer, transgression, trick.

traspaso absoluto absolute transfer, absolute conveyance.

traspaso automático automatic transfer.

traspaso automático de fondos automatic transfer of funds.

traspaso autorizado authorized transfer.

traspaso bancario banking transfer.

traspaso cablegráfico cable transfer.

traspaso condicional conditional transfer.

traspaso de acciones stock transfer.

traspaso de arrendamiento assignment of lease.

traspaso de capital capital transfer.

traspaso de certificado de depósito certificate of deposit rollover.

traspaso de contrato assignment of contract.

traspaso de crédito credit transfer.

traspaso de cuenta assignment of account.

traspaso de cuenta de retiro individual individual retirement account rollover.

traspaso de débito debit transfer.

traspaso de deudas assignment of debts.

traspaso de fondos transfer of funds.

traspaso de fondos electrónico electronic funds transfer.

traspaso de hipoteca transfer of mortgage.

traspaso de ingresos income shifting.

traspaso de mercancías merchandise transfer.

traspaso de propiedad conveyance of ownership, transfer of property.

traspaso de riesgo risk transfer.

traspaso de salario assignment of wages.

traspaso de título transfer of title.

traspaso del dominio transfer of ownership.

traspaso electrónico electronic transfer.

traspaso electrónico preautorizado preauthorized electronic transfer.

traspaso fraudulento fraudulent transfer.

traspaso incompleto incomplete transfer.

traspaso incondicional absolute transfer, absolute conveyance.

traspaso legal legal transfer.

traspaso monetario money transfer.

traspaso no autorizado unauthorized transfer.

traspaso no recíproco nonreciprocal transfer.

traspaso por tercera parte third party transfer.

traspaso preautorizado preauthorized transfer.

traspaso revocable revocable transfer.

traspaso voluntario voluntary conveyance.

trasponer transfer.

trasportable transportable.

trasportación *f* transportation.

trasportador *m* transporter.

trasportar transport.

trasporte *m* transport, transportation.

tratado *m* treaty, agreement.

tratado contributivo tax treaty.

tratado de pagos bilateral bilateral payments agreement.

tratado de permuta barter agreement.

tratado económico economic treaty.
tratado fiscal tax treaty.
tratado impositivo tax treaty.
tratado internacional treaty.
tratado multilateral multilateral agreement.
tratado tributario tax treaty.
tratamiento contributivo tax treatment.
tratamiento fiscal tax treatment.
tratamiento impositivo tax treatment.
tratamiento tributario tax treatment.
tratante *m* dealer.
tratar treat, deal with.
trato *m* treatment, agreement, contract, trade, treaty.
trato colectivo collective bargaining.
trato de nación más favorecida most favored nation treatment.
trato desigual unequal treatment.
trato doble double-dealing.
trato preferencial preferential treatment.
trayectoria *f* trajectory.
trecho *m* stretch, period.
treintañal of thirty years.
tresdoblar triple.
tresdoble triple.
treta *f* trick.
tribunal aduanal customs court.
tribunal de comercio commercial court.
tribunal de quiebras bankruptcy court.
tribunal de trabajo labor court.
tributable taxable.
tributación *f* tax, tax payment, tax system.
tributación a la exportación export tax.
tributación a la herencia inheritance tax.
tributación a las ganancias income tax.
tributación a las rentas income tax.
tributación a las transacciones excise tax.
tributación a las utilidades income tax.
tributación a las ventas sales tax.

tributación a los capitales capital stock tax.
tributación a los predios ad valorem tax.
tributación a los réditos income tax.
tributación a ocupaciones occupational tax.
tributación acumulativa cumulative tax.
tributación ad valórem ad valorem tax.
tributación adelantada advance tax.
tributación adicional surtax.
tributación aduanal customs duty.
tributación al capital contribution to capital.
tributación al consumo consumption tax.
tributación al valor agregado value added tax.
tributación anticipada advance tax.
tributación arancelaria customs duty.
tributación básica basic tax.
tributación compensatoria compensatory tax.
tributación complementaria complementary tax, surtax.
tributación comunitaria community tax.
tributación corporativa corporate tax.
tributación de ausentismo absentee tax.
tributación de base amplia broad-base tax.
tributación de capitación capitation tax, poll tax.
tributación de capital capital contribution.
tributación de consumo excise tax, consumption tax.
tributación de derechos reales tax on real estate transfers.
tributación de emergencia emergency tax.
tributación de estampillado stamp tax.
tributación de exportación export tax.
tributación de fabricación manufacturing tax.
tributación de herencias inheritance tax.

tributación de igualación
equalization tax.

tributación de importación   import tax.

tributación de inmuebles   real estate tax, ad valorem tax.

tributación de internación   import duty.

tributación de legado   inheritance tax.

tributación de lujo   luxury tax.

tributación de manufactura
manufacturing tax.

tributación de mejoras   special assessment, tax assessment.

tributación de mercancía   commodity tax.

tributación de no residentes
nonresident tax.

tributación de patrimonio   capital tax.

tributación de privilegio   franchise tax.

tributación de producto   commodity tax.

tributación de seguro social   social security tax.

tributación de sellos   stamp tax.

tributación de soltería   tax on unmarried persons.

tributación de sucesión   inheritance tax.

tributación de superposición   surtax.

tributación de testamentaría
inheritance tax.

tributación de timbres   stamp tax.

tributación de tonelaje   tonnage-duty.

tributación de transferencia
transfer tax.

tributación de valorización   special assessment.

tributación debida   tax due.

tributación degresiva   degressive tax.

tributación directa   direct tax.

tributación doble   double taxation.

tributación electoral   poll-tax.

tributación en la frontera   border tax.

tributación escalonada   progressive tax.

tributación especial   special tax, extraordinary tax.

tributación específica   specific tax.

tributación estatal   state tax.

tributación estimada   estimated tax.

tributación excesiva   excessive tax.

tributación extranjera   foreign tax.

tributación extraordinaria   surtax.

tributación federal   federal tax.

tributación fija   fixed tax.

tributación fiscal   tax, national tax.

tributación general   general tax.

tributación hereditaria   inheritance tax.

tributación hipotecaria   mortgage tax.

tributación ilegal   illegal tax.

tributación indirecta   indirect tax.

tributación individual sobre la renta
individual's income tax.

tributación industrial   professional services tax.

tributación inmobiliaria   real estate tax, ad valorem tax.

tributación interna   internal tax.

tributación local   local tax.

tributación máxima   maximum contribution, maximum tax.

tributación máxima deducible
maximum deductible contribution.

tributación mínima   minimum contribution, minimum tax.

tributación mínima alternativa corporativa   corporate alternative minimum tax.

tributación múltiple   multiple taxation.

tributación municipal   municipal tax.

tributación negativa   negative tax.

tributación neta   net contribution.

tributación no deducible
nondeductible tax.

tributación normal   tax, normal tax.

tributación oculta   hidden tax.

tributación opcional   optional tax.

tributación ordinaria   tax.

tributación pagada   tax paid.

tributación para mejoras
contribution for improvements.

tributación para previsión social
social security tax.

tributación patrimonial   capital tax.

tributación per cápita   per capita tax.

tributación personal   personal tax.

tributación por cabeza   poll tax.

tributación portuaria   port charges.

tributación predial   ad valorem tax.

tributación profesional   occupational tax.

tributación progresiva   progressive tax.

tributación proporcional proportional tax.

tributación pública   public tax.

tributación real   ad valorem tax.

tributación regresiva   regressive tax.

tributación represiva   repressive tax.

tributación retenida   retained tax.

tributación según el valor   ad valorem tax.

tributación sobre beneficios   profits tax.

tributación sobre beneficios extraordinarios   excess profits tax.

tributación sobre bienes   property tax.

tributación sobre bienes inmuebles ad valorem tax.

tributación sobre bienes muebles personal property tax.

tributación sobre compras   purchase tax.

tributación sobre compraventa sales tax.

tributación sobre concesiones franchise tax.

tributación sobre diversiones amusement tax.

tributación sobre dividendos dividend tax.

tributación sobre donaciones   gift tax.

tributación sobre el consumo   excise tax.

tributación sobre el ingreso   income tax.

tributación sobre el juego   gambling tax.

tributación sobre el lujo   luxury tax.

tributación sobre el patrimonio property tax, capital tax, net worth tax.

tributación sobre el patrimonio neto   net worth tax.

tributación sobre el valor agregado value-added tax.

tributación sobre el valor añadido value-added tax.

tributación sobre empleo employment tax.

tributación sobre entradas admissions tax.

tributación sobre exceso de ganancias   excess profits tax.

tributación sobre franquicias franchise tax.

tributación sobre ganancias   profit tax.

tributación sobre ganancias a corto plazo   short-term gains tax.

tributación sobre ganancias a largo plazo   long-term gains tax.

tributación sobre ganancias de capital   capital gains tax.

tributación sobre herencias inheritance tax.

tributación sobre ingresos   income tax.

tributación sobre ingresos acumulados   accumulated earnings tax.

tributación sobre ingresos de sociedades   corporate income tax.

tributación sobre ingresos diferida deferred income tax.

tributación sobre ingresos individual   individual income tax.

tributación sobre ingresos negativa negative income tax.

tributación sobre ingresos progresiva   progressive income tax.

tributación sobre inmuebles   real property tax.

tributación sobre la nómina   payroll tax.

tributación sobre la propiedad property tax.

tributación sobre la propiedad general   general property tax.

tributación sobre la renta   income tax.

tributación sobre la renta corporativa   corporate income tax.

tributación sobre la renta individual individual's income tax.

tributación sobre las sociedades corporate tax.

tributación sobre las ventas   sales tax.

tributación sobre los beneficios profit tax.

tributación sobre los ingresos brutos gross receipts tax.

tributación sobre producción production tax.

tributación sobre riqueza mueble personal property tax.

tributación sobre salarios salary tax.

tributación sobre transacciones de capital capital transactions tax.

tributación sobre transferencias transfer tax.

tributación sobre transmisión de bienes transfer tax.

tributación sobre transmisiones transfer tax.

tributación sobre ventas sales tax.

tributación sobre ventas al por menor retail sales tax.

tributación sobre ventas general general sales tax.

tributación sucesoria inheritance tax.

tributación suntuaria luxury tax.

tributación suplementaria supplemental tax.

tributación terrestre ad valorem tax.

tributación territorial land tax.

tributación única nonrecurrent tax, single tax.

tributaciones acumuladas accrued taxes.

tributaciones acumulativas cumulative taxes.

tributaciones atrasadas back taxes.

tributaciones comerciales business taxes.

tributaciones corporativas corporate taxes.

tributaciones de aduanas customs duties.

tributaciones de empleados employee contributions.

tributaciones de rentas internas internal revenue taxes.

tributaciones diferidas deferred taxes.

tributaciones en exceso excess contributions.

tributaciones federales federal taxes.

tributaciones ilegales illegal taxes.

tributaciones locales local taxes.

tributaciones morosas delinquent taxes.

tributaciones nacionales national taxes.

tributaciones prepagadas prepaid taxes.

tributaciones proporcionales proportional taxes.

tributaciones prorrateadas apportioned taxes.

tributaciones retenidas withheld taxes.

tributaciones sobre ingresos corporativos corporate income tax.

tributaciones sobre ingresos federales federal income taxes.

tributante *m/f* taxpayer.

tributante adj taxpaying.

tributar pay taxes, pay.

tributario tax, tributary.

tributo *m* tribute, tax.

tributo a la herencia inheritance tax.

tributo a las ganancias income tax.

tributo a las rentas income tax.

tributo a las transacciones excise tax.

tributo a las utilidades income tax.

tributo a las ventas sales tax.

tributo a los capitales capital stock tax.

tributo a los predios ad valorem tax.

tributo a los réditos income tax.

tributo a ocupaciones occupational tax.

tributo ad valórem ad valorem tax.

tributo adicional surtax.

tributo aduanal customs duty.

tributo al capital contribution to capital.

tributo al consumo consumption tax.

tributo al valor agregado value added tax.

tributo anticipado advance tax.

tributo básico basic tax.

tributo compensatorio compensatory tax.

tributo complementario complementary tax, surtax.

tributo comunitario community tax.

tributo de ausentismo absentee tax.

tributo de base amplia broad-base tax.

tributo de capitación capitation tax, poll tax.

tributo de capital   capital contribution.

tributo de derechos reales   tax on real estate transfers.

tributo de emergencia   emergency tax.

tributo de estampillado   stamp tax.

tributo de exportación   export tax.

tributo de fabricación   manufacturing tax.

tributo de herencias   inheritance tax.

tributo de igualación   equalization tax.

tributo de importación   import tax.

tributo de inmuebles   real estate tax, ad valorem tax.

tributo de legado   inheritance tax.

tributo de manufactura   manufacturing tax.

tributo de mejoras   special assessment, tax assessment.

tributo de mercancía   commodity tax.

tributo de no residentes   nonresident tax.

tributo de patrimonio   capital tax.

tributo de privilegio   franchise tax.

tributo de seguro social   social security tax.

tributo de sellos   stamp tax.

tributo de soltería   tax on unmarried persons.

tributo de sucesión   inheritance tax.

tributo de superposición   surtax.

tributo de testamentaría   inheritance tax.

tributo de timbres   stamp tax.

tributo de transferencia   transfer tax.

tributo de valorización   special assessment.

tributo debido   tax due.

tributo degresivo   degressive tax.

tributo directo   direct tax.

tributo doble   double taxation.

tributo electoral   poll tax.

tributo en la frontera   border tax.

tributo escalonado   progressive tax.

tributo especial   special tax, extraordinary tax.

tributo estatal   state tax.

tributo estimado   estimated tax.

tributo excesivo   excessive tax.

tributo extraordinario   surtax.

tributo fijo   fixed tax.

tributo fiscal   tax, national tax.

tributo general   general tax.

tributo hereditario   inheritance tax.

tributo hipotecario   mortgage tax.

tributo ilegal   illegal tax.

tributo indirecto   indirect tax.

tributo individual sobre la renta   individual's income tax.

tributo industrial   professional services tax.

tributo inmobiliario   real estate tax, ad valorem tax.

tributo máximo   maximum contribution, maximum tax.

tributo máximo deducible   maximum deductible contribution.

tributo mínimo   minimum contribution, minimum tax.

tributo mínimo alternativo corporativo   corporate alternative minimum tax.

tributo múltiple   multiple taxation.

tributo negativo   negative tax.

tributo neto   net contribution.

tributo no deducible   nondeductible tax.

tributo normal   tax, normal tax.

tributo oculto   hidden tax.

tributo opcional   optional tax.

tributo ordinario   tax.

tributo pagado   tax paid.

tributo para mejoras   contribution for improvements.

tributo para previsión social   social security tax.

tributo patrimonial   capital tax.

tributo per cápita   per capita tax.

tributo personal   personal tax.

tributo por cabeza   poll tax.

tributo predial   ad valorem tax.

tributo progresivo   progressive tax.

tributo proporcional   proportional tax.

tributo público   public tax.

tributo real   ad valorem tax.

tributo regresivo   regressive tax.

tributo represivo   repressive tax.

tributo según el valor   ad valorem tax.

tributo sobre beneficios   profits tax.

tributo sobre beneficios extraordinarios   excess profits tax.

tributo sobre bienes   property tax.

tributo sobre bienes inmuebles   ad valorem tax.

tributo sobre bienes muebles
personal property tax.
tributo sobre compras purchase tax.
tributo sobre compraventa sales tax.
tributo sobre concesiones franchise
tax.
tributo sobre diversiones
amusement tax.
tributo sobre dividendos dividend
tax.
tributo sobre donaciones gift tax.
tributo sobre el consumo excise tax.
tributo sobre el ingreso income tax.
tributo sobre el lujo luxury tax.
tributo sobre entradas admissions
tax.
tributo sobre exceso de ganancias
excess profits tax.
tributo sobre franquicias franchise
tax.
tributo sobre ganancias profit tax.
tributo sobre ganancias de capital
capital gains tax.
tributo sobre ingresos income tax.
tributo sobre ingresos acumulados
accumulated earnings tax.
tributo sobre ingresos de
sociedades corporate income tax.
tributo sobre ingresos diferido
deferred income tax.
tributo sobre ingresos individual
individual income tax.
tributo sobre ingresos negativo
negative income tax.
tributo sobre ingresos progresivo
progressive income tax.
tributo sobre la nómina payroll tax.
tributo sobre la propiedad property
tax.
tributo sobre la propiedad general
general property tax.
tributo sobre la renta income tax.
tributo sobre la renta corporativa
corporate income tax.
tributo sobre la renta individual
individual's income tax.
tributo sobre las sociedades
corporate tax.
tributo sobre las ventas sales tax.
tributo sobre los ingresos brutos
gross receipts tax.
tributo sobre producción production
tax.

tributo sobre riqueza mueble
personal property tax.
tributo sobre salarios salary tax.
tributo sobre transacciones de
capital capital transactions tax.
tributo sobre transferencias
transfer tax.
tributo sobre transmisión de bienes
transfer tax.
tributo sobre transmisiones transfer
tax.
tributo sobre ventas sales tax.
tributo sobre ventas al por menor
retail sales tax.
tributo sucesorio inheritance tax.
tributo suntuario luxury tax.
tributo suplementario supplemental
tax.
tributo terrestre ad valorem tax.
tributo territorial land tax.
tributo único nonrecurrent tax, single
tax.
tributos acumulados accrued taxes.
tributos acumulativos cumulative
taxes.
tributos atrasados back taxes.
tributos comerciales business taxes.
tributos corporativos corporate taxes.
tributos de aduanas customs duties.
tributos de empleados employee
contributions.
tributos de rentas internas internal
revenue taxes.
tributos diferidos deferred taxes.
tributos en exceso excess
contributions.
tributos federales federal taxes.
tributos ilegales illegal taxes.
tributos locales local taxes.
tributos morosos delinquent taxes.
tributos nacionales national taxes.
tributos prepagados prepaid taxes.
tributos proporcionales proportional
taxes.
tributos prorrateados apportioned
taxes.
tributos retenidos withheld taxes.
tributos sobre ingresos corporativos
corporate income tax.
tributos sobre ingresos federales
federal income taxes.
trimestral trimestrial.

trimestralmente trimestrially.

trimestre *m* trimester, trimestrial payment.

trimestre adj trimestrial.

tripartición *f* tripartition.

tripartir tripart.

triple indemnización triple indemnity.

triple protección triple protection.

triplicado triplicate.

trisemanal triweekly.

trocable exchangeable.

trocado distorted, changed.

trocador *m* exchanger, changer.

trocamiento *m* exchange, change, distortion.

trocante exchanging, changing.

trocar exchange, change, confuse.

trueque *m* barter, exchange.

truhán *m* cheat, knave.

truhán adj cheating, knavish.

truhanamente deceitfully, knavishly.

truhanear cheat.

truhanería *f* cheating, gang of cheats.

truncamiento *m* truncation.

turnar alternate.

turno de media noche graveyard shift.

turno rotante rotating shift.

turno rotatorio rotating shift.

ubicación *f* location.

ubicación permanente permanent location.

ubicación temporal temporary location.

ubicar locate, to be located.

último last, latest, best, farthest.

último pago last payment.

último precio last price.

unánime unanimous.

unánimemente unanimously.

unanimidad *f* unanimity.

únicamente only, solely.

unidad *f* unity, unit.

unidad de acatamiento compliance unit.

unidad de acumulación accumulation unit.

unidad de cuenta unit of account.

unidad de intereses unity of interest.

unidad de medida unit of measurement.

unidad de muestreo unit of sampling.

unidad de negociaciones bargaining unit.

unidad de posesión unity of possession.

unidad de producción unit of production.

unidad de tiempo unity of time.

unidad de título unity of title.

unidad de valor unit of value.

unidad económica economic unity.

unidad modelo model unit.

unidad monetaria monetary unit.

unidades equivalentes equivalent units.

unificado unified.

uniformar standardize.

uniforme *m* uniform.

uniformemente uniformly.

uniformidad *f* uniformity.

unilateral unilateral.

unión *f* union.

unión abierta open union.

unión aduanera customs union.

unión arancelaria customs union.

unión bancaria banking syndicate.

unión cerrada closed union.

unión de crédito credit union.

unión de industria industrial union.

unión de oficio trade union.

unión económica economic community.

unión gremial labor union, trade union.

unión horizontal horizontal union.

unión independiente independent union.

unión industrial industrial union.

unión internacional international union.

unión laboral labor union.

unión local local union.

unión no afiliada unaffiliated union.

unión obrera trade union.

unión profesional professional organization.

unión sindical labor union.

unión vertical vertical union.
unipersonal unipersonal.
unir unite, confuse.
universal universal.
universalmente universally.
urbanismo *m* city planning.
urbanización *f* urbanization, city planning.
urbanizar urbanize.
urbano urban.
urbe *f* metropolis.
urgente urgent.
urgentemente urgently.
usado used, customary.
usanza *f* custom.
usar use, to be accustomed.
uso *m* use, custom.
uso autorizado authorized use.
uso beneficioso beneficial use.
uso comercial business usage.
uso especial special use.
uso indebido improper use.
uso no autorizado unauthorized use.
uso preexistente preexisting use.
uso provechoso beneficial use.
uso público public use.
uso y desgaste wear and tear.
uso y ocupación use and occupation.
usos comerciales commercial customs.
usos convencionales customs.
usos locales local customs.
usual usual.
usualmente usually.
usuario *m* user, usufructuary.
usuario final final user.
usufructo *m* usufruct, use.
usufructo imperfecto imperfect usufruct.
usufructo perfecto perfect usufruct.
usufructuario usufructuary.
usura *f* usury, profiteering, interest, profit.
usurar practice usury, profiteer, charge interest, profit.
usurariamente usuriously.
usurario usurious.
usurear practice usury, profiteer, charge interest, profit.
usurero *m* usurer, profiteer, moneylender, pawnbroker.

útil useful, working, interest-bearing, legal.
utilidad *f* utility, profit, interest.
utilidad bruta gross profit.
utilidad de explotación operating profit.
utilidad decreciente diminishing returns.
utilidad marginal marginal utility.
utilidad neta net profit.
utilidades earnings, returns, profits.
utilidades a distribuir undivided profits.
utilidades anticipadas anticipated profits.
utilidades de capital capital gains.
utilidades esperadas anticipated profits.
utilidades gravables taxable profits.
utilidades imponibles taxable profits.
utilidades marginales marginal profits.
utilidades tributables taxable profits.
utilizable utilizable, available.
utilización *f* utilization.
utilizado utilized.
utilizar utilize.
útilmente usefully, profitably.

vacación *f* vacation, holiday.
vacaciones pagadas paid vacation.
vacancia *f* vacancy.
vacante adj vacant.
vacante *f* vacancy, vacation.
vacar to become vacant, to be unoccupied, to be unemployed.
vaciar empty, excavate.
vacío empty, vacant, uninhabited, useless, idle.
vacío inflacionario inflationary gap.
vaco vacant.
vaguedad *f* vagueness.
vaivén *m* fluctuation, changeableness, risk.
vale *m* promissory note, IOU, voucher.
vale al portador bearer scrip.
valedero valid, binding.

valer to be worth, to be of value, to be valid, cost.

valía *f* value, influence.

validación *f* validation, validity.

válidamente validly.

validar validate.

validez *f* validity.

validez de los contratos validity of contracts.

válido valid, strong.

valija *f* valise, mailbag, mail.

valioso valuable.

valor *m* value, importance, effectiveness, yield.

valor a la par par value.

valor activo asset.

valor actual actual value.

valor actual de anualidad present value of annuity.

valor acumulado accumulated value.

valor adquisitivo purchasing power.

valor agregado value added.

valor agregado bruto gross added value.

valor agregado neto net value added.

valor ajustado adjusted value.

valor añadido value added.

valor añadido neto net value added.

valor aparente apparent value.

valor aproximado approximate value.

valor asegurable insurable value.

valor base base value.

valor bruto gross value.

valor capitalizado capitalized value.

valor catastral cadastral value, assessed valuation.

valor cierto fixed value.

valor comercial fair market value.

valor comparable comparable worth.

valor comparativo comparative value.

valor condicional conditional value.

valor contable book value.

valor contable bruto gross book value.

valor contable por acción book value per share.

valor contable por acción común book value per common share.

valor convenido agreed value.

valor corriente current value.

valor corriente de mercado current market value.

valor de afección sentimental value.

valor de alquiler rental value.

valor de cambio exchange value.

valor de conversión conversion value.

valor de denominación denomination value.

valor de disolución breakup value.

valor de empresa en marcha going concern value.

valor de equivalente en efectivo cash equivalent value.

valor de inversión investment value.

valor de liquidación liquidation value.

valor de mercado market value.

valor de mercado base base market value.

valor de mercado privado private market value.

valor de negocio en marcha going concern value.

valor de paridad par value.

valor de posesión carrying value.

valor de préstamo loan value.

valor de redención redemption value.

valor de reemplazo replacement value.

valor de reposición replacement cost.

valor de reproducción reproduction value.

valor de salida exit value.

valor de salida esperado expected exit value.

valor de tasación appraisal value.

valor de transacción transaction value.

valor declarado declared value.

valor decreciente decreasing value.

valor del capital capital value.

valor del colateral collateral value.

valor del dinero value of money.

valor del mercado fair market value.

valor depreciado depreciated value.

valor descontado discounted value.

valor económico economic value.

valor efectivo cash value.

valor en cuenta value in account.

valor en efectivo cash value.

valor en el mercado fair market value.

valor en el mercado actual actual market value.

valor en el mercado al contado cash market value.

valor en libros book value.

valor en plaza fair market value.

valor en uso value in use.
valor esperado expected value.
valor estimado estimated value.
valor extrínseco extrinsic value.
valor futuro de una anualidad
future value of an annuity.
valor gravable taxable value.
valor imponible taxable value.
valor impositivo taxable value.
valor imputado imputed value.
valor inmobiliario real estate value.
valor intangible intangible value.
valor intrínseco intrinsic value.
valor justo fair value.
valor justo en el mercado fair
market value.
valor justo y razonable fair and
reasonable value.
valor locativo rental value.
valor marginal marginal value.
valor medio mean value.
valor monetario monetary value.
valor monetario esperado expected
monetary value.
valor negativo negative value.
valor neto net value, net worth.
valor neto efectivo effective net
worth.
valor neto negativo negative net
worth.
valor no amortizado unamortized
value.
valor no declarado undeclared value.
valor nominal nominal value, face
amount, face value.
valor nominal de un bono face
amount of bond.
valor nominal de una póliza face
amount of policy.
valor normal normal value.
valor objetivo objective value.
valor oficial official value.
valor pasivo liability.
valor por escasez scarcity value.
valor presente descontado
discounted present value.
valor presente neto net present value.
valor promedio blended value.
valor razonable reasonable value.
valor real real value.
valor real del dinero real value of
money.

valor realizable realizable value.
valor realizable neto net realizable
value.
valor recibido value received.
valor residual residual value.
valor reversionario reversionary value.
valor según libros book value.
valor sentimental sentimental value.
valor tasado appraised value.
valor teorético theoretical value.
valor total aggregate value.
valor tributable taxable value.
valor unitario unit value.
valor venal sales price.
valoración *f* valuation, appraisal,
increase in the value.
valoración de la pérdida valuation of
loss.
valoración de la póliza valuation of
policy.
valoración de propiedad property
appraisal.
valoración del activo valuation of
assets.
valoración en masa mass appraising.
valorado valued, assessed.
valorar value, appraise, increase the
value of, mark-up.
valorear value, appraise, increase the
value of, mark-up.
valores *m* securities, values, assets.
valores a corto plazo short-term
securities.
valores al portador bearer securities.
valores bancarios bank securities.
valores barométricos barometer
securities.
valores convertibles convertible
securities.
valores de agencia agency securities.
valores de agencias federales
federal agency securities.
valores de bolsa listed securities.
valores de gobierno federal federal
government securities.
valores de ingreso fijo fixed-income
securities.
valores de primera calidad blue-chip
securities.
valores de renta fija fixed-income
securities.

valores del mercado monetario
money market securities.

valores derivados de otros
derivative securities.

valores elegibles eligible securities.

valores en cartera portfolio.

valores especulativos speculative
securities.

valores exentos exempt securities.

valores exentos de contribuciones
tax-exempt securities.

valores exentos de impuestos
tax-exempt securities.

valores extranjeros foreign securities.

valores garantizados guaranteed
securities.

**valores garantizados por el
gobierno** government securities.

valores gubernamentales
government securities.

valores hipotecarios mortgage
securities.

valores inactivos inactive securities.

valores indicativos de tendencias
bellwether securities.

valores líquidos liquid securities.

valores mutilados mutilated securities.

valores negociables negotiable
securities.

valores no gravables nontaxable
securities.

valores no imponibles nontaxable
securities.

valores no tributables nontaxable
securities.

valores pignorados pledged securities.

valores preferidos de tasa flotante
floating-rate preferred securities.

valores preferidos de tipo flotante
floating-rate preferred securities.

valores prestados loaned securities.

valores realizables liquid assets.

valores redimibles redeemable
securities.

valores registrados registered
securities.

valores regulados regulated securities.

valores respaldados por hipotecas
mortgage-backed securities.

valores retirados retired securities.

valores sin certificado certificateless
securities.

valores subordinados junior
securities.

valores transferibles transferable
securities.

valores transmisibles negotiable
securities.

valoría *f* value, appraised value.

valorización *f* valuation, appraisal,
increase in the value.

valorización independiente
independent appraisal.

valorizar value, appraise, increase the
value of, mark-up.

valuación *f* valuation, appraisal,
increase in the value.

valuación aduanera customs
valuation.

valuación alterna alternate valuation.

valuación contable accounting
valuation.

valuación de inventario inventory
valuation.

valuación de la póliza valuation of
policy.

valuación prospectiva prospective
valuation.

valuar value, appraise.

vandalismo *m* vandalism.

varadero *m* dry dock.

variabilidad *f* variability.

variabilidad de producto product
variability.

variabilidad estacional seasonal
variability.

variable variable.

variable aletoria random variable.

variable dependiente dependent
variable.

variable independiente independent
variable.

variable inducida induced variable.

variablemente variably.

variables incontrolables
uncontrollable variables.

variación *f* variation.

variación cíclica cyclical variation.

variación de precios price variation.

variación estacional seasonal
variation.

variación estándar standard variation.

variación mínima minimum variation.

variaciones aletorias random
variances.

variante variant.

varianza *f* variance.

varianza de cantidad quantity variance.

varianza de capacidad no utilizada idle capacity variance.

varianza de eficiencia efficiency variance.

varianza de ganancias profit variance.

varianza de la eficiencia laboral labor efficiency variance.

varianza de materiales materials variance.

varianza de mezcla de ventas sales mix variance.

varianza de precio price variance.

varianza de precio de compra purchase price variance.

varianza de precios de materiales materials price variance.

varianza de presupuesto flexible flexible budget variance.

varianza de volumen de ventas sales volume variance.

varianza favorable favorable variance.

varianza laboral labor variance.

variar vary.

vecinal vicinal.

vecinamente nearby, contiguously.

vecindad *f* vicinity, neighborhood, legal residence.

vecindario *m* vicinity, neighborhood.

vecino *m* neighbor, resident, tenant.

vecino adj neighboring, similar.

veda *f* prohibition.

vedado prohibited.

vedamiento *m* prohibition.

vedar prohibit, hinder.

veedor *m* supervisor, inspector.

vehículo *m* vehicle, carrier, means.

vehículo de motor motor vehicle.

vehículos misceláneos miscellaneous vehicles.

velo corporativo corporate veil.

velocidad de circulación velocity of circulation.

veloz rapid.

velozmente rapidly.

vencer mature, expire.

vencido due, expired.

vencido y pagadero due and payable.

vencimiento *m* maturity, expiration.

vencimiento acelerado accelerated maturity.

vencimiento anticipado accelerated maturity.

vencimiento corriente current maturity.

vencimiento de empréstito loan maturity.

vencimiento de préstamo loan maturity.

vencimiento medio ponderado weighted average maturity.

vencimiento obligatorio obligatory maturity.

vencimiento original original maturity.

vencimientos apareados matched maturities.

vendedor *m* seller.

vendedor ambulante traveling seller.

vendedor de opción cubierta covered option writer.

vendedor directo direct seller.

vendedor en firme firm seller.

vendedor firme firm seller.

vendedor marginal marginal seller.

vendeja *f* public sale.

vender sell, sell out.

vender a crédito sell on credit.

vender al contado sell for cash.

vender en remate auction.

vendí *m* bill of sale.

vendible salable, marketable.

vendido sold.

venduta *f* auction.

vendutero *m* auctioneer.

venideros successors, heirs.

venta *f* sale, sales contract.

venta a crédito credit sale.

venta a ensayo sale on approval.

venta a plazos installment sale.

venta a prueba sale on approval.

venta aislada isolated sale.

venta al contado cash sale.

venta al descubierto short sale.

venta al martillo auction.

venta al por mayor wholesale.

venta al por menor retail.

venta apareada matched sale.

venta comercial commercial sale.

venta compulsiva forced sale.

venta con garantía sale with warranty.

venta condicional conditional sale.
venta cruzada crossed sale.
venta de apertura opening sale.
venta de bloque block sale.
venta de cierre closing sale.
venta de liquidación clearance sale.
venta de pagos diferidos
deferred-payment sale.
venta directa direct sale.
venta efectiva effective sale.
venta en almoneda auction.
venta en bloque bulk sale.
venta en consignación consignment
sale.
venta en remate auction.
venta ficticia simulated sale.
venta firme firm sale.
venta forzada forced sale.
venta forzosa forced sale.
venta fraudulenta fraudulent sale.
venta hipotecaria foreclosure sale.
venta incondicional unconditional
sale.
venta judicial judicial sale.
venta libre de impuestos duty-free
sale.
venta negociada negotiated sale.
venta normal normal sale.
venta ocasional occasional sale.
venta parcial partial sale.
venta privada private sale.
venta pública public sale, public
auction.
venta pura y simple absolute sale.
venta simulada simulated sale.
venta sujeta a aprobación sale on
approval.
venta voluntaria voluntary sale.
ventaja f advantage, profit, additional
pay.
ventaja absoluta absolute advantage.
ventaja comparativa comparative
advantage.
ventaja competitiva competitive
advantage.
ventaja competitiva desleal unfair
competitive advantage.
ventaja competitiva injusta unfair
competitive advantage.
ventaja de rendimiento yield
advantage.
ventaja desleal unfair advantage.

ventaja diferencial differential
advantage.
ventaja injusta unfair advantage.
ventajosamente advantageously.
ventajoso advantageous, profitable.
ventana de descuento discount
window.
ventana de oportunidad window of
opportunity.
ventanilla f window.
ventas a crédito charge sales.
ventas al por mayor wholesaling.
ventas al punto crítico break-even
sales.
ventas brutas gross sales.
ventas comparables comparable sales.
ventas comparativas comparative
sales.
ventas creativas creative selling.
ventas de hogar en hogar
house-to-house selling.
ventas de préstamos loan sales.
ventas de puerta en puerta
door-to-door selling.
ventas directas direct sales.
ventas en apuro distress selling.
ventas especulativas speculative
selling.
ventas finales final sales.
ventas múltiples multiple sales.
ventas netas net sales.
ventas por correo mail order selling.
verbal verbal.
verbalmente verbally.
verdadero true, genuine.
verificable verifiable.
verificación f verification, inspection,
fulfillment.
verificación de cheque check
verification.
verificación de crédito credit
verification.
verificación de firma signature
verification.
verificación directa direct verification.
verificación física physical verification.
verificación negativa negative
verification.
verificado verified, inspected, fulfilled.
verificador m verifier, inspector.
verificador adj verifying, inspecting.
verificar verify, inspect, fulfill.

verificar el pago make the payment.
verificativo verificative.
vía crítica critical path.
vía de apremio legal procedure for debt collection.
vía pública public thoroughfare.
viabilidad *f* viability.
viabilidad financiera financial feasibility.
viable viable.
viajante *m/f* traveler, traveling seller.
viajante adj traveling.
viajante de comercio traveling seller.
viajero *m* traveler, passenger.
vicepresidencia *f* vice-presidency.
vicepresidente *m* vice-president.
vicesecretaría *f* assistant secretaryship.
vicesecretario *m* assistant secretary.
vicetesorero *m* vice-treasurer.
viciado vitiated, polluted.
viciar vitiate, pollute, falsify, misconstrue.
vicio *m* defect.
vicio aparente apparent defect.
vicio de construcción construction defect.
vicio inherente inherent defect.
vicio intrínseco inherent defect.
vicio manifiesto apparent defect.
vicio oculto latent defect.
vicio patente patent defect.
vicioso defective.
vida amortizable depreciable life.
vida depreciable depreciable life.
vida económica economic life.
vida económica esperada expected economic life.
vida esperada expected life.
vida estimada estimated life.
vida limitada limited life.
vida media ponderada weighted average life.
vida útil useful life.
vida útil estimada estimated useful life.
vigencia *f* force, legal effect, duration.
vigencia de la garantía duration of the guaranty.
vigencia de la póliza term of the policy.
vigencia, en in force.
vigente in force, prevailing.

vinculable that which can be linked.
vinculación *f* link.
vinculado a un índice index-tied.
vincular link.
vínculo *m* link.
violación *f* violation, infringement, transgression.
violación de contrato breach of contract.
violación de garantía breach of warranty.
violación de patente infringement of patent.
violación de promesa breach of promise.
violador *m* violator, infringer, transgressor.
violar violate, infringe, transgress.
visita *f* visit, inspection.
visita de sanidad health inspection.
visitador *m* visitor, inspector.
visitar visit, inspect.
vista *m* customs official.
vista, a la at sight.
vistas meeting.
visto bueno approval.
visura *f* visual inspection.
vitalicio *m* life annuity, life insurance policy.
vitalicio adj for life.
vitalicista *m/f* holder of a life annuity, holder of a life insurance policy.
vividero habitable.
vivienda *f* housing, dwelling.
vivienda de familia única single-family housing.
vivienda manufacturada manufactured housing.
vivienda modular modular housing.
vivienda multifamiliar multifamily housing.
vivienda prefabricada prefabricated housing.
vivienda pública public housing.
vivienda subsidiada subsidized housing.
viviendas desprendidas detached housing.
vocal *m/f* board member.
volátil volatile.
volatilidad *f* volatility.
volatilidad implícita implied volatility.

volumen *m* volume.
volumen bruto gross volume.
volumen de comerciante merchant volume.
volumen de exportación export volume.
volumen de transacciones trading volume.
volumen de ventas sales volume.
volumen deprimido depressed volume.
volumen esperado expected volume.
volumen total total volume.
voluntad común meeting of minds.
voluntariamente voluntarily.
voluntario voluntary.
volver turn, return.
volver a girar redraw.
votación *f* voting, vote.
votación acumulativa cumulative voting.
votación cumulativa cumulative voting.
votación no acumulativa noncumulative voting.
votación ordinaria ordinary voting.
votación por representación vote by proxy.
votador *m* voter.
votador adj voting.
votante *m/f* voter.
votar vote.
voto *m* vote, voter.
voto acumulado cumulative vote.
voto de calidad casting vote.
voto decisivo casting vote.
voto por poder vote by proxy.
vuelta *f* turn, return, restitution, change, compensation.

warrant certificate of deposit.

xenomoneda *f* xenocurrency.

yacimiento mineral mineral deposit.
yapa *f* bonus, tip.
yerro *m* error.
yerro de cuenta accounting error.

zona *f* zone.
zona de comercio exterior foreign trade zone.
zona de empleo zone of employment.
zona de ensanche development zone.
zona de libre cambio duty-free zone.
zona de libre comercio free-trade zone.
zona de operaciones zone of operations.
zona fiscal tax district.
zona franca duty-free zone, customs-free area.
zona industrial industrial zone.
zona libre de impuestos duty-free zone.
zonal zonal.
zonificación *f* zoning.
zonificar zone.